100

| 한국장로교총회창립 100주년기념 표준주석 |

욥기

대한예수교장로회총회교육자원부 편

한국장로출판사

| 한국장로교총회창립 100주년기념 표준주석 |

욥 기 /개정증보판

개정증보인쇄　2020년 6월 30일
개정증보발행　2020년 7월 15일

기획·편찬　　표준주석편찬위원회　하경택
편 집 인　　대한예수교장로회총회교육자원부
발 행 인　　채형욱
발 행 소　　한국장로교출판사
주　　소　　03129 / 서울 종로구 대학로 19 409호(연지동, 한국기독교회관)
전　　화　　(02)741-4381 / 팩스 741-7886
영 업 국　　(031)944-4340 / 팩스 944-2623
등　　록　　No. 1-84(1951. 8. 3.)

ISBN　978-89-398-4387-5 / 978-89-398-0434-0(세트)
Printed in Korea

값 27,000원

편 집 장　정현선
교정·편집　원지현　　　　　　　표지디자인　최종혜
업무부국장　박호애　　　　　　　영업부국장　박창원

※ 이 출판물은 저작권법에 의해 보호를 받는 저작물이므로 무단전재와 무단복제를 할 수 없습니다.

발간사

　　본 주석서는 대한예수교장로회총회의 신앙과 신학 이념을 따라 평신도와 신학생, 목회자와 신학 교수들이 성경을 바르게 이해하도록 도움을 주는 데 그 목적이 있다.
　　대한예수교장로회 교단은 1934년 희년에 즈음하여 성경전서 주석의 간행을 총회에서 결의한 바 있다. 그리하여 1937년부터 총회표준주석(1937년, 『욥기』, 『시편』, 『잠언』, 『전도서』, 『아가』 ; 1939년, 『로마서』, 『고린도전·후서』, 『갈라디아서』)이 간행되기 시작하였다. 그러나 제2차 세계대전의 발발과 일제 강점기의 한국 교회 탄압으로 주석 발간 사업은 일시 중단되었다. 1945년, 해방은 되었으나 38선으로 남북이 분열되고, 1950년 6·25한국전쟁의 비극을 겪어야 했다. 1953년, 휴전된 후 총회표준주석 사업이 재개되어 1954~1957년(1954년, 『이사야』 ; 1955년, 『요한복음』 ; 1956년, 『창세기』 ; 1957년, 『레위기』, 『민수기』)에 출판이 있었으나, 1959년에 교단의 분열로 오늘에 이르기까지 총회표준주석 사업은 불가한 형편이었다.

대한예수교장로회 제90회기(2005) 총회는 총회창립 100주년(2012)기념 사업의 일환으로 교단 신학의 정체성 확립과 한국장로교회의 신학적 표준을 제시할 총회표준주석을 출판하기로 결의하고, 총회 산하 신구약성경 신학자들에게 집필을 위촉하게 되었다.

　　2005년 12월 한국장로교총회창립 100주년기념 표준주석편찬위원회가 조직된 후 집필 원칙을 정하고 집필자를 선정하여, 그 원칙에 충실할 것을 서약하게 하였다. 지난 7년 동안 집필자들의 깊은 기도와 연구의 산고 끝에 이제 그 실체가 드러나 장로교 총회표준주석이 출판되었다. 편찬위원회는 수차례 모임을 갖고 50여 명에 이르는 많은 집필자들을 격려하고 집필 목적과 방향 제시를 수시로 하여 주석서의 통일성과 진정성을 유지하게 하였다. 집필된 원고가 제출된 경우, 검독위원회가 총회의 신학과 신앙에 맞는 주석을 출판하기 위해 내용을 수정 또는 추가할 것을 요청하기도 하였다.

　　이 주석서가 빛을 보기까지 집필자는 물론이고, 총회교육자원부 김치성 총무와 한국장로교출판사의 수고가 있었고, 전국 교회들의 기도 지원이 있었다. 무엇보다도 출판비 및 연구비 전액을 이름 없이 지원해 준 교회가 있었다. 이에 독자 여러분과 함께 하나님께 찬양을 드리며, 이 일에 헌신하신 분들께 감사를 드린다.

　　유사 이래 성경보다 더 긴 세월 동안 연구되고 읽혀진 책은 없다. 그렇기 때문에 해석 방법도 시대와 지역에 따라 다양하게 나타났다. 에스라 시대까지 거슬러 올라가서 사용된 미드라쉬(Midrash) 주해 방법부터 시작하여 중세의 종교개혁자들과 현대 비평주의자들의 해석 방법 등 수많은 해석학적 이해가 있어 왔고, 여러 언어로 번역되어 하나님의 말씀인 성경은 읽혀졌다. 그러나 하나님의 말씀은(해석자들이나 번역자들에게) 매이지 않는다(딤후 2 : 9). 성경 주석가와 번역자들은 자기 시대와 문화 속에서 어떤 전제(presupposition)를 갖고 성경을 읽기 때문에 언제나 해석의 한계가 있음을 인정할 수밖에 없다. 그런 의미에서 본 주석서도 예외는 아닐 것이다. 그럼에도 불구하고 본서는 그 한계를 최소화시키기 위해 다양한 신학적 입장, 다른 해석들, 교회사적 해석들, 지리적 상황을 포함하려고 노력했다.

우리의 전제는 신구약성경 66권이 하나님의 영감으로 특별 계시된 말씀이라는 대한예수교장로회의 신앙고백을 준거(準據)로 했다. 그러므로 본서는 집필자 자신의 신앙고백과 신학도 내포되었지만, 그보다 총회의 신앙과 신학의 표준적 입장에서 성경을 주석한 것이다. 즉, 사도신경, 웨스트민스터신앙고백서, 장로교신앙고백을 따르는 개혁주의 신학과 신앙 전통을 따른 것이다.

집필을 하는 데 있어서 학문적 깊이를 외면할 수는 없으나 목회자나 평신도가 성경을 이해하는 데 도움을 주기 위해 설교를 위한 묵상을 삽입하기도 하였다. 그러나 각 권의 기록자, 기록 연대, 문학적 특징, 책의 목적 등을 설명하는 개론적 연구를 할 때에는 그것이 학문적 연구에 꼭 필요하다고 여겨지는 경우에 한하여 최근 많은 성경학자들이 사용하는 비평적 방법도 가설(假說)로는 소개하였으나 결론은 따르지 않았다. 그것이 교회의 신앙적 지도를 위한 적절한 방법은 아니기 때문이다.

영감으로 된 하나님의 말씀인 성경의 해석은 성령의 조명이 가장 중요한 조건이다. 따라서 본서의 집필자들은 종교개혁자들이 채택했던 문법적, 역사적, 신학적 원리를 주된 해석 방법으로 채택하고, 기도하면서 하나님의 계시된 말씀의 원의를 알기 쉽게 해석하려고 힘썼다. 외래어 사용은 가급적 줄이되 히브리어나 헬라어와 같은 원어를 반드시 읽어야 할 경우에는 음역화해서 누구나 원어의 발음으로 읽게 했다. 각주(脚註)도 가급적 줄이되 문장 뒤에 참고로 넣었다. 또한 각 절이 아닌 단락별로 주해를 하여 전체적 파악을 도왔다.

주석 앞에는 대한성서공회가 출판한 개역개정 성경(4판)을 단락별로 제시했다. 히브리어 성경은 BHS(Biblia Hebraica Stuttgartensia)를, 헬라어 성경은 United Bible Societies가 출판한 The Greek New Testament(4thed)를 각각 원문으로 채택하여 사용하였다. 특히 개역개정 성경의 번역에 대한 문제가 있다는 의견을 총회가 받아들여 본 편찬위원회에 수정 의뢰를 하였고, 집필자들이 원문을 바로 번역하여 대한성서공회에 제시함으로 수시 교정 제도를 따라 수정하도록 했다.

우리의 생명이시며 찬양의 대상이 되신 우리 주 예수 그리스도를 계시하시고, 하나님의 공의와 사랑을 그의 십자가를 통하여 실현시켜 우리를 구원하신 하나님의 깊은 뜻을 알게 해 주는 신구약성경을 더 많은 사람들이 더 깊이, 더 분명하게 이해하고, 믿게 하기 위하여 대한예수교장로회총회 창립 100주년을 기하여 한국 교회와 세계 교회 앞에 겸손한 자세로 이 주석을 내어놓는다.

"내가 온 것은 양으로 생명을 얻게 하고 더 풍성히 얻게 하려는 것이라" (요 10 : 10b).

Soli Deo Gloria!

한국장로교총회창립 100주년기념
표준주석편찬위원회
위원장 이 종 윤

추천사 1

할렐루야! 2012년은 대한예수교장로회(통합)총회가 창립 100주년을 맞이하는 해입니다. 총회가 창립된 이후 1세기가 지난 지금까지 우리 한국 교회를 세계가 주목할 만큼 눈부시게 성장할 수 있도록 도와주신 에벤에셀의 하나님께 모든 찬송과 영광과 감사를 드립니다.

이와 같은 한국 교회의 놀라운 부흥 가운데서도 마음 한구석에 늘 안타까움이 자리하고 있었는데, 그것은 바로 우리 한국 교회만의 권위 있는 주석이 없다는 사실이었습니다. 현재 목회현장에서 사용되는 우리말 주석들은 대부분 오래되었거나 현대의 한국 교회 상황에 맞지 않는 서구 교회의 해석, 또는 성서학 전문가들의 주석이 아닌 짜깁기식 주석이 대다수를 차지합니다.

이러한 현실 가운데 이번 총회창립 100주년기념사업의 일환으로 본 교단에서 『한국장로교총회창립 100주년기념 표준주석』을 출간하기로 결의하고, 주석서를 출간하게 된 것은 대단히 자랑스럽고 의미 있는 일이 아닐 수 없습니다.

이번 『표준주석』의 출판으로 한국 교회는 이전보다 더욱 '개혁주의 신학과 신앙 전통'을 따르는 성경 해석의 기초를 확립하게 될 것이며, 많은 목회자들이 이 주석서를 통해 하나님의 말씀에 중심을 둔 목회를 실천할 수 있을 것으로 기대합니다. 더 나아가 이 『표준주석』은 한국 교회의 신앙을 더욱 견고히 하는 성경 해석의 표본이 될 것입니다.

아무쪼록 이번 『표준주석』 출간을 계기로 우리 한국 교회가 당면한 갖가지 위기를 극복하고 더욱 하나님 말씀으로 충만하여, 평화통일은 물론 주님의 지상명령인 땅끝까지 복음을 전하는 사명을 보다 잘 감당하는 교회로 거듭나게 되기를 기대하며, 한국의 모든 교회와 성도님들께 자랑스럽게 이 주석서를 추천하는 바입니다. 샬롬!

장로회신학대학교
전 총장 장 영 일

추천사 2

『한국장로교총회창립 100주년기념 표준주석』의 발간을 축하합니다. 한국 교회 역사에서 중요한 자리를 차지하고 있는『총회표준주석』은 한국 교회에 큰 영향을 끼친 박윤선 박사님께서 박형룡 박사님을 도와『표준주석』의 고린도후서 주석 집필에 참여하면서 평생을 주석 집필에 헌신하게 했던 뜻깊은 주석이었습니다.

그러나 그동안 중단되었던 표준주석 사업을 재개함에 있어 편집위원장 이종윤 목사님이 밝힌 대로 성경이 성령으로 영감된 정확 무오한 하나님의 말씀이라는 분명한 신앙고백 위에 집필토록 하였다는 편집 원칙을 통해『표준주석』의 맥을 잇고자 하는 의지를 보여 줍니다.

이런 맥락에서 비평적 성서연구가 교회의 신앙적 지도에 적합하지 않다는 인식을 가지고 전통적인 개혁주의 해석 방법을 채택할 뿐만 아니라 복음적이고 목회적인 관심을 드러낸 점도 환영할 만한 일입니다. 또한 성경 자체에 대한 전문적인 지식뿐만 아니라 한국 교회와 성도를 체험적으로 알고 있는 성경학자들이 오랜 기도와 연구 끝에 발간하였다는 점도 높이 사고 싶습니다.

아무쪼록 본서가 많은 이들에게 풍성하고 깊이 있는 신학적 성찰을 제공하는 귀한 책이 되길 소망합니다.

합동신학대학원대학교
전 총장 성 주 진

욥 기
차 례

발간사 _ 3   추천사 1 _ 7   추천사 2 _ 9

서 론 ··· 17
  A. 욥기의 명칭 ··· 18
  B. 욥기의 기록연대 ·· 19
  C. 욥기의 문헌-편집적 구성 ································· 20
  D. 문학양식에 따른 욥기의 해석 ··························· 24
  E. 이스라엘 주변세계 문헌에 나타나는 "욥-문제" ····· 27
  F. 이스라엘 안에서 "욥-문제"의 생성배경 ··············· 29
  G. 욥기의 수용사 ·· 32
  H. 욥기의 해석학 ·· 34
    1. 경전적인 문서로서의 성서 ···························· 34
    2. 본문관찰의 해석학적 원칙 ··························· 36

제Ⅰ부 욥기의 서막(1:1-2:13) ······························· 41

11

A. 욥기의 서막 I(1 : 1-22) ········· 42
　1. 욥의 신앙과 삶을 소개(1 : 1-5) ········· 43
　2. 천상에서의 첫 번째 대화(1 : 6-12) ········· 50
　3. 첫 번째 시험과 욥의 반응(1 : 13-22) ········· 55
B. 욥기의 서막 II(2 : 1-13) ········· 62
　1. 천상에서의 두 번째 대화(2 : 1-6) ········· 62
　2. 두 번째 시험과 욥의 반응(2 : 7-10) ········· 64
　3. 세 친구의 방문(2 : 11-13) ········· 69

제 II 부 욥의 첫 번째 발언(3 : 1-26) ········· 73

A. 본문 개요 ········· 74
B. 여론(餘論) : 욥기 3장의 문학적 장르 ········· 76
C. 도입부(3 : 1-2) ········· 78
D. 제1연 : 태어날 날과 잉태된 밤에 대한 저주(3 : 3-10) ········· 79
E. 제2연 : 왜 태어나 죽지 아니하였는가?(3 : 11-19) ········· 83
F. 제3연 : 왜 고난당하는 자에게 빛과 생명을 주시는가?(3 : 20-26) ········· 85

제 III 부 세 친구와의 1차 대화(4 : 1-14 : 22) ········· 93

A. 욥과 엘리바스의 1차 대화(4 : 1-7 : 21) ········· 94
　1. 엘리바스의 첫 번째 발언(4 : 1-5 : 27) ········· 94
　2. 엘리바스의 발언에 대한 욥의 응답(6 : 1-7 : 21) ········· 110
B. 욥과 빌닷의 1차 대화(8 : 1-10 : 22) ········· 123
　1. 빌닷의 첫 번째 발언(8 : 1-22) ········· 123
　2. 빌닷의 첫 번째 발언에 대한 욥의 응답(9 : 1-10 : 22) ········· 133
C. 욥과 소발의 대화(11 : 1-14 : 22) ········· 151
　1. 소발의 첫 번째 발언(11 : 1-20) ········· 151
　2. 소발에 대한 욥의 첫 번째 대답(12 : 1-14 : 22) ········· 159

제 IV 부 세 친구와의 2차 논쟁(15 : 1-21 : 34) ········· 189

A. 욥과 엘리바스의 2차 대화(15:1-17:16) ················· 190
　　　　1. 엘리바스의 두 번째 발언(15:1-35) ···················· 190
　　　　2. 엘리바스의 발언에 대한 욥의 응답(16:1-17:16) ········· 203
　　B. 욥과 빌닷의 2차 대화(18:1-19:29) ····················· 215
　　　　1. 빌닷의 두 번째 발언(18:1-21) ······················· 215
　　　　2. 빌닷의 두 번째 발언에 대한 욥의 응답(19:1-29) ········ 226
　　C. 욥과 소발의 2차 대화(20:1-21:34) ····················· 241
　　　　1. 소발의 두 번째 발언(20:1-29) ······················· 241
　　　　2. 소발의 두 번째 발언에 대한 욥의 응답(21:1-34) ········ 249

제 V 부　세 친구와의 3차 논쟁(22:1-28:28) ············ 261

　　A. 욥과 엘리바스의 3차 대화(22:1-24:25) ················· 262
　　　　1. 엘리바스의 세 번째 발언(22:1-30) ···················· 262
　　　　2. 엘리바스의 세 번째 발언에 대한 욥의 응답(23:1-24:25) ··· 271
　　B. 욥과 빌닷의 3차 대화(25:1-27:23) ····················· 289
　　　　1. 빌닷의 세 번째 발언(25:1-6) ························ 289
　　　　2. 빌닷의 세 번째 발언에 대한 욥의 응답(26:1-27:23) ······ 292
　　C. 막간(幕間): 지혜에 대한 욥의 발언(28:1-28) ············ 307
　　　　1. 제1연: 귀중한 것을 찾아내는 사람의 탁월한 능력(28:1-11) · 308
　　　　2. 제2연: 찾을 수도 살 수도 없는 지혜(28:12-19) ········· 311
　　　　3. 제3연: 하나님만이 지혜를 아신다(28:20-28) ············ 312

제 VI 부　욥의 마지막 발언(29:1-31:40) ················ 321

　　A. 욥이 이전에 누렸던 번영과 행복(29:1-25) ··············· 324
　　　　1. 이전에 하나님이 주신 부요함(29:1-6) ················· 325
　　　　2. 존경받는 욥 I (29:7-10) ··························· 327
　　　　3. 욥이 행한 의와 자비(29:11-17) ····················· 327
　　　　4. 장구한 삶을 소망하는 욥(29:18-20) ·················· 329
　　　　5. 존경받는 욥 II (29:21-25) ·························· 330
　　B. 현재 맞고 있는 고통스런 삶에 대한 탄식(30:1-31) ········ 333

    1. 욥에 대한 사람들의 적대적인 행동(30 : 1-15) ················ 334
    2. 욥에 대한 하나님의 적대적인 행동(30 : 16-23) ············· 336
    3. 애가로 변한 욥의 노래(30 : 24-31) ···························· 339
  C. 무죄 맹세(31 : 1-40) ·· **342**
    1. 호색(31 : 1-4) ·· 343
    2. 속임과 탐욕(31 : 5-8) ·· 345
    3. 간음(31 : 9-12) ··· 346
    4. 종의 형편을 돌아보지 않음(31 : 13-15) ······························· 347
    5. 가난한 자와 약한 자의 요구를 외면(31 : 16-23) ·················· 347
    6. 재물에 대한 신뢰와 천체 숭배(31 : 24-28) ·························· 348
    7. 적에 대한 미움과 손님에 대한 호의 거절(31 : 29-32) ·········· 349
    8. 죄를 숨김(31 : 33-34) ·· 350
    9. 도전 발언 : 욥에게 명예의 선언이 될 고소장(31 : 35-37) ······ 351
    10. 경작지에 대한 폭력(31 : 38-40) ·· 352

제 VII 부 엘리후의 발언(32 : 1-37 : 24) ································· **357**

  A. 엘리후의 등장과 모두(冒頭) 발언(32 : 1-22) ···················· **361**
    1. 엘리후의 등장(32 : 1-5) ·· 361
    2. 엘리후의 모두(冒頭) 발언(32 : 6-22) ···································· 364
  B. 엘리후의 첫 번째 발언(33 : 1-33) ······································ **369**
    1. 욥을 향한 준비 발언(33 : 1-7) ·· 369
    2. 욥의 말에 대한 인용과 평가(33 : 8-13) ································ 370
    3. 하나님의 계시의 방식들(33 : 14-22) ···································· 372
    4. 고난을 통한 회복(33 : 23-30) ·· 373
    5. 발언 촉구(33 : 31-33) ·· 375
  C. 엘리후의 두 번째 발언(34 : 1-41 : 34) ······························ **378**
    1. 검증 요청(34 : 1-4) ·· 379
    2. 욥의 발언에 대한 인용(34 : 5-9) ·· 380
    3. 하나님의 정의에 대한 변호 I(34 : 10-15) ···························· 382
    4. 하나님의 정의에 대한 변호 II(34 : 16-20) ··························· 383
    5. 하나님의 정의에 대한 변호 III(34 : 21-30) ·························· 384

    6. 결단 촉구(34 : 31-33) ·· 385
    7. 욥에 대한 평가(34 : 34-37) ···································· 386
  D. 엘리후의 세 번째 발언(35 : 1-16) ······························· 390
    1. 의로운 삶의 유익함에 관하여(35 : 1-4) ······················ 390
    2. 하나님께 미치는 인간 행동의 영향(35 : 5-8) ················ 391
    3. 하나님이 부르짖음에 대응하시지 않는 이유(35 : 9-13) ······ 392
    4. 하나님의 무관심에 대하여(35 : 14-16) ······················· 394
  E. 엘리후의 네 번째 발언(36 : 1-37 : 24) ·························· 396
    1. 도입부(36 : 1-4) ·· 398
    2. 하나님의 교육적 조치(36 : 5-15) ······························ 399
    3. 욥에 대한 권면 Ⅰ(36 : 16-21) ·································· 401
    4. 창조세계에 나타난 하나님의 위대하심(36 : 22-37 : 13) ········ 404
    5. 욥에 대한 권면 Ⅱ(37 : 14-20) ·································· 410
    6. 욥에 대한 권면 Ⅲ(37 : 21-24) ·································· 411

제 Ⅷ 부　하나님의 발언과 욥의 답변(38 : 1-41 : 34) ············· 417
  A. 욥기 안에서 하나님 발언의 의미 ································ 418
    1. '하나님이 말씀하신다'는 사실(dass)에서의 하나님 응답 ····· 419
    2. '하나님이 말씀하시는' 내용(Was)에서의 하나님 응답 ········ 421
  B. 야훼의 첫 번째 발언과 욥의 답변(38 : 1-40 : 5) ················ 423
    1. 야훼의 첫 번째 발언(38 : 1-40 : 2) ···························· 424
    2. 욥의 답변(40 : 3-5) ·· 444
  C. 야훼의 두 번째 발언과 욥의 답변(40 : 6-41 : 34) ··············· 447
    1. 주제질문 : 창조세계에 나타난 하나님의 '의'(40 : 7-8) ········ 448
    2. 주제의 확장Ⅰ : 세계에 대한 신(神)적 '통치'(40 : 9-14) ······ 449
    3. 주제의 확장Ⅱ : 동물세계(40 : 15-41 : 34) ····················· 451

제 Ⅸ 부　욥기의 결말(42 : 1-17) ······································ 461
  A. 욥기의 전체 개요 ··· 462
    1. 욥기의 구조 ··· 463

2. 욥의 다른 모습-탄식하는 욥 ·· 464
　　3. 하나님의 응답 ·· 466
　B. 욥의 답변(42:1-6) ·· 468
　C. 하나님의 판결(42:7-9) ··· 471
　D. 욥의 회복(42:10-17) ·· 476
　여론 : 욥기의 신학적 주제들 ·· 480

참고문헌 / 487

욥 기

서 론

A. 욥기의 명칭
B. 욥기의 기록연대
C. 욥기의 문헌-편집적 구성
D. 문학양식에 따른 욥기의 해석
E. 이스라엘 주변세계 문헌에 나타나는 "욥-문제"
F. 이스라엘 안에서 "욥-문제"의 생성배경
G. 욥기의 수용사
H. 욥기의 해석학
   1. 경전적인 문서로서의 성서
   2. 본문괄찰의 해석학적 원칙

| 욥기 |

서 론

A. 욥기의 명칭[1]

욥기는 주인공인 욥의 이름(MT : , LXX : Iwb, Vulgata : Iob, Luther : Hiob)을 따라 명명되었다. 욥의 이름에 관한 연구에서 다음 두 가지 해석이 욥기의 주제와 관련하여 주목받고 있다. 첫 번째 해석은 욥의 이름이 아카드어 '아야-아붐'〈'a[j]ja-'abu[m], "나의 아버지가 어디에 계신가"〉에서 기원했을 것이라는 입장이다.[2] 이러한 욥의 이름은 다양한 형태를 띤 채 특히 주전 20-14세기 이스라엘 주변세계의 문헌에서 많이 발견된다. 여기에서 아

---

1) 본 주석은 다양한 경로로 진행된 필자의 욥기 연구들을 표준주석 편찬 원칙을 따라 집약한 것이다. 따라서 각 해당본문에 대한 자세한 내용은 참고문헌에 소개된 필자의 글들을 참조하라.
2) G. Fohrer, *KAT*, 71f. ; M. Pope, *AncB*, 5f. ; Hartley, *NICOT*, 66, 각주 11번.

버지는 신(神)을 뜻하는 것으로 "하나님이 어디 계신가?" 하는 '탄식자'의 물음을 반영한다고 하겠다(24 : 12 참조). 두 번째 해석은 욥의 이름이 히브리어 낱말과 관련되어 있을 것이라는 입장이다.[3] 이러한 입장은 욥의 이름이 13 : 24(33 : 10 참조)에서 언급되는 것과 같이 אֹיֵב("원수")와 관련되어 있거나 אָיַב 동사에서 파생된 말로서 "핍박당하는 자"(Der Angefochtene)라는 의미를 가지는 것으로 추측하는 것이다. 이러한 욥의 이름에 관한 연구들은 욥의 이름 자체에 이미 욥의 삶과 이와 관련된 욥기의 주제가 암시되고 있음을 보여준다.

B. 욥기의 기록연대

구약성서의 여러 책들처럼(예, 룻기, 요나서, 다니엘서 등) 욥기도 '서술된 시기'(Erzählte Zeit)와 '서술하는 시기'(Erzählzeit)가 다른 특징을 보인다. 이 책은 족장시대의 시대적 배경을 가지고 있으나(예컨대 서막과 종장에 나타나는 욥의 나이, 재산 정도, 제사 관행, 화폐단위 등), 이 책이 기록된 때는 포로기 이후로 여겨진다. 욥기 1장에 그려진 욥의 재난에 대한 소식에서 갈대아 사람들의 등장(1 : 17)은 주전 6세기 중반 이후의 시대를 반영한다고 볼 수 있다. 이러한 사실이 욥기의 기록연대의 상한선(terminus a quo)을 말한다면, 주전 200년경에 기록된 벤 시락서 49 : 9의 욥기에 대한 언급은 욥기 기록연대의 하한선(terminus ad quem)을 제공한다.[4]

이러한 정황에서 욥기가 포로기 이후에 기록되었을 것이라는 주장은 아람어화의 경향, 사탄의 등장, 제사장계 문헌적 특징(42 : 16-17) 등을 고려할

---

3) V. Maag, *Hiob*, 14-15 각주 10번 ; Hartley, *NICOT*, 66 각주 10번.
4) 욥기의 저작연대에 관한 학자들의 견해는 다음과 같은 세 가지 시기로 나누어진다. 히스기야 시대의 주전 7세기 초(예컨대, Anderson, Pope, Hartley) ; 예루살렘 멸망 후인 주전 6세기 중반(예컨대, Terrien, Guillaume) ; 그리고 제2성전 시대인 주전 4-3세기(예컨대, Dhorme, Fohrer, Gordis).

때 설득력을 얻는다.[5] 또한 페르시아 시대와의 관련성을 보여주는 요소들이 있다. 욥기 3:14~15에서 왕, 고문, 고위관리 순으로 나타나고 있는 관리들의 순서가 페르시아 제국의 계층질서와 일치하고 있고(스 7:28 ; 8:25 ; 에 1:3 참조), 자신의 말이 납으로 바위에 새겨지기를 바라는 욥의 요구(19:23-24)는 다리우스 1세의 비스툰(Bisutun) 석비를 암시하고 있다고 볼 수 있으며(주전 520년경), 9:25의 빠른 경주자들에 관한 언급이나 데마와 세바로부터 온 대상무역(6:19)은 페르시아 시대의 제도나 시대상황을 반영한다고 볼 수 있다.

그러나 무엇보다도 욥기에서 다루어지고 있는 주제가 기록연대를 추정하는 데 중요하다. 즉, 욥기에서 제기하는 이스라엘 지혜의 위기와 행위화복관계(Tun-Ergehen-Zusammenhang)의 일치성에 대한 의문은 전통적인 지혜뿐만 아니라, 에스겔 18장이나 다른 포로기 문헌들에 의해서 암시되고 있는 행위화복관계 문제의 개인화 단계를 전제하고 있다. 즉 개인의 운명은 이전 세대의 탓으로 돌릴 수 없고 각자의 행동의 결과라는 사실이다. 이러한 사실은 욥기의 최종적인 기록연대를 개인화의 경향이 강해지고 행위화복관계가 불투명하게 인식되는 사회적 혼란의 시기인 주전 5-3세기로 추정하게 한다.[6] 하지만 욥기의 기록연대는 여러 가지 정황을 통해 추정할 뿐 어느 특정한 시기로 못 박을 수 없는 여전히 열려 있는 문제이다.

C. 욥기의 문헌-편집적 구성

대부분의 주석가들은 욥기가 문헌비평상 여러 이질적인 자료와 문서층

---

5) G. Fohrer, *KAT*, 42.
6) J. Ebach, *TRE* 15, 361.

으로 구성되어 있다는 사실에 동의한다. 그 내용을 좀 더 자세히 살펴보면 다음과 같다.

욥기는 우선 문체상 산문부와 시문부로 나뉜다. 산문부는 서막(1 : 1-2 : 13)과 종장(42 : 7-17)으로서 욥기를 둘러싸고 있는 이른바 '틀-이야기'(Rahmenerzählung)를 이룬다. 이 틀-이야기 안에 이른바 '욥-시문'(Hiob-dichtung)으로 불리는 시문부가 들어 있는데, 이것은 욥과 친구들의 논쟁(3-31장), 엘리후의 연설(32-37장), 하나님의 답변과 욥의 대답(38 : 1-42 : 6)의 세 부분으로 구분된다. 그런데 이러한 구분은 단지 문체상의 특성에만 의존한 것이 아니라 내용상의 고찰에서도 같은 결과를 나타낸다. 서막에는 욥이 끝없이 참고 견디는 경건한 '인내자'(Dulder)의 모습으로 나타나지만, 시문에서는 자신의 고난에 대해 하나님께 저돌적으로 질문하고 탄식하는 '반항자'의 모습을 보인다. 또한 틀-이야기에서는 욥이 부유한 '유목민 족장'의 모습을 보이지만, 시문(29장)에서는 '성에 거주하는 영향력 있는 지역유지'의 모습을 나타낸다. 그리고 틀-이야기에는 야훼-신명이 주로 사용된 반면, 욥-시문에는 엘(אֵל), 엘로아흐(אֱלוֹהַ), 샤다이(שַׁדַּי)와 같은 족장설화에 자주 등장하는 신명이 주로 사용되었다.[7]

그러나 욥기를 형성한 이질적인 자료의 흔적들은 틀-이야기와 욥-시문 사이의 차이에서뿐 아니라, 이분된 두 부분 자체에서도 찾아볼 수 있다. 세 친구들의 방문(2 : 11-13과 42 : 7-9)과 친척들의 방문(42 : 11)은 내용상 서로 경쟁관계에 있으며, 사탄이 등장하는 두 번의 천상회의 장면(1 : 6-12과 2 : 1-7)도 종교사적인 측면에서 볼 때 후대에 속하는 본문이라고 볼 수 있다(슥 3 : 1-2 ; 대상 21 : 1 참조). 또한 욥의 회복에 대한 보도(42 : 10-17)에서 2 : 1~10에 서술된 욥의 질병에 대한 언급이 없고, 42 : 10의 욥의 회복에 대한

---

7) J. Ebach, *TRE* 15, 362. 욥기에 나타난 "신명"(Gottesbezeichnung)의 분포상황에 대해서는 다음을 참조하라. S. R. Driver, *A Critical and Exegetical Commentary on the Book of Job* (ICC), 35.

종합적인 설명 뒤에 42:12 이하에서 욥의 회복이 또 다시 서술되고 있다.

한편 욥-시문 자체에서도 그 본문과 생성과정에 대해서 논란이 많다. 먼저 세 바퀴의 논쟁(die drei Redegänge : 4-14장 ; 15-21장 ; 22-27장) 부분이 문제가 된다. 욥의 첫째 발언(3장)과 도전연설(29-31장)로 둘러싸여 있는 이 논쟁은 세 번째 바퀴에서 욥의 연설은 아주 긴 반면, 25장에 나오는 빌닷의 발언이 극히 짧고 소발의 발언은 아예 빠져 있다. 그리고 24:13~24과 27:13~23에 나타난 욥의 발언은 친구들의 말이라고 보는 것이 더 자연스러울 만큼 그 내용이 이질적이다. 또한 '지혜의 노래'라 불리는 28장이 욥의 발언에 들어 있다.

다음으로 욥-시문 내에서 문제가 되는 것이 엘리후의 발언(32-37장)이다. 하나님의 답변이나 종장(42:7이하)에서 전혀 언급되지 않고 있으며, 위치상으로 욥의 항변과 하나님의 답변 사이에서 내용의 흐름을 방해한다. 특히 36:26~37:24에 나타나는 엘리후의 찬양은 앞뒤 맥락에 어울리지 않으며, 엘리후의 발언 안에 광범위하게 발견되는 언어적 특징(장황함과 은유화법의 퇴조, 아람어적 특징과 친구들의 말에 대한 문자적 인용 등)은 대다수의 학자들에 의해서 엘리후의 발언을 이차적인 편집으로 간주하게 한다.

마지막으로 욥-시문 끝부분에 두 번에 걸친 하나님의 답변과 욥의 대답이 나온다. 대부분의 주석가들이 하나님의 답변이 그 중요성에 있어서 욥기의 '정점'(Höhe-punkt)을 이룬다는 데에는 동의하지만, 그 내용과 본래의 형태에 대한 평가에선 큰 차이를 보인다.[8]

---

8) 오르쇼트(J. van Oorschot, *Gott als Grenze. Eine literarkritische und redaktionsgeschichtliche Untersuchung zu den Gottesreden des Hiobbuches*, 231-259)는 자신의 박사학위 논문을 통해 그동안 있었던 하나님의 답변에 대한 문헌비평-편집사적 연구들을 다음과 같은 5가지 유형으로 분류하여 평가하였다 : 1) 모델 A : 하나님의 발언과 욥의 대답이 원-시문에 포함되지 않는다는 입장(Volz, Kuhl, Hesse 등) ; 2) 모델 B : 전승된 본문이 시문의 본래적 종결이라는 입장(Weiser, Terrien, Gordis, Kubina, Habel, Hartley 등) ; 3) 모델 C : 두 번의 하나님의 발언과 두 번의 욥의 대답이 본래적이지만, 현재의 본문이 형성되기까지 약간의 확장이 있었다는 입장(Stier, Keel, Westermann, Ruprecht 등) ; 4) 모델 D : 38장 이하의 본문

이러한 문헌비평상의 문제점들 때문에 욥기의 생성에 대한 다양한 주장들이 제기되었다. 틀-이야기와 욥-시문의 통합과정에 대한 가설은 다음 세 가지로 요약된다 : [9] 첫째, 욥-시문의 저자가 문서로 확정된 틀 이야기를 토대로 욥-시문을 지었다는 가설(J. Wellhausen ; K. Budde ; B. Duhm ; E. Würthwein 등)과 둘째, 욥-시문의 저자가 구전된 욥 이야기를 받아들여 욥-시문의 틀로 개작했다는 가설(C. Steuernagel ; H. Gunkel ; G. Hölscher ; A. Weiser ; G. Fohrer ; S. Terrien 등)과 셋째, 서로 독립된 문서로 존재하던 두 자료가 2차적인 편집과정을 거쳐 현재의 모습으로 결합되었다는 가설(R. H. Pfeiffer ; C. Kuhl ; V. Maag) 등이다.

결론적으로 위에서 살펴보았듯이 욥기는 논란이 되는 다양한 자료와 문서층을 포함하고 있어, 현재의 모습으로 확정되기까지 적어도 몇 차례의 발전단계를 거쳤을 것으로 생각될 수 있다. 그러나 이러한 욥기의 생성사에 대한 인식에도 불구하고 최근의 욥기 연구 경향은 전통적인 역사-비평학적 연구 방법론(historisch-kritische Methoden)에 기초하여 전승된 본문을 그 생성역사의 정황에서 이해하려는 입장에서 구조주의, 수용미학, 수사비평과 같은 문예학적인 출발점(literaturwissenschaftliche Ansätze)을 가지고 확정된 최종본문에서 그 의미를 파악하려는 입장으로 그 무게중심이 옮겨가고 있다.[10]

을 재구성하면서 말로 하는 욥의 대답은 없었다는 입장(Schmid, Maag 등) ; 5) 모델 E : 하나님의 발언과 욥의 대답이 각각 한 번뿐이었다는 입장(Budde, de Wilde, Driver/Gray, Duhm, Würthwein, Hülscher, Fohrer, van Oorschot 등).
9) J. Ebach, *TRE* 15, 363.
10) 욥기의 연구동향에 관하여 다음을 참조하라. 하경택, "욥과 욥기의 문제 : 욥기의 연구사에 관한 소고," 「한국기독교신학논총」 31(2004. 1), 47-76 ; 동저자, "욥기 최근 연구 동향", 「성서마당」 97 (2011. 봄), 81-97.

D. 문학양식에 따른 욥기의 해석

욥기의 해석은 문학양식에 따라 세 가지의 주요 흐름으로 분류된다. 지혜문학적 해석과 시편적 해석과 사법적 해석이 주류를 이룬다. 이러한 해석의 갈래는 욥기가 기초하고 있는 기본 장르가 무엇인가에 대한 답변과 밀접한 관련성 속에 있다.

지혜문학적 해석모델의 전형은 욥기의 우주-지혜적인 성격을 강조하면서 욥기가 우주적-절대적인 문제의 해결을 제공한다고 보는 델리취(F. Delitzsch)에게서 찾을 수 있다. 그는 야훼-경외 신앙에서 출발하여 사물의 근본이나 개인과 민족의 역사를 뛰어넘는 우주적 보편 진리를 추구하는 이스라엘 정신세계의 흐름에서 욥기의 의미를 파악할 수 있다고 하였다 (Keil-Delitzsch 4/2, 8). 또한 부데(K. Budde)는 욥기를 교훈적 목적을 가진 '교훈시'(Lehrgedicht)라고 규정했고(Das Buch Hiob, X-XI), 헤르츠베르크 (H. W. Hertzberg)는 욥기가 하나님의 정의에 기초한 지혜의 책인데, 그 하나님의 정의는 인간 삶의 세세한 부분까지 영향을 미치는 것이라고 말하였다 (FS A. Bertholet 1950, 233-234). 한편 폰 라트(G. von Rad)는 틀 이야기도 단순한 '민속이야기'가 아니라 매우 정교하게 잘 조직된 교훈이야기라고 말했으며(Weisheit in Israel, 26), 헴펠(J. Hempel)이나 린트블롬(J. Lindblom)과 같은 학자들은 무엇보다도 욥기가 당시 교리로 굳어진 인과응보사상 (Ver-geltungsglauben)의 위기를 다루고 있다고 보았다.[11]

이렇게 욥기를 지혜문학에 귀속시키려는 입장에 반대하여 욥기의 다른 문학양식, 즉 시편적 양식과 사법적 양식을 강조하는 연구경향들이 생겨났다. 폴츠(P. Volz)는 욥-시문이 범례적이고 교훈적인 성격을 가지고 있다는 생각에 반론을 제기하며, 욥기의 시편적 성격을 강조하였다. 그는 욥과 친구

---

11) J. Ebach, *TRE* 15, 364.

와의 대화(3-31장)와 하나님의 응답(38장 이하)을 살펴볼 때 어떤 문제 해결도 나와 있지 않다고 하면서, 욥기 저자는 신앙과 경험의 분리 문제를 다루거나 어떤 해결책을 모색한 것이 아니라 하나님의 행동의 변화를 갈구하는 탄식과 기원을 묘사한 것이라고 말했다(SAT 3/2, 23-25). 또한 시편적 해석모델의 대표자라고 할 수 있는 베스터만(C. Westermann)도 욥기는 구체적이고 개인적이며 실존적인 특정한 사건을 다룬다고 말했다(Der Aufbau des Buches Hiob, 2쪽 이하). 여기에 어떤 문제가 다루어지고 있다고 한다면 그것은 "사고"(Denken)의 문제가 아니라 "실존"(Existenz)의 문제라는 것이다. '내가 왜 고난을 당해야 하는가?'와 같은 질문은 사고의 산물이 아니라 고난에 대한 직접적인 반응이라는 것이다. 이러한 반응이 탄식이며, 이것이 욥의 발언에서 볼 수 있는 가장 두드러진 문학양식이라고 베스터만은 분석했다. 또한 욥기가 어떤 문제를 다루지 않고 어떤 사건을 증언하고 있는데, 이 증언(Bezeugung)은 본래 위로의 과정이 되어야 할 것이 논쟁이 되어버린 "드라마화된 탄식(시)"(Dramtisierte Klage)라고 규정했다.

욥기의 사법적 해석의 가능성은 쾰러(L. Köhler)에 의해서 결정적으로 제공되었는데, 그것은 욥기가 보여주는 욥과 세 친구의 연설이 법정에서 행해지는 연설과 유사하다는 것이다. 법정에서 두 편으로 나뉘어 공방을 벌이다 어느 한편이 할 말을 잃게 되는데, 바로 이러한 까닭에 세 번째 바퀴의 논쟁에서 소발의 연설이 나타나지 않는다고 설명한다(Der Hebräische Mensch, 153-154). 욥기에서 탄식(시)의 요소를 강조한 베스터만도 욥기 전체로 보면 욥과 친구의 논쟁은 법정소송절차로 볼 수 있고, 여기에서 하나님의 응답은 소송에 대한 판결이라고 할 수 있다고 말했다. 그러나 이 논쟁에서 욥의 탄식이 가장 중요한 요소이기 때문에 하나님의 응답은 동시에 욥의 탄식에 대한 하나님의 응답이라고 볼 수 있다고 평가한다.[12] 또한 리히터(H. Richter)는

---

12) C. Westermann, 앞의 책, 5.

욥기 언어의 장르 분석으로 욥기의 성격을 규정하였는데, 그의 분석에 따르면 욥기에는 사법에 관련된 언어가 가장 많이 나타난다는 것이다(사법관련 구절 : 444, 지혜관련 구절 : 346, 그 외 기타장르, 참조 : EvTh 18 [1958], 30). 그는 베스터만이 탄식의 유형으로 분류한 상당 부분을 이러한 사법관련 언어에 속하는 것으로 분류했다.

위와 같은 고찰을 통해서 알 수 있는 것은 문학양식에 따른 욥기 해석에서 세 가지 주요 흐름으로 나눈 입장들이 서로 완전히 고립되어 있거나 배타적이지 않다는 점이다. 욥기연구에서 나타난 지혜, 시편, 사법의 세 주제가 교차적인 연관성을 가지고 다른 해석의 모델들을 보완하고 있다. 에바흐(J. Ebach, TRE 15, 365)는 이 세 가지 모델의 상호보완성을 다음과 같이 평가하고 있다. 즉 지혜문학적 해석모델과 사법적 해석모델은 하나님의 정의라는 개념에서, 시편적 해석모델과 사법적 해석모델은 욥-시문의 사건의 측면에서 그 공통점을 찾을 수 있다고 말한다. 또한 지혜문학적 해석에서는 교리 밖의 영역으로 제외시킬 수 없는 한 문제를 욥기가 다루고 있음이 분명해지고, 시편적 해석에서는 개인의 실존의 문제가 하나의 일반화된 해석의 틀에 용해될 수 없음을 강조하고 있으며, 사법적 해석에서는 욥의 사례에서 제기된 정의의 문제가 이중적인 의미에서 하나님과 함께(mit) 논쟁될 수 있다는 사실을 보여준다는 것이다. 바로 이러한 특성 때문에 포프(M. Pope)는 욥기의 문학양식이 하나의 용어나 어떤 특정한 용어들의 결합으로 규정할 수 없는 '독특한 장르'(sui generis)라고 말한다.[13] 그러나 욥기가 이렇게 어느 한 장르로 분류하기 힘들 만큼 다양한 문학양식의 요소들을 가지고 있음에도 불구하고, 욥기에는 신학과 실존의 두 측면이 동시에 존재하고 있음을 알 수 있다. 다시 말하면, 욥기는 구체적이고 실존적인 경험에서 생겨났으며, 그 안에는 일반적이고 신학적인 문제가 다루어지고 있다는 점이다.[14]

---

13) M. Pope, AncB, XXX.

E. 이스라엘 주변세계의 문헌에 나타나는 "욥-문제"

1864년 델리취(F. Delitzsch)는 욥기의 "지혜적 특성"(Chokma-Charakter)을 강조함으로 "욥-문제"가 단순히 구약성경 내의 문제만은 아닐 것이라는 점을 분명히 하였다(Keil-Delitzsch 4/2, 5-6.). 이러한 문제제기는 곧이어 이어진 다양한 고고학적인 발굴로 빛을 보게 되는데, 욥기와 같은 주제를 다루고 있는 고대 중동 문헌들의 발견으로 "욥-문제"가 단순히 이스라엘 신앙 안에서만의 문제가 아니며, 주변세계와의 관련성 속에서 보편성과 특수성을 공유하고 있음이 밝혀졌다.[15] 욥기와 관련성을 가진 고대 중동 문헌들로 7가지 문헌들이 열거된다. 그것은 세 개의 이집트 문헌과 세 개의 바벨론 문헌, 그리고 한 개의 수메르 문헌이다.[16]

이집트 문헌 중 첫 번째 것은 "농부의 항변"(The Complaints of the Peasant)이다(ANET, 407-410). 이 문헌은 산문으로 된 서막과 종장 사이에

---

14) 비젤(E. Wiesel)은 욥의 실존성에 대한 응답에서 이렇게 말한다 : "한 부류의 사람들은 욥이 정말 실존했던 사람이며 그의 고난은 단지 문학적 창작에 불과하다고 말한다. 그러나 다른 부류의 사람들은 이와 반대로, 욥은 실존했던 인물은 아니나 그는 정말 고난을 당했다고 말한다"(E. Wiesel, Adam oder das Geheimnis des Anfangs, 1982, 211). 이 두 극단을 피할 수 있는 것이 욥기를 '마샬(משל)'로서 규정하는 것이다. 다윗의 범죄를 지적한 나단의 비유(삼하 12 : 1-4)에서 볼 수 있듯이 마샬은 "욥의 실존"과 "욥의 문제" 두 가지 차원을 포괄한다. 고난당하는 욥이라는 욥 개인의 실존적 차원(욥의 역사성에 대한 연구사에 대해서 다음을 참조하라. H.H. Rowley, "Book of Job and Its Meaning," BJRL 41 (1958/59), 172 각주 3-4)과 욥의 사건을 통해 보여주고자 하는 신학적 물음의 차원이 동시에 나타난다. 에바흐(J. Ebach)는 욥기의 이러한 양면성을 "욥-사례"(Fall Hiob)와 "욥-문제"(Hiobproblem) 라는 두 낱말로 표현했다(J. Ebach, Streiten mit Gott, Teil 1, XI-XII).
15) 고대 중동 문헌들의 발견으로 밝혀진 구약성경과의 연관성에 대하여 다음 논문을 참조하라. 강사문, "욥과 고대 메소포타미아의 수난자 문학의 비교연구," 구덕관박사 회갑기념 논문집 『지혜전승과 설교』(서울 : 대한기독교서회, 1991), 19-32 ; 동저자, "구약성경의 보편성과 특수성," 「교회와 신학」 27 (1995), 206-244.
16) 고대 중동 문헌들에 대한 연구결과들에 대하여 다음을 참조하라 : H.-P. Müller, Das Hiobproblem, 49-72 ; N. H. Sanith, The Book of Job. Its Origin and Purpose, 김성애역, 『욥기의 형성사』(서울 : 성바오로출판사, 1989), 35-54 ; 이군호, 『욥기』(서울 : 대한기독교서회, 1998), 54-57.

시문 형태의 아홉 개의 연설이 들어 있어 그 구조가 욥기와 흡사하다. 농부의 권익을 위해 정의에 관한 항거의 내용을 가지고 있으나 결국 체념하고 죽음을 갈망한다는 내용이다. 이 이집트의 문헌이 현재 형태를 갖춘 것은 주전 18-20세기인 것으로 추측된다. 이집트 문헌 중 두 번째 것은 "네퍼-로후의 예언"(The Prophecy of Nefer-Rohu)으로 알려진 것으로 이것 역시 두 개의 산문과 그 사이에 들어있는 시문으로 되어 있는 작품이다(*ANET*, 444-446). 세 번째 이집트 문헌은 "자살에 관한 논쟁"(A Dispute over Suicide)이다 (*ANET*, 405-407). 주전 2000년대의 내용으로 추정되며, 주인공은 자살을 갈망하며 신의 법정에서 자신의 송사를 호소할 계획을 말한다. 주제뿐 아니라 문헌양식에서도 대화부분의 토론에서 신이 법정에 등장하는 내용 등은 욥기와 유사한 점이다.

첫 번째 바벨론 문헌으로는 "바벨론의 욥"(babylonischer Hiob)으로 알려진 Ludlul bēl nēmeqi("나는 지혜의 주님을 찬양하리라")라 불리는 아카드어 문서이다(*ANET*, 596-600). 고난 받는 의인인 주인공은 원래 부유하고 세력 있던 사람이었으나 갑자기 중병에 걸려 곤경에 처하게 된다. 자신의 삶을 독백의 형식을 빌려 묘사한다. 그러나 마지막에 마르둑(Marduk)신이 그의 덕행을 인하여 갚아주고 건강을 회복시켜 준다는 이야기다. 주전 12세기 작품으로 추정되며, 주전 7세기에는 당시 하나의 고전이 된 듯하다. 다음은 "바벨론의 신정론"(Babylonische Theodizee)이라 불리는 문헌이다(*ANET*, 601-604). 1895년에 출판되었는데 주전 1000년경의 것으로 바벨론의 전도서라고 일컬어질 정도로 생의 비관론으로 가득 차 있다. 고난당하는 자가 반항하며 친구들과 대화를 나누는 것과 친구들이 전통적인 질서신학(Ordunungs-theologie)을 가지고 신들을 변호하는 것은 욥기와 비슷하나 욥기에서와 같은 운명의 전환은 나타나지 않는다. 세 번째로 언급되는 것이 "비관적인 대화"(der pessimistische Dialog)이다(*ANET*, 600-601). 이 문헌에는 인간의 모든 활동이 논의되며 이 모든 것이 찬미되나 또한 이 모든 것이 헛되다는 내용이 제시된다.

마지막으로 수메르 문헌으로는 주전 2000년경에 생성된 것으로 추정되는 "인간과 그의 하나님"(Man and his God)이라는 작품이다(*ANET*, 589-591). 주인공은 현명하고 강직한 한 부자인데 처음에는 찬양으로 시작하나 질병과 고통이 갑작스레 밀려오자 눈물 흘리며 기도하면서 하나님께 향한다. 하나님은 그를 불쌍히 여기어 구해내시고, 부귀와 기쁨을 나누어 주신다. 이 시에는 대화가 없다. 그러나 여기에서는 다른 중동 문헌에서는 찾아볼 수 없는 곤경과 구원의 때에 탄식자 앞에 서 있는 인격적인 하나님이 묘사된다.

이와 같이 "무죄한 자의 고난"이란 주제의 작품들이 이스라엘 주변세계에 널리 퍼져 있었기 때문에 욥기의 저자가 이들로부터 직간접적인 영향 속에 있었을 것이라는 사실은 쉽게 추정할 수 있다.

F. 이스라엘 안에서 "욥-문제"의 생성배경

욥기의 생성연대에 대한 정확한 추정이 어렵듯이 욥기의 사회사적인 배경을 명확하게 밝혀내는 것도 매우 힘들다. 그러나 욥기에서 서술되는 것처럼 욥은 자신의 신앙적 행위와 그에 따르는 삶의 형편이 서로 상응되지 않기 때문에 자신의 행위와 삶의 의미에 대해서 의문을 제기하고 탄식해야만 했던 부유하고 경건한 신앙인의 유형을 대표한다. 욥기의 사회사적 배경에 관해 다양한 연구들이 있었지만,[17] 욥기에서 다루어지고 있는 고난의 문제는 재산

---

17) 욥기의 사회사적 연구의 대표적인 예로 크뤼제만(F. Crüsemann)과 알버츠(R. Albertz)를 들 수 있다. 크뤼제만은 욥기의 배경이 되는 포로후기 유다의 상황에 관하여 포로후기 유다 공동체는 "포로생활과 그로 인한 옛 질서의 붕괴, 힘겨운 새출발, 많은 부정적인 결과들(그 가운데서 높고 통제할 수 없이 부과되는 세금과 공출, 또한 옛 지도계층들의 비정치화와 비군사화가 특기할 만하다)을 초래한 외세의 통치"를 경험해야 했다고 말한다(F. Crüsemann, *Hiob und Kohelet*, 390-391. 이와는 달리 알버츠는 욥기의 배경에는 공동체의 사회적 구조

이나 사회적 지위상실과 같은 어떤 특정한 사회집단의 문제 이전에 자녀의 상실이나 질병, 죽음에의 위협 등과 같은 일반적인 고난의 문제가 중심이 되고 있다. 그러므로 욥기가 사회경제적인 정황과는 무관한 인간본연의 문제를 다루고 있다거나 어떤 특정한 사회경제적인 집단의 갈등과 문제만을 다루고 있다는 식의 이분법적인 해석은 적절치 않다. 일반적으로 추정되는 사회사적인 욥기의 배경은 포로기 이후 계속되는 정치적 독립성의 상실과 오랫동안 납득이 가지 않은 채 남아 있는 포로기 재난을 이전세대들의 타락의 결과로 이해하는 역사해석, 그리고 (그 안에서 세대가 계속되면서 행위화복관계의 일치성이 개인의 삶에서 그렇지 않은 모순들로 경험되는) 가족과 씨족 공동체의 점진적인 붕괴가 한 개인의 행동과 이 개인의 운명 사이에 나타나야 할 그 상응성에 대한 질문들을 첨예화시켰다는 점이다.[18]

   구약성서 안에서 행위화복관계에 대한 이해는 "보응"(Vergeltung) 개념이 아니라 "행위"와 그 행위의 "결과" 사이의 상응관계를 강조하는 것이다(예컨대, 죄와 죄의 결과를 동시에 나타내는 낱말 '아본'(עָוֹן)의 용례를 참조하라).[19] 그러나 이 상응관계는 자동으로 작동되는 기계적 원리가 아니다. 이것은 하나님이 개입하실 때 그리고 그렇게 하시기 때문에 유지되는 원칙이다(그러한 하나님의 행동은 히브리말 '쉴렘'(שָׁלֵם)이나 '슈브'(שׁוּב)를 통해 표현된다). 그러

   에 깊은 균열로 각인되는 다음과 같은 주전 5세기 유다의 사회사적인 상황이 있었다고 주장한다. "욥기는 유다의 상류계층이 경제적 상황을 분별없이 자신들을 위해 남용하며 더 이상 공동체적 연대감을 유지하지 않는 대다수 사람들과 공동체 연대감을 유지하면서 공동체의 빈곤층의 권익을 위해 노력했지만 그러한 이타적인 노력에도 불구하고 오히려 자신들이 사회적 지위하락의 위험에 직면해야 했던 소수의 집단으로 분열되었음을 반영한다"(R. Albertz, Der sozialgeschichtliche Hintergrund, 368). 즉 크뤼제만은 욥기가 포로후기 유다공동체 전체의 문제를 다루고 있다고 본 반면, 알버츠는 주전 5세기 유다공동체의 상류층 중에서도 지혜신학에 입각하여 개인 경건의 삶에 노력을 기울였으나 그에 상응하는 결과를 보지 못하는 소수집단의 문제로 보았다.

18) J. Ebach, *TRE* 15, 366.
19) K. Koch, "Gibt es ein Vergeltungsdogma im Alten Testament?," in : *Um das Prinzip der Vergeltung in Religion und Recht des AT* (WdF 125), 130-180.

므로 이스라엘에서 행위화복관계의 일치성에 대한 강조는 일차적으로 경험의 표현이 아니라 그렇게 되기를 기원하는 희망의 표현이다.

그럼에도 불구하고 행위화복관계의 일치성에 대한 이해는 원역사나 잠언이나 예언서의 내용에서 나타나는 바와 같이 그렇게 단순하지 않았다. 그것이 경험세계에서 긴장관계 속에 있었기 때문에 여러 세대를 포괄하는 영향범위를 상정하지 않을 수 없었다(출 20 : 5-6 ; 34 : 6-7 ; 민 14 : 18). 이러한 행위화복관계의 일치성에 대한 이해는 하나의 윤리적인 규범이 될 뿐만 아니라 역사해석의 기본 틀이 되었다(호세아, 예레미아, 신명기 역사서 등에서 ; 예컨대 왕하 22 : 16-20). 그러므로 포로기의 재난은 여러 세대를 포괄하는 행위화복관계를 보여주는 대표적인 예가 되었다(렘 31 : 29 ; 애 5 : 7). 그러나 이러한 이해는 동시에 당대의 사람들에게 윤리적이며 책임적인 삶을 살기보다는 자신들의 처지를 숙명론적으로 이해하게 할 위험을 내포하고 있었다. 바로 이러한 위기상황에 에스겔의 선포가 의미 있게 작용한다(겔 18장). 에스겔은 개인의 운명이 각자의 행동의 결과라는 사실을 강조함으로써 포로기 재난을 조상들의 죄의 결과로 돌리지 않고 자신들의 죄의 결과로 인식하게 만들었다.[20]

그러나 한 가지 문제 해결은 또 다른 문제가 생기게 했다. 에스겔식의 개인윤리와 책임의 강조는 개인의 행동에 대한 결과를 맞게 하는 하나님의 대응이 현세대의 세계와 개인의 삶에서 투명하게 인지되고 계산될 수 있다는 사고를 가능케 하였다. 따라서 "무고한 자의 고난"이 이전 세대가 지은 죄의 결과로 설명되거나 장래의 보상을 통해서 상쇄될 것이라고 여겨지지 않게 되었다. 동시에 이것은 행위에 상응하는 형편을 바란다거나 행위와 형편 사이의 불일치에 대해 하나님께 탄식하기보다는, 형편으로부터 행위를 추론하거나 결과로부터 그 사람의 실제의 삶을 규정하는 하나의 '도그마'나 '이데올로

---

20) V. Maag, *Hiob*, 70-71.

기'로 전락될 위험이 있었다.[21] 욥기는 바로 이러한 상황에서 나타날 수 있는 고난에 관한 이해의 문제를 다루고 있다.

G. 욥기의 수용사

욥기의 수용사는 욥-인물(Hiobgestalt)과 욥-문제(Hiobproblem)의 이중적인 차원에서 고찰된다. 전자가 주로 욥기의 해석사나 문학과 미술의 수용사에서 나타난다면, 후자는 신학과 철학의 중요한 주제로서 등장한다.[22] 수용사에 나타난 욥의 인물상은 경건한 '인내자'와 반항적인 '탄식자'의 대조적인 모습으로 나타난다. 인내자로서의 욥은 우선 신약성서(약 5 : 11)에 나타나고(참조. 탈굼과 코란에 나타난 욥의 모습), 고대교회의 교부 터툴리안(Tertullian)의 해석과 그레고리 1세의 욥기 주석, 그리고 중세의 문학에서도 같은 흐름을 볼 수 있다. 이와 반대로 반항자로서의 모습은 자신이 당하는 고난의 의미뿐만 아니라 질서 있는 세계와 의로운 주관자를 부정하며 탄식하는 욥의 모습을 부각시키는 블로흐(Bloch)의 해석에서 잘 나타난다.

탄식자로서의 욥의 모습은 이성의 '재판정'(Gerichtshof)에서 벌어지는 하나님의 정의에 대한 '소송'(Prozeß)으로서 이해되는 '신정론'의 문제에 대

---

21) J. Ebach, *TRE* 15, 367.
22) 이외에도 욥기의 특정한 모티브나 본문에 관련된 수용들을 볼 수 있다. 예컨대, 욥기의 서막을 차용한 괴테(Goethe) 파우스트의 "내기" 장면, 밀턴(Milton)이나 바이런(Byron)의 작품에 등장하는 사탄, 욥 1 : 14이하에서 혼자 살아남아 재난의 소식을 전하는 전달자의 모습을 기본 구조로 하고 있는 멜빌(Melville)의 모비 딕(Moby Dick), 욥기에서는 단 한 번 등장하는 욥의 아내를(2 : 9) 중심인물로 부각시킨 블레이크(W. Blake, *Illustrations of the Book of Job*, London 1825)나 코코쉬카(O. Kokoschka, *Hiob. Ein Drama*, Hamburg 1973), 쉐디드(A. Chedid, *La femme de Job*『욥의 아내』, Calmann-Lévy 1993)의 작품들, 그리고 신화적인 동물 리워야단이나 베헤못을 주제화한 홉스(T. Hobbes, *Leviathan*, 1651)의 리워야단(이점은 위의 멜빌이나 밀턴의 작품에서도 잘 나타난다) 등이 그러한 예들이다.

한 논쟁과 연결된다. 볼테르(Voltaire)와 베첼(Wezel)과 칸트(Kant)가 이러한 신정론의 문제와 관련하여 욥기를 해석한 대표적인 경우들이다. 또한 욥기에 나타난 고난의 문제는 해방신학에서도 수용되어 논의된다. 구티에레즈(Gutierrez)는 정치-경제-사회적 고난(민중의 고난)이 존재하는 현실 속에서 하나님에 관하여 어떻게 말할 수 있는가의 문제가 욥기의 핵심이라고 말한다. 이뿐 아니라 욥의 문제는 베게트(Beckett)나 맥크리쉬(MacLeish)의 부조리 문학에서도 수용되어 현대인들이 경험하는 다양한 부조리의 현실을 고발했다. 또한 심리학자 융(Jung)은 『욥에 대한 응답』에서 사탄과 악의 문제를 하나님의 어두운 측면과 통합시켜 설명함으로써 이원론적 기독교의 신관을 비판한다.

음악과 미술 분야에서도 다양한 수용사를 보여 준다. 교회음악에서는 욥기 19장 25절을 주제로 한 음악들이 많이 작곡되었다(di Lasso, Die Klagen des Hiob ; Schütz, SWV 393 ; Händel, Messias ; Brahms, op. 74.1 ; Huber, Hiob 19). 또한 욥기 전체에 대한 음악적 수용으로는 캅(A. Kapp)이 작곡한 오라토리오나 에벤(P. Eben)의 오르간 연주곡 등 다수의 작품들이 있다. 미술에서는 블레이크나 코코슈카가 독특하게 자신들의 문학작품에 연결시킨 미술작품들이 유명하며, 그 외 작품들에 대해서는 드류어(L. Drewer, Journal of the Warburg and Courtauld Institutes 44 [1981], 148-156)와 굿만(J. Gutmann, HUCA 39 [1968], 219-230)의 글을 참조하라.

마지막으로 유대인들의 욥기 수용사에도 욥 인물에 대한 두 가지 대조적인 입장이 공존한다. 인내하는 욥의 모습을 강조하는 전통(탈굼역과 욥의 언약서[Testament Hiobs])과는 달리 세계질서에 대한 문제제기 차원의 의미를 강조하는 욥기에 대한 수많은 탈무드의 언급이 서로 대조를 이룬다. 하지만 더욱 주목할 만한 것은 홀로코스트의 경험과 함께 욥의 고난과 삶이 욥 개인의 문제가 아니라 유대 민족 자신의 운명으로 인식되어 해석된다는 점이다.[23]

욥기의 수용사에 나타난 다양성은 욥기 자체가 그만큼 다층적인 구성으로 다양한 해석의 가능성을 열어 주기 때문이다. 따라서 욥기 해석에서 욥기의 어느 한 측면만을 강조하거나 욥기의 문제를 어느 하나의 신학적 문제로 축소시켜 이해하기보다는, 이 책에 내포된 다양한 측면들과 주제들을 함께 고찰하여 그 신학적 의미를 극대화시키며 당대의 질문들에 응답함으로 욥기의 메시지를 현실화하는 노력이 요구된다.

H. 욥기의 해석학

1. 경전적인 문서로서의 성서

이집트 학자이자 종교학자인 아스만(J. Assmann)이 시도한 문서들에 대한 구분은 '성서' 이해와 해석에 좋은 통찰력을 제공한다. 그는 문서의 종류를 "고전적인(klassischer)" 문서와 "신성한(heiliger)" 문서와 "경전적인(kanonischer)" 문서로 나누고 그 문서들이 갖는 각각의 의미를 설명하였다.[24]

---

23) 랑엔호르스트(G. Langenhorst)는 20세기 문학에서 차지하는 욥-인물(Hiobsgestalt)의 의미와 문학적 수용이 신학에 주는 의미를 탐구하면서 20세기 욥기 수용사를 세 시기로 구분한다(G. Langenhorst, *Hiob unser Zeitgenosse. Die literarische Hiob-Rezeption im 20. Jahrhundert als theologische Herausforderung*, Mainz 1994) : 1) 1914-35 : 현대의 붕괴되는 세계관에 대한 '중심증인'(Kronzeuge)으로서의 욥(71-119) ; 2) 1930-60 : 홀로코스트 이후 유대 민족의 화신(Verkürperung)으로서의 욥(120-223) ; 부분적으로 그 시기가 겹치지만, 3) 1950-현재 : 자신의 실존적인 문제와 씨름하는 동시대적 인물로서의 욥(224-320).
24) Aleida und Jan Assmann, Kanon und Zensur, in : 동저자(Hg.), *Kanon und Zensur*, München 1987, 7-27. 아울러 다음을 참조하라. J. Assmann, Das kulturelle Gedächtnis. Schrift, *Erinnerung und politische Identität in frühen Hochkulturen*, München 1992 ; Aleida und Jan Assmann/Chr. Hardmeier (Hg.), *Schrift und Gedächtnis*, München 1993. 아스만의 이러한 연구는 다음 책에도 소개되어 있다 : E. Zenger u. a., *Einleitung in das Alten Testament*, Stuttgart u. a. 1995, 45 ; J. Ebach, *Gott im Wort*, Neukirchen-Vluyn 1997, 101-105(=『말씀 안에 계신 하나님』, 하경택 역, 서울 : 한들, 2002, 172-179).

첫째로, 고전적인 문서는 어떤 특정한 시대나 집단의 문화적인 '정체성'을 위해 본질적이며 가치를 구현한다. 고전적인 문서에 대한 분류는 시대와 집단에 따라 다를 수 있다. 선택의 기준이 미학적 기준에서 윤리적 기준에 이르기까지 폭넓게 나타나지만, 모범적인 기능을 수행한다는 점이 중요하다. 즉 이러한 문서는 다른 문서들보다 더 자주 읽혀지고 인용되고 모방되어 하나의 '고전'으로서 가치를 가지게 된다.

둘째로, 신성한 문서는 "일종의 언어로 된 성전(Tempel)이며, 언어를 매개로 하는 거룩한 것의 현재화이다. 신성한 문서는 해석을 요구하지 않고, 시간과 장소와 정결 등과 관련된 규정들에 대한 신중한 고려를 통해 제의적으로 보호된 낭송(Rezitation)을 요구한다."[25] 신성한 문서는 반드시 해석되어야 한다거나 이해될 필요가 없다. 낭송될 때 중요한 것은 정확한 재현이다.[26] 의미가 중요한 것이 아니라 문자 그대로인가가 중요하다. 그러므로 '신성한 문서'는 근본적으로 다른 언어나 시대로 번역될 수 없다(이러한 신성한 문서의 의미가 적용되는 예로 대부분의 무슬림이 생각하는 코란[Koran]을 말할 수 있다).

셋째로, 경전적인 문서는 어떤 공동체의 규범적(normativ)이고 구성적(formativ)인 가치들을 규정한다. 그것은 (암묵적이든 명시적이든) 다른 문서들에 대한 검열을 전제로 한다. 이것은 어떤 문서들이 규범적인 것으로 효력을 발생케 하는 과정이다. 그러나 이 문서는 단순한 인용이나 낭송으로 구속력 있는 규범성을 가지는 것이 아니라, 구속력 있게 이해된 문서의 의미로서

---

25) J. Assmann, *Das kulturelle Gedächtnis*, 94.
26) 신성한 문서의 이러한 의미는 제의 영역에서 가장 잘 나타난다. 내용과 의미보다 문자적인 낭송의 의미를 강조할 때 신앙고백문을 일종의 주문처럼 오해하고 적용할 때가 있다. 가장 잘 알려진 예로 "hoc est corpus..."(이것은 나의 몸이니...)를 "Hokus pokus"로 만드는 것이다. 제의적인 낭송의 의미에 관하여 다음을 참조하라. J. Ebach, 『말씀 안에 계신 하나님』, 54-58 ; F. Graf, Communio loquendi cum dis. Magie und Kommunikation, in : G. Binder/K. Ehlich (Hg.), *Religiöse Kommunikation-Formen und Praxis vor der Neuzeit*, 1997, 119-139.

가치가 있다. 그러므로 경전적인 문서에는 본문과 수신자 사이에서 본문의 표면에 내재된 규범적이고 구성적인 동인들(Impulse)을 이끌어 낼 수 있는 해석자가 필요하다.[27] 경전적인 문서는 오직 "본문, 해석자, 수신자의 삼각관계(Dreiecksbeziehung)"[28]에서 그것의 의미가 전개되며, 따라서 이 경전적인 문서의 변함없는 원문을 시대에 맞게 새롭게 추론하고 현실화하는 주석 작업이 무엇보다 중요하게 된다.

성서에는 고전적인 문서, 신성한 문서, 경전적인 문서의 의미가 다 있다. 하지만 이중에서 경전적인 문서로서 성서의 의미를 강조하는 것은 성서본문이 문화적인 교양을 위한 것이라거나 문자적인 낭송에 그 의미가 있는 것이 아니라, 성서 독자들의 삶과 행위에 구속력 있는 하나님의 말씀으로 적용될 때 그 본래적인 의미가 있음을 강조하는 것이다(경전적인 문서의 의미는 "귀나 입에 있지 않고 심장[마음]에 있다"[29]). 아울러 성서본문을 오늘 우리의 시대에 구속력 있고 의미 있는 본문으로 현재화하고 현실화하는 주석자의 작업과 역할의 중요성을 일깨워준다.

2. 본문관찰의 해석학적 원칙 : 분리하기와 구분하기

50년대 이후 나타난 '해석학적 패러다임의 전환'(hermeneutischer Para-digmenwechsel)이라고 한다면, 그것은 본문 뒤에 숨겨져 있는 요소들을 추론하는 것을 통해 어떤 본문이 더 잘 이해될 수 있다는 사고에서, 본문을 본문으로서, 즉 본문을 있는 그대로 연구해야 된다는 사고로의 전환이라고 할

---

27) 각 문서에 따라 필요한 사람들의 부류를 알기 쉽게 정리하면, 고전적인 문서에는 교육받은 대중이 필요하고, 신성한 문서에는 사제나 그것을 들려줄 사제에 비교할 만한 낭송자가 필요하며, 경전적인 문서에는 그것의 의미를 풀어주는 학자나 해석자가 필요하다(J. Ebach, 『말씀 안에 계신 하나님』, 174).
28) J. Assmann, Das kulturelle Gedächtnis, 95.
29) J. Assmann, 같은 책, 95.

것이다.[30] 전자를 '통시적 연구방법론'이라고 한다면, 후자는 '공시적 연구방법론'에 분류될 것이다. 전자가 전통적인 역사-비평학적 연구 방법론(historisch-kritische Methoden)에 기초하여 전승된 본문을 그 생성역사의 정황에서 이해하려는 입장이라면, 후자는 구조주의나 수사비평과 같은 문예학적인 출발점(literaturwissenschaftliche Ansätze)을 가지고 최종 확정된 본문에서 그 의미를 파악하려는 입장이다.[31] 전자가 본래 저자에 의해서 의도되고 구상되었던 '의미의 재구성'에 해석의 의미와 목표를 두고 있다고 한다면, 후자는 현재 '최종형태'(Endgestalt)로 주어진 본문이 주는 의미의 파악에 해석의 의미와 목표가 있다. 전자를 '저자의 의도'(intentio auctoris)가 중심이 되는 해석 방법론이라면, 후자를 '작품의 의도'(intentio operis)가 중심이 된 해석 방법론이라고 할 수 있을 것이다.[32]

물론 두 해석학적 흐름을 서로 전혀 무관하거나 배타적이라고 할 수는 없다. 그럼에도 불구하고 이 두 방법론의 경향에서 두드러지게 나타나는 차이점은 본문을 대하는 태도에서 드러난다. 전자는 원저자의 의도가 중요하기 때문에, 가능한 한 저자의 의도에 맞지 않는 것으로 인정되는 모든 요소들을 제외시키려 한다. 반면 후자는 최종본문의 형태를 있는 그대로 수용한다.

---

30) M. Oeming, *Biblische Hermeneutik. Eine Einführung* (Darmstadt, 1998), 26.
31) J. van Oorschot, Tendenzen der Hiobforschung, *ThR* 60 (1995), 353.
32) 여기에 한 가지 경향을 덧붙이면, 최근 30년 동안의 해석학적 논의에서 완전히 새로운 방향을 제시하며 등장한 흐름이 "수용자에게 전향된 해석"(die am Rezipienten orientierte Interpretation) 방법론이다. 도멘(Ch. Dohmen, *Hermeneutik der Jüdischen Bibel und des christlichen Alten Testaments*, Stuttgart u.a. 1996, 193)은 이런 해석학적 변화를 "본문적 연구(Textwissenschaft)에서 의사소통적 연구(Kommunikationswissenschaft)에로의 전환"이라고 평가한다. 이것은 수용자(독자)가 본문의 의미 형성 과정에 깊숙이 관여한다는 해석학적 전제를 가지고 있기 때문에, "독자의 의도"(intentio lectoris)가 중심이 되는 해석 방법론이라고 할 수 있다. 이러한 해석학적 입장의 선두에 에꼬(U. Eco)가 있다 : *Das offene Kunstwerk*, Frankfurt a. M. [7]1996 ; *Lector in fabula. Die Mitarbeit der Interpretation in erzählenden Text*, München 1987 ; *Die Grenzen der Interpretation*, München 1992 ; *Zwischen Autor und Text. Interpretation und Überinterpretation*, München 1996.

여기에서 다시 위에서 말한 성서를 경전적인 문서로서 보는 관점이 의미가 있다. 성서를 경전적인 문서로 본다는 것은 경전화 과정이 이미 끝났고, 경전으로서의 본문의 형태가 확정되었다는 것을 인정한다는 의미이다.[33] 해석자가 재구성한 본문이 아무리 설득력을 지닌다고 해도, 현재 주어진 본문의 정경적인 권위를 능가하지는 못한다. 바로 이때 요청되는 해석학적 원칙이 "분리하기"(scheiden)가 아니라 "구별하기"(unterscheiden)인 것이다.[34] 어떤 본문(책)의 정경화 과정에서 결합되고 확장되고 편집된 다양한 자료와 양식과 전승을 최종 본문 안에서 구별할 수는 있어도 분리해서는 안 된다는 것이다. 다양한 자료와 양식과 전승을 나름대로 의미 있는 것으로 볼 수 있어도, 그것은 어디까지나 최종적인 본문의 상황에서 보는 것이어야 한다.[35] 이러한 해석학적 원칙에는 해석자의 본문에 대한 태도와 깊은 관련성이 있다. 그것은 해석자는 권위 위에서 본문을 '지배하는 자'가 아니라, 경전으로서의 본문 권위 아래에서 본문의 말씀을 '경청하는 자'이어야 한다는 것이다.

---

33) 쨍어(E. Zenger)는 "경전화"(Kanonisierung)에는 서로 구별되는 다음 두 가지 과정/측면을 포함한다고 말한다(E. Zenger, *Einleitung ins Alten Testament*, 44) : "1. '경전화 과정'(Kanonwerdung, canonical process)은 그 안에서 한 본문이 점진적으로 그것의 확정적인 언어적 형태와 그것의 권위/승인을 얻는 길고 지속적인 과정이다. 2. '경전의 확정'(Kanonschließung)은 그것을 통해 어떤 본문에 대하여 일반적인 구속력을 얻도록 그것의 규범적인 기능을 인정하는 행위다 ; 통상 이것은 최후의 본문개정을 통해 또한 한 개 혹은 여러 개의 모델본의 출판이나 문서 보존을 통해 일어난다. 경전이 확정된 후에는 경전적인 문서가 더 이상 '계속 쓰여지지'(fortgeschrieben) 않고, 단지 '필사될'(abgeschrieben) 뿐이다." 이러한 경전적인 문서로의 의미를 강조하는 해석학적 입장을 잘 반영하고 있는 연구서가 최근 출간된 렌토르프(R. Rendtorff)의 구약신학이다 : *Theologie des Alten Testament. Ein kanonischer Entwurf*. Bd. 1 : *Kanonische Grundlegung* ; Bd. 2 : *Thematische Entfaltung*. Neukirchener Verlag 1999/2001. (=『구약정경신학』, 하경택 옮김[서울 : 새물결플러스, 2009]).
34) J. Ebach, Art. : Hiob/Hiobbuch, *TRE* 15, 362-363.
35) 다양한 자료와 양식과 전승이 포함된 본문의 이해를 돕는 예가 요즈음 일상적으로 접하는 인터넷 문서이다. 인터넷 문서에는 바탕 본문들과 다른 색깔과 글자체로 구별되어 있는 하이퍼텍스트(Hypertext)가 있다. 이 하이퍼텍스트를 클릭하면 그 이면에 숨겨진 내용이 나타난다. 즉 그 하이퍼텍스트와 연관된 '의미단위'가 있다는 것이다. 이처럼 독립적인 의미단위를 가진 하이퍼텍스트가 바탕 본문과 구별될 수는 있지만, 그것의 궁극적인 의미는 바탕본문 안에 있는 다른 본문과 의미관계 속에서 얻어진다.

본 주석은 이러한 해석학적 원칙 속에서 집필되었다. 다양한 자료와 전승이 집합되어 저술된 책이 욥기다. 다양한 자료와 전승이 욥기구조와 흐름을 혼란스럽게 하고 복잡하게 하는 것이 아니라 욥기 신학과 메시지의 깊이를 더해주는 요소로 작용할 수 있다. 그러한 의미에서 "담화와 책 안에서의 자리"(Sitz in Rede und Buch)는 매우 중요하다.[36] 이것은 어떤 본문이 있었던 본래의 정황과 달리 현재 본문이 있는 욥기 전체의 구조와 발언들 안에서 보여주는 기능과 의미를 살피려는 의도를 함축한다. 필자는 욥기 등장인물이 보여주는 발언을 위치변경하거나 재구성하기보다는 그것들이 현재의 위치에서 어떤 의미를 지니는지를 분석하고 평가함으로 경전으로 수용되고 전승된 욥기가 오늘 우리에게 말하고자 하는 바를 경청하고자 한다.

---

36) G. Fohrer, *Das Buch Hiob* (KAT) (Gütersloh : Gütersloher Verlaghaus Gerd Mohn, 1963), 52.

제 I 부

욥기의 서막

욥기 1:1~2:13

A. 욥기의 서막 I(1:1-22)
  1. 욥의 신앙과 삶을 소개(1:1-5)
  2. 천상에서의 첫 번째 대화(1:6-12)
  3. 첫 번째 시험과 욥의 반응(1:13-22)

B. 욥기의 서막 II(2:1-13)
  1. 천상에서의 두 번째 대화(2:1-6)
  2. 두 번째 시험과 욥의 반응(2:7-10)
  3. 세 친구의 방문(2:11-13)

| 욥기 1 : 1~2 : 13 |

욥기의 서막

A. 욥기의 서막 I

욥기를 크게 세 부분으로 구분하면 서막(1-2장), 논쟁(3 : 1-42 : 6), 종장(42 : 7-17)으로 나눌 수 있다. 여기에서 서막은 욥과 친구들, 더 나아가 하나님과 벌이는 '논쟁'을 위한 무대를 제공한다. 이것은 단순하고도 짤막한 내용을 담고 있지만, 심오하고 복잡한 '욥-문제'의 시발점이 된다.

욥기의 서막은 총 여섯 개의 장면(1 : 1-5 ; 6-12 ; 13-22 ; 2 : 1-6 ; 7-10 ; 11-13)으로 구성되어 있다. 그 장면들의 외형적 구조는 a-b-c-b'-c'-d의 패턴을 보여준다. 그러나 내용에 따라 사건의 흐름을 관찰해 보면 각 장면들이 선행하는 장면에 대한 '대응관계'("질문과 응답의 구조")가 드러난다. 욥의 신앙과 삶(1 : 1-5)에 대한 대응으로 첫 번째 천상의 대화 장면이 나오고(1 : 6-12), 천상에서 이뤄진 시험에 대한 대응으로 지상에서의 욥의 반응이 기술된다(1:13-22). 욥의 첫 번째 반응에 대한 대응으로 두 번째 천상의 대화 장면이 나타나며(2:1-6), 여기에 천상에서의 두 번째 시험에 대한 욥의 반응이 이어진다(2:7-10). 그리고 욥의 이러한 형편에 대한 반응으로서 친구들의 방문이 서막의 마지막 장면으로서 나타난다(2:11-13).

이러한 의미에서 '욥-시문'(3:1-42:6)은 욥기 전체의 틀 안에서 '서막'에 대한 대응이라고 볼 수 있다. '욥-문제'를 촉발시킨 서막의 '욥의 사례'에 대한 논쟁인 것이다. 그러나 '욥-시문'에서는 서막에서 진행되던 천상과 지상간의 상호작용이 중단되고 친구들과의 논쟁으로 변화되어 장면이 지상에 머물러 있게 된다. 이러한 장면의 고정에서 또한 '욥-문제' 해결의 시점과 방식이 예견된다. 그것은 결국 그 문제를 촉발시켰던 천상에서의 대응, 즉 닫혔던 하늘이 열리고 하나님의 응답이 나타날 때이다.

1. 욥의 신앙과 삶을 소개(1:1-5)

¹우스 땅에 욥이라 불리는 사람이 있었는데 그 사람은 온전하고 정직하여 하나님을 경외하며 악에서 떠난 자더라 ²그에게 아들 일곱과 딸 셋이 태어나니라 ³그의 소유물은 양이 칠천 마리요 낙타가 삼천 마리요 소가 오백 겨리요 암나귀가 오백 마리이며 종도 많이 있었으니 이 사람은 동방 사람 중에 가장 훌륭한 자라 ⁴그의 아들들이 자기 생일에 각각 자기의 집에서 잔치를 베풀고 그의 누이 세 명도 청하여 함께 먹고 마시더라 ⁵그들이 차례대로 잔치를 끝내면 욥이 그들을 불러다가 성결하게 하되 아침에 일어나서 그들의 명수대로 번제를 드렸으니 이는 욥이 말하기를 혹시 내 아들들이 죄를 범하여 마음

---

1) 필자는 이러한 대응관계를 "질문과 응답의 구조"(Frage-und-Antwort-Struktur)로서 인식한다. 이 구조는 욥기 전체를 관통하면서 욥기의 기본구조로 작용한다. 서막의 질문과 응답의 구조에 관하여 다음을 참조하라. Ha, Kyung-Taek, *Frage und Antwort : Eine Studie zum Hiob 3 im Kontext des Hiobbuches* (*HBS* 46) (Freiburg : Herder Verlag, 2005), 25-44, 특히 31-38.

으로 하나님을 욕되게 하였을까 함이라 욥의 행위가 항상 이러하였더라

[1:1-5] 욥기의 첫 장면은 주인공을 소개함으로써 시작한다(1절). 욥기는 역사적 설화의 전형적인 양식(אִישׁ וַיְהִי, "그리고 한 사람이 있었다")에 따라 시작되지 않는다. '이쉬 하야'(הָיָה אִישׁ), 즉 '한 사람이 있었다'로 시작함으로써 앞선 어떤 사건과 관계없이 하나의 새롭고 분명한 시작을 알리고 있다(삼하 12:1이하 ; 에 2:5 참조). 그의 이름은 욥(אִיּוֹב)이었고 그는 우스(עוּץ)땅에 살았다. 욥의 이름(MT : אִיּוֹב, LXX : Ιωβ, Vulgata : Iob, Luther : Hiob)에 관한 연구에서 다음 두 가지 해석이 욥기의 주제와 관련하여 주목받고 있다(J. Hartley, *NICOT*, 66; J. Ebach, *KBB* 1, 5). 첫 번째 해석은 욥의 이름이 아카드어 '아야-아붐'〈a[j]ja-'abu[m], "나의 아버지가 어디에 있는가"〉에서 기원했을 것이라는 입장이다. 이러한 욥의 이름은 다양한 형태를 띤 채 특히 주전 20-14세기 이스라엘 주변세계의 문헌에서 많이 발견된다. 여기에서 아버지는 신(神)을 뜻하는 것으로 '하나님이 어디 계신가?'하는 '탄식자'의 물음을 반영한다고 하겠다(욥 24:12 참조). 두 번째 해석은 욥의 이름이 히브리어 낱말과 관련되어 있을 것이라는 입장이다. 이러한 입장은 욥의 이름이 욥기 13:24(욥 33:10 참조)에서 언급되는 것과 같이 אֹיֵב("원수")와 관련되어 있거나 '아야브'〈ājab〉동사에서 파생된 말로서 "핍박당하는 자"(Der Angefochtene)라는 의미를 가지는 것으로 추측하는 것이다. 이러한 욥의 이름에 관한 연구들은 욥의 이름 자체에 이미 욥의 삶과 이와 관련된 욥기의 주제가 암시되고 있음을 보여준다.

그의 출신지인 우스 땅은 그 위치가 어디인지 분명치 않다. 우스 지역에 대한 전승은 에돔과 아람지역 두 가지로 나뉜다(G. Fohrer, *KAT*, 72-73 ; J. Hartley, *NICOT*, 66, 각주 9번). 먼저 에돔 지역에 대한 증거들을 보면 다음과 같다. 예레미야애가 4:21에서 딸 에돔이 우스 땅에 산다고 말하고 있고, 예레미야 25:20~21에서 우스가 블레셋과 에돔과 모압과 함께 지칭되고 있으

며, 창세기 36 : 28에서는 세일의 손자로 소개되고 있다(대상 1 : 42 참조). 또한 칠십인경(욥 42 : 18)에서는 욥을 에돔의 왕 요밥과 동일시하고 있으며(창 36 : 33=대상 1 : 44 ; 또한 창 10 : 29 참조), 에돔이 지혜로 유명한 지역이었다는 사실(옵 1 : 8 ; 렘 49 : 7)이 지혜문헌 욥기와의 관련성을 암시한다. 이와는 달리 아람지역에 대한 증거들도 여럿 있다. 우스가 아람의 아들이라고 말하고 있고(창 10 : 23 ; 대상 1 : 17[한 히브리어 사본과 70인경]), 창세기 22장 20~21절에서는 아브라함의 동생 나홀의 맏아들로 소개되고 있다. 이러한 증거들을 통해 우리가 할 수 있는 것은 우스가 에돔 인근의 남부나 팔레스타인 북부 아람지역 중 어느 한 곳에 위치해 있었을 것이라고 추정하는 것이다. 그러나 분명한 것은 욥의 출신지가 팔레스타인이 아니라 '아랍지역' 중 하나라는 사실이다. 이것은 3절의 '동방사람'(בְּנֵי קֶדֶם)이라는 언급을 통해 확인된다. 구약성서에서 '동방사람'이라는 용어는 다양하게 사용된다. 창세기 29 : 1에서는 유프라데스 강 북부에 살던 아람인들을 지칭하고 있고, 이사야 11 : 14에서는 동방에 있는 이스라엘의 적들, 즉 에돔, 모압, 암몬족을 가리키며 블레셋과 대조적인 말로 사용되고 있다. 특별히 이 용어는 사사시대에 미디안인이나 아말렉인들과 더불어 이스라엘을 침공하던 요단 동편 유목민족에게 적용되고 있다(삿 6 : 3, 33 ; 7 : 12 ; 8 : 10). 또한 이것은 게달이나 암몬의 동쪽 수리아 아라비아 사막의 유목민들을 의미하는 말로 쓰이기도 한다(렘 49 : 28 ; 겔 25 : 4, 10).

이름과 출신지에 대한 언급 후에 욥의 성품과 경건한 삶의 방식이 묘사된다. 그것은 두 쌍의 낱말로써 표현되어 있다. 첫 번째 쌍의 낱말은 '흠이 없고 정직하다'(תָּם וְיָשָׁר)는 것이다(잠 2 : 21 ; 28 : 10 ; 29 : 10 ; 시 25 : 21 ; 37 : 37). '흠이 없다'는 말은 주로 제사용 제물에 쓰이는 말로서 '의로운'(צַדִּיק)(창 6 : 9 ; 시 7 : 9 ; 잠 11 : 5)이나 '진실'(אֱמֶת)(삿 9 : 16, 19 ; 수 24 : 14)이라는 말과 함께 쓰이며, 더 나아가서는 '죄를 짓지 않고'(시 19 : 14), '하나님 앞에서 행하며'(창 17 : 1) '야훼의 율법을 따라 사는'(시 119 : 1) 삶을 가리키는 말로써 사용된다. '정직한'이라는 말도 '의로운'(צַדִּיקִים)(시 33:1; 140:13)이나 '죄 없는'(4:7; 17:8) 또는 '청결한'(8:6)이란 말과 함께 쓰인다. 이러한 용례를 종합해 볼 때, 두 낱말은 하나님과의 관계에서 올곧고 흠이 없으며 내적인 태도와 외적인 행동이 일치하는 욥의 인격과 삶을 표현한다.

두 번째 쌍의 낱말은 '하나님을 경외하고 악을 멀리했다'(וִירֵא אֱלֹהִים וְסָר מֵרָע)는 것이다. '하나님 혹은 야훼 경외'는 구약성서에서 신앙과 경건의 모습을 표현하는 대표적인 용어이다. 그것은 단순히 하나님(야훼) 앞에서의 두려움을 말하는 것이 아니라, 그분을 유일한 주권자와 심판자로 인정하면서 그분의 뜻과 계명에 순종하며 그분이 기뻐하시는 일을 함으로써 그분에 합당한 존경과 섬김의 모습을 보여 주는 것이다(더 자세한 내용은 다음을 참조하라. G. von Rad, *Weisheit*, 91-93; H.-J. Kraus,『시편의 신학』, 380-381.). 그래서 하나님을 경외하는 것은 그분을 사랑하는 것(신 10:12; 13:3-5; 시 112:1)이나 악에서 떠나는 것(잠 3:7; 14:16; 16:5-6)과 깊은 연관성 속에서 언급된다. 특히 지혜문헌에서는 하나님(야훼) 경외를 참된 지혜의 근원이라고 말한다(잠 1:7; 9:10; 욥 28:28). 이와 같은 욥의 성품과 삶의 방식에 대한 묘사는 욥의 경건과 삶이 얼마나 이상적이었는가를 잘 보여준다. 따라서 욥은 에스겔이 그를 노아, 다니엘과 함께 모든 시대에 걸쳐 가장 의로운 사람들 중 하나로 소개할 만큼 '전설적인' 인물로 나타난다(겔 14:14, 20).

2절과 3절은 이러한 욥의 성품과 삶의 방식에 상응하는 그의 번영과 형편이 그려지고 있다. 그는 아들 일곱에 딸 셋의 자녀를 두었다. 이것은 자녀가 많다는 사실(시 127:3; 128:3; 144:12)에서뿐 아니라 그 숫자의 상징성(7+3=10)에서 그가 받은 복의 완전성과 충만함을 알 수 있다. 이상적인 상태로서 일곱 아들을 언급하고 있는 곳들이 많다(삼상 2:5; 렘 15:9; 룻 4:15). 사무엘상 16:6~13을 보면 다윗이 여덟째 아들이라는 사실을 알 수 있지만, 역대기에서는 다윗을 일곱째 아들로 소개하고 있는 것을 보라(대상 2:15; 또한 대상 27:18 참조). 7이라는 숫자의 상징성을 고려한 진술이다.

욥은 여기에다 세 명의 딸이 더 있었으니 그가 받은 자녀의 복이 얼마나 큰지 알 수 있다. 이러한 복의 완전성은 그가 소유했던 재산에 대한 묘사에서도 잘 드러난다. 작은 가축(양/염소) 칠천 마리, 낙타 삼천 마리, 소 오백 쌍, 암나귀 오백 마리 등의 언급은 3과 7과 10의 숫자를 통한 완전함에 대한 상징성을 부각시킨다. 그는 동방에서 '가장 큰 자'로 인정받았다. 이것은 우선적으로 그의 부유함과 관련된 언급이다(창 26 : 13 참조). 하지만 그것은 그의 부에 뒤따라오는 힘과 명성도 함께 포함한다. 칠십인경은 욥을 에돔의 왕 요밥과 동일시하고 있으며(LXX 42 : 18 ; 창 36 : 33 참조), 바벨론 탈무드는 그를 친구들과 함께 예언자로 부른다(Baba Bathra 156).

욥의 삶은 이렇게 그의 신앙과 삶의 형편, 행위와 그 결과가 이상적인 조화를 이루고 있었다. 4~5절에서는 이러한 이상적인 조화를 뒷받침하는 그의 삶의 한 단면을 보여준다. 욥의 아들들은 자신들의 차례를 따라 형제와 누이들을 불러 잔치를 벌였다. 히브리말 '요모'(יוֹמוֹ)는 직역하면 "그의 날"(his day)인데 여기서는 그들의 생일을 가리킨다고 보기보다는 자신에게 돌아온 순번의 날을 의미한다고 보는 것이 더 적절하다. 욥은 일곱 아들들이 차례대로 잔치를 마치고 나면 그들을 불러다가 그들을 성결하게 하고 번제를 드렸다. 그 이유는 "혹시"(אוּלַי) 자신의 아들들이 범했을지도 모르는 잘못을 속죄하기 위해서다. 그렇다면 욥이 속죄하려는 아들들의 범죄는 무엇이었을까? 개역개정은 5절 하반절을 "내 아들들이 죄를 범하여 마음으로 하나님을 욕되게 하였을까 함이라"고 번역하고 있다. '욕되게 하다'라고 번역된 본문의 히브리어 동사는 '바라크'(ברך)의 피엘형이다. 이것은 통상 '축복하다'(bless) 혹은 '송축하다'(praise)로 번역된다. 하지만 욥기 서막에서 이 동사는 다르게 번역되었다. 욥기 1장 5절에서 '바라크' 동사가 사용되는 것은 저자나 필사자가 하나님을 '저주한다'(קלל)는 불경스러운 표현을 피하기 위해 정반대의 낱말로 대치한 '완곡어법'(Euphemismus)이라는 것이다. 하나님과 왕을 모독하는 자에게는 돌로 쳐 죽임을 당하는 엄중한 형벌이 주어지기 때문이다(출

22 : 28 ; 레 24 : 10-16 ; 삼하 19 : 21 ; 왕상 21 : 10, 23). 하지만 이 동사는 이 낱말의 본래 의미를 살려 본문의 뜻을 이해할 수도 있다.[2] 혹시 내 아들들이 죄를 범하고 자신들의 마음에서 하나님을 '찬양하였을까' 하였기 때문이다. 이럴 경우 욥의 이 진술은 '죄를 짓고서도 하나님을 찬양하는' 불경한 행동을 아들들이 했을 것을 우려하는 것으로 이해된다. 욥은 하나님을 직접 저주한 것뿐만 아니라 하나님께 올바른 찬양을 하지 못한 모습까지도 용납하지 않고 속죄하는 철두철미한 신앙의 모습을 보여준다.

그런데 여기에서 욥이 드린 번제의 의미를 생각하면 매우 독특한 것을 알 수 있다. 그것은 알지 못하는 가운데 지은 죄를 속하는 속죄제가 레위기에 나타나지만(레 5 : 1-13), 확인되지 않은 죄에 대해서 드린다는 점에서 죄로 인해 생기는 나쁜 결과를 미리 차단하는 일종의 '보험'(Versicherung)과 같은 성격을 지닌다(J. Ebach, *KBB* 1, 7). 이러한 욥의 제사를 콘라트 슈미트(K. Schmid, "Hiobproblem," 29)는 "예방제사"(Opferprophylaxe)라고 지칭하였다. 종교사적이며 인류학적인 연구에 의하면 '제사'란 제물이 연기로 전환되어 하나님께 전달되는 '물물교환'의 성격을 가지고 있다(M. Mauss, *Die Gabe*, 1984 ; E. Leach, "Die Logik des Opfers," in : *Kultur und Kommunikation*, 1978, 101쪽 이하들). 여기에서 욥은 'do et das'("I give and you give")라기 보다는 'do ut des'("I give in order that you may give")의 특징을 가지고 있는 제사를 드린다. 다시 말하면, 순수한 하나님과의 교제의 의미로서 제사라기보다는 특별한 '목적'을 가진 의도적인 행동으로서 제사를 드린 것이다.

욥기의 서막에서 그려진 욥의 모습은 여러 가지 면에서 족장들과 닮은꼴을 보여준다. 그는 창세기의 족장들처럼 부유했다(아브라함 : 창 12 : 16 ; 13 : 2 ; 이삭 : 창 26 : 13 이하 ; 야곱 : 창 30 : 43 ; 32 : 5).[3] 다음으로 그는 가장

---

2) T. Linafelt, "The Undecidability of ברך in the Prologue to Job and Beyond," *Biblical Interpretation* IV/2 (1996) 162-164 ; M. L. Frettlöh, Theologie des Segens, 308-314.
3) 아브라함과 이삭과 야곱의 삶에 대해서 다음을 참조하라. 하경택, 『정경적 관점에서 본 창세기

으로서 제사장 역할을 한다(창 8 : 20 ; 22 : 7, 13 ; 31 : 54). 그리고 그의 수명이 족장들처럼 길다(데라 : 210세, 아브라함 : 175세 ; 이삭 : 180세 ; 야곱 : 147세 ; 요셉 : 110세). 그는 적어도 210세를 산 것으로 보인다. 그가 고난에서 회복 후 '백사십 년을 살며 아들과 손자 사 대를 보았기' 때문이다(42 : 16-17). 마지막으로 화폐단위에 대한 언급이 유사하다. 42 : 11에서 언급되고 있는 '케시타'(קְשִׂיטָה)는 야곱에 대한 언급 시 사용된 용어였다(창 33 : 19 ; 수 24 : 32). 이처럼 욥 이야기는 족장시대의 배경 속에서 그려지고 있다.

지금까지 살펴본 서막의 첫 장면은 의미하는 바가 매우 크다. 1~5절에 묘사된 욥의 행동을 통해서 우리는 앞으로 욥기에서 다루어질 '욥-문제'의 일면을 보게 된다. 다시 욥기의 시작으로 돌아가서 1절과 2~3절의 연결 관계를 살펴보자. 1절과 2~3절이 연계사 '베'(וְ)로 연결되어 있다. 이 낱말은 "그리고, 그러나, 그러므로" 등 다양한 의미의 연결관계를 표현할 수 있다 (HAL, 247-248). 따라서 이 낱말을 어떻게 해석하느냐에 따라 욥의 경건한 신앙과 그가 누리는 복과 번영의 관계가 달라진다. 이 관계에 대해서 논리적으로 그리고 신학적으로 다음과 같은 세 가지 경우를 생각할 수 있다(J. Ebach, KBB 1, 8).

1) 욥이 경건하고 하나님을 두려워하기 때문에 복을 누리는 것인가?
2) 아니면 그에게 번영된 삶이 있기 때문에 욥이 경건하고 하나님을 두려워하는가?(이것은 1 : 9에서 사탄이 제기하는 질문이다.)
3) 아니면 욥의 행동은 그의 화복관계와 관련성이 없는 것인가?

욥의 삶에 나타난 '행위화복관계'(Tun-Ergehen-Zusammenhang)를 묻는 이 질문은 앞으로 진행될 욥과 친구들, 그리고 하나님과의 논쟁에서 이

2』(서울 : 킹덤북스, 2019), 19-304.

세계와 이 세계를 다스리시는 하나님의 '정의' 문제로 확대된다. 욥의 삶을 다스리시는 하나님은 동시에 이 세계의 창조자이시며 유지자이시기 때문이다. 그러므로 욥기의 첫 장면은 욥의 삶을 소개하면서 동시에 욥기의 전체주제로서 나타나는 '욥-문제'를 암시하고 있다.

2. 천상에서의 첫 번째 대화(1 : 6-12)

⁶하루는 하나님의 아들들이 와서 여호와 앞에 섰고 사탄도 그들 가운데에 온지라 ⁷여호와께서 사탄에게 이르시되 네가 어디서 왔느냐 사탄이 여호와께 대답하여 이르되 땅을 두루 돌아 여기저기 다녀왔나이다 ⁸여호와께서 사탄에게 이르시되 네가 내 종 욥을 주의하여 보았느냐 그와 같이 온전하고 정직하여 하나님을 경외하며 악에서 떠난 자는 세상에 없느니라 ⁹사탄이 여호와께 대답하여 이르되 욥이 어찌 까닭 없이 하나님을 경외하리이까 ¹⁰주께서 그와 그의 집과 그의 모든 소유물을 울타리로 두르심 때문이 아니니이까 주께서 그의 손으로 하는 바를 복되게 하사 그의 소유물이 땅에 넘치게 하셨음이니이다 ¹¹이제 주의 손을 펴서 그의 모든 소유물을 치소서 그리하시면 틀림없이 주를 향하여 욕하지 않겠나이까 ¹²여호와께서 사탄에게 이르시되 내가 그의 소유물을 다 네 손에 맡기노라 다만 그의 몸에는 네 손을 대지 말지니라 사탄이 곧 여호와 앞에서 물러가니라

[1 : 6-12] 서막의 두 번째 장면으로 '천상회의' 장면이 묘사된다. 고대 이스라엘 주변세계에서 '천상회의'에 대한 기원과 모범을 발견할 수 있다. 천상회의 장면은 한편으로 지상의 궁정회의에 대한 유비로서 왕과 신하들이 함께 모인 장면이 묘사되는 이집트 문헌에서 그 사례들을 흔히 볼 수 있고, 다른 한편으로는 가나안의 만신전(Pantheon) 회의를 묘사하는 장면에서 그 유사성을 고찰할 수 있다. 특별히 우가릿 문헌에서 이 회의가 "신들의 회의"(Götterversammlung)

로 명명된다. 이 신들의 회의가 구약성서에서 야훼 하나님에 대한 유일신 신앙 안에서 이해된다. 그때 신들의 회의는 야훼께서 유일하신 하나님으로서 자신 아래 있는 천상의 존재들("하나님의 아들들")을 불러 모으셔서 하늘 궁정이나 하늘 보좌에서 회의하는 장면으로 묘사된다(시 29:1; 82편; 89:6-9[5-8]; 왕상 22:19-23; 사 6장). 또한 하나님이 '우리'로 지칭된 본문들도 이러한 천상회의 상황을 나타내는 것으로 이해될 수 있다(창 1:26; 3:22; 11:7; 사 6:8) (G. Fohrer, *KAT*, 80쪽 이하; J. Hartley. *NICOT*, 71, 각주 6번 참조).

6절에서 '하루'(יוֹם)라는 말이 정관사와 함께 쓰였다(1:13; 2:1; 삼상 1:4; 14:1; 왕하 4:8, 11, 18). 그 이유는 이 날이 상황을 통해서 이미 주어진 것으로 전제되기 때문이다. 하루와 관련하여 예루살렘 탈굼은 첫 번째 천상회의 날짜를 '로쉬 샤나'(정월 초하루)로 두 번째 천상회의 날짜를 '욤 키푸르'(속죄일)로 해석한다. 이것은 포로기 이후 유대 전승을 배경으로 하고 있는 해석인데, 그러한 이해에 따르면 '로쉬 샤나'는 선한 자와 악한 자를 나누는 예비심판의 날이며, '욤 키푸르'는 이때 결정되지 않은 중간지대 사람들에게 은혜의 기간이 주어지다가 최종적인 심판이 이루어지는 날이다(J. Hartley, *NICOT*, 71). '하루'는 하나님의 아들들이 야훼 앞에 섰고, 사탄도 그들 가운데 끼어 있었다. 여기에서 '하나님의 아들들'은 후에 천사들로 일컬어지는 하나님을 보좌하도록 창조된 천상의 존재들이다. 여기에서 '아들'로 번역된 '벤'(בֵּן)은 신체적-족보적(physisch-genealogisch)인 의미에서 아들이 아니라 귀속성(Zugehörigkeit)을 표현하는 말이다(참조. GK § 128v). 따라서 '베네 하엘로힘'(בְּנֵי הָאֱלֹהִים)은 '엘로힘'(אֱלֹהִים)에게 소속된 신적인 존재들을 가리키며, 따라서 칠십인경은 이것을 '하나님의 천사들'(οἱ ἄγγελοι τοῦ θεοῦ)이라고 번역하고 있다.

이들 가운데 사탄이 있었다. 여기에서 사탄은 정관사와 함께 쓰여 고유명사가 아니라 하나의 '칭호'(title)로 기능하고 있음을 알 수 있다. 사탄의 어근으로 분석되는 히브리어 '사탄'(שטן)은 두 가지 방식으로 구약성서에서 사용되었다. 한편으로 그것은 왕을 타도하려는 정치적 대적자의 행동을 묘사하는데 사용되고(삼상 29:4; 삼하 19:23[22]; 왕상 5:18[4]; 11:14, 23, 25; 또한 민 22:22, 32에서 발람을 막는 야훼의 사자에 대한 묘사를 참조하라.), 다른 한편으로 그것은 검사와 같이 다른 사람의 행동에 대해서 법정에 고발하는 사람을 묘사하는 데 쓰인다(시 109:6; 슥 3:1-2). 이러한 용례들과 함께 욥기에서 사탄은 후기 유대-기독교 전통에서 묘사되듯이 모든 악의 세력을 주관하는 우두머리로서 하나님께 대적하는 '사탄'이 아니라, 하나님의 위탁을 받아 지상세계를 감시하는 '감찰관'이면서 사람들의 행동과 신앙에 의문을 제기하는 '고소자'이다. 투르-시나이(H. N. Tur-Sinai, Job, 38-45)는 사탄의 역할이 거대한 제국의 지배체제를 견고히 하기 위해 운용한 페르시아 제국의 비밀 첩보원 제도의 유비를 따른 것이라고 설명한다. 이러한 직무를 수행하는 자들은 '왕의 눈과 귀'(the eyes and ears of the king)라고 일컬어졌다(M. Pope, 『욥기』, 105).

사탄에 대한 묘사를 통해 욥기가 스가랴서와 동시대적인 종교사적 배경을 가지고 있음을 알 수 있다. 욥기에서와 마찬가지로 스가랴 3:1~2에서도 사탄이 정관사와 '함께' 사용되면서 야훼 주위에 서 있는 천상의 존재들 중 하나로 나타난다. 이러한 언어적 특징 이외에도 욥기와 스가랴서는 하나님의 활동영역과 사탄의 활동영역이 분리되는 중간단계의 모습을 보여준다. 더 오래된 전승들로 여겨지는 본문에서는 파괴적이고 위협적이고 불의하게 보이는 일도 야훼께 직접 소급되나(예컨대, 창 22:1-19에서 아브라함을 시험하심, 출 4:24 이하와 창 32:10 이하에서 모세와 야곱에 대해 공격하심, 삼하 24:1에서 다윗을 격동시키심), 욥기에서는 그러한 일들이 하나님의 위탁 아래에서 사탄을 통해서 대행된다. 하지만 후대에 가서는 사탄의 활동영역이 더욱 확대되어 나타난다. 사탄은 독자적이며 하나님을 대적하는 악한 세력의 우두머리로서 활동한다. 이러한 변화를 보여주는 대표적인 예가 역대상 21 : 1에 묘사된 사탄의 모습이다. 거기에서 사탄은 정관사 '없이' 명명되고 하나님의 통치에 대적하는 악의 세력으로서 의인화되어 있다(삼하 24 : 1 참조). 이러한 사탄에 대한 이해 속에서 이른바 '신정론'의 문제가 제기된다. H. Haag, *Vor dem Bösen ratlos?* (München : Piper, 21989), 74 ; J. Ebach, "신정론 : 대답들에 맞서는 질문들 ; '이삭의 묶임'(창세기 22장)의 성서 이야기에 관한 주석," 하경택 옮김, 『말씀 안에 계신 하나님』(서울 : 한들, 2002), 13-53.

이 천상의 장면은 야훼와 사탄 사이에서 이루어지는 대화를 집중해서 묘사한다. 야훼께서 사탄에게 '네가 어디에서 오느냐?'는 질문을 하시고, 사탄은 여기에 '땅을 이리저리 두루 돌아다녀 왔습니다'라고 대답한다. 그러자 야훼께서 '내 종 욥을 주의 깊게 보았느냐?'고 물으시면서 1절에 소개된 내용을 그대로 반복하심으로 욥의 경건한 삶과 신앙을 확인하신다. 여기에서 야훼께서 욥을 '내 종'이라고 부르신 것은 욥에 대한 특별한 신뢰가 그 바탕에 깔려 있다(2 : 3 ; 42 : 7 이하). 구약성서에서 '종'(עֶבֶד)이라는 칭호로 불린 사람들은 모두 위대한 인물들이었다. 예컨대, 아브라함(시 105 : 6, 42), 야곱 또는 이스라엘(사 41 : 8), 모세(출 14 : 31 ; 민 12 : 7 ; 신 34 : 5), 갈렙(민 14 : 24), 여호수아(수 24 : 29), 다윗(삼하 7 : 5, 8) ; 이사야(사 20 : 3), 스룹바벨(학 2 : 23), 그 외 예언자들(왕하 9 : 7 ; 17 : 13, 23 ; 21 : 10 ; 24 : 2 ; 렘 25 : 4 ; 26 : 5 ; 29 : 19 ; 35 : 15 ; 44 : 4 ; 암 3 : 7 ; 슥 1 : 6 ; 단 9 : 6, 10 ; 스 9 : 11)이 그렇다.

야훼의 질문에 기다렸다는 듯이 사탄이 대응한다. 이때 사탄은 욥의 신앙에 대해 의문을 제기한다. '욥이 어찌 까닭 없이 하나님을 경외하겠습니까?' 사탄은 욥의 신앙이 야훼께서 허락한 번영된 삶의 결과라고 단정하며 말한다. 야훼께서 그와 그의 집과 그의 소유물을 담을 치듯 둘러싸 '보호'하셨기 때문이요, 그가 하는 일에 복을 주셔서 그의 소유가 땅에서 '번성'하게 하셨기 때문이라는 것이다. 여기에서 하나님의 '보호'를 나타내기 위해 히브리어 동사 '수크'(שׂוּךְ)가 사용된다. 이것은 담을 치고 둘러싸셔서 해로운 것들이 접근하지 못하도록 하시는 하나님의 돌보심을 표현한다(호 2:6).[4] 또한 '번성'을 표현하기 위해 사용된 동사 '파라츠'(פרץ)는 어떤 제약조건들과 예상을 뛰어넘는 성장과 증대를 표현한다(창 28:14 ; 30:30, 43 ; 출 1:12 ; 대상 4:38 ; 사 54:3).

이러한 상황을 설명하면서 사탄은 만일 야훼께서 이러한 복을 거두어가시면, 욥은 자신의 신앙을 버리고 하나님을 향해서 '욕'할 것이라고 말한다. 여기서도 위의 5절에서처럼 '바라크'(ברך) 동사가 사용되었다. 5절을 번역할 때와 마찬가지로 대부분의 주석가들이 이 표현을 '저주하다'는 말 대신 사용된 완곡어법으로 이해한다. 하지만 여기에서도 '바라크'(ברך) 동사를 본래 의미를 살려 번역할 수 있다. 이때 문제가 되는 것이 본 문장을 이어주는 '임-로'(אִם־לֹא)의 의미이다. 이것은 뒤에 이어지는 내용을 강조하는 부사적 의미("진실로")로 이해할 수도 있지만 가부(可否)를 묻는 종속절의 의문사로서 해석할 수도 있다(*HAL*, 59). 그럴 경우 11절은 다음과 같이 해석된다. "그러나 당신의 손을 펴서 그가 당신 앞에서 당신을 〈축복하지〉 않는지 그가 가진 모든 것을 쳐 보십시오." 이때 야훼께서는 사탄의 요구를 수용하시고, 욥의 몸에만 손대지 말라고 경고한 후 사탄에게 욥을 맡기신다.

여기에서 첫 번째 천상회의 장면이 지니고 있는 의의를 다음과 같이 정리할 수 있다. 첫째, 그것은 욥의 고난의 원인이 궁극적으로 하나님께 있음을 명백히 밝히고 있다. 욥의 고난은 맹목적인 우연이나 변경할 수 없는 숙명이 아니다. 그것은 사탄의 요구로 시작되지만, 궁극적으로는 하나님이 주도권을 가지고 욥의 재난과 고난을 허락하시며 욥의 신앙에 대한 시험을 위해

---

4) 흥미로운 것은 어원이 같은 동일한 동사(סכך의 히필형)를 사용하여 욥의 하나님의 행동에 대하여 탄식한다. 욥의 탄식(3:23)에서 이 동사는 욥을 보호하는 것이 아니라 벗어나지 못하도록 가두시는 하나님의 핍박을 묘사한다.

사탄을 도구로 사용하신 하나님의 행동이다. 그러나 욥을 비롯한 욥기의 등장인물들은 이러한 배경을 알지 못한다. 이와는 달리 독자들은 욥의 고난과 시련의 원인에 대해서 잘 알고 있다. 왜냐하면 야훼와 사탄과의 대화는 '밀실회담'이 아니라 '공개토론'으로 진행되기 때문이다. 따라서 독자들은 이러한 재난과 고난에 대해서 욥이 어떻게 반응하는가에 주목하게 된다. '만약 내가 욥의 처지에 있다면 어떻게 반응했을 것이며 어떻게 반응할 것인가?' 하는 질문을 자신에게 던지면서 욥의 행동을 지켜보게 된다. 이것이 욥기의 서막에서 보여주는 한 가지 '작품의 의도'(intentio operis)이다. 욥은 사탄의 예측대로 야훼를 축복(찬양)하지 않을 것인가 아니면 자신의 신앙을 여전히 지키면서 하나님을 찬양(축복)할 것인가?

둘째로 이 천상회의 장면은 이스라엘의 경계를 넘어서는 범세계적인 '신론'(Gotteslehre)과 '욥-문제'(Hiobproblem)의 보편성을 분명히 한다. 욥은 비(非)이스라엘인이다. 그런데 그가 야훼께 자신의 종으로 불린다. 따라서 욥기의 서막에 묘사되는 야훼는 더 이상 이스라엘만의 하나님이 아니다. 야훼의 '활동영역'이 창조세계 전체에 미치고 제한이 없는 우주의 하나님이시다. 따라서 '욥-문제'도 이스라엘만의 문제라거나 욥 개인의 문제로 끝나지 않는다. 그것은 세계의 하나님과 관련된 문제요, 인류가 당하는 고난 일반의 문제성을 함축하고 있다. 욥의 신앙에 대한 하나님의 시험(Glaubensprobe)은 동시에 두 가지 차원의 하나님의 정당성에 관한 문제를 야기시킨다. 한편으로 사탄과의 '내기'(Wette)에서 누구의 말이 옳은 것으로 판명될 것인가 하는 욥에 대한 하나님의 판단의 정당성에 관한 문제요(G. Fohrer, *KAT*, 86), 다른 한편으로는 욥의 무죄함을 알고서도 사탄에게 시험을 허락한 하나님 성품의 정당성('신정론')에 관한 문제이다(J. Hartley, *NICOT*, 72-73). 첫 번째 정당성의 문제는 욥의 반응을 통해서 결정되지만, 두 번째 정당성의 문제는 하나님 자신의 행동을 통해서 입증되어야 한다.

3. 첫 번째 시험과 욥의 반응(1 : 13-22)

¹³하루는 욥의 자녀들이 그 맏아들의 집에서 음식을 먹으며 포도주를 마실 때에 ¹⁴사환이 욥에게 와서 아뢰되 소는 밭을 갈고 나귀는 그 곁에서 풀을 먹는데 ¹⁵스바 사람이 갑자기 이르러 그것들을 빼앗고 칼로 종들을 죽였나이다 나만 홀로 피하였으므로 주인께 아뢰러 왔나이다 ¹⁶그가 아직 말하는 동안에 또 한 사람이 와서 아뢰되 하나님의 불이 하늘에서 떨어져서 양과 종들을 살라 버렸나이다 나만 홀로 피하였으므로 주인께 아뢰러 왔나이다 ¹⁷그가 아직 말하는 동안에 또 한 사람이 와서 아뢰되 갈대아 사람이 세 무리를 지어 갑자기 낙타에게 달려들어 그것을 빼앗으며 칼로 종들을 죽였나이다 나만 홀로 피하였으므로 주인께 아뢰러 왔나이다 ¹⁸그가 아직 말하는 동안에 또 한 사람이 와서 아뢰되 주인의 자녀들이 그들의 맏아들의 집에서 음식을 먹으며 포도주를 마시는데 ¹⁹거친 들에서 큰 바람이 와서 집 네 모퉁이를 치매 그 청년들 위에 무너지므로 그들이 죽었나이다 나만 홀로 피하였으므로 주인께 아뢰러 왔나이다 한지라 ²⁰욥이 일어나 겉옷을 찢고 머리털을 밀고 땅에 엎드려 예배하며 ²¹이르되 내가 모태에서 알몸으로 나왔사온즉 또한 알몸이 그리로 돌아가올지라 주신 이도 여호와시요 거두신 이도 여호와시오니 여호와의 이름이 찬송을 받으실지니이다 하고 ²²이 모든 일에 욥이 범죄하지 아니하고 하나님을 향하여 원망하지 아니하니라

[1 : 13-22] 세 번째 장면은 천상의 장면에 대한 대응이면서 첫 번째 장면의 연결이다. 이 장면은 첫 번째 장면이 끊겼던 곳에서 시작된다. 13절에 나오는 3인칭 남성 단수의 인칭대명사("그의" 아들들과 딸들)가 내용적으로 욥을 지칭하고 있는 것이 분명한데, 문법적으로 따지면 그것은 바로 앞 절(12절)에 나오는 야훼나 사탄을 가리키는 말로 해석되어야 한다. 그러나 욥기 저자는 본 장면을 (바로 이전의 천상장면 없이) 5절에 이어서 첫 번째 장면이 계속되는

것처럼 묘사한다. 이것은 (다른 등장인물들과 함께) 욥이 천상의 장면들을 전혀 인식하지 못한 채 자신의 재난과 고난에 반응하며 행동한다는 사실을 강조하는 저자의 '서술 기법'(Erzählstil)으로 이해된다.

하루는 욥의 아들들과 딸들이 맏형제의 집에 모여서 잔치를 벌이고 있었다. 포도주를 마셨다는 언급을 통해서 잔치의 분위기가 매우 흥겨웠음을 짐작케 한다. 그러나 이것은 동시에 이런 분위기에 정반대의 상황으로서 곧 전해질 엄청난 재난 소식의 파급효과를 극대화시킨다. 욥에게 전달되는 "재난 소식"(Hiobsbotschaft)[5]은 네 번에 걸쳐 이루어진다. 이 부분은 형식과 내용상으로 매우 정교하게 구성된 보도(報道)로서 다음과 같은 특징들을 보인다(G. Fohrer, KAT, 88-89).

1) 재난의 순서 : 욥에게 닥친 재난들은 1 : 2~3에서 보여 준 욥의 소유에 대한 서술과 정반대의 순서로 일어난다. 재난은 맨 나중에 언급된 소와 나귀에게 가장 먼저 닥치고, 그 다음엔 작은 가축과 낙타에게, 그리고 마지막으로 욥의 자녀들에게 일어난다. 2) 재난의 완전성 : 네 가지 재난의 수는 다른 곳에서도 관찰되는 심판의 숫자이다. 예컨대 에스겔 14 : 12~23에서 기근, 사나운 짐승, 칼, 전염병의 네 가지 재앙이나 스가랴 2 : 3~4[1 : 20-21]의 네 명의 대장장이가 심판의 도구로 나타난다(또한 계 9 : 13-15을 참조하라).[6] 여기에서 숫자 4는 재앙의 완전성과 심판의 광범위성을 보여 준다. 이러한 재난의 완전성은 네 가지 재난이 일어난 방향을 통해서도 입증된다. 스바사람들은 남쪽에서, 불은 서쪽에서 시작된 폭풍 속에서, 갈대아인들은 북쪽에서, 큰 바람은 동쪽 사막에서 들이닥친다. 3) 재난의 점층성 : 먼저 나오는 세 가지 재난은 항상 이중적으로 나타난다 : 처음에는 가축에게, 그리고 나중

---

[5] Hiobsbotschaft는 직역하면 "욥의 소식"이 되는데, 독일말에서 이 표현은 욥기의 서막에서 욥에게 전해진 것과 같이 좋지 않은 소식을 가리키는 관용어로 사용된다.
[6] 성서 밖의 증거로서 길가메쉬 서사시(XI, 177-185)에도 인류의 수를 줄이기 위한 조치로서 사자, 늑대, 기근, 전염병의 네 가지 재앙이 서술된다(참조. ANET, 95).

에는 사람에게 닥친다. 그러나 네 번째 재난은 더 이상 나뉘지 않음으로써 재난의 절정을 보여준다. 4) 재난의 성격 : 사람과 자연(또는 지상과 하늘)이 교차하면서 네 가지 재난의 원인을 제공한다. 첫 번째와 세 번째 재난은 각각 스바 사람들과 갈대아 사람들[7]의 약탈에 의해서 일어나고, 두 번째와 네 번째 재난은 불과 바람의 자연현상을 통해서 일어난다. 여기에서 불은 '하나님의 불'(אֵשׁ אֱלֹהִים)로서 표현된다. 이것은 통상 번갯불을 가리키지만(참조. 15 : 34 ; 20 : 26 ; 22 : 20 ; 민 11 : 1-3 ; 16 : 35 ; 26 : 10 ; 왕상 18 : 38 ; 왕하 1 : 10-14), '하나님'이라는 언급을 통해서 하나님이 보내신 불이라는 사실을 암시한다. 5) 보고양식 : 네 가지 재난은 네 명의 사환에 의해서 욥에게 전달된다. 그들은 자신들의 보고를 마친 뒤 '오직 저만 홀로 살아남아서 당신께 소식을 전합니다.'는 말을 똑같이 반복한다. 또한 이러한 사환들의 보고를 보도하는 저자도 '아직 그가 말하고 있을 때, 또 한 사람이 와서 말했다.'는 표현을 세 번 반복함으로써 이 재난의 연속성과 누적성을 강조한다. 따라서 이 네 가지 재난은 개별적이지 않고, 모여서 하나의 큰 전체를 이룬다.

 욥이 당한 재난은 하나님이 주신 복의 상징으로서 자신이 소유한 모든 것을 하루아침에 잃어버린 총체적인 재난이었다. 여기에 욥은 어떻게 반응할까? 그는 일어나 옷을 찢고 머리털을 깎는다. 옷을 찢는 것과 머리털 혹은 수염을 깎는 것은 비탄과 애통을 표현하는 전통적인 풍습이었다. 이것은 옷이 찢김같이 자신의 마음이 찢기듯 아프다는 것이며(창 37 : 34 ; 수 7 : 6 ; 삼상 1 : 11 ; 3 : 31 ; 13 : 31 ; 스 9 : 3, 5 ; 에 4 : 1), 머리털을 깎음으로써 정상적인 생활에는 마음을 둘 수 없을 만큼 자신의 감정이 눌려 있거나 슬픔에

---

7) 스바 사람들은 아라비아 반도 남서쪽(오늘날의 예멘)에 거주했던 아랍인들로서 무역과 대상으로 유명하며(참조. 6 : 19), 솔로몬 왕의 지혜를 시험하기 위해 온 스바 여왕의 출신지역이다(왕상 10장). 갈대아 사람들은 6세기 느부갓네살에 의해서 그 정점에 달한 신바벨론 제국의 선조들을 가리킨다. 그러나 구약성서 전반에서 갈대아인들은 유다를 멸망시킨 신바벨론 제국의 상징으로서 표현되고, 그들의 군사적이며 위협적인 성격이 다양하게 묘사되고 있다(왕하 24 : 2 ; 렘 32 : 4 ; 34 : 3 ; 38 : 18 ; 합 1 : 6-11, 15-17 ; 2 : 5-17).

잠겨 있다는 사실을 나타낸다(사 22 : 12 ; 렘 7 : 29 ; 16 : 6 ; 41 : 5 ; 48 : 37 ; 겔 7 : 18 ; 암 8 : 10). 그리고 땅에 엎드려 절하며 말로써 반응한다(21절). 그의 말은 두 격언과 찬양으로 구성되어 있다.

첫 번째 격언 '내가 내 어미의 태에서 알몸으로 나왔으니 알몸으로 그리 돌아갈 것입니다.'는 전도서 5 : 14[15]에서와 같이 일반적인 삶의 지혜를 표현하고 있다. 그런데 여기에서 모태에서 나와 돌아가는 '그곳'이 분명치 않다. 구약성서의 다른 본문과 비교를 통해 그곳이 음부(전 9 : 10) 혹은 땅(전 12 : 7)이나 티끌(전 3 : 20 ; 또한 시 90 : 3 참조)로 생각할 수 있다. 그래서 여기에 '어머니-땅'(Mutter-Erde) 사상이 반영되어 있다고 가정하기도 한다 ('어머니-땅' 사상에 관하여는 다음을 참조하라. A. Dieterich, *Mutter Erde : ein Versuch über Volksreligion*, Darmstadt : Wissenschaftliche Buchgesellschaft, ³1967). 그러나 여기에서 강조되고 있는 것은 '알몸'으로 왔다가 '알몸'으로 돌아간다는 사실이다(시 49 : 18[17]). 자신의 소유를 다 잃었지만, 그 소유가 영원한 것이 아님을 알고 아무것도 없는 상태도 담담하게 받아들일 수 있다는 고백이다.

두 번째 격언 '야훼께서 주셨고 야훼께서 가져가셨습니다.'는 복 주심과 거두심의 주체를 분명히 밝히고 있다. 이로써 욥은 자신의 번영과 고난에 대한 경제적-법적인 측면을 부각시킨다. 독자들은 천상의 첫 번째 장면을 통해서 욥에게 복을 주신 분과 잃게 하신 분이 누구임을 알고 있다. 그러나 욥은 천상의 장면을 알지 못하면서도 사건의 정황과 정확하게 일치하는 진술을 하고 있다. 욥은 야훼께서 모든 것을 주셨다면, 그분에게는 다시 가져갈 권리도 있다는 사실을 인정한다. 그는 이 고백을 통해서 현재 자신이 맞고 있는 운명과 상황에 대해서 수용하고 순응하는 신앙인의 참 모습을 보여준다.[8] 욥

---

8) 그러나 욥의 이러한 고백은 단순히 순응과 찬양의 의미로만 작용하지 않는다. 3장 이후에 나타난 욥의 탄식과 관련하여 이해할 때, 이것은 2 : 10의 발언과 함께 탄식의 의미도 포함하고 있다. 즉 주심과 거두심에 대한 권리와 힘이 하나님께 있긴 하지만, 그 거두심의 행동이 욥에

의 이러한 수용적 태도는 이 고백의 마지막 부분에서 더욱 두드러진다.

마지막 세 번째 부분은 야훼 이름에 대한 찬양이다(시 72 : 17 이하 ; 113 : 2 ; 단 2 : 20). 여기에서 '찬양한다'는 말은 히브리말로 '바라크'(ברך)이다. 이 동사의 주체와 관계없이 이 낱말이 사람을 대상으로 사용된 경우에는 '축복하다', '복을 주다'라고 번역하지만, 하나님을 대상으로 사용되었을 때는 '찬양하다' 또는 '송축하다'로 번역한다. 개역개정 시편에서 '송축하다'로 번역된 히브리 낱말이 바로 이 '바라크'(ברך) 동사이다. 이 낱말의 쓰임에는 동사 '할랄'(הלל)과는 달리 하나님의 복 주심에 대한 반응으로써 하나님이 복의 '원천'이요, 복 주심의 '주체'라는 사실을 인정해 드린다는 의미가 있다(하나님에 대해 인간이 주체로 나타나는 '바라크' 동사의 의미에 관하여 다음을 참조하라. M. L. Frettlöh, *Theologie des Segens*, 378-403, 특히 400쪽 이하). 욥은 그렇게 처참한 상황에서도 하나님께 찬양 드리는 것을 잊지 않는다. 그것은 자신의 모든 삶의 주인이 되시는 하나님을 인정하고 그분을 신뢰하는 태도이다. 이러한 욥의 발언은 11절에서 말한 사탄의 예상이 정확히 빗나갔음을 의미한다. 사탄이 예상했던 바와 정반대로 욥은 야훼의 이름을 '찬양한다'(ברך).

이러한 세 부분의 구성에는 욥기 해석의 세 가지 주요모델인 지혜문학적, 사법적, 시편적 요소들이 모두 나타난다. 이러한 반응과 함께 욥은 범죄하지 않았고, 하나님께 '적절치 않는 행동'(תִּפְלָה)을 하지 않았다. 여기에 사용된 '티플라'라는 낱말은 예레미야 23 : 13에서 바알을 의지함으로써 야훼께 '우매하고 적절치 않는' 행동을 보이는 거짓예언자들의 부패상을 고발하는 데 사용된다. 또한 이 낱말과 깊은 관련이 있는 '타펠'(תָּפֵל)은 6 : 6에서 '싱거운', '맛없는'이라는 의미로 사용되며, 예레미야애가 2 : 14에서는 '샤브'(שָׁוְא, '헛된')의 대응어로써 거짓 예언자들의 '무익한' 묵시 내용을 가리키

게 '까닭 없이' 이루어지는 것으로 이해되기 때문에 문제가 된다. 그래서 욥의 탄식에는 하나님의 '이해되지 않는' 행동이 중심주제로 등장한다. 이에 맞서서 친구들은 하나님의 행동에는 분명한 '까닭'이 있다고 설명하면서 욥을 정죄하고 그에게 회개를 촉구한다.

는 말로 사용된다. '티플라'는 욥의 행동의 의미를 알 수 있게 하는 말이다. 욥의 찬양뿐만 아니라 앞으로 전개될 욥의 탄식도 어떤 의미가 있을까를 생각하게 한다. 그러한 의미에서 '티플라'는 욥기의 종장에 나타난 하나님의 평가(42:7)를 이해하는 데 도움을 준다. 욥의 이러한 반응을 통해서 하나님의 신뢰와 욥의 신앙에 대한 사탄의 첫 번째 문제제기가 실패로 끝났음을 알 수 있다.

설교를 위한 묵상

욥기 서막은 문제제기와 거기에 맞서는 반론, 그리고 그 논쟁에 대한 주인공의 대응이 등장인물들의 대화와 천상과 지상을 오가는 장면전환을 잘 드러나고 있다. 본문의 내용을 이러한 장면의 움직임과 함께 고찰하면 더 분명한 메시지를 파악할 수 있을 것이다. 그럼에도 불구하고 욥기의 서막이 그 핵심적인 쟁점이 잘 드러나고 있다. 그것은 '인간-학'(Anthropo-logy)의 문제라고 할 수 있는 욥의 신앙적 태도이다. 사탄은 욥이 자신의 삶에 복과 번영이 있기 때문에 경건한 삶을 산다고 문제제기한다. 그러나 야훼께서는 사탄의 의혹을 물리치시며 욥에 대한 신뢰를 고수하신다. 적어도 욥만큼은 어떤 상황에서도 자신의 순전함을 지킬 것이라고 믿으며 욥에게 재난을 허락하신다. 이렇게 첨예한 대립과 상반된 견해 사이에서 욥이 어떤 행동으로 반응하느냐가 관건으로 등장한다. 욥은 사탄의 의혹과는 달리 첫 번째 시험을 완벽하게 통과함으로써 신앙의 순수성을 증명했다. 특히 1:21의 고백을 통해 하나님께 대한 온전한 신뢰를 보여 주었다. 이것은 삶의 번영이나 보상을 초월한 신앙의 '모범사례'를 보여준 것이다.

욥기의 서막 전반부를 통해 강조되는 것은 이해할 수 없는 극심한 고난 가운데에서도 모든 것을 주관하시는 야훼 하나님에 대한 전적인 신뢰와 믿음이 우리에게 요구되는 태도라는 사실이다.

"내가 내 어미의 태에서 알몸으로 나왔으니 알몸으로 그리 돌아갈 것입니다. 야훼께서 주셨고 야훼께서 가져가셨습니다. 야훼의 이름이 찬양받으시기를 원합니다"(1:21).

B. 욥기의 서막 Ⅱ

욥기 2장은 욥기의 서막 후반부를 구성한다. 후반부는 총 여섯 개의 장면으로 구성된 욥기의 서막 중 마지막 세 장면(2 : 1-6 ; 7-10 ; 11-13)을 포함한다. 전반부에서와 마찬가지로 후반부의 장면들은 천상과 지상을 오가며 전개된다. 전반부의 본문에서 고찰한대로 욥은 자신의 소유와 자녀에게 닥친 재난에도 하나님을 찬양하며(1 : 21) 하나님께 '적절치 않는 행동'(תִפְלָה)(1 : 22)을 하지 않음으로써 하나님께 대한 자신의 신뢰와 신앙을 보여주었다. 따라서 욥의 신앙에 대한 사탄의 첫 번째 문제제기는 실패로 끝난 것이다. 하지만 사탄은 여기에서 물러나지 않는다. 그는 더 강한 요구를 가지고 하나님께 도전한다.

1. 천상에서의 두 번째 대화(2 : 1-6)

¹또 하루는 하나님의 아들들이 와서 여호와 앞에 서고 사탄도 그들 가운데에 와서 여호와 앞에 서니 ²여호와께서 사탄에게 이르시되 네가 어디서 왔느냐 사탄이 여호와께 대답하여 이르되 땅을 두루 돌아 여기 저기 다녀 왔나이다 ³여호와께서 사탄에게 이르시되 네가 내 종 욥을 주의하여 보았느냐 그와 같이 온전하고 정직하여 하나님을 경외하며 악에서 떠난 자가 세상에 없느니라 네가 나를 충동하여 까닭 없이 그를 치게 하였어도 그가 여전히 자기의 온전함을 굳게 지켰느니라 ⁴사탄이 여호와께 대답하여 이르되 가죽으로 가죽을 바꾸오니 사람이 그의 모든 소유물로 자기의 생명을 바꾸올지라 ⁵이제 주의 손을 펴서 그의 뼈와 살을 치소서 그리하시면 틀림없이 주를 향하여 욕하지 않겠나이까 ⁶여호와께서 사탄에게 이르시되 내가 그를 네 손에 맡기노라 다만 그의 생명은 해하지 말지니라

[2:1-6] 이 장면의 전반부는 첫 번째 천상의 장면과 거의 동일하다. 그러나 여기에서 약간의 변형이 관찰된다. 즉, 첫 번째 천상의 장면에서는 '하나님의 아들들이 와서 야훼 앞에 섰고 사탄도 그들과 함께 왔다'고만 서술되지만, 여기에서는 사탄의 등장에 '야훼 앞에 섰다'는 말이 추가되어 있다. 이러한 변형을 통해 사탄의 등장이 강조된다. 첫 번째 천상의 대화에서처럼 야훼와 사탄의 대화가 이어진다. 첫 번째 대화에서처럼 대화의 주도권은 야훼께 있다. 세계의 통치자로서 사탄에게 질문하고 사탄의 보고를 받는다. 이번에도 야훼는 자신이 신뢰하는 욥을 대화의 주제로 삼고 그의 흠 없는 성품과 신앙을 확인하신다(3a절; 또한 1:1, 8 참조).

이때 첫 번째 천상의 대화에서는 없었던 내용이 추가된다. 첫 번째 욥 시험의 경위와 결과를 야훼께서 직접 설명하신다(3b절): 그것은 사탄의 '충동'(סות 히필형)으로 시작된 '까닭 없는'(חִנָּם) 공격이었다. 그럼에도 불구하고 욥은 '축복'의 행동을 통해서 하나님께 대한 신실함을 보여준다. 여기에서 우리는 두 가지 점에 주목하게 된다. 야훼께서는 욥의 시험을 순전히 자신의 행동으로 여기시며 그 시험이 '까닭 없이' 이루어졌음을 인정하신다는 사실이다. 여기에서 다시 한 번 욥의 시험이 가지고 있는 문제성이 극명하게 드러난다. 욥의 신앙에 대한 하나님의 시험(Glaubensprobe)은 동시에 두 가지 차원의 하나님의 정당성에 관한 문제를 야기시킨다. 한편으로 사탄과의 '내기'(Wette)에서 누구의 말이 옳은 것으로 판명될 것인가 하는 욥에 대한 하나님의 판단의 정당성에 관한 문제요, 다른 한편으로는 욥의 무죄함을 알고서도 사탄에게 시험을 허락한 하나님 성품의 정당성('신정론')에 관한 문제이다. 첫 번째 정당성의 문제는 욥의 반응을 통해서 결정되지만, 두 번째 정당성의 문제는 하나님 자신의 행동을 통해서 입증되어야 한다.

이것은 사탄이 동일한 낱말을 사용하여 제기했던 의문과 연관되어 그 의미가 강조된다: "욥이 '까닭 없이' 하나님을 경외하겠습니까?" 욥은 엄청난 재난과 고난에도 불구하고 자신의 순전함을 지킴으로 사탄의 문제제기가 '근

제 I 부 욥기의 서막　63

거 없는' 것임을 분명하게 보여주었다. 그러나 동시에 하나님의 시험은 '까닭 없이' 진행된 것이 되어 그의 행위에 대한 '정당성' 문제가 제기된다. 이 문제는 서막에서 잠재적 가능성으로만 남아 있다. 그 대신 욥기의 저자는 사탄의 다음 행동에 주목한다.

사탄은 자신의 주장을 굽히지 않고 새롭게 제안한다. 만약 강도를 높여서 욥을 시험하면 욥은 분명히 자신의 순전함을 버리고 하나님을 '축복하지' 않을 것이라고 확신한다. 그가 사용한 논거는 '가죽에는 가죽'(בְּעַד־עוֹר עוֹר, Haut für Haut, skin for skin)이라는 논리이다. 이것은 베두인족들이 동물의 가죽을 중요한 교환물품으로 사용하던 시대에 생겨난 말이다. 이것은 돈을 의미하는 라틴말 '페쿠니아'(pecunia)가 가죽이나 동물을 뜻하는 '페쿠스'(pecus)라는 말에서 기원하였다는 사실을 통해서도 알 수 있다(J. Ebach, *KBB* 1, 34). 이것은 동태복수법(lex talionis, 출 21:24-25)에서와 같이 '등가(等價)적인 교환'을 의미한다. 사탄은 자신의 논거를 통해 욥이 자신의 생명을 위해서는 모든 것을 버릴 것이라고 주장한다. 그래서 사탄은 야훼께 욥의 뼈와 살을 칠 것을 제안한다. 야훼께서는 이번에도 사탄의 제안을 받아들이고 욥을 사탄의 손에 맡긴다. 그렇지만 야훼께서는 욥의 생명은 보존되어야 함을 요구하신다.

이제 욥이 한층 강화된 시험조건 속에서 다시 시험대 위에 오른다. 야훼의 판단과 사탄의 주장 중에 어느 것이 옳은 것으로 드러날 것인가? 독자들은 고조된 긴장 속에서 욥의 반응에 주목하게 된다.

2. 두 번째 시험과 욥의 반응(2:7-10)

⁷사탄이 이에 여호와 앞에서 물러가서 욥을 쳐서 그의 발바닥에서 정수리까지 종기가 나게 한지라 ⁸욥이 재 가운데 앉아서 질그릇 조각을 가져다가 몸을 긁고 있더니 ⁹그의 아내가 그에게 이르되 당신이 그래도 자기의 온전함을

굳게 지키느냐 하나님을 욕하고 죽으라 [10]그가 이르되 그대의 말이 한 어리석은 여자의 말 같도다 우리가 하나님께 복을 받았은즉 화도 받지 아니하겠느냐 하고 이 모든 일에 욥이 입술로 범죄하지 아니하니라

[2 : 7-10] 다섯 번째 장면은 지상에서 벌어지는 두 번째 시험이다. 이것은 첫 번째 시험에서보다 천상의 장면과 더 밀접하게 연결되어 있다. 첫 번째 시험은 천상의 장면이 완전히 종결된 후 나타나지만, 여기에서는 그 시작이 천상의 장면과 맞물려 있다. 시험의 전개과정에 대한 서술도 단순하고 짧다. 욥의 병에 대한 묘사에 이어 욥과 그의 아내와의 한 번의 대화가 전부다. 첫 번째 시험에서처럼 마지막에 종합적인 평가가 있으나 이것도 첫 번째 경우에 비교하면 간략하다. 이러한 밀도 있고 단순한 묘사를 통해서 두 번째 시험이 압축된 형태로 신속하게 진행되지만 그 효과 면에서는 훨씬 강도 높게 나타남을 보여준다.

야훼의 허락을 받은 사탄은 그 면전에서 물러나와 욥을 공격한다. 첫 번째 시험에서는 사탄의 작용이 암시만 될 뿐 명시적으로 언급되지 않는다. 그러나 여기에서는 그가 욥을 직접 공격한 것으로 묘사된다. 이것은 구약성서 다른 곳에서 질병과 죽음을 가져오는 천사(삼상 16 : 14 ; 삼하 24 : 16-17 ; 왕하 19 : 35 ; 시 78 : 49)나 이해할 수 없는 방식으로 공격하시는 하나님 자신(출 11 : 4 ; 출 12 : 23 ; 레 26 : 16 ; 신 28 : 22)에 대해서 말하는 본문들과 대조된다. 사탄은 질병으로 욥을 공격한다. 그는 '악성 종기'(שְׁחִין)가 욥의 발바닥부터 정수리까지 온 몸을 뒤덮게 했다. 욥이 얻은 병에 대해서 현대의 학적인 정확한 병명을 말하기는 어렵다. '쉐힌'(שְׁחִין)은 피부에 난 종기를 말한다. 레위기 13 : 18 이하를 보면 그것은 '차라아트'(צָרַעַת)와 관련되어 나타나는 증상이다. 그러나 이것이 출애굽기 9 : 9 이하에서 열 가지 재앙 가운데 나타나고, 신명기 28 : 27에서는 이집트의 종기라고 명명되고 있다. 또한 그것은 무릎과 발, 발바닥에서부터 정수리까지 번질 수 있었다(신 28 : 35). 히

스기야도 이와 비슷한 병으로 고통을 당했다(왕하 20 : 7 ; 사 38 : 21). 따라서 욥이 얻은 질병은 그 증상에 대한 다른 곳의 언급을 통해서 좀 더 그 실체에 접근할 수 있다. 우선 서막의 서술에서 그 병이 토기조각으로 긁어야 할 만큼 가렵고(8절), 남들이 알아 볼 수 없을 만큼 외모에도 손상을 입힐 수 있음(12절)을 알 수 있다. 또한 그것은 피부가 터지고 진물이 나며(7 : 3, 5), 지속적인 가려움증으로 고통을 주고 불면증과 악몽에 시달리게 만든다(7 : 4, 13-16, 19 ; 30 : 17). 이뿐 아니라 눈물과 악취를 동반하고(16 : 16 ; 19 : 17), 열과 강렬한 통증을 유발시키며(30 : 17, 30), 피부가 검게 타고 뼈만 앙상하게 남아 있다(19 : 20 ; 30 : 30). 이러한 언급들을 종합해 볼 때 욥이 앓은 병은 고대 의학에서 상피병(象皮病, Elephantiasis)이라고 일컬어 졌던 나병(癩病, Lepra)의 일종이 아닌가 하고 추측할 수 있다(욥의 질병에 대해서 다음을 참조하라. G. Fohrer, *KAT*, 100-101 ; M. Pope, 『욥기』, 117 ; J. Hartley, *NICOT*, 82 ; J. Ebach, *KBB* 1, 35-36).

그러나 여기에서 중요한 것은 병명보다도 그 병이 욥에게 가져다준 영향이다. 그는 자신의 병 때문에 공동체 생활을 할 수 없다. 그의 병은 전염될 우려가 있기 때문에 격리된 장소인 '재' 가운데 앉아서 자신의 몸을 긁고 있었다(레 13 : 46 ; 민 12 : 14 ; 대하 26 : 21 ; 눅 17 : 12 참조). 70인경은 '재'를 '거름더미'(κοπρία)라고 번역했고, 여기에 '도시 밖'(ἔξω τῆς πόλεως)이라는 말을 추가하여 욥이 현재 있는 '삶의 자리'(Sitz im Leben)를 분명하게 밝히고 있다. 그러므로 욥이 겪은 고통은 자신이 가진 것을 다 잃어버린 상실감이나 병으로 인한 통증이나 괴로움이 전부가 아니었다. 그는 자신이 받은 재앙들을 통해 공동체 생활의 종말을 의미하는 사회적 '죽음'을 맛보아야 했다.

이러한 상황에서 욥의 아내가 입을 연다(9절). 욥의 아내는 욥기 전체에서 단 한 번 말하는 내용이 나와 있지만,[9] 그는 이 말로 인해서 욥기 해석사

---

9) 욥의 아내에 대한 언급은 서막 외에 19 : 17과 31 : 10에서 암시되어 있을 뿐 거의 찾아볼 수

에서 많은 주목을 받았다. 전통적으로 그에 대한 평가는 부정적("ad malem partem")이었다.[10] 9절후상반절을 욥의 신앙을 비아냥거리는 의문문('아직도 당신의 순전함에 굳게 서 있는가?')으로 이해하여, 욥의 아내가 5절에서 사탄과 같이 그를 자살로 이끌거나 죽음을 초래하는 신성모독의 발언을 하게 하려 한다는 것이다. 그래서 어거스틴은 그를 '악마의 보조자'(diaboli adjutrix)라고 말했고, 칼빈은 '사탄의 도구'(organum Satane)라고 평가했다. 크리소스톰은 '왜 마귀가 욥에게 그의 아내를 남겨 두었을까'라고 질문하면서 욥에게는 그의 아내가 그 어떠한 수단보다 더 악랄하게 재앙을 주는 채찍으로 생각된다고 말했다. 또한 유대 랍비들도 초대교부들과 같이 그를 아담의 아내와 비교하면서 욥이 아담과는 달리 아내의 말을 듣지 않는다고 말했다. 그리고 한 전통에 따르면 욥의 아내는 욥이 곤경을 당했을 때 하나님을 배반하도록 유혹했기 때문에 욥이 회복되기 전에 죽어야 했으며, 따라서 새롭게 얻은 자녀들(42:13-15)은 다른 부인에게서 얻은 것이라고 말한다. 이러한 욥의 아내에 대한 평가들은 여성에 대한 부정적인 평가와 함께 특히 기독교 안에서 강력한 전통을 형성하였다.

그러나 욥의 아내의 역할이 이렇게 부정적으로만 평가되는가? 우선 다른 역본이나 외경의 전승들에서 욥의 아내에 대한 다양한 이해들을 만날 수 있다. 외경 토비트서에서는 욥의 아내를 한나와 일치시키고 있다(토비트서 2:11-14). 탈굼에서는 그가 디나(Dina)라고 한다. 왜냐하면 창세기 34:7에도 '어리석은'(נְבָלָה)이란 말이 나타나고 있기 때문이다. 또한 욥의 언약서에서는 욥의 아내의 이름이 시티스(Sitis)라고 소개된다. 그러나 무엇보다도 본문에 대한 정확한 읽기를 통해서 욥 아내의 발언을 새롭게 이해할 수 있다.

없다. 종장에서 욥이 다시 자녀를 얻는 장면에서도(42:13) 서막(1:2)에서처럼 아내에 대한 언급 없이 욥 중심으로 서술된다.
10) 욥의 아내에 대한 부정적인 평가들에 관하여 참조. M. Pope, 『욥기』, 118 ; Z. Gitay, "The Portrayal of Job's Wife and her Representation in the Visual Arts," in : A. B. Beck (ed.), *Fortunate the Eyes that see*, FS D. N. Freedman (Grand Rapids, 1995), 516-526.

여기에는 두 가지 논쟁점이 있다. 첫째로 9절 하반절에 나타나는 욥 아내의 발언의 문장 종류에 대한 문제이다. 이것은 일반적으로 의문문으로 해석되고 있으나 서술문으로 읽을 수 있다. 히브리말에서는 의문사 없이도 상황에 따라 의문문이 될 수 있다고 말하지만(GK § 150a), 반대로 생각하면 이 문장을 서술문으로 보는 것이 문법적으로 더 정당하다. 둘째로 앞에서도 나왔지만 '바라크'(ברך) 동사의 해석 문제이다. 이것도 다른 구절(1:5, 11 ; 2:5)과 함께 대표적인 완곡어법의 용례로 설명되었으나 반드시 그럴 필요는 없다(D. O'Connor, "'Bless God and Die'[Job2:9] : Euphemism or Irony?," *PIBA* 19 [1996], 48-65). 충분히 본래의 뜻을 살려 읽을 수 있다. 그러므로 욥의 아내의 말은 필자의 사역에서처럼 '여전히 당신은 당신의 순전함에 굳게 서 있군요. 하나님을 〈축복하고〉 죽어 버리시오!'라고 번역할 수 있다.

이렇게 번역할 때 욥 아내의 말의 의미는 어떻게 달라지는가? 적어도 조롱이나 폭언이 아닌 욥의 고통에 동정적인 아내의 마음을 읽을 수 있다. 70인경은 이 부분에 대한 첨가부분을 통해서 그가 욥에게 안락사를 권유하는 것처럼 묘사한다. 또한 무슬림 전승에서는 코란 38:43에 언급된 아내에 대한 징계의 사유가 불분명하다고 하면서 그 이유에 대해서 여러 가지 해석을 덧붙이는데, 그러한 해석에서는 욥의 아내가 품팔이해서 욥을 먹여 살리는 헌신적인 아내로 그려진다(G. Sale, The *Koran*, 1889, 247-248).[11] 특히 9절 하반절에 있는 욥 아내의 말은 2:3 하반절에 언급된 야훼의 평가를 반복하여서 욥의 신앙을 확인하는 말로 볼 수 있다. 더 나아가 '하나님을 축복하고 죽

---

11) 민영진, 『설교자와 함께 읽는 욥기』, 47-58. 욥의 아내에 대한 긍정적인 평가("ad bonam partem")에 관하여 다음을 참조하라. M. Cheney, *Dust, Wind and Agony ; Character, Speech, and Genre in Job* (CB 39) (Stockholm, 1994), 76 ; C. Maier/S. Schroer, "Das Buch Ijob," in : L. Schottroff/M.-T. Wacker (Hg.), *Kompendium feministischer Bibelauslegung* (Gütersloh 1998), 201-203. 또한 욥의 아내의 눈으로 욥기를 해석하며 그에 대한 새로운 이해를 보여주는 여류작가의 소설을 참조하라. A. Chedid, 임선옥 옮김, 『욥의 아내』(서울 : 열림원, 1997).

으라'는 말에서 그렇게 참혹한 고통을 견디기보다는 죽음으로써 안식을 맞으라는 권유로 이해할 수 있다.

그렇다면 이때 욥은 어떻게 반응하는가? 욥은 아내의 말을 듣고 "어리석은 자"(נָבָל) 중 하나라고 질책하며 아내의 제안을 일축한다. 그리고 '하나님께 좋은 것(טוֹב)을 받았으니 나쁜 것(רַע)도 받지 않겠소?' 하고 반문한다. 이로써 그는 죽음으로써 자신의 운명을 도피하는 것을 거부하고 자신의 상황을 있는 그대로 받아들인다. 욥의 이러한 반응은 자신의 처지를 통해서 일어나는 하나님에 대한 어떠한 의문들도 잠재울 수 있을 만큼 강한 하나님에 대한 신뢰가 욥에게 있다는 사실을 보여준다. 그러나 이것은 동시에 1:21에서와 같이, 자신의 모든 재앙이 하나님께로부터 온 것임을 분명하게 밝힘으로써 앞으로 전개시킬 탄식의 토대를 마련한다.

욥은 이 모든 일에 입술로 범죄하지 않았다(6:30; 27:4; 시 39:2[1]). 욥의 이러한 모습은 지혜전통에서 이상적인 현자로 인정하는 면모다(잠 13:3; 21:23; 약 3:2). 그는 두 차례의 혹독한 시험에도 불구하고 욥기 서두의 소개와 하나님의 평가에 상응하게 신앙의 온전함을 지켰으며, 사탄이 제기했던 의혹을 말끔히 씻어 버렸다.

3. 세 친구의 방문(2:11-13)

[11]그때에 욥의 친구 세 사람이 이 모든 재앙이 그에게 내렸다 함을 듣고 각각 자기 지역에서부터 이르렀으니 곧 데만 사람 엘리바스와 수아 사람 빌닷과 나아마 사람 소발이라 욥을 위문하고 위로하려 하여 서로 약속하고 오더니 [12]눈을 들어 멀리 보매 그가 욥인 줄 알기 어렵게 되었으므로 그들이 일제히 소리 질러 울며 각각 자기의 겉옷을 찢고 하늘을 향하여 티끌을 날려 자기 머리에 뿌리고 [13]밤낮 칠 일 동안 그와 함께 땅에 앉았으나 욥의 고통이 심함을 보므로 그에게 한마디도 말하는 자가 없었더라

[2 : 11-13] 욥의 소식을 듣고 세 친구가 방문한다. 우선 세 친구의 프로필을 살펴보자(G. Fohrer, *KAT*, 105쪽 이하; J. Hartley, *NICOT*, 85쪽 이하; J. Ebach, *KBB* 1, 43). 첫 번째 친구 엘리바스(אֱלִיפָז)는 "하나님이 승리하신다"는 의미를 가지고 있으며 그 출신지가 데만이다. 엘리바스는 여러 가지 면에서 에돔과 깊은 관련성을 가지고 있다. 족장시대의 족보에 따르면 엘리바스는 에서의 장자이며(창 36 : 4, 10, 12, 15), 데만은 엘리바스의 아들이다(창 36 : 11, 15). 또한 이 데만은 에돔 북쪽 지역의 중심지였다(겔 25 : 13). 그리고 에돔 사람들은 구약시대에 지혜로운 자로 통했다(렘 49 : 7 ; 옵 1 : 8 ; 또한 참조, 암 1 : 11-12).

두 번째 친구 빌닷(בִּלְדַּד)은 구약성서에서 욥기에만 나오는 이름이라 그 뜻을 파악하기가 어려지만, 아카드어 용례를 따라 "하닷의 아들"(Bil-Adad)이란 의미로 풀이할 수 있다(히브리어식 이름으로는 벤하닷[בֶּן־הֲדַד]의 형태로 사용된다). 그는 수아라는 지역에서 왔다. 수아는 창세기 25 : 2, 6에 따르면 아브라함이 아랍 여인 그두라를 통해서 난 아들이며, 그는 '동방의 나라'(1 : 3 참조)에 가서 거주하였다. 이와 관련하여 수아가 아카드 문서들에 나오는 '슈후'(šuḫu)와 동일시된다면, 그것의 위치는 유프라데스강 중부지역 중 어느 한 곳이었을 것으로 추정된다.

세 번째 친구 소발(צוֹפָר)은 '어린 새'라는 의미를 가지고 있으며, 출신지는 나아마이다. 나아마는 구약성서에서 두발가인의 누이로 언급되고(창 4 : 22), 솔로몬은 바로 이 이름을 가진 암몬의 공주와 결혼했다(왕상 14 : 21). 엘리바스가 남쪽지역에서, 빌닷이 동쪽지역에서 온 것을 볼 때, 소발의 출신지를 북쪽지역에서 찾는 것이 자연스러운데, 베이루트와 다메섹 중간에 있는 '아인 초파르'('Ain ṣōfar)가 나아마일 가능성이 크다.

이 세 친구들은 욥의 소식을 듣고 아주 먼 곳에서 왔다. 70인경은 그들을 왕들이라고 지칭하고 있으며, 유대인 전승에 의하면 그들이 멀리 떨어진 곳에서 왔다고 한다(Baba Bathra 16a). 어쨌든 그들은 출신지와 욥과의 대화내용을 고려해 볼 때 이스라엘 주변 세계의 지혜를 대변한다고 볼 수 있다. 그들이 욥을 찾아 온 목적은 애도를 표시하고 그를 위로하기 위해서다. 그들의 목적만 보면 진정한 친구로서의 모습을 보이기에 손색이 없다. 그런데 그들은 욥을 어떻게 위로할 것인가? 그들이 목격한 욥의 모습은 병과 고통으로 알아볼 수 없이 초췌해진 모습이었다. 욥의 이러한 모습은 온갖 고난으로 그 형체와 풍모가 엉망이 되어 버린 야훼의 종을 생각나게 한다(사 53 : 2-3). 따라서 그들은 옷을 찢고 티끌을 위로 날리며 자신들의 비통함을 표현한다(수 7 : 6 ; 삼상 4 : 12 ; 삼하 13 : 19 ; 겔 27 : 30 ; 애 2 : 10 ; 또한 욥 1 : 20 참조). 그리고 그들은 할 말을 잃고 7일 밤낮을 침묵했다. 구약성서에서 7일 7야는 죽은 자에 대한 통상적인 애곡의 기간으로 나타난다(창 50 : 10-야곱의 죽음에 대한 요셉의 애곡 ; 삼상 31 : 13-사울의 죽음에 대한 야베스 거민의 7일간의 금식). 그들이 침묵한 것은 욥의 고통이 너무도 커서 할 수 있는 말이 없었기 때문이다. 친구들의 이러한 일련의 행동은 예나 지금이나 고통당하는 자의 고통에 동참하며 슬픔을 위로하는 행위로서 매우 적절하다.

친구들의 방문과 동참은 욥에게 큰 위로가 되었을 것이다. 여기에서 친구로 번역된 히브리어 '레아'(רֵעַ)는 '동료', '동반자', '벗' 등과 더불어 가장 가까운 사람이란 뜻의 '이웃'이란 말로 번역된다. 이것은 누가복음 10 : 25 이하의 선한 사마리아인의 비유를 생각나게 한다. 가장 큰 계명(신 6 : 5 ; 레 19 : 18)을 가지고 대답하면서 '누가 나의 이웃인가?'의 질문을 던지는 율법사에게 예수님은 이 비유를 통해서 '나는 누구의 이웃인가?'의 질문으로 되물으며 진정한 이웃의 모습을 보여주신다('친구'의 의미에 대하여 다음을 참조하라. J. Ebach, *KBB* 1, 51; J. Hartley, *NICOT*, 85). 그러나 친구들의 행동은 침묵으로 끝나지 않는다. 욥의 탄식에 맞서 자신들의 생각을 말하기 시작한다. 친구들의 말이 거듭될수록 그들의 말은 욥을 위로하기는커녕 욥의 고통을 가중시키며 해결되지 않는 격렬한 논쟁으로 비화된다. 이로써 욥기의 서막에서 제기되지만 응답되지 않는 욥기의 다른 측면이 다루어진다. 따라서 이 단락은 욥기의 중심부를 차지하는 욥-시문(3 : 1-42 : 6)과의 연결고리 역할을 한다.

▪▪ 설교를 위한 묵상

욥기 서막은 문제제기와 거기에 맞서는 반론, 그리고 그 논쟁에 대한 주인공의 대응이 등장인물들의 대화와 천상과 지상을 오가는 장면전환을 통해 잘 드러나고 있다. 이러한 서술기법을 통해 독자들은 욥의 문제를 자신의 문제로 질문하면서 숨죽이고 그 결과를 지켜보게 된다.

욥기 서막 후반부는 한층 고조된 분위기 속에서 하나님과 사탄 사이의 첨예한 대립과 상반된 견해 사이에서 욥이 어떤 행동으로 반응하느냐가 관건으로 등장한다. 그것은 '인간-학'(Anthropo-logy)의 문제라고 할 수 있는 욥의 신앙적 태도이다. 욥은 사탄의 의혹과는 달리 두 번의 시험을 완벽하게 통과함으로써 신앙의 순수성을 증명했다. 특히 1 : 21과 2 : 10의 고백을 통해 하나님께 대한 온전한 신뢰를 보여주었다. 그러나 이렇게 완벽한 증명에는 동시에 하나님의 성품에 대한 의문이 제기된다. 이것은 '신-학'(Theo-logy)의 문제이다. 즉 왜 무고한 자에게 고난을 허락하시는가? 그러한 하나님이 과연 선하고 정의로우신가? 이 문제는 장차 욥-시문의 논쟁(3 : 1-42 : 6)을 통해서 집중적으로 다루어질 것이다.

여기에서 새롭게 드러나는 욥과 관련된 상황에 대한 문제의 측면은 고난당하는 자에 대한 주변사람들의 태도이다. 욥의 아내와 친구들의 반응이 여기에 해당한다. 특히 친구들은 적어도 서막에서만큼은 진정한 친구의 모습을 보여준다. 친구를 위로하기 위해서 멀리서부터 와서 7일 주야를 욥의 고난에 동참하였다. 이러한 그들의 행동은 오늘도 이해할 수 없는 고난 가운데 탄식하는 자에 대한 진정한 '이웃'의 모습(눅 10 : 25-37)이 무엇인가를 일깨워 준다.

제 II 부

욥의 첫 번째 발언

욥기 3 : 1~26

A. 본문개요

B. 여론(餘論) : 욥기 3장의 문학적 장르

C. 도입부(3 : 1-2)

D. 제1연 : 태어날 날과 잉태된 밤에 대한 저주 (3 : 3-10)

E. 제2연 : 왜 태어나 죽지 아니하였는가?(3 : 11 - 19)

F. 제3연 : 왜 고난당하는 자에게 빛과 생명을 주시는가?(3 : 20 - 26)

| 욥기 3 : 1~26 |

욥의 첫 번째 발언

A. 본문개요

욥은 마침내 침묵을 깨고 발언을 한다. 욥-시문(3 : 1-42 : 6) 가운데 처음 나타나는 발언이다. 욥의 첫 번째 발언은 그의 발언의 전형적인 특징을 보여주는 탄식으로서 친구들과의 논쟁을 촉발시켰을 뿐 아니라 하나님의 응답을 이끌어 내는 출발점이 된다. 욥의 첫 번째 발언인 욥기 3장의 구조는 비교적 명확하다. 욥기 3장의 구조는 아래와 같다(D. J. A. Clines, *WBC*, 76).

1. 도입부(1-2절)
2. 제1연(3-10절)
    1) 주제 : 태어난 날과 잉태된 밤에 대한 저주(3-10절)

2) 주제제시(3절) : 내용 1-낮(4-6절), 내용 2-밤(7-9절)

   3) 근거제시(10절)

3. 제2연(11-19절)

   1) 주제 : 왜 태어나 죽지 아니하였는가?(11-19절)

   2) 주제제시(11-12절) : 내용 1-죽음의 세계에서 얻을 안식 1(13-15절)

   3) 주제반복(16절) : 내용 2-죽음의 세계에서 얻을 안식 2(17-19절)

4. 제3연(20-26절)

   1) 주제 : 왜 고난당하는 자에게 빛과 생명을 주시는가?(20-26절)

   2) 주제제시(20절) : 내용 1-죽음을 찾는 이들(21-22절)

   3) 주제반복(23절) : 내용 2-안식 없는 나(24-26절)

위에 제시한 구조분석을 보면 내용의 흐름이 명확하다. 각 연마다 처음에 주제에 대한 진술이 나오고, 그 주제가 이어지는 내용에서 확장된다. 제1연에서는 '태어난 날'(der Tag der Geburt)과 '잉태된 밤'(die Nacht der Empfängnis)이 진술의 대상이 된다. 욥이 태어난 날과 그의 잉태 소식을 알린 밤은 저주받아 사라져야 한다는 것이다(3절). 이러한 주제제시 이후 그날(4-5절)과 밤(6-9절)에 대한 더 구체적인 바람들이 이어진다. 그런 다음 욥은 앞에서 말한 내용에 대한 근거를 제시함으로 제1연을 마친다(10절).

제 2연도 동일한 기본구조를 보여준다. 첫머리에 두 번에 걸쳐 '왜?'라는 의문사가 등장한다. 이 의문사와 함께 탄식의 질문들이 시작되는데, 이 질문들을 통해 욥은 차라리 태어나자마자 죽었으면 좋았을 것이라는 바람을 말한다(11-12절). 이러한 제 2연의 주제는 16절에서 다시 한 번 제시된다. 이렇게 두 차례에 걸쳐 주제제시를 한 후 욥은 지금 자신이 죽음의 세계에 있다면 경험하게 될 안식에 대해서 서술한다(13-15절, 17-19절).

제 2연에서 그랬듯이 3연에서도 '왜?'라는 의문사로 시작된다. 이 의문사로 시작된 물음을 통해 욥은 현재 자신의 처지를 묘사하며 자신의 존재 이유를 묻는다(20절). 이로써 욥이 현재 당하는 고난의 현실이 중심주제로 부각된다. 제 2연에서처럼 3연에서도 연 중간에서 주제가 반복된다(23절). 제 3연의 첫 부분에서는 죽음을 그리워하는 처지에 놓여 있는 고난당하는 사람들이 3인칭 복수로 묘사된다(21-22절). 연의 둘째 부분에서는 고난이 심하여 회복이 불가능해 보이는 욥의 개인적인 상황이 다루어진다(24-26절).

이러한 욥의 진술을 전체적인 구조의 차원에서 관찰하면, 시간상 가장 먼 과거에서 가장 가까운 현재로 이동하고 있음을 알 수 있다. 자신의 출생, 더 나아가 자신이 잉태되던 밤에서 시작하여 출생 이후의 성장 과정에 대해 언급한 후에 마지막으로 현재 자신이 겪고 있는 상황에 대한 진술로 옮겨 가고 있다. 이러한 진술의 구조를 통해 욥은 현재 자신이 겪고 있는 고난의 현실을 특별히 강조하며 그 고난의 현실을 문제의 핵심으로 드러내고 있다.

B. 여론(餘論) : 욥기 3장의 문학적 장르

욥의 첫 번째 발언은 직접적인 대화의 상대자(수신자)가 언급되지 않는다는 이유로 자주 '독백'(Monolog)이라고 규정된다. 그러나 이 발언을 '독백'이라고 규정하는 것은 욥의 발언의 의미와 기능을 평가하는데 다음과 같은 문제점들을 보여준다. 1) 우선 욥의 이 발언을 독백이라고 규정했을 때, 바로 이어서 나오는 엘리바스의 반응을 설명하기 어렵다. 욥이 그의 첫 번째 발언을 마쳤을 때, 엘리바스는 욥의 발언과 긴밀한 연관성 속에서 이 발언에 대한 반응을 보인다. 이것은 욥의 발언을 '독백'이라고 하였을 때는 기대하기 어려운 반응이다. 2) 또한 욥의 발언을 단순히 '독백'으로 규정하는 것은 욥의 첫 번째 발언에 담긴 역동성을 제대로 담아내지 못한다. 욥기 3장에 나타난 욥의 발언은 내적 갈등이나 추상적인 사고의 과정 뒤에 보인 어떤 정신적 태도가 아니라, 이해할 수 없는 고난의 현실 속에서 욥이 보여준 고난에 대한 반응이기 때문이다. 3) 마지막으로 이 발언을 '독백'으로 규정하는 것은 이 발언이 궁극적으로 지향하고 있는 수신자에 대한 관심을 사라지게 한다. '독백'이라 말할 때는 말의 의미와 기능이 상대자나 수신자의 반응과는 무관한 '혼잣말'이 되기 때문에 본 발언에서 제기하는 '문제의 잠재성'(Problempotenzial)을 제대로 담아내지 못한다.

이러한 이유들 때문에 욥의 이 발언을 '독백'으로 규정하기보다는 '탄식'으로 규정하는 것이 본 발언의 내용과 의미를 파악하는 데 유효적절하다. 이 발언의 장르를 '탄식'으로 규정할 때 얻어지는 유익은 단순히 '독백'으로 규정할 때 보여주는 문제점들의 반대적인 측면들에서 찾을 수 있다.

1) '탄식'으로 보는 것은 욥이 이 발언을 통해 암시하고 있는 본래적인 대화의 상대자인 하나님을 인식할 수 있게 한다. 첫째 연에서 욥은 자신의 생일과 자신이 잉태된 밤을 탄식의 대상으로서 저주한다. 그러나 이러한 저주의 바람들의 근거를 말하면서 하나님을 이 모든 사건, 즉 자신의 존재의 발생과 관련된 모든 일의 원인자로서 명시한다(10절). 그리고 11~12절의 질문은 궁극적으로 하나님을 향한 질문이다. 왜냐하면 그 분만이 욥을 모태로부터 인도해내실 수 있고, 어머니 가슴에서 안식할 수 있게 하시기 때문이다(참고. 욥 10 : 18 이하 ; 31 : 15 ; 시 22 : 10). 제 3연에서는 3인칭이기는 하지만 하나님이 행동의 주체로서 명시적으로 언급되어 있다(20절과 23절).

2) '탄식'이라는 장르 설정은 이 발언이 내포하고 있는 역동성과 그 의미를 효과적으로 전달한다. 특별히 이러한 '탄식'의 장르설정에는 욥이 맞고 있는 상황의 실존적인 현실이 반영된다. 왜냐하면 "곤경의 경험(Noterfahrung)이 탄식의 의사소통을 위한 토대이자 원인"이기 때문이다(O. Fuchs, *Die Klage als Gebet, Eine theologische Besinnung am Beispiel des Psalms* 22, München 1982, 283). 또한 "탄식은 삶의 과정(Lebensvorgang)이며 사고의 구성물(Denkgebilde)이 아니다. 그것은 고통의 외침에서 나온다. 그것은 언어로 변한 고통의 울부짖음(Schrei)이다"(C. Westermann, *Der Aufbau des Buches*

Hiob, Tübingen 1956, 27). 또한 탄식은 자신의 고통과 고난의 현실 속에서 침묵에 반대하여 "밖으로 외쳐 말하는"(heraus-zu-sprechen) 언어행동(Sprechakt)이다. 탄식에는 이러한 "공개성의 특성"(Öffentlichkeitscharakter)이 있다. 바일(U. Bail)은 이러한 공개성의 특징을 탄식시의 본질적인 기능으로 보고 있으며, 탄식을 "침묵에 대항하는 저항과 침묵으로부터의 해방"(ein Widerstand gegen das Verschweigen und eine Befreiung aus dem Verschweigen)으로 평가한다(U. Bail, *Gegen das Schweigen klagen. Eine intertextuelle Studie zu den Klagepsalmen Ps 6 und Ps 55 und der Erzählung von der Vergewaltigung Tamars*, Gütersloh 1998, 64). 욥의 탄식은 7일간의 침묵을 깬다. 탄식을 통해 그의 말할 수 없는 고통이 말로 표현되고, 이로써 자신의 삶의 의미에 대한 질문을 제기한다.

3) 욥의 이 발언을 '탄식'이라고 규정하는 것은 질문과 응답 구조에서 욥의 발언과 하나님과의 응답 사이의 관계를 인식하게 만든다. 하나님의 발언은 욥기의 해석에서 줄곧 하나의 문제로 인식되었다. 많은 해석자들에 의해서 그것은 부적절한 응답으로 비판되었다. 그러나 욥기 3장에서 욥은 회복 불가능한 자신의 삶을 바라보며 하나님께 탄식하고 이로써 자신의 삶의 의미를 묻고 있다는 사실을 인식할 때, 욥의 발언은 허공에 사라지는 '공허한 말'이 아니라 결국 하나님의 응답을 이끌어 내는 욥의 '문제제기'(Fragestellung)라는 사실을 이해할 수 있다.

C. 도입부(3:1-2)

¹그 후에 욥이 입을 열어 자기의 생일을 저주하니라 ²욥이 입을 열어 이르되

[3:1-2] '아하레-켄'(אַחֲרֵי־כֵן)은 시간의 경과를 표시할 뿐만 아니라 장면 전

환의 지시어가 된다. 2장과 3장을 구분하면서 동시에 두 장을 이어준다. 욥이 '입을 열었다'는 것은 하나의 변화를 보여준다. '침묵하는 자'에서 '말하는 자'로, '인내자'에서 '탄식하는 자'로의 변화를 보여준다. 이러한 갑작스런 변화가 욥기의 생성과정을 유추하게 하였고, 틀 이야기에 등장하는 욥과 욥-시문의 탄식하며 논쟁하는 욥을 구별하는 논거가 되었다. 그러나 이것은 틀 이야기의 욥의 발언(1:21; 2:10)과 욥-시문에 나타난 욥의 발언들을 서로 대립적인 것으로 보기 때문이다. 그러나 이것은 신앙의 '양면'일 뿐이다. 하벨(N. C. Habel, *OTL*, 106)은 이러한 변화를 통해 욥의 '숨겨진 면'이 드러났다고 말한다. 욥기 3장에서 탄식하는 욥은 서막에서 보여주는 인내하는 욥과 다르지 않다. 그는 침묵을 깸으로 자신의 문제가 논의의 대상이 되게 한다. 서막이 전제되지 않는 욥의 탄식은 그 근거와 힘을 잃게 되며, '욥-문제'(Hiobproblem)로도 인식될 수 없는 것이다.

그는 '자기의 생일(יוֹמוֹ)을 저주한다.' 여기에서 '생일'로 번역된 히브리 낱말은 '욤'(יוֹם)인데, 이것은 '자신의 전 존재'(일반적인 인간의 생애를 나타내는 용례들: 7:1; 10:5; 14:1, 5, 6; 21:13)를 나타내는 말이며, 자신의 고통스러운 날들(14:14; 30:16, 25, 27; 이와 반대로 자신의 행복했던 날들: 29:2, 4, 18)과 자신의 비참한 운명을 나타낸다(7:6, 16; 9:25; 10:20; 17:1, 11; 27:6).

D. 제1연 : 태어난 날과 잉태된 밤에 대한 저주(3:3-10)

³내가 난 날이 멸망하였더라면, 사내 아이를 배었다 하던 그 밤도 그러하였더라면, ⁴그 날이 캄캄하였더라면, 하나님이 위에서 돌아보지 않으셨더라면, 빛도 그 날을 비추지 않았더라면, ⁵어둠과 죽음의 그늘이 그 날을 자기의 것

이라 주장하였더라면, 구름이 그 위에 덮였더라면, 흑암이 그 날을 덮었더라면, ⁶그 밤이 캄캄한 어둠에 잡혔더라면, 해의 날 수와 달의 수에 들지 않았더라면, ⁷그 밤에 자식을 배지 못하였더라면, 그 밤에 즐거운 소리가 나지 않았더라면, ⁸날을 저주하는 자들 곧 리워야단을 격동시키기에 익숙한 자들이 그 밤을 저주하였더라면, ⁹그 밤에 새벽 별들이 어두웠더라면, 그 밤이 광명을 바랄지라도 얻지 못하며 동틈을 보지 못하였더라면 좋았을 것을, ¹⁰이는 내 모태의 문을 닫지 아니하여 내 눈으로 환난을 보게 하였음이로구나

[3:3-10] 욥은 자신이 현재 맞고 있는 고난의 현실을 바라보며 무엇보다도 자신이 '태어난 날'과 '잉태된 밤'이 사라지기를 바란다(3절). 왜냐하면 이 두 대상이 자신의 존재의 출발점이 되었기 때문이다. 이어지는 진술(4-6절)에서 날이 사라지길 바라는 그의 바람이 구체화되고 반복적으로 나타난다. 주목할 만한 점은 이러한 바람들이 '창조'의 주제와 긴밀한 연관성 속에 있다는 점이다. '예히 호쉐크'(יְהִי חֹשֶׁךְ)는 창조의 외침과 정반대의 의미를 가진다(창 1:3 참조). 피쉬베인(M. Fishbane)은 욥기 3:3~13에서 창조기사에 쓰인 양식을 찾아낸다(M. Fishbane, Jeremiah IV 23-26 and Job III 1-13 : A Recovered Use of the Creation Pattern, *VT* 21 [1971], 151-167). 그는 욥기 3장이 창세기 창조 이야기(1:1-2:4a)에서처럼 동일한 7일의 구조와 언어적 양식을 가지고 있으나 내용적으로는 반대되는 사실을 의미하고 있다고 말한다. 욥은 '빛이 있으라' 대신 '어둠이 되라'라고 말한다. 이것은 마술적인 주문이 아니다. 이것은 창세기 1장에 나타난 '선한'(כִּי־טוֹב) 하나님의 창조세계의 역방향(Gegenseite)을 경험하는 사람에 의해서 소원의 형태로 표현되는 탄식이다. 이것을 통해서 욥이 바라는 것은 자신을 위해 창조가 역행되기를 바라는 것 이외 그 무엇도 아니다(A. Weiser, *ATD*, 40). 욥은 자신의 생일에 대한 저주에서 실제로 창조의 전(全)과정이 뒤바뀌기를 원하고 있다. 그가 바라는 것은 창조주 하나님께서 질서와 통치를 부여하시기 전 물질의 상태인 '최초의

혼돈'(primal Chaos)에로의 복귀다(D. Cox, *The Triumph of Impotence*, 49). 이러한 욥의 바람은 피조세계의 혼돈을 가져오는 야훼의 날에 대한 예언서의 심판예언과 그 내용이 일맥상통한다(암 8 : 9 ; 렘 4 : 23, 25-26, 28 ; 사 8 : 22 ; 습 1 : 15 ; 욜 2 : 2 등). 그 날은 하나님에 의해서 관심의 대상이 되지 않고 내버려져야 한다. 하나님이 더 이상 날을 '돌보지' 않음으로 창조 이전의 어둠의 상태로 사라지기를 바란다. 날의 어두워짐 이외에 빛이 그 위에 비치지 않게 된다는 것은 창조의 법칙에 어긋나게 되라는 것이다.

5절은 날의 주관자가 바뀌기를 바라는 것이다. '어둠'과 '죽음의 그늘'이 그 '날'을 '속량함'으로써, 하나님이 아니라 혼돈의 세력이 다시 그 권리를 주장하라는 것이다. 욥의 이러한 바람에는 욥의 특별한 요구가 들어 있다. 창조시에 부여하셨던 하나님의 '질서'(Ordnung)가 실종된 채 나타나는 현재 자신의 형편을 볼 때, '세계질서'(Weltordnung)와 자신의 형편과의 일치를 위해서는 창조의 과정이 역행되어야 한다는 것이다(J. Ebach, *KBB* 1, 51).

욥에게는 출생이 모든 고통의 근원이기 때문에 이젠 자신의 존재의 최초의 근원을 문제 삼는다(7-9절). 자신이 잉태되었던 밤이 불임의 밤이 되며, 차라리 '날을 저주하는 자'가 있어서 그 밤을 저주하기를 바란다. 또한 날이 새지 않음으로 그 밤이 영원한 어둠에 싸여 있기를 바란다. 이렇게 자신의 존재의 시발점이 된 '잉태의 밤'이 사라짐으로 인해 현재 자신이 경험하고 있는 고난의 현실이 더불어 사라지기를 바라는 자신의 생각을 피력한다.

여기에서 놀라운 것은 욥이 자신의 첫 번째 발언에서 창조의 모티브를 가지고 자신의 존재의 출발을 논하고 있다는 것이다. 그의 발언에서 '창조 이전의 상태로 회귀'라는 욥 특유의 바람이 돋보인다. 욥은 자신의 개인의 운명을 창조와 혼돈이라는 우주적이며 신학적인 질문과 연결시킨다. 자신의 바람을 통해 창조질서가 역으로 일치되기를 요구한다. 욥의 개인적인 운명이 우주적인 창조의 차원으로 확대되었다. 이러한 지평의 확대에서 욥의 첫 번째 발언의 가치가 발견된다. 이런 욥의 첫 번째 발언에 대한 고찰은 욥기의 마지막에 나타나는 야훼의 발언을 욥의 질문에 대한 의미 있는 답변으로 볼 수 있게 한다.

10절에서는 마침내 욥이 자신의 태어난 날과 잉태된 밤에 대한 저주의 바람들의 이유를 밝힌다. 그것은 '그'가 모태의 문을 닫지 않아 자신의 눈으로 고난을 보게 하시기 때문이라는 것이다. 여기에서 문제가 되는 것이 '그'가 가리키는 바가 무엇인가 하는 점이다. 히브리어 본문에는 주어가 3인칭 남성 단수의 형태로만 되어 있어 주어의 실체가 누구인지 문법적으로는 알 수 없다. 더군다나 히브리말에서 낮(יוֹם)과 밤(לַיְלָה)이 모두 남성이어서, 많은 주석가들이 본 절의 주어를 낮이나 밤 중 하나로 보았다. 그러나 10절의 주어는 하나님으로 여겨진다. 그 이유는 다음과 같다.

첫째, 첫 번째 연에서 밤과 낮이 의인화된 대상으로 나타나지만, 능동적인 작용의 주체로 나타난 예가 없다(시 19 : 3-5 참조). 둘째, 구약성서의 여러 본문에서 모태의 문을 열고 닫는 주체는 하나님이심을 밝히고 있다(פתח : 창 29 : 31 ; 30 : 2, 22 ; סגר : 삼상 1 : 5, 6 ; עצר : 창 16 : 2 ; 20 : 18 ; 사 66 : 9 ; 또한 סכך : 욥 38 : 8 참조). 셋째, 20절에서 볼 수 있듯이 하나님에 대한 명시적인 언급이 없어도 '내용상' 하나님을 주어("logisches Subjekt")로 생각할 수 있다. 욥은 이러한 언급을 통해 하나님이 자신의 존재에 대한 '원인자'(Verursacher)이심을 분명히 한다. 하나님은 욥의 창조자이시다. 흥미롭게도 이 발언은 욥 탄식의 중요한 특징인 '전통의 역전'의 한 예를 보여준다.[12] 창조에 대한 언급이 시편의 개인 탄식시에서는 '하나님이 과거에 행하신 구원행동에 대한 회고'의 한 양식으로 나타난다. 창조에 대한 언급을 통해 기도자는 하나님의 관심과 개입을 이끌어내는 근거로 삼는다(시 22 : 10 이하 ; 71 : 5 이하). 그러나 욥의 첫 번째 발언에서는 정반대로 탄식을 위한 근

---

12) '구원전통의 역전'에 관하여 다음을 참조하라. J. Jeremias, Umkehrung von Heilstraditionen im Alten Testament, in : *Alttestamentlicher Glaube und Biblische Theologie*. FS für H.-D. Preuß, 1992, 309-32.

거가 되고 있다. 욥이 현재의 고난을 마주하게 된 것은 오직 하나님께서 자신의 출생을 위한 태의 문을 닫지 않으셨기 때문이라는 것이다.

E. 제2연 : 왜 태어나 죽지 아니하였는가?(3 : 11-19)

¹¹어찌하여 내가 태에서 죽어 나오지 아니하였던가 어찌하여 내 어머니가 해산할 때에 내가 숨지지 아니하였던가 ¹²어찌하여 무릎이 나를 받았던가 어찌하여 내가 젖을 빨았던가 ¹³그렇지 아니하였던들 이제는 내가 평안히 누워서 자고 쉬었을 것이니 ¹⁴자기를 위하여 폐허를 일으킨 세상 임금들과 모사들과 함께 있었을 것이요 ¹⁵혹시 금을 가지며 은으로 집을 채운 고관들과 함께 있었을 것이며 ¹⁶또는 낙태되어 땅에 묻힌 아이처럼 나는 존재하지 않았겠고 빛을 보지 못한 아이들 같았을 것이라 ¹⁷거기서는 악한 자가 소요를 그치며 거기서는 피곤한 자가 쉼을 얻으며 ¹⁸거기서는 갇힌 자가 다 함께 평안히 있어 감독자의 호통 소리를 듣지 아니하며 ¹⁹거기서는 작은 자와 큰 자가 함께 있고 종이 상전에게서 놓이느니라

[3 : 11-19] 11~12절에 나타난 도입적인 질문들은 출생과 양육의 주제를 다룬다. 여기에서 욥의 진술은 시간적으로나 내용적으로 욥의 개인적이며 현재적인 문제에 더 가까워진다. '어찌하여?'(מַדּוּעַ, לָמָּה)라는 의문사는 시편의 탄원시에 나타나는 탄식에 대한 전형적인 표지다(시 10 : 1 ; 22 : 1 ; 렘 20 : 18 ; 애 5 : 20). 욥은 탄식의 질문에서 자신의 존재의 이유를 주제로 삼고 있다. 여기에서도 10절에서나 20절, 그리고 23절에서와 같이 배후에서 욥의 출생에 관여하신 하나님이 문제의 대상으로 암시된다. 이 질문이 지향하는 궁극적인 대상은 하나님이시다. 이러한 사실은 동일한 주제와 질문 속에서 하나님을 2인칭으로 지칭하는 10 : 18에 나타나는 하나님에 대한 탄식('어찌하여

나를 모태에서 나오게 하셨습니까?')에서 확인된다. 13~15절에서는 자신이 죽었더라면 경험하였을 안식에 대해서 묘사한다. 그곳에서는 상이한 지위를 가졌던 사람들(예컨대, '왕', '조언자들', '고관들')이 함께 누워 있다. 그들은 이전의 사회적 지위나 경제적 능력에 관계없이 동일한 안식을 누린다.

16절에 오면 다시 한 번 제 2연의 주제가 반복된다. 욥은 자신이 차라리 모태에서 죽었더라면 맞게 되었을 상태에 대해서 묘사한다. 그랬더라면 땅 속에 '묻힌 낙태아들처럼' 이 세상에 존재하지도 않고 빛을 보지도 않았을 것이라고 말한다(시 58:9; 전 6:4이하 참조). 그런 다음 욥은 계속해서 죽음의 세계에 대한 묘사를 이어간다. 그곳에서 '악한 자들'이 분을 그치며 '곤비한 자들'이 평강을 얻고, '갇힌 자들'도 함께 평화를 누리며 그들은 감독자의 소리도 듣지 않는다(17-18절). 그곳에서는 큰 자나 작은 자가 일반이다. 또한 그곳에서는 '종'이 '주인들'로부터 자유를 얻는다. 여기에서 사용된 '에베드'(עֶבֶד)와 '아도나이'(אֲדֹנָי)라는 용어를 통해 욥 자신의 현실에 대한 암시를 발견할 수 있다. 욥기 서막에서 하나님은 욥을 '내 종'(עַבְדִּי)이라 부르셨다. 그것은 하나님 자신이 욥에 대해 '주님'(אֲדֹנָי)이심을 나타내신 것이다. 그런데 욥은 여기에서 죽은 자가 맞게 되는 안식을 '거기에서는 종이 주인들로부터 풀려난다'로 표현한다. 이 말은 서막과의 관련성 속에서 욥 자신이 주인이신 하나님으로부터 자유를 얻을 수 있게 된다는 말로도 이해할 수 있다. 즉 죽음의 세계는 욥에게 하나님의 눈과 손을 피할 수 있는 도피처가 됨을 암시한다(이 점에 대해서 다음을 참조하라. M. Köhlmoos, *Das Auge Gottes*, 157).

제 2연에서는 욥 진술의 형식과 주제가 변화되어 나타난다. 하지만 그의 고난의 현실에 대한 내적인 태도는 변함이 없다. 욥이 보여준 다양한 탄식의 질문들과 죽음에의 갈망은 고난의 종결과 고통 없는 안식을 바라는 깊은 탄식의 한 형태이다. 주목할 만한 것은 제 2연에서 개인 탄원시의 본질적인 요소인 '청원'이 나타나지 않고 그 대신 '죽음에의 갈망'이 그 자리를 대신하고 있다는 사실이다. 도입적인 탄식의 질문들(11-12절, 16절)에 이어서 죽음의 세계에 대한 묘사가 전개된다. 이 묘사에서 죽음의 세계는 욥이 애써 얻고자 하는 목표지점으로 비춰진다. 이를 통해 욥이 바라는 것은 하나님의 손이 미치지 않는 곳으로 도피하는 것이다. 이해할 수 없는 고난의 현실에서는 그 어떤 의미도 찾을 수 없기 때문에 그는 현실세계에서 죽음의 세계로 벗어나 있기를 열망하고 있는 것이다.

그러나 여기에서 욥이 희망하는 것이 무엇인가를 정확하게 인지하는 것이 중요하다. 그가 간절히 바라는 것은 죽음 자체가 아니라 죽음의 세계에서 누리는 안식이다(7 : 16 ; 10 : 20). 이러한 죽음에 대한 갈망의 의미는 마지막 발언과의 비교를 통해 분명해진다. 마지막 발언(29-31장)은 과거와 현재의 대조를 통해 자신의 극심한 고난의 현실을 탄식한다. 그것은 여러 면에서 욥기 3장과 일치와 평행을 보인다. 그러나 거기에는 죽음에 대한 갈망의 내용이 나타나지 않는다. 그 대신 31장에서는 이에 상응하는 요소로 하나님을 향한 도전발언(31 : 35-37)이 나온다. 이러한 내용의 발전과 변화에서 욥기 3장의 죽음에의 갈망의 의미를 발견할 수 있다.[13] 욥이 마주하고 있는 고난의 현실이 깊은 만큼 욥은 여기에서 죽음의 세계를 현실 세계와 뚜렷한 대조 속에 묘사하고 있다. 이러한 사실은 욥의 현실 세계를 묘사하고 있는 3연의 내용과 비교해 보면 쉽게 알 수 있다.

F. 제3연 : 왜 고난당하는 자에게 빛과 생명을 주시는가?(3 : 20-26)

[20]어찌하여 고난당하는 자에게 빛을 주셨으며 마음이 아픈 자에게 생명을 주

---

13) '죽음에 대한 갈망 모티브'에 대하여 필자의 졸고를 참조하라. 하경택, "욥 발언에 나타난 죽음,"「헤르메네이아 투데이」32 (2005. 10), 21-38.

셨는고 ²¹이러한 자는 죽기를 바라도 오지 아니하니 땅을 파고 숨긴 보배를 찾음보다 죽음을 구하는 것을 더하다가 ²²무덤을 찾아 얻으면 심히 기뻐하고 즐거워하나니 ²³하나님에게 둘러 싸여 길이 아득한 사람에게 어찌하여 빛을 주셨는고 ²⁴나는 음식 앞에서도 탄식이 나며 내가 앓는 소리는 물이 쏟아지는 소리 같구나 ²⁵내가 두려워하는 그것이 내게 임하고 내가 무서워하는 그것이 내 몸에 미쳤구나 ²⁶나에게는 평온도 없고 안일도 없고 휴식도 없고 다만 불안만이 있구나

[3 : 20-26] 욥은 이제 제 2연에서 안식과 평화의 세계로 나타나는 죽음의 세계와는 다른 고통과 수고의 현실세계를 인지해야 한다. 그는 현실세계와의 만남을 피하고 싶어 하지만 그럴 수 없다. 그래서 그는 고난과 고통으로 가득한 자신의 삶의 의미를 묻는다. '어찌하여 그분은 곤고한 자에게 빛을 주시며, 쓰디쓴 인생에게 생명을 주시는가?' 이 진술들에는 주어가 명시되어 있지 않다. 히브리 본문에는 단지 3인칭 남성 단수로만 표현되어 있다. 하지만 23절의 주어로 나타나는 하나님과의 관련성 속에서 '그분'은 하나님임이 분명하다. 왜냐하면 그분의 손에 의해서만 삶과 죽음, 구원과 불행이 오고 결정될 수 있기 때문이다(신 32 : 39 ; 삼상 2 : 6 이하 ; 사 45 : 7 ; 대하 29 : 11 이하). 여기에서 빛은 생명을 의미한다(욥 33 : 28, 30). 생명은 음부의 어둠에 반대되어 나타나는 빛이다(18 : 5 이하 ; 33 : 30 ; 시 56 : 14[13]).

21~22절의 이어지는 묘사에는 히브리어 표현이 특징적이다. 각 절의 상반절은 분사구문으로 묘사되고, 하반절에서는 정형동사(Finitum)로 표현되어 있다(12절, 17절, 19-24절 참조). 이 본문들에서 죽음을 기다리는 사람들의 모습이 3인칭 복수의 분사형태로 표현되어 있다. 고난을 경험하고 있는 사람들이 일반적인 사람들의 모습으로 그려지고 있는 것이다. 욥은 이러한 표현양식을 통해 자신의 개인적인 경험을 자신과 같이 이해할 수 없는 고난을 당하는 모든 사람에게 일반화시켜 묘사하고 있다.

23절은 욥의 첫 번째 발언의 정점을 보여준다. 여기에서는 20절에서 볼 수 있는 의문사('어찌하여'), 주어('그', 즉 하나님), 그리고 목적어('빛'이나 '생명')가 모두 생략된 채, 단지 진술의 대상, 즉 '한 남자'(게베르, גֶּבֶר)만이 부각되어 있다. 바로 이전 구절에서 고난당하는 자들이 복수로 표현되어 있던 것이 이제는 다시 단수로 표현된다. 그러면서도 특별히 3절의 '잉태 고지'에 사용되었던 '게베르'(גֶּבֶר)라는 낱말이 이곳에서 사용되었다. 이를 통해 여기에서 '한 남자'가 욥 자신임을 알 수 있게 한다. 바로 이어지는 24절과 25절의 '키'(כִּי)문장들은 이 진술이 욥의 개인적인 상황을 지시하고 있음을 보여준다.

23절의 진술에는 하나님의 모순된 행동이 잘 나타난다. 그분은 한편으론 욥에게 빛과 생명을 주시지만, 다른 한편으론 그를 '둘러싸시는'(סכך) 분이다. 욥기의 서막에 대한 설명에서도 언급했지만 여기에 사용된 '사카크'(סכך) 동사는 욥이 하나님과의 관계에서 갖고 있는 문제를 잘 드러낸다. 1 : 10에서 사탄은 어원론적으로 긴밀한 연관성을 가진 낱말 '수크'(שׂוך)를 사용하여 울타리로 둘러싸 모든 불행으로부터 지켜내는 하나님의 보호에 대해서 말했다. 그러나 여기에서 욥은 동일한 어원을 가진 말로 여겨지는 '사카크'를 통해 정반대의 상황을 묘사한다.[14] 욥은 자신의 상황이 하나님께서 자신을 둘러싸셨기 때문에 그 어떤 탈출구도 찾을 수 없는 절망적이라는 것이다.

욥은 여기에서 자신의 삶을 하나님에 의해서 봉쇄된 '길'(דֶּרֶךְ)로써 묘사한다. 이때 욥에게 문제가 되는 것은 '하나님의 멀리 계심'(Gottesferne)이 아니라 오히려 '하나님의 가까이 계심'(Gottesnähe)이다. 시편에서는 찬양과 기도의 동기가 되는 사실이 욥에게는 완전히 다르게 경험된다. 시편 기자들에게는 하나님의 가까이 계심이 기도의 목적인 반면(시 6 : 4 ; 10 : 1 ; 13 : 2 ;

---

14) 두 동사(1 : 10의 שׂוך와 3 : 13의 סכך, hi.)는 어원론적으로나 그 의미(전자는 "보호하기 위해 울타리를 치다"의 의미를, 후자는 "보호하기 위해 차단하다"의 의미를 기본적인 뜻으로 가지고 있다)에 있어서 밀접한 관계에 있다(HAL, 712와 1223). 그래서 몇몇 사본에는 이 두 동사가 동일시되고 있다.

22 : 2 ; 35 : 17 ; 56 : 14[13] ; 69 : 15 ; 18 : 7[6] ; 31 : 5 등), 욥에게는 그것이 오히려 탄식의 근거가 된다. '어찌하여 하나님은 그의 길이 숨겨진 사람에게, 그분 자신이 그 주위를 둘러싼 그에게 빛을 주시는가?'라는 진술은 자신의 삶에 대한 욥의 인식을 분명하게 보여준다. 욥은 이 탄식을 통해 자신의 문제를 공개적으로 드러낸다. 여기에 나타난 하나님에 의한 '봉쇄' 모티브는 욥기 전체에서 하나의 중심 모티브로서 작용한다. 하나님에 의한 '봉쇄' 모티브(Umklammerungsmotiv)는 계속되는 욥의 발언에서 하나님에 의한 '감시' 모티브(Überwachungsmotiv)와 하나님에 의한 '공격' 모티브(Angriffsmotiv)로 발전되며, 하나님을 향한 탄식의 핵심 논거가 된다. 이를 통해서 볼 때 23절의 진술은 욥기 1 : 21이나 2 : 10의 고백과 같은 방향에 서 있다. 욥은 이러한 진술들을 통해 하나님을 구원뿐 아니라 재앙도 주시는 분으로 고백한다(사 45 : 7). 하나님이 욥 자신의 고난에 찬 삶에 대한 원인자이며 책임자라는 사실이다.

24~26절에서는 다시 욥이 1인칭 주어로 표현된다. 여기에서 욥이 현재 처해 있는 개인의 상황이 상세하게 기술된다. 24절과 25절은 '키'(כִּי, 정말)로서 시작되어 욥의 진술이 강조되고 있다. 그는 '눈물의 양식'(시 42 : 4[3] ; 80 : 6[5] ; 시 102 : 9)이라고 부를 수 있는 탄식의 음식을 먹어야 한다. 그의 고통의 신음 소리가 물처럼 쏟아진다. 자신이 그토록 두려워했던 일들이 그에게 임했다. 여기에서 표현된, 자신에게 닥칠 불행에 대한 욥의 두려움은 서막에서 아들들이 혹시라도 범죄했을 경우를 위해 번제 드리는 모습(1 : 5)에서 확인할 수 있다. 이제 그에겐 안정도 평화도 안식도 없다. 오직 불안만 밀려온다. 현재 자신의 상황에 대한 욥의 이러한 진술은 제2연에 나타난 죽음의 세계에 대한 묘사와 극명한 대립을 보인다. 이 극명한 대립에서 욥이 겪고 있는 현실이 얼마나 큰 고통인가 하는 점이 잘 드러난다.

설교를 위한 묵상

욥은 고난의 현실 속에서 자신이 압박당할 때 느낀 감정을 여과 없이 드러낸다. 다양한 저주의 바람들(Fluchwünsche)과 궁극적으로 하나님을 향하는 탄식의 질문들 속에서 그 감정의 강도가 잘 나타난다. 욥-시문에서 그의 첫 번째 발언은 가장 먼 과거에서 현재로 이동한다. 즉 이 발언은 자신과는 전혀 상관없는 것으로 보이는 창조의 모티브로 시작하여 잉태와 출산을 거쳐 고난 중에 있는 현재의 모습까지 이른다. 마치 어떤 장면에서 카메라가 원경으로부터 시작하여 어떤 특정한 인물의 모습에 초점을 맞추어(close-up) 나가듯이, 이 발언의 마지막에는 오직 '탈출구 없는 한 남자', 곧 욥의 모습만을 전면에 부각시킨다. 이러한 발언내용의 흐름과 수사학적인 기법은 욥의 첫 번째 발언의 동기가 자신이 맞고 있는 현재적인 고난의 문제에 있음을 잘 나타내 준다.

'하나님에게 둘러 싸여 길이 아득한 사람에게 어찌하여 빛을 주셨는고?'(20절/23절) 이 탄식의 질문은 자신의 삶에 대한 욥의 인식을 드러낼 뿐만 아니라 이 질문과 연관된 하나님의 행동이 가지고 있는 문제성을 잘 보여준다. 하나님은 욥에게 이중적으로 행동하신다. 그분은 욥을 둘러싸는 분임과 동시에 그에게 생명과 빛을 주시는 분이다. 욥은 그의 첫 번째 발언(욥 3장)에서 자신에게 죄가 없다는 말을 직접적으로 하지는 않는다. 그렇지만 이렇게 하나님의 행동을 문제 삼는 탄식에는 다음과 같은 세 가지 사실이 전제되어 있음을 알 수 있다. 첫째, 자신은 죄가 없다는 확신과 둘째, 행위화복관계의 일치성에 대한 믿음, 그리고 셋째, 하나님의 주권에 대한 신뢰가 그것이다. 욥에게 이러한 사실들에 대한 믿음과 확신이 없었다면 그는 이처럼 강력하고 도발적인 탄식을 할 수 없었을 것이다. 이러한 의미에서 하나님에 대한 탄식은 그분의 절대주권과 운행에 대한 신뢰의 다른 표현임을 알 수 있다. 그래서 마르크쉬스(Chr. Markschies)는 개인 탄원시에 나타난 '신뢰의 모티브'(Vertrauensmotiv)에 관하여 다음과 같이 말한다(Chr. Markschies, "»Ich aber vertraue auf dich, Herr!«. Vertrauensäußerungen als Grundmotiv in den Klageliedern des Einzelnen," ZAW 103 [1991], 386-389). "신뢰의 모티브는 개인 탄식시의 바탕에 놓여 있는 YHWH에 대한 요구에서 자신의 신뢰를 하나님의 손에 내어 놓는 기도자가 자신의 생명을 보호해 달라고 호소하는 모든 기도와 다를 바 없다. 기도자는 이미 모든 구체적

인간구 이전에 YHWH께서 자신에게 은혜를 베푸시기 위해 개입하실 것이라는 사실을 확신적으로 소망할 수 있기 때문에, 이 청원은 신뢰의 진술로서 표현된다. 왜냐하면 바로 이러한 확신에 자신을 YHWH께 기도하게 하는 그의 믿음이 존재하기 때문이다"(386-387).

욥기 3장에는 다음과 같은 대립적인 낱말들과 상징들이 집중적으로 나타난다. 낮과 밤, 빛과 어둠, 질서와 혼돈, 삶과 죽음, 큰 자와 작은 자, 안식과 고난 등이다. 이러한 개념들은 극명하게 대조되는 대립성을 통해 욥의 현실과 바람의 영역 사이에 있는 '간격'(Kluft)을 두드러지게 한다. 욥기 3장의 발언에는 '창조' 모티브(Schöpfungsmotiv)('창조' 모티브가 나타나는 욥의 발언들 : 9 : 5-10 ; 10 : 8-12 ; 26장), '죽음에 대한 갈망' 모티브(Todeswunschmotiv) ('죽음에의 갈망' 모티브가 나타나는 욥의 발언들 : 6 : 8-13 ; 7 : 15-16 ; 10 : 18-22 ; 14 : 13-15 ; 17 : 11-16), '하나님의 핍박' 모티브(Gottesverfolgungsmotiv) ('하나님의 핍박' 모티브가 나타나는 욥의 발언들 : 6 : 4 ; 7 : 11-14, 17-21 ; 9 : 17-18 ; 9 : 30-31 ; 10 : 16-17 ; 13 : 24-27 ; 16 : 7-14 ; 19 : 6-12 ; 30 : (1-15), 16-31)의 중심 모티브들이 모두 고찰된다. 이 중심 모티브들은 욥의 발언 중 시편의 탄식전통에서 일탈하는 특징을 보이면서 그의 첫 번째 발언의 핵심을 형성하고 있다. 이 세 가지 중심 모티브들은 이어지는 욥의 발언에서 지속적으로 수용되고 발전되며, 친구들과의 논쟁 가운데서 욥의 탄식의 근거와 목적으로 작용한다.

첫 번째 발언의 특징 가운데 하나는 특정한 수신자가 언급되고 있지 않다는 점이다. 그렇다고 이것이 '독백'(Monolog)이라고 규정할 수도 없다. 욥기 3장에 대한 장르분석에서 살펴보았듯이 4장에서 엘리바스가 반응하고 있고, 하나님의 응답에서도 욥기 3장과의 깊은 관계성을 고찰할 수 있기 때문이다. 그렇다고 대화(Dialog)나 논쟁의 말(Streitgespräch)이라고 규정할 수는 없다. 그렇다면 욥기 3장을 어떻게 규정할 수 있을까? 필자는 욥기 3장의 문학형식을 '청중'(Publikum)을 향해 공개적으로 표명된 (offen aus-gesprochen) 발언이라고 말하고 싶다.[15] 이 발언이 지향하고 있는 청중

---

15) 에꼬(U. Eco)는 이 '청중'(Publikum)이라는 개념을 본문(Text)과 저자(Autor)와 함께 해석을 위한 세 번째 기본 전제조건으로 본다(U. Eco, *Lector in fabula, Die Mitarbeit der Interpretation in erzählenden Texten*, München 1990 ; ders., Die Grenzen der Interpretation, München 1992 ; 또한 다음을 참조하라. U. H. J. Kürtner, *Lector in Biblia. Schriftauslegung zwischen*

에는 독자뿐 아니라 욥기에 등장하는 등장인물들도 포함된다. 그렇기 때문에 (다른 친구들과 함께) 엘리바스가 그의 말에 대응하고, 더 나아가 마침내 야훼께서 그의 말에 응답하실 수 있었다.

그럼에도 불구하고 내용을 관찰할 때 이 발언이 궁극적으로 지향하고 있는 바는 하나님이다. 욥은 하나님을 자신이 겪은 모든 경험들에 대한 원인자로 보고 있다(10절, 20/23절). 그리고 그가 제기하는 탄식의 질문들은 오직 하나님께로부터만 그 답변을 들을 수 있는 것들이다(11-12절, 20/23절). 이 발언의 궁극적인 수신자가 하나님이시라는 사실은 친구들과의 논쟁 과정에서 보여주는 욥의 태도에서도 확인할 수 있다. 욥은 시간이 갈수록 친구들과 대면을 하는 대신 하나님께로 향한다.

그는 이해할 수 없는 행동으로 함께하시는 하나님 앞에 '어찌하여'라는 질문(Warum-Frage)을 가지고 마주 서 있다. 이러한 의미에서 욥의 첫 번째 발언은 하나님의 행동에 대한 '고발'(Anklage)의 의미를 가진다. 욥의 첫 번째 발언은 이해할 수 없는 고난에 대해 탄식이지만, 동시에 그것은 자신을 향한 하나님의 행동의 의미를 묻고 있는 것이다. 욥의 발언에 대해 친구들이 대응한다. 하지만 그들은 욥의 이러한 '문제제기'(Fragestellung)에 답변할 수 없었다. 이 문제제기에 대한 답변은 이 질문의 궁극적인 수신자인 하나님으로부터만 올 수 있는 것이기 때문이다. 이제 욥은 하나님과의 만남을 위한 긴 여정을 시작했다. 욥이 하나님과 만나며 자신의 질문에 대한 응답을 어떻게 듣게 되는지 함께 그 여정을 따라가 보자.

Rezeptionsästhetik und vierfachen Schriftsinn, WuD 21 [1991], 215-33). 그러나 필자는 이 개념을 수용하면서도 더 넓게 이해한다. 즉 - 욥기가 흔히 그렇게 고찰되듯이 - 드라마 해석의 전통에 힘입어, '청중'을 단순히 관객이나 독자만을 의미하는 개념으로 이해하지 않고, 거기에 참여하고 있는 등장인물 자신들도 포함하는 포괄적인 개념으로 이해하는 것이다. 욥기에는 그 발언이 누구에게 향하고 있는지 분명치 않은 본문들이 자주 등장한다(예컨대, 7:1-6 ; 9:32~10:2a ; 16:18-22 ; 17:11-16 ; 19:23-27 ; 23-24장). 이것은 혼자말로 끝나는 '독백'(Monolog)이 아니라 듣는 이들(청중)로부터 반응을 이끌어 내고 대응하게 하는 청중을 향한 '공개적인 발언들'이다. 이러한 의미에서 흔히 독백이라는 장르로 파악되는 3장이나 29-31장의 욥 발언도 엘리바스와 하나님의 대응을 촉발시킨 청중을 향한 공개적인 발언(탄식)으로서 이해되어야 한다.

제 III 부

세 친구와의 1차 대화

욥기 4:1~14:22

A. 욥과 엘리바스의 1차 대화(4:1-7:21)
   1. 엘리바스의 첫 번째 발언(4:1-5:27)
   2. 엘리바스의 발언에 대한 욥의 응답(6:1-7:21)

B. 욥과 빌닷의 1차 대화(8:1-10:22)
   1. 빌닷의 첫 번째 발언(8:1-22)
   2. 빌닷의 첫 번째 발언에 대한 욥의 응답(9:1-10:22)

C. 욥과 소발의 대화(11:1-14:22)
   1. 소발의 첫 번째 발언(11:1-20)
   2. 소발에 대한 욥의 첫 번째 대답(12:1-14:22)

| 욥기 4:1-14:22 |

세 친구와의 1차 대화

A. 욥과 엘리바스의 1차 대화(4:1-7:21)

1. 엘리바스의 첫 번째 발언(4:1-5:27)

욥과 친구들과의 대화는 세 차례 이루어진다. 친구들이 순번대로 말하고 각각의 발언에 대해 욥이 응답하는 형식이다. 4~7장은 엘리바스와의 첫 번째 대화의 내용이다. 욥과 친구들의 대화에서 나타나는 전반적인 특징은 욥의 발언이 친구들의 발언보다 훨씬 길다는 점이다. 그러나 엘리바스와의 첫 번째 대화에서는 거의 길이가 같다. 엘리바스의 첫 번째 발언은 98행에 걸쳐 나타나고 이에 대한 욥의 발언은 107행이다. 이후에 빌닷과 소발의 발언이 각각 43행과 40행의 길이인 반면, 욥의 발언은 139행, 157행으로 점점 길어진다(J. Hartley, *NICOT*, 103). 이러한 통계는 엘리바스의 첫 번째 발언이 그만큼 철저히 준비된 발언이며 짜임새 있게 구성된 내용을 가지고 있을 것이라는 점을 예감할 수 있게 한다.

첫 번째로 나선다는 것은 엘리바스가 분명히 가장 뛰어나고 설득력 있는 지혜자요 웅변가라는 사실을 짐작케 한다. 이러한 사실은 그의 발언이 다른 친구들보다 현저하게 길다는 사실에서도 확인된다. 그의 수사에는 격언, 우화, 교훈, 유비, 격려, 지혜의 말, 찬송, 계시경험 등 다양한 형식의 표현들이 등장한다. 엘리바스는 이러한 수사학적 장치들을 가지고 고난이 악인에 대한 보응으로서 주어진다는 전통적 이해를 확신 있게 주장한다. 그리고 그러한 장치들은 그의 가르침을 더욱 권위 있게 만드는 역할을 한다(4:8 ; 5:3, 8, 27).

엘리바스의 핵심 전제는 모든 사람이 잘못에 대한 유죄성을 가지고 있다는 것이다. 이 전제로부터 그는 두 가지 기본적인 논증을 이끌어 낸다. 첫째, 그는 보상법칙을 대담하게 주장한다. 즉 의인은 번영하고 악인은 이 땅의 삶에서 고통당하다가 일찍 죽는다(4:7-21). 둘째, 그는 하나님의 위대함과 그분의 자비로운 돌보심을 찬양한다(5:9-26). 상실과 고난이 최종적인 비극은 아니다. 왜냐하면 하나님께서는 그들의 잘못으로부터 회개하는 사람은 누구나 구해주시며 그들에게 풍성한 복을 주실 것이기 때문이다. 그러므로 불행은 고난당하는 자가 그의 숨겨진 잘못을 발견하고 회개를 통해 하나님의 긍휼을 구할 수 있는 기회를 제공한다. 엘리바스의 첫 번째 발언은 다음과 같은 구조로 나타난다.

1. 욥의 태도에 대한 비판(4:1-6)
2. 엘리바스의 확신(I) : 죄 없이 망하는 자는 없다(4:7-11)
3. 엘리바스가 경험한 계시 : 인간은 하나님보다 의로울 수 없다(4:12-21)
4. 엘리바스의 확신(II) : 재난은 먼지에서 생기지 않는다(5:1-7)

5. 엘리바스의 충고(I) : 하나님께 돌아가라(5 : 8-16)
   6. 엘리바스의 충고(Ⅱ) : 전능자의 징계를 거절하지 마라(5 : 17-27)

1) 욥의 태도에 대한 비판(4 : 1-6)

¹데만 사람 엘리바스가 대답하여 이르되 ²누가 네게 말하면 네가 싫증을 내 겠느냐, 누가 참고 말하지 아니하겠느냐 ³보라 전에 네가 여러 사람을 훈계 하였고 손이 늘어진 자를 강하게 하였고 ⁴넘어지는 자를 말로 붙들어 주었고 무릎이 약한 자를 강하게 하였거늘 ⁵이제 이 일이 네게 이르매 네가 힘들어 하고 이 일이 네게 닥치매 네가 놀라는구나 ⁶네 경외함이 네 자랑이 아니냐 네 소망이 네 온전한 길이 아니냐

[4 : 1-6] 1절의 도입문구에 이어 2절부터 그의 발언이 전개된다. 2절은 번역 에서 여러 가지 가능성이 있다. 개역개정에서와 같이 의문사 '하'(הֲ)로 시작 되는 상전반절(2aα)을 조건절로 해석하여 '누가 네게 말하면 네가 싫증을 내 겠느냐?'라고 해석할 수 있지만, 그냥 의문사의 기능을 살리고 상후반절(2aβ) 을 '너'를 수식하는 관계절로 이해할 수 있다. 그러면 2절의 상반절은 이렇게 번역된다. '곤비한(לָאָה, weary) 너에게 사람이 말을 할 수 있겠느냐? 그러 나 누가 말하는 것을 참을 수 있겠느냐?' 엘리바스의 발언은 처음부터 일방 적인 훈계나 정죄가 아니었다. 그는 욥의 고난이 처참함을 잘 알고 있다. 그 러나 욥의 첫 번째 발언을 듣고 그냥 듣고 있을 수만은 없었다.

　　3~4절은 과거에 욥이 어떠한 행동을 하였는가를 회상시킨다. 그는 많은 사람들에게 지혜로 교훈하여 바른길을 가게 했다. 3절 상반절(3a)에 사용된 히브리어 동사 יָסַר는 대체로 '교훈하다'는 기본의미를 가지고 있으며 교육학 적인 차원에서 경고하고 질책하며 올바른 삶을 위해 교훈하는 것을 의미한 다. 이뿐 아니라 욥은 절망하고 고통 받는 자들에게 위로와 도움이 되었다.

'힘 빠진 팔'이나 '굽혀진 무릎'은 모두 용기를 잃고 두려움에 사로잡힌 사람들의 모습을 보여주는 그림언어이다(삼하 4 : 1 ; 사 13 : 7 ; 35 : 3 ; 시락서 2 : 12 ; 25 : 23 ; 또한 참조. 겔 7 : 17 ; 21 : 12 ; 히 12 : 12). 욥은 과거에 절망하고 고통에 힘들어 하는 사람들에게 용기를 주었고, 넘어진 자들을 일으켜 세우며 돕는 자의 역할을 하였다. 회복을 경험케 하고 희망을 갖게 하는 격려자요 위로자였다(29 : 13, 16, 25).

그런데 그러한 일이 정작 본인에게 닥치니 제대로 감당하지 못한다(5절). 자신에게 벌어진 일 때문에 '곤비해지고' '놀란다'. '곤비하다'(לָאָה, weary) 동사는 2절에서도 욥의 모습을 묘사하는 데 사용되었다. '놀란다'(בָּהַל)라는 것은 두려움에 떨고 있는 모습을 보여준다(예컨대 욥기에서, 21 : 6 ; 22 : 10 ; 23 : 15, 16). 여기에서 사용된 '놀란다'는 표현은 요셉이 자신의 신분을 공개하자 형들이 보였던 반응을 묘사할 때 사용되었다(창 45 : 3). 이 말을 통해 엘리바스가 보여주고자 하는 바는 욥이 남의 일은 잘 도와주고 해결할 수 있어도 자신의 일에는 속수무책인 사람과 같다는 것이다. 이런 경우 우리는 '중이 제 머리 못 깎는다.'고 말한다. 성경에는 복음서에서 예수를 논박할 때 이와 비슷한 격언이 사용된다. '의원아 너를 고치라'(눅 4 : 23). 또한 십자가에 달린 예수를 향하여 관리들이 조롱과 경멸의 어조로 말한다. '그가 남을 구원하였으니 이제는 자기 자신을 구원하여야 할 것이다'(눅 23 : 35). 그러나 여기에서 보여주는 엘리바스의 태도는 경멸을 의미하지 않는다. 오히려 그는 욥에게 그의 과거모습을 회상시켜 현재의 문제를 해결하게 하고자 함이다(J. Ebach, *KBB* 1, 60).

6절에서는 욥의 '확신'과 '소망'에 대해서 말한다. 하나님을 '경외하는 것'은 지혜의 시작이요 마침이다(28 : 28 ; 잠 1 : 7 ; 9 : 10 ; 시 111 : 10). 엘리바스에게도 이 점이 중요하기 때문에 다음에 나오는 발언에서도 계속해서 언급된다(15 : 4 ; 22 : 4). 하나님을 경외한다는 것은 단지 그분을 두려움의 대상으로 삼기보다는 유일한 '하나님'으로 인정하는 것을 말한다. 이것은 '쉐마 이스라엘'의 가르침(신 6:4-5)과 일맥상통하는 말이다. 그러므로 하나님을 경외한다는 것은 야훼 하나님 한 분만을 하나님으로 인정하고 마음과 뜻과 성품을 다하여 그분을 사랑하는 것을 말한다. 욥은 이렇게 하나님을 경외하는 것에 확신을 가지고 살아 왔으며, 그렇기 때문에 자신이 걷는 길의 완전함을 지키며 그것을 소망으로 여겼다(1:1, 8; 2:3; 또한 시 119:116에 나타난 경건한 신앙인의 탄식을 보라). 욥은 이제 자신의 '확신'과 '소망'을 따라 자신의 현재 상황을 살펴야 한다. 지금 욥이 당하고 있는 고난은 하나님의 도를 떠난 자에 대한 하나님의 심판이며 징벌인 것이다(잠 3:21-24; 10:29; 13:6). 그러므로 이제 욥은 자신의 '확신'과 '소망'의 삶으로 돌아와야 한다.

2) 엘리바스의 확신(I) : 죄 없이 망하는 자는 없다(4:7-11)

[7]생각하여 보라 죄 없이 망한 자가 누구인가 정직한 자의 끊어짐이 어디 있는가 [8]내가 보건대 악을 밭 갈고 독을 뿌리는 자는 그대로 거두나니 [9]다 하나님의 입 기운에 멸망하고 그의 콧김에 사라지느니라 [10]사자의 우는 소리와 젊은 사자의 소리가 그치고 어린 사자의 이가 부러지며 [11]사자는 사냥한 것이 없어 죽어 가고 암사자의 새끼는 흩어지느니라

[4:7-11] 이 단락에서 엘리바스는 '행위화복관계의 일치성'(Tun-Ergehen-Zusammenhang / deed and consequence connection)을 강조하는 이른바 '인과응보의 교리'를 강조한다. 그의 인과응보 교리에 기초한 확고한 세계관은 7절의 질문에 잘 나타나 있다 : '생각하여 보라, 죄 없이 누가 망하였는가? 어디에서 의인들이 멸망되었는가?' 이것은 행위화복관계의 일치성에 단선적으로 접근하여 내려진 결론이다. 이러한 행위화복관계의 이해는 모든 상황에 대한 평가를 결과로만 내리는 결과주의에 빠질 수 있다. 이러한 사고와 주장은 이것에 대한 정반대의 결론도 막을 수 없다. 즉 '현재 번영과 행복을 누리

고 있는 사람은 모두 선하다'는 것이다.

엘리바스는 자신의 주장이 얼마나 실제적인가를 보여주기 위해 지혜적 전통뿐만 아니라 자신의 경험에 기초하여 논증한다('내가 보건대'). 그는 파종과 수확의 비유를 통해서 행동과 그에 따르는 결과의 법칙성을 강조한다(파종과 수확의 비유에 관하여 다음을 참조하라. 호 8 : 7 ; 10 : 12 ; 시 126 : 5 ; 잠 22 : 8; 전 7:3; 갈 6:7-8)(S. Balentine, *Smyth & Helwys*, 109). 어떤 사람이 '재난'과 '고난'을 심으면 그가 심은 대로 그 열매를 그대로 거둔다(8절 ; 또한 갈 6 : 7 참조). 이것은 자연법칙처럼 자명하고 확실한 것이다. 그러나 그것은 알고 보면 하나님의 심판이 미친 결과이다. 하나님의 '호흡'(נִשְׁמָה)과 '콧김'(רוּחַ אַפּוֹ)이 악인들에 대한 심판의 도구로 작용한다(삼하 22 : 16 ; 시 18 : 15). 10절과 11절은 하나님의 권능과 위엄이 얼마나 크신가를 동물의 왕 사자의 예를 통해 보여 준다(J. Ebach, *KBB* 1, 61). 아무리 힘세고 강한 동물이라 할지라도 하나님의 심판과 보호 아래 있다(시 104 : 21).

3) 엘리바스가 경험한 계시 : 인간은 하나님보다 의로울 수 없다(4 : 12-21)

[12]어떤 말씀이 내게 가만히 이르고 그 가느다란 소리가 내 귀에 들렸었나니 [13]사람이 깊이 잠들 즈음 내가 그 밤에 본 환상으로 말미암아 생각이 번거로울 때에 [14]두려움과 떨림이 내게 이르러서 모든 뼈마디가 흔들렸느니라 [15]그 때에 영이 내 앞으로 지나매 내 몸에 털이 주뼛하였느니라 [16]그 영이 서 있는데 나는 그 형상을 알아보지는 못하여도 오직 한 형상이 내 눈 앞에 있었느니라 그 때에 내가 조용한 중에 한 목소리를 들으니 [17]사람이 어찌 하나님보다 의롭겠느냐 사람이 어찌 그 창조하신 이보다 깨끗하겠느냐 [18]하나님은 그의 종이라도 그대로 믿지 아니하시며 그의 천사라도 미련하다 하시나니 [19]하물며 흙 집에 살며 티끌로 터를 삼고 하루살이 앞에서라도 무너질 자이겠느

냐 ²⁰아침과 저녁 사이에 부스러져 가루가 되며 영원히 사라지되 기억하는 자가 없으리라 ²¹장막 줄이 그들에게서 뽑히지 아니하겠느냐 그들은 지혜가 없이 죽느니라

[4:12-21] 이 단락은 계시 체험에 관한 보도(12-16절)와 자신이 받은 메시지의 내용(17-21절)이라는 두 부분으로 구성되어 있다. 이제 엘리바스는 전통과 일상적인 경험에서뿐 아니라 하나님으로부터 받은 계시경험을 통해서 자신의 주장을 펼친다.

엘리바스는 한 '말씀'(דָּבָר)이 조용히 임하는 것을 경험했고 '속삭임'(שְׁמָץ)을 들었다(12절). 말씀 계시는 내면에서 일어난 것이 아니라 외부에서 온 것이었다. 그리고 그 계시 경험은 밤에 이루어졌다. 그가 '깊은 잠'(תַּרְדֵּמָה)에 빠져 있을 때 '밤의 환상들'(חֶזְיוֹן)을 경험하였다(13절). '깊은 잠'은 자연적인 잠을 일컫기도 하지만(욘 1:5-6), 하나님이 깊이 들게 하는 잠도 있고(창 2:21; 삼상 26:12), 나태와 어리석음의 깊은 잠도 있으며(잠 19:15; 사 29:10), 아브라함의 경우처럼 하나님의 계시를 경험하는 통로가 되는 꿈도 있다(창 15:12-21). 여기에서 엘리바스는 아브라함과 유사하게 하나님의 계시를 경험한다. 신비롭고 불가사의한 체험은 두려움을 동반한다(14절). 그는 한 '영'(רוּחַ)이 자신의 앞을 지나감을 경험하고 털이 곤두서기까지 한다(15절). 그 '영'이 앞에 있으나 '형상'(מַרְאֶה)을 알아 볼 수 없다. '형체'(תְּמוּנָה)가 있긴 하지만 볼 수 없고 한 '세미한'(דְּמָמָה) 소리를 들을 수 있을 뿐이었다(16절).

엘리바스의 경험에 대한 묘사에는 다양한 계시경험의 요소들이 복합적으로 결합되어 있다(J. Ebach, *KBB* 1, 62-65). 위에서 말한 바와 같이 아브라함의 경험이 배경에 깔려 있고, '세미한' 음성을 들었다는 그의 말은 엘리야의 경험을 떠올리게 한다(왕상 19:12). 또한 하나님의 모습은 보지 못하고 음성으로 들리는 소리를 통해 하나님의 말씀을 전달받은 것은 모세(출 3장; 34장)나 이사야(사 6장)의 경우와 비슷하다. 이처럼 성경의 위대한 인물들의

경험에 견줄 수 있는 엘리바스의 계시경험은 그가 말하는 바에 대한 권위와 확실성을 한층 높여 주는 역할을 한다.

17절부터는 엘리바스가 들은 내용에 대한 묘사이다. 그가 강조하고자 하는 바는 17절에 집약되어 있다. 7절에서와 같이 여기에서도 수사의문문으로 진술된다. '인간이 하나님보다 의로우며, 그의 창조자보다 사람이 정결하겠느냐?' 이 질문에 대한 대답은 '아니다'이다. 이 예견된 답변이 얼마나 자명한가는 천상의 존재들('자기 종', '자기 사자')에게서도 흠을 찾으시는 하나님의 모습에서 잘 알 수 있다(18절). 인간은 흙집에서 살다가 하루살이보다도 더 빨리 사라지는 연약하고 허무한 존재다(19절). 아침부터 저녁 사이에 그들은 부서져 없어지며, 기억해 주는 이 없이 사라진다(20절). 그들은 장막줄이 끊어져 죽지만 지혜 안에 있지 않다(21절). '흙집'이나 '장막줄'의 비유는 갑작스럽게 찾아오는 인간의 죽음과 한순간에 사라지는 인간의 존재의 허무성을 강조한다. 하나님을 인정하지 않고 자기 자신의 목적만을 위해 사는 사람은 이러한 연약성과 허무함 속에서 그의 삶을 더욱 덧없게 하는 '지혜 없는' 삶을 산다.

17절의 질문을 통해서 엘리바스는 사람이 하나님보다 의로울 수 없고 창조자보다 더 정결할 수 없다는 결론에 이르게 한다. 이러한 주장에는 인간이 가지고 있는 연약성 때문에 인간은 하나님 앞에서 의로움을 주장할 수 없다는 인식이 깔려 있다. 욥이 죄인인가 아닌가를 묻기 전에 그가 사람이기 때문에 자신의 의로움을 주장하는 항변은 허용되지 않는다. 이러한 생각은 엘리바스의 중심에 자리잡고 있기 때문에 그의 두 번째 발언(15 : 15-16)과 세 번째 발언(22 : 2)에서도 반복된다.

4) 엘리바스의 확신(Ⅱ) : 재난은 먼지에서 생기지 않는다(5 : 1-7)

¹너는 부르짖어 보라 네게 응답할 자가 있겠느냐 거룩한 자 중에 네가 누구

에게로 향하겠느냐 ²분노가 미련한 자를 죽이고 시기가 어리석은 자를 멸하느니라 ³내가 미련한 자가 뿌리 내리는 것을 보고 그의 집을 당장에 저주하였노라 ⁴그의 자식들은 구원에서 멀고 성문에서 억눌리나 구하는 자가 없으며 ⁵그가 추수한 것은 주린 자가 먹되 덫에 걸린 것도 빼앗으며 올무가 그의 재산을 향하여 입을 벌리느니라 ⁶재난은 티끌에서 일어나는 것이 아니며 고생은 흙에서 나는 것이 아니니라 ⁷사람은 고생을 위하여 났으니 불꽃이 위로 날아가는 것 같으니라

[5:1-7] 1절에서 엘리바스는 앞에서 받은 천상의 메시지로부터 자신의 생각을 더 발전시킨다(J. Hartley, *NICOT*, 117). 여기서 그가 사용한 '부르다'(קָרָא)와 '응답하다'(עָנָה)라는 동사의 연결은 욥기의 구조와 내용을 나타내는 핵심어이다. 왜냐하면 '부르는 것'은 이해할 수 없는 고난에 대해 울부짖는 욥의 탄식을 의미하며, '응답하는 것'은 이러한 탄식에 반응하시고 대응하시는 하나님의 응답을 떠올리게 하기 때문이다. 엘리바스는 욥이 하나님으로 하여금 그의 탄식을 듣고 응답하시게 하는 유일한 길이 천사들의 중재에 있다고 믿는 것은 아닐까 생각한다. 그러나 엘리바스는 그러한 희망도 가능하지 않다고 말한다. 왜냐하면 하늘에 있는 천사들도 더럽혀진 존재들이라(4:18) 그에 응답할 수 없고, 그를 대신하여 하나님 앞에서 설 수 없기 때문이다.

'분노'(כַּעַשׂ)는 미련한 자를 죽이고, '질투'(קִנְאָה)가 어리석은 자를 죽인다(2절). 그러므로 욥은 분노를 그치고 질투를 억제함으로 미련한 자와 어리석은 자의 죽음을 면해야 한다. 엘리바스는 한 미련한 자의 삶을 예로 들면서 자신의 주장을 논증한다(3절). 여기서도 그의 경험이 중요하게 작용한다('내가 보았다', אֲנִי רָאִיתִי). 그는 미련한 자가 뿌리내리는 것을 보고 그 집을 즉시 저주하였다. 여기에서 행한 엘리바스의 저주는 그가 직접 그 집을 향하여 저주하였다기보다는 그에게 미련한 자와 악인들이 맞는 운명이 임하도록 기

원하였다는 말로 이해해야 할 것이다.

그 미련한 자의 삶은 악인이 맞는 운명에 처하게 된다. 그뿐만 아니라 자녀들에 삶에도 문제가 된다(4절). 그의 아들들은 안전과는 거리가 멀다. 4절 하반절의 직역은 "성문에 뭉그러져도 구원이 없다."이다. 이 말에는 실제적인 의미와 은유적인 의미가 모두 포함되어 있다. 미련한 자의 아들들은 성문이 무너지는 것과 같은 재난적인 상황에서 피할 길이 없다는 것이다. 여기에 욥의 자녀들의 운명이 바로 적용될 수 있다(1 : 19 참조). 또한 이 말은 성문에서 이루어지는 재판의 상황에서 그들을 구원해 줄 증인이 없어 멸망의 길을 갈 수밖에 없다는 사실을 나타낸다. 이렇게 자녀들이 당하는 재난 외에도 그 미련한 자는 재산의 피해를 입는다(5절). 그의 수확을 굶주린 자가 먹는데, 가시나무에서 난 것조차 그들이 가져가 버린다. 올무가 그들의 재산을 삼킨 것처럼 그에게 남아 있는 소유와 재산이 없다. 이것은 자신의 소유를 다 잃어버린 욥의 형편을 떠올리게 하는 말이다(1 : 13-17 참조).

엘리바스는 6~7절에서 재난과 고난이 그냥 생기지 않는 것임을 자연의 이치를 통해 강조한다. 재난이나 고난이 먼지와 흙에서 그냥 생기는 것이 아니다. 분명 뿌려진 씨앗이 있기 때문에 결과로 나타나는 것이다. 사람은 고난을 위해 태어난 듯이 보인다. 그러나 거기에는 분명한 원인이 있다. 불티가 그냥 위로 올라가는 것이 아니라 불이 있기 때문인 것과 마찬가지로 인간의 고난의 삶은 그가 저지른 악한 행동의 결과다. "사람이 고난을 위해 태어난다"(7a)는 말에는 인간이 태어날 때부터 죄에 빠지기 쉽고 부서지기 쉬운 연약한 존재라는 인식이 깔려 있다(4 : 17-20 참조).

5) 엘리바스의 충고(I) : 하나님께 돌아가라(5 : 8-16)

⁸나라면 하나님을 찾겠고 내 일을 하나님께 의탁하리라 ⁹하나님은 헤아릴 수 없이 큰 일을 행하시며 기이한 일을 셀 수 없이 행하시나니 ¹⁰비를 땅에 내리

시고 물을 밭에 보내시며 ¹¹낮은 자를 높이 드시고 애곡하는 자를 일으키사 구원에 이르게 하시느니라 ¹²하나님은 교활한 자의 계교를 꺾으사 그들의 손이 성공하지 못하게 하시며 ¹³지혜로운 자가 자기의 계략에 빠지게 하시며 간교한 자의 계략을 무너뜨리시므로 ¹⁴그들은 낮에도 어두움을 만나고 대낮에도 더듬기를 밤과 같이 하느니라 ¹⁵하나님은 가난한 자를 강한 자의 칼과 그 입에서, 또한 그들의 손에서 구출하여 주시나니 ¹⁶그러므로 가난한 자가 희망이 있고 악행이 스스로 입을 다무느니라

[5:8-16] 엘리바스의 논리를 따르면 욥은 현재 악인에 대한 심판의 결과로서 당하는 운명을 맞고 있다. 그의 고난은 먼지에서 일어나듯이 그냥 나타난 것이 아니다. 거기에는 분명한 원인이 있다. 그 원인에 대한 해결책을 마련하지 않으면 욥은 현재의 상황을 벗어날 수 없다. 엘리바스가 생각하는 해결책이란 '회개'하는 것이다. 그는 자신이 욥이라면 하나님께 '구하겠다'고 한다(8절). '구한다'(דָּרַשׁ)는 것은 하나님을 찾고 그분께 돌아가는 것을 말한다. 자신의 사정을 아뢰어 하나님의 용서와 구원을 구하는 것을 말한다. 하나님께 돌아가 회개하고 용서를 구할 때 하나님의 구원을 경험할 수 있다는 말이다.

9~16절에서는 하나님이 어떤 분이신가를 묘사한다. 여기에서는 찬송시의 특징인 '분사구문양식'(hymnischer Partizipialstil, hymnal participles)이 사용된다. 이 단락에 나타난 엘리바스의 발언은 형식적으로나 내용적으로 하나님의 권능과 능력에 대한 찬양이다. 분사구문을 통해서 하나님의 창조적 행동이 일회적이지 않고 계속되는 것임을 보여준다. 9절은 이어지는 내용에 대한 주제적인 진술이다: 하나님의 하시는 일은 인간이 헤아릴 수 없이 크고 놀라운 것이다(37:5; 시 136:4; 145:3, 6).[16)]

---

16) 욥은 9:10에서 문자적으로 거의 동일한 발언을 한다. 그러나 그가 의도하는 바는 엘리바스와 정반대다. 하나님의 능력과 권능에 대한 찬양이 아니라 하나님의 이해할 수 없는 행동에 대한 탄식의 맥락에서 사용된다. 더 자세한 것은 해당구절에 대한 주석을 보라.

하나님의 놀라우신 행동은 자연과 인간 세계 모두에게 미친다. 10절에서는 물을 공급하심으로 자연 세계에 생명을 존재케 하는 하나님의 모습이 강조된다. 하나님께서는 하늘에서 내리시는 비와 땅에서 솟아나게 하시는 샘물들로 땅과 들판을 적시고 거기에 사는 각종 식물과 동물들에게 생명의 원천이 되게 하신다(시 104 : 10-17). 생명의 공급자로서 활동하시는 하나님의 이러한 모습은 인간 세계에 대한 섭리와 개입을 통해서 구체적으로 확인된다. 그는 '낮은 자'들과 '슬퍼하는 자'들을 구원하여 높아지게 하신다(11절). '교활한 자'들의 계획을 무너뜨려 그 계획이 이루어지지 못하게 하신다(12절). '지혜로운 자'들은 자기 꾀에 빠지게 하시며 '간교한 자'들의 계획이 무산되게 하신다(13절). 그래서 그들은 가장 밝고 빛나는 낮에도 어둠을 만나 하나님의 심판을 경험할 것이다(14절 ; 또한 12 : 24-25 ; 신 28 : 29 ; 사 59 : 10 참조). 또한 하나님은 교만하고 포학한 자들에게서 '가난한 자'들을 구원하신다(15절). 마치 먹이를 삼키려고 입을 벌리고 손에 먹이를 움켜쥐고 있는 맹수와 같은 악인들에게서 '가난한 자'를 구원하신다. 그러므로 '비천한 자'에게 희망이 있고 불의는 하나님의 역사 안에서 설 자리가 없다(16절).

이 단락에서는 강하고 교만한 자를 낮추시고 약한 자를 보호하시며 낮은 자를 높이심으로 권능과 공의를 나타내시는 하나님의 모습이 부각되고 있다. 이 세계는 하나님의 선하신 통치와 완벽한 지배 아래 있다. 그런데 욥에게 향한 이 발언의 의미와 효과는 이중적이다. 욥은 이 발언에서 하나님의 심판을 경험하는 '강하고 교만한 자'인가 아니면 예정된 때에 높임과 구원을 경험하게 될 '연약하고 가난한 자'인가? 이 말은 어떻게 이해되느냐에 따라서 욥에게 구원에 대한 소망과 위로가 될 수도 있고 욥을 향한 저주와 심판의 말이 될 수도 있다.

6) 엘리바스의 충고(Ⅱ) : 전능자의 징계를 거절하지 마라(5 : 17-27)

¹⁷볼지어다 하나님께 징계 받는 자에게는 복이 있나니 그런즉 너는 전능자의 징계를 업신여기지 말지니라 ¹⁸하나님은 아프게 하시다가 싸매시며 상하게 하시다가 그의 손으로 고치시나니 ¹⁹여섯 가지 환난에서 너를 구원하시며 일곱 가지 환난이라도 그 재앙이 네게 미치지 않게 하시며 ²⁰기근 때에 죽음에서, 전쟁 때에 칼의 위협에서 너를 구원하실 터인즉 ²¹네가 혀의 채찍을 피하여 숨을 수가 있고 멸망이 올 때에도 두려워하지 아니할 것이라 ²²너는 멸망과 기근을 비웃으며 들짐승을 두려워하지 말라 ²³들에 있는 돌이 너와 언약을 맺겠고 들짐승이 너와 화목하게 살 것이니라 ²⁴네가 네 장막의 평안함을 알고 네 우리를 살펴도 잃은 것이 없을 것이며 ²⁵네 자손이 많아지며 네 후손이 땅의 풀과 같이 될 줄을 네가 알 것이라 ²⁶네가 장수하다가 무덤에 이르리니 마치 곡식단을 제 때에 들어올림 같으니라 ²⁷볼지어다 우리가 연구한 바가 이와 같으니 너는 들어 보라 그러면 네가 알리라

[5 : 17-27] 엘리바스는 첫 번째 발언의 마지막 단락에서 욥의 고난에 대한 한 가지 새로운 이해를 제시한다. 그것은 욥의 고난이 하나님의 교육적 조치로서 하나님의 '훈육'(יָכַח 히필형)이요 '징계'(מוּסָר)라는 것이다. 그래서 욥에게 그 징계를 거절하지 않고 잘 받아들이라고 충고한다(17절). 하나님께서는 고난을 통해서 자신의 잘못을 깨닫고 돌이키게 하시며 완전한 멸망의 길로 나아가지 못하게 하시기 때문에 하나님의 훈육을 달게 받는 사람은 복이 있다는 것이다(잠 3 : 11-12 ; 시 118 : 18 ; 히 12 : 5-6). 그러나 이것도 크게 보면 인과응보 교리의 틀을 벗어나지 못한다. 왜냐하면 이것도 욥의 잘못된 행동과 삶을 전제하는 발언이기 때문이다.

엘리바스는 교육적 조치로서 징계하시는 하나님의 모습을 여러 가지로 묘사한다. 그분은 아프게 하시다가 싸매시며, 상처를 내시다가 그 손으로 고치신다(18절 ; 또한 신 32 : 39 ; 삼상 2 : 6 참조). '일곱'은 완전을 의미하는 상징적인 수이다.¹⁷⁾ 훈련의 과정으로써 말할 수 없이 많은 어려움을 겪을 수 있다. 그

러나 그 어떤 어려움도 하나님의 회복의 능력을 능가하지는 못한다(19절). 하나님은 자연적인 재난(기근)이나 인간적인 공격(전쟁)으로부터도 구원하실 것이다(20절). 만약 욥이 이러한 하나님의 보호와 구원을 신뢰하기만 한다면, 파멸이 올 때에도 두려워하지 않게 되고 오히려 그런 것들에 대해 웃을 수 있을 것이다(21-22절). 엘리바스는 여기에서 자연과 관련된 세 가지 종류의 재앙을 언급한다(22-23절). 기근과 땅의 짐승들과 들판의 돌들이다. 이 세 가지는 모두 인간의 삶을 위협하는 요소들이다. 기근으로부터 굶주림을 경험하고, 땅의 짐승들, 즉 맹수들로부터 생명의 위협을 느끼며, 들판의 돌들에게서 척박하고 황량한 땅의 모습을 엿볼 수 있기 때문이다.

엘리바스는 마지막 단락에서 욥이 잘못된 길에서 돌이키고 하나님을 찾으면 회복될 밝은 미래에 대해서 말한다(23-26절). 욥이 회개하는 모습을 보시고 하나님이 회복시키시는 때에는 그가 들판의 돌들과 언약을 맺고 땅의 짐승과 평화의 관계를 갖게 될 것이다(23절). 그리고 그의 장막과 거처에 평화와 안정이 찾아올 것이다(24절). 이뿐 아니라 그는 족장들과 같이 후손의 많음과 장수의 축복을 받을 것이다(25-26절). 엘리바스의 발언은 그냥 나온 것이 아니다. 자신을 비롯한 수많은 사람들('우리')의 경험과 연구 끝에 얻어진 결론이다(27절). 그러므로 욥은 잘 듣고 명심해야 한다.

■■ 설교를 위한 묵상

엘리바스는 그의 첫 번째 발언(4:2-5:27)에서 고난당하는 자를 격려하기 위해 다음과 같은 주도면밀한 구성을 보여준다. 첫 번째로 그는 고난의 원인에 대한 명확한 규정을 하는데, 어떤 고난이라도 그 모든 경우에 있어서 그 원인이 자기 자신의 죄에

---

17) X/X+1의 숫자 잠언에 관하여 다음을 참조하라. 이용호, "아모스 화 외침에 대한 지혜문학적 영향," 『구약논단』 21집, 145-149.

있다고 말한다(4 : 6-5 : 7). 두 번째로 그는 고난의 원인을 제거하는 결과를 낳는 길을 제시하는데, 그것은 하나님께 겸손하게 돌이키며 죄를 벗어버리고 고난을 하나님의 교육적인 고난으로 인정하는 데 있다고 말한다(5 : 8-23). 세 번째로 그는 욥에게 새로운 행복에 대한 희망을 일깨운다(5 : 24-26). 그것은 하나님에 의해서 회복될 새로운 삶에 대한 약속은 단지 이 회개의 길밖에는 다른 방법이 없음을 보여주기 위함이다. 또한 거기에는 욥에게 회복과 번영에 대한 희망을 줌으로써 욥으로 하여금 하루 빨리 자신의 잘못된 삶을 청산하고 지금의 고난의 상황에서 벗어나게 한다는 의도가 있다. 그리고 마지막으로 엘리바스는 이와 같은 자신의 견해에 합법성을 부여하기 위해 자신의 말이 갑작스러운 것이 아니라 경험과 관찰에 토대를 둔 오랜 숙고의 과정을 거친 생각들임을 밝힌다(5 : 27).

이런 주도면밀하게 구성되고 준비된 발언에서 어떤 적용점을 찾을 수 있을까? 우리는 다음과 같은 점에서 엘리바스 발언의 한계를 생각하며 교훈을 삼을 수 있다.

첫째, 경험의 한계성을 알아야 한다. 엘리바스는 세 친구 가운데 연장자로서 경험이 가장 많은 사람으로 여겨진다. 그래서 그는 곳곳에서 자신의 경험을 예로 삼아 욥에게 충고한다(4 : 8, '내가 보건대'; 5 : 3, '내가 보았다'). 그러나 그의 경험은 모든 상황에 적용할 수 있는 일반적인 원리가 되지 못한다. 그가 경험한 것은 사건의 일부일 뿐이다. 그렇지 않은 경우도 있다. 그러므로 우리가 판단을 내리거나 충고할 때 경험의 한계성을 인정하면서 접근해야 한다. 그렇지 않으면 엘리바스와 같이 모든 상황을 자신의 경험에 비추어 설명하고 이해하는 과오를 범하게 된다.

둘째, 지혜의 한계성을 알아야 한다. 특별히 엘리바스가 인용하고 있는 지혜의 전통은 '악인은 자신의 행동에 따르는 심판을 받고 의인은 하나님이 주시는 복과 번영을 누린다'는 사실을 강조한다. 이 주장과 믿음은 현재 상황에 대한 무조건적인 판단의 기준이 될 수 없다. 더군다나 이 가르침을 엘리바스와 같이 단선적으로 주장하여(4 : 7, '생각하여 보라, 죄 없이 누가 망하였는가? 어디에서 의인들이 멸망되었는가?') 결과주의에 빠져서는 안 된다. 왜냐하면 현재는 하나님의 역사가 진행되는 과정 속에 있기 때문이다. 현재의 모습이 이 교리를 증명하는 최종적인 순간이 아니기 때문이다. 오히려 이 교리에는 희망의 차원이 포함되어 있다. 그렇지 않은 현실 속에서 하나님의 정의와 역사가 나타나도록 간구해야 한다. 그러한 의미에서 일방적으로 훈계하는 친구들보다는 그렇지 않은 상황에 대해 탄식하고 질문하는 욥의 행동이 더 의롭다고 인정받은 것이다. 그러므로 우리는 행위화복관계의 일치성에 대한 지혜의 가르침을 간직하되 하나님의 자유로운 주권과 인간이해의 한계성을 인정하고, 이러한 지혜의 가르침이 현실에서 이루어질 수 있도록 기도해야 한다.

셋째, 계시의 한계성을 알아야 한다. 엘리바스는 자신의 주장이 확실하다는 사실을 돋보이게 하기 위해서 자신의 계시 경험을 이야기 한다. 위대한 신앙인들처럼(예컨대, 아브라함, 모세, 엘리야, 이사야 등) 하나님께로부터 받은 계시의 핵심은 '인간이 하나님보다 의로울 수 없으며, 자신의 창조자보다 더 정결할 수 없다.'(4:17)는 것이다. 인간은 자신이 본래부터 가지고 있는 연약성과 한계성 때문에 하나님께 자신의 의로움을 주장할 수 없다는 것이다. 그러나 이렇게 인간의 본질을 꿰뚫는 지혜의 계시도 욥의 경우에는 적용될 수 없다. 왜냐하면 욥이 당한 고통은 전통적 지혜로 풀 수 없는 불가해한 고난이었기 때문이다. 그렇기 때문에 이러한 고난의 현실에 탄식하는 욥의 항변은 정당하게 평가된다. 그러므로 계시에도 한계성이 있다. 하나님으로부터 받은 계시라고 해서 모든 상황에 무분별하게 적용해서는 안 된다. 적절한 때와 대상에게 사용되지 않으면 그 내용은 빛을 발할 수 없다. 오히려 듣는 자들에게 독이 되어 심각한 해를 끼칠 수 있고 하나님께 나아가는 길을 막을 수 있다.

넷째, 충고의 한계성을 알아야 한다. 엘리바스는 5:8에서 '그렇지만 나라면 하나님께 구하겠다. 하나님께 내 사정을 털어 놓겠다.'고 말한다. 여기에서 엘리바스는 자신이 욥의 상황에 처해 있을 경우를 가정하여 말한다. 우리의 생활 가운데에서도 쉽게 내뱉는 이 말은 신중하게 사용해야 한다. 만약 엘리바스가 욥과 같은 상황을 실제로 맞는다면 자신이 말한 대로 쉽게 행동할 수 있겠는가? 특별한 이유 없이(2:3 참조) 하루아침에 자녀와 소유를 다 잃고 몸에 병까지 들어 고통 중에 있을 때 순수히 자신의 죄를 회개하고 하나님께로 나아갈 수 있을까? 하나님께 대한 일체의 질문도 없이 그저 하나님의 선한 뜻만을 구하며 현실을 담담하게 받아들일 수 있을까? 그러므로 다른 사람의 형편이나 고통을 제대로 이해하지 못하고 하는 충고는 일방적인 설교가 될 수 있다. 위로는커녕 아픔만 더 가중시키는 질책과 훈계가 될 수 있음을 알고, 충고나 권면에 신중해야 한다.

2. 엘리바스의 발언에 대한 욥의 응답(6:1-7:21)

6~7장은 엘리바스의 말에 대한 욥의 답변이다. 이 발언은 수신자에 따라 두 개의 주요단락으로 나뉜다. 앞부분에서는 발언이 친구들을 향하고 있고(6:1-30), 뒷부분에서는 하나님을 향하고 있다(7:1-21). 이 발언의 구성과 그 진행 순서는 전체적으로 볼 때 욥과 친구들의 논쟁의 움직임을 예시한다(J. Ebach, *KBB* 1, 70). 욥은 이 논쟁에서 시간이 지날수록 더 강하게 친구들로부터 벗어나 문제해결의 유일한 주무자인 하나님께로 향한다.

첫 번째 대답에서 벌써 욥은 친구들을 집단으로 대한다(J. Ebach, *KBB* 1, 70). 아직 공식적인 발언을 하지 않은 두 친구도 욥의 비난에 포함된다(6:15, 21절 이하). 이것은 2:13에서 보도하고 있는 친구들의 침묵이 의미하는 바를 되짚어 보게 한다. "욥의 고통이 심함을 보므로 그에게 한마디도 말하는 자가 없었다."고 하는 것은 친구들이 욥에게 직접 말하지는 않았지만 자기들끼리는 얼마든지 서로 수군거렸을 수도 있기 때문이다. 적어도 욥은 엘리바스가 말하는 동안 친구들의 표정과 행동을 통해 그들의 입장이 어떠한지를 충분히 감지하였을 것이다. 따라서 친구들은 이미 개별적으로 행동하는 단독자가 아니라 욥과 대결구도 속에서 욥에 대항하는 하나의 '집단'으로 나타난다. 욥의 발언은 아래와 같이 분석된다.

1. 도입발언 : 탄식에는 이유가 있다(6:1-7)
2. 공개된 탄식(I) : 내가 바라는 것을 주시기를(6:8-13)
3. 친구들을 향한 탄식(I) : 이제 너희가 아무것도 아님이 되었다(6:14-21)
4. 친구들을 향한 탄식(II) : 친구들아, 제발 돌이키라(6:22-30)
5. 공개된 탄식(II) : 품꾼의 날과 같은 인생(7:1-6)
6. 하나님을 향한 탄식(I) : 내 생명은 바람입니다(7:7-10)
7. 하나님을 향한 탄식(II) : 나를 제발 내버려 두십시오(7:11-21)

1) 도입발언 : 탄식에는 이유가 있다(6 : 1-7)

¹욥이 대답하여 이르되 ²나의 괴로움을 달아 보며 나의 파멸을 저울 위에 모두 놓을 수 있다면 ³바다의 모래보다도 무거울 것이라 그러므로 나의 말이 경솔하였구나 ⁴전능자의 화살이 내게 박히매 나의 영이 그 독을 마셨나니 하나님의 두려움이 나를 엄습하여 치는구나 ⁵들나귀가 풀이 있으면 어찌 울겠으며 소가 꼴이 있으면 어찌 울겠느냐 ⁶싱거운 것이 소금 없이 먹히겠느냐 닭의 알 흰자위가 맛이 있겠느냐 ⁷내 마음이 이런 것을 만지기도 싫어하나니 꺼리는 음식물같이 여김이니라

[6 : 1-7] 욥은 발언의 첫 마디 말에서 엘리바스의 말을 인용하면서 대응한다. 그의 괴로움은 측정할 수 없을 만큼 크고 무겁다는 것이다. 여기서 '괴로움'이라고 번역된 '카아스'(כַּעַשׂ)는 바로 앞에 나온 엘리바스의 발언에서 사용되었다. 욥은 엘리바스의 말을 받기는 하지만, 그의 말에 동의하지는 않는다. 엘리바스는 '분노'(כַּעַשׂ)가 미련한 자를 죽인다고 하지만, 욥에게는 그것이 '괴로움'일 뿐이고 헤아릴 수 없이 크고 무거운 짐으로 작용한다(2절). 그것은 바다의 모래보다 더 무겁다. 따라서 그의 말은 정제되지 않고 '거칠'(לָעוּ) 수밖에 없었다(3절).

4절은 자신의 처지가 하나님의 공격의 결과라고 말한다. 전능자가 자신을 향하여 쏜 화살이 자신의 몸에 박혀서 자신의 영혼이 그것들의 독을 마신다고 한다. 하나님의 공포가 성을 공격하려고 포위하듯이 자신을 둘러싸고 있다는 것이다. 그렇기 때문에 그는 탄식할 수밖에 없다. 욥은 동물세계를 예로 들며 자신의 행동에 대한 타당성을 주장한다(5절). 풀이 있을 때는 들나귀가 소리치지 않고, 꼴이 있을 때는 소가 울지 않는다는 것이다. 또한 그는 자신의 형편을 음식섭취의 과정에 빗대어 설명한다(6-7절). 싱겁고 역겨운 음식은 먹을 수도 없고 만지기도 싫어한다. 이와 마찬가지로 욥의 고난은 욥

이 생각하기도 싫고 받아들이기도 힘든 고통스런 상황이다.

2) 공개된 탄식(I) : 내가 바라는 것을 주시기를(6 : 8-13)

⁸나의 간구를 누가 들어 줄 것이며 나의 소원을 하나님이 허락하시랴 ⁹이는 곧 나를 멸하시기를 기뻐하사 하나님이 그의 손을 들어 나를 끊어 버리실 것이라 ¹⁰그러할지라도 내가 오히려 위로를 받고 그칠 줄 모르는 고통 가운데서도 기뻐하는 것은 내가 거룩하신 이의 말씀을 거역하지 아니하였음이라 ¹¹내가 무슨 기력이 있기에 기다리겠느냐 내 마지막이 어떠하겠기에 그저 참겠느냐 ¹²나의 기력이 어찌 돌의 기력이겠느냐 나의 살이 어찌 놋쇠겠느냐 ¹³나의 도움이 내 속에 없지 아니하냐 나의 능력이 내게서 쫓겨나지 아니하였느냐

[6 : 8-13] 욥은 자신이 구하고 바라는 것이 이루어지기를 원한다(8절). 그의 '희망'(תִּקְוָה)은 '죽음의 세계에서 평안히 쉬는 것'이었다(3 : 13-19). 이것은 엘리바스가 '희망'으로 말한 바를 정반대로 뒤집는 것이다(J. Hartley, *NICOT*, 134). 욥의 소망은 '길의 완전함'(4 : 6)도 아니요 곤경으로부터의 구원도 아니다(5 : 15-16). 그가 원하는 것은 죽음 자체이다. 죽음에 대한 갈망이 다양한 비유를 통해 설명된다(9절).¹⁸⁾ 그는 죽음을 흙으로 돌아가는 과정으로 이해한다(창 3 : 19 ; 시 90 : 3 참조). 하나님께서 자신을 으깨시고 먼지로 부수시기를 원한다. 또한 자신을 직물로 비유하여 하나님께서 손을 펴셔서 생명줄을 끊으시기를 바라고 있다(사 38 : 12 참조).

10절은 난해구절 중 하나이다(다양한 번역과 해석의 가능성에 대하여 다음

---

18) '죽음에 대한 갈망 모티브'에 대해서는 본 주석의 '욥의 첫 번째 발언'(3장) 중 제 2연에 대한 설명과 각주 13번에 소개된 글을 참조하라.

을 참조하라. J. Ebach, *KBB* 1, 72). 이 구절에 담긴 중심적인 사고를 설명하면 다음과 같다. 만약 죽음이 현실로 다가온다면 그것은 욥에게 위로가 될 것이다. 그는 고통 가운데서도 기뻐 뛸 것이다. 왜냐하면 그것은 하나님이 자신의 기도를 들으셨다는 증거가 되기 때문이다. 그런데 욥이 이렇게 과격한 바람과 간구를 할 수 있는 이유는 무엇보다 그가 거룩하신 이의 말씀을 숨기거나 거부하지 않았다는 확신에 있다. 따라서 욥은 하나님을 찾고 회개하라는 엘리바스의 충고를 완전히 거부한다(J. Hartley, *NICOT*, 135). 만약 그가 엘리바스의 말에 따라 회개한다면 그것은 의로우신 하나님을 부정하는 결과를 초래하는 것이다. 왜냐하면 그는 거룩하신 이의 말씀을 숨기거나 거부하지 않았기 때문이다. 그래서 그는 회개하는 대신 하나님께 탄식하고 질문하는 길을 택한다.

11~13절에서는 자신에게 더 이상 버틸 수 있는 힘이나 자신의 상황에서 도움을 줄 어떤 사람도 없다는 사실을 말하면서 죽음에 대한 갈망의 이유를 밝히고 있다. 욥은 자기 자신 안에서 어떤 희망도 더 이상 보지 못한다. 오직 하나님의 응답 안에서만 그 해결책을 찾을 수 있다.

3) 친구들을 향한 탄식(I) : 이제 너희가 아무것도 아님이 되었다(6 : 14-21)

[14]낙심한 자가 비록 전능자를 경외하기를 저버릴지라도 그의 친구로부터 동정을 받느니라 [15]내 형제들은 개울과 같이 변덕스럽고 그들은 개울의 물살 같이 지나가누나 [16]얼음이 녹으면 물이 검어지며 눈이 그 속에 감추어질지라도 [17]따뜻하면 마르고 더우면 그 자리에서 아주 없어지나니 [18]대상들은 그들의 길을 벗어나서 삭막한 들에 들어가 멸망하느니라 [19]데마의 떼들이 그것을 바라보고 스바의 행인들도 그것을 사모하다가 [20]거기 와서는 바라던 것을 부끄러워하고 낙심하느니라 [21]이제 너희는 아무것도 아니로구나 너희가 두려

운 일을 본즉 겁내는구나

[6:14-21] 욥은 친구들의 '연대감'(헤세드, חֶסֶד)에 대해서 문제를 제기한다. 14절은 그 해석이 불분명하다. 대략 다음과 같은 두 가지 내용으로 해석할 수 있다(J. Ebach, *KBB* 1, 72). "진정한 친구는 그가 하나님 경외함을 더 이상 지속할 수 없을 때에도 그 연대감을 포기하지 않는다." 또는 "친구를 떠난 친구는 하나님을 경외하는 것에서도 떠난다." 모두가 고통을 함께 나누며 어려울 때 힘이 되어야 하는 친구의 도리를 강조하는 내용이다. 두 번째의 해석은 사랑의 이중계명과 맥을 같이한다. 즉 하나님을 사랑하는 것과 인간을 사랑하는 것은 서로 뗄 수 없을 만큼 가깝다는 것이다(막 12:28 이하).

이어지는 진술에서 친구들의 불성실한 모습이 묘사된다. 친구들은 기만적인 시내나 강바닥, 즉 와디와 같다(15절; 렘 15:18 참조). 물이 있는가 싶다가도 금방 사라져 버린다. 그러한 와디는 눈이 녹아 흐를 때와 더운 여름철에 바짝 말라있을 때의 모습이 다르다(16-17절). 그 변화가 너무 심하여 믿고 찾아 갔다가는 낭패를 보기 쉽다. 대상들이 물을 찾기 위해 행로에서 벗어났다가 물 대신 메마른 와디를 만났고 길을 잃어버린다(18절). 데마나 스바의 상인과 같이 아무리 유명한 무역지 출신의 상인들이라 할지라도 그러한 와디에 의존한다면 길을 잃고 수치를 당하며 죽음을 경험할 것이다(19-20절). 제아무리 정통한 사람이라 하더라도 와디와 같은 친구들을 가지고 있을 땐 사막에서 경험하는 어려움에 처할 것이다(J. Ebach, *KBB* 1, 73).

21절에서 욥은 변덕스럽게 기만하는 와디와 같은 친구들에게 직격탄을 날린다. 그들은 좋은 때에 친구일 뿐 어려운 때에 친구가 되지 못한다. 그들에게는 '어려울 때 친구가 진짜 친구다'(A friend in need is a friend indeed)는 말이 절실히 필요하다. 친구들은 이제 욥에게 '아무것도 아님'(לֹא)이 되었다. "너희가 두려운 것을 보더니 너희가 두려워한다."는 하반절의 진술은 난해하다. 여기에도 여러 가지 이해의 가능성이 있다(J. Ebach, *KBB* 1, 73). 먼저, 두려운 것을 볼 때 벌써 정신을 잃어버린다면, 정말 위기의 순간을 맞았을 때 제대로 도울 수 없다(F. Horst, *BK*, 110)는 말로 이해할 수 있다. 또한 두려운 것을 병자나 재앙을 맞은 사람을 가리키는 것으로 보고 그러한 사람에게 보이는 태도로 설명할 수 있다(G. Fohrer, *KAT*, 173). 욥은 친구들이 자신의 고난에 접촉하지 않기 위해서 또한 자신의 불행에 관련되지 않기 위해서 가까이 하지 않고 있다는 사실을 비난하고 있다는 것이다. 여기에 또 다른 해석도 가능하다. 그것은 친구들이 자신들의 세계관에서는 도저히 있을 수 없는 일을 보았을 때 보이는 놀람의 반응으로 이해하는 것이다(J. Ebach, *KBB* 1, 73): "욥의 친구들이 자신들이 보는 것, 즉 그러한 고난을 당할만한 일을 하지 않았는데도 당하는 끝없는 고난을 실제적으로 인지한다면, 그들의 현실관과 그 현실관에 기초해 형성된 교리는 무너져야 할 것이다." 그러므로 그들은 놀란다. 그리고 그들은 열린 눈으로 볼 때 놀랄 일을 그냥 스쳐 지나간다.

4) 친구들을 향한 탄식(Ⅱ): 친구들아, 제발 돌이키라(6:22-30)

²²내가 언제 너희에게 무엇을 달라고 말했더냐 나를 위하여 너희 재물을 선물로 달라고 하더냐 ²³내가 언제 말하기를 원수의 손에서 나를 구원하라 하더냐 폭군의 손에서 나를 구원하라 하더냐 ²⁴내게 가르쳐서 나의 허물된 것을 깨닫게 하라 내가 잠잠하리라 ²⁵옳은 말이 어찌 그리 고통스러운고, 너희의 책망은 무엇을 책망함이냐 ²⁶너희가 남의 말을 꾸짖을 생각을 하나 실망한 자의 말은 바람에 날아가느니라 ²⁷너희는 고아를 제비 뽑으며 너희 친구를 팔아넘기는구나 ²⁸이제 원하건대 너희는 내게로 얼굴을 돌리라 내가 너희를 대면하여 결코 거짓말하지 아니하리라 ²⁹너희는 돌이켜 행악자가 되지 말라 아직도 나의 의가 건재하니 돌아오라 ³⁰내 혀에 어찌 불의한 것이 있으랴 내 미각이 어찌 속임을 분간하지 못하랴

[6:22-30] 욥은 22~23절에서 자신이 요구하지 않는 것을 열거함으로써 친구들에게 바라는 바를 말한다. 그가 친구들에게 물질적인 도움을 바라는 것도 아니요 대적으로부터 구원하라는 위험스런 행동을 요구하는 것도 아니다. 그가 원하는 것은 자신이 무슨 잘못을 했는지를 깨닫게 해 달라는 것이다(24절). 동정 없는 '올바른 말'이나 '훈계'는 낙심한 자에게 상처를 주기 쉽다(25절). 낙심한 자의 말을 가지고 문제를 삼아선 안 된다. 왜냐하면 그의 말은 바람과 같이 거세고 제대로 걸러진 말이 될 수 없기 때문이다(26절 ; 6:3 참조). 그에게 필요한 것은 그가 가지고 있는 고통에 대한 이해와 위로다. 그러나 동정 없는 훈계는 고아들을 위해 제비를 뽑으며 친구들을 팔아넘기는 파렴치한 사람과 같다(27절). 고아와 친구들의 어려움은 아랑곳없이 자신들의 입장만 생각한다. 결국 그들의 행동은 위로나 문제해결은 커녕 낙심한 자들의 고통만 가중시킨다.

그래서 욥은 친구들의 태도가 변하기를 바란다(28-29절). 친구들은 욥을 제대로 보아야 한다. 그가 거짓을 말하는지 그에게 어떤 악이 있는지 똑바로 알아야 한다. 29절에서 욥은 '돌이키라'(שׁוּב)는 말을 두 번 반복한다. 친구들은 이제 돌아서서 다시 욥을 향해야 한다. '슈브'는 일차적으로 '돌아서는 것'을 의미하지만, 그것은 시각과 태도의 변화가 동반된 총체적인 돌아섬이다. 친구들은 변화된 시각과 태도를 가지고 자신을 바라보기를 바란다. 그들이 욥과 '함께'(with) 침묵하고 있을 땐 그것이 필요하지 않았지만, 욥에게 '대항하고'(against) 욥을 공격하고 있는 지금 그것이 필요하다(J. Ebach, *KBB* 1, 74). 욥 자신에게도 불의한 것을 분별할 수 있는 능력이 있다(30절). 따라서 친구들은 욥의 말을 신뢰해야 하고 그의 무죄함을 인정해야 한다. 이것이 바로 욥이 친구들에게서 원하는 궁극적인 희망사항이다.

5) 공개된 탄식(Ⅱ) : 품꾼의 날과 같은 인생(7:1-6)

¹이 땅에 사는 인생에게 힘든 노동이 있지 아니하겠느냐 그의 날이 품꾼의

날과 같지 아니하겠느냐 ²종은 저녁 그늘을 몹시 바라고 품꾼은 그의 삯을 기다리나니 ³이와 같이 내가 여러 달째 고통을 받으니 고달픈 밤이 내게 작정되었구나 ⁴내가 누울 때면 말하기를 언제나 일어날까, 언제나 밤이 갈까 하며 새벽까지 이리 뒤척, 저리 뒤척 하는구나 ⁵내 살에는 구더기와 흙 덩이가 의복처럼 입혀졌고 내 피부는 굳어졌다가 터지는구나 ⁶나의 날은 베틀의 북보다 빠르니 희망 없이 보내는구나

[7:1-6] 7장의 전반부에 나타나는 탄식은 고난 속에 있는 인간의 실상을 그대로 보여준다. 욥의 탄식은 일반적인 인간의 차원('human condition')에서 시작하였다가(1-2절) 점차 구체적인 대상으로 옮겨가는데, 그것은 다름 아닌 욥 자신이다(3-4절). 마지막으로 욥 자신이 가지고 있는 특별한 질병의 상황을 묘사한다(5-6절)(J. Ebach, *KBB* 1, 75). 이렇게 발언이 일반적인 차원에서 개인적인 차원으로 옮아가는 것은 욥 발언의 특징이다. 이것은 욥기가 욥 개인의 문제를 다루면서 동시에 인간 일반에게 내재된 문제를 다루고 있음을 보여주는 측면이다(예컨대, 3:20-26).

욥은 인생을 '강제노역'(צָבָא)과 같다고 말하면서 인간의 삶을 '종'(עֶבֶד)과 '품꾼'(שָׂכִיר)의 날들에 비유하고 있다(1-2절). 종과 품꾼의 삶에는 특별히 의미 있는 일이 없다. 그저 저물기를 바라고 하루 품삯을 바란다. 그들이 바랄 수 있는 것은 저녁때의 짧은 휴식과 하루 일에 대한 품삯이 전부이다. 욥의 삶도 마찬가지다(3절). 종이나 품꾼과 같이 이렇게 '허무한 달'들이 그의 '유산'이 되었고, '곤고한 밤'들이 그의 '몫'이 되었다. 그는 잠잘 때 안식을 얻지도 못한다(4절). 휴식을 통해 새 힘을 얻어야 할 시간이 오히려 고통의 시간이요 번민의 시간이다. 그의 삶에는 일과 안식의 균형이 깨져 있다(J. Ebach, *KBB* 1, 76). 안식일 계명에는 노동으로부터 '쉼'과 억압으로부터의 '해방'의 의미가 동시에 들어 있다(출 20:8; 신 5:12). 욥에게는 그러한 쉼과 해방이 없다.

5절은 욥이 앓고 있는 병의 증상을 묘사한다. 그의 살은 구더기와 먼지의 딱지로 뒤덮여 있고, 그의 피부는 아물었다가 다시 곪는다. 이러한 증상은 흔히 나병이라 부르는 한센씨 병(lepra)을 생각나게 한다. 그의 병은 완전히 낫지 않고 호전과 악화의 과정을 끝없이 반복한다. 이런 과정 속에서 그의 날은 덧없이 빠르게 흘러간다(6절). 옷감을 짜는 베틀의 북과 같이 이리저리 빠르게 움직여 나간다. 조금 있으면 옷감이 다 짜이고 자신의 삶은 끝장날 것이다. 6절 하반절은 '희망 없이 끝난다.' 혹은 '희망이 사라질 때 끝난다.' 로 번역할 수 있는데, 이때 희망(תִקְוָה)은 베틀에 걸려 있는 실을 묘사한다 (6 : 9 참조)(J. Hartley, *NICOT*, 145). 희망이 사라지면 삶이 끝나듯이, 그의 삶은 곧 생명의 실이 잘려져 나가 종말을 맞게 될 것을 보여준다.

6) 하나님을 향한 탄식(I) : 내 생명은 바람입니다(7 : 7-10)

⁷내 생명이 한낱 바람 같음을 생각하옵소서 나의 눈이 다시는 행복을 보지 못하리이다 ⁸나를 본 자의 눈이 다시는 나를 보지 못할 것이고 주의 눈이 나를 향하실지라도 내가 있지 아니하리이다 ⁹구름이 사라져 없어짐 같이 스올로 내려가는 자는 다시 올라오지 못할 것이오니 ¹⁰그는 다시 자기 집으로 돌아가지 못하겠고 자기 처소도 다시 그를 알지 못하리이다

[7 : 7-10] 이제 욥은 하나님께 직접 말한다. 그의 처음 외침은 '기억하라'(זְכֹר) 라는 것이다(7절). '기억하라'는 명령은 하나님과 그의 백성 모두에게 해당되는 구약성서의 핵심어구이다. 하나님은 자신의 약속을 기억하고 신실해야 하며, 그의 백성은 하나님의 구원과 은혜를 잊지 말고 하나님을 섬기는 일에 신실해야 한다. 그러므로 탄식자의 기도에서 '기억하라'는 권고는 하나님의 구원을 위한 간구에서 근본적인 것이다(B. Childs, *Memory and Tradition in Israel* [SBT 1/37] [London : SCM ; Naperville : Allenson, 1962], 31-44 참

조). 그러나 여기에서 욥은 무엇을 기억하라고 요청하고 있는가? 욥은 자신의 생명이 '바람'(רוּחַ)이라는 사실을 기억해 달라고 요청한다. '바람'은 삶의 덧없음을 상징적으로 드러내는 말이다.[19] 바람처럼 순식간에 지나가는 짧은 인생이란 것이다. 따라서 하나님이 개입하셔서 자신의 상황을 바꾸어 놓지 않으면 그는 더 이상 '좋은 것'(טוֹב), 즉 인생의 즐거움을 보지 못할 것이다. 그의 삶은 구름처럼 자취 없이 사라져 사람들은 물론 하나님도 더 이상 그를 보지 못하게 될 것이다(8-9절). 스올은 한 번 가면 더 이상 돌아오지 못하는 땅이다(9-10절). 그러므로 하나님께서는 더 늦기 전에 자신을 돌아보시고 구원해 달라는 요청이 내포되어 있다.

7) 하나님을 향한 탄식(Ⅱ): 나를 제발 내버려 두십시오(7:11-21)

[11]그런즉 내가 내 입을 금하지 아니하고 내 영혼의 아픔 때문에 말하며 내 마음의 괴로움 때문에 불평하리이다 [12]내가 바다이니까 바다 괴물이니이까 주께서 어찌하여 나를 지키시나이까 [13]혹시 내가 말하기를 내 잠자리가 나를 위로하고 내 침상이 내 수심을 풀리라 할 때에 [14]주께서 꿈으로 나를 놀라게 하시고 환상으로 나를 두렵게 하시나이다 [15]이러므로 내 마음이 뼈를 깎는 고통을 겪느니 차라리 숨이 막히는 것과 죽는 것을 택하리이다 [16]내가 생명을 싫어하고 영원히 살기를 원하지 아니하오니 나를 놓으소서 내 날은 헛것이니이다 [17]사람이 무엇이기에 주께서 그를 크게 만드사 그에게 마음을 두시고 [18]아침마다 권징하시며 순간마다 단련하시나이까 [19]주께서 내게서 눈을

---

19) 포러(G. Fohrer, *KAT*, 177)는 욥기에 인생의 '무상(無常)성'에 대한 다양한 은유와 비유들이 사용되고 있음을 지적한다 : 구름(7:9), 바람(7:7, 16 ; 시 78:39), 날아가는 그림자(8:9 ; 14:2 ; 시 102:12[11] ; 109:23 ; 144:4), 대상 29:15), 경주자(9:25), 꽃(14:2 ; 시 90:6 ; 103:15 ; 사 40:6-7), 꿈이나 밤의 환상(20:8) 등. 그러나 욥기에는 들판의 풀(시 90:5-6 ; 102:12[11] ; 103:15 ; 사 40:6-7)에 비유하는 언급은 나타나지 않는다.

돌이키지 아니하시며 내가 침을 삼킬 동안도 나를 놓지 아니하시기를 어느 때까지 하시리이까 [20]사람을 감찰하시는 이여 내가 범죄하였던들 주께 무슨 해가 되오리이까 어찌하여 나를 당신의 과녁으로 삼으셔서 내게 무거운 짐이 되게 하셨나이까 [21]주께서 어찌하여 내 허물을 사하여 주지 아니하시며 내 죄악을 제거하여 버리지 아니하시나이까 내가 이제 흙에 누우리니 주께서 나를 애써 찾으실지라도 내가 남아 있지 아니하리이다

[7 : 11-21] 앞의 단락이 인생의 '무상성'을 근거로 하나님의 구원과 개입을 이끌어 내려 했다면, 이제는 욥에 대한 하나님의 행동 자체를 문제 삼고 나선다. 욥은 고통과 쓰라림으로 말하지 않고는 견딜 수 없다고 말한다(11절). '탄식'이란 '고통에 대한 반응'이라는 베스터만(C. Westermann)의 정의가 그대로 적용된다. 욥은 신화적인 동물에 대한 행동에 빗대어 자신을 향한 하나님의 '지키심'(מִשְׁמָר)을 비난한다(12절). 고대 중동의 신화에서 '얌'(יָם)과 '탄닌'(תַּנִּין)은 혼돈의 세력을 상징하는 바다괴물들의 이름이다. 마치 바벨론의 교훈시 '에누마 엘리쉬'에서 승리의 창조주와 지배자 마르둑이 혼돈과 바다의 용 티아맛에 대항하여 행동하듯이("Enuma Elish," *ANET*, 66-68) 왜 하나님이 자신에 대해 감시하셔야 하는지를 묻는다(J. Hartley, *NICOT*, 149). 하나님의 '지키심'은 보호가 아니라 계속되는 감시와 억압이다. 그가 밤의 안식을 얻기 위해 잠자리에 들지만 하나님께서는 꿈과 환상으로 놀라게 하신다(13-14절). 엘리바스는 계시가 수여되는 밤의 이상(4 : 13)을 말하였지만, 욥에겐 꿈과 환상이 일어나는 밤이 두려움과 놀람을 의미할 뿐이다(J. Ebach, *KBB* 1, 82; 하나님이 말씀하시는 방식의 하나로서 꿈과 환상에 대하여 말하는 33 : 15-18의 엘리후의 발언을 참조하라). 이처럼 다양한 차원에서 욥과 친구들의 발언은 관련되고 있으면서도 전혀 다른 경험과 현실 인식을 드러낸다.

이렇게 탈출구 없는 상황에서 욥은 차라리 죽음을 원한다(15절). 욥이 죽음을 원하는 것은 다름이 아니라 하나님의 숨막히는 감시 때문이다. 그래서

그는 하나님의 떠나심을 간구한다(16절 상반절). "나를 제발 내버려 두십시오." 이것은 시편의 전통을 완전히 뒤집는 것이다.[20] 시편에서는 탄식자들이 하나님의 부재를 경험하며 하나님의 관심과 개입을 촉구하고 있기 때문이다. 여기에다 욥은 다시금 자신의 삶이 '입김'(הֶבֶל)과 같이 순식간에 사라지는 허무하고 보잘 것 없는 것임을 덧붙인다(16절 하). 이로써 그는 이어지는 질문들에 대한 출발점을 제공한다. 욥은 그 질문들을 통해 쉴 틈을 주지 않는 하나님의 감시의 이유에 대하여 묻고 있다(17-21절).

17~19절의 하나님의 계속되는 감시에 대한 탄식에는 시편 8 : 5에 대한 트라베스티(잘 알려진 시가의 형식을 풍자적으로 우스꽝스럽게 개작한 것)가 들어 있다. 시편 8편에서 시편기자는 "인간이 무엇이길래 당신은 그를 기억하시고 그를 그렇게 눈여겨보십니까?"라고 물으며 보잘것없는 인간을 귀중히 여기시고 살피시는 하나님의 관심과 보호를 감사하고 찬양한다. 그러나 욥은 이 질문을 반복하면서 그것의 반대측면이 돋보이도록 한다. "인간이 무엇이라고, 당신은 그를 대단하게 여기시고 그에게 당신의 마음을 두시며, 아침마다 그를 찾으시고 매순간마다 그를 점검하십니까? 언제까지 나로부터 눈을 돌리지 않으시며, 침 삼킬 동안도 나를 놓아두지 않으실 것입니까?" 하나님의 관심이 영원한 사찰로, 그의 배려가 억압으로 현실화된다. 욥이 경험하는 하나님의 관심과 보호는 'The big brother is watching you'와 같이 참을 수 없는 억압과 영속적인 감시다(J. Ebach, *KBB* 1, 82). 그러므로 욥에게는 하나님의 떠나심이 안식이요 구원이다. 그래서 이 탄식의 단락 중심부에서 '죽음에의 갈망'과 '하나님에 대한 떠나심의 요청'이 동시에 나타나고 있다 (15-16절을 보라).

계속되는 진술에서(20-21절) 욥은 자신이 죄를 지었다 해도 하나님이 현

---

20) '전통의 역전 현상'(Unkehrung der Tradition)에 대하여 필자의 졸고를 참조하라. 하경택, "욥 발언의 창조모티브 고찰,"「구약논단」 18 (2005. 8), 105-127.

재 자신에게 행동하시는 것만큼 대단한 것이 아님을 말한다. '사람을 지키는 이시여!'(נֹצֵר הָאָדָם)라는 호칭은 여전히 보호자가 아니라 감시자로서의 모습을 부각시킨다. 그리고 악과 과실과 죄를 용서하시는 하나님의 자비가 왜 자신에게는 나타나지 않는가를 묻는다(출 34 : 6-7 참조). 그리고 욥은 자신의 발언을 죽음의 위협에 대한 언급으로 마친다(10 : 21-22 ; 14 : 20-22 ; 17 : 13-16 ; 21 : 32-33 참조). 하나님이 너무 늦게 행동하시면 찾아도 찾을 수 없게 될 것이라는 사실을 지적하면서 하나님의 즉각적인 행동을 촉구한다.

■■ 설교를 위한 묵상

욥의 탄식의 내용을 통해 다음과 같은 적용점들을 생각할 수 있다.

첫째, 욥의 발언은 친구가 무엇인가를 가르쳐준다. 6 : 14에 언급된 친구는 히브리어로 '메레아'(מֵרֵעַ)이다. 이것은 흔히 '이웃'이라 번역하는 '레아'(רֵעַ)와 같은 어원을 가지고 있다. 그러므로 친구는 참된 이웃과 형제(אָח, 6 : 15)가 되어야 한다. 레위기 19 : 18에 언급된 "네 이웃 사랑하기를 네 자신과 같이 사랑하라"는 계명과 선한 사마리아인의 비유에 나타난 '이웃의 의미'를 떠올리게 한다(눅 10 : 30-37). 어려움에 처한 친구와 이웃을 돌보는 자가 참된 친구요 이웃이며 형제들이다. 그러나 욥이 경험하는 친구들의 모습은 '기만하는 와디'와 같다. 해갈할 물을 기대하고 찾아가지만 그곳에서 경험하는 것은 바짝 말라버린 바닥과 더욱 목마르게 하는 뜨거운 공기뿐이다. 힘과 위로가 되어야 할 친구가 '아무것도 아님'이 되었다(21절). 친구들이 아무리 화려한 수사와 지혜로 훈계하고 충고해도 그들에게 동정의 마음이 없기 때문에 올바른 교훈이 되지 못한다.

둘째, 욥의 발언은 인생무상(人生無常)을 가르쳐 준다. 욥은 자신의 고통스런 삶에 대해 탄식하면서 인생무상을 보여주는 많은 은유들을 사용하고 있다. 종이나 품꾼과 같이 고된 노동의 삶을 살아가는 것이 인생이며, 순식간에 사라지는 '바람'(רוּחַ)과 '입김'(הֶבֶל)에 비유하고 있다. 이러한 인생에게 필요한 것은 하나님의 긍휼과 사랑이다. 하나님의 돌보심이 없다면 한순간에 왔다가 흙으로 사라지는 허무한 인생이 될 것이다. 욥은 이러한 인생의 의미를 알기 때문에 하나님께 호소한다. 참된 안식과 평강의 삶을 달라고 말이다. 실낱같은 생명이 끊어져 돌아오지 못할 땅으로 가기 전에 하나님의 긍휼을 맛보게 해달라고 간구하는 것이다(7:7, 16, 21). 그러므로 인간의 문제는 모두 하나님의 문제다. 하나님의 긍휼과 자비를 경험하면 의미있는 인생이 되지만, 하나님의 긍휼과 자비가 없으면 '허무한 달'과 '곤고한 밤'으로 끝나는 공허한 인생이 된다.

셋째, 하나님의 지키심에 대한 의미를 생각하게 한다. 하나님의 지키심은 감시가 될 수도 있고 보호가 될 수도 있다. 하나님의 지키심이 시편 8편 기자에게는 하나님의 관심과 보호가 되었지만, 욥에게는 영속적인 감시와 억압이었다(7:12). "내가 주의 영을 떠나 어디로 가며 주의 앞에서 어디로 피하리이까? 내가 하늘에 올라갈지라도 거기 계시며 스올에 내 자리를 펼지라도 거기 계시니이다. 내가 새벽 날개를 치며 바다 끝에 가서 거주할지라도 거기서도 주의 손이 나를 인도하시며 주의 오른손이 나를 붙드시리이다."(시 139:7-10)는 잘 알려진 찬양이 있다. 이것은 어딜 가든지 하나님께서 함께하시며 붙드시기 때문에 염려할 것 없다는 하나님의 보호에 대한 찬양이 될 수 있지만, 요나가 야훼의 낯을 피해 도망하려 했으나 그분의 낯을 피할 수 없었던 것과 같이 사람은 그 어디에서도 하나님의 손길을 벗어날 수 없다는 하나님의 감시에 대한 엄중한 경고가 될 수 있다(암 9:1-4 참조). 그러므로 하나님의 지키심에 대한 두 가지 태도가 필요하다. 한편으론 하나님의 인도와 보호에 대하여 감사하고 기뻐해야 할 것이고, 다른 한편으론 하나님의 감찰과 지키심을 생각하며 어디서든지 하나님의 뜻에 합당한 삶을 살아야 할 것이다.

B. 욥과 빌닷의 1차 대화(8:1-10:22)

1. 빌닷의 첫 번째 발언(8:1-22)

욥기 8장에 나타난 빌닷의 첫 번째 발언의 구조는 욥기 4~5장의 엘리바스의 첫 번째 발언에서와 유사하다. 엘리바스는 그의 첫 번째 발언(4 : 2-5 : 27)에서 고난당하는 자를 격려하기 위해 다음과 같은 주도면밀한 구성을 보여준다(V. Maag, *Hiob*, 125-143.). 첫 번째로 그는 고난의 원인에 대한 명확한 규정을 하는데, 어떤 고난이라도 그 모든 경우에 있어서 그 원인이 자기 자신의 죄에 있다고 말한다(4 : 6-5 : 7). 두 번째로 그는 고난의 원인을 제거하는 결과를 낳는 길을 제시하는데, 그것은 하나님께 겸손하게 돌이키며 죄를 벗어 버리고 고난을 하나님의 교육적인 고난으로 인정하는데 있다고 말한다(5 : 8-23). 세 번째로 그는 욥에게 새로운 행복에 대한 희망을 일깨운다(5 : 24-26). 그것은 하나님에 의해서 회복될 새로운 삶에 대한 약속은 단지 이 회개의 길 밖에는 다른 방법이 없음을 보여주기 위함이다. 또한 거기에는 욥에게 회복과 번영에 대한 희망을 줌으로써 욥으로 하여금 하루빨리 자신의 잘못된 삶을 청산하고 지금의 고난의 상황에서 벗어나게 한다는 의도가 있다. 그리고 마지막으로 엘리바스는 이와 같은 자신의 견해에 합법성을 부여하기 위해 자신의 말이 갑작스런 것이 아니라 경험과 관찰에 토대를 둔 오랜 숙고의 과정을 거친 생각들임을 밝힌다(5 : 27).

욥기 8장에 있는 빌닷의 발언도 다음과 같은 세 단계의 구조로 파악할 수 있다(D. J. A. Clines, *WBC*, 200). 빌닷은 먼저 하나님의 정의를 말하면서 인과응보의 교리를 욥과 그의 자녀에게 적용시킨다(8 : 2-7). 다음으로 선조들의 지혜를 언급하면서 불의한 자가 맞게 되는 운명을 자연 세계(식물과 동물)의 예를 들어 묘사한다(8 : 8-19). 마지막으로 욥이 경험하게 될 회복된 미래를 약속한다(8 : 20-22).

이와 같은 빌닷의 발언은 엘리바스의 첫 번째 발언과 같이 욥을 격려하고 위로할 목적을 가지고 있음을 잘 보여준다. 인과응보에 따른 행위화복관계를 말하면서도 각각의 발언 마지막에서 욥의 행동에 따라 얻어질 새로운 행복과 미래를 약속하고 있기 때문이다. 그러나 이러한 말들이 과연 욥에게 어떻게 들릴까 하는 것이 문제이다. 튼튼한 교리적인 토대 위에서 정교하게 구성된 것만큼 욥에게 깨달음과 용기를 주어, 자신들이 의도한 대로 욥을 새로운 행복과 번영의 삶으로 인도하는 결과를 낳을까 아니면 욥에게 고통만 가중시켜 욥을 더욱 힘들고 곤혹스럽게 만드는 결과를 낳을까를 생각하며 본문을 살펴보자. 욥기 8장은 아래와 같이 분석된다.

1. 하나님의 공의와 욥과 그의 자녀들에게 적용되는 인과응보의 교리 (8:1-7)
2. 불의한 자의 운명(8:8-19)
3. 미래의 회복과 번영에 대한 확신(8:20-22)

1) 하나님의 공의와 욥과 그의 자녀들에게 적용되는 인과응보의 교리 (8:1-7)

^{1}수아 사람 빌닷이 대답하여 이르되 ^{2}네가 어느 때까지 이런 말을 하겠으며 어느 때까지 네 입의 말이 거센 바람과 같겠는가 ^{3}하나님이 어찌 정의를 굽게 하시겠으며 전능하신 이가 어찌 공의를 굽게 하시겠는가 ^{4}네 자녀들이 주께 죄를 지었으므로 주께서 그들을 그 죄에 버려두셨나니 ^{5}네가 만일 하나님을 찾으며 전능하신 이에게 간구하고 ^{6}또 청결하고 정직하면 반드시 너를 돌보시고 네 의로운 처소를 평안하게 하실 것이라 ^{7}네 시작은 미약하였으나 네 나중은 심히 창대하리라

[8:1-7] 엘리바스가 자신의 발언을 조심스럽게 시작했다면(4:2), 빌닷은 더 공격적이고 비판적이다(2절). 그는 욥이 탄식 중에 말한 "언제까지"(7:19; 또한 시 35:7 참조)란 말을 인용하여 욥의 말과 태도를 비난한다 ; "언제까지" 그러한 불경하고도 '거센 바람'과 같은 말을 계속 하겠는가 하는 것이다.

빌닷은 욥의 말을 '거센 바람'이라고 규정함으로써, 그의 말이 제어할 수 없는 거칠고 위험천만한 말이요, 그렇지만 결국 바람과 같이 사라져버릴 공허한 말(참고. 16 : 3)임을 암시하고 있다.

빌닷은 이어서 하나님에 관한 발언을 한다(3절). '하나님이 정의(מִשְׁפָּט)와 의(צֶדֶק)를 굽게 하시는가?' 하는 질문으로써 욥에게 반론을 제기한다. 빌닷의 신학적 사고에서는 하나님과 불의는 절대로 어울릴 수 없는 개념들이다. 그러나 욥의 발언을 유추하면 하나님이 의롭지 못하시다는 결론에 도달할 수 있다. 욥이 자신의 결백을 주장하면서(6 : 10), 하나님의 자의적이고 조화롭지 못한 행동들(7 : 12, 17-20)에 대해 탄식하기 때문이다.

이제 빌닷은 인과응보 교리에 대한 확고한 자신의 신념을 욥의 자녀들에게 적용시킨다(4절). 욥의 자녀들이 죽은 것은 그들 자신의 죄 때문이라는 것이다. 그러나 아직 살아 있어서 회복의 가능성이 있는 욥은 빨리 하나님께 돌아와서 하나님의 자비를 구함으로 하나님의 개입과 구원을 경험하라고 말한다(5-6절). 여기에서 우리는 엘리바스가 했던 조언을 나름의 방식으로 반복하고 있는 빌닷을 본다(5 : 8).

이어서 누구의 말인지도 모르면서 그 내용만 가지고 인용하고 애용하는 빌닷의 유명한 말이 등장한다 : "네 시작은 미약하였으나 네 나중은 심히 창대하리라." '시작'(רֵאשִׁית), 즉 과거 또는 지금은 작고 보잘것없지만, '나중'(אַחֲרִית), 즉 훗날은 과거와 비교할 수 없는 큰 번영을 누릴 것이라는 약속이다. 이것은 아마도 빌닷이 당시 잘 알려진 지혜의 격언을 인용한 것으로 여겨진다(G. Fohrer, KAT, 190). 이 말은 욥기 전체를 볼 때 사실로 증명된다. 종장에서는 서막에서보다 두 배의 번영을 누리는 욥을 목격할 수 있기 때문이다.

그러나 여기에서 우리는 이렇게 빛나는 미래에 대한 격려의 말이 욥에게 어떤 의미가 있을까를 생각해 보아야 할 것이다. 빌닷이 말하는 '시작'이라는 것은 하나님의 심판으로 재산을 다 잃고 자녀들이 죽고 병든 상태의 모습이다. 하나님의 징벌로 견디기 힘든 고난 중에 있는 작고 보잘 것 없는 모습이다. 하지만 그런 사람에게도 희망을 가질 수 있다. '나중'은 심히 창대하게 될 것이기 때문이다. 하나님의 응답과 축복으로 넘치는 복을 받게 될 것이기 때문이다. 이렇게 희망찬 미래를 약속하는 빌닷의 말도 현재의 욥에게는 위로나 격려가 되지 못한다. 왜냐하면 빌닷은 욥의 현재 상황을 하나님의 징벌로 이해하고 있고, 앞으로 경험하게 될 번영에 대한 전망도 욥 자신의 잘못을 인정하고 하나님께 되돌아오는 회개를 전제로 하고 있기 때문이다. 현재의 고난에 대한 이해와 해명 없이 이루어지는 미래에 대한 전망은 맹목적인 신앙으로 치달을 수 있다. 고난의 현실에 대한 의미와 이유를 묻는 자신의 탄식에는 전혀 동감해 주지 않고 자신이 믿는 교리의 틀 속에 갇혀 그저 미래에 대한 번영을 약속하는 빌닷의 말과 모습이 욥에게는 어떤 의미가 있을까를 생각하게 된다.

2) 불의한 자의 운명(8 : 8-19)

[8]청하건대 너는 옛 시대 사람에게 물으며 조상들이 터득한 일을 배울지어다 [9]우리는 어제부터 있었을 뿐이라 우리는 아는 것이 없으며 세상에 있는 날이 그림자와 같으니라 [10]그들이 네게 가르쳐 이르지 아니하겠느냐 그 마음에서 나오는 말을 하지 아니하겠느냐 [11]왕골이 진펄 아닌 데서 크게 자라겠으며 갈대가 물 없는 데서 크게 자라겠느냐 [12]이런 것은 새 순이 돋아 아직 뜯을 때가 되기 전에 다른 풀보다 일찍이 마르느니라 [13]하나님을 잊어버리는 자의 길은 다 이와 같고 저속한 자의 희망은 무너지리니 [14]그가 믿는 것이 끊어지고 그가 의지하는 것이 거미줄 같은즉 [15]그 집을 의지할지라도 집이 서지 못하고 굳게 붙잡아 주어도 집이 보존되지 못하리라 [16]그는 햇빛을 받고 물이 올라 그 가지가 동산에 뻗으며 [17]그 뿌리가 돌무더기에 서리어서 돌 가운데로 들어갔을지라도 [18]그 곳에서 뽑히면 그 자리도 모르는 체하고 이르기를

내가 너를 보지 못하였다 하리니 ¹⁹그 길의 기쁨은 이와 같고 그 후에 다른 것이 흙에서 나리라

[8 : 8-19] 빌닷은 이제 자신의 말을 강조하기 위해 선조들의 경험을 관련시킨다(8-10절). 이것은 빌닷이 이스라엘 지혜의 전통에 서 있다는 것을 암시한다. 왜냐하면 '선조'를 인용하는 것은 이스라엘 지혜의 특징이기 때문이다. 그것은 자신의 경험이나 독창성이 부족하기 때문이 아니라, 개인이나 자기 세대만의 경험은 공동체의 삶을 이끌어 가는데 충분치 못하다는 사실을 알기 때문이다. 이와 같이 단절되지 않고 세대 간격을 넘어서 이어지는 경험과 서술의 공동체, 즉 '증인의 사슬'(Kette der Zeugen)을 추구하는 삶과 지혜의 전통이 오늘날까지도 유대인들의 경건을 결정한다(J. Ebach, *KBB* 1, 88).

빌닷은 자신이 선조들로부터 물려받은 지혜 가운데 세 가지 '비유'를 제시한다(11-19절). 첫 번째와 세 번째의 것은 식물 세계에서 가져온 것이고, 두 번째 것은 동물 세계에서 유래한 것이다. 그러나 이 세 가지 비유의 핵심은 13절에 기술되어 있다 : "하나님을 잊은 모든 자의 길들이 이와 같고, 하나님 없는 자의 소망은 사라진다." 이것은 시편 1편에서 묘사하고 있는 악인의 운명과도 같다. 하나님 없이 살아가는 자는 갑작스레 물이 빠져버리는 갈대나 골풀과 같이 때가 되기 전에 말라 버리고(11-12절), 거미줄로 지은 집을 의지하는 사람과 같이 쉽게 끊어지고 부서질 보호막을 믿음의 대상으로 삼고 사는 어리석은 사람이다(14-15절). 또한 그들의 삶은 급속히 자라고 외견상 강하게 뿌리를 내리는 덩굴과 같으나 결국 뿌리째 뽑혀 자신이 있던 자리조차 알지 못한다고 외면당하는 잊혀진 존재가 될 것이다(16-19절).

불의한 자들은 결국 이러한 운명을 맞게 되어 있다. 피상적인 번성과 외견상의 견고함에도 불구하고 그들의 길은 망하는 길이다. 이것은 구약성경 여러 곳에서 강조하고 있는 지혜의 가르침이다 : "진실로 악을 행하는 자들은 끊어질 것이나 여호와를 소망하는 자들은 땅을 차지하리로다. 잠시 후에는

악인이 없어지리니 네가 그곳을 자세히 살필지라도 없으리로다"(시 37 : 9-10) ; "악한 자의 집은 망하겠고 정직한 자의 장막은 흥하리라. 어떤 길은 사람이 보기에 바르나 필경은 사망의 길이니라"(잠 14 : 11-12). 그러나 문제는 이러한 빛나는 지혜의 가르침도 상황과 경우에 따라 잘못된 결과를 초래할 수 있다는 것이다.

이렇게 훌륭한 지혜의 전통 속에 있는 빌닷의 발언을 욥에게 적용시키면 어떤 결론을 갖게 되는가? 정통적인 지혜의 가르침 속에서 말하는 불의한 자의 운명이 곧 욥의 운명이 된다. '동방 사람 중에서 가장 큰 자'(1 : 3)라고 일컬어 질 만큼 번영과 행복을 누리던 욥이 지금과 같은 비참한 현실을 맞은 것은 불의한 자에게 예정된 길을 가는 것이다. 욥의 처지는 갑작스레 물이 빠져 때가 되기 전에 말라 버린 갈대나 골풀과 같고, 쉽게 끊어지고 부서질 거미줄 집을 의지한 어리석은 자와 같으며, 급속히 자라 번성하는 것 같았지만 하루아침에 뿌리가 뽑혀 모두에게서 잊혀져 버리는 덩굴과 같다는 것이다.

이러한 빌닷의 말을 듣고 있는 욥의 심정은 어떨까? 이러한 상황에서 빌닷의 말에 동조하며 욥의 처지를 빈정댈 많은 무리들의 모습을 떠올리게 된다. '정통신학'이라는 이름으로, 선조들의 고귀한 '지혜'란 명목 하에, 고난당하는 자들의 슬픔과 고통은 외면한 채 자신들의 교리와 가르침을 반복하고 그 정당성만을 주장하는 교회의 모습들을 보게 된다. 이뿐 아니라 우리 자신도 쉽게 그러한 무리들이나 친구들의 모습을 취할 수 있음을 깨닫는다. 이것은 오직 욥기의 서막을 알고 있을 때 가능하다. 빌닷의 말이 '옳은 말'(richtig, right)이긴 하나 욥에게는 '진실이 아닌'(wahr, true) 말이라는 사실을 말이다. 그러나 '서막'이 공개되어 있지 않는 개별적인 상황에서 고난에 대한 적절한 신학적 답변과 해결책이 무엇인지 어떻게 알 수 있을까? 이런 의미에서 욥기는 오늘 우리에게 정당한 신학과 가르침의 내용과 활용이 무엇인지 질문하고 있다.

3) 미래의 회복과 번영에 대한 확신(8 : 20-22)

²⁰하나님은 순전한 사람을 버리지 아니하시고 악한 자를 붙들어 주지 아니하시므로 ²¹웃음을 네 입에, 즐거운 소리를 네 입술에 채우시리니 ²²너를 미워하는 자는 부끄러움을 당할 것이라 악인의 장막은 없어지리라

[8 : 20-22] 이제 빌닷은 욥에게 새로운 미래를 약속한다. 하나님은 순전한 자와 악인의 차이를 보존하시고, 능동적으로 개입하셔서 두 가지의 삶에 합당한 결과를 보이실 것이다(20-22절). 여기에서 빌닷은 5절과 6절에서 말한 조건을 반복하지는 않고 있다. 하지만 빌닷의 이러한 확신에는 그러한 조건들이 전제되어 있다. 빌닷이 욥을 격려할 목적으로 말한 욥의 행복한 미래도 욥의 회개가 전제될 때 가능한 것이다. 그러므로 욥의 미래는 그의 행동에 달려 있다. 욥이 만일 자신의 잘못을 인정하고 하나님께 돌아와 깨끗하고 올바른 삶을 회복하면 다시 웃음을 되찾게 될 것이지만, 그렇지 않으면 악인의 장막과 같이 사라지는 운명을 겪게 될 것이다. 결국 빌닷의 말은 고난당하는 욥에게 본래 의도했던 격려나 위로가 아니라 욥의 잘못에 대한 정죄와 훈계가 되어버리고 만다.

■■ 설교를 위한 묵상

위와 같은 빌닷의 발언을 통해 욥기에 나타난 친구들의 발언과 그들의 태도를 다음과 같이 평가할 수 있다(T. Mickel, *Seelsorgerliche Aspekte im Hiobbuch. Ein Beitrag zur biblischen Dimension der Poimenik* [Berlin : Evangelische Verlagsanstalt 1990], 83-4). 일반적으로 알려진 것처럼 친구들이 위로자 본연의 임무를 처음부터 망각한 것은 아니다. 엘리바스나 빌닷이나 소발(11장)의 첫 번째 발언들을 보면 욥의 회복과 번영을 약속함으로 욥에게 희망을 주려는 모습을 엿볼 수

있다. 그러나 그들은 어디까지나 '규범적이고 전통적인' 신학과 지혜의 대표자로 등장한다. 그들의 발언에는 행위화복관계의 일치성에 대한 확신이 하나님에 의해서 유지되고 보장되는 이 땅의 세계질서를 위한 필수불가결한 토대가 되고 있다. 이 교리는 그들에게 모든 현상을 판단하는 기준이요 해결책이다. 그들은 자신들의 임무를 역사적인 에스겔의 모범을 따라 '파수꾼'으로 이해한다. 또한 친구들은 지혜의 교사('현자')로서 말한다. 더 나아가 그들은 '하나님의 변호자'로 행동한다. 그들은 무엇이 옳고 그른지를 알고 있다. 그들은 처음부터 원인을 알고 있으며 욥의 고난의 의미와 목적에 대해서도 알고 있다. 또한 그들은 회복을 위한 길도 알고 있으며, 고난당하는 자가 취해야 할 올바른 행동방식도 알고 있다. 그들의 위로에는 훈련과 가르침의 의미가 배어 있다. 그것은 분산된 것을 통합하는 것을 의미하며, 불안정을 안정화시키고, 잘못된 자를 올바른 길로 인도하는 것을 말한다.

그러나 이렇게 능력 있고 입증된 '예언자'요, '지혜자'요, '교사'요, '목회자'의 모습을 지닌 친구들은 욥과의 논쟁에서 자신들의 "지혜"가 충분치 않다는 사실을 알아야 했다. 구체적인 개인의 고난에 직면해서 그들이 견고하게 붙들고 있는 행위화복관계에 대한 인과응보의 교리가 기계적으로 적용될 수 없음을 알아야 했다. 특별히 친구들의 말들은 어떤 교리가 도그마화 되고 이데올로기화 될 때 나타낼 수 있는 문제점을 여실히 드러낸다. '선을 행하는 자가 그의 행동에 합당한 번영을 누리고, 악을 행하는 자는 자신의 행위가 가져오는 결과에 따라 멸망의 길을 걷는다'는 확신이 그렇게 되기를 바라는 '희망의 성격'을 내포하고 있다는 사실을 망각할 때는 절대화된 교리로 작용하게 된다. 그것은 욥의 친구들이 견지한 것처럼 고난당하는 자는 누구나 범죄하였음에 틀림없다는 역추론을 허용한다. 그러나 이러한 역추론은 또다른 추론을 가능하게 한다. 그것은 '현재 번영을 누리고 고난당하지 않는 사람들은 모두 무죄하다'는 것이다. 욥기는 이러한 친구들로 대변되는 도그마화된 '정통신학'에 대한 비판을 담고 있다. 어떤 교리나 가르침이 모든 경우와 상황에 기계적으로 적용되어서는 안 된다는 것이다. '옳은 말'(richtig, right)이긴 하나 '진실이 아닌'(wahr, true) 말이 될 수 있음을 경고한다. 이러한 사실은 '교리'와 '현실', '윤리'와 '자연' 사이에 있는 '틈새'(Diastase)를 정당한 것으로 인정하는 욥기의 마지막에 기술된 하나님의 응답과 판결에서도 알 수 있다.

그렇다면 위의 본문을 통해 얻을 수 있는 교훈은 무엇일까? 첫째로 도그마화 되고 이데올로기화 된 교리나 가르침은 문제를 일으킨다는 점이다. 특히 행위화복관계를 기계적인 인과응보 교리로 푸는 것은 흑백논리에 빠질 수 있다. 거기에는 하나님의 자비와 용서의 자리가 없다. 인간의 고난을 이분법적으로 적용하여 하나님을 인과응보의 교리의 틀에 가두는 결과를 가져오게 된다. 결국 이러한 태도에는 현재 눈에 보이는 결과가 가장 중요한 판단 기준이 되어, 현재의 삶의 상황으로 그 사람의 삶의 모든 것을 평가하는 잘못을 범하게 된다. 즉 현재 번영하는 사람은 '의인'이고, 고난당하는 사람은 '악인'이라는 것이다.

둘째로 위에서 보았듯이 빌닷의 발언에서는 발언의 내용보다 적용의 문제가 더 큰 문제라는 사실이다. 빌닷의 말은 다른 어떤 말보다 잘 준비된 말이다. 당대뿐 아니라 여러 세대를 거쳐 집약된 깊은 신학적 전통을 반영하고 있다. 그러나 그러한 빌닷의 말이 '옳은' 말에 그치고 '진실이 아닌' 말이 되어버렸다. 왜 그런가? 그것은 욥의 상황에 대한 이해가 부족했기 때문이다. 동정과 위로가 필요한 욥에게 정당한 규범과 원칙만을 너무 앞세웠다. 열 자녀를 잃은 슬픔을 당한 그에게 자녀들은 자신들의 죄 때문에 죽은 것이고, 아직 살아 있다 하는 욥도 그 자신의 죄 때문에 당하는 고난이기 때문에, 자신의 잘못을 뉘우치고 하나님께 돌아가는 길만이 살 길이라고 말하는 친구의 모습이 욥에게 어떻게 비춰졌을까?

셋째로 이 땅의 누구도 하나님을 대신해서는 안 된다는 점이다. 여기에는 말하는 자의 태도가 중요하게 작용한다. 빌닷을 비롯한 친구들은 하나님의 변호자로 등장한다. 욥이 불일치로 경험하며 탄식하는 고난도 자신들이 주장하는 하나님의 전능하심, 정의, 지혜에 일치되어야 했다. 그들은 욥의 상황과 처지보다 자신들의 교리를 지키는 것이 더 중요했다. 그래서 그들은 세상의 모든 현실을 판단하는 심판자의 모습을 띤다. 자신들이 모든 것을 알고 옳게 행동한다고 판단했지만 결국 그들은 자신들의 '지혜'가 부족했음을 실감해야 했다. 오늘 우리도 현재 우리가 알고 경험하는 모든 것이 하나님의 오묘하신 '지혜'와 '계획'을 담기에는 턱없이 부족함을 깨닫고 늘 겸손해야 한다.

2. 빌닷의 첫 번째 발언에 대한 욥의 응답(9 : 1-10 : 22)

9~10장은 빌닷의 첫 번째 발언에 대한 욥의 답변이면서 동시에 욥의 발언으로서는 세 번째에 해당한다. 이 발언의 첫 부분(9장)에는 '세계의 창조주로서 하나님'의 모티브가 지배적으로 나타난다. 이 모티브는 이 발언 두 번째 부분(10장)의 하나님에 대한 탄식에서 다시 수용된다. 이때 창조주에 대한 찬양에서 등장하는 하나님의 위엄과 비교할 수 없는 그분의 힘이 욥의 고난을 문제 삼는 하나님에 대한 탄식에서 핵심주제로 고찰된다. 여기에서 창조주에 대한 찬양과 하나님에 대한 탄식이 직접적인 연관성 속에 있게 된다. '나를 만드신' 창조주 하나님이 파괴자처럼 행동하신다(8-9절). 하나님을 향한 탄식에서 욥은 하나님 행동의 모순성을 진술한다(10 : 3, 8절 이하를 보라). 그는 하나님이 자신의 피조물에 대해서 행동의 변화를 일으키는 것에 대한 어떤 근거도 경험하지 못하기 때문에, 하나님이 처음부터 욥 자신을 원수처럼 대적하시고자 하는 계획을 가지고 계셨을 것이라는 결론에 도달한다(13-17절). "창조신앙이 창조주 하나님의 의지 안에 있는 피조세계의 존재이유에 대한 물음에 대답한다면, 그는 자신의 존재가 하나님에 의해서 위협받는 것처럼 보일 때 문제가 될 수밖에 없다"(A. Weiser, *ATD*, 81.). 그러므로 그는 탄식의 발언을 자신의 존재에 대한 이유를 묻는 질문으로 시작하여 죽음에 대한 바람으로 마친다(10 : 18-22). 9~10장의 내용을 단락별로 나누면 아래와 같다.

1. 도입발언 : 사람이 하나님과 더불어 의로울 수 있겠는가?(9 : 1-4)
2. 친구들을 향한 탄식1 : 놀라운 일을 행하시는 하나님의 능력(9 : 5-10)
3. 친구들을 향한 탄식2 : 누구도 대항할 수 없는 하나님의 능력(9 : 11-16)
4. 친구들을 향한 탄식3 : 욥에 대한 하나님의 행동(9 : 17-24)
5. 하나님을 향한 탄식1 : 우리 사이에는 판결자가 없다(9 : 25-35)

6. 하나님을 향한 탄식2 : 왜 나와 다투십니까?(10 : 1-7)
7. 하나님을 향한 탄식3 : 기억하옵소서(10 : 8-12)
8. 하나님을 향한 탄식4 : 내가 의롭더라도 내 머리를 들지 못한다(10 : 13-17)
9. 하나님을 향한 탄식5 : 나를 떠나소서(10 : 18-22)

1) 도입발언 : 사람이 하나님과 더불어 의로울 수 있겠는가?(9 : 1-4)

¹욥이 대답하여 이르되 ²진실로 내가 이 일이 그런 줄을 알거니와 인생이 어찌 하나님 앞에 의로우랴 ³사람이 하나님께 변론하기를 좋아할지라도 천 마디에 한 마디도 대답하지 못하리라 ⁴그는 마음이 지혜로우시고 힘이 강하시니 그를 거슬러 스스로 완악하게 행하고도 형통할 자가 누구이랴

[9 : 1-4] 9~10장은 빌닷에 대한 욥의 첫 번째 대답이다. 욥은 빌닷과 엘리바스에게 동의하면서 자신의 발언을 시작한다(2절; J. Ebach, *KBB* 1, 94). 그것은 사람이 하나님께 대하여 의로울 수 없다는 사실이다. 욥은 엘리바스가 신적인 계시를 통해 들었던 바를 수용한다(4 : 17). 그리고 '하나님은 정의와 의를 굽게 하시는가?'라는 질문도 수용한다(8 : 3). 그러면서도 두 친구의 발언에 등장한 '차데크'(צדק)에서 파생된 어휘를 그대로 사용한다. 하지만 동일한 어휘를 통해서 말하고자 하는 바는 매우 다르다. '모방을 통한 반대'(opposition par imitation)의 어법구사이다(J. Ebach, *KBB* 1, 94). 사람은 하나님과 더불어 의로울 수 없다. 왜냐하면 그분은 힘을 가지셨기 때문이다. 의를 능가하는 힘을 가지셨기 때문에 의로울 수밖에 없다는 것이다.

하나님과의 싸움에서 일어나는 일들이 3~4절에서 상술된다. 여기에서 논쟁 또는 변론으로 번역되는 '리브'(ריב)는 법정 용어로서 법정싸움을 벌이는 것을 나타낸다(J. Ebach, *KBB* 1, 94). 하나님과 논쟁할 때 천 가지 중 한 가지도

대응하지 못할 것이다. 사람이 아무리 지혜롭고 강하다 할지라도 하나님과는 비교할 수 없다. 그러므로 그분을 대적한 사람은 '온전'(שָׁלֵם)할 수 없다. 하나님과 벌이는 재판에서 만족할 만한 결과를 얻지 못할 뿐만 아니라 제대로 된 삶을 살아갈 수 없을 것이다.

2) 친구들을 향한 탄식 1 : 놀라운 일을 행하시는 하나님의 능력(9:5-10)

> ^{5}그가 진노하심으로 산을 무너뜨리시며 옮기실지라도 산이 깨닫지 못하며 ^{6}그가 땅을 그 자리에서 움직이시니 그 기둥들이 흔들리도다 ^{7}그가 해를 명령하여 뜨지 못하게 하시며 별들을 가두시도다 ^{8}그가 홀로 하늘을 펴시며 바다 물결을 밟으시며 ^{9}북두성과 삼성과 묘성과 남방의 밀실을 만드셨으며 ^{10}측량할 수 없는 큰 일을, 셀 수 없는 기이한 일을 행하시느니라

[9:5-10] 찬송시의 특징인 분사구문 양식으로 기술된 이 단락은 두 부분으로 구분된다. 정관사가 있는 분사구문으로 시작되는 부분(5-7절)과 정관사가 없는 분사구문으로 시작되는 부분(8-10절)으로 나뉜다. 이러한 단락구분은 단지 정관사의 사용 여부를 볼 때만이 아니라, 내용적인 관점에서 볼 때도 그렇다. 5-7절은 파괴적인 행동 속에서 드러나는 하나님의 위엄에 관하여 묘사하지만, 8-10절은 창조사역에서 드러나는 하나님의 놀라운 행동에 관하여 말한다.

'감히 가까이 할 수 없는 하나님의 놀라운 권능'을 증언하기 위해서 찬송시는 종종 우주적인 재난을 언급한다(지진 : 시 18:7 ; 29:8 ; 97:7 ; 나 1:5 ; 합 3:6 등 ; 흑암 : 합 3:10 이하 ; 렘 4:23 이하 ; 욜 2:10 ; 3:4[2:31] ; 4:15[3:15] ; 사 13:10, 24:13). 구약성서에 신현현(Theophanie)은 천둥, 번개, 폭풍, 지진, 흑암 등의 자연현상과 긴밀한 관련성 속에서 묘사된다. 이러한 자연현상들은 하나님의 힘에 대한 증거로서 이해된다. 이러

한 전통 속에서 욥은 전반부(5-7절)에서 하나님의 파괴적인 위엄을 묘사한다. 하나님은 산들을 옮기시고(5절), 굳건하게 서 있는 땅을 그 기둥까지 흔드시며(6절), 천체의 운행을 정지시키신다(7절). 특별히 7절은 주제적인 면에서 욥기 3:3~9에 나타난 욥의 진멸-바람(Vernichtungswunsch)과 깊은 관련이 있다. 하나님은 태양이 빛을 발하지 못하게 하시며 별들을 '밀봉하셔서', 낮과 밤이 절대적인 흑암 아래 놓이게 하신다. 부연하면 이것은 세계가 창조 이전의 '혼돈의' 상태로 돌아가는 것이다. 이것을 통해서 '하나님은 자신의 진노로써 창조를 후퇴시킬 수 있다'는 사실이 표현된다.

욥은 후반부(8-10절)에서 창조에서 드러나는 하나님의 놀라운 행동들을 묘사한다. 하나님은 하늘을 휘장을 펼치듯이 펼치시며(8절 상반절), 하늘에 별자리들을 만드셨다(9절). 이러한 하나님의 창조행위들은 다른 곳에서도 언급된다(하늘을 펼치심:사 40:22; 42:5; 44:24; 51:13; 렘 10:12; 51:15; 슥 12:1; 시 104:2; 별자리들을 만드심:암 5:8; 욥 38:31 이하). 이때 이스라엘 주변세계에서는 성신(星神)들로 숭배되던 천체들에 대한 하나님의 우월성과 주권이 분명하게 표명된다. 이 가운데 하나님이 '바다의 등을 밟으신다'(8절 하반절)는 진술이 주목된다. 많은 주석가들은 이 진술이 신화적인 배경을 가지고 있다는 사실에 동의한다. 즉 이것은 본래 혼돈과의 투쟁신화에서 승리자의 행동을 묘사하는 표현이었다. 이로써 창조자로서 하나님은 하늘의 주관자일 뿐 아니라 바다의 주관자이시기도 하다는 사실이 강조된다. 욥은 하나님이 크고 놀라운 일을 행하신다는 엘리바스의 말(5:9)을 수용함으로 이 단락을 맺는다. 그러나 그는 하나님의 놀라운 권능과 위엄을 드러내고자 하는 엘리바스와는 '완전히 다른 경험', 즉 하나님의 힘 때문에 놀랄 만큼 경악스러운 경험을 표현한다(J. Ebach, *KBB* 1, 96). 이것은 위의 2절에 대한 설명에서 말한 바와 같이 동일한 논거들을 정반대의 목적을 위해 사용하는 '모방을 통한 반대'(opposition par imitation)의 논쟁방식이다. 하나님이 하시는 '큰 일'과 '놀라운 일'은 감탄과 찬양의 주제가 아니라 욥에게는 이해할 수 없는 것들이어서 탄식의 주제가 된다.

  3) 친구들을 향한 탄식 2 : 누구도 대항할 수 없는 하나님의 능력(9 : 11-16)

[11]그가 내 앞으로 지나시나 내가 보지 못하며 그가 내 앞에서 움직이시나 내가 깨닫지 못하느니라 [12]하나님이 빼앗으시면 누가 막을 수 있으며 무엇을 하시나이까 하고 누가 물을 수 있으랴 [13]하나님이 진노를 돌이키지 아니하시나니 라합을 돕는 자들이 그 밑에 굴복하겠거든 [14]하물며 내가 감히 대답하겠으며 그 앞에서 무슨 말을 택하랴 [15]가령 내가 의로울지라도 대답하지 못하겠고 나를 심판하실 그에게 간구할 뿐이며 [16]가령 내가 그를 부르므로 그가 내게 대답하셨을지라도 내 음성을 들으셨다고는 내가 믿지 아니하리라

[9 : 11-16] 11절에서 시각의 전환이 일어난다. 여기에선 직접적인 화자의 '나'의 목소리가 울려나오기 시작한다. 욥의 문장은 다시 엘리바스의 계시를 수용한다. 이것은 이차적이고 사리에 맞지 않게 행해진 삽입에 의해서 '손상된' 것이 아니라 전체 단락이 계획성 있게 구성된 것이라는 사실을 나타내는 징후다. 엘리바스는 하나님의 출현을 말하는 '앞으로 지나감'(חלף)을 말했다 (4 : 15). 그러나 욥은 전혀 다른 경험을 이야기한다. 엘리바스가 그 '앞으로 지나감'을 통해 욥이 외관상 동의하는 하나님의 계시를 받았다면, 욥은 자신의 입장에서 하나님의 '앞으로 지나가심'을 한 번도 인지할 수가 없을 것이라고 말한다(J. Ebach, *KBB* 1, 96). 모세(출 33 : 18-22)나 엘리야(왕상 19 : 11-12)나 엘리바스(4 : 15)는 하나님의 지나가심을 통해 하나님의 계시를 경험했지만, 욥에게는 하나님의 계시가 닫혀 있는 것이다.

12~13절에서는 욥이 다시 개인적 차원이 아니라 인간 일반의 차원에서 진술한다. 여기에서 그는 하나님의 분노에 대해서 말한다. 하나님이 빼앗아

가는 행동을 하실 때 누구도 막을 수 없다. 하나님의 파괴적인 힘은 인간 세계를 넘어선다. 그분의 분노 앞에서는 아무리 힘센 존재도 머리를 조아릴 수밖에 없다. '라합'은 리워야단과 같이 원시바다 괴물로서 무시무시한 힘을 자랑하는 혼돈의 세력을 상징한다(41장 하나님의 발언에 대한 설명을 참조하라). 욥은 14절에서 다시 '나'의 발언으로 돌아온다. 이러한 서술방식은 10장 마지막까지 계속된다. '나'의 차원과 인간 일반의 차원을 넘나드는 진술방식은 욥 발언의 의미를 생각하게 한다(J. Ebach, *KBB* 1, 97). 욥의 사례는 욥 개인의 문제이기도 하지만 인간 일반의 문제이기도 하다는 사실을 말해준다. 14~16절은 욥이 하나님께 대응할 수 없다는 사실을 다시금 강조한다. 비록 자신이 의로울지라도 대응하지 못하는 것은 그분이 가지고 있는 힘 때문이다. 그는 단지 심판자의 은혜만을 구할 수 있다. 이것은 빌닷이 조언한 것과 같은 표현이다(8:5). 하지만 의미하는 바는 다르다. 빌닷이 말한 바가 자신의 죄를 인정하고 회개하면서 구하는 은혜였다고 한다면 욥이 발하는 바는 자신이 잘못한 바가 없어도 힘을 가진 재판장에게 구하는 은혜이다. 욥은 하나님이 그에게 대응하신다 해도 그는 자신의 소리를 들으신다고 믿을 수 없을 것이라고 말한다. 왜냐하면 하나님은 자신을 적대하고 계시기 때문이다. 그는 하나님이 자신에게 취하시는 행동을 아래 단락에서 상세하게 묘사한다.

4) 친구들을 향한 탄식 3 : 욥에 대한 하나님의 행동(9 : 17-24)

[17]그가 폭풍으로 나를 치시고 까닭 없이 내 상처를 깊게 하시며 [18]나를 숨 쉬지 못하게 하시며 괴로움을 내게 채우시는구나 [19]힘으로 말하면 그가 강하시고 심판으로 말하면 누가 그를 소환하겠느냐 [20]가령 내가 의로울지라도 내 입이 나를 정죄하리니 가령 내가 온전할지라도 나를 정죄하시리라 [21]나는 온전하다마는 내가 나를 돌아보지 아니하고 내 생명을 천히 여기는구나 [22]일이 다 같은 것이라 그러므로 나는 말하기를 하나님이 온전한 자나 악한 자나

멸망시키신다 하나니 ²³갑자기 재난이 닥쳐 죽을지라도 무죄한 자의 절망도 그가 비웃으시리라 ²⁴세상이 악인의 손에 넘어갔고 재판관의 얼굴도 가려졌나니 그렇게 되게 한 이가 그가 아니시면 누구냐

[9 : 17-24] 욥은 폭풍으로 자신을 부수고 '까닭 없이'(חִנָּם) 자신의 상처를 크게 하시는 하나님을 경험한다(잠 23 : 29 참조). 하나님께서 사탄이 자신을 충동하여 '까닭 없이' 그를 치게 했다고 하신 말씀을 떠올리게 한다(욥 2 : 3). 욥이 당한 고난은 '까닭 없이' 당한 고난이었다. 그는 천상회의에 참석하지 않았어도 자신의 고난의 성격을 꿰뚫어 보고 있는 것이다. 하나님께서 그에게 숨 돌릴 틈도 주지 않으신다(18절). 그리고 그의 현재의 삶은 쓰디쓴 고통으로 가득 차 있다.

19절부터 다시 힘과 의의 문제를 다룬다. 강력한 힘으로 말하면 그분께 당할 자가 없다. 욥이 자신의 의로움을 알고 있을지라도 그 의로움을 증명할 길이 없다. 19절 하반절은 '누가 나를 호출하겠는가?'(מִי יוֹעִידֶנִּי)라는 표현이 매끄럽지 않다고 생각하여 주석가들 가운데 '누가 그를 호출하겠는가?'(מִי יוֹעִידֶנּוּ)로 고쳐 읽기도 한다(NIV, 개역개정, 새번역 등). 누구도 감히 하나님에게 출두명령을 내릴 수 없다는 사실을 말하는 것으로 이해된다. 하나님은 절대 권력을 가지고 계시기 때문에 누구도 그분께 영향을 미칠 수 없다는 말이다. 하지만 전승된 히브리어 본문도 여전히 이해가능하다. 반대의 시각에서 비슷한 결과에 이르게 된다(J. Ebach, *KBB* 1, 98). 자신을 법정에 불러줄 사람이 없다면 그는 자신의 의를 주장할 수 없게 된다. 자신에게 의로움이 있다 할지라도 그것을 인정받을 수 있는 기회 자체가 봉쇄되어 있는 것이다.

이어지는 구절에서는 욥의 더 곤궁한 처지가 묘사된다. 욥이 만약 재판정에 선다 해도 그는 여전히 죄인으로 나타날 것이다(J. Ebach, *KBB* 1, 98). 왜냐하면 그는 자신의 입과 말을 통해 자신이 죄가 있다고 고백할 수밖에 없

기 때문이다(20절). 모든 것을 주장하시는 크고 강하신 분 앞에서 자신의 의로움을 주장하는 것은 불가능한 것이기 때문이다. 하지만 그럼에도 불구하고 그는 여전히 자신이 '순전하다'(תָּם)는 사실을 포기하지 않는다(21절). 이것은 자신뿐 아니라 욥기의 저자나 하나님에 의해서 인정된 바이다(1:1, 8 ; 2:3). 그렇기 때문에 그가 느끼는 감정은 자기혐오로 나타난다. 앞길이 보이지 않는 상황을 경험하고 있는 자가 보일 수 있는 반응이다.

22~24절은 신성모독적인 발언이라는 비난을 불러일으킬 만한 파괴력 있는 내용이다(J. Ebach, *KBB* 1, 98). 욥은 먼저 하나님이 순전한 자(תָּם)와 악한 자(רָשָׁע)를 구분하지 않고 멸하신다고 말한다(22절). 즉 흠 없는 자와 악인 사이에 어떤 구별도 없다는 것이다. 다음으로 그는 하나님이 어떤 사람이 갑자기 죽을 때 의로운 자들이 보이는 절망을 비웃으실 것이라고 말한다(23절). 여기에서 죽음의 도구로 언급된 '쇼트'(שׁוֹט)는 채찍과 홍수라는 두 가지 의미를 가진다. 하나님은 갑작스런 심판을 보며 의로운 자들이 보이는 탄식과 외침에 대응하지 않으시고 그것을 그대로 놔두신다는 것이다. 이것은 하나님이 순전한 사람을 버리지 않으신다는 빌닷의 말(8:20)에 대한 반박과도 같다. 24절에서는 욥이 경험하고 있는 현재의 세계에 대한 평가를 보여준다. 그는 두 가지 사실을 말한다. 하나는 이 땅이 악자(רָשָׁע)의 손에 넘겨졌다는 것이고, 다른 하나는 재판장들의 얼굴이 가려져 있다는 것이다. 이 세상은 악인의 손에 좌지우지되며, 재판장의 눈이 어둡게 되어 제대로 된 판단을 받지 못하는 상황이라는 것이다. 그러나 이 모든 상황의 주무자는 누구인가? 욥은 엄청난 결론을 서슴없이 말한다. "그가 아니시라면 누구란 말인가?"

이로써 욥은 신정론의 의문을 제기한다. 이러한 문제를 해결하기 위해 한 가지 해결방식은 이 세상의 주관자인 그분으로부터 도피하는 것이다. 에른스트 블로흐는 "야훼로부터의 탈출"(Auszug aus Jachwe)을 말했다. 하지만 이러한 결론은 해결책이 아니다(J. Ebach, *KBB* 1, 99). 이러한 탈출은 욥이 경험하고 있는 현실에 어떤 변화도 줄 수 없다. 그렇다면 어떤 것이 진정한 해결책이 될 수 있을까? 그것은 욥과 같이 하나님과 경험하는 현실을 분리하지 않고 하나로 고수하면서 끝까지 하나님께 탄식하고 질문함으로써 얻어낼 수 있을 것이다. 그것이 비록 견디기 힘든 고통의 과정을 요구한다 할지라도 말이다.

5) 하나님을 향한 탄식 1 : 우리 사이에는 판결자가 없다(9 : 25-35)

[25]나의 날이 경주자보다 빨리 사라져 버리니 복을 볼 수 없구나 [26]그 지나가는 것이 빠른 배 같고 먹이에 날아 내리는 독수리와도 같구나 [27]가령 내가 말하기를 내 불평을 잊고 얼굴 빛을 고쳐 즐거운 모양을 하자 할지라도 [28]내 모든 고통을 두려워하오니 주께서 나를 죄 없다고 여기지 않으실 줄을 아나이다 [29]내가 정죄하심을 당할진대 어찌 헛되이 수고하리이까 [30]내가 눈 녹은 물로 몸을 씻고 잿물로 손을 깨끗하게 할지라도 [31]주께서 나를 개천에 빠지게 하시리니 내 옷이라도 나를 싫어하리이다 [32]하나님은 나처럼 사람이 아니신즉 내가 그에게 대답할 수 없으며 함께 들어가 재판을 할 수도 없고 [33]우리 사이에 손을 얹을 판결자도 없구나 [34]주께서 그의 막대기를 내게서 떠나게 하시고 그의 위엄이 나를 두렵게 하지 아니하시기를 원하노라 [35]그리하시면 내가 두려움 없이 말하리라 나는 본래 그렇게 할 수 있는 자가 아니니라

[9 : 25-35] 25절과 함께 욥의 발언은 하나님에 대한 개인 탄식으로 전환된다. 그는 먼저 자기 삶의 무상성을 말한다(25-26절). 그는 그러한 사실을 땅과 바다와 하늘의 예들을 통해서 표현한다. 그것은 경주자처럼 빠르다. 또한 그것은 이집트 갈대의 배같이 신속하게 지나간다. 그리고 그것은 독수리처럼 날렵하다. 욥은 빠르게 지나가는 삶 가운데 삶의 허무를 극복하기 위해서 다짐을 해본다(27절). 고통을 잊고 기쁜 얼굴을 만들어 새 마음으로 새 출발하고자 하지만 그는 이내 두려움 속에서 실망하게 된다. 왜냐하면 아무리 그렇

게 한다 해도 하나님께서 자신을 무죄하다고 여기지 않으실 것을 알기 때문이다(28절). 그래서 그의 노력은 허사가 되고 만다. 아무리 노력해도 그는 여전히 죄인인 상태를 벗어나지 못할 것이다(29절). 그가 눈 녹은 물로 씻고 잿물로 깨끗이 닦아도 하나님은 욥을 시궁창에 빠뜨려 옷이 자신을 혐오할 만큼 더러운 상태가 될 것이기 때문이다(30-31절).

32절에서는 다시금 사법적인 모티브를 가지고 자신의 상황을 묘사한다. 욥은 자신이 하나님과 벌이는 법정소송에는 이르지 못할 것이라고 생각한다. 그는 사람이 아니시기 때문이다. 현실적으로 그분과 함께 법정에 설 수 없다. 그러나 이보다 더 큰 문제는 하나님과 자신 사이에 옳고 그름을 정해 줄 판결자가 없다는 사실이다(33절). 여기에 욥이 가지고 있는 딜레마가 있다. 하나님은 욥의 사건에 대한 당사자, 즉 원고이시면서 욥의 사건에 대한 판결을 내리시는 재판장이시다. 그럼에도 불구하고 자신의 문제를 해결받기 위해서는 자신의 문제에 대한 변호자요 구속자이신 하나님께 나아가야 하는 것이다. 그래서 욥은 하나님에 대한 바람을 이야기한다. 하나님이 자신에게서 막대기를 가져가시고 두려움을 갖도록 행동하지 않으시길 바란다(34절). 그러면 욥은 두려움 없이 말할 것이다(35절). 하지만 욥의 현실은 그렇지 않다. 하나님이 주시는 압박은 피할 수 없다.

여기에서 욥은 하나님을 2인칭('당신')으로 부른다. 그러다가 31~35절에서는 하나님을 3인칭('그')으로 부른다. 그러나 10장에서는 다시 직접적인 호칭을 쓰며 하나님을 부르고 있다. 하나님을 대화의 상대자로 부르다가 하나님을 대화의 주제로 객체화시킨다. 이것은 욥이 하나님에 대해서 느끼는 친소(親疎)의 감정뿐만 아니라 실존적인 탄식과 이성적인 숙고가 함께 조합되어 있음을 보여준다.

6) 하나님을 향한 탄식 2 : 왜 나와 다투십니까?(10 : 1-7)

^{1}내 영혼이 살기에 곤비하니 내 불평을 토로하고 내 마음이 괴로운 대로 말하리라 ^{2}내가 하나님께 아뢰오리니 나를 정죄하지 마시옵고 무슨 까닭으로 나와 더불어 변론하시는지 내게 알게 하옵소서 ^{3}주께서 주의 손으로 지으신 것을 학대하시며 멸시하시고 악인의 꾀에 빛을 비추시기를 선히 여기시나이까 ^{4}주께도 육신의 눈이 있나이까 주께서 사람처럼 보시나이까 ^{5}주의 날이 어찌 사람의 날과 같으며 주의 해가 어찌 인생의 해와 같기로 ^{6}나의 허물을 찾으시며 나의 죄를 들추어내시나이까 ^{7}주께서는 내가 악하지 않은 줄을 아시나이다 주의 손에서 나를 벗어나게 할 자도 없나이다

[10 : 1-7] 탈출구가 보이지 않는 상황에서 욥은 탄식할 수밖에 없다(1절). 하나님과 욥 사이에 어떤 중보자도 없다면 욥이 향할 수 있는 유일한 중보자는 하나님 자신이다. 그래서 그는 하나님께 말하고자 한다(2절). 자신을 정죄하지 마시고 왜 자신과 다투시는지 그 이유를 알려 달라고 말이다. 그리고 욥은 묻는다. 하나님께서 자신이 만드신 작품을 버리고 악인들의 계획에 빛을 비추는 것이 좋으냐고 묻는다(3절). 여기에서 악인의 계획에 빛을 비춘다는 것은 그들에게 복 주시는 행동을 일컫는다. 그들의 계획에 동의하고 그것을 이루게 하시는 하나님의 행동을 은유적으로 표현한 것이다. 또한 욥은 하나님을 사람과 비교한다. 그는 먼저 하나님의 보는 것을 문제 삼는다(4절). 하나님도 사람처럼 사람을 제대로 보지 못할 때가 있느냐는 것이다. 하나님도 사람처럼 실수하며 잘못된 평가를 하실 수 있는가 하는 것이다. 다음으로 그는 하나님의 날과 해를 문제 삼는다(5절). 하나님의 시간도 사람의 시간과 같이 제한되어 있으며 신속히 지나가는가를 묻는다. 그렇지 않다면 하나님은 충분한 시간을 가지고 사람을 평가하며 판단하실 수 있을 것이다. 그런데 하나님은 여전히 자신의 잘못을 찾으시고 자신의 죄악을 추적하신다(6절). 욥은 하나님의 끊임없는 감시와 압박, 무서운 정죄와 심판을 경험하고 있다. 그러나 하나님은 아신다. 자신이 악인이 아니라는 사실과 하나님의 손으로부터는 누

구도 자신을 구원할 자가 없다는 사실을 말이다(7절). 욥을 더욱 아프게 하는 사실이다. 욥에 의하면 하나님은 자신이 죄인이 아니라는 사실을 알고도 징벌하시고 고통 중에 있게 하신다. 이런 상황에서 욥이 할 수 있는 일 한 가지는 하나님께 탄식하는 것이다.

7) 하나님을 향한 탄식 3 : 기억하옵소서(10 : 8-12)

> [8]주의 손으로 나를 빚으셨으며 만드셨는데 이제 나를 멸하시나이다 [9]기억하옵소서 주께서 내 몸 지으시기를 흙을 뭉치듯 하셨거늘 다시 나를 티끌로 돌려보내려 하시나이까 [10]주께서 나를 젖과 같이 쏟으셨으며 엉긴 젖처럼 엉기게 하지 아니하셨나이까 [11]피부와 살을 내게 입히시며 뼈와 힘줄로 나를 얽으시고 [12]생명과 은혜를 내게 주시고 나를 보살피심으로 내 영을 지키셨나이다

[10 : 8-12] 욥은 이렇게 절망적인 상황에서 하나님께 부르짖는다. 이 단락은 10 : 3에서 표명한 사고의 연장이다. 거기에서 욥은 하나님의 이해할 수 없는 핍박행동들에 대해서 탄식한다. 하나님의 핍박행동은 자신의 수고스러운 창조행동과 대립되어 나타난다. 하나님의 인간창조가 하나의 예술적인 수공작업으로서 묘사된다(14 : 15 ; 34 : 19 ; 시 138 : 8, H. Spieckermann, *Heilsgegenwart*, 78쪽 이하). 하나님이 자신의 공들인 작품을 버린다면, 그것은 그분에게 아무런 이득이 없다. 8절에서 다시 한번 과거의 이로움을 주는 하나님의 창조행동와 현재의 무자비한 진멸행동 사이에 존재하는 모순을 문제 삼는다. 9절에서는 인간이 흙으로 만들어졌는데(창 2 : 7 ; 사 64 : 7[8] ; 욥 4 : 19 ; 33 : 6) 이제 다시 티끌로 되돌아간다(창 3 : 19 ; 시 90 : 3 ; 104 : 29 ; 146 : 4)는 당시의 사고를 통해 하나님께 탄식한다. 인간의 기원(Woher, 흙으로부터 : 창 2 : 7 ; 사 64 : 7 ; 욥 4 : 19 ; 33 : 6)과 목적지(Wohin, 띠끌로 : 창 3 : 19 ; 시 90 : 3 ; 104 : 29 ; 146 : 4 ; 마카베오 하 2 : 63)의 이중적 방향성이

하나님의 대립적인 행동 속에서 표현된다(F. Horst, BK, 156). 욥의 삶과 죽음의 문제는 오직 하나님의 의지에 달려 있다. 그러므로 그는 하나님께 과거의 인자한 행동들을 기억해 달라고 요청한다. 이것을 통하여 욥은 하나님이 현재 행하시는 파괴적인 행동을 중단하게 되기를 원한다.

이어서 욥은 하나님의 인간창조에 관하여 말한다. 이 진술에서 하나님의 창조행위가 '자연적인' 생식과정에 드러나고 있음을 보여준다.[21] 욥은 12절에서 하나님이 자신을 창조하셨을 뿐만 아니라 보호하시고 지키셨다는 점을 지적한다. 여기에서 '생명'(חַיִּים)과 '은혜'(חֶסֶד)란 낱말이 나란히 등장한다. 이 점을 많은 주석가들이 의아하게 여긴다. 그러나 필자는 마소라 본문이 그대로 유지되는 것을 지지한다. 왜냐하면 바로 이러한 결합이 하나님이 욥에게 생명을 주셨을 뿐만 아니라(3 : 20), 신실함으로 그를 돌보아 주셨음을 분명히 나타내기 때문이다. 12절 하반절의 댓구절에서 욥의 이전 삶에서 보여주셨던 하나님의 보호하심과 돌보심이 다시 한번 언급된다.

여기에서 분명히 드러나는 것은 모순이 되는 것처럼 보이는 하나님의 행동이 욥 탄식의 '동기'가 된다는 점이다. 이때 인간창조는 현재의 하나님의 진멸행동에 대조된다. 이러한 대립은 하나님이 인간을 창조할 때 가지셨을 본래 의도를 생각하면 생각할수록 더욱 첨예하게 부각된다. '기억하옵소서'라는 욥의 요청은 생명을 수여하시는 이전의 행동과 생명을 파괴하시는 지금의 행동 사이에 나타나는 이러한 대립을 강조한다. 더 나아가 이 요청은 하나님이 과거의 구원행동들을 기억하고 생명을 수여하시는 행동으로 돌아오게 하는 개입을 바라는 청원으로써 기능한다. 내용적으로 볼 때 이 요청은 12절까지 관통한다. 하나님에게 향해진 동사 '자카르'(זכר)는 목적어로서 이른바 '공동체에 관련된 개념들'(예컨대, בְּרִית, חֶסֶד, רַחֲמִים)을 폭넓게 허용한다.

---

[21] 이 점에 관하여 J. Ebach, Kassandra und Jona, 50쪽을 참조하라. 여기에서 에바흐(J. Ebach)는 하나님의 인간창조가 여러 가지 수공업자들의 활동('토기장이', '청지기', '의복이나 가죽 제조업자')에 비유되며 그것에 상응하게 서술되고 있다는 사실을 주목한다.

이러한 경우들에서 '자카르'는 "하나님이 자신 편에서 준수하셨던 연대적인 행동방식을 현재에 증명하시는 것인 공동체적 연대의 신실함(Gemeinschaftstreue)을 현실적으로 베푸는 것"을 의미한다(W. Schottroff, *"Gedenken" im Alten Orient und im Alten Testament : Die Wurzel zākar im semitischen Sprachkreis*, 217). 이로써 욥은 하나님이 창조자(8-11절)이면서 유지자(12절)로서 자신이 행했던 과거의 구원행동들을 정말 한 번만이라도 돌이켜보도록 촉구하고 있다.

8) 하나님을 향한 탄식 4 : 내가 의롭더라도 내 머리를 들지 못한다(10 : 13-17)

[13]그러한데 주께서 이것들을 마음에 품으셨나이다 이 뜻이 주께 있는 줄을 내가 아나이다 [14]내가 범죄하면 주께서 나를 죄인으로 인정하시고 내 죄악을 사하지 아니하시나이다 [15]내가 악하면 화가 있을 것이오며 내가 의로울지라도 머리를 들지 못하는 것은 내 속에 부끄러움이 가득하고 내 환난을 내 눈이 보기 때문이니이다 [16]내가 머리를 높이 들면 주께서 젊은 사자처럼 나를 사냥하시며 내게 주의 놀라움을 다시 나타내시나이다 [17]주께서 자주자주 증거하는 자를 바꾸어 나를 치시며 나를 향하여 진노를 더하시니 군대가 번갈아서 치는 것 같으니이다

[10 : 13-17] 이 단락(13-17절)에서 욥은 핍박으로 여겨지는 하나님의 행동에 대해 다시 한번 탄식한다. 하나님은 생명과 연대로 자신의 피조물을 지키셨다. 그러나 그분은 왜 그리고 어떤 목적을 가지고 이 모든 일을 행하셨는가? 욥은 이제 하나님이 자신을 창조하실 때부터 가지셨던 목적을 이야기한다. 그것은 자신을 원수와 같이 대적하시려는 계획이다(13절). 그러므로 하나님이 욥을 지키시는 것은 감시가 되고, 보호는 핍박으로 바뀐다. 욥이 범죄하

는 모습을 지켜보고 계시다가 그것을 끝까지 간직하신다(14절). 욥은 자신이 만약 악인이라면 화가 있을 것이라고 말한다. 자신의 무죄를 확신하고 있다. 그는 자신이 의로울지라도 머리를 들지 못하고 수치와 고통만 경험할 뿐이다(15절). 왜냐하면 하나님께서 자신을 사자처럼 공격하시고 계속해서 증인들을 내세워 욥이 잘못되었음을 증거하기 때문이다(16-17절). 욥의 발언에서 하나님의 핍박이 맹수와 군대가 공격하는 모습으로 형상화되었다.

9) 하나님을 향한 탄식 5 : 나를 떠나소서(10 : 18-22)

[18]주께서 나를 태에서 나오게 하셨음은 어찌함이니이까 그렇지 아니하셨더라면 내가 기운이 끊어져 아무 눈에도 보이지 아니하였을 것이라 [19]있어도 없던 것 같이 되어서 태에서 바로 무덤으로 옮겨졌으리이다 [20]내 날은 적지 아니하니이까 그런즉 그치시고 나를 버려두사 잠시나마 평안하게 하시되 [21] 내가 돌아오지 못할 땅 곧 어둡고 죽음의 그늘진 땅으로 가기 전에 그리하옵소서 [22] 땅은 어두워서 흑암 같고 죽음의 그늘이 져서 아무 구별이 없고 광명도 흑암 같으니이다

[10 : 18-22] 이 단락에 나타난 죽음에 대한 바람은 3장의 발언과 매우 유사하다. '나-탄식'(Ich-Klage)의 형식으로 표현된 3 : 11, 16의 '왜-질문'(Warum-Frage)은 약간의 변형만을 거친 채 하나님에 대한 탄식(18-19절)에서 그대로 수용된다. 욥기 3장에서는 단지 암시적으로 표현되었던 하나님에 대한 탄식이 여기에서는 직접적으로 진술된다. 욥은 여기에서 하나님을 2인칭으로 직접 호칭하면서 발언하고 있다. 이로써 욥은 하나님이 자신을 세상에 나오게 하셨다가 이제는 자신을 핍박한다고 비난한다. 그러나 여기에서는 죽음의 세계에 있는 안식에 대한 갈망(3 : 13 이하들)이 나타나지 않고, 7 : 16에서 이미 표명되었던 청원(7 : 19 ; 14 : 6 참조)이 뒤이어 나온다. 이 청원을 통해 욥은

앞으로 길지 않게 남은 생존기간 동안 자신이 하나님으로부터 계속해서 방해받지 않고 자유롭게 되기를 바란다. 여기에서 욥은 하나님의 떠나심(Abwendung)에 대한 청원을 표현하기 위해서 어휘뿐 아니라 삶의 무상성에 대한 은유사용까지도 7 : 16에서 수용한다. 하나님의 떠나심 없이 욥은 조금 숨 쉴 수 있는 여유조차 가질 수 없다. 왜냐하면 하나님이 그를 지속적으로 원수로서 대하기 때문이다(9 : 27 참조). 이 청원에서 그가 죽음에 대한 바람을 통해서 말하고자 하는 바가 무엇인가 분명해진다. 그것은 자신으로부터 하나님이 떠나심으로 쉴 수 있는 안식의 시간을 확보하는 것이다.

여기에서 죽음의 세계는 3장에서와 다르게 묘사된다(21-22절). 어두운 죽음의 세계는 귀환이 없는 나라이며(7 : 10 ; 16 : 22 ; 세 곳 모두에 동사 '슈브'[שוב]가 사용되었다.), 완전한 어둠과 흑암의 땅이고(시 88 : 13[12] 참조), 질서가 없는 곳이다. 이 묘사에서 '어둠'과 '날'에 대한 용어가 서로 연결되어 있다. 이러한 모티브의 사용은 욥의 첫 번째 발언과 분명한 연관성을 보여준다. 이처럼 죽음의 세계에 대한 묘사는 앞에 나오는 청원을 뒷받침한다. 여기에서도 역시 죽음에 대한 바람이 창조주 하나님에 대한 모티브와 그의 근접성과 관련하여 하나님에 대한 탄식의 형태로 진술된다. 이 진술의 목적은 죽음이 아니라 하나님의 떠나심이며 이로써 욥이 얻게 될 안식이다. 이것을 위해서 두 가지 모티브가 인용(引用)된다. 인간 삶의 무상성과 끔찍한 죽음의 세계에 대한 심상. 욥은 이러한 죽음에 대한 바람을 통해서 이전과는 다른 스올에 대한 심상을 제시한다. 그가 이전에는 스올을 하나의 도피처로 지칭하였으나 여기에서는 공포감을 일으키는 어둠의 세계로 묘사하고 있다. 그러므로 우리는 욥기에서 욥이 말하는 죽음에 대한 바람의 목적과 성격을 분명히 인식하게 된다. 그것은 욥이 이 바람들을 통해 정말 죽기를 원하는 것이 아니라 하나님에 대한 탄식의 변형이라 볼 수 있으며, 이를 통해 하나님의 공격으로부터 자유롭게 되는 것과 자신의 탄식에 대한 응답을 요구하고 있는 것이다.

설교를 위한 묵상

욥의 발언을 통해 분명하게 드러나는 점들을 통해 욥의 신앙과 탄식의 의미를 이해하며 우리의 삶에 적용할 수 있다.

첫째로, 그의 발언은 창조주 하나님에 대한 신앙에 기초를 두고 있다. 욥의 발언에는 세계창조(9:8-10)와 인간창조(10:8-12)의 모티브가 모두 나타난다. 하지만 그의 발언에서는 시편에 나타나는 창조모티브와 다른 기능을 한다. 시편에서는 창조모티브가 '하나님을 찬양하는 동기'로서 기능하는 반면(C. Westermann, *Der Aufbau des Buches Hiob* [Tübingen : Calwer Verlag, 1956], 49), 욥 발언에서는 탄식의 '토대'나 '동인'으로서 작용한다. 이뿐 아니라 두 종류의 창조모티브는 각각 다른 전망을 보여준다. 세계창조 모티브와 관련된 발언 부분은 이 세계에서의 정의에 관한 문제로 발전되지만(9:24), 인간창조와 관련된 발언 부분은 존재의 의미에 관한 질문에서 그 정점에 이른다(10:18-19). 두 정점에 이르는 과정에서 욥의 발언이 두 가지 차원에서 문제제기를 하고 있음을 알 수 있다. 하나는 일반적-우주적인 차원이고 다른 하나는 개인적-실존적인 차원이다.

창조주 하나님에 대한 신앙은 일반 우주적인 차원과 개인 실존적인 차원의 문제에 대한 질문과 해결을 가능케 한다. 창조주 하나님에 대한 신앙이 욥에게는 우선 질문을 갖게 한다. 이 세계와 자신의 존재의 출발점을 제공한 하나님이 이해되지 않은 현실에 대한 원인자이시기 때문이다. 사태의 출발이 무엇인지를 알면 해결책도 보이는 법이다. 자신의 삶의 원인자를 바로 알고 고백할 때 자신의 문제에 대한 올바른 해결책을 찾고 만날 수 있다. 욥기 9~10장의 발언에서 창조모티브의 이중적인 사용은 욥의 발언의 독특성을 이해하게 할 뿐만 아니라 하나님의 발언과의 연관성을 더 분명하게 한다. 욥은 창조모티브를 통해서 한편으론 자신의 개인적-실존적인 존재의 의미를 묻고 있으며, 다른 한편으론 일반적-우주적인 질서와 정의의 문제를 제기한다. 하나님께서는 이러한 욥의 문제제기에 걸맞게 응답하신다. 먼저 하나님께서는 개인 실존적 차원에서는 욥을 인정하시고 회복시켜주신다. 그렇지만 일반 우주적 차원에서는 다양하고 때론 혼돈스럽게 보이지만 여전히 이 세계를 유지 보존 통치하시는 창조세계의 모습을 통해 욥의 질문에 답변하신다.

둘째로, 욥의 발언에서 창조주 하나님에 대한 신앙과 역사의 주관자 하나님에 대한 신앙은 불가분의 관계에 있다. 창조주 하나님의 행동은 창조로 끝나지 않는다. 창조세계를 유지 보존하시는 우주적 통치자의 모습으로 나타난다. 따라서 창조주 하나님에 대한 신앙은 필연적으로 역사의 주관자 하나님에 대한 신앙으로 나아간다. 9:5~10의 내용은 앞에서도 지적했듯이 찬송시적인 분사구문 양식으로 표현되어 있다. 여기에는 우주창조에 대한 진술이 있지만(8-10절), 동시에 5~7절에는 창조세계에 미치는 하나님의 행동이 묘사되어 있다. 진노로 산들을 뒤엎으시고 땅의 기초를 뒤흔들며 해와 별들을 '밀봉하시는' 하나님의 행동은 창조세계를 운행하시는 하나님의 능력과 위엄을 드러낸다. 그러한 하나님의 능력과 위엄은 창조세계뿐만 아니라 욥에게 행동하시는 하나님의 모습에서도 그대로 드러난다. 그래서 그분에게는 누구도 대항할 수도 없고 의문을 제기할 수도 없다(9:11-16). 그러나 문제는 그러한 하나님의 행동이 욥에게 인도나 보호로 나타나지 않고 핍박과 공격으로 인식되고 있다는 점이다(9:17-18 ; 10:2-6 ; 8-9, 16-17). 그러한 개인적인 경험과 더불어 욥이 경험하는 세계는 하나님의 의로운 통치가 아니다. '순전한 자와 악한 자'가 함께 멸망당하는 현실이다(9:22). 그래서 그는 다음과 같은 결론에 이른다. "땅이 악인의 손에 넘겨졌다. 그분이 재판관들의 얼굴을 덮어버렸다. 그가 아니시면 누구이랴?"(9:24) 욥의 신앙은 창조주 하나님에 대한 신앙에서 머물러 있지 않고 있다. 지금도 활동하시고 역사를 주관하시는 하나님에 대한 신앙이 분명하다. 이것이 의로운 통치를 경험하지 못하는 사람에게는 탄식의 근거가 될 수 있지만, 동시에 진정한 문제해결을 맛보게 하는 첩경이다. '그가 아니시면 누구이랴?'라는 인식은 신정론에 대한 의문이 될 수 있지만 온 세상의 주관자가 야훼 하나님이시라는 사실을 분명하게 보여준다. 하나님을 믿는 신앙인은 오늘도 세계의 역사뿐 아니라 우리의 생사화복을 주장하시고 이끄시는 분이 하나님 한 분이심을 확신하며 그분께 나아가야 할 것이다.

셋째로, 욥은 하나님의 은혜만이 자신을 살리고 회복시킬 수 있는 길임을 알고 있다. 그는 누구도 하나님 앞에서 의로울 수 없음을 알고 있다. 하나님의 능력과 위엄이 크시기 때문이 누구도 그분이 하는 일을 막거나 문제시 할 수 없다(9:12). 자신이 의롭다고 해서 하나님 앞에서 자신의 의로움을 주장할 수 없고(9:15), 그분 앞에서는 자신의 죄인됨을 인정하지 않을 수 없다(9:20 ; 또한 10:15). 인간의 모든 행동은 하나님이 인정해 주시지 않는다면 아무런 소용이 없다. 그래서 욥은 하나님께 은혜를 구하고 간구할 수밖에 없다(9:15). 하나님의 은혜가 아니면 그는 살 수 없고 회복될 수 없다. 하나님의 은혜만이 욥이 살 길임을 알고 그것을 간구하고 있다. 하나님의 은혜를 구하면서 욥은 그 내용을 구체적으로 언급한다. 하나님이 치시고 있는 막대기를 거두어 가시며 자신을 두렵게 하는 두려움을 없게 해 달라고 구한다(9 : 34). 능력과 위엄을 가지신 하나님 앞에서 인간은 무력하다. 그 어떤 주장도 할 수 없는 존재다. 하나님의 은혜만이 인간이 하나님 앞에서 행동할 수 있게 한다. 그러므로 우리는 늘 하나님의 은혜를 간구해야 한다. 하나님께서는 우리를 한순간에 없애버릴 수 있는 진노의 막대기가 있고 우리를 두려움과 공포로 떨게 하는 위엄과 능력이 있다. 욥이 말한 바와 같이 우리에게 임하는 것이 하나님의 생명과 은혜이며 우리를 이끄시는 것이 하나님의 인도와 보호가 되기를 구하여야 한다(10 : 12). 하나님의 손으로 빚으시고 만드신 당신의 작품을 기억하시고 그의 작품을 끝까지 보존하실 것을 구해야 한다(10 : 3, 8-9).

욥은 하나님이 헤아릴 수 없는 큰일을 행하시며 셈할 수 없는 놀라운 일들을 행하신다고 말한다(9 : 10). 이것은 놀라운 하나님의 행동에 대한 찬양이 아니라 이해되지 않는 고난의 현실에 대한 탄식이다. 그럼에도 불구하고 욥은 하나님에 대한 분명한 신앙을 잃지 않고 있다. 창조주요 세계의 주관자이신 하나님에 대한 확실한 믿음과 자신이 하나님의 은혜가 아니면 살 수 없는 존재임을 아는 인간에 대한 통찰이 그로 하여금 하나님을 끝까지 향하게 하고 마침내 하나님의 응답을 경험케 하였다.

C. 욥과 소발의 대화(11 : 1-14 : 22)

1. 소발의 첫 번째 발언(11 : 1-20)

소발의 첫 번째 발언은 구성과 내용 면에서 앞에 나온 두 친구들의 발언과 유사하다(J. Ebach, *KBB* 1, 103). 소발의 발언은 욥의 말에 대한 반박에 이어서 욥에 대한 책망과 교훈, 그리고 욥이 소발의 교훈과 충고를 받아들인다면 맞게 될 장래의 복에 대한 묘사의 순서로 구성되어 있다. 이것은 특별히 바로 앞에서 말했던 빌닷의 발언(8장)과 매우 유사하다. 8장에서처럼 11장은 불쾌함의 표현으로서 나타나는 질문과 함께 시작하고, 악인의 결말에 대한 묘사로 끝난다. 이 악인의 결말에 대한 묘사는 욥이 말했던 바에 대조를 이룬다. 소발은 이전에 말했던 친구들과는 달리 자신에게 보인 특별한 계시를 통해서나 선조들의 지혜를 가지고 자신의 주장을 펼치지 않는다(J. Ebach, *KBB* 1, 104). 그의 발언은 교훈과 지성의 의미가 더 크게 부각되어 있다. 비교적 명확하게 드러나는 소발의 발언은 다음과 같이 분석된다.

1. 욥의 말에 대한 반박 : 말 많은 사람이 의롭게 되겠는가?(1-4절)
2. 하나님에 대한 변증 : 전능자의 완전함을 찾을 수 있는가?(5-11절)
3. 회개 촉구와 회복에 대한 전망 : 들나귀가 사람으로 태어날 수 있다 (12-20절)

1) 욥의 말에 대한 반박 : 말 많은 사람이 의롭게 되겠는가?(11 : 1-4)

¹나아마 사람 소발이 대답하여 이르되 ²말이 많으니 어찌 대답이 없으랴 말이 많은 사람이 어찌 의롭다 함을 얻겠느냐 ³네 자랑하는 말이 어떻게 사람으로 잠잠하게 하겠으며 네가 비웃으면 어찌 너를 부끄럽게 할 사람이 없겠느냐 ⁴네 말에 의하면 내 도는 정결하고 나는 주께서 보시기에 깨끗하다 하는구나

[11 : 1-4] 앞에서 빌닷이 그러한 것처럼(8 : 2) 소발도 공격적인 질문으로 자신의 발언을 시작한다(2-3절). 빌닷이 욥의 발언을 거센 바람으로서, '폭풍 같고', '허풍스러운' 것으로 표현했다면, 소발은 이와 비슷한 방식으로 '입술의 사람', 즉 말 많은 사람이라고 평가하면서 욥의 발언에 대해 문제를 삼는다

(J. Ebach, *KBB* 1, 104). 욥은 정당한 논거를 가지고 말하기보다는 발언의 양과 길이로 승부를 걸려고 한다며 비난한다. 그러한 욥의 말은 허튼 소리가 되어 사람들로 하여금 말하지 않을 수 없게 한다고 소발은 말한다. 그리고 소발은 욥의 말을 인용하는데, 욥이 얼마나 잘못되었는지 보여주고자 함이다. 그는 욥의 주장의 핵심이라고 생각되는 말을 인용한다(4절). 소발이 인용한 문장은 문자적으로 일치하지는 않지만, 욥의 발언에 대한 요약으로서 이해할 수 있다(9:15, 20, 21 참조). 하지만 문제는 소발이 욥의 말을 그의 '교훈'으로서 인용한다는 사실이다. 여기에 사용된 히브리 낱말 '레카흐'(לֶקַח)는 "지혜나 교훈의 측면에서 볼 때 자기 것으로 만들 수 있어 계속 전수할 수 있는 상태에 있는 것"이라고 풀이된다(H. Seebass, *ThWAT* Bd. IV, 594.). 소발은 이러한 인용을 통해 그가 욥의 말을 '전수하고 연구하며 진리로서 수용할 수 있는' 선조들의 가르침(잠 1:5 ; 4:2 ; 9:9 ; 16:21, 23)으로 이해하고 있음을 보여준다(S. Balentine, *Smyth & Helwys*, 185). 그는 탄식을 교훈으로서, 절망의 표현을 논증으로서, 하나님 앞에 울부짖음을 하나의 '신학'으로서 듣고 있다(J. Ebach, KBB 1, 104).

2) 하나님에 대한 변증 : 전능자의 완전함을 찾을 수 있는가?(11:5-11)

> [5]하나님은 말씀을 내시며 너를 향하여 입을 여시고 [6]지혜의 오묘함으로 네게 보이시기를 원하노니 이는 그의 지식이 광대하심이라 하나님께서 너로 하여금 너의 죄를 잊게 하여 주셨음을 알라 [7]네가 하나님의 오묘함을 어찌 능히 측량하며 전능자를 어찌 능히 완전히 알겠느냐 [8]하늘보다 높으시니 네가 무엇을 하겠으며 스올보다 깊으시니 네가 어찌 알겠느냐 [9]그의 크심은 땅보다 길고 바다보다 넓으니라 [10]하나님이 두루 다니시며 사람을 잡아 가두시고 재판을 여시면 누가 능히 막을소냐 [11]하나님은 허망한 사람을 아시나니 악한 일은 상관하지 않으시는 듯하나 다 보시느니라

[11 : 5-11] 소발도 욥의 소망(9 : 3, 16)에 동조하며 하나님이 답변하시기를 바란다. 소발은 하나님이 입을 여셔서 욥에게 '지혜의 비밀'을 가르쳐 주기를 바란다(6절). 여기에서 소발이 말하는 지혜의 비밀이란 우주를 만드시고 운행하시는 질서의 원칙들이다. 하지만 그것은 인간이 이해할 수 있는 범위를 넘어선다. 하나님이 알려주시지 않는다면 도달할 수 없는 것들이다. 욥은 하나님이 그의 죄악보다 가볍게 처벌하고 계신다는 사실을 알아야 한다. 하나님이 그의 죄악 중 일부를 용서하지 않고 계신다면 욥의 상황은 지금보다 훨씬 나쁘게 되었을 것이다. 이로써 소발은 앞에 나온 빌닷과 같이 하나님이 자신을 부당하게 핍박한다는 욥의 고발을 거부한다.

이어지는 단락(7-9절)은 하나님의 크심에 대해서 말한다. 하나님은 깊이, 높이, 길이, 넓이 등 어떤 측면에서 보아도 욥이 도달할 수 있는 한계를 넘어선다. 그렇기 때문에 욥은 그분의 '깊이'와 '완전함'에 이를 수 없다는 것이다(7절). 하나님은 인간의 탐구영역 너머에 신비로 남아 있다. 소발도 욥처럼 하나님을 '억제할 수 없음'에 대해서 말한다(J. Ebach, *KBB* 1, 105). 10절에 사용된 '할라프'(חלף, "앞으로 지나가다")와 '슈브'의 히필형(שוב, "돌아오게 하다")은 욥이 9 : 11~12절에서 사용했던 낱말들과 동일하다. 그렇지만 동일한 낱말을 사용했다고 해서 동일한 내용의 말을 하고 있지 않다. 오히려 정반대의 주장을 펼친다. 욥은 이 낱말을 통해 만날 수 없고 인지할 수도 없으며 그분의 행동에 대해 감히 문제를 제기할 수 없는 불가해한 하나님을 묘사한다. 이에 반해 소발은 동일한 낱말을 통해 다른 결론에 이르도록 한다. 하나님의 능력과 위대하심을 인정하고 하나님의 불가해한 행동을 그대로 수용하라는 것이다. 하나님은 허망한 것을 아시고 악을 분별하시기 때문이다.

3) 회개 촉구와 회복에 대한 전망 : 들나귀가 사람으로 태어날 수 있다
   (11 : 12-20)

¹²허망한 사람은 지각이 없나니 그의 출생함이 들나귀 새끼 같으니라 ¹³만일 네가 마음을 바로 정하고 주를 향하여 손을 들 때에 ¹⁴네 손에 죄악이 있거든 멀리 버리라 불의가 네 장막에 있지 못하게 하라 ¹⁵그리하면 네가 반드시 흠 없는 얼굴을 들게 되고 굳게 서서 두려움이 없으리니 ¹⁶곧 네 환난을 잊을 것이라 네가 기억할지라도 물이 흘러감 같을 것이며 ¹⁷네 생명의 날이 대낮보다 밝으리니 어둠이 있다 할지라도 아침과 같이 될 것이요 ¹⁸네가 희망이 있으므로 안전할 것이며 두루 살펴보고 평안히 쉬리라 ¹⁹네가 누워도 두렵게 할 자가 없겠고 많은 사람이 네게 은혜를 구하리라 ²⁰그러나 악한 자들은 눈이 어두워서 도망할 곳을 찾지 못하리니 그들의 희망은 숨을 거두는 것이니라

[11 : 12-20] 13~14절은 욥의 회개에 대한 소발의 요청이다. 소발은 욥에게 손을 하나님께 펼치고, 그의 손과 장막으로부터 악을 제거하라고 요구한다. 15~19절은 회개 이후에 올 회복에 대해 묘사한다. 욥이 만약 회개하고 악을 멀리하게 된다면 그는 평안을 되찾고 광명의 날을 맞이하게 될 것이다. 과거의 불행을 잊게 될 것이며 희망과 안전함 속에서 살 수 있을 것이라고 말한다. 20절은 악인이 맞게 될 운명을 말한다. 악인들은 끝장날 것이며 그들의 유일한 희망은 죽음이다.

이러한 소발의 발언에서 주목해야 할 부분이 있다. 그것은 하나님에 대한 변증(5-11절)과 회개 촉구와 회복에 대한 전망(13-20절) 사이에 끼어 있는 12절의 진술이다. 이것은 아마도 관용적으로 쓰이던 하나의 격언이 아닌가 추정되지만, 이 문장의 번역과 해석에 대해서 의견이 다양하다(J. Ebach, *KBB* 1, 105). וְאִישׁ נָבוּב יִלָּבֵב וְעַיִר פֶּרֶא אָדָם יִוָּלֵד: 지금까지 이 히브리어 본문에 대한 다양한 이해가 제시되었다. 몇 가지를 소개하면 다음과 같다. 호르스트(F. Horst, *BK*, 163)는 다음과 같이 번역한다. "Nur kommt ein hohler Mann so zur Besinnung, als käm' ein Eselhengst als Mensch zur Welt"(수나귀가 사람으로 세상에 태어날 때만, 미련한 사람이 제정신으로 돌

아올 것이다). 이것은 미련한 사람이 제정신으로 돌아오기 어렵다는 사실을 드러낸다. 그러므로 이 말은 욥이 제정신으로 돌아오지 못할 미련한 자가 되지 않도록 조심해야 한다는 충고로 이해된다. 이와 비슷한 해석이 또 있다. 클라인즈(D. J. A. Clines)는 다음과 같이 해석한다:"A hollow man will gain understanding, when a wild ass is born tame"(들나귀가 길들여진 채 태어난다면, 미련한 사람이 이해력을 가지게 될 것이다). 이러한 번역도 미련한 자가 지혜로운 자가 되는 것은 절대 불가능한 일임을 말한다.

이와는 다른 번역을 시도하는 사람들이 있다. 포러(G. Fohrer, *KAT*, 220)는 다음과 같이 해석한다. "So müßte selbst ein Hohlkopf verständig und ein Zebrahengst gelehrig werden"(그러므로 미련한 자 스스로가 깨닫는 사람이 되어야 하며 수컷 얼룩말은 영리하게 되어야 한다). 이렇게 번역할 때는 소발의 또 다른 의도를 보여준다. 그것은 아무리 어리석은 자라 할지라도 깨닫는 자가 되어야 한다는 사실을 강조하는 것이다. 다시 말하면 욥이 아무리 둔하다 할지라도 하나님의 보응이 의롭다는 사실만큼은 깨달아야 한다는 것이다. 시아우(C. L. Seow)도 이와 유사한 이해를 보여준다 : "But a hollow person may be heartened, 〈 〉 A Wild ass of a man may be formed"(그러나 미련한 자가 용기를 얻기 원하며, 들나귀 같은 사람이 꼴을 갖추기를 바란다).

하지만 다른 번역도 가능하다. 마틴 부버(M. Buber)는 전승된 본문에 대한 개정 없이 통사적인 다른 이해를 통해서 다음과 같이 번역한다. "Doch auch ein hohler Mann kann herzhaft werden, wird ja als Wildeselfüllen jeder Mensch geboren"(들나귀가 사람으로 태어날 수 있듯이 미련한 자도 지혜로운 자가 될 수 있다). 이렇게 번역할 때는 앞에서 소개한 번역과는 완전히 다른 의미를 갖게 된다. 나귀는 나귀일 뿐 사람이 될 수 없다는 체념이나 개선불가능성을 말하는 것이 아니라 정반대로 나귀의 학습가능성을 말하는 것이 되기 때문이다(J. Ebach, *KBB* 1, 105). 머리에 든 것이 아무엇도 없는 미련한 사람도 이해력이 있는 지혜로운 사람이 될 수 있다. 왜냐하면 출생할 때 모든 인간은 하나의 나귀이기 때문이다.

이러한 여러 가지 번역의 가능성 가운데 마지막 해석이 소발의 발언구성에 가장 잘 어울린다. 한편으론 질책과 하나님의 위대하심에 대한 강조가 있고, 다른 한편으론 회복에 대한 전망이 나타나는 발언 중간에 학습가능성에 대해 말하는 소발의 언급은 시의적절하다. 이렇게 볼 때 소발은 지금까지 친구들처럼 좋은 의미에서 충고하고 있다. 욥이 자신의 말을 듣고 변화되어 회복되기를 바라는 것이다.

■■ 설교를 위한 묵상

소발의 발언을 통해 얻을 수 있는 교훈은 무엇일까? 무엇보다도 발언의 의미를 파악하기 위해서는 발언의 장르를 이해하는 것이 중요하다는 사실을 깨닫게 한다. 소발은 욥의 발언을 인용하면서 그의 말을 '교훈'으로 이해하고 있다(4절). 이것은 단지 소발의 문제만은 아니다. 다른 친구들에게서도 고찰되는 문제이다. 소발의 발언을 통해서 그러한 면이 명시적으로 드러나고 있을 뿐이다. 소발을 비롯한 친구들은 욥의 말들을 교훈과 신조로 이해하고 있다. 이러한 소발의 평가는 친구들이 우선적으로 욥의 상황을 고난당하는 자의 실존으로 이해하지 못하고 자신들이 생각하는 교훈과 신조의 문제로 축소해서 이해하고 있다는 사실을 잘 보여준다.

욥은 이해할 수 없는 고난의 상황에서 탄식을 쏟아내고 있다. 탈출구를 찾지 못하는 절망의 상황에서 자신의 처지를 묘사하고 있다. 더 나아가 부당하다고 여겨지는 고난에 대한 항변을 통해 친구들과 하나님 앞에서 절규한다. 그러한 모습 가운데 욥은 많은 말을 하고 있다. 발언의 양이나 길이가 친구들에 비해서 훨씬 많다. 이러한 상황이 벌어진 것은 욥에게는 이해되지 않는 고난이 있기 때문이다. 욥은 그러한 고난의 상황에서 자신에게 일어나는 일들에 대한 의문과 고통에 대한 탄식들을 쏟아내는 것이 필요했다. 하지만 소발은 바로 그러한 욥의 모습을 비난한다. "말이 많으면 허물을 면하기 어려우나 그 입술을 제어하는 자는 지혜가 있느니라"(잠 10 : 19)이나 "너는 하하나님 앞에서 함부로 입을 열지 말며 급한 마음으로 말을 내지 말라 하나님은 하늘에 계시고 너는 땅에 있음이니라. 그런즉 마땅히 말을 적게 할 것이라"(전 5:2)의 교훈처럼 말을 절제해야 한다고 말한다. 더 나아가 그는 욥의 말을 교훈으로서, 또한 논증으로서, 더 나아가 하나의 '신학'으로서 듣고 있는 것이다. 그래서 욥의 질문과 탄식은 엄밀한 교훈과 신조의 잣대로 평가된다. 결국 욥은 지혜자로서는 해서는 안 될 말을 하고 있고, 그렇기 때문에 욥은 자신의 말을 통해 악함과 무지함을 드러내고 있다고 비난받는다.

이것은 발언의 장르 인식이 발언이해에 얼마나 중요한 것인가를 잘 보여준다. 연인 사이에 주고받는 사랑의 편지를 법적인 효력을 가지는 업무용 편지로 이해하면 안 되듯이 탄식을 신학적 논증이나 교리적 주장으로 이해하면 안 된다. 발언의 상황과 장르가 고려되지 않는 평가는 그 발언에 대한 정당한 평가가 이루어질 수 없다. 고난당하는 자의 탄식은 탄식으로 이해되어야 한다. 그러한 탄식은 교훈과 신조의 잣대로 재단하는 것이 아니라 고난당하는 자의 마음에서 다 쏟아져 나오도록 기다리고 들어주어야 한다. 그러한 경청과 동감이 있을 때 탄식하는 자의 마음을 위로할 수 있고 그로 하여금 회복의 길을 걷게 할 수 있다.

다음으로 사람은 누구나 변화 가능성을 가지고 있다는 사실에 대한 진술이다. 12절의 번역이 여러 가지로 시도되고, 개역개정 번역도 "허망한 사람은 지각이 없나니 그의 출생함이 들나귀 새끼 같으니라"라고 되어 있다. 하지만 본문해설에서 밝혔듯이 "미련한 사람도 지혜를 얻을 수 있고, 들나귀가 사람으로 태어날 수 있다."로 이해하는 것이 문맥과도 잘 어울린다. 소발이 아직은 욥의 변화가능성을 믿고 말하고 있다. 대화할 때 상대방에 대한 긍정과 변화의 여지를 생각하고 말하는 것이 중요하다. 그래야 진정성 있는 대화를 할 수 있다. 소발이 자신의 한계성 안에서 욥의 말을 '교훈'으로 이해하고 신학적 판단을 내리는 것은 문제가 있지만, 어떤 사람도 변화하고 깨달음의 경험을 할 수 있다고 말한 것은 깊이 새겨야 할 내용이다.

욥이 극한의 고난 상황 속에서 항변하고 끝까지 자신의 소신을 굽히지 않지만, 하나님을 만나고 나서는 자신의 한계와 부족함을 깨닫게 된다. 자신의 상황에는 충실하였고 이해되지 않는 고난에 대한 문제제기는 긍정할 수 있지만, 자신의 상황을 근거로 피조세계 전체에 대한 판단을 내리는 것은 욥의 판단범위를 넘어서는 것이었다. 다채롭고 신비스러운 피조세계를 다스리시는 창조주의 무한한 능력과 섭리를 깨달은 후에는 더욱 신실하고 성숙한 신앙인으로 거듭난 것이다. 이러한 과정에서 욥의 친구들도 분명한 변화를 겪었을 것임이 분명하다. 아무리 미련한 사람도 지혜를 얻을 수 있고 들나귀와 같이 이해력 없는 사람도 깨달음을 얻을 수 있는 것이 사람이다. 소발을 통해 전해지는 이 말은 우리에게 아무리 소망이 없어 보이더라도 끝까지 포기하지 말 것을 요구하고 있다.

∽

2. 소발에 대한 욥의 첫 번째 대답(12:1-14:22)

포러(G. Fohrer)는 자신의 욥기 주석에서 "발언과 책 안에서의 자리"(Sitz in Rede und Buch)라는 말을 사용했다(G. Fohrer, KAT, 52.). 이것은 양식비평의 전문용어가 된 '삶의 자리'(Sitz im Leben)이라는 말에 대비시켜 사용한 용어다. 어떤 본문이 있었던 본래의 정황과 달리 현재 본문이 있는 욥기 전체의 구조와 발언들 안에서 보여주는 기능과 의미를 살피자는 의도이다. 욥기의 맥락에서 본문의 의미가 본래의 '삶의 자리'에서의 의미와 기능으로부터 일탈하는 경우를 많이 보여 준다. 따라서 '본문의 자리'를 파악하는 것이 매우 중요하다. 본문의 자리에 따라서 그 본문의 의도와 의미가 달라질 수 있기 때문이다.

욥기 12장은 세 개의 장으로 구성된 욥의 발언의 첫 번째 장에 속한다.[22]

---

22) 본문의 장절구분이 주후 13세기에 와서야 이루어졌다. 현재의 모습으로 장 구분을 한 이는 대체로 영국교회의 켄터베리 대주교였던 랭튼(Stephen Langton, 1150년경-1228)일 것으로 추측되고 있고, 최초로 신구약성서 전체가 장절구분이 되어 출판된 성경은 스테파누스(Robertus Stephanus)가 1555년 출간한 라틴역 불가타(Vulgata) 성경이며, 오늘날의 성경은 1560년판 제네바 성경의 장절 구분을 받아들이고 있다. 따라서 현재의 장절구분은 본문 이해를 위해 본질적이지 않다. 하지만 그럼에도 불구하고 현재 일반적으로 받아들여지고 있는 장절구분은 본문의 구조와 의미를 파악하는데 매우 유용하다는 사실을 누구도 부정할 수 없다.

12~14장에 서술된 욥의 발언은 직접적으로는 소발의 첫 번째 발언(11 : 1-20)에 대한 답변이다. 이것은 세 친구와의 논쟁의 첫째 바퀴(4-14장)의 맨 마지막 발언이다(논쟁의 첫째 바퀴의 과정을 살펴보면 다음과 같은 흐름을 보여 준다 : 욥의 모두[冒頭] 발언 : 3장 - 엘리바스의 첫 번째 발언 : 4-5장 ; 욥의 대답 : 6-7장 ; 빌닷의 첫 번째 발언 : 8장 ; 욥의 대답 : 9-10장 ; 소발의 첫 번째 발언 : 11장 ; 욥의 대답 : 12-14장). 그러나 이것은 단순히 소발의 발언만을 향하고 있지 않다. 친구들과의 논쟁의 과정 속에 욥에게 친구들은 개별적인 대화의 상대자라기보다는 전체로서 욥에게 대립되는 '상대편'으로서 작용한다. 그래서 욥은 발언을 시작하면서 '너희'(12 : 2-3)라고 말하면서 친구 전체를 향하여 발언하고 있다. 또한 이 발언은 논쟁의 두 번째 바퀴(15-21장)를 개시(開始)하는 기능을 동시에 가지고 있다. 욥의 답변은 또 다른 엘리바스의 발언을 촉발시킨다. 따라서 본 욥의 발언은 욥의 마지막 말이 아니라, 이어지는 논쟁 속에서 계속 반복되고 전개되어야 하는 발언의 일부라는 사실이 분명하게 인지되어야 한다. 욥의 발언에 대한 이런 인식이 전제될 때야 비로소 본문에 대한 올바른 접근이 이루어질 수 있다.

소발에 대한 욥의 첫 번째 대답(12 : 1-14 : 22)은 나누는 기준에 따라 두 부분 또는 세 부분으로 분류된다(J. Ebach, *KBB* 1, 111). 먼저 주제를 따라서 나눌 때 세 단락으로 나뉜다. 첫째 단락(12 : 2-12 : 25)이 지혜에 관한 내용으로 친구들과 욥의 지혜, 그리고 하나님의 지혜의 문제를 다룬다. 둘째 단락(13 : 1-27)은 친구들과 욥의 하나님과의 관계의 문제를 다룬다. 셋째 단락(13 : 28-14 : 22)은 인간의 삶의 문제가 다루어진다. 호르스트(F. Horst, *BK*, 187)는 이 장을 '인간조건'(conditio humana)에 대한 '애가'라고 말한다. 이것은 주제 면에서 볼 때 7장과 유사성을 가지면서도 차이점을 보여 주는데, 7장에서는 우선적으로 인간의 삶의 수고와 고통의 문제를 다루는 반면, 14장에서는 서술의 중심이 인간의 삶의 무상함에 있다(J. Ebach, *KBB* 1, 111). 하지만 수신자를 고려하여 분류하면, 친구들을 향해 말한 내용(12 : 1-13 : 19)

과 하나님을 향해 말하는 내용(13 : 20-14 : 22) 두 부분으로 나뉜다. 욥의 말이 친구들을 향한 발언에서 하나님을 향하는 발언으로 바뀌는 수신자 변경은 욥의 발언의 하나의 특징을 이룬다(예컨대, 7 : 7-21 ; 9 : 25-10 : 22). 이러한 수신자 변경은 친구들에 대한 욥의 인식에 근거한다. 욥은 친구들과 대화가 불가능하며 그들로부터 어떤 해결도 기대할 수 없음을 알고 하나님께로 향한다. 또한 이러한 수신자 변경을 통해 욥은 자신의 '질문'에 대한 진정한 '응답'은 오직 하나님께로부터만 가능하다는 사실을 적시(摘示)한다. 12~14장의 욥의 말은 다음과 같이 '친구들을 향한 발언(I-II)'와 '공개된 탄식(I)', 그리고 '하나님을 향한 탄식(I-II)'으로 분석된다.

1. 친구들을 향한 발언(I)
    1) 친구들의 말에 대한 반박 : 오직 너희만 지혜의 사람이다(12 : 1-6)
    2) 모든 생명체의 창조주로서의 하나님에 관한 진술 : 야훼의 손이 이것을 행하셨다(12 : 7-12)
    3) 하나님의 지혜와 권능에 대한 찬양(?) : 그에게 지혜와 권능이 있다(12 : 13-25)
2. 친구들을 향한 발언(II)
    1) 발언도입부 : 나는 하나님께 변론하려 한다(12 : 1-3)
    2) 친구들에 대한 평가 : 너희는 쓸모없는 의사들이다(12 : 4-13)
3. 공개된 탄식(I) : 나는 그 앞에서 변론할 것이다(12 : 14-19)
4. 하나님을 향한 탄식(I)
    1) 탄식을 위한 두 가지 전제조건 : 저에게 두 가지 일을 행하지 마옵소서(12 : 20-22)
    2) 하나님을 향한 탄식 : 어찌하여 저를 대적으로 여기시나이까(12 : 23-28)
5. 하나님을 향한 탄식(II)

1) 인간의 연약성과 무상성 : 누가 부정한 것 가운데서 정한 것을 낼 수
　　　있으리이까(12 : 1-6)
　　2) 죽음으로 끝나는 인생 : 사람이 죽으면 도대체 그가 어디 있느냐
　　　(12 : 7-12)
　　3) 불가능의 가능성에 대한 희망 : 나를 스올에 숨기시고(12 : 13-17)
　　4) 불가해한 하나님의 절대주권 : 당신은 사람의 희망을 끊으시나이다
　　　(12 : 18-22)

1) 친구들을 향한 발언 Ⅰ(12 : 1-25)

(1) 친구들의 말에 대한 반박 : 오직 너희만 지혜의 사람이다(12 : 1-6)

[1]욥이 대답하여 이르되 [2]너희만 참으로 백성이로구나 너희가 죽으면 지혜도 죽겠구나 [3]나도 너희 같이 생각이 있어 너희만 못하지 아니하니 그 같은 일을 누가 알지 못하겠느냐 [4]하나님께 불러 아뢰어 들으심을 입은 내가 이웃에게 웃음거리가 되었으니 의롭고 온전한 자가 조롱거리가 되었구나 [5]평안한 자의 마음은 재앙을 멸시하나 재앙이 실족하는 자를 기다리는구나 [6]강도의 장막은 형통하고 하나님을 진노하게 하는 자는 평안하니 하나님이 그의 손에 후히 주심이니라

[12 : 1-6] 욥은 자신의 발언을 친구들의 지혜에 대한 풍자적인 언급으로 시작한다. 욥을 말 많고 허튼 소리만 지껄이는 사람이라고 비난하는 소발의 말(11 : 2-3)을 받아서, 그렇게 말하는 친구들이야말로 그들이 죽으면 지혜도 함께 죽을 그런 '사람들'이라고 꼬집는다(2절). 다시 말해, 친구들은 자신들만이 지혜의 소유자인 것처럼 행세한다는 것이다. 그리고 욥은 자신을 비난하는 친구들에게 자신도 친구들에 뒤지지 않는 '분별력'을 가지고 있다고 말한다

(3절). 여기에서 분별력이라고 옮겨진 히브리 낱말은 '레바브'(לֵבָב, 심장)이다. 히브리인들에게 심장은 이해와 분별의 기관이다. 오늘날 현대인들이 두뇌의 기능으로 생각하는 지적활동과 판단의 행위가 고대 히브리인들은 심장에서 이루어진다고 생각했다. 이것은 격언처럼 사용하고 있는 소발의 말(11 : 12)과 직접적인 연결점을 가진다. 또한 이 낱말은 욥의 본 발언에서 지혜와 관련된 단어들과 함께 핵심어로서 사용된다(12-13절 ; 16절 ; 20절 ; 24절). 이로써 욥은 지혜의 달인(達人)으로 자처하는 친구들과 지혜의 대결을 벌일 수 있음을 밝히고 있다.

　4~6절은 친구들의 견해를 요약하며 그들 주장들의 배후에 있는 논리의 허구성을 자신의 경험을 통해 폭로한다. 우선 현재 자기 자신의 형편에 대한 묘사가 이어진다. 하나님과 장애 없는 의사소통의 관계를 맺고 있었다는 것은 하나님과의 올바른 관계 안에 있었다는 것을 의미한다.[23] 4절 하반절(4c)의 '의롭고'(צַדִּיק) '순전한'(תָּמִים) 자와 동의어로 이해된다. 하나님과 '온전한' 관계에 있었으며 의롭고 순전한 자로 인정되던 자신이 이제는 조롱의 대상이 되었다는 것이다(4절). 이 같은 욥의 진술은 서막에서의 상황과 대비되는 현재의 욥의 상황을 잘 드러내고 있다 : 서막에서 '순전하고 정직하여 하나님을 경외하며 악에서 떠난 자'(1 : 1, 8 ; 2 : 3)라고 세 번이나 거듭 인정되었던 욥이(이 중에서 두 번은 하나님이 직접 하신 말씀이다.) 이제는 친구들과 사람들의 조롱거리가 된 것이다. 여기에서 주목할 만한 점은 욥이 자신의 모습을 1인칭에서 3인칭으로의 인칭변화를 통해 서술하고 있다는 사실이다. 이것은 자기 자신의 형편에 대한 개인적인 고백의 차원을 넘어 자기 자신을 객관화시켜 한 가지 사례로서 진술하고 있는 것이다. 이로써 욥은 자신과 친

---

23) 인간의 부르짖음과 하나님의 응답의 관계가 경건한 자와 악인을 구별하는 척도가 된다(참조. 욥 22 : 27 ; 27 : 9 이하 ; 35 : 12 이하 ; 시 99 : 6). 이러한 의미에서 욥기의 결말 부분에서 하나님이 욥의 탄식과 질문에 응답하셨다(38 : 1-42 : 6)는 사실은 우선 그 자체로서 욥의 신앙과 삶이 하나님께 긍정적으로 인정되었음을 알게 하며, 욥과 하나님 사이의 관계가 회복되었음을 보여 준다.

구들이 서 있는 각각의 위치가 어디인가를 밝힌다.

5절은 불행으로 고통을 당하는 자들이 사람들에게도 역시 천대를 받는다는 경험을 표현한다. 이러한 경험을 잘 표현해 주는 속담이 있다 : "화(禍)를 당한 사람은 조롱을 염려할 필요가 없다"(Wer den Schaden hat, braucht für den Spott nicht zu sorgen). 이것은 불행을 당한 사람이 비난의 대상이 되는 것은 당연한 것이니까 그것을 감수해야 한다는 것이다. 이 말을 통해서 욥은 이러한 말의 배후에 있는 행위화복관계에 대한 뒤바뀐 논리의 실체를 드러낸다(J. Ebach, *KBB* 1, 112). 그것은 어떤 사람의 형편으로부터 그 사람의 행동과 됨됨이를 유추한다. 즉, 불행이 그 사람의 성품이 되고, 실패가 그 사람의 인격이 된다. 그러나 욥은 이 말을 통해 위치의 다름 때문에 발생되는 판단과 시각의 차이를 보여 준다. 안전한 자의 위치에 있는 사람은 재앙이 아무것도 아니지만, 발이 흔들리는 곤경에 처한 사람에게는 치명적인 타격이 된다. 따라서 친구들과 자신의 주장이 엇갈리는 것은 우선적으로 위치의 다름에 있다는 사실을 밝히고 있는 것이다. 욥의 이 말은 친구들이 서 있는 곳은 안전한 위치이며 그들의 주장은 확고한 위치를 가진 자들이 내세우는 성공한 자들의 이데올로기라는 "위치의 폭로(Decouvrierung)"이다(J. Ebach, *KBB* 1, 113).

욥이 경험하고 있는 세계는 친구들의 주장과 정반대다. 포행자들이 오히려 평온하고 하나님을 진노케 하는 자들이 안전을 경험한다. 그들은 자신들이 하나님을 손 안에 넣고 있다고 생각한다. 자신들의 의도와 목적에 맞게 하나님의 능력과 계획과 섭리를 '조정한다'. 이로써 욥은 하나님을 빙자하여 자신의 모든 현재의 상황을 정당화시키고 있는 성공적인 행악자들을 비판한다.

(2) 모든 생명체의 창조주로서의 하나님에 관한 진술 : 야훼의 손이 이것을 행하셨다(12 : 7-12)

⁷이제 모든 짐승에게 물어 보라 그것들이 네게 가르치리라 공중의 새에게 물

어 보라 그것들이 또한 네게 말하리라 ^{8}땅에게 말하라 네게 가르치리라 바다의 고기도 네게 설명하리라 ^{9}이것들 중에 어느 것이 여호와의 손이 이를 행하신 줄을 알지 못하랴 ^{10}모든 생물의 생명과 모든 사람의 육신의 목숨이 다 그의 손에 있느니라 ^{11}입이 음식의 맛을 구별함 같이 귀가 말을 분간하지 아니하느냐 ^{12}늙은 자에게는 지혜가 있고 장수하는 자에게는 명철이 있느니라

[12 : 7-12] 7~10절의 단락은 많은 주석가들에 해석의 어려움을 제공하였다. 왜냐하면 욥의 말로 보기에는 여러 가지로 적절치 않는 면들을 보여 주기 때문이다 : 첫째, 7~8절의 질문들이 갑자기 2인칭 단수로 표현되어서 선행하는 욥의 발언과 연결되지 않는다. 둘째, 야훼(יהוה)라는 하나님의 이름이 갑자기 사용되어(9절), 욥-시문의 발언 내용 가운데에서는 유일한 용례가 된다.[24] 셋째, 9절의 '이것'이란 표현이 무엇을 가리키는 지가 불분명하다. 그러나 이러한 해석의 난점들에도 불구하고 본문은 욥의 발언의 일부로 의미 있게 해석될 수 있다. 그것은 이 말들이 욥 자신의 말이 아니라 '인용'으로서 열거되고 있다는 사실이다. 이러한 인용의 내용은 다음 단락에서 진술되는 하나님의 행동에 비추어 '점검'(11-12절)되어야 할 내용들이다.

7~10절의 내용은 거꾸로 이해해야 설명이 용이하다. 야훼의 손이 모든 것을 창조하였다. 그의 손 안에 모든 것이 달려 있다. 인간들뿐만 아니라 모든 생물이 그렇다. 이 사실을 땅과 하늘과 바다에 사는 짐승과 새와 고기들이 알려준다. 여기에 소개된 하늘과 땅과 바다는 동물들의 생활공간 전체를 의미하며 이 세계 전체를 의미한다(창 1장에 묘사된 천지창조의 순서와 각각의 세

---

24) 야훼라는 신명(神名)은 서막과 종장, 그리고 하나님의 응답의 도입구에서만 사용되고 있으며, 욥과 친구들의 대화 안에서는 El, Eloha, Schaddai, Elohim 등의 고풍(古風)스런 표현이 사용되고 있다. 욥기에 나타난 신명의 분포 상황에 대하여 다음을 참조하라. S. R. Driver, *A Critical and Exegetical Commentary on the Book of Job* (ICC), 35 ; 하경택, "욥과 욥기의 문제 : 욥기의 연구사에 관한 소고", 『한국기독교신학논총 31』(2004. 1), 53, 각주 32.

계에 사는 모든 동물들, 더 나아가 온 우주가 하나님이 창조주이심을 보라). 그러므로 이 단락의 내용은 모든 것이 하나님의 손에 달렸다는 사실을 인정하며 그런 사실을 알려 준다.

그러나 이렇게 명백한 사실도 혀가 맛을 분별하듯이 귀로 들은 내용들을 따져봐야 한다는 것이다(11절). 과연 야훼 하나님이 창조주라는 사실이 오늘 이 세계에 무엇을 의미하는가? 그분이 유지하고 보존하시는 세계는 실제 어떠한 모습을 보여주고 있는가? 연로한 자들에게 지혜가 있다고 하면서 그 지혜를 배워야 한다고 하는데(이것은 앞선 발언에서 빌닷이 강조하는 바이다, 8 : 8-10), 과연 참 지혜와 권능은 누구에게 있는 것인가 하고 욥은 묻는다.

(3) 하나님의 지혜와 권능에 대한 찬양(?) : 그에게 지혜와 권능이 있다 (12 : 13-25)

[13]지혜와 권능이 하나님께 있고 계략과 명철도 그에게 속하였나니 [14]그가 헐으신즉 다시 세울 수 없고 사람을 가두신즉 놓아주지 못하느니라 [15]그가 물을 막으신즉 곧 마르고 물을 보내신즉 곧 땅을 뒤집나니 [16]능력과 지혜가 그에게 있고 속은 자와 속이는 자가 다 그에게 속하였으므로 [17]모사를 벌거벗겨 끌어 가시며 재판장을 어리석은 자가 되게 하시며 [18]왕들이 맨 것을 풀어 그들의 허리를 동이시며 [19]제사장들을 벌거벗겨 끌어 가시고 권력이 있는 자를 넘어뜨리시며 [20]충성된 사람들의 말을 물리치시며 늙은 자들의 판단을 빼앗으시며 [21]귀인들에게 멸시를 쏟으시며 강한 자의 띠를 푸시며 [22]어두운 가운데에서 은밀한 것을 드러내시며 죽음의 그늘을 광명한 데로 나오게 하시며 [23]민족들을 커지게도 하시고 다시 멸하기도 하시며 민족들을 널리 퍼지게도 하시고 다시 끌려가게도 하시며 [24]만민의 우두머리들의 총명을 빼앗으시고 그들을 길 없는 거친 들에서 방황하게 하시며 [25]빛 없이 캄캄한 데를 더듬게 하시며 취한 사람 같이 비틀거리게 하시느니라

[12 : 13-25] 욥은 이제 참 지혜와 권능과 지략과 명철은 오직 하나님께만 있다고 고백한다(13절). 여기에 묘사된 하나님의 속성들은 이사야 11 : 2에 묘사된 장차 올 '메시야'의 속성과 거의 일치하고 있다(J. Ebach, KBB 1, 117). 그렇다면 과연 그러한 지혜와 권능과 지략과 명철을 가지고 계신 그분이 통치하는 세계는 어떻게 나타나는가? 14~15절은 이후에 서술되는 하나님의 행동을 집약적으로 표현하고 있다. 그분이 무엇을 하시면 막을 자가 없다. 하나님은 최고의 권능과 지혜를 가지신 분이시다. 그런데 그분의 행동의 방향은 놀랍게도 안정과 유지가 아니라 불안정과 파괴를 향하고 있다(J. Ebach, KBB 1, 117). 특히 15절 끝에서 하나님이 보내신 물이 일으킨 결과를 나타내는 동사 '하파크'(הפך)는 '전복시키다'는 의미를 가진 낱말이다. 이 동사에 대한 그리스어 번역은 '재앙'(Katastrophe)이란 말이 파생된 동사 '카타스트레포'(καταστρέφω)를 사용한다. 그것은 소돔과 고모라의 멸망(창 19 : 21, 25, 29)과 니느웨의 멸망(욘 3 : 4), 그리고 학개 2 : 22 외에 여러 곳에서 정치적인 몰락을 표현할 때 사용되었다. 그러므로 하나님이 한 번 행동하시면 얼마나 엄청난 재앙과 파괴를 불러일으키는가 하는 점이 잘 명시되어 나타난다. 이것은 또한 역사(Geschichte) 안에서 행동하시는 하나님과 대조적으로 자연(Natur)에 대한 '창조주'로서의 하나님의 행동의 측면을 드러내고 있다(22절 참조). 그렇지만 본 발언에서 무게중심은 어디까지나 역사 안에서 행동하시는 '역사의 주'로서의 하나님의 행동에 있다. 이와 대조적으로 9 : 5~10에는 자연에 나타나는 '창조주' 하나님의 행동을 강조한다. 그러나 여기서도 산을 무너뜨리시며 땅을 흔드는 등 불안정과 파괴의 특성을 보이는 부정적인 하나님의 행동이 부각되어 있다(C. Westermann, Der Aufbau des Buches Hiob, 61).

16~25절에서 주로 인간사회에 나타나는 다양한 하나님의 행동들이 열거된다. 그것은 정치적, 사회적, 제의적인 관점에서 인간사회의 계층구조 안에서 보여 주는 하나님의 권능에 대한 묘사이다(J. Ebach, KBB 1, 117). 모사들과 재판장들(17절), 제사장들과 권세 있는 자들(19절)의 위엄을 빼앗으신다.

그는 왕을 강제하시며(18절), 귀족들과 강한 자들에게서 힘을 빼앗으신다(21절). 또한 유능하고 노련한 자들에게서 말과 판단력을 빼앗으신다(20절). 그는 사람들이 은밀한 곳에 두고자 하는 것을 빛으로 드러내시며(22절), 민족들을 높이시다가도 그들을 낮추시는 분이다(23절). 백성의 지도자들에게서 총명을 가져가시어 공허한 곳(תהו)에서 헤매게 하시며, 술 취한 자들과 같이 비틀거리게 하신다(24~25절).

이러한 욥의 발언을 종합해 보면, 다음과 같은 두 가지 특징을 인지할 수 있다(C. Westermann, *Der Aufbau des Buches Hiob*, 62). 첫째는 이 발언에서 하나님의 행동에 대한 부정적인 측면만이 부각되어 있다는 점이고, 둘째는 그러한 하나님의 부정적인 행동에 영향을 받는 사람이 어떤 사람인지에 대한 평가가 나타나 있지 않다는 점이다. 친구들의 발언에서 하나님의 파멸과 무너뜨림을 당하는 사람들은 '악인들'임을 분명히 알 수 있다(5:9-16 ; 8:8-19 ; 15:20-35 ; 18:5-21 ; 20:4-29). 그러나 욥에게는 이러한 판단이 유보되어 있다. 이렇게 큰 자들의 멸망에 이유가 없다. 그들이 경험하는 것은 그 누구도 거스를 수 없는 하나님의 파괴적인 힘뿐이다. 따라서 이 단락은 '찬양시'의 형식으로 서술되고 있으나(특히 17절과 19-24절은 찬양시의 전형적인 특징인 '분사구문' 양식으로 서술되고 있다), 내용과 기능적인 면에서 보면 이것은 찬양시의 형식을 빌린 '탄식'이다.

친구들과 마찬가지로 욥은 하나님의 권능과 지혜를 인정한다. 그렇지만 그것은 경험되는 사람의 위치에 따라 정반대의 모습으로 비춰진다. 이러한 예를 이와 비슷한 내용이 표현되어 있는 다니엘 2:20~21과 4:31~32에 대한 수용사에서 찾아볼 수 있다 : "이 본문들이 다니엘서의 저작 시기에는 제국의 권력에 *대항하는* 하나님의 힘을 나타냈다면, 동일한 다니엘 본문이 후에는 로마제국과 그의 법적 후계자의 유효한 *정당화*로서 이해될 수 있었다. 하나님이 왕들을 폐하시고 왕들을 세우시는 분(단 2:21)으로 알려진다면, 강조점을 어디 두느냐에 따라 하나님의 모습은 왕들에 대항하는 파괴적인 위협으로 이해될 수도 있고 아니면 규정되고 보장된 승계의 보증으로서 이해될 수도 있다"(J. Ebach, *KBB* 1, 118).[25] 그러므로 이 본문이 찬양이냐 아니면 탄식이냐에 대한 결정은 지금 이 발언을 쏟아내고 있는 욥이 어떤 처지에 있느냐에 따라 달라진다.

설교를 위한 묵상

본 발언을 통해 얻을 수 있는 교훈은 무엇인가?
첫째, 우리는 고난당하는 자의 고통에 동참할 수 있어야 한다. 욥과 그의 친구들이 대화가 되지 못하고, 결국 결말 없는 논쟁으로 치달았던 것은 친구들이 욥의 처지에 대한 공감이나 이해 없이 자신들의 입장에서만 말을 했기 때문이다. 욥이 처한 현실과 고난을 조금만 더 생각했더라면 그렇게 극단적인 대립을 피할 수 있었을 것이다. 누구도 사람에 대한 완벽한 평가를 할 수 없다. 그래서 예수님도 비판하지 말라고 하셨던 것이 아닌가? 그런데도 친구들은 고난의 현실을 보고 그 원인이 욥의 잘못에 있다고 추정한다. 이런 추정은 결국 욥을 악인으로 단정하고 회개를 촉구한 것이다. 이런 태도와 교리적인 판단이 확정된 이상 친구들에게 욥에 대한 배려는 더 이상 있을 수 없었다.
자신이 가진 전 재산을 하루아침에 잃어버리고 열 자녀까지 떠나보낸 욥을 생각하면 욥의 내뱉는 탄식 정도는 들어줄 수 있지 않겠는가? 욥이 쏟아내는 말들은 교리적인 진술이나 어떤 이론이 아니라 고난에 대한 반응이요, 고통스러운 현실에 대한 탄식이기 때문이다. 그것은 다 '내뱉어 내어져야(aus-gesprochen) 할 것이며, 바로 그럴 때 탄식자는 진정한 평화와 안식을 경험하게 될 것이다. 고난에 처한 사람에 가장 필요한 것은 우선 자신의 고통에 동참해 주고, 자신의 처지를 이해해 주는 사람이다. 고난의 문제에 대해 논쟁하기보다는, 친구들이 처음에 보인 행동처럼 오히려 침묵함

---

25) 다니엘서의 수용사에 대하여 다음을 참조하라. K. Koch, *Europa, Rom und der Kaiser vor dem Hintergrund von zwei Jahrtausenden Rezeption des Buches Daniel*, Hamburg : J. Jungius-Gesellschaft 1997.

으로 고난에 동참할 수 있다. 또한 고난당하는 사람의 탄식을 들어줄 때, 그 사람에게 위로를 줄 수 있고 진정한 고난 극복의 과정을 이루어 낼 수 있을 것이다.

둘째, 어떤 사람을 현재의 결과만 보고 평가하지 말아야 한다. 위의 본문해설에서 밝혔듯이, 5절은 소위 성공한 사람('안전한 자')과 그렇지 못한 사람('발이 흔들리는 자')이 재앙과 고난에 대해서 보일 수 있는 반응을 말하고 있다. 현실에서 안정을 획득한 사람은 재앙을 멸시하며, 고통 중에 있는 사람까지 자업자득이라고 비난한다. 아직 안정을 획득하지 못하고 위험과 곤경 속에 있는 사람은 그러한 상황으로부터 어려움에 덧붙여 다른 사람의 부정적인 평가까지 겹쳐서 결정적인 '타격'을 입게 된다. 이것은 기계적인 행위화복관계의 일치성을 적용한 결과이며, 결과 지상주의자들의 행동방식이다.

성경에서 많은 경우 하나님의 더 깊은 뜻과 섭리를 이루기 위해 하나님의 사랑을 받은 자들이 더 큰 어려움의 상황 속에 처하게 되지 않는가? 요셉이 그렇고, 다윗이 그랬다. '야훼의 종의 노래'[26]에 등장하는 메시야의 모습은 "주 앞에서 자라나기를 연한 순 같고 마른 땅에서 나온 뿌리 같아서 고운 모양도 없고 풍채도 없은즉 우리가 보기에 흠모할 만한 아름다운 것이 없도다"(사 53:2)라고 묘사되고 있다. 겉으로 드러난 모습으로만 평가한다면, 그는 보잘 것 없어 버림받고 외면당해야 마땅할 수 있는 모습이다. 그러나 하나님은 그러한 볼품없는 모습을 가진 연약한 '아들'을 통해 자신의 구원사역을 이루셨다. 이것이야말로 하나님의 역사가 인간이 기대하고 평가하는 방식과 얼마나 다르게 이루어질 수 있는지를 보여주는 사건이 아니던가?

셋째, 욥이 가졌던 불굴의 신앙은 세상의 모든 일이 하나님께 달려 있다는 믿음이었다. 그는 '모든 생물의 생명(נֶפֶשׁ)과 모든 인간 육체의 호흡(רוּחַ)'이 하나님의 손 안에 달려 있다는 사실을 잘 알고 있다. 그렇기 때문에 그분은 살리고 죽이기도 하시며 그분이 막으면 그 누구도 어떻게 할 수 없다는 사실을 고백하는 것이다. 세상의 어떤 큰 권력이나 사람이라 할지라도 그분 앞에서는 아무것도 아님을 알고 있으며, 민족들을 크게도 하시고 폐하실 수도 있는 전능하신 하나님임을 고백하고 있다. 따라서 모든 문제의 해결도 오직 하나님께 있다는 사실을 알고 친구로부터 자신의 발언을 하나

---

26) 이 야훼의 종의 노래는 둠(B. Duhm, *Das Buch Jesaja* [HKAT], 1922)이 최초로 뽑아냈다(42:1-4[5-9] ; 49:1-6[7] ; 50:4-9[10-11] ; 52:12-53:12).

님께로 향하는 것이다.

욥은 모든 것의 주인이 하나님이심을 확실히 알고 믿고 있었다. 그의 모든 행동과 발언은 "주신 이도 여호와시요, 거두신 이도 여호와시니 여호와의 이름이 찬송을 받으실지니이다"(1 : 21 ; 또한 2 : 10 참조)는 고백과 확신에서 비롯되고 있다. 이로써 그는 모든 문제의 해결이 오직 하나님께 있음을 확신하고 자신의 확신대로 행동하였다. 그래서 그는 결국, 긴 논쟁과 고난의 시간 이후이긴 하지만, 친구들이 아닌 하나님께 응답을 얻었고 그분이 허락하신 놀라운 회복을 경험하였다. 어떤 고난 가운데서도 모든 것이 하나님께 달려 있다고 믿고 하나님께 그 해결책을 구한 욥의 신앙을 우리가 배운다면, 우리가 어떤 일을 당하든 풀지 못할 문제가 어디 있으며 이겨 내지 못할 어려움과 고난이 어디 있으랴?

∽

2) 친구들을 향한 발언 Ⅱ(13 : 1-13)

내용적으로 보면 13장은 친구들과 욥의 하나님과의 관계의 문제를 다루고 있다. 하지만 수신자를 고려한 분석에 따르면 13장은 친구들을 향해 말한 내용(13 : 1-19)과 하나님을 향해 말하는 내용(13 : 20-28)으로 나눌 수 있다. 하지만 엄밀히 말하면 수신자가 누구인지가 명확하게 드러나지 않는 부분이 있다. 13 : 14~19이 그렇다. 이 발언은 친구들과 하나님 모두를 포함한 '청중'(Publikum)을 향한 발언으로 분류된다. 이것은 친구들에 대한 말을 마치고 하나님께로 향하는 발언의 다리 역할을 한다.

(1) 발언도입부 : 나는 하나님께 변론하려 한다(13 : 1-3)

[1]나의 눈이 이것을 다 보았고 나의 귀가 이것을 듣고 깨달았느니라 [2]너희 아는 것을 나도 아노니 너희만 못하지 않으니라 [3]참으로 나는 전능자에게 말씀

하려 하며 하나님과 변론하려 하노라

[13:1-3] 욥은 13장 첫 부분에서 자신의 이해력이 친구들의 이해력에 뒤떨어지지 않는다고 말한다(1-2절). 이것은 12:2~3에서 했던 말을 부분적이지만 문자적으로 수용하고 있다. 이로써 욥은 친구들의 답변에 대한 종합적인 평가를 하고 있으며 지금까지의 욥의 말에 대한 틀을 제공한다. 그러므로 욥은 이제 하나님께 직접 향하려 한다고 선언한다(3절). 욥은 친구들에게서 자신의 문제에 대한 해결을 보지 못할 것을 안다. 욥은 오직 하나님께로부터 오는 응답을 통해서 문제 해결을 경험하게 될 것이다. 그래서 욥은 친구들과 논쟁하다가도 방향을 바꾸어 하나님을 향해 말한다. 그러나 욥은 그렇게 하기 전에 친구들을 한 번 더 공격한다.

(2) 친구들에 대한 평가 : 너희는 쓸모없는 의사들이다(13:4-13)

⁴너희는 거짓말을 지어내는 자요 다 쓸모 없는 의원이니라 ⁵너희가 참으로 잠잠하면 그것이 너희의 지혜일 것이니라 ⁶너희는 나의 변론을 들으며 내 입술의 변명을 들어 보라 ⁷너희가 하나님을 위하여 불의를 말하려느냐 그를 위하여 속임을 말하려느냐 ⁸너희가 하나님의 낯을 따르려느냐 그를 위하여 변론하려느냐 ⁹하나님이 너희를 감찰하시면 좋겠느냐 너희가 사람을 속임 같이 그를 속이려느냐 ¹⁰만일 너희가 몰래 낯을 따를진대 그가 반드시 책망하시리니 ¹¹그의 존귀가 너희를 두렵게 하지 않겠으며 그의 두려움이 너희 위에 임하지 않겠느냐 ¹²너희의 격언은 재 같은 속담이요 너희가 방어하는 것은 토성이니라 ¹³너희는 잠잠하고 나를 버려두어 말하게 하라 무슨 일이 닥치든지 내가 당하리라

[13:4-13] 4절에서 욥은 친구들이 하는 행동이 어떤 의미가 있는지를 단도직

입적으로 폭로한다. 욥은 먼저 친구들에게 '거짓의 위장자들'이라고 말한다. 여기에 사용된 동사 '타팔'(תפל, 붙이다)은 에스겔 13 : 10 이하에서 백색도료의 덧칠을 통해 벽의 단단함을 위장한다는 사실을 표현할 때 사용되었다(J. Ebach, KBB 1, 119). 두 번째로 '쓸모없는 의사들'이라는 표현은 직역하면 '헛된 치료자' 또는 '우상의 치료자'이다. 치료하기는커녕 아픔을 더하게 하는 돌팔이 의사와도 같다. 진실을 보지 못하게 하고 실상을 외면하는 위로는 덧칠만 하는 위장일 뿐 상처를 치료하는 데는 아무런 도움이 되지 못한다. 그래서 욥은 친구들에게 간절히 원하는 바를 말한다(5절). 욥은 그들이 서막에서 보여준 것처럼(2 : 13) 침묵하기를 원한다. 그것이 그들에게 지혜가 될 것이다. 이것은 다음과 같은 잠언의 교훈을 떠올리게 한다. "미련한 자라도 잠잠하면 지혜로운 자로 여겨지고 그의 입술을 닫으면 슬기로운 자로 여겨지느니라"(잠 17 : 28). 그리고 욥은 친구들에게 자신의 '변론'을 듣고 입술의 '논증'을 들어보라고 간청한다(6절). 욥은 자신이 하나님께 말하는 것이 마치 법정소송에서 벌이는 논쟁이라도 된 듯이 말한다. 그것은 그가 하나님 앞에서 자신이 의롭다는 사실을 인정받고자 하는 의도에서 하는 표현방식일 것이다.

욥은 이제 친구들이 했던 말들이 어떤 의미가 있는지를 구체적으로 설명한다(7절). 친구들의 말들은 하나님을 위해 불의와 속임을 말하는 것과 같다는 것이다. 다시 말하면 그들이 하는 말은 하나님을 위한 것이 아니라 그분을 기만하는 것이라는 말이다. 친구들은 하나님의 위대하심과 선하심을 훼손하지 않기 위해 세계질서의 일치성과 정의를 주장하므로 욥과 다른 사람들에게 세계가 온전하거나 정의롭지 못하다는 사실을 인지하지 못하도록 한다는 것이다(J. Ebach, KBB 1, 119-120). 이것은 4절에서 말한 바를 구체적으로 드러내는 것이다. 또한 욥은 그것은 사실 친구들이 '하나님의 얼굴을 들게' 하려 하는 것이라고 말한다(8절). 어떤 사람의 얼굴을 들어 올린다(창 32 : 21 참조)는 것은 어떤 사람에게 친절이나 은혜의 표시를 보여주는 것이다. 친구들이 하나님을 위해 행하려 했던 바는 나중에 하나님이 욥에게 하시게 된다(42 : 8). 그리고 그러한 행동은 하나님을 위해 '변론'하는 것이다. 하지만 친구들의 이러한 행동은 유사(類似) 겸손이다. 하나님에 대한 비판적인 질문을 포기하는 것은 욥의 눈에 보기에는 더 이상 지나칠 수 없는 교만이다. 그것은 그들이 하나님의 변호자요, 정당성의 주무자이며, 재판의 인도자로서 행세하려는 교만함이기 때문이다(J. Ebach, *KBB* 1, 120).

이러한 욥의 비판은 세 친구와 나눈 대화의 상황을 넘어서서 모든 신학과 하나님에 관한 모든 논의를 향해서 던지는 질문이기도 하다. 지혜와 도덕에서 충분하다고 생각하여 하나님을 대신하여 재판을 이끌고 싶은 충동을 느끼는 사람은 이어지는 욥의 질문을 감당해야 한다. 만약 하나님이 자신의 위임자들로 자처했던 사람들을 점검하게 된다면, 과연 그것이 어떤 결과를 가져올 것인가?(9절) 그럴 때 친구들은 자신들의 기만과 오판을 인정하게 되고 하나님의 위엄과 책망을 경험하게 될 것이다(10-11절). 욥에게 친구들의 말은 '재의 속담'이요, '흙의 방어'다(12절). 여기에서 '재'는 오래 견딜 수 없고 생명력이 없으며 쓰레기와 같이 쓸모없는 것을 말한다. 친구들의 말이 욥에게 그렇다는 것이다. 또한 '방어'라고 번역된 '가브'(גַב)는 어떤 대상을 표현하는지가 불분명하다(J. Ebach, *KBB* 1, 121). 그것은 방패의 볼록한 부분을 가리키는 말일 수도 있고, 받침대를 의미할 수도 있다(겔 43 : 13). 만약 방패의 볼록한 부분을 흙으로 만든다면 그것은 전혀 쓸모가 없게 된다(15 : 26 참조). 또한 받침대가 흙으로 되어있다면 다니엘 2장의 점토질의 발을 가진 거대한 입상처럼 그 위에 기꺼이 서 있을 만큼 단단한 토대가 되지 못한다. 그러므로 욥은 재차 친구들에게 침묵할 것을 요구한다(13절).

3) 공개된 탄식(I) : 나는 그 앞에서 변론할 것이다(13 : 14-19)

[14]내가 어찌하여 내 살을 내 이로 물고 내 생명을 내 손에 두겠느냐 [15]그가

나를 죽이시리니 내가 희망이 없노라 그러나 그의 앞에서 내 행위를 아뢰리라 ¹⁶경건하지 않은 자는 그 앞에 이르지 못하나니 이것이 나의 구원이 되리라 ¹⁷너희들은 내 말을 분명히 들으라 내가 너희 귀에 알려 줄 것이 있느니라 ¹⁸보라 내가 내 사정을 진술하였거니와 내가 정의롭다 함을 얻을 줄 아노라 ¹⁹ 나와 변론할 자가 누구이랴 그러면 내가 잠잠하고 기운이 끊어지리라

[13:14-19] 친구들에게 말하는 것을 그치고 하나님께로 향하기 전에 욥은 자신의 결심과 기대를 피력한다. 욥은 14절에서 두 가지 은유를 통해 자신의 입장을 밝힌다. 첫 번째 은유 '내가 내 살을 내 이 사이에서 가져오겠다'는 진술은 구약성서 안에서 평행구절이 없다. 여기에서 '살'이라고 번역된 '바사르'(בָּשָׂר)는 무엇보다도 연약하고 넘어지기 쉬운 피조물을 의미한다. 이것은 동물이 자기 새끼 혹은 먹이를 자기 이 사이에서 가져오는 행동을 묘사한 듯이 보인다(S. Balentine, *Smyth & Helwys*, 210). 두 번째 은유 '생명을 손 위에 놓는다'는 표현은 구약성서 다른 곳에서도 사용된다(삿 12:3; 삼상 19:5; 28:21; 시 119:109). 이것은 죽음을 무릅쓰고 적과 싸우는 주인공을 묘사할 때 사용되었다. 이 두 가지 은유는 욥의 처지와 결연함을 인상적으로 표현하고 있다. 다시 말하면 욥은 그것이 죽음을 의미할지라도 하나님과의 싸움에 돌입할 것이라는 강한 의지와 결단을 보여준다.

15절은 논란이 되는 구절이다. 어떻게 해석하느냐에 따라 본문의 의미가 달라진다. 전상반절(15aα)은 분명하다. 욥은 하나님이 자신을 죽이실 것이라고 말한다. 그러나 바로 이어지는 전하반절(15aβ)이 분명치 않다. 레닌그라드 사본은 부정어 '로'(לֹא)와 함께 '아야헬'(אֲיַחֵל)이라는 동사형태를 포함하고 있다(J. Ebach, *KBB* 1, 121). 이 본문을 따라 번역하면 '보라, 그가 나를 죽이실 것이니 내가 소망이 없다'로 할 수 있다. 그러나 몇몇 히브리어 사본과 고대 역본들과 함께 고대 유대 전승들은 부정어 '로'(לֹא) 대신 '그에게'를 의미하는 '로'(לוֹ)로 읽을 것을 제안하고 있다. 그러면 번역이 다음과 같이

된다. '내가 그를 기다릴 것이다.' 후자의 견해를 따르면 욥이 자신을 죽이려 하는 하나님에게 여전히 소망과 신뢰를 두고 있는 것으로 이해된다(예컨대, KJV, NIV, NAS, ELB 등). 어떤 견해를 따르던지 하반절의 의미는 분명하다. 그는 자신의 길들, 즉 자신의 삶을 하나님 앞에서 변론할 것이라고 말한다. 욥은 하나님 앞에 나아가서 자신의 행위와 형편, 인생의 영위와 그 진행이 서로 어떻게 관계를 맺는지 또는 어떻게 그것이 그토록 잔인하게 불균형을 이룰 수 있는지에 대해 적어도 물어볼 수 있을 것이다(J. Ebach, *KBB* 1, 122). 욥은 자신의 인생 여정을 하나님 앞에 그리고 하나님께 맞서 '재판에 회부하고자' 하는 것이다(바로 이것이 13장에서 여러 번 사용된[3절, 10절, 15절, 또한 9:33을 보라] 동사 '야카흐'(יכח)의 기본 의미이다). 만약 욥이 자신의 문제를 하나님 앞에 가져간다면, 그것은 그에게 '구원'(예수아, יְשׁוּעָה)이 될 것이다 (16절). 왜냐하면 악인은 하나님 앞에 나아갈 수 없기 때문이다. 또한 그것은 고난과 치욕과 하나님의 적대로부터 해방을 의미하기 때문이다(J. E. Hartley, *NICOT*, 223).

17~19절에서는 공개적인 재판을 촉구하는 말들이 나타난다. 17절은 발언의 대상이 2인칭 복수이다. 여기에서 친구들이 발언의 대상이라면, 그들은 이제 대화의 상대자가 아니라 단지 '청중'으로서 기능해야 한다(J. Ebach, *KBB* 1, 122). 18절에서 욥은 판결 받을 준비가 되어 있음을 선언한다. 그리고 자신이 의롭다고 인정받게 될 사실을 확신한다. 이러한 확신에서 19절이 표명된다. '누가 욥과 변론할 것인가?' 하나님 외에 누구도 욥과 변론할 수 없다. 만약 자신이 침묵한다면 그것은 자신에게 죽음을 의미한다.

4) 하나님을 향한 탄식 Ⅰ(13:20-28)

(1) 탄식을 위한 두 가지 전제조건: 저에게 두 가지 일을 행하지 마옵소서(13:20-22)

²⁰오직 내게 이 두 가지 일을 행하지 마옵소서 그리하시면 내가 주의 얼굴을 피하여 숨지 아니하오리니 ²¹곧 주의 손을 내게 대지 마시오며 주의 위엄으로 나를 두렵게 하지 마실 것이니이다 ²²그리하시고 주는 나를 부르소서 내가 대답하리이다 혹 내가 말씀하게 하옵시고 주는 내게 대답하옵소서

[13 : 20-22] 욥은 하나님에 향한 탄식에 앞서 두 가지 전제조건을 제시한다. 만약 두 가지 전제조건이 충족되지 않는다면 욥은 하나님 앞에 나설 수 없다(20절). 먼저 욥은 하나님의 손이 자신으로부터 멀리 떨어져 있기를 원한다(21절 상반절). 하나님의 손이 그에게 있다는 것은 그분의 무거운 공격과 붙잡음을 의미하기 때문이다(1 : 11 ; 2 : 5 ; 6 : 9 ; 10 : 7 ; 19 : 21 참조). 또한 욥은 하나님이 두려움으로 자신을 놀라게 하지 않기를 원한다(21절 하반절). 욥은 하나님의 엄위하심과 거룩함을 인지하고 있다. 이것은 욥기 9 : 33~34에서 말했던 바와도 일치한다. 욥은 하나님이 자신을 자유롭게 두신다면 하나님과의 재판과정에서 이루어질 상황에 대해서 말한다. 하나님이 부르시면 자신이 응답할 것이고, 욥이 말하면 하나님이 그 말에 응답하실 것이다(22절).

(2) 하나님을 향한 탄식 : 어찌하여 저를 대적으로 여기시나이까(13 : 23-28)

²³나의 죄악이 얼마나 많으니이까 나의 허물과 죄를 내게 알게 하옵소서 ²⁴주께서 어찌하여 얼굴을 가리시고 나를 주의 원수로 여기시나이까 ²⁵주께서 어찌하여 날리는 낙엽을 놀라게 하시며 마른 검불을 뒤쫓으시나이까 ²⁶주께서 나를 대적하사 괴로운 일들을 기록하시며 내가 젊었을 때에 지은 죄를 내가 받게 하시오며 ²⁷내 발을 차꼬에 채우시며 나의 모든 길을 살피사 내 발자취를 점검하시나이다 ²⁸나는 썩은 물건의 낡아짐 같으며 좀 먹은 의복 같으니이다

[13 : 23-28] 욥은 탄식하면서 질문을 쏟아놓는다. 욥은 자신의 반역과 죄들을 알게 해 달라고 말한다(23절). 여기에서 '죄악' '아본'(עָוֹן), '죄' '하타트' (חַטָּאת), '반역' '페솨'(פֶּשַׁע) 등 죄에 대한 다양한 표현이 한꺼번에 등장한다. 이러한 다양한 용어의 동시적인 사용은 하나님의 법을 떠난 삶의 총체에 대한 평가를 묻는 것이다. 이러한 다양한 범죄에 대한 언급은 대속죄일에 아론이 아사셀 염소 위에 손을 얹고 이스라엘 자손이 범한 죄를 고백할 때 등장한다(레 16 : 21). 욥은 친구와의 대화에서 자신이 죄인이라는 사실을 부정하지 않는다. 다만 그가 항변하는 것은 자신이 당하는 고난만큼의 큰 죄악이 없다는 주장이다. 그러한 것이 있다면 자신에게 알게 해 달라는 탄식인 것이다. 이 단락에서 욥의 첫 번째 질문이 욥 문제의 본질을 드러내고 있다(J. E. Hartley, *NICOT*, 227).

이어지는 질문들에선 욥에 대한 하나님의 행동을 문제 삼는다. 어찌하여 얼굴을 감추시고 욥을 대적으로 여기시는가?(24절) 여기에서 '얼굴을 감춘다'는 표현은 하나님의 부재를 나타내는 관용어이다(하나님의 숨으심에 대해서는 S. E. Balentine, *Smyth & Helwys*, 215쪽을 참조하라). 욥기에서는 34 : 29에서 한 번 더 나타난다. 그리고 24절에서 '대적'으로 번역된 '오예브'(אוֹיֵב)는 욥 이름의 어원으로 추정되는 말이다('욥기의 개관'을 보라). 욥의 이름(אִיּוֹב)에서 하나님께 '핍박당하는 자'로서의 욥의 상황이 암시되고 있다는 것이다. 이어서 욥은 자신을 낙엽과 지푸라기에 비유한다(25절). 약하고 비천한 자신의 존재를 드러내는 말이다. 왜 하나님은 '날아다니는 나뭇잎'이나 '말라비틀어진 지푸라기'와 같은 중요치 않은 대상을 핍박하시는가?

26~27절은 자신의 죄악을 용서하지 않으시고 낱낱이 기억하셔서 그 값을 치르게 하시는 무자비한 하나님의 모습에 대해서 질문한다. 욥은 현재 당하는 고난의 원인을 제공할 만한 범죄를 저지르지 않았다. 만약 현재의 고난이 자신의 죄악의 결과라면 그것은 '어릴 때 저질렀던 범죄들'일 것이다. 현재 욥이 경험하는 하나님은 욥에게 용서가 없는 보복자이시다. 욥의 행적을 낱

낱이 기억하여 그것에 대한 징벌을 반드시 받게 하는 매정한 핍박자이시다.

13장을 마무리하는 구절(28절)에는 갑자기 3인칭 문체가 등장한다. 주석가들에게 구절의 위치가 잘못된 것으로 인식하게 한다. 아마도 14 : 2 뒤에 자리하고 있었을 것이라고 추정한다(S. Balentine, *Smyth & Helwys*, 215). 하지만 욥의 탄식에서 사용된 '그-형식'은 욥의 발언에서 고유한 기능을 발휘한다(J. Ebach, *KBB* 1, 124). 그것은 욥이 서술하는 바가 욥의 개인적인 운명을 넘어서서 인간의 무상함이라는 보편적 주제를 포함하고 있음을 드러내는 것이다. 이러한 주제는 이어지는 14장의 주제와도 일맥상통한다. 욥은 3인칭 주어를 통해 자신이 겪고 있는 문제가 단순히 자기만의 문제가 아님을 보여준다. 만약 어떤 사람이 하나님의 대적의 대상이 된다면 그는 누구도 예외 없이 좀먹은 의복처럼 소멸될 것이다.

■■ 설교를 위한 묵상

13장에 나타난 욥의 발언을 통해서 얻을 수 있는 교훈은 무엇인가? 첫째로, 욥에게 비춰진 친구들의 모습에 대한 성찰이다. 욥은 친구들을 향하여 '거짓을 지어내는 자', 혹은 '쓸모없는 의사들'이라고 말한다(4절). 또한 그들이 말하는 내용을 '재의 속담'과 '흙의 방어'라고 평가한다(12절). 왜 친구들은 욥으로부터 이러한 평가를 들을 수밖에 없었는가? 우선 그들이 '거짓을 지어내는 자'라는 평가를 받은 것은 그들의 말이 욥의 진실을 외면하고 있다는 것이다. 자신들의 전통과 사고의 세계에 갇혀 자신들의 신학이나 지혜로 설명할 수 없는 욥의 현실을 인정하지 않았다. 그들의 발언과 주장은 덧칠을 통해 겉만 그럴듯하게 포장하는 임시적 방편이요 위장된 진실이었다. 그래서 고난당하는 욥에게 어떤 위로나 해결도 주지 못하면서 오히려 욥의 상처를 더 크게 하는 엉터리 의사의 모습을 보여주었다.

그래서 욥은 친구들의 말을 '재의 속담'이요, '흙의 방어'라고 규정한다(12절). 그들의 말은 '재'처럼 오래 견딜 수 없고 생명력이 없으며 쓰레기와 같이 쓸모가 없다. '방어'라고 번역된 히브리말 '가브'(גב)가 방패의 볼록한 부분을 가리키는 말일 수도 있고,

받침대를 의미할 수도 있지만(겔 43 : 13), 두 경우 모두 그것이 흙으로 되어 있다면 제대로 된 기능을 발휘할 수 없다. 그러므로 고난당하는 자에게 우리의 모습이 '거짓의 위장자'나 '쓸모없는 의사'가 되지 않도록 해야 하며, 우리의 말이 '재의 속담'이나 '흙의 방어'가 되지 않도록 해야 한다. 그렇게 하려면 고난당하는 자의 모습을 자신의 전통이나 사고에 젖어 함부로 단정하지 말아야 하며, 고난당하는 자의 편에 서서 그의 상황을 살펴볼 수 있는 동정심과 개방성이 있어야 한다.

둘째로 이해할 수 없는 고난을 당하는 자가 내뱉는 탄식의 의미를 깨닫게 한다. 욥은 이해할 수 없는 고난을 당할 때 탄식한다. 자신의 상황을 묵묵히 받아들일 수도 있었지만 그는 침묵과 항변 사이에서 항변을 택한다. 이해할 수 없는 고난의 상황에서 침묵하는 것은 자신의 운명에 대한 체념이며 불의한 현실에 대한 용인이다. 이 두 가지 모습 모두 살아 계신 하나님을 믿는 신앙인에게는 적절하지 않다. 욥은 자신의 상황을 운명에 맡기며 체념하지도 않았고, 하나님의 의가 분명히 경험되지 않는 상황에서 잠잠하지 않았다. 그는 의로우신 하나님이 적절한 판결을 내려주실 것을 믿고 탄식으로 항변한다. 그는 자신의 상황을 하나님이 판결하시는 재판에 회부하여 하나님의 판결을 받고자 한다. 하나님께 나아가는 것 자체가 자신의 의로움을 입증하는 것이요(16절), 하나님의 판결을 통해 자신이 의롭다고 인정받게 될 사실을 확신하고 있다(18절). 그러기 때문에 그가 침묵하는 것은 그에게 죽음을 의미하는 것이다(19절).

우리는 흔히 '범사에 감사하라'는 교훈을 받으며, 우리가 보여야 할 태도는 불평과 원망이 아니라 찬양과 감사라고 생각한다. 이러한 생각과 가르침이 전혀 의미가 없는 것은 아니다. 하지만 그것만이 신앙인이 보여야 할 태도라고 생각하는 것은 큰 잘못이다. 성경 안에는 수많은 탄식의 사람들이 등장하고 있다(다양한 탄원시편의 기자들, 예레미야나 하박국과 같은 예언자들, 아브라함부터 예수님에까지 이르는 성경의 주요 인물들). 특별히 욥과 같이 신실한 신앙의 삶을 살았어도 이해할 수 없는 고난을 당할 때 탄식을 통해 문제제기를 할 수 있고, 항변을 통해 하나님의 응답을 이끌어 낼 수 있다. 자신의 문제에 정면으로 대면하며 질문할 때, 문제의 원인이 어디에 있으며 더 나아가 자신의 삶의 의미는 무엇인가에 대한 답변을 찾아갈 수 있다. 이렇게 탄식을 통한 구도의 삶을 살 때 더욱 생생하고 활력 있는 신앙인의 삶을 살아갈 수 있다.

셋째로, 욥의 발언의 마지막 부분(23-28절)은 하나님 앞에 의로울 자 없음을 깨닫게 한다. 욥은 자신이 죄가 없음을 항변한다. 하지만 그것은 자기가 지금과 같은 고난을 당할 만큼의 죄에 대한 항변이지 죄가 전혀 없다는 것은 아니다. 욥은 지금 자신이 경험하는 상황에 비추어 판단한다면 하나님이 자신을 대적으로 여기시는 것이라고 생각한다(24절). 그리고 어린 시절에 지은 죄들까지 낱낱이 기록하시어 그것에 대한 징벌을 받게 하시는 것이라고 말한다(26절). 자신의 발자국마다 표를 새겨 놓으셔서 잘못된 발걸음에 대해 반드시 징벌이 내리도록 하는 무자비한 하나님이시다(27절). 이렇게 하나님의 대적이 되고 하나님의 용서 없는 징벌을 받게 될 때는 누구도 예외 없이 좀 먹은 의복처럼 소멸될 것이다(28절). 이러한 욥의 발언들은 하나님의 긍휼과 용서 없이는 그 누구도 존재할 수 없음을 깨닫게 한다.

욥이 자신이 의롭다는 항변을 하지만 그것은 인간 존재의 연약성을 무시한 발언이 아니다. 하나님 앞에서 인간은 '낙엽'이나 '지푸라기'와 같이 연약하고 가치 없는 존재들이다(25절). 욥이 하나님께 항변하고 탄식하는 것은 욥이 현재 당하는 것과 같은 고난의 이유와 목적이 무엇인가에 대한 문제이다. 그러한 미약한 인간에게 용서가 없는 무자비한 징벌의 잣대를 적용한다면 누구도 살아남을 수 없다. 하지만 욥은 인간의 연약함을 아시고 용서와 자비를 베풀어 주시는 하나님을 믿고 있기 때문에 이처럼 항변하며 탄식으로 하나님께 질문할 수 있다. 욥의 탄식을 깊숙이 들여다보면 욥이 얼마나 인간실존을 깊이 인식하고 있고 하나님 앞에서 하나님의 은혜와 긍휼을 바라고 있는지를 알 수 있게 된다.

∽

5) 하나님을 향한 탄식 Ⅱ(14 : 1-22)

욥기 14장은 하나님을 향한 발언으로만 구성되어 있다. 욥은 인간의 연약성과 죽음으로 끝나는 인간실존의 문제를 부각시킨다. 그러면서도 죽음의 세계를 하나님의 영향권으로부터 벗어나기 위한 피난처로 언급한다. 하지만 그러한 발언은 욥의 희망사항일 뿐 현실 세계에선 여전히 죽음을 눈앞에 두고 있는 무기력한 인간임을 부인할 수 없다.

(1) 인간의 연약성과 무상성 : 누가 부정한 것 가운데서 정한 것을 낼 수 있으리이까(14 : 1-6)

¹여인에게서 태어난 사람은 생애가 짧고 걱정이 가득하며 ²그는 꽃과 같이 자라나서 시들며 그림자 같이 지나가며 머물지 아니하거늘 ³이와 같은 자를 주께서 눈여겨 보시나이까 나를 주 앞으로 이끌어서 재판하시나이까 ⁴누가 깨끗한 것을 더러운 것 가운데에서 낼 수 있으리이까 하나도 없나이다 ⁵그의 날을 정하셨고 그의 달 수도 주께 있으므로 그의 규례를 정하여 넘어가지 못하게 하셨사온즉 ⁶그에게서 눈을 돌이켜 그가 품꾼 같이 그의 날을 마칠 때까지 그를 홀로 있게 하옵소서

[14 : 1-6] 이 단락에서는 욥기 7장에서와 같이 '인간의 실존과 운명'('conditio humana)에 관하여 말한다. 여기에서 강조점은 인간의 삶이 짧음과 괴로움으로 가득 차 있다는 사실에 놓여 있다(1절). 그것은 꽃의 짧은 생애와 그림자의 재빠름에 비유된다. 사람이 여인으로부터 출생했다는 도입부의 진술은 모든 인간 삶의 공통된 전제조건이다(15 : 14 ; 25 : 4 ; 시락 10 : 18 ; 또한 마 11 : 11 ; 눅 7 : 28 참조). 하지만 이 진술의 의미는 여러 가지로 해석된다. 우선 여인으로부터의 출생이 인간의 연약성을 나타낼 수 있다(예컨대, Rowley). 이와 다른 견해로는 인간이 태어날 때부터 가지게 되는 제의적인 부정함(impurity)을 표현하는 것으로 보는 것이다(예컨대, Tur-Sinai). 이 두 가지 견해가 수용될 수 있다. 짧은 생애 속의 고통 가운데 지내야 하는 인간은 태어날 때부터 연약성과 부정성을 가지고 있다.

3절에서 욥은 이러한 인간에게 왜 하나님은 자신의 관심과 엄격함을 부여하시는가라고 질문한다. 욥은 전반절에서는 일반적인 사람들을 관련시키고, 하반절에서는 자기 자신의 개인적인 운명에 대한 문제를 말한다. 하나님이 눈 여겨 보시고 법정으로 끌어내어 심판하신다면 누구도 의롭다고 판정받

을 수 없다는 인간실존을 인정하는 발언이다(시 143 : 2 참조). 4절에서는 인간의 부정(不淨)성을 다시 한 번 강조한다. 5절은 인간의 수명이 하나님이 정하신 날 수 안에 있음을 말한다. 그렇기 때문에 제한된 시간 속에 살아가는 인간이 하루하루의 삶 속에서 품꾼처럼 기쁨과 만족을 누릴 수 있도록 내버려두기를 바라고 있다(6절). 욥은 인간의 연약성과 무상성에 기초하여 하나님의 은총과 자비를 바란다. 감시와 압박을 풀고 자신을 자유롭게 놓아 달라고 간구한다.

(2) 죽음으로 끝나는 인생 : 사람이 죽으면 도대체 그가 어디 있느냐(14 : 7-12)

[7]나무는 희망이 있나니 찍힐지라도 다시 움이 나서 연한 가지가 끊이지 아니하며 [8]그 뿌리가 땅에서 늙고 줄기가 흙에서 죽을지라도 [9]물 기운에 움이 돋고 가지가 뻗어서 새로 심은 것과 같거니와 [10]장정이라도 죽으면 소멸되나니 인생이 숨을 거두면 그가 어디 있느냐 [11]물이 바다에서 줄어들고 강물이 잦아서 마름 같이 [12]사람이 누우면 다시 일어나지 못하고 하늘이 없어지기까지 눈을 뜨지 못하며 잠을 깨지 못하느니라

[14 : 7-12] 이 단락에서는 나무와 비교함으로써 인간이 맞이하는 죽음의 의미를 강조한다. 인간의 죽음은 숙명적이다. 이러한 인간의 실존은 나무의 삶을 통해 더욱 명확해진다. 나무는 한 번 잘린다 해도 희망이 있다(7절). 그루터기에서 새순이 돋아날 수 있다. 뿌리가 마르고 줄기가 죽은 것 같아도 물 기운으로 인해 새순과 가지가 나올 수 있다(8-9절). 그러나 인간은 다르다. 한 번 죽으면 다시 돌아올 수 없다(10절). 바다에서 물이 사라지고, 강물이 빠져 마름 같이, 인간은 죽음으로 한 번 누우면 일어나지 못하고 깨어나지 못한다(11-12절).

이 구절이 문제가 되어 70인경에서는 생략을 통해서 문제를 해결하고, 아람어 역에서는 여기에 묘사된 궁극적인 죽음이 악인에게만 적용되는 것으로 해석하고 있다(J. Ebach, *KBB* 1, 125). 여기에서 죽음 이후의 삶을 표현하기 위해 사용된 나무의 이미지는 생명나무 개념을 통해서 더욱 뚜렷이 드러난다. 고대중동에서 나무는 불멸성의 상징으로서 등장한다(S. Balentine, *Smyth & Helwys*, 218). 길가메쉬 서사시에서도 젊음을 되찾게 해 주는 불로초가 등장한다. 구약성서 안에서는 에덴동산에 심겨진 생명나무(창 2:9; 3:22, 24)와 지혜를 통해서 제공되는 선한 삶에 대한 은유로서 생명나무(잠 3:18; 11:30; 13:12; 15:4)가 있다. 또한 요한계시록에 기록된 새 예루살렘에 대한 환상에 생명나무가 등장한다(계 21:9-22:5).

(3) 불가능의 가능성에 대한 희망 : 나를 스올에 숨기시고(14:13-17)

¹³주는 나를 스올에 감추시며 주의 진노를 돌이키실 때까지 나를 숨기시고 나를 위하여 규례를 정하시고 나를 기억하옵소서 ¹⁴장정이라도 죽으면 어찌 다시 살리이까 나는 나의 모든 고난의 날 동안을 참으면서 풀려나기를 기다리겠나이다 ¹⁵주께서는 나를 부르시겠고 나는 대답하겠나이다 주께서는 주의 손으로 지으신 것을 기다리시겠나이다 ¹⁶그러하온데 이제 주께서 나의 걸음을 세시오니 나의 죄를 감찰하지 아니하시나이까 ¹⁷주는 내 허물을 주머니에 봉하시고 내 죄악을 싸매시나이다

[14:13-17] 스올에 숨겨 달라는 욥의 바람은 나무와의 비교 이후에 진술된다. 욥은 인간의 회복 불가성을 고려하면서 하나님께 다시 한 번 하나님의 멀어지심에 대한 청원을 한다. 욥은 하나님이 자신의 진노로부터 그를 스올에 숨기시고 덮으시기를 바라는 내용을 통해서 하나님의 멀어지심에 대해 말한다. 욥은 자신의 고난을 하나님의 진노에 소급시키고 있기 때문에(시 90:7-11

참조), 하나님의 진노가 다시 사랑과 선함으로 바뀔 때까지 스올에서 은닉되어 있기를 바란다. 여기에서 표명된 스올에 숨는다는 사고는 구약성서의 다른 본문들과 다르다. 다른 본문들에서는 하나님께로부터 숨을 곳이 없다고 말한다(예컨대, 암 9:2 ; 시 139:8 ; 욥 11:8 ; 26:6 등). 또한 이것은 스올은 되돌아 올 수 없는 곳이라고 강조했던 진술과도 어긋난다(7:9 이하, 21:10:21 이하 ; 16:22). 하지만 얼마든지 생각은 할 수 있다. 최소한 이러한 바람을 피력할 수는 있다. 이때 욥이 바라고 의도하는 바가 무엇인지를 이해하는 것이 중요하다. 욥의 이 발언에서 스올은 – 노아의 방주와 유사하게 상징적인 방식으로 – 보호의 기능을 한다. 욥은 이 바람을 통해 하나님의 행동으로부터 충분히 멀리 떨어져 그의 영향권에서 벗어나 있기를 바라는 것이다(시 88:6, 11 ; 사 38:18 등 참조). 욥은 이 바람에서 하나님이 그분의 개입을 통해 스올을 은신처로서 일정 기간 동안 사용할 수 있는 분이 되도록 촉구하고 있다(H. Strauß, *Tod*, 248). 이러한 생각은 욥기 16:18~22과 19:23~27의 본문에서 "오직 하나님만이 하나님에 대항하여 해결책을 이끌어 낼 수 있다"(Nemo Contra Deum Nisi Deus Ipse)[27]는 사고의 발전으로 나타난다(H. -J. Hermisson, Notizen, 128).

스올에 숨어 있는 것은 단지 일정한 시점까지만 지속되어야 한다. 하나님의 진노가 그치면, 하나님은 다시 욥을 기억하실 것이다. 이러한 희망을 위해서 욥은 그것에서 벗어날 때까지 그 '고역'(7:1)을 기꺼이 감수하겠다고 말한다. 모든 것이 욥이 바라는 대로 이루어진다면(13-14절), 이전에 하나님과 나누었던 의사소통의 관계가 회복될 것이다. 하나님은 부르시고 욥은 하

---

27) 이 라틴어 표현은 괴테의 『시와 진리』(*Dichtung und Wahrheit*)에 나오는 어구로서 '하나님 자신 이외에는 누구도 하나님에게 대항할 수 없다'는 의미를 지니고 있다. 하나님을 '공격자'요 '핍박자'로 인식하는 욥이 하나님을 자신의 무죄를 위한 '증인'과 '변호자'로 확신하는 것은 유일신 신앙이 있기 때문에 가능하다. 자신의 고난의 현실이 오직 한 분 하나님으로부터 왔다고 고백하는 것은 오직 그분만이 그 현실과 자신을 바꿀 수 있는 유일한 하나님임을 믿는 것이기 때문이다.

나님의 부르심에 응답할 것이다(반대로 사람이 부르고 하나님이 응답하시는 것에 관하여 : 9 : 16 ; 12 : 4 ; 22 : 27 ; 사법적 의미에서 : 13 : 22, 또한 9 : 14 이하 참조). 욥의 비난 가운데 언급된 것처럼(10 : 3, 8-12) 하나님은 자신의 작품인 욥을 원하실 것이다. 자신의 피조물에 대한 생각은 하나님을 새로운 생명의 관계를 창출하도록 촉발시킨다. 더 나아가 하나님을 통해 창조된 존재라는 확신은 욥에게 새로운 삶에 대한 희망을 준다.

문제는 '만약 -한다면'의 뜻을 가진 '미 이텐' (מִי־יִתֵּן)으로 도입된 진술이 어느 구절까지 미치는가이다. 그것이 16~17절을 포함하는가는 논란의 대상이다. 어떻게 인식하느냐에 따라 16~17절의 그림에 대한 해석이 달라진다. '봉인된 자루'(versiegelten Beutels)의 모티브가 두 가지 상반된 해석의 가능성을 제공한다. 바이저(A. Weiser)처럼 '죄들에 대한 최종적인 봉쇄'(end-gültiges Wegschließen der Sünde)로 볼 수도 있고, 포러(G. Fohrer)처럼 고난이 계속해서 그렇게 지속되게 하기 위한 '보존'(Aufbewahrung)으로 해석할 수도 있다. 두 가지 가능성이 모두 열려있다. 하지만 필자는 13절에서 시작된 욥의 바람이 17절까지 이어지는 것으로 보고, 17절의 발언을 하나님이 자신의 허물을 봉하시고 죄악을 싸매어 주시기를 바라는 욥의 바람으로 이해한다.

(4) 불가해한 하나님의 절대주권 : 당신은 사람의 희망을 끊으시나이다 (14 : 18-22)

[18]무너지는 산은 반드시 흩어지고 바위는 그 자리에서 옮겨가고 [19]물은 돌을 닳게 하고 넘치는 물은 땅의 티끌을 씻어버리나이다 이와 같이 주께서는 사람의 희망을 끊으시나이다 [20]주께서 사람을 영원히 이기셔서 떠나게 하시며 그의 얼굴 빛을 변하게 하시고 쫓아 보내시오니 [21]그의 아들들이 존귀하게 되어도 그가 알지 못하며 그들이 비천하게 되어도 그가 깨닫지 못하나이다 [22]다만 그의 살이 아프고 그의 영혼이 애곡할 뿐이니이다

[14 : 18-22] 욥의 기대감 넘치는 바람은 17절에서 끝난다. 18절부터 다시 현실로 돌아온다. 욥은 먼저 자연세계에까지 미치는 하나님의 능력에 대해서 말한다. 하나님의 절대적인 주권을 묘사한다. 이와 비슷한 모티브가 욥기 9 : 5~10에서 서술되어 있다. 산과 바위는 탁월함과 견고함의 상징이다. 하지만 하나님의 능력 앞에서 어쩔 수 없다. 하나님의 권능은 산과 바위가 부서지고 옮겨지게 한다(18절). 하나님은 돌을 닳게 하고 땅의 티끌을 쓸어가는 물처럼 인간의 희망을 끊으신다(19절). 하나님은 죽음을 통해 인간이 사라지게 하시며, 얼굴이 변하여 죽음의 세계로 떠나게 하신다(20절). 죽음은 사람을 삶의 세계로부터 단절시킨다. 자신의 자식들이 존귀함을 얻거나 비천하게 되어도 알지 못한다(21절). 22절은 죽음 전의 상황에 대한 묘사이다. 죽음의 세계에서도 고통을 느낀다는 사고는 욥기에서 나타나지 않는다. 여기에서 총체적인 인간에 대한 표현으로 '바사르'(בְּשָׂר, 살)와 '네페쉬'(נֶפֶשׁ, 영혼)가 사용되었다. 하나님의 주권이 작용하는 세계에서 고난 가운데 있는 인간의 모습을 잘 보여 준다. 이러한 인간의 모습 가운데 욥이 대표적인 사례가 되어 나타난다.

설교를 위한 묵상

욥기 14장을 통해 얻을 수 있는 교훈들은 무엇인가? 다음과 같은 점들을 생각할 수 있다.

첫째, 고난은 삶의 근원적인 질문을 하게 한다. 고난은 인간 실존을 깊이 생각하고 삶을 진지하게 보게 한다. 고난 중에 있는 자는 삶의 한순간도 그냥 지나쳐 버릴 수 없다. 삶의 의미를 묻고 고통의 시간이 하루 속히 종결되기를 소망한다. 욥기 14장의 발언에서 고난 당하는 자의 특성이 그대로 나타난다. 욥은 인간 실존의 연약성과 무상성을 갈파하고 있다. 여인에게서 태어난 사람은 날의 수가 적고 고난으로 점철된 삶을 살고 있음을 말한다. 금방 시들어버리는 꽃과 같이 순식간에 사라지는 그림자와 같이 인간의 삶은 짧고 신속히 지나간다. 더욱이 인간의 수명은 하나님의 정한 날 수를 넘어설 수 없다(5절). 나무처럼 다시 살 수 있는 것도 아니다. 죽음은 영원히 돌아 올 수 없는 세계로 들어가는 것이다. 그렇기 때문에 욥에게 삶의 문제는 더욱 중요하다. 욥의 고난을 통해 우리는 사는 것이 얼마나 중요하며 생명의 순간이 얼마나 소중한 것인가를 깨닫게 된다. 한순간도 소홀히 여길 수 없는 것임을 깨닫게 된다. 삶이 소중함을 깨달은 자가 인생의 의미를 묻고 삶을 가치 있게 살 수 있다. 살아 있는 시간을 그냥 흘려보내지 않고 의미 있는 것으로 채우며 산다. 고난에 직면하여 욥은 자신의 삶의 의미를 묻고 하나님과의 관계 속에서 자신에 대한 하나님의 계획과 의도가 무엇인지 묻는다. 고난을 통해 삶을 더욱 진지하게 바라보고 근원적인 질문을 통해 올바른 방향을 찾는 것이다.

둘째, 고난은 현실을 능가하는 희망과 소망을 품게 한다. 욥은 자신의 고난이 끝나기를 바라는 마음으로 하나님이 자신을 스올에 숨겨주시기를 희망한다(13절). 스올은 돌아오지 못할 땅(7 : 9 이하, 21 : 10 : 21 이하 ; 16 : 22)이며 한번 죽으면 모든 것이 끝이라는 사실을 잘 알고 있는 그가 스올을 피난처로 언급하고 있는 것이다. 이것은 고난이 그치기를 바라는 마음이 얼마나 큰가를 보여준다. 불가능의 가능성을 희망하고 있는 것이다. 특별히 하나님의 진노가 그칠 때까지 스올에 자신을 숨겨달라고 하나님께 부탁하는 것은 문제와 해결책이 모두 하나님께 있음을 잘 보여주고 있다. 진노하시는 하나님과 구원하시는 하나님을 동시에 인식함으로 자신의 문제를 더욱 첨예하게 드러내고 있는 것이다.

욥은 현실을 능가하는 희망을 통해 죽음 이후의 삶을 생각하게 한다. 인간은 한번 죽는 것으로 끝나지 않고 어떤 식으로든 그의 삶이 지속될 수 있음을 생각하게 한다. 이러한 사고가 발전하여 부활사상으로 나아가게 된다. 욥은 부활에 대해서 직접적으로 말하지 않는다. 하지만 부활사상을 말할 수 있는 토대를 마련하고 있다. 욥에게 하나님은 죽음의 세계에도 영향을 줄 수 있는 분이다. 스올에 잠시 피난하게 하시며 진노가 사라진 후 자신이 손수 지은 작품을 그리워하실 분이다(13-15절). 이처럼 고난은 인간에게 현실을 능가하는 소망을 품게 하며, 그러한 소망으로 무한한 능력자 하나님을 바라보게 한다.

제 IV 부

세 친구와의 2차 논쟁
욥기 15 : 1~21 : 34

A. 욥과 엘리바스의 2차 대화(15 : 1-17 : 16)
  1. 엘리바스의 두 번째 발언(15 : 1-35)
  2. 엘리바스의 발언에 대한 욥의 응답(16 : 1-17 : 16)
B. 욥과 빌닷의 2차 대화(18 : 1-19 : 29)
  1. 빌닷의 두 번째 발언(18 : 1-21)
  2. 빌닷의 두 번째 발언에 대한 욥의 응답(19 : 1-29)
C. 욥과 소발의 2차 대화(20 : 1-21 : 34)
  1. 소발의 두 번째 발언(20 : 1-29)
  2. 소발의 두 번째 발언에 대한 욥의 응답(21 : 1-34)

| 욥기 15 : 1-21 : 34 |

세 친구와의 2차 논쟁

A. 욥과 엘리바스의 2차 대화(15 : 1-17 : 16)

1. 엘리바스의 두 번째 발언(15 : 1-35)

세 친구와의 논쟁 가운데 15장은 논쟁의 두 번째 바퀴를 시작한다(15 : 1-21 : 34). 이번에도 엘리바스의 발언이 논쟁의 서두에 나온다. 두 번째 바퀴역시 친구들 각각의 발언에 대해 욥이 응답하는 방식으로 진행된다. 첫 번째 바퀴에 비해 엘리바스의 발언이 줄어들긴 했지만 여전히 다른 친구들보다는 길게 나타난다. 논쟁의 두 번째 바퀴(15-21장)에서 엘리바스, 빌닷, 소발의 발언 길이는 각각 68행, 47행, 56행이다. 여기에 욥이 각각 대응하며 말을 하는데, 욥의 발언도 첫 번째 바퀴에 비해서는 짧아졌지만, 여전히 친구들보다는 길게 말한다. 욥은 세 친구들에게 각각 79행, 58행, 67행의 발언으로 대응한다. 여기에서 욥의 대응이 친구들의 발언의 길이를 그대로 따라가고 있음을 알 수 있다. 소발이 빌닷보다 길게 말한 만큼 욥도 소발에게 빌닷에게 말할 때보다 길게 대응한다(J. Hartley, *NICOT*, 241).

엘리바스의 두 번째 발언의 특징은 첫 번째 발언보다 짧고 격앙된 어조를 보여준다는 점이다. 엘리바스의 첫 번째 발언(4-5장)과 두 번째 발언(15장)의 가장 중요한 차이는 주제의 구성에서 드러난다(J. Ebach, *KBB* 1, 129). 엘리바스의 첫 번째 발언은 대체로 다음 세 가지 주제로 구분된다. 첫째, 욥의 논거에 대한 반박(4:1-6), 둘째, 악인의 운명에 대한 묘사(4:7-5:7), 셋째, 좋게 회복될 욥의 운명에 대한 전망(5:8-27) 등이다. 이 세 가지 주요 요소는 논쟁의 첫 번째 바퀴에서 다른 친구들의 발언에도 목격된다. 그러나 엘리바스의 두 번째 발언에서는 앞의 두 가지 요소만 있을 뿐 세 번째 요소가 나타나지 않는다. 이것은 욥에 대한 친구들의 태도가 변하고 있음을 보여주는 표지다. 첫 번째 논쟁에서 친구들이 하나님의 통치 안에서 움직이는 이 세계에서 결국 일이 올바른 방식으로 진행될 것이기 때문에 욥의 형편도 좋아질 것이라는 사실을 욥에게 확신시키는 것에 주력했다면, 이제 그들은 욥의 형편이 좋지 않은 것이 그의 행동에 맞게 펼쳐지는 운명이라고 여기고 있음이 차츰 드러나고 있는 것이다.

엘리바스의 발언은 크게 두 개의 단락으로 나뉜다. 그것은 욥 발언에 대한 논박(1-16절)과 악인의 운명에 대한 묘사(17-35절)이다. 엘리바스의 발언에는 당대 최고의 지혜가 응축되어 있다. 그에게는 선조들의 지혜도 있고 계시의 경험도 있다. 그는 욥과 치열하게 논쟁하면서 한 치의 양보도 허용하지 않는다. 이와 같이 팽팽한 줄다리기와 같은 논쟁에서 그가 강조하고 있는 바는 무엇인가? 악인의 운명에 대한 묘사를 통해서 그가 의도하는 바는 무엇인가? 이러한 질문들이 이번 발언의 의미를 좀 더 쉽게 이해하게 하는 열쇠가 된다.

1) 욥 발언에 대한 논박(15 : 1-16)

(1) 네 입이 너를 정죄한다(15 : 1-6)

¹데만 사람 엘리바스가 대답하여 이르되 ²지혜로운 자가 어찌 헛된 지식으로 대답하겠느냐 어찌 동풍을 그의 복부에 채우겠느냐 ³어찌 도움이 되지 아니하는 이야기, 무익한 말로 변론하겠느냐 ⁴참으로 네가 하나님 경외하는 일을 그만두어 하나님 앞에 묵도하기를 그치게 하는구나 ⁵네 죄악이 네 입을 가르치나니 네가 간사한 자의 혀를 좋아하는구나 ⁶너를 정죄한 것은 내가 아니요 네 입이라 네 입술이 네게 불리하게 증언하느니라

[15 : 1-6] 엘리바스는 두 번째 발언을 시작하면서 제일 먼저 지혜자의 자격을 문제 삼는다(2-3절). 그는 '아니다'는 답변을 유도하는 수사의문문으로 자신이 원하는 결론을 이끌어 낸다. 지혜자란 '바람과 같은 지식'(직역하면 '바람의 지식', רוּחַ־דַעַת)이나 '동풍'(קָדִים)으로 말해서는 안 된다. 2~3절이 엘리바스와 욥 가운데에 어느 한 사람을 지향하고 있다는 양자택일식 해석은 본문의 상황에 적절치 않다(예컨대, 하틀리는 2-3절이 욥을 겨냥하고 있다고 해석한다. J. Hartley, *NICOT*, 244). 그것은 엘리바스 자신과 욥을 동시에 겨냥하고 있다. 이 질문은 지혜자의 기준을 제시하며 누가 진정한 지혜자인가를 판단하게 한다.

엘리바스는 그의 첫 번째 발언을 마치면서 그의 말이 자신을 비롯한 수많은 사람들의 경험과 연구 끝에 얻어진 결과물이라는 사실을 강조했다(5 : 27). 이것은 자신이 '연구하는 지혜자'라는 사실을 은근히 주장한 것이다. 그는 참으로 경험이 많을 뿐만 아니라(4 : 8 ; 5 : 3) 당대에 통용되던 행위화복 관계의 일치성을 강조하는 전통적인 지혜에 정통했고(4 : 7-11) 계시의 경험(4 : 12-21)까지 갖춘 사람이다. 엘리바스와 맞서고 있는 욥도 앞에 나온 발

언에서 자신이 지혜자 중 한 사람임을 강조했다. 욥은 자신이 친구들과 같은 '이해력'이 있고(12:3) 그들만큼의 지식이 있다(13:2)고 주장했다. 그러나 욥은 자신의 말이 바람과 같다고 말한다(6:26). 이것은 고난 중에 있는 자의 말은 바람과 같이 거세고 제대로 걸러진 말이 될 수 없다는 사실을 말한 것이다(6:3). 하지만 친구들에게는 그러한 욥의 의도가 전달되지 않고 현상만 보일 뿐이다. 지금 발언하고 있는 엘리바스뿐만 아니라 빌닷도 그의 첫 번째 발언에서 욥의 발언을 '거센 바람'(רוּחַ כַּבִּיר)과 같다고 평가했다(8:2).

따라서 여기에서 '바람과 같은' 말과 지식이란 헛된 것을 의미한다(16:3 참조). 그것은 제어할 수 없이 거칠고 파괴적이지만, 결국 바람과 같이 사라져버릴 공허한 것이다. 엘리바스는 바로 욥의 말이 그러하다고 지적한다. 그러한 말들은 '쓸모없고 무익하다.' 그러기 때문에 욥은 지혜자가 될 수 없다. 오히려 그러한 욥의 행동과 말은 하나님 '경외하는 것'(יִרְאָה)과 '기도하는 것'(שִׂיחָה)을 그만두게 하는 결과를 초래한다(4절). 하나님 '경외'와 하나님 앞에서의 '기도'는 오늘날의 경건과 신앙을 대체할 수 있는 표현이다(4:6). 엘리바스에 의하면 '쓸모없고 무익한' 말만 쏟아내는 욥의 모습은 신앙 자체를 불가능하게 한다는 것이다. 이러한 엘리바스의 지적은 고난 중에 있는 욥이 자신의 고통을 호소하며 쏟아내는 탄식을 전혀 이해하지도 못하고 용납하지도 않는 편협하고 폐쇄적인 그의 신앙관을 드러낸다.

엘리바스는 여기에서 한 발짝 더 나아간다. 욥의 그러한 행동과 말은 바로 그 자신이 죄인임을 드러낸다는 것이다(5-6절). 엘리바스는 이러한 사실을 욥의 말을 교묘하게 인용하면서 입증한다(6절)(J. Ebach, *KBB* 1, 131). 사실 욥은 9:20에서 이와 유사한 말을 했다("내가 의롭다해도, 입이 나를 죄인으로 정죄하겠고, 내가 순전하다 해도, 나를 굽었다고 선언할 것이다."). 그 당시 욥은 이 진술을 통해 하나님이 워낙 강하시고 뛰어나신 분이시기 때문에 감히 그분과 상대하여 이길 수 없을 것이라는 우려를 나타낸 것이다. 그런데 엘리바스는 그의 말을 그대로 인용하면서 욥과 같이 반항적이고 저돌적인 말을 쏟아내는 사람은 자신이 스스로 죄인임을 드러내는 일이라고 단정한다. 이것은 '사람은 자기 속에 있는 것을 말하게 되어 있다'는 예수님의 교훈을 떠올리게 한다(마 12:33-37; 눅 6:43-45 참조).

(2) 너만 홀로 지혜를 가졌느냐(15:7-16)

⁷네가 제일 먼저 난 사람이냐 산들이 있기 전에 네가 출생하였느냐 ⁸하나님의 오묘하심을 네가 들었느냐 지혜를 홀로 가졌느냐 ⁹네가 아는 것을 우리가 알지 못하는 것이 무엇이냐 네가 깨달은 것을 우리가 소유하지 못한 것이 무엇이냐 ¹⁰우리 중에는 머리가 흰 사람도 있고 연로한 사람도 있고 네 아버지보다 나이가 많은 사람도 있느니라 ¹¹하나님의 위로와 은밀하게 하시는 말씀이 네게 작은 것이냐 ¹²어찌하여 네 마음에 불만스러워하며 네 눈을 번뜩거리며 ¹³네 영이 하나님께 분노를 터뜨리며 네 입을 놀리느냐 ¹⁴사람이 어찌 깨끗하겠느냐 여인에게서 난 자가 어찌 의롭겠느냐 ¹⁵하나님은 거룩한 자들을 믿지 아니하시나니 하늘이라도 그가 보시기에 부정하거든 ¹⁶하물며 악을 저지르기를 물 마심 같이 하는 가증하고 부패한 사람을 용납하시겠느냐

[15:7-16] 첫 번째 단락 후반부에서 엘리바스는 다시 욥을 굴복시키기 위해서 수사의문문을 사용한다(7-9절). 그의 질문에는 '아니오' 또는 '없다'로 대답할 수밖에 없다. 이러한 종류의 수사의문문은 하나님이 욥에게 응답하실 때 사용하신 질문들과 유사하다(38-39장). 그는 연속하여 세 쌍의 질문을 던진다. 그는 먼저 욥이 '최초의 인간'(הָרִאישׁוֹן אָדָם)처럼 오래되고 뛰어난 존재라도 되는가를 묻는다(7절). 여기에는 에스겔 28:11~19이나 시락서 49:16에서 언급되고 있으며 유대랍비 문헌에서 발견되는 '천상의 아담'(heavenly Adam)에 관한 신화적 사고가 들어 있다(이러한 언급의 배경에 관하여 다음을 참조하라. G. Fohrer, *KAT*, 268쪽 이하). '천상의 아담'은 '지상의 아

담'(earthly Adam)의 모범과 모델로서 세계보다 앞서 창조되었고, 그렇기 때문에 그는 누구보다 많은 경험을 가진 특별한 존재이다. 또한 의인화된 지혜처럼 하나님이 세계를 창조하실 때 하나님과 함께 있는 특권을 누렸을 것이다(잠 8 : 22-31 ; 시 90 : 2 참조). 만약 욥이 그러한 존재라면 그는 하나님이 주재하시는 천상회의도 참석하였을 것이고, 누구보다 뛰어난 지혜를 가졌을 것이다(8절 ; 또한 렘 23 : 18, 22 참조). 만약 그렇다면 욥은 엘리바스는 물론이고 그의 친구들보다 아는 것이 많고 깨달음도 큰 사람이다(9절). 그러나 욥은 이러한 질문들에 부정적으로 답변할 수밖에 없다. 오히려 욥은 친구들보다도 연령이 낮고 경험도 적다(엘리바스가 말하는 '우리'는 세 친구뿐만 아니라 그가 속한 지혜자 집단을 의미한다). 심지어 그들 중에는 욥의 부친보다 나이가 많은 사람도 있다(10절). 그러므로 욥은 엘리바스를 비롯한 친구들보다 더 지혜로울 수 없다. 그렇기 때문에 욥은 엘리바스의 말을 듣고 깨달음을 얻어야 한다(17절 이하).

엘리바스가 앞에서 친구들과의 관계에서 나타나는 욥의 행동을 문제 삼았다면(7-10절), 이제는 하나님과의 관계에서 나타나는 그의 행동의 문제점을 지적한다(11-16절). 먼저 그는 욥이 하나님의 '위로'를 거부한다고 비난한다(11절). 엘리바스가 말하는 하나님의 위로는 무엇인가? 그것은 우선적으로 4 : 17~21에서 인용된 밤의 계시를 의미한다(G. Fohrer, *KAT*, 270). 그래서 아래 14~16절에서는 4 : 17~19의 내용을 거의 그대로 인용하고 있다. 엘리바스는 욥이 하나님의 대변자로 기능하고 있는 자신을 비롯한 친구들의 말을 듣지 않는다는 점을 지적하고 있다. 욥은 하나님의 말씀에 귀 기울이지 않고 오히려 눈을 부릅뜨고 대든다(12절). 욥의 그러한 모습은 명백히 하나님을 대적하는 행동이다(13절). 욥에 대한 엘리바스의 판단은 일차적으로 친구들에게 하는 욥의 행동을 염두에 두고 있다. 엘리바스에게는 자신들에 대한 욥의 행동이 하나님에 대한 행동으로 인식된다. 하나님을 대적하는 욥의 행동은 특별히 욥이 쏟아내는 말을 통해서 드러난다.

14~16절은 인간의 부정(不淨)함과 죄악성을 강조한다. 엘리바스는 여기에서 다시 욥의 말(14:1)을 인용하면서 하나님으로부터 받은 계시의 내용(4:17-18)을 반복함으로써 욥의 입장을 더욱 궁색하게 만들고자 한다(하지만 여기에서 사용된 어휘는 4:17-18에서와 약간 다르다)(J. Hartley, *NICOT*, 247, 각주 16번). 여인에게서 태어난 존재인 사람(אֱנוֹשׁ)은 깨끗할 수 없고 의로울 수 없다. 4:17에서는 사람이 하나님과 비교되고 있지만 여기에서는 비교 대상 없이 사람이 본질적으로 어떤 존재인가가 강조된다. 사람은 본질적으로 깨끗지 못하고 죄를 범하기에 발 빠른 존재이다(14절). 하나님께서는 천사들('그의 거룩한 자들', 또한 5:1 참조)도 믿지 않고, 하늘도 그분의 눈에는 깨끗하게 보이지 않는다. 여기에서 하늘은 장소를 가리킨다기보다 하늘에 거주하고 있는 존재들을 가리킨다고 보아야 할 것이다('새벽별들'이 '하나님의 아들들'과 평행을 이루고 있는 38:7을 보라; J. Hartley, *NICOT*, 247). 하늘의 존재들도 깨끗하게 여기지 아니하시는 하나님에게 죄악을 물 마시듯 하는 사람이 가증스럽고 부패한 존재로만 보일 뿐이다(16절). 이로써 자신의 의로움을 주장하는 욥의 발언은 엘리바스에게서 철저하게 논박당한다. 자신이 겪는 고난의 현실에 대해서 항변할 수 없고 오직 자신의 죄를 인정하고 회개하는 것이 그의 유일한 살 길이다(5:8; 8:5-6; 11:13-14 참조). 이렇게 자신의 상황을 이해하지 못하는 욥은 무지한 자요 어리석은 자다. 이처럼 지혜로부터 먼 거리에 있는 욥은 이제 지혜자의 전통에 서 있는 엘리바스의 말을 듣고 지혜와 깨달음의 길로 나와야 한다.

2) 악인의 운명에 대한 묘사(15:17-35)

(1) 너는 내게 들으라(15:17-19)

¹⁷내가 네게 보이리니 내게서 들으라 내가 본 것을 설명하리라 ¹⁸이는 곧 지혜

로운 자들이 전하여 준 것이니 그들의 조상에게서 숨기지 아니하였느니라 [19]이 땅은 그들에게만 주셨으므로 외인은 그들 중에 왕래하지 못하였느니라

[15 : 17-19] 엘리바스는 두 번째 단락을 시작하면서 자신의 말에 경청할 것을 요구한다. 이것은 빌닷에 대한 답변을 통해 조용히 하고 자신의 말을 들으라 (13 : 5-6, 13)고 이야기했던 욥의 요구에 대한 반격이기도 하다. 가르침이 필요한 것은 친구들이 아니라 욥이다. 엘리바스는 자신의 말이 두 가지 점에서 신뢰할 만하며 권위가 있다는 사실을 은근히 드러낸다(G. Fohrer, *KAT*, 272). 먼저 그가 말하려고 하는 내용은 자신의 직접적인 경험에 기초한 것이다(17절, '내가 본 바'; 또한 4 : 8; 5 : 3 참조). 또한 그것은 선조들의 지혜에 기반을 둔 것이다(18절, 이것은 앞서 빌닷이 강조한 바이기도 하다; 또한 8 : 8-11 참조). 19절에서 언급되고 있는 '땅'이 의미하는 바가 엘리바스의 고향인 데만이나 이스라엘이라고 생각할 수 있긴 하지만, 구체적으로 어떤 땅을 의미하고 있는지는 확정할 수 없다. 다만 이 언급이 의미하는 바는 분명하다. 자신이 전달받은 조상들의 지혜는 외인들에 의해서 영향 받거나 왜곡되지 않은 시대에 생겨난 순수하고 고유한 것이라는 사실이다. 그러므로 그것은 신뢰할 만하다.

(2) 환란과 고통으로 가득찬 악인의 삶(15 : 20-25)

[20]그 말에 이르기를 악인은 그의 일평생에 고통을 당하며 포악자의 햇수는 정해졌으므로 [21]그의 귀에는 무서운 소리가 들리고 그가 평안할 때에 멸망시키는 자가 그에게 이르리니 [22]그가 어두운 데서 나오기를 바라지 못하고 칼날이 숨어서 기다리느니라 [23]그는 헤매며 음식을 구하여 이르기를 어디 있느냐 하며 흑암의 날이 가까운 줄을 스스로 아느니라 [24]환난과 역경이 그를 두렵게 하며 싸움을 준비한 왕처럼 그를 쳐서 이기리라 [25]이는 그의 손을 들어

하나님을 대적하며 교만하여 전능자에게 힘을 과시하였음이니라

[15:20-25] 엘리바스가 직접 경험하고 가치 있는 것으로 보존해 온 지혜의 내용은 악인들의 운명에 관한 것이다. 그들은 사는 날 전체가 고통이다(20절). 압제자의 삶은 온전히 누리는 생애가 되지 못하고 모든 것이 숨겨진 채 있다. 악인은 늘 두려움에 떠는 삶을 살아야 한다(21절). 이것은 3:25에서 말한 욥의 상황을 떠올리게 한다. 심지어 악인은 평안의 때라고 생각되는 시간에도 하나님의 심판을 경험해야 한다. 그러므로 그는 어둠으로부터 돌아올 것을 기대할 수 없다(22절). 그에게는 회복에 대한 소망이 없다. 오직 칼날이 그를 기다리고 있을 뿐이다. 그는 빵을 찾아 헤매는 삶을 살아야 하며, 그의 손 안에 이미 어둠의 날이 있음도 안다(23절). 환란과 고통이 그를 두렵게 하고 마치 적군을 향해 공격하는 왕처럼 그를 압도한다(24절). 이와 같이 악인은 환란과 고통으로 가득 찬 삶을 살아야 한다. 악인이 그러한 운명을 맞는 이유는 분명하다. 그것은 그가 하나님께 반역하고 교만하게 행동하기 때문이다(25절).

(3) 멸망으로 끝나는 악인의 삶(15:26-35)

[26]그는 목을 세우고 방패를 들고 하나님께 달려드니 [27]그의 얼굴에는 살이 찌고 허리에는 기름이 엉기었고 [28]그는 황폐한 성읍, 사람이 살지 아니하는 집, 돌무더기가 될 곳에 거주하였음이니라 [29]그는 부요하지 못하고 재산이 보존되지 못하고 그의 소유가 땅에서 증식되지 못할 것이라 [30]어두운 곳을 떠나지 못하리니 불꽃이 그의 가지를 말릴 것이라 하나님의 입김으로 그가 불려가리라 [31]그가 스스로 속아 허무한 것을 믿지 아니할 것은 허무한 것이 그의 보응이 될 것임이라 [32]그의 날이 이르기 전에 그 일이 이루어질 것인즉 그의 가지가 푸르지 못하리니 [33]포도 열매가 익기 전에 떨어짐 같고 감람 꽃이 곧

떨어짐 같으리라 ³⁴경건하지 못한 무리는 자식을 낳지 못할 것이며 뇌물을 받는 자의 장막은 불탈 것이라 ³⁵그들은 재난을 잉태하고 죄악을 낳으며 그들의 뱃속에 속임을 준비하느니라

[15 : 26-35] 다시금 악인이 보여 주는 삶의 행태가 묘사된다(26-27절). 이것은 25절에서 요약하고 있는 악인의 근본적인 악을 좀 더 구체적인 방식으로 설명한다. 악인은 자신이 하나님께 어떠한 존재인지 깨닫지 못하고 무모한 행동을 감행한다. 그는 목을 꼿꼿이 세우고(직역하면 '목을 가지고'[with a neck]) 자신을 방어해 줄 것으로 믿는 방패를 가지고 하나님께 달려간다(26절). 그는 자신이 하나님과 대항해서도 이길 수 있다고 확신하고 있는 것이다. 27절은 악인의 살찐 외모를 묘사한다. 이것은 불의로 거부가 되어 살찌고 윤택하게 된 악인의 모습을 연상시킨다(렘 5 : 25-28). 그러나 엘리바스 발언의 맥락에서 살펴볼 때 이 구절이 의도하는 바는 악인의 신뢰와 자랑의 근거가 되는 부와 힘을 말하려는 것이다(오늘날과는 달리 고대사회에서는 살찜[기름]이 부와 힘의 상징이었다). 악인은 잠시 동안 누리고 있는 부와 힘을 믿고 하나님께 대항하는 행동을 보인다는 것이다. 이 얼마나 어리석고 무지한 자신을 드러내는 행동인가?

이렇게 하나님께 반역하는 악인의 번영은 오래가지 못한다. 그는 얼마 지나지 않아 황폐한 성읍, 돌무더기로 변하여 사람들이 살지 않는 곳에 살게 된다(28절). 그가 가진 재산이나 소유는 지속되거나 확장되지 못한다(29절). 그는 어두움 가운데 있게 되고 하나님의 심판으로 사라질 것이다(30절). 그의 멸망은 결정적이다. 그래서 누구도 그가 다시 일어설 것이라는 기대를 가지게 해서는 안 된다(31절). 그에게 회복에 대한 기대는 허망한 것이다. 32~33절에서는 열매를 거두지 못하고 때 이른 종말을 맞게 될 악인의 운명이 식물세계의 비유를 통해 묘사된다. 가지가 푸르지 못하게 되며, 열매를 맺어야 할 꽃이 내던져지고, 열매를 맺어도 익지 않은 상태에서 떨어지고 만

다. 그러므로 악인이 황폐케 되며 멸망을 당한다는 것은 자명한 사실이다 (34절). 엘리바스는 자신의 발언 마지막 절(35절)에서 악인이 맞게 되는 운명을 출산의 과정에 비유하여 설명한다(다른 비유로 말하고 있는 것을 보라. 예컨대 4 : 8에서는 악인이 맞는 운명을 파종과 수확의 과정에 빗대어 말하고 있다). 이렇게 고난과 고통으로 점철된 악인의 삶은 악인 스스로가 초래한 결과다. 3 : 10에서 욥은 자신이 고난 가운데 있는 것은 하나님이 자신을 출생하게 하셨기 때문이라고 말하고 있지만(3 : 10의 번역과 의미에 대해서 해당 구절의 주석을 보라), 엘리바스는 그러한 주장을 반박한다. 욥이 지금 고난을 목도하고 있다면 그것은 자신이 잉태하고 낳은 악의 결과일 뿐이다.

설교를 위한 묵상

풍부한 경험과 지혜의 전수자답게 엘리바스의 말은 다채롭고 무게가 있다. 그러나 아무리 말이 화려하고 권위 있게 보여도 듣는 사람이 설득되지 못하고 감동받지 못하면 좋은 말이 되지 못한다. 화력(話力)은 감화력이다. 이러한 의미에서 엘리바스의 발언은 비판적으로 고찰되어야 한다. 엘리바스의 이 발언을 통해 얻을 수 있는 교훈은 무엇인가?

첫째, 엘리바스의 발언은 참된 신앙이란 과연 무엇인가를 질문하게 한다. 엘리바스는 욥을 향하여 '바람과 같은 지식'과 '동풍'으로 말하는 사람이라고 비난한다(2절). 엘리바스가 바람의 비유를 써서 말하려 하는 바는 욥의 말이 강한 바람과 같이 제어할 수 없이 거칠고 파괴적이지만, 결국 바람과 같이 사라져버릴 공허한 것임을 인식하게 하는 것이다. 그는 그러한 욥의 말이 '쓸모없는 말'이요 '무익한 이야기'라고 비판한다(3절). 그리고 그러한 욥의 말과 행동은 하나님을 '경외하는 것'과 그분께 '기도하는 것'조차 막는다고 말한다(4절). 고난의 현실에 대하여 탄식하며 하나님께 질문하는 욥의 모습이 하나님에 대한 신앙 자체를 불가능하게 한다는 것이다.

이러한 엘리바스의 지적은 일면 타당하다. 하나님의 역사와 섭리를 온전히 신뢰하며 어떠한 상황 속에서도 감사와 찬양으로 나아가는 것이 신앙인에게 요구되는 태도일 것이다. 그러나 사람에게는 이해할 수 없는 고난과 고통 가운데서 감사와 찬양으로 나아가기까지의 과정이 필요하다. 자신의 현실에 대한 깊은 성찰이 필요하고, 하나님의 뜻이 이해되지 않거나 발견되지 않을 때는 탄식하여 하나님께 질문해야 한다. 무조건 감사와 찬양으로 응답하라는 요구는 높은 신앙의 경지를 나타내는 말 같지만, 아픈 현실을 무감각으로 받아들이라는 맹목적인 신앙을 요구하는 것이나 다름없다. 아브라함(창 18:23-25), 모세(출 5:22-23 ; 32:11-13), 하박국(합 1:2-4, 12-17), 예레미야(렘 20:7-18), 시편기자(예컨대, 시 22편, 73편 등)와 같이 성경의 수많은 인물들이 하나님의 공의가 의심될 때는 탄식하며 하나님께 질문했다. 예수님께서 십자가 위에서 외치신 말씀('엘리 엘리 라마 사박다니', 마 27:46 외 관련구절 참조)은 고난 중에 탄식하는 탄식의 외침을 가장 극적으로 대변한다. 그러므로 욥과 같이 이해할 수 없는 고난 중에서 바람과 같이 거칠고 강한 표현으로 탄식하지만(6:3, 26) 끊임없이 하나님께로 향하는 것이 참된 신앙이 아닌가? 현실에 대해서 고민하지도 않고 깊이 성찰하지도 않고서 보여주는 감사와 찬양보다, 탄식하며 질문함으로 하나님의 뜻과 의를 구하는 과정을 지나 이르게 된 감사와 찬양이 훨씬 깊이 있고 맑은 소리를 낼 수 있으며 이것이 생생하게 살아 있는 역동적인 신앙의 모습이 아닌가? 이것이야말로 바로 바람과 같이 임하는 성령의 역사가 일어나는 모습이 아니겠는가?

둘째, 엘리바스의 발언은 말의 의도가 중요함을 생각하게 한다. 엘리바스의 이번 발언의 의도는 우선 그 구조에서 드러난다. 이번 발언이 그의 첫 번째 발언과 명백하게 차이가 나는 점은 '욥의 논거에 대한 반박'(4:1-6 ; 15:1-16)과 '악인의 운명에 대한 묘사'(4:7-5:7 ; 15:17-35) 이후 나타나야 할 '좋게 회복될 욥의 운명에 대한 전망'(5:8-27)을 보여주지 않는다는 것이다. 이것은 엘리바스의 발언이 악인의 운명에 대한 묘사에 초점이 맞춰져 있음을 말해 준다. 그렇다면 이러한 발언의 의도는 무엇인가? 그것은 욥이 악인의 운명을 맞고 있다는 사실을 깨닫게 하는 것이다. 자신이 묘사하고 있는 악인은 다른 사람이 아니라 욥이라는 사실이다.

이러한 사실은 그의 발언을 욥의 발언과 연결지어 생각할 때 더욱 분명하게 나타난다. 엘리바스는 악인의 삶은 고통과 환란으로 가득 차 있다는 사실을 지적하며 '그의 귀에는 늘 두려움(פְּחָדִים)의 소리가 있다'(21절)고 말한다. 이것은 '자신이 두려워하던 것(פַּחַד פָּחַדְתִּי)이 임했다'(3:25)고 말하는 욥의 말을 떠올리게 한다. 이 두 진술은 동일한 어휘를 통해 그 관련성을 보여준다. 또한 엘리바스는 악인 스스로가 자신의 '고난(עָמָל)과 고통을 잉태한다고 말한다(35절). 그러나 이 말도 욥의 발언을 생각할 때 그의 말에 대한 반박으로 읽혀진다. 욥은 하나님이 모태의 문을 닫지 않아 '고난(עָמָל)'을 보게 되었다고 말했다(3:10). 욥이 겪고 있는 고난은 자신의 범죄에 대한 결과일 뿐 하나님을 탓할 수 없다는 것이다.

이러한 점으로 볼 때 엘리바스의 발언에는 욥의 말을 반박하며 자신의 주장을 관철시키기 위한 목적이 들어 있음이 명확해진다. 그의 말은 더 이상 위로나 격려가 아니라 상대방을 굴복시키고자 하는 일방적인 교훈이다. 이러한 그의 말이 욥에게 미치는 파급효과는 엄청난 것이다. 그것은 욥을 악인으로 정죄하는 것이다. 엘리바스의 말에 의하면 그러한 사실을 욥이 현재 맞고 있는 고난이 증거한다. 따라서 욥은 더 이상 회복에 대한 기대나 희망을 가질 수 없고 그 앞에 기다리고 있는 칼날과 하나님의 심판만을 경험하게 될 것이라(22절, 30-31절)는 결론에 이르게 한다. 이처럼 말이 주는 파급효과는 발언자의 의도에 따라서 듣는 사람에게 엄청난 결과로 나타난다. 그러므로 말을 할 때는 선한 의도를 가지고 듣는 사람의 형편과 처지를 고려하여 신중하게 행동해야 한다.

셋째, 엘리바스의 발언은 올바른 진단에서 올바른 해법이 나온다는 사실을 실감케 한다. 엘리바스는 악인이 그러한 운명을 만나게 된 것은 하나님께 반역하고 교만하게 행동하는 것에 그 원인이 있다고 말한다(25절). 그리고 악인의 구체적인 행동을 묘사하는데, 그는 목을 꼿꼿이 세우고 자기의 방패를 가지고 하나님께 달려간다(26절). 그러한 행동의 배후에는 자신의 힘과 부를 의지하는 마음이 있다(27절). 얼굴과 허리에 기름이 있는 모습은 악인의 번영을 상징한다. 악인은 자신이 일시적으로 누리고 있는 부와 힘을 믿고 그렇게 무모한 행동을 보인다는 것이다. 엘리바스는 바로 이러한 모습을 보여 주는 것이 욥이라고 말하고자 한다.

그러나 엘리바스의 이러한 진단은 잘못된 것이다. 욥이 보여 주는 행동은 무모한 반역이 아니다. 그는 지금 자신의 힘과 부를 의지하고 하나님께 대드는 것이 아니다. 그는 오히려 아무것도 가지지 못한 절망적인 고난 가운데에 있다. 가족과 재산, 사회적 지위와 건강 등 모든 것을 잃고 고통 중에 탄식하고 있다. 그는 모든 문제의 원인자이시며 해결자이신 하나님께 나아감으로 그분으로부터 문제의 탈출구를 찾고 있는 것이다(7:1-21; 9:25-10:22; 13:20-14:22). 따라서 엘리바스의 발언은 이론은 옳지만 현실적용이 잘못된 발언이다. 전통적인 지혜의 관점에서 보면 결국 멸망으로 끝나는 악인의 운명에 대한 설명이 옳다고 할 수 있지만, 욥의 현실을 설명한다는 측면에서 보면 잘못된 것이다.

이렇게 잘못된 진단을 통해서 얻어진 결론은 올바를 수 없다. 잘못된 진단을 통해서는 올바른 해법이 나올 수 없는 것이다. 엘리바스는 욥에 대한 교훈과 책망에서 끝내 원하는 목표에 도달하지 못한다(그의 세 번째 발언이 있는 22장을 보라). 결국 그는 하나님의 답변을 통해 자신의 진단과 평가가 잘못되었음을 깨달아야 했다(42:7).

2. 엘리바스의 발언에 대한 욥의 응답(16:1-17:16)

16~17장은 바로 앞에 나온 엘리바스의 말에 대한 욥의 답변이다. 16~17장에 나타난 욥의 발언은 따라잡기가 매우 어려운데 특히 17장의 내용을 파악하기가 쉽지 않다. 논리적으로 이어지는 사고나 일관성 있는 주제가 나타나지 않는다. 속담이나 인용문이 갑자기 나타나고 이런 저런 말이 뒤섞여 있다. 발언의 대상자도 불분명하다. 그러나 이와 같은 상황은 본문이 손상되었다거나 후대의 첨삭이 있었다고 생각하기보다는 극심한 고통가운데서 제대로 갈피를 잡을 수 없는 욥의 심리상태를 반영한다고 보는 것이 더 적절할 것이다.

이 발언은 아래와 같이 여섯 개의 단락으로 나뉜다. 이것을 발언 대상에 따라서 도식적으로 나타내면, A-B-C-B'-A'-C'가 된다.

1. 친구들을 향한 탄식(I): 너희는 고난의 위로자들이다(16:1-6)
2. 하나님을 향한 탄식(I): 그가 나를 원수로 여기신다(16:7-17)
3. 공개된 탄식(I): 내 증인이 하늘에 있다(16:18-22)
4. 하나님을 향한 탄식(II): 나의 보증이 되소서(17:1-5)

5. 친구들을 향한 탄식(Ⅱ) : 너희 모두는 돌아오라(17 : 6-10)
6. 공개된 탄식(Ⅱ) : 나의 날들은 지나가버렸다(17 : 11-16)

1) 친구들을 향한 탄식(I) : 너희는 고난의 위로자들이다(16 : 1-6)

¹욥이 대답하여 이르되 ²이런 말은 내가 많이 들었나니 너희는 다 재난을 주는 위로자들이로구나 ³헛된 말이 어찌 끝이 있으랴 네가 무엇에 자극을 받아 이같이 대답하는가 ⁴나도 너희처럼 말할 수 있나니 가령 너희 마음이 내 마음 자리에 있다 하자 나도 그럴듯한 말로 너희를 치며 너희를 향하여 머리를 흔들 수 있느니라 ⁵그래도 입으로 너희를 강하게 하며 입술의 위로로 너희의 근심을 풀었으리라 ⁶내가 말하여도 내 근심이 풀리지 아니하고 잠잠하여도 내 아픔이 줄어들지 않으리라

[16 : 1-6] 다른 곳에서와 같이 욥은 우선 친구들의 발언에 대한 반박으로 자신의 발언을 시작한다. 욥은 친구들의 말을 평가하는데, 그에 의하면 친구들의 말은 새로운 것이 아니다. 자신도 그런 말들은 많이 들었다. 오히려 그들은 욥을 괴롭게 하는 '고난의 위로자들'(מְנַחֲמֵי עָמָל)이다(2절). 이러한 평가는 바로 앞에 나오는 엘리바스의 말(15 : 11)에 대한 대응일 뿐만 아니라 서막에서 제시하고 있는 친구들의 역할(2 : 11)을 묻는 질문이기도 하다. 엘리바스는 자신(들)의 말을 하나님의 위로로 규정짓지만, 욥은 그들로부터 하나님의 위로를 전혀 경험하지 못하고 있다. 도리어 그들은 욥에게 고통만 가중시키는 '고난'(עָמָל)이 되고 있다. 이것은 다시금 선행하는 엘리바스의 말에 대한 반박이다. 엘리바스는 자신의 발언 마지막 절(35절)에서 악인이 겪는 '고난'과 '고통'을 출산의 과정에 비유하여 자기 스스로가 초래한 것이라고 설명한다. 이로써 욥의 고난도 자기 자신의 잘못 때문에 생겨난 것임을 암시한다. 그러나 욥은 '너희가 고난의 위로자들이다'는 이 말을 통해 자신에게 '고난'을 주

는 것은 친구들이라고 반박한다. '고난의 위로자들'이라는 것은 하나의 '모순어법'(Oxymoron)이다(J. Hartley, *NICOT*, 257). 우리가 쓰는 일상생활의 언어에도 '군중속의 고독'(crowded solitude), '잔인한 친절'(cruel kindness), '침묵의 소리'(the voice of silence), '창조적 파괴'(destroy for creation) 등과 같이 상반된 의미의 낱말을 대조시켜 표현함으로 말의 효과를 극대화시키는 표현들이 많다. 욥은 위로를 전하여야 할 친구들이 고난의 제공자들이 된 '모순된' 상황을 폭로하고 있다.

3절에서는 엘리바스에게 '바람과 같은 말'(דִּבְרֵי־רוּחַ)을 한다고 지적한다. 이전에 친구들이 바람의 비유를 써서 자신의 말을 비난했던 것(8:2; 15:2 참조)을 되돌리는 것이다. 그리고 무엇이 그를 그렇게 대응하게 하는지를 묻는다. 이어지는 진술(4-5절)에서는 친구들이 자신과 같은 처지에 있다면 어떻게 행동할 수 있었겠는가를 가정하며 말한다. 욥도 그들처럼 행동하고 말할 수 있었을 것이다. 그들처럼 상대방의 입장을 거스르면서 말을 퍼붓고(직역하면, '말을 쌓아 올리며') 그들처럼 머리를 흔들면서 조롱과 경멸의 몸짓을 보일 수 있을 것이다(4절). 그런데 4절의 번역은 열려 있다. 상대방을 동정하는 말과 행동을 하는 것으로 해석할 수 있다. 특별히 여기에서 '머리를 흔들다'로 번역된 히브리 동사(נוע) 히필형)는 비하하고 경멸하며 조롱하는 몸짓을 나타내기도 하지만(왕하 19:21; 시 22:7; 또한 렘 1:16; 창 4:14 참조), 용기를 북돋으며 동정적인 행동을 보이는 몸짓을 표현하기도 한다(욥 2:11). 그렇게 해석할 경우에 4절의 의미는 5절에서 말하는 바와 같이 진정한 위로나 격려가 되지 못하고 형식적으로 하는 행동을 묘사하는 것이 된다(J. Ebach, *KBB* 1, 139). 그리고 친구들은 입으로만 힘을 북돋우고 입술로만 위로할 수 있었을 것이다(5절). 그러나 그들은 그렇게 하지 말아야 했다. 좀 더 욥의 상황을 살피고 그들이 욥을 찾아온 목적에 충실해야 했다.

6절은 아무리 말을 해도 자신의 고통이 줄어들지 않는 상황을 묘사한다. 이것은 자신의 말에 대한 하나님의 응답이 없음을 우회적으로 드러낸다. 그러므로 여기에서 그칠 수 없다. 하나님의 응답이 있을 때까지 그는 계속 말해야 한다. 이 도입발언을 통해서 욥은 한편으로 친구들을 집단으로 대하기도 하고(2, 4절), 다른 한편으론 개인으로 대하기도 한다(3절). 개인을 향하면서도 친구들 전체를 상대하고 있는 것이다(6 : 21 참조). 그들은 이제 더 이상 대화의 상대자가 되지 못한다. 각자 자신들의 입장만을 고수함으로써 만날 수 없는 평행선을 달린다. 친구들에게서 더 이상 소망을 찾지 못하는 욥은 이제 하나님께로 향할 수밖에 없다.

2) 하나님을 향한 탄식 I : 그가 나를 원수로 여기신다(16 : 7-17)

⁷이제 주께서 나를 피로하게 하시고 나의 온 집안을 패망하게 하셨나이다 ⁸주께서 나를 시들게 하셨으니 이는 나를 향하여 증거를 삼으심이라 나의 파리한 모습이 일어나서 대면하여 내 앞에서 증언하리이다 ⁹그는 진노하사 나를 찢고 적대시하시며 나를 향하여 이를 갈고 원수가 되어 날카로운 눈초리로 나를 보시고 ¹⁰무리들은 나를 향하여 입을 크게 벌리며 나를 모욕하여 뺨을 치며 함께 모여 나를 대적하는구나 ¹¹하나님이 나를 악인에게 넘기시며 행악자의 손에 던지셨구나 ¹²내가 평안하더니 그가 나를 꺾으시며 내 목을 잡아 나를 부숴뜨리시며 나를 세워 과녁을 삼으시고 ¹³그의 화살들이 사방에서 날아와 사정없이 나를 쏨으로 그는 내 콩팥들을 꿰뚫고 그는 내 쓸개가 땅에 흘러나오게 하시는구나 ¹⁴그가 나를 치고 다시 치며 용사 같이 내게 달려드시니 ¹⁵내가 굵은 베를 꿰매어 내 피부에 덮고 내 뿔을 티끌에 더럽혔구나 ¹⁶내 얼굴은 울음으로 붉었고 내 눈꺼풀에는 죽음의 그늘이 있구나 ¹⁷그러나 내 손에는 포학이 없고 나의 기도는 정결하니라

[16 : 7-17] 본 단락에서 욥은 하나님의 행동에 관하여 말하기 시작한다. 여기에서 우선적으로 주목해야 할 것은 주어의 변화이다. 7절 전반절에서 '그'

(3인칭)라고 말했다가 후반절에서는 '당신'(2인칭)이라고 말한다. 8절에서 2인칭이 주어가 되었다가, 9절에서 14절까지에서는 다시 주어가 3인칭으로 나타난다(11절에서는 '하나님'[אֵל]이라고 지칭된다). 이러한 현상은 어째서 일어나는 것일까? 본문이 손상되어서 일어난 현상인가?(예컨대, Tur-Sinai 또는 Dhorme) 아니면 본래 욥의 말이 그러했는가? 필자는 본래적인 상황을 반영한다고 본다. 왜냐하면 시편에서도 하나님에 대해서 말할 때 3인칭과 2인칭을 번갈아 가며 사용하는 것을 쉽게 볼 수 있기 때문이다(대표적으로 시 23편이 그렇다). 이것은 또한 하나님에 대한 욥의 심리적 상태를 반영한 것이기도 하다. 때로는 하나님이 멀리 있어 객관적으로 인식되기도 하며, 때로는 바로 앞에 있는 당신으로 느껴지기도 한다. 이렇게 인식의 양태는 다르지만 이 모든 진술이 하나님을 향하고 있다는 점을 아는 것이 중요하다.

하나님은 그를 곤비케 하시고 그와 관계를 맺고 있는 사람들을 황폐하게 하신다(7절). 하나님이 욥에게 하시는 행동이 '경건치 않는 무리들'에게 하는 것과 똑같다(15 : 34 참조). 그의 병든 모습은 그가 죄인이라는 사실을 증언하는 증거가 된다(8절). 왜냐하면 사람들이 그러한 욥의 형편을 하나님의 심판이라고 이해하기 때문이다. 하나님은 욥에게 분노하시며 그를 원수로 여기신다(9절). 그러한 하나님의 행동은 주위 사람들에게 영향을 미친다. 하나님이 욥을 적대하시니까 욥의 원수들이 똑같이 행동한다. 원수들이 욥의 뺨을 치고 모욕을 주며, 그를 대적하는 데에 한패가 된다(10절). 바로 이러한 일들은 하나님의 허락 없이 이루어질 수 없다. 하나님이 그를 경건치 않은 자에게 넘겨주셨고 악인들의 손에 내던지셨기 때문이다(11절).

12~14절에는 하나님이 마치 먹이를 찾아 공격하는 맹수나 동물을 사냥하는 궁수처럼 묘사된다. 하나님이 욥에게 하시는 행동은 잔인하기까지 하다. 욥을 으스러뜨리시며 산산조각 내신다(12절). 그를 표적으로 삼으시고(6 : 4 ; 7 : 20 참조) 그 안에 있는 내장 기관들이 몸 밖으로 나오게 하기까지 화살을 날리시고 사정없이 공격하신다(13절). 그는 터뜨린 곳을 또 터뜨리셔

서 재기 불능의 상태로 만드신다(14절).

그러한 하나님의 공격을 경험한 욥의 모습은 처참하다. 차마 눈뜨고 볼 수 없을 정도다(2 : 12 참조). 15절에서 '베옷을 살 위에 기웠다'는 표현은 정확하게 그 의미를 파악하기가 쉽지 않다. 슬픔과 애통을 나타내는 베옷을 상처 난 몸 위에 바로 입으니 바늘로 기운 것처럼 쓰리고 아프다는 의미로 해석되기도 하고(G. Fohrer, *KAT*, 289), 베옷이 제2의 피부가 된 것처럼 그의 몸 자체가 슬픔이 되었다고 이해되기도 한다(J. Ebach, *KBB* 1, 141). 어쨌든 욥이 당한 슬픔과 애통이 말할 수 없이 큼을 나타내는 그림언어다. 그는 또한 '뿔을 티끌에 집어넣었다'고 말한다. 이것은 승리의 표시인 뿔을 높이 드는 행위(삼상 2 : 1 ; 시 75 : 4-5, 10 ; 89 : 17, 24 ; 92 : 10 ; 112 : 9 ; 148 : 14 참조)와 반대의 경우다. 그러므로 이것은 욥의 굴욕(屈辱)과 무력(無力)을 상징한다(G. Fohrer, *KAT*, 289). 욥이 하나님의 공격을 경험하고 얼마나 울었던지 그의 얼굴이 붉어졌고, 눈 주위에는 죽음의 그림자가 느껴진다(16절). 그렇지만 욥은 여전히 자신의 무죄함에 대한 확신에 차 있다. 자신의 손에는 '폭행'(חָמָס)이 없고 자기의 기도가 '정결하다'(זַכָּה)고 주장한다. 이것은 시편 기자들이 자신의 무죄를 주장하며 하나님의 도우심을 구하는 것과 유사한 모습이다(시 7 : 3-5 ; 17 : 1-5 ; 24 : 4 ; 26 : 1, 6 참조).

3) 공개된 탄식 I : 내 증인이 하늘에 있다(16 : 18-22)

[18]땅아 내 피를 가리지 말라 나의 부르짖음이 쉴 자리를 잡지 못하게 하라 [19]지금 나의 증인이 하늘에 계시고 나의 중보자가 높은 데 계시니라 [20]나의 친구는 나를 조롱하고 내 눈은 하나님을 향하여 눈물을 흘리니 [21]사람과 하나님 사이에와 인자와 그 이웃 사이에 중재하시기를 원하노니 [22]수년이 지나면 나는 돌아오지 못할 길로 갈 것임이니라

[16:18-22] 이제 그의 발언은 공개된 탄식으로 나타난다. 어느 특정한 대상이 아니라 모두에게 열려있는 탄식이다. 그러나 이것은 허공에 사라지는 것이 아니라 친구들에게 들려지고 궁극적으로는 하나님께 향하는 탄식이다. 18절의 외침은 하나님을 향한 욥의 탄식이 더욱 강력해졌음을 알게 한다. 땅에게 피를 덮지 말라고 하고 그의 부르짖음이 머물 곳이 없게 하라고 말한다. 이것은 창세기 4:10에서 아벨의 피가 하늘을 향해 울부짖는다는 말씀을 떠올리게 한다. 억울하게 흘린 피는 그 피에 대한 보복이 이루어질 때까지 잠잠하지 않는다는 사고다(사 26:21; 겔 24:7-8 참조)(J. Hartley, NICOT, 262). 마치 그러한 피가 하늘을 향해 자신의 억울함을 호소하듯이 자신의 부르짖음이 땅에 머물지 않고 하늘까지 미치기를 바라고 있다.

그는 하늘에 자신의 무죄를 입증할 '증인'(עֵדִי)과 '변호자'(שָׂהֲדִי)가 있다고 확신한다(19절). 여기에서 하늘의 증인과 변호자는 누구를 가리키는가? 하나님이시다(J. Ebach, KBB 1, 142). 왜냐하면 하나님 외에는 하나님을 대항할 존재가 없기 때문이다("Nemo contra Deum, nisi Deus ipse"). 하나님으로부터 시작된 공격에 맞서 '증인'과 '변호자'로서 자신의 의를 입증해 줄 분은 바로 하나님이라는 사실을 확신한다. 사법적 용어를 사용하여 지칭된 하나님의 모습이 하나님의 역할에 대한 욥의 기대와 믿음을 다양하게 보여준다 (9:32-33: '중재자'[מוֹכִיחַ]-16:19: '증인/변호자'[עֵדִי]/[שָׂהֲדִי]-19:25-27: '구속자'[גֹּאֲלִי]). 그는 친구들이 자신을 조롱할 때 하나님께 나와 눈물을 흘린다(20절). 그는 전반부를 마치면서 하나님께 커다란 요구를 한다(21절). 사람이 친구를 위해서 하듯이 하나님도 자신을 위해서 변론해 달라는 것이다. 왜냐하면 얼마 지나지 않으면 자신은 다시 돌아오지 못할 길로 갈 것이기 때문이다(22절).

4) 하나님을 향한 탄식 Ⅱ: 나의 보증이 되소서(17:1-5)

¹나의 기운이 쇠하였으며 나의 날이 다하였고 무덤이 나를 위하여 준비되었구나 ²나를 조롱하는 자들이 나와 함께 있으므로 내 눈이 그들의 충동함을 항상 보는구나 ³청하건대 나에게 담보물을 주소서 나의 손을 잡아 줄 자가 누구리이까 ⁴주께서 그들의 마음을 가리어 깨닫지 못하게 하셨사오니 그들을 높이지 마소서 ⁵보상을 얻으려고 친구를 비난하는 자는 그의 자손들의 눈이 멀게 되리라

[17:1-5] 이제 다시 욥은 하나님께로 향하여 말한다. 욥은 이제 자신을 지탱할 수 있는 힘이 없고, 모든 것이 끝났다고 느낀다(1절). 자기 자신이 죽음 가까이에 있음을 느낀다. 욥이 겪는 고통은 육체의 질병이나 소유의 상실 때문만이 아니다. 그의 주위에 있는 사람들을 통해 겪는 고통 또한 크다. 2절에서는 여전히 그가 겪어야만 하는 고통의 내용들을 서술한다. 조롱하는 자들이 그를 둘러싸고 있고, 그는 그들의 반역을 목도해야만 한다. 그래서 이제 욥은 하나님께 간구한다(3절). 자신을 제발 자유롭게 놔두시고 친히 그의 '보증'이 되어 달라(עָרְבֵנִי)고 부탁한다. 자신에게 도움을 베풀고 보증이 되어 줄 수 있는 사람은 없다. 하나님만이 그 일을 하실 수 있다. 이것은 바로 앞 단락(16:18-21)에서 다루었던 내용을 다시 한 번 반복한다. 하나님이 현재의 고난에 대한 궁극적인 원인자이시지만 동시에 그분만이 자신의 문제에 대한 유일한 해결자가 되실 수 있음을 알기 때문이다.

4절에서는 하나님이 친구들에게 행한 행동을 묘사한다. 하나님께서는 그들의 분별력을 어둡게 하셨다. 따라서 그들이 욥의 상황을 제대로 이해하지 못한다. 그들의 몰이해는 자신들의 지위를 하락시킨다. 영광의 길로 나아가지 못하고 수치와 치욕의 길로 가게 하신다. 욥의 말대로 친구들은 결국 자신들의 발언과 행동 때문에 책망을 받고 자신들의 잘못을 속죄해야 했다(42:7-10 참조). 5절은 속담의 인용이다(이 구절에 대한 다양한 해석에 관하여 다음을 참조하라. J. Ebach, *KBB* 1, 144). 친구들이 맞게 되는 운명을 묘사한

다. 어떤 사람이 친구들에게 물려줄 유산에 대해서 말하지만, 그의 말은 지켜지지 않는다. 그의 자손들의 눈이 쇠하여질 정도로 아무것도 남겨주지 못하고 실망만 안겨주게 될 것이다.

5) 친구들을 향한 탄식 Ⅱ : 너희 모두는 돌아오라(17 : 6-10)

⁶하나님이 나를 백성의 속담거리가 되게 하시니 그들이 내 얼굴에 침을 뱉는구나 ⁷내 눈은 근심 때문에 어두워지고 나의 온 지체는 그림자 같구나 ⁸정직한 자는 이로 말미암아 놀라고 죄 없는 자는 경건하지 못한 자 때문에 분을 내나니 ⁹그러므로 의인은 그 길을 꾸준히 가고 손이 깨끗한 자는 점점 힘을 얻느니라 ¹⁰너희는 모두 다시 올지니라 내가 너희 중에서 지혜자를 찾을 수 없느니라

[17 : 6-10] 이제 다시 발언의 지향 대상이 바뀐다. 6절부터는 친구들에게 말한다. 욥이 방금 속담을 인용했지만, 하나님은 자신을 백성들의 속담거리가 되게 하셔서 그들의 입에 오르내리게 하신다고 말한다. 그리고 친구들로부터 얼굴에 침 뱉음을 당한다. 한 마디로 자신을 모욕과 치욕의 대상이 되게 하신다는 것이다. 이런 일들을 통해서 그의 육체가 더욱 쇠약해진다. 그의 시력은 슬픔 때문에 점점 더 나빠지고(시 6 : 7 ; 31 : 9 참조), 그의 몸이 그림자처럼 아무것도 아닌 상태가 된다(7절).

8~9절도 일종의 지혜자의 격언에 대한 인용이다. 정직한 자들은 이런 일을 보고 놀랄 것이며 무죄한 자가 불경건한 자로 인해 격동될 것이다(8절). 그렇지만 의로운 자는 자신의 길을 꿋꿋이 가야 하고 손이 정결한 자는 계속해서 힘을 얻어야 한다(9절). 그런데 욥의 친구들 가운데서 이러한 교훈을 보여주는 지혜자가 없다(10절). 그러므로 친구들은 돌이켜야 한다. 자신의 길에서 돌이켜 참된 지혜로 나아와야 한다. 욥을 비난하고 적대하는 입장을 버리

고 그를 동정하고 그에게 위로를 전해야 한다. 이것이 친구들에게서 욥이 바라는 바이다.

6) 공개된 탄식 Ⅱ : 나의 날들은 지나가 버렸다(17 : 11-16)

[11]나의 날이 지나갔고 내 계획, 내 마음의 소원이 다 끊어졌구나 [12]그들은 밤으로 낮을 삼고 빛 앞에서 어둠이 가깝다 하는구나 [13]내가 스올이 내 집이 되기를 희망하여 내 침상을 흑암에 펴놓으매 [14]무덤에게 너는 내 아버지라, 구더기에게 너는 내 어머니, 내 자매라 할지라도 [15]나의 희망이 어디 있으며 나의 희망을 누가 보겠느냐 [16]우리가 흙 속에서 쉴 때에는 희망이 스올의 문으로 내려갈 뿐이니라

[17 : 11-16] 지금까지 욥의 발언들처럼(엘리바스에 대한 첫 번째 응답에서 7 : 21 ; 빌닷에 대한 첫 번째 응답에서 10 : 21 이하 ; 소발에 대한 첫 번째 응답에서 14 : 19 이하들) 이 발언도 죽음에 대한 언급으로 끝난다. 11~16절의 발언은 16 : 18~22에서처럼 청중을 향하고 있다. 달리 말하면 공개된 탄식이다. 욥은 16 : 18~22에서 자신의 의로움을 하늘에 있는 증인과 변호자(19절)를 통해 인정받고자 하는 희망을 표명하고 있다. 그러나 이와는 반대로 여기에서는 그의 절망적인 상황이 강조되어 나타난다. 욥이 하나님께서 자신을 의롭다고 인정하시는 행동을 인지하지 못하는 한, 그에게 모든 날은 다 지나가 버린 듯이 느껴지고(7 : 6 ; 9 : 25 이하 ; 17 : 1 참조), 미래에 대한 그의 계획과 소원들은 산산이 부서진 것처럼 보여진다(11절). 이제 그가 바랄 수 있는 것이 있다면, 그것은 죽음이다.

죽음 가까이에 있는 그의 상태가 집과 가족의 은유(13-14절)를 통해 묘사된다. 그에게 죽음은 그가 자신의 자리를 펼 수 있는 집과 같다. 죽음은 그에게 그렇게 친숙하고 가족적이다. 그는 또한 수사적인 질문들을 통해서 자신의 절망적인 상황을 표현하고 있다(15절). 희망은 산 자에게 의미가 있다(전

9 : 4 이하 참조). 모든 희망과 미래는 죽음과 함께 매장된다(16절). "만약 하나님께 대한 그의 호소가 징벌자와 보증인들을 관철시키는 데 있어 성공하지 못한다면, 욥의 처지와 절망들은 그와 같을 것이다"(G. Fohrer, *KAT*, 296).

설교를 위한 묵상

내용 이해가 다른 어느 곳에서보다 쉽지 않다. 그럼에도 불구하고 친구들과 하나님에 관한 언급이 등장하고 그것이 주요 요소로 작용하고 있다는 점은 분명하다. 이 본문에서는 이 두 가지 사항을 중심으로 설교의 주제로 삼을 수 있는 교훈을 찾을 수 있다. 첫째, 욥의 친구들과 같은 '고난의 위로자'가 되어서는 안 된다. 욥은 자신을 위로하려고 방문한 친구들로부터 '위로'는커녕 오히려 그의 아픔을 더 크게 하는 '고난'을 경험한다. 친구들의 말은 바람처럼 다가와 자신을 뒤흔든다(16 : 3). 욥은 친구들이 자신과 같은 처지에 있었다면 어떻게 하였을 것인가 하는 가정을 통해서 지금 친구들이 하는 행위에 대해서 비판한다. 그들은 상대방의 입장을 제대로 헤아리지도 못하면서 자신들의 말만 퍼붓고, 자신들 편에서 내린 평가를 가지고 머리를 흔들면서 조롱과 경멸의 몸짓을 보인다(16 : 4). 그리고 그들은 입으로만 힘을 북돋우는 말을 하고 입술로만 위로한다(16 : 5).

만약 욥과 같은 처지에 있는 사람이 그러한 위로자들을 만난다면 그 얼마나 큰 고통이겠는가? 그렇지 않아도 힘들고 고통스러운데 옆에 있는 동료나 친구까지 자신의 마음을 아프게 하고 힘들게 한다면 그가 겪어야 하는 괴로움이 얼마나 크겠는가? 고난 중에 있는 사람에게는 위로자가 필요하다. 위로자는 우선 그의 상황과 처지를 충분히 이해하고 있는 사람만이 될 수 있다. 그에게 동정하고 그와 연대할 수 있는 사람이어야 한다. 그러한 위로자는 고난 중에 있는 사람이 공감할 수 있는 태도와 내용으로 말을 해야 한다. 설령 그가 잘못을 범하여 그러한 고난의 상황을 맞게 되었다고 할지라도 일방적인 훈계나 책망은 공감을 얻지 못한다. 여기에서 그치지 않고 고난 중에 있는 사람에게 하는 조언이 논쟁이나 다툼으로 비화된다면 그것은 아예 말을 하지 않는 것보다 못하다. 침묵하는 편이 낫다. 그러므로 '평안과 안식'의 위로자가 되지 못하고 '고난'의 위로자가 되는 사람은 빨리 '회개'하고 돌아와야 한다. 욥이 말하고 있듯이 돌이켜서 참된 위로를 주는 지혜의 길로 나와야 한다(17 : 10).

둘째, 욥과 같이 자신의 모든 현실을 하나님과의 관계 속에서 이해해야 한다. 욥은 자신이 맞고 있는 현실이 모두 하나님의 행동의 결과라고 생각한다. 하나님이 자신을 곤비하게 하시고 자신과 관계를 맺고 있는 사람들까지 황폐하게 하신다(16 : 7). 자신에게 닥친 질병은 하나님의 심판으로 이해되어 자신이 죄인이라는 사실을 증거하게 한다(16 : 8). 자신에게 분노하시며 적대하시는 하나님의 행동은 주위 사람들에게 영향을 미쳐, 자신의 원수들이 하나님과 똑같이 행동한다. 그들은 욥의 뺨을 치고 모욕을 주며 한패가 되어 그를 대적한다(16 : 10).

바로 이렇게 자신에게 닥친 고난이 하나님께로부터 온 것이라고 믿기 때문에 그의 마음이 유일한 문제 해결자이신 하나님께로 향한다. 그는 그러한 고통 가운데서도 하늘에 자신의 무죄를 입증할 '증인'과 '변호자'가 있다고 확신한다(16 : 19). 자신을 위해 증인을 서고 변호할 수 있는 분은 오직 하나님이시다. 왜냐하면 하나님 외에는 하나님을 대항할 존재가 없기 때문이다("Nemo contra Deum, nisi Deus ipse"). 욥은 하나님이 자신의 증인과 변호자가 되신다는 확신에 머무르지 않고 하나님께 직접 간구한다(17 : 3). 자신을 제발 자유롭게 놔두시고 친히 자신의 '보증'이 되어 달라고 부탁한다.

모든 문제를 하나님과의 관계 안에서 이해하는 사람은 결국 하나님을 향하게 된다. 이해할 수 없는 고난에 대해서 탄식할 수 있지만, 그 고난에서 구원하여 주실 분이 오직 하나님이심을 알기 때문에 그는 하나님께 기도를 통해 나아간다. 그렇게 하는 사람이 하나님께 응답을 받고(욥 38-41장) 참된 문제해결을 경험한다(42 : 10-17).

셋째, 죽음을 가까이에서 느낄 수 있는 자가 진정 살아 있는 사람이다. 욥은 절망적인 상황을 경험한다. 자신의 날들이 다 지나가버린 듯이 느껴지고(17 : 1), 미래에 대한 자신의 계획과 소원들은 산산이 부서진 것처럼 보여진다(17 : 11). 죽음이 바로 눈앞에 있는 듯이 보인다. 죽음이 집과 가족의 은유(17 : 13-14)를 통해 묘사될 만큼 죽음은 그에게 친숙하고 가까이에 있다. 그렇게 절망적이기 때문에 희망을 갖기가 힘들다(17 : 15). 희망은 산 자에게 의미가 있는 것이지 죽으면 죽음과 함께 사람의 모든 희망과 미래도 함께 매장된다고 말한다(17 : 16).

언뜻 보기에 절망으로 보이지만 그의 발언에 역설이 있다. 그것은 그가 죽음이 바로 눈앞에 있는 듯한 절망을 경험하는 만큼 삶에 대한 욕구와 희망으로 충만하다는 사실이다. 여기에서 욥이 죽음을 언급하는 것은 실제로 죽고 싶다는 의미가 아니다. 자신의 현실에 대한 묘사이지 그의 진정한 바람은 아니라는 사실이다(욥 발언에 나타난 죽음의 의미에 관하여 필자의 졸고 하경택, "욥 발언에 나타난 죽음," 「헤르메네이아 투데이」 32 [2005. 10], 21-38쪽을 참조하라). 하나님이 자신을 이런 상태로 내버려 둔다면 그는 죽게 될 것이고 자신의 모든 희망도 사라질 것이기 때문에, 오히려 자신을 죽음에서 살려 줄 하나님의 개입과 응답을 더 간절히 원하는 것이다. 죽음에 대한 진술만큼 삶을 더 원하는 것이다.

욥은 죽음을 알았기 때문에 산자로서 더 강한 소망을 가질 수 있었다. 이렇듯 죽음을 가까이에서 경험하는 자가 삶에 대한 소망과 삶의 의미를 더 깊이 느낄 수 있다. 그러므로 죽음을 가까이에서 느끼는 자가 진정 살아있는 사람이다.

B. 욥과 빌닷의 2차 대화(18 : 1-19 : 29)

1. 빌닷의 두 번째 발언(18 : 1-21)

욥과 세 친구의 논쟁을 분석하면, 이 논쟁은 욥의 첫 번째 발언(3장)에 이어서 세 친구들과 욥이 서로 번갈아 가면서 세 바퀴를 도는 논쟁이다. 첫째 바퀴와 둘째 바퀴에서는 엘리바스(4-5장 ; 15장), 빌닷(8장 ; 18장), 소발(11장 ; 20장)에 맞서 욥이 각각 한 번씩 대응하여 발언한다(6-7장 ; 9-10장 ; 12-14장 ; 16-17장 ; 19장 ; 21장). 셋째 바퀴에서는 엘리바스(22장)와 빌닷(25장)의 발언만 나타나고 그들에 대한 욥의 대응이 이어진 후(23-24장 ; 26-28장), 욥의 마지막 발언이 등장한다(29-31장).

그러므로 욥기 18장은 세 친구들과의 논쟁 중 두 번째 바퀴에서 빌닷이 욥의 말을 듣고 두 번째로 말한 내용이다. 빌닷의 이 발언은 크게 두 부분으로 나뉜다(J. Ebach, *KBB* 1, 146). 그것은 욥에 대한 공격(2-4절)과 악인이 필연적으로 맞게 되는 운명에 대한 묘사이다(5-21절). 이러한 이원적인 구조는 논쟁의 두 번째 바퀴에서 빌닷의 두 번째 발언이 보여 주는 강조점과 성격을 엿볼 수 있게 한다. 논쟁의 첫 번째 바퀴에서는 친구들의 발언이 욥에 대한 공격과 악인이 맞게 될 운명, 그리고 욥에게 회복될 미래(5 : 24-26 ; 8 : 6-7, 20-22 ; 11 : 15-20)를 포함하고 있었다. 이것은 그들의 발언이 공격과 비판에 그 목적이 있지 않고 회개를 통해서 새로운 미래로 나아가게 하려는 위로와 격려의 목적을 가진 것으로 보게 하였다. 그러나 두 번째 바퀴에서는 친구들의 발언에서 미래에 대한 긍정적인 언급이 나타나지 않는다. 이것은 세 친구 모두에게 해당된다. 이것은 논쟁이 진행되면서 친구들의 발언이 더욱 공격적이고 비판적이 되었다는 사실을 반증한다. 그렇다면 친구들이 묘사하는 악인의 운명(15 : 20-35 ; 18 : 5-21 ; 20 : 4-29)은 무엇을 의미하는가? 그것은 악인의 운명에 대한 믿음의 고백인가 아니면 욥이 맞고 있는 현실에 대한 평가인가? 이 질문에 대한 답변이 빌닷의 두 번째 발언을 이해하기 위한 핵심요소가 될 것이다. 빌닷의 두 번째 발언은 아래와 같은 구조로 나타난다.

1. 욥에 대한 공격 : 자기 분노 때문에 스스로 찢는 자여!(1-4절)
2. 악인의 운명 : 이것이 하나님을 알지 못하는 자의 처소이다(5-21절)
   1) 악인의 빛은 사라진다(5-6절)
   2) 악인은 자기 꾀에 자기가 빠져 넘어진다(7-10절)
   3) 악인은 공포와 재앙과 질병을 경험한다(11-13절)
   4) 악인의 삶은 기억조차 되지 않는다(14-20절)
   5) 결어(21절)

1) 욥에 대한 공격 : 자기 분노 때문에 스스로 찢는 자여!(18 : 1-4)

¹수아 사람 빌닷이 대답하여 이르되 ²너희가 어느 때에 가서 말의 끝을 맺겠느냐 깨달으라 그 후에야 우리가 말하리라 ³어찌하여 우리를 짐승으로 여기며 부정하게 보느냐 ⁴울분을 터뜨리며 자기 자신을 찢는 사람아 너 때문에 땅이 버림을 받겠느냐 바위가 그 자리에서 옮겨지겠느냐

[18:1-4] 빌닷의 두 번째 발언도 분노에 찬 감정으로 시작된다. 그의 첫 번째 발언에서도 발견되는 "언제까지"라는 표현은 욥의 답변(19:2)에서 그대로 수용되어 빌닷과 욥 사이의 연결고리 역할을 한다(하지만 이 두 곳의 히브리어 표현은 아주 미세한 차이를 보인다. 8:2에서는 עַד־אָן으로 나타나고, 18:2에서는 עַד־אָנָה로 표현되어 있다). 그런데 여기에서 주의해야 할 점은 2~3절에서 빌닷은 자신의 발언의 대상을 2인칭 복수로 지칭하고 있다는 점이다. 이러한 2인칭 복수형태는 독자들에게 혼란을 준다. 그래서 70인경의 본문을 근거로 많은 주석가들이 2인칭 단수형태로 고쳐서 읽을 것을 제안한다. 기욤(Guillaume)은 2인칭 복수형태의 사용을 발언 초두에 나오는 정중함의 표시라고 설명하며, 포프(Pope)는 그것이 빌닷이 욥을 경건하지 않는 자들의 무리에 포함시키고 있는 증거라고 설명한다(이외의 다양한 읽기 방식에 관하여 다음을 참조하라. D. J. A. Clines, WBC, 409-10). 욥과 친구들 사이에서 벌어진 논쟁의 흐름은 이 부분을 2인칭 단수로 이해하는 것을 선호하게 한다. 그래서 클라인즈(Clines)는 본문 자체에서는 2인칭 단수로 변경할 근거를 찾을 수 없고, 단지 본문의 맥락을 근거로 하여 이 부분을 욥을 가리키는 2인칭 단수로 이해할 수 있다고 주장한다(D. J. A. Clines, WBC, 410).

그러나 이 진술은 마소라 본문이 그대로 유지되는 가운데 이해될 수 있다. 여기에서 '너희'는 욥과 친구들 모두를 포함한 말로 이해된다(J. Ebach, KBB 1, 146). 빌닷의 눈에 보기에는 지금까지의 논쟁이 유용한 논쟁이 되지 못했기 때문에 빨리 종결되어야 한다. 서로의 입장 차이만을 확인하고 논쟁이 더욱 격해질 뿐이다. 빌닷은 친구들이 통찰력을 가지고 있지 않다는 욥의

지적(17 : 4)을 수용하여 우선 '분별력'이 있어야 제대로 말할 수 있음을 강조한다. 정신을 차린 후에야 제대로 말도 할 수 있고 논쟁다운 논쟁도 할 수 있다는 말일 것이다.

친구들과 욥의 태도를 문제 삼는 빌닷의 발언은 3절에서 더욱 구체화된다. 이것은 바로 전에 끝난 욥과 엘리바스와의 대화에 관련된다. 개역개정을 포함한 우리말 성경에서는 이러한 사실이 분명하게 반영되어 있지 않지만, 3절 하반절에 '너희들의 눈에'(בְּעֵינֵיכֶם)라는 표현이 분명하게 나타나 있다. 빌닷은 욥의 발언을 통해서 자신들이 짐승, 즉 '어리석은 자'로 전락되었다고 비난한다(시 32 : 9 ; 73 : 22 참조). 왜냐하면 욥이 바로 앞에서 말한 발언에서 자신은 친구들보다 더 잘 위로할 수 있었을 것이라고 말할 뿐만 아니라(16 : 4-5), 그가 친구들 가운데에서 지혜자를 찾을 수 없다(17 : 10)고 말하고 있기 때문이다(J. E. Hartley, NICOT, 274). 그리고 빌닷은 욥과 엘리바스가 자신들을 '부정한'(טָמָה, 니팔형) 존재로 만들었다는 점을 문제 삼는다. 욥과 엘리바스가 비록 다른 결론을 내리고 있기는 하지만 두 사람 모두 사람이 본래 부정하다는 사실에는 동의하고 있기 때문이다(14 : 4과 15 : 14 ; 또한 4 : 17-18 참조). 또한 빌닷이 보기에는 욥과의 논쟁을 통해서 자신들이 부정한 존재로 경멸의 대상이 되어 버렸다.

이러한 예비 발언을 마치고 빌닷은 이제 본래적인 공격의 대상을 향하여 말을 한다(4절). '자기 분노 때문에 스스로 찢는 자여!'라는 호칭을 통해서 빌닷은 욥과 거리를 두면서 욥을 객관화시켜 표현하고 있다. 욥은 바로 앞에서 하나님이 자신을 '찢는다'(16 : 9)고 탄식하지만, 정작 욥을 찢는 것은 욥 자신이라는 것이다(이 두 곳에는 동일한 동사 טָרַף가 사용되었다). 빌닷이 볼 때는 욥이 '찢겨지는' 상황에 처한 것은 하나님이 부당하게 그렇게 만드신 것이 아니라 자신이 저지른 행동의 결과이다.

그리고 빌닷은 욥의 발언이 가져올 수 있는 결과들을 은유적인 표현을 통해서 지적한다. 빌닷의 관점에서 보면 욥의 발언이 정당하다면 온 세상의 질서가 뒤바뀌어야 한다. 왜냐하면 욥은 자신의 현실에 적용되는 행위화복관계의 일치성을 부정하기 때문이다. 실제로 욥은 그의 첫 번째 발언을 통해서 자신이 '태어난 날'과 '잉태된 밤'이 창조의 세계로부터 사라져 창조의 과정이 역행되기를 희망하였다(3 : 2-10). 즉 욥은 그러한 발언을 통해 창조 이전 혼돈의 상황으로 되돌아가기를 희망하는 것이다. 욥은 그렇게 될 때야 비로소 자신이 맞고 있는 고난을 창조세계 안에서 이해할 수 있게 된다. 그러나 빌닷은 그러한 욥의 발언을 수용할 수 없다. 이 세상은 행위화복관계 일치의 기본원칙 속에서 운행되며 누구도 이것을 거부할 수 없기 때문이다. 이후에 이어지는 내용은 사람이 자신의 행동을 통해서 자신의 운명을 얼마나 분명하게 결정짓고 있는지를 잘 보여준다. 악인의 예를 통해서 말이다.

2) 악인의 운명 : 이것이 하나님을 알지 못하는 자의 처소이다(18 : 5-21)

(1) 악인의 빛은 사라진다(18 : 5-6)

[5]악인의 빛은 꺼지고 그의 불꽃은 빛나지 않을 것이요 [6]그의 장막 안의 빛은 어두워지고 그 위의 등불은 꺼질 것이요

[18 : 5-6] 빌닷 발언의 두 번째 부분은 그가 사용한 은유와 주제를 따라 다음과 같이 나뉜다. 빌닷은 먼저 빛의 은유를 사용하여 악인의 운명을 묘사한다. 6절의 '그 위의 등불은'을 직역하면 '그 위를 비추던'이다. 흥미로운 것은 이 표현에 대한 해석에서 천장에 매단 램프에 관한 고고학적 논쟁이 발생한다(D. J. A. Clines, *WBC*, 414). 구약성서에서 악인의 삶을 '빛이 사라지는 것'에 비유하는 은유들은 다양하게 고찰된다(잠 4 : 18-19 ; 13 : 9 ; 20 : 20 ; 24 : 20). 하지만 욥은 21 : 17에서 똑같은 은유를 통해서 이와 정반대되는 상황에 대하여 말하기도 한다. 빛은 번영과 생명을 상징한다(3 : 20 참조). 불꽃

이 빛난다는 것은 살아있다는 증거다. 또한 빛을 비추므로 다른 사람이 밝음을 경험할 수 있게 된다. 어떤 사람의 집에 불꽃이 빛난다는 것은 그 집주인이 살아 있어 활동 중이라는 사실을 나타내며, 반대로 그 등불이 꺼진다는 것은 활동이 중지되고 결국 죽음을 맞게 됨을 의미한다. 이러한 빌닷의 발언에는 '의인의 등불은 빛나지만 악인의 등불은 사라진다'는 지혜자의 통찰이 그 배경에 있다.

(2) 악인의 자기 꾀에 자기가 빠져 넘어진다(18 : 7-10)

> [7]그의 활기찬 걸음이 피곤하여지고 그가 마련한 꾀에 스스로 빠질 것이니 [8]이는 그의 발이 그물에 빠지고 올가미에 걸려들며 [9]그의 발 뒤꿈치는 덫에 치이고 그의 몸은 올무에 얽힐 것이며 [10]그를 잡을 덫이 땅에 숨겨져 있고 그를 빠뜨릴 함정이 길목에 있으며

[18 : 7-10] 다음으로 빌닷은 악인의 발걸음은 처음에 강한 것 같다가도 결국은 자기 꾀에 자기가 빠지는 결과를 빚는다고 말한다. 이러한 취지의 잠언은 '다른 사람을 위해 함정을 판 자가 그 함정에 빠진다.'(Wer andern eine Grube gräbt, fällt selbst in diese Grube)는 내용으로 더 잘 알려져 있다(예컨대, 잠 26 : 27 ; 28 : 10 ; 또한 시 5 : 10 ; 64 : 9[8] 참조). 여기에서 빌닷은 다양한 그림과 은유를 통해서 악인이 가게 되는 길을 서술한다. 악인이 당하게 될 결말이 다양한 포획을 위한 사냥도구들을 통해서 묘사된다. 이 묘사에 등장하는 그물, 그물망, 덫, 올가미, 밧줄, 함정 등과 같은 포획도구들은 새를 비롯한 짐승들을 잡기 위해 사용되던 사냥 도구들이다. 그런데 여기에서 중요한 것이 악인이 그렇게 붙잡히고 결국 파멸의 결말에 이르도록 만드는 사냥도구들은 다른 사람이 아니라 악인 자신이 설치해 놓은 것들이라는 점이다(The hunter is hunted-Der Jäger wird gejagt). 이러한 반복되는 그림과

은유를 통해서 악인은 자신이 계획하고 원인을 제공한 일에 대한 결과를 자신이 경험하게 된다는 사실이 강조된다. 달리 말해서 악인은 자신이 자초한 파멸에서 결코 벗어날 수 없다는 사실을 강조하는 것이다.

(3) 악인은 공포와 재앙과 질병을 경험한다(18 : 11-13)

> [11]무서운 것이 사방에서 그를 놀라게 하고 그 뒤를 쫓아갈 것이며 [12]그의 힘은 기근으로 말미암아 쇠하고 그 곁에는 재앙이 기다릴 것이며 [13]질병이 그의 피부를 삼키니 곧 사망의 장자가 그의 지체를 먹을 것이며

[18 : 11-13] 빌닷이 앞의 두 단락에서 악인의 운명을 '빛의 사라짐'과 '포획'이라는 두 핵심 개념 아래에서 은유적으로 서술하였다면, 이어지는 발언에서는 악인이 경험하게 되는 상황들을 직접적으로 기술하고 있다. 사방에서 공포(בַּלָּהוֹת)가 엄습하고 그 공포는 그를 따라 다닌다(11절). 또한 그는 자신의 자랑이던 힘을 잃어버리며, 그의 곁에는 재앙이 늘 도사리고 있다(12절). 그의 피부는 병들어 썩어 가고, '죽음의 장자'가 그의 몸을 집어 삼킨다(13절). 여기에서 의인화되어 표현된 '죽음의 장자'는 고대중동 문헌에 나타나는 질병을 가져다주는 '재앙의 신'(the god of plagues)의 모습을 떠올리게 한다. 이것은 메소포타미아 신화에서 지옥의 여왕 에레쉬키갈(Ereshkigal)의 아들로 등장하는 남타루(Namtaru)와 동일시될 수 있다(J. E. Hartley, *NICOT*, 278).

이러한 빌닷의 서술은 무엇을 암시하는가? 그것은 두말할 것도 없이 현재 욥이 겪고 있는 현실을 생각하게 한다. 욥은 위로와 안식을 기대하며 잠자리에 들지만, 그가 경험하는 것은 두려움과 놀라움이다(7 : 13-14 ; 또한 27 : 20 ; 30 : 15 참조). 그는 자신의 모든 소유를 잃고 영향력을 잃어 버린 채 이가 다 빠져 잇몸으로 사는 사람과 같이 무기력하다고 자신의 모습을 진단한다(19 : 20). 그의 피부는 아물었다가 곪아 터진다(7 : 5). 그가 질병과 온갖

재난으로 얼마나 큰 고통을 겪었던지 그의 모습은 파리하다(16:8). 빌닷의 발언을 그대로 따르면 욥이 경험하고 있는 욥의 현재는 악인이 맞게 되는 운명과 정확하게 일치한다. 그러므로 욥이 맞고 있는 현실과 그가 묘사하는 자신의 상황은 다름이 아니라 자신이 악인임을 스스로 증명하고 있는 셈인 것이다.

(4) 악인의 삶은 기억조차 되지 않는다(18:14-20)

[14]그가 의지하던 것들이 장막에서 뽑히며 그는 공포의 왕에게로 잡혀가고 [15]그에게 속하지 않은 자가 그의 장막에 거하리니 유황이 그의 처소에 뿌려질 것이며 [16]밑으로 그의 뿌리가 마르고 위로는 그의 가지가 시들 것이며 [17]그를 기념함이 땅에서 사라지고 거리에서는 그의 이름이 전해지지 않을 것이며 [18]그는 광명으로부터 흑암으로 쫓겨 들어가며 세상에서 쫓겨날 것이며 [19]그는 그의 백성 가운데 후손도 없고 후예도 없을 것이며 그가 거하던 곳에는 남은자가 한 사람도 없을 것이라 [20]그의 운명에 서쪽에서 오는 자와 동쪽에서 오는 자가 깜짝 놀라리라

[18:14-20] 네 번째 단락은 악인의 죽음과 그 이후의 상황에 대해서 말하고 있다. 그는 자신의 안전과 보호막이던 장막에서 제거되고 '공포의 왕' 죽음에게 이끌려 간다(14절). 그와 관련된 모든 것은 사라지고 그가 살던 곳에는 유황이 뿌려져 더 이상 사람 살 곳이 되지 못하게 된다(15절). 악인의 파멸은 뿌리와 가지가 동시에 마르고 시드는 것처럼 총체적으로 임하여 더 이상 회복의 여지가 없게 된다(16절). 그에 대한 기억이 땅에서 사라지고 그의 이름은 아무에게서도 회자되지 않는다(17절). 이것은 의인과 악인의 죽음 이후의 상황을 언급하고 있는 잠언 10:7의 진술과 맥을 같이 한다 : "의인을 기념함은 복이 되나, 악인의 이름은 썩어지리라." 또한 이러한 이름의 사라짐은 19

절의 후손의 사라짐과 깊은 연관관계에 있다. 즉, 이름에 대한 '기억'은 신명기 25장의 형사취수제도에 관한 법률에서 보는 바와 같이 자손을 통한 세대의 연속을 의미한다(신 25:5-7). 따라서 악인에게 후손이 없고 살던 곳에 그의 이름을 이어갈 사람이 없게 되므로 그는 잊혀지는 사람이 될 것이다.

그러나 그의 삶과 운명은 사람들에게 교훈적인 사례가 될 것이다. 여기에서 '서쪽 사람들'과 '동쪽 사람들'로 번역된 '아하로님'(אַחֲרֹנִים)과 '카드모님'(קַדְמֹנִים)은 시간적인 의미로 앞과 뒤, 즉 이전과 이후의 사람들을 의미할 수 있다. 그러므로 빌닷의 발언에 등장하는 악인의 삶은 공간적으로는 주위 사방의 모든 사람들에게, 시간적으로는 이전과 이후의 세대 모두에게 놀라움과 두려움을 주는 경고와 반면(反面)교사의 사례로서 교훈이 될 것이다.

(5) 결어(18:21)

> [21] 참으로 불의한 자의 집이 이러하고 하나님을 알지 못하는 자의 처소도 이러하니라

[18:21] 빌닷은 "정말"(אַךְ)이라는 강조적 표현을 사용함으로써 자신의 발언이 결론에 도달했음을 보여준다. 앞에서 보여준 여러 가지 사실과 내용들은 '불의한 자'(עַוָּל)가 당할 운명이며, '하나님을 알지 못하는 자'가 겪게 될 결말이다. 여기에서 주목할 사실 한 가지는 '불의한 자'와 '하나님을 알지 못하는 자'가 동일시된다는 점이다. 이것은 하나님의 의와 은혜를 떠난 삶을 사는 불의한 자는 결국 하나님을 알지 못하는 자라는 사실을 말해 준다. 동시에 그것은 하나님과 인격적인 관계에 있지 않음으로써 하나님을 알지 못하는 사람은 하나님의 마음과 뜻을 헤아리지 못하기 때문에 결국 불의한 자의 삶을 살게 된다는 사실을 말해 준다. 이와 같은 결어는 이 발언을 통해 밝힌 불의한 자와 하나님을 알지 못하는 사람의 운명과 결말에 대하여 빌닷이 얼마나

강하게 확신하고 있는가를 보여준다.

설교를 위한 묵상

빌닷의 두 번째 발언을 본문에서 어떠한 적용점을 찾을 수 있을까? 본문에 대한 접근의 시각과 방법은 매우 다양하다. 하지만 욥기의 교훈으로서 강조되어야 할 내용 가운데 하나는 욥과 같이 고난에 처한 사람에게 보여 주어야 할 적절한 대화의 방식이다. 위로자가 되어야 했고 또 그러한 목적을 가지고 찾아온 친구들이 오히려 논쟁자가 되고 급기야 욥을 정죄하고 판단하는 심판자의 역할을 하였다. 욥을 대하는 친구들의 모습은 오늘날 성도들의 삶을 돌보고 이끄는 목회자나 어떤 조직 혹은 단체의 지도자, 또는 스스로 해결할 수 없는 문제를 안고 찾아온 내담자를 상담하는 상담자에게 시사하는 바가 크다. 따라서 필자는 이 본문을 통해서 사람이 다른 사람, 특히 문제와 곤경 속에 괴로워하고 있는 사람과 대화할 때 주의해야 할 커뮤니케이션의 원칙들을 생각해 보고자 한다.

첫째, 입장차가 확인되면 논쟁을 중지하라. 논쟁은 제어하지 않으면 시간이 흐를수록 더 격렬해진다. 이것은 생활 속에서 누구나 겪어 아는 사실일 것이다. 일단 의견이 맞서게 되면 서로 자신의 견해를 관철시키기 위해서 점점 더 과격한 표현을 사용하기 시작한다. 그러면 상대방도 가만히 있거나 당하고만 있지 않기 위해서 더 자극적인 표현으로 응수한다. 그러한 상황이 몇 번 반복되다 보면 더 이상 돌이킬 수 없는 지경에까지 이르곤 한다. 그러므로 논쟁할 때 필요한 것이 논쟁을 중단할 수 있는 자제와 절제 능력이다. 그러기 위해서는 논쟁에 대한 의식의 전환이 있어야 한다. 논쟁을 지고 이기는 승패의 문제로 생각하거나 자신의 생각을 상대방에게 주입하는 행위로 생각하지 말아야 한다. 오히려 논쟁을 통해서 사람들은 각자 자신의 사고와 이해의 폭을 넓히고 서로를 아는 계기가 된다는 사실을 알아야 한다. 그러므로 입장의 차이가 확인되면 더 이상 논쟁을 지속하지 않고 중단하는 것이 서로의 이익을 위해서 가장 현명한 방법이다.

둘째, 사람은 말하지 않는 것을 통해서도 자신의 의도를 드러낸다. 위의 '본문의 개요'에 대한 설명에서도 밝혔듯이 친구들의 발언은 두 번째 논쟁의 바퀴에서 구성요소의 측면에서 살펴볼 때 큰 변화를 일으킨다. 그것은 첫 번째 논쟁의 바퀴에서 세 친구들이 공통적으로 보여준 바와 같이 욥에 대한 공격과 악인이 맞게 될 운명, 그리고 욥의 회복될 미래가 모두 나타나고 있다. 그러나 두 번째 논쟁의 바퀴에서는 공통적으로 세 번째 요소가 빠져 있다. 위에서 본 바와 같이 욥에 대한 공격과 악인이 맞게 될 운명만이 언급되어 있을 뿐 욥의 미래에 대해서는 한 마디 말도 하지 않는다. 이것은 무엇을 말하는가? 그것은 빌닷을 비롯한 다른 친구들이 욥에 대해 더 이상 위로나 변화의 가능성을 위해서 말하지 않고 있다는 말이다. 욥에 대한 그들의 시각이 굳어져 이제 욥은 그들에게 악인의 삶을 증언하는 모델로서 기능한다. 이렇듯 사람은 말하는 바를 통해서 직접적으로 말하기도 하지만, 말하지 않는 바를 통해서도 자신이 말하고자 하는 바를 강조하게 된다. 그러므로 대화 가운데 말해야 할 것과 말하지 말아야 할 것을 잘 분별하여 자신이 말하고자 하는 바를 명확하게 전달할 수 있어야 한다.

셋째, 말의 내용은 듣는 사람이 처한 상황에 따라 달리 이해된다. 빌닷의 발언은 내용 자체만 보면 매우 교훈적이고 신앙적이라고 말할 수 있다. 그의 발언의 내용에는 구약성서의 다른 본문을 통해서 지지를 받고 있는 부분들이 많이 있다. 특히 악인의 운명을 다루고 있는 후반부(5-21절)는 시편 37편의 내용과 많은 공통점을 보여준다. 그럼에도 불구하고 빌닷의 발언은 부정적으로 평가되어야 한다. 왜냐하면 빌닷이 말하고 있는 악인의 운명은 총체적인 고난의 현실을 맞고 있는 욥의 처지와 일치하여 욥이 자신에 대한 판단이나 정죄로 받아들일 수 있기 때문이다. 빌닷의 말만 생각한다면, 욥에겐 더 이상 회복의 기회가 없고 자신의 상황이 더욱 악화되어 파멸로 끝나는 악인의 결말만이 남아 있게 된다. 그러므로 말을 할 때는 아무리 좋은 내용의 말이라 할지라도 듣는 사람의 상황과 처지를 잘 고려해야 한다. 그것이 아무리 좋아도 듣는 사람의 상황에 적절치 않으면 오히려 독(毒)이 될 수도 있고 저주가 될 수도 있기 때문이다. 그렇다면 이제 빌닷의 발언을 종합적으로 어떻게 평가할 수 있겠는가? 5~21절의 내용이 악인의 운명에 대한 믿음의 말인가 아니면 욥의 현실에 대한 평가인가? 그것은 어떠한 발언이 표명되는 상황과 맥락에 따라 결정된다. 빌닷의 이 발언은 위에서 살펴본 바와 같이 욥을 비난하는 상황에서 욥의 현실과 정확히 일치하는 결과를 가져오기 때문에 욥의 현실에 대한 평가로서 작용한다.

2. 빌닷의 두 번째 발언에 대한 욥의 응답(19 : 1-29)

욥기 19장은 욥기 본문 가운데 일반인들에게 가장 많이 알려진 본문 중에 하나이다. 왜냐하면 여기에 그 유명한 욥의 고백과 바람이 담겨 있는 25절 이하의 말씀이 있기 때문이다. 이것은 특히 헨델의 메시야 중 3부 첫 곡으로 수용되어 있고, 우리말 찬송가 16장의 기본 본문이 되었다. 이 구절은 기독교회 전통에서 예수 그리스도의 부활을 암시하는 본문으로 읽혀졌다. 그래서 기독교 욥기 해석사에서 욥기의 정점으로 인식되곤 하였다. 그러나 이러한 해석은 구약의 본문이 본래적인 상황에서 이해되지 못하고, 기독교적 해석으로 덧입혀져 본문이 본래 의도했던 의미를 도외시하는 경향을 보여주는 대표적인 예가 된다.

기독교적 성서 해석사에서 구약성서와 신약성서의 관계를 잘 규명하고 있는 하나의 해석학적 원칙이 있다(J. Ebach, *KBB* 1, 162). "Novum Testamentum in vetere latet, Vetus Testamentum in novo patet"(신약성서는 구약성서에 숨겨져 있고, 구약성서는 신약성서에서 드러난다). 구약성서의 계시가 결국 신약성서의 예수 그리스도에서 완성된다는 점을 생각하면 이러한 해석의 원칙은 타당하게 여겨질 수 있다. 그러나 그렇다고 해서 구약성서의 의미가 신약성서의 해석에 제한되어서는 안 된다. 구약성서의 의미를 신약성서에 비추어 해석하는 것이 중요하며 권장할 만 하지만, 그러한 해석이 유일한 해석이 될 수는 없다. 그 유일한 해석으로 다른 해석의 가능성을 부인하고 자기 해석의 절대성을 주장해서는 안 된다. 오히려 구약성서에서 말하는 바에 대한 여러 가지 해석의 가능성 중 하나로 인식할 수 있을 때 구약성서를 통해 말씀하시는 하나님의 음성과 계시의 풍성함을 바로 경험할 수 있을 것이다.

앞에서 살펴보았듯이 논쟁의 둘째 바퀴에서는 욥에 대한 친구들의 입장이 더 강경하고 굳어진 모습으로 나타난다. 악인의 운명이 더 이상 욥 자신이 소망하는 바에 대한 '반대그림'(Gegenbild)으로서 역할을 하지 않고, 그 자체가 욥 자신을 위한 '모델'(Modell)이 되어 버렸다(J. Ebach, KBB 1, 146). 이러한 친구들의 입장 변화는 일차적으로 그들이 말하는 바에서 드러나며, 또한 그들이 더 이상 말하지 않는 부분에서도 보여진다. 여기에 욥이 대응한다. 빌닷의 그림을 따라가면 욥이야말로 현재 악인이 겪는 운명을 맞고 있는 셈이며, 이것은 악인이 자신의 행동을 통해 초래한 자연법적인 필연임과 동시에 하나님의 심판이다. 욥은 자신이 쳐 놓은 그물에 걸렸고(18 : 8-9), 죽음에 이르는 나쁜 질병에 걸린 것이다(18 : 13-20). 이렇게 악인이 맞는 운명의 '모범사례'가 되어버린 빌닷의 발언에 욥은 무슨 말로 어떻게 대응하는가? 욥의 이 발언은 내용과 수신자에 따라 다음과 같이 7개의 단락으로 구분된다.

1. 친구들의 말에 대한 논박 : 언제까지 나를 괴롭힐 것인가?(1-6절)
2. 하나님의 적대적인 행동들 : 내가 울부짖으나 응답이 없다(7-12절)
3. 욥 주위사람들의 반응들 : 나를 아는 자들이 모두 내게 낯선 사람이 되었다(13-20절)
4. 친구들에 대한 욥의 부탁 : 나를 불쌍히 여기라(21-22절)
5. 공개된 발언(I) : 제발 내 말이 기록된다면(23-24절)
6. 공개된 발언(II) : 내 구속자가 살아 계신다(25-27절)
7. 친구들에 대한 욥의 경고 : 너희는 칼을 두려워하라(28-29절)

1) 친구들의 말에 대한 논박 : 언제까지 나를 괴롭힐 것인가?(19 : 1-6)

¹욥이 대답하여 이르되 ²너희가 내 마음을 괴롭히며 말로 나를 짓부수기를 어느 때까지 하겠느냐 ³너희가 열 번이나 나를 학대하고도 부끄러워 아니하는구나 ⁴비록 내게 허물이 있다 할지라도 그 허물이 내게만 있느냐 ⁵너희가

참으로 나를 향하여 자만하며 내게 수치스러운 행위가 있다고 증언하려면 하려니와 ^{6}하나님이 나를 억울하게 하시고 자기 그물로 나를 에워싸신 줄을 알아야 할지니라

[19:1-6] 18장에서 보인 빌닷의 발언과 같이 욥도 자신의 발언을 '언제까지?' 라는 말로 시작한다(18:2; 또한 8:2 참조). 도입의 유사성은 욥과 빌닷의 입장 차이를 더욱 분명하게 드러낸다. 이것은 '모방을 통한 반대'(opposition par imitation)의 논쟁 기법이다(J. Ebach, *KBB* 1, 152). 이러한 논쟁 기법은 욥 발언의 특징 중의 하나이다. 그는 친구들이 말한 동일한 어구를 수용하여 반복하되 전혀 상반된 의도로 말함으로써 자신의 발언의도를 첨예화시키며, 친구들과의 문제가 신앙의 교리나 내용에 있다기보다는 그들이 서 있는 위치에 달려 있음을 보여준다. 예컨대 9:2에서 엘리바스(4:17)와 빌닷(8:3)의 발언으로부터 '차덱'(צָדַק)에서 파생된 동일한 어근의 낱말을 수용하면서 전혀 다른 차원의 문제로 연결짓고 있는 것이나, 9:10에서 엘리바스의 말(5:9)을 거의 문자 그대로 반복하지만 정반대의 결론을 도출하는 모습을 통해 확인할 수 있다. 이러한 현상은 25장의 빌닷 발언과 26장의 욥 발언과의 관계에서도 드러난다(해당 본문들에 대한 주석을 보라). 이러한 점은 특히 19:6에서 두드러진다(아래 참조).

욥은 친구들의 발언이 자신에게 어떤 영향을 주는지 말한다(2절). 여기에 히브리어 동사 '디카'(דָּכָא)가 사용되었다(4:19; 22:9; 34:25 참조). 그들은 말로써 욥을 짓부수고 으깨어버리며 타격을 가한다(J. Ebach, *KBB* 1, 153). 그들은 연속적으로 욥을 수치스럽게 하지만, 정작 자신들은 부끄러워하지 않는다(3절). 여기에서 '열 번'이라는 표현은 창세기 31:7이나 민수기 14:22에서와 같이 손가락으로 셀 수 있는 수로서 잦은 회수를 가리킨다.

4절은 여러 가지 해석의 가능성을 제공한다. 그 가운데 많은 지지를 받는 것이 욥이 일종의 간섭의 금지를 요구하고 있다는 것이다. 욥이 어떤 잘못

을 범했다 할지라도 그것은 그 자신의 문제일 뿐이라는 것이다(G. Fohrer, *KAT*, 311). 그 자신 스스로가 그 행위에 대한 책임과 결과를 담당한다는 것이다. 그러나 다른 해석도 가능하다. "내가 잘못을 범한다면 때마침 내가 잘못하는 것이다."고 해석할 수 있다(J. Ebach, *KBB* 1, 154). 이러한 해석은 이어지는 5절의 내용과 잘 어울린다. 즉 친구들이 자신들은 전혀 잘못을 범하지 않는 것처럼 욥의 행동을 비난하지 말아야 한다는 것이다. 왜냐하면 4절에서 사용된 동사 '샤가'(שָׁגָה)는 이것으로부터 파생된 낱말 '메슈가'(מְשׁוּגָה)와 함께 도덕적인 의미의 범죄보다는 인간적인 결점과 오류가능성으로부터 생기는 잘못, 실수, 오류들을 나타내기 때문이다(6:24 참조)(J. Ebach, *KBB* 1, 153). 인간의 불완전한 실존을 통해 나타나는 잘못은 욥이나 친구에게나 다르지 않다.

6절에서 욥은 자신이 맞고 있는 고난의 현실의 원인이 어디에 있는지를 '깨달아 알라'(דְעוּ)고 친구들에게 요청한다. 욥은 여러 가지 차원에서 빌닷의 발언을 뒤집어 말한다(J. Ebach, *KBB* 1, 154). 빌닷은 하나님이 공의와 정의를 굽게 하시는 분이 아니라고 말했지만(8:3; 또한 34:12 참조), 욥은 자신에 대한 하나님의 행동이 바로 그렇다고 말한다. 빌닷과 욥의 발언에서 동사 '우트'(עות)가 동일하게 사용되었다. 더 나아가 6절 하반절의 진술은 18장에서 그려 주고 있는 빌닷의 그림과 정반대의 모습을 보여준다. 빌닷은 악인들이 온갖 종류의 포획도구를 사용하여 다른 사람을 잡으려고 하다가 자신이 쳐 놓은 그물에 걸려든다고 말함으로써(7-10절) 욥이 맞고 있는 현재의 상황에 대한 평가를 내린다. 그러나 욥은 자신의 처지가 하나님이 두르신 '그물'(מָצוֹד)에 갇힌 것이라고 말한다. 이집트와 고대 오리엔트 세계의 묘사에서 그물은 통치자의 상징으로 나타난다(O. Keel, *Die Welt der altorientalischen Bildsymbolik und das Alten Testament*, 1977, 78쪽 이하들). 그 물로 둘러싸인 욥의 현실이 하나님의 통치로 인식되는 것이다. 욥은 자신이 빌닷이 묘사한 바와 같은 사악한 사냥꾼이 아니라, 강하고 무자비한 핍박자에 의해서 포획된 무죄하고 무방비 상태에 있는 동물과 같다고 탄식한다(G. Fohrer, *KAT*, 312). 욥은 이러한 반대적인 진술을 통해 바로 앞에서 보여준 빌닷의 묘사가 얼마나 자신에게 어울리지 않고 불합리한 것인가를 여실히 드러내고 있다.

2) 하나님의 적대적인 행동들 : 내가 울부짖으나 응답이 없다(19 : 7-12)

⁷내가 폭행을 당한다고 부르짖으나 응답이 없고 도움을 간구하였으나 정의가 없구나 ⁸그가 내 길을 막아 지나가지 못하게 하시고 내 앞길에 어둠을 두셨으며 ⁹나의 영광을 거두어가시며 나의 관모를 머리에서 벗기시고 ¹⁰사면으로 나를 헐으시니 나는 죽었구나 내 희망을 나무 뽑듯 뽑으시고 ¹¹나를 향하여 진노하시고 원수 같이 보시는구나 ¹²그 군대가 일제히 나아와서 길을 돋우고 나를 치며 내 장막을 둘러 진을 쳤구나

[19 : 7-12] 이 단락(7-12절)에서는 6절에서 범례적으로 언급된 욥에 대한 하나님의 적대적인 행동이 다양한 그림들을 통해 서술된다(J. Ebach, *KBB* 1, 155). 우선 그는 자신이 '폭력'(חָמָס)이라고 소리쳐도 아무런 응답도 없고 따라서 자신의 '의'(מִשְׁפָּט)를 인정받지 못한다고 말한다. 여기에서 '의'는 하나님의 '구원'과 동일시된다(삼상 12 : 7 ; 시 103 : 6 ; 사 46 : 13 ; 51 : 6 참조). 불의한 상황에서 구원에 대한 요청을 드려도 응답이 없다는 것이다. 불의에 대한 외침에 응답하여 율법의 규정대로 실행해야 할 하나님이 그러한 책임과 규정을 외면하신다는 것이다(신 22 : 23-27 ; 렘 20 : 8 ; 합 1 : 2 ; 또한 응답되지 않는 외침에 대하여 다음을 참조하라. 시 22 : 2 ; 애 3 : 8). 욥의 이러한 탄식은 '아야 아붐'('a[j]ja-'abu[m], "나의 아버지가 어디에 있는가?")이라는 욥의 이름에 대한 아카드어 어원을 생각나게 한다(욥 24 : 12 참조).

8절에서는 둘러싸시는 하나님의 행동이 문제가 된다. 1 : 10에서 하나님의 보

호와 돌보심의 행동을 묘사하기 위해 사용된 동일한 어근의 동사가 3 : 23에서는 욥을 둘러싸서서 탈출구가 보이지 않게 하시는 하나님의 봉쇄와 핍박을 묘사하는 데 사용되었다(해당 구절에 대한 주석을 보라). 여기에서도 욥기 3장에서와 마찬가지로 하나님의 두르심은 감옥 혹은 극복할 수 없는 장애물로서 묘사된다. 이뿐 아니라 하나님께서는 욥에게서 모든 영광을 빼앗아 가버리셨다(9절 ; 옷처럼 두르며 머리에 쓸 수 있는 영광에 관하여 다음을 참조하라. 29 : 14 ; 애 5 : 16).

10~12절에서는 욥에 대한 하나님의 공격적인 행동이 군사적인 행동의 은유들을 통해서 묘사된다(J. Ebach, KBB 1, 156). 하나님은 성벽을 무너뜨려 그 성 주민의 소망을 뿌리째 뽑아버리는 적군처럼 행동하신다. 하나님이 욥에게 보여준 행동은 군대가 접근해서 진입로를 만들고 성을 포위한 것과 같다. 그는 대적들에 둘러싸여 구원에 대한 소망 없이 멸망의 운명을 맞아야 하는 절망적인 상황에 직면하고 있다. 이러한 욥의 절망적인 처지는 다음 단락을 통해서 구체적으로 묘사된다. 하나님의 적대적인 행동이 이젠 주위사람들의 행동을 통해서 나타난다.

3) 욥 주위사람들의 반응들 : 나를 아는 자들이 모두 내게 낯선 사람이 되었다(19 : 13-20)

[13]나의 형제들이 나를 멀리 떠나게 하시니 나를 아는 모든 사람이 내게 낯선 사람이 되었구나 [14]내 친척은 나를 버렸으며 가까운 친지들은 나를 잊었구나 [15]내 집에 머물러 사는 자와 내 여종들은 나를 낯선 사람으로 여기니 내가 그들 앞에서 타국 사람이 되었구나 [16]내가 내 종을 불러도 대답하지 아니하니 내 입으로 그에게 간청하여야 하겠구나 [17]내 아내도 내 숨결을 싫어하며 내 허리의 자식들도 나를 가련하게 여기는구나 [18]어린 아이들까지도 나를 업신여기고 내가 일어나면 나를 조롱하는구나 [19]나의 가까운 친구들이 나를 미

워하며 내가 사랑하는 사람들이 돌이켜 나의 원수가 되었구나 [20]내 피부와 살이 뼈에 붙었고 남은 것은 겨우 잇몸뿐이로구나

[19:13-20] 하나님의 적대적인 행동의 결과는 욥 주위사람들을 통해서 경험된다. 하나님의 공격적인 행동으로 고립된 욥은 이젠 사람들로부터도 소외된다. 그는 먼저 형제와 지인들로부터, 이웃과 친척으로부터 낯선 사람이 되었다(13-14절). 그런데 욥은 이러한 소외경험을 넘어서 하나의 '뒤집힌 세계'를 경험한다(J. Ebach, KBB 1, 156). 나그네와 여종들이 자신을 낯선 사람으로 여길 뿐만 아니라 종과 주인의 관계가 뒤바뀌어 있다. 주인이 종을 불러 일을 시키는 것이 아니라 오히려 주인이 종에게 간청해야 한다(16절). 존경받아야 할 연장자가 오히려 젊은이들에 의해서 논박의 대상이 된다(18절). 이러한 역전이 19절에서 '전복'(顚覆) 또는 '재앙'을 묘사하는 동사 '하파크'(הָפַךְ)를 통해서 표현된다(12:15 참조)(J. Ebach, KBB 1, 156).

17절은 질병으로 고통을 당하는 욥의 모습을 보여준다. 가장 가까운 사람인 자신의 아내도 그리고 자신의 형제들도 욥을 역겨워한다. 왜냐하면 욥이 병들어 심한 악취를 풍기기 때문이다. 욥의 아내에 대한 언급은 여기 외에 2:9~10과 31:10에서만 나타난다(욥의 아내에 대한 상이한 전승과 욥의 아내에 대한 해석들에 관해서는 2:9-10의 주석을 참조하라). 또한 여기에서 '형제들'이라고 번역한 히브리어 본문을 직역하면 '내 모태의 아들들'이 된다. '배 탠'(בֶּטֶן)이 시편 132:11이나 미가 6:7에서와 같이 그에게서 후손이 생겨나는 남자 자신을 가리킬 수 있지만, 욥기 3:10에서와 같이 모태를 의미할 수 있다. 여기에서는 후자의 의미를 취하여 형제들을 가리키는 것으로 이해한다. 이러한 이해는 욥의 자녀들이 다 죽은 서막의 서술과도 모순되지 않는다(J. Ebach, KBB 1, 157).

20절에서는 자신의 육체적인 상태를 진술한다. 그는 피부와 살이 뼈에 붙어 있는 앙상한 모습이고, '잇몸'(עוֹר שִׁנַּי, 직역하면 '이의 가죽')으로 살아

남았다(מָלַט). 여기에서 하반절이 의미하고 있는 바는 무엇인가? 욥의 현재 상태를 묘사하는 데 사용된 두 낱말 '오르'(עוֹר)와 '말라트'(מָלַט)의 용례에 대한 고찰을 통해서 그 의미를 알 수 있다(J. Ebach, *KBB* 1, 158). 이 두 낱말은 욥기의 서막에서 이미 등장한다. '빠져 나오다'의 기본 의미를 가지고 있는 동사 '말라트'는 욥의 사환들이 욥의 재산과 자녀에게 닥친 재앙에서 살아남았다고 진술하는 장면에서 4회 반복되어 사용되었다(1 : 15, 16, 17, 19). '가죽'이라는 의미를 가지고 있는 히브리 낱말 '오르'는 사탄에 의해서 '가죽을 위해 가죽을'(Haut für Haut)이라는 교환법칙을 설명하는 데 사용되었다(2 : 4). 이러한 용례의 배경 속에서 욥의 진술을 이해하면 욥은 이제 더 이상 교환할 수 있는 것이 아무것도 없으며 또한 자신과 무엇을 교환하고자 하는 사람 누구도 없이 그저 목숨만을 부지하고 있는 자신의 비참한 처지를 묘사하고 있는 것이다.

이때 욥이 겪고 있는 고통은 무엇인가? 흔히 생각하듯 욥이 겪고 있는 육체의 질병은 여기에서 크게 부각되지 않는다. 그것은 그가 겪는 고통의 일부분일 뿐이다. 오히려 그에게는 사회적 지위의 하락과 주위사람들로부터의 소외가 더 큰 문제로 인식되고 있다. 가장 가까운 사람들에게까지 외면당하고 완전히 뒤바뀐 세계를 직면해야 하는 총체적인 소외 상황이 그를 더욱 괴롭게 한다.

4) 친구들에 대한 욥의 부탁 : 나를 불쌍히 여기라(19 : 21-22)

> [21]나의 친구야 너희는 나를 불쌍히 여겨다오 나를 불쌍히 여겨다오 하나님의 손이 나를 치셨구나 [22]너희가 어찌하여 하나님처럼 나를 박해하느냐 내 살로도 부족하냐

[19 : 21-22] 총체적인 소외의 상황에서 욥은 다시금 친구들에게 호소한다. 제

발 돌이켜 자신을 불쌍히 여기라고(21절, 또한 6 : 29 참조). 욥의 현재 상황은 죄 때문이 아니라 하나님의 손이 치셨기 때문에 일어났다. 그것은 하나님의 적대적인 행동으로부터 비롯되었다. 그러므로 적어도 친구들만큼은 하나님과 다르게 행동해 주기를 간청한다. 여기에서 '살로써 배부르다'는 표현은 먹이를 작은 조각으로 찢어서 먹는 맹수의 모습을 묘사한다기보다는 '어떤 사람을 조각내어 먹다'는 관용구로써 '누구를 비방하고 고소한다'는 의미를 나타내는 셈어적 용법으로 이해된다(G. Fohrer, *KAT*, 316). 친구들은 이제 자신을 비방하거나 고소하는 것을 중지하고 어려울 때 도움이 되는 참된 친구의 모습을 보여 주어야 한다.

욥이 친구들에게 말한 자신을 불쌍히 여기라는 외침은 그것을 시작할 때처럼 갑자기 끝난다. 하나님과 주위 사람들과 친구들로부터 비난당하고 철저히 외면당한 욥이 이제 할 수 있는 일은 무엇일까?

5) 공개된 발언 I : 제발 내 말이 기록된다면(19 : 23-24)

²³나의 말이 곧 기록되었으면, 책에 씌어졌으면, ²⁴철필과 납으로 영원히 돌에 새겨졌으면 좋겠노라

[19 : 23-24] 23~24절에서 하나의 희망을 말한다. 욥은 자신의 희망을 말하면서 '미-이텐'(מִי־יִתֵּן)라는 히브리어의 관용어를 사용한다(29 : 2 참조). 이것을 직역하면 '누가 줄 것인가?'이지만, 이것은 어떠한 것이 있다면 얼마나 좋을까를 표현하는 일종의 가정법이다. 그러나 이 발언은 하나님에게 향하거나 친구들에게 향한 것이 아니라, 청중(Publikum)을 향해 '공개된' 발언이다('공개된 발언'의 의미에 대해서는 각주 15번을 참조하라). 욥은 자신의 말이 기록되기를 바란다(23절 상반절). 이러한 그의 소망은 점층적인 방식으로 부연된다. 즉, 책(סֵפֶר)에 기록되며 철필과 납으로 바위에 영원히 새겨지기를 바란다.

여기에서 철필과 납으로 새긴다는 것은 바위 위에 끌로 글자를 새기고 납을 부어 만든 비문(예컨대, 다리우스 1세의 비스툰[Bisutun] 석비)이 발견됨으로써 이 발언의 실제성이 확인되었다(G. Fohrer, *KAT*, 317).

욥의 이러한 소망은 어떻게 이해되어야 하는가? 특히 바로 이어지는 문제 해결과 구원의 기대(25-27절)와 어떤 관계에 있는가? 이것이 단지 "침울한 상태에서 나온 엉뚱한 발상"(trübsinniges Spintisierung)일 뿐이어서 포기하고 곧바로 '구속자'에 대한 희망으로 발전한 것인가(V. Maag, *Hiob*, 186) 아니면 실제적인 의미가 있는 발언으로 그 자체가 의미를 가지는 발언인가? 현재 독자의 상황에서 보면 이 발언이 실제성을 띤 발언임을 알 수 있다. 왜냐하면 그의 발언은 적어도 욥기라는 책의 형태로 오늘날까지 전승되고 있고, 욥기를 읽는 사람마다 그리고 욥기를 읽을 때마다 그의 말은 '재진술'되고 계속해서 '들려지기' 때문이다(J. Ebach, *KBB* 1, 161). 욥은 자신의 말이 한 번 들려지는 것으로 만족되지 않았다. 그의 말은 기록되어 계속 들려져야 한다. 이것은 욥이 자신의 말을 가볍게 여기지 않고 있음을 반증한다. 욥은 언제 들려져도 동일한 말을 할 수 있을 만큼 자신의 존재의 의미를 담아 말하고 있는 것이다.

6) 공개된 발언 Ⅱ : 내 구속자가 살아 계신다(19 : 25-27)

> [25]내가 알기에는 나의 대속자가 살아 계시니 마침내 그가 땅 위에 서실 것이라 [26]내 가죽이 벗김을 당한 뒤에도 내가 육체 밖에서 하나님을 보리라 [27]내가 그를 보리니 내 눈으로 그를 보기를 낯선 사람처럼 하지 않을 것이라 내 마음이 초조하구나

[19 : 25-27] 그의 공개된 발언은 25~27절에서도 계속된다. 그는 여기에서 자신의 '구속자'에 대한 믿음을 표명한다. 앞에서도 말했지만, 욥기 19장은 욥

기에 대한 기독교 해석사에서 매우 중요하게 취급되었다. 왜냐하면 여기에 '구속자'와 '부활'에 대한 기대가 표현되고 있다고 생각했기 때문이다. 사람들은 '고엘'(גֹּאֵל)을 '구속자'(Erlöser)로 이해할 때, 이 말에서 메시야이신 예수 그리스도를 인식했다. 또한 욥이 바라고 있는 '구원'(Erlösung)이 죽음 이후에 있는 것으로 이해되었다. 그래서 욥의 이 발언은 욥이 부활신앙을 표명하고 있는 것이라고 생각했다. 이러한 견해는 히에로니무스의 불가타(Vulgata)역에서 촉진되었다. 불가타역에서는 다시 서게 되는 주체가 '나'라고 말하고 있다(in novissimo de terra surrecturus sim). '그'에서 '나'로 바뀐 것이다. 이러한 이해는 히브리어 본문보다는 불가타와 70인경의 이해를 따른 루터번역을 통해서 강화되었다(이 점에 대한 자세한 설명은 다음을 참조하라. J. Ebach, *KBB* 1, 161-162).

그러나 이러한 기독교적 해석의 전통은 일방적이거나 배타적이어서는 안 된다. 욥기의 이 본문은 훨씬 더 많은 것을 말할 수 있다. 매 구절이 여러 가지 해석의 가능성에 열려 있다. 25절에는 거의 모든 낱말이 여러 가지 뜻을 포함하고 있다(J. Ebach, *KBB* 1, 164). 특히 하반절의 '아하론'(אַחֲרוֹן, 마지막, 훗날에), '아파르'(עָפָר, 먼지, 땅, 땅바닥), '쿰'(קוּם 기본의미가 '일어서다') 등의 낱말들이 어떤 의미로 해석되느냐에 따라 전체적인 의미가 달라진다. 우선 욥이 말한 '구속자'(גֹּאֵל)는 구약성서에서 여러 가지 의미를 내포한다(J. Ebach, *KBB* 1, 164; J. Hartley, *NICOT*, 292-293). 이 낱말의 어근인 '가알'(גָּאַל)은 '몸값을 주고 구출하다', '다른 주권의 힘으로부터 해방하다'는 기본의미가 있다. 이것은 경제적-법적 용어로써 빚을 지고 있거나 그것 때문에 종살이하고 있는 사람을 가장 가까운 친족이 '회수'할 의무를 나타낼 때 쓰인다. 즉, 토지나 사람을 값을 주고 구출하는 것이다(레 25장 ; 룻 2 : 20 ; 4장 ; 렘 32 : 6 이하). 또한 이 낱말은 하나님의 '구원행동'을 나타낼 때 사용되었다. 하나님이 자기 백성을 자신의 '소유'로 삼으심으로 '구원했으며'(시 74 : 2 ; 비교. 출 6 : 6 ; 15 : 13 ; 사 52 : 3), 이집트에서 이스라엘을 '해방시키셨다'(사 41:14 ; 49:7, 26 ; 43:1 ; 44:22 ; 48:20 ; 51:10 ; 52:9 등). 욥은 이러한 '구속자'가 살아 계신다는 사실을 안다. 그분은 현재의 '잘못된' 상황에서 욥을 구출하시고 본래적인 상태로 회복시키실 것이다.

그런데 이것은 언제 어떻게 이루어지는가? '아하론'(אַחֲרוֹן)에 대한 해석도 여러 가지가 있다. 기독교 전통적인 해석에서는 '최후의 심판'을 의미한다고 보았다. 사법적인 의미를 강조하는 해석에서는 이것을 재판정의 '마지막 진술'을 의미한다고 보았다. 하지만 이 낱말은 욥의 현재적 진술의 맥락에서 볼 때 '끝내는'이라는 의미에서 '훗날에'로 이해하는 것이 더 적절하다고 여겨진다. '아파르'(עָפָר)는 욥의 현재의 상황을 나타내는 '띠끌'(2:8 참조)이나 땅 혹은 흙을 의미한다. 이것은 모두 이 땅위에서 벌어질 일을 말하고 있다. 다음으로 3인칭 남성단수의 형태로 사용된 동사 '쿰'(קוּם)은 '누군가 어떤 사람의 권익을 위해서 일어나 활동한다'는 것을 표현한다. 그러므로 이것은 죽음 이후의 부활신앙에 대한 진술이라기보다는 탈출구가 보이지 않는 상황에서도 자신의 구속자는 살아계셔서 자신을 위해 '구원'을 베풀어 주실 것이라는 확신을 표명하고 있는 것으로 이해된다.

26절은 욥이 경험할 수 있는 현재와 미래의 최악의 상황을 설명한다. 그가 비록 사람들로부터 가죽이 벗겨진 후에도 또는 질병 때문에 몸이 다 뭉그러진 후에도 그는 하나님을 볼 것이라고 말한다. 여기에도 해석의 논란이 있는 표현이 있다. '미베사리'(מִבְּשָׂרִי)가 문제이다. 특별히 여기에 사용된 전치사 '민'(מִן)의 의미를 어떻게 이해하느냐에 따라 해석이 달라진다. '-으로부터'(from, out of)의 기본의미를 가지고 있는 '민'이 여기에서 '육체의 몸을 입고'(in my flesh)를 의미하는지 아니면 죽음 이후의 모습을 묘사하는 '육체를 벗어나'(out of my flesh)를 의미하는지가 논란거리가 된다. 필자는 여기에서 욥이 죽음 이후의 모습을 말한다기보다는 죽기 이전의 상황에 대한 확신을 말하고 있다고 본다. 그는 어떤 최악의 상황 가운데서도 '자신의 육체로부터' 하나님을 보게 될 것이라고 말한다. 사람들에 의해서 가죽이 벗김을 당하는 것과 같은 극심한 고통의 상황에서도 아니면 질병으로 인해 온 몸이 뭉그러지는 것과 같은 절망적인 상황이 온다 할지라도 자신이 살아 있는 동안 그는 하나님을 보게 될 것이라는 흔들림 없는 확신을 피력하고 있는 것이다. 여기에서 하나님을 본다는 것은 구원의 전제 조건이다(34 : 29 ; 35 : 14 참조). 그는 상황이 변하기를 먼저 기대하지 않고 있다. 오히려 그는 하나님을 봄으로써 얻어지는 구원을 경험하기 원한다.

27절에서 욥은 하나님을 보게 되는 상황을 부연 설명한다. 그가 죽은 후에 다른 사람이 보는 것이 아니라 자신이 직접 볼 것이라는 것이다. 여기에서 욥 자신의 직접성이 '아니'(אֲנִי)라는 인칭대명사와 '리'(לִי, 나에게)라는 표현을 이중적으로 사용함으로 강조된다. 그가 보게 될 하나님은 더 이상 낯선 분이 아니다. 자신의 구속자로서의 하나님이다. 이러한 희망과 기대가 얼마나 강렬하던지 자신의 가장 깊은 내면을 의미하는 신장이 일그러질 정도다 (시 69 : 3 ; 84 : 2 ; 119 : 81-82, 123 참조).

여기에서 한 가지 질문해야 할 사실이 있다. 그것은 25~27절에서 '구속자'로 보기를 바라고 있는 하나님과 특별히 6절에서 말하듯이 '나를 굽게 하시고 그물로 나를 둘러싸신' 하나님과의 관계 문제이다. 여기에서 욥이 말하고 있는 '핍박자' 하나님과 '구속자' 하나님은 한 분 하나님이신가? 그렇다면 욥이 어떻게 '핍박자'로 경험하는 하나님께 '구속자' 하나님의 모습을 기대할 수 있는가? 그러나 이것이야말로 한 분 하나님을 고백하는 유일신 신앙이 가질 수 있는 문제해결의 유일한 가능성이다. 자신의 현실이 오직 한 분이신 야훼 하나님으로부터 왔다고 고백하는 것은 오직 그분만이 그 현실과 자신을 바꿀 수 있는 유일한 구원자 하나님임을 믿는 것이기 때문이다. 하나님 자신 외에는 누구도 하나님을 이길 수 없다(Nemo contra Deum, nisi Deus ipse)(J. Ebach, *KBB* 1, 167).

7) 친구들에 대한 욥의 경고 : 너희는 칼을 두려워하라(19 : 28-29)

²⁸너희가 만일 이르기를 우리가 그를 어떻게 칠까 하며 또 이르기를 일의 뿌리가 그에게 있다 할진대 ²⁹너희는 칼을 두려워 할지니라 분노는 칼의 형벌을 부르나니 너희가 심판장이 있는 줄을 알게 되리라

[19 : 28-29] 욥의 진술은 구속자에 대한 믿음의 고백과 기대로 끝나지 않는다. 욥은 친구들을 향하여 경고함으로 자신의 말을 마친다. 친구들이 아직도 욥의 고난의 원인을 욥 안에 있다고 생각하고 욥을 핍박하려 한다면, 그들은 하나님의 분노의 칼을 경험하게 될 것이라고 말한다. 이것은 욥이 가지고 있는 확신이 얼마나 크고 분명한가를 보여준다. 욥은 끝내 하나님의 공정한 심판이 이루어질 것이라고 확신하고 있다. 만약 하나님이 자신을 위해서 일어서신다면 친구들의 생각과 의도는 정반대의 결과를 맞게 될 것이다. 그들이 생각하는 것처럼 욥이 악인으로서 심판받는 것이 아니라 오히려 그들이 자신들의 잘못된 판단과 행동을 보인 것에 대한 심판을 경험하게 될 것이다.

설교를 위한 묵상

이 본문에서 얻을 수 있는 교훈들은 무엇인가? 여러 가지 차원에서 생각할 수 있으나, 특별히 19 : 23~27에서 욥이 보여주는 믿음의 모습을 중심으로 생각할 수 있다.
첫째, 욥의 믿음은 살아 계신 하나님에 대한 믿음이다. 욥은 구속자가 살아 계시다는 사실을 안다고 고백하고 있다. 살아 계신다는 것은 지금도 활동하고 계신다는 말이다. 자신의 탄식과 기도를 들으시고 응답하실 것이라는 믿음이다. 히브리서 11 : 6에도 이와 비슷한 내용의 말씀이 있다 : "믿음이 없이는 기쁘시게 못하나니 하나님께 나아가는 자는 반드시 그가 계신 것과 자기를 찾는 자들에게 상 주시는 이심을 믿어야 할지니라" 여기에서 강조하는 믿음의 내용은 하나님이 계신다는 것과 그분은 자신을 찾는 자들에게 상 주시는 분이라는 사실이다. 시편의 악인들이 말하는 것처럼(시 10 : 4, 13 ; 14 : 1 ; 42 : 3, 10 ; 53 : 1), 하나님이 계시지만 세상일에는 전혀 관심도 관여도 하지 않으시는 하나님이라 '하나님이 없다'고 말할 수 있는 하나님이 아니라, 세상

을 돌보시고 자신의 백성이 울부짖는 소리를 들으시고 응답하시는 하나님이라는 사실이다. 욥은 이렇게 살아 계신 하나님에 대한 믿음으로 그 고통 가운데서도 믿음을 잃지 않고 하나님께 나아갈 수 있었다.

둘째, 욥의 믿음은 고난 속에서도 최후 승리를 믿는 믿음이다. 욥이 겪은 고난은 보통 사람들로서는 견디기 힘든 고난이다. 자신의 건강뿐 아니라 자녀들을 잃었고 소유물을 다 잃었다. 게다가 그는 인간관계에서 소외당한다. 그를 알고 있는 지인들, 친척들, 친구들, 그리고 심지어 아내와 형제들까지 모두 욥을 혐오하고 꺼려하며 그로부터 등을 돌린다. 그리고 이젠 자신의 말을 따라야 할 종들이 자신을 무시하고, 연장자를 존경해야 할 젊은이들 자신에게 대든다. 그가 맺고 있는 모든 관계에서 소외당하고, 사회적 지위의 하락을 경험한다. 이러한 자신의 고난을 '사람들이 내 가죽을 벗긴다'고 표현하고 있다. 몸의 가죽이 다 벗겨지고 질병으로 뭉그러진 육체가 될지라도 그는 하나님을 보게 될 것이라는 사실을 포기하지 않는다. 그는 그렇게 어려운 상황에서도 자신의 믿음을 포기하지 않고 하나님과의 만남을 소망하고 있는 것이다. 고난당하는 자들이 배워야 할 모습이 이렇게 끈기 있는 믿음의 모습이다. 히브리서 10 : 38에서도 "나의 의인은 믿음으로 말미암아 살리라. 또한 뒤로 물러가면 내 마음이 그를 기뻐하지 아니하리라 하셨느니라"고 말씀한다. 어떤 고난 가운데서도 뒤로 물러서지 않고 믿음으로 견고하게 서 있을 때 하나님은 최후의 승리를 허락하신다.

셋째, 욥의 믿음은 자신의 전 존재를 걸고 보여주는 믿음이다. 욥은 23~24절에서 하나의 특별한 소망을 피력한다. 그것은 자신의 말이 기록되기를 바라는 것이다. 그는 자신의 말이 책에 기록되거나 바위에 영원히 새겨지기를 바란다. 이것은 자신이 말하고 있는 바가 한 번 들려지는 것으로 끝나지 않고 계속 들려지고 검증되기를 바라고 있는 것이다. 이것은 오늘날 우리의 언어생활이나 삶의 태도에 큰 교훈을 준다. 말로 하는 것은 쉬울 수 있다. 기록되거나 녹음되지 않으면 얼마든지 번복할 수도 있다. 실제로 우리 생활에서 말 바꾸기를 하는 경우를 쉽게 경험할 수 있다. 하지만 욥은 자신의 말이 영원히 남아있기를 원하고 있다. 그는 자신의 말이 언제 어디서 들려지고 검증되어도 무방할 정도로 자신의 전 존재를 담은 것이라는 사실을 말하고 있는 것이다. 자신의 말과 삶이 보여주는 진실성에 대한 확신이 없다면 이런 말을 감히 할 수 없을 것이다. 자신의 말하는 바가 책으로 기록되어 후세에 들려지고 읽혀지기를 원한다면 그는 자신의 말과 행동에 문제가 없도록 진실을 위해 성실히 노력할 것이다.

행동하고 말하는 바를 철필로 바위에 새기듯이 한다면 우리의 언어생활과 삶이 얼마나 진중하고 성실하겠는가? 자신의 말이 기록되기를 바라는 욥의 소망은 오늘날 우리에게 자신의 전 존재를 걸고 진실과 성실로 보여주는 믿음의 삶을 살도록 도전하고 촉구한다.

C. 욥과 소발의 2차 대화(20 : 1-21 : 34)

1. 소발의 두 번째 발언(20 : 1-29)

욥기 20장은 소발의 두 번째 발언이다. 19장에 나오는 욥의 발언에 대한 대응인데, 그는 욥의 말에 동의하지도 않고 그의 말을 받아들지도 않는다. 소발은 오직 악인이 맞는 운명에 초점을 맞추어 말한다. 이로써 구속자가 나타나서 자신의 의로움을 밝혀줄 것이라는 욥의 희망(19 : 25-27)을 간접적으로 부정한다. 20장에 나타난 소발의 말은 세 개의 큰 단락으로 분류되며, 두 번째 단락은 다시 세 개의 소단락으로 분석된다.

1. 욥의 말에 대한 반박 : 옛부터 내려온 이 일을 모르느냐?(1-5절)
2. 악인이 맞는 운명(6-28절)
  1) 상승과 추락(6-11절)
  2) 입에 달지만 독이 되는 음식(12-23절)
  3) 피할 수 없는 하나님의 진노(24-28절)
3. 결론 : '이것이 하나님이 정하신 악인의 몫이다'(29절)

1) 욥의 말에 대한 반박 : 옛부터 내려온 이 일을 모르느냐?(20 : 1-5)

¹나아마 사람 소발이 대답하여 이르되 ²그러므로 내 초조한 마음이 나로 하여금 대답하게 하나니 이는 내 중심이 조급함이니라 ³내가 나를 부끄럽게 하는 책망을 들었으므로 나의 슬기로운 마음이 나로 하여금 대답하게 하는구나 ⁴ 네가 알지 못하느냐 예로부터 사람이 이 세상에 생긴 때로부터 ⁵악인이 이긴다는 자랑도 잠시요 경건하지 못한 자의 즐거움도 잠깐이니라

[20 : 1-5] 소발은 욥이 말한 바에 큰 타격을 받았다. 욥은 친구들에게 자신을 핍박하는 자들이라고 말했고(19 : 22, 28), 무고한 자를 핍박하는 친구들은 하나님의 분노의 칼을 피하지 못할 것이라고 경고했다(19 : 29). 그래서 소발은 흥분된 마음을 진정시킬 수 없었고, 조급함 가운데 말을 하게 된다(2절). 꾸짖는 책망에 대해서 명철의 영으로 대답한다고 말한다(3절). 고대 중동의 문화 가운데 지혜자의 어법을 보게 된다. 인내심을 발휘하고 평정심을 잃지 않고 대답하려는 소발의 마음을 읽을 수 있다. 그러면서 소발은 인간과 역사에 관한 근본적인 진리에 대해서 말한다(4-5절). 그것은 인간이 땅에 존재하게 된 이후로 악인과 경건치 않은 자의 번영은 잠시뿐이었다는 것이다. 이것은 지혜 시편에서도 교훈하고 있는 바이며(시 37, 73편), 빌닷이나 엘리바스도 이와 비슷한 말을 했다(8 : 11-13 ; 15 : 29-33). 다만 여기에서 소발이 강조하는 바는 이것이 누구도 예외가 될 수 없는 절대불변의 진리라는 점이다. 소발에 의하면 사람이 땅에 있은 후부터 적용되는 진리다. 그러므로 욥의 경우도 이러한 진리 안에서 해석되어야 한다는 것이다.

2) 악인의 운명(20 : 11-28)

(1) 상승과 추락(20 : 6-11)

⁶그 존귀함이 하늘에 닿고 그 머리가 구름에 미칠지라도 ⁷자기의 똥처럼 영

원히 망할 것이라 그를 본 자가 이르기를 그가 어디 있느냐 하리라 ⁸그는 꿈 같이 지나가니 다시 찾을 수 없을 것이요 밤에 보이는 환상처럼 사라지리라 ⁹그를 본 눈이 다시 그를 보지 못할 것이요 그의 처소도 다시 그를 보지 못할 것이며 ¹⁰그의 아들들은 가난한 자에게 은혜를 구하겠고 그도 얻은 재물을 자기 손으로 도로 줄 것이며 ¹¹그의 기골이 청년 같이 강장하나 그 기세가 그와 함께 흙에 누우리라

[20 : 6-11] 여기에서는 악인의 탁월함과 그의 패망이 극적으로 대비된다. 그의 탁월함이 뛰어나서 하늘까지 오르고 구름에 닿아도 그의 결말은 '똥'처럼 영원히 망하는 것이다(6-7절). 여기에서 거대한 나무의 은유를 볼 수 있다. 그것은 에스겔 31장에서처럼 권세 있는 통치자를 가리키기도 하고 번영하고 영향력 있는 귀족을 의미하기도 한다(욥 8 : 16-18 ; 14 : 7-9 ; 18 : 16 참조) (J. E. Hartley, *NICOT*, 304). 소발은 이러한 은유를 통해 높이 올라간 만큼 아래로 추락하는 악인의 모습을 보여준다. 바벨탑을 쌓는 인간들(창 11 : 1-9), 그리고 자신의 자리를 하늘까지 높이는 바벨론 왕이나 두로의 왕과 같은 교만한 자의 운명과도 같다(사 14장, 겔 28장). 그의 번영은 꿈처럼 지나가고 밤의 환상처럼 사라질 것이다(8절). 잠시 후 그를 찾으려 해도 그를 찾지 못하며, 그의 자리를 보려 해도 보지 못할 것이다(9절). 그의 자녀들도 구걸하는 신세가 되고(10절), 그에게 젊음의 기운이 있어도 죽음을 맛보게 됨으로 그것이 쓸모없게 될 것이다(11절).

소발의 표현을 자세히 살펴보면 그의 발언은 욥의 발언에 대한 철저한 부정이다(J. G. Janzen, *Interpretation*, 152). 19장에서 욥은 그가 분명히 하나님을 보게 될 것이라고 말한다(19 : 25-26). 하지만 소발은 그는 하나님을 보지 못할 것이라고 말한다. 왜냐하면 더 이상 그가 다시 세상에 있지 않을 것이기 때문이다(9절). 욥은 현재 피골이 상접해 있고 남은 것은 잇몸뿐이지만(19 : 20), 육체로부터 하나님을 보게 될 것이라고 말한다(19 : 26). 하지만

소발은 악인의 뼈가 젊음의 기운으로 가득 차 있을지라도, 그의 젊음의 기운은 아무것도 아닌 것이 될 것이라고 말한다(11절). 소발은 그저 악인의 운명에 대해서 묘사하고 있다고 말할 수 있지만, 그가 내뱉는 말은 욥의 발언에 대한 반박이며, 욥이 악인의 운명을 맞고 있음을 은근히 드러내고 있다.

(2) 입에 달지만 독이 되는 음식(20 : 12-23)

¹²그는 비록 악을 달게 여겨 혀 밑에 감추며 ¹³아껴서 버리지 아니하고 입천장에 물고 있을지라도 ¹⁴그의 음식이 창자 속에서 변하며 뱃속에서 독사의 쓸개가 되느니라 ¹⁵그가 재물을 삼켰을지라도 토할 것은 하나님이 그의 배에서 도로 나오게 하심이니 ¹⁶그는 독사의 독을 빨며 뱀의 혀에 죽을 것이라 ¹⁷그는 강 곧 꿀과 엉긴 젖이 흐르는 강을 보지 못할 것이요 ¹⁸수고하여 얻은 것을 삼키지 못하고 돌려 주며 매매하여 얻은 재물로 즐거움을 삼지 못하리니 ¹⁹이는 그가 가난한 자를 학대하고 버렸음이요 자기가 세우지 않은 집을 빼앗음이니라 ²⁰그는 마음에 평안을 알지 못하니 그가 기뻐하는 것을 하나도 보존하지 못하겠موں ²¹남기는 것이 없이 모두 먹으니 그런즉 그 행복이 오래 가지 못할 것이라 ²²풍족할 때에도 괴로움이 이르리니 모든 재난을 주는 자의 손이 그에게 임하리라 ²³그가 배를 불리려 할 때에 하나님이 맹렬한 진노를 내리시리니 음식을 먹을 때에 그의 위에 비 같이 쏟으시리라

[20 : 12-23] 여기에서는 악인의 삶이 음식에 비유된다. 악이 입에 달아서 혀 밑에 감추기도 하고 입천장에 물고 있을지라도 그것을 삼키고 나면 그것은 뱀의 독이 될 것이다(12-14절). 상한 음식을 먹으면 토해내야 하듯이 악인이 삼킨 재물은 다시 뱉어내야 한다(15절). 하지만 그렇게 하시는 이는 다름 아닌 하나님이시다. 악을 행하는 것은 독사의 독을 빠는 것과 같다(16절). 뱀의 혀가 죽일 것이라는 표현은 뱀의 혀가 독을 운반한다는 고대 중동의 신앙을

반영한 것이다. 그는 꿀과 젖이 흐르는 강들을 보지 못할 것이다(17절). 젖과 꿀은 하나님의 축복의 상징이며 약속의 땅 가나안과 동일시된다(축복의 상징인 젖과 꿀에 관하여 다음을 참조하라. S. Balentine, *Smyth & Helwys*, 316). 18절에서 소발은 다시금 악인은 자신이 가진 것을 되돌려 주어야 한다는 사실을 말한다. 얻은 것을 자기 것으로 삼지 못하고 장사로 얻은 이익도 제 것으로 누리지 못한다. 왜냐하면 가난한 자를 압제하고 버렸기 때문이요, 자신이 짓지 않은 집을 강제로 빼앗았기 때문이다(19절). 악인은 만족을 모르며 탐욕에서 벗어나지 못한다(20절). 이것은 스올처럼 그칠 줄 모르는 탐욕에 사로잡힌 교만한 바벨론을 묘사하고 있는 하박국서의 내용과 유사하다(합 2:4-5).[28] 악인은 모조리 먹어 치워버림으로 그에게 남는 것이 없다. 그래서 그의 번영은 지속되지 않는다(21절). 풍요가 있을 때에도 곤고함이 임하며, 그를 곤고하게 하는 것들이 모두 그에게 임할 것이다(22절). 그가 배를 채우려 해도 하나님의 진노로 가능하지 않게 될 것이다(23절).

(3) 피할 수 없는 하나님의 진노(20:24-28)

[24] 그가 철 병기를 피할 때에는 놋화살을 쏘아 꿰뚫을 것이요 [25] 몸에서 그의 화살을 빼낸즉 번쩍번쩍하는 촉이 그의 쓸개에서 나오고 큰 두려움이 그에게 닥치느니라 [26] 큰 어둠이 그를 위하여 예비되어 있고 사람이 피우지 않은 불이 그를 멸하며 그 장막에 남은 것을 해치리라 [27] 하늘이 그의 죄악을 드러낼 것이요 땅이 그를 대항하여 일어날 것인즉 [28] 그의 가산이 떠나가며 하나님의 진노의 날에 끌려가리라

---

28) 악인으로 묘사되는 바벨론의 운명에 관하여 다음을 참조하라. 하경택, "의인은 믿음으로 산다 : 합 2:1-20에 대한 주석적 연구," 「서울장신논단」 16 (2008.8), 35-75.

[20 : 24-28] 악인의 운명에 대한 마지막 단락(24-28절)에서는 악인이 피하려 하지만 피할 수 없는 하나님의 진노에 관하여 말한다. 악인은 하나님의 진노에서 벗어나고자 한다. 하지만 그것은 불가능하다. 철제무기를 피하면 놋 화살이 그를 뚫을 것이다. 하나님이 쏜 화살은 명중되어 그의 몸에 박히게 된다(25절). 이것은 자신의 처지가 하나님이 쏜 독화살을 맞은 것과 같다고 말한 것과 자신을 향한 무지비한 하나님의 공격에 대해서 말하는 욥의 발언을 생각나게 한다(6 : 4 ; 16 : 13). 그는 어딜 가도 안전하지 않다(26절). 비밀 장소에까지 어둠이 몰아닥친다. 피우지 않은 불이 일어나 그를 삼킬 것이다. 집 안에 남아 있는 것들까지 불태워질 것이다. 하늘과 땅이 그의 죄악을 드러내는 증인으로 활약할 것이다(27절). 그가 가지고 있던 것은 모두 하나님의 진노가 임할 때 사라질 것이다(28절). 악인의 결말이 어떻게 될 것인가에 대해서 이보다 분명히 말하기는 어려울 정도로 단호한 어조로 표현되어 있다. 아모스가 이스라엘의 멸망을 선포할 때 더 이상 돌이킬 수도 없고 피할 수도 없음을 말했던 바와 유사하다(암 9 : 1-4).

3) 결론 : 이것이 하나님이 정하신 악인의 몫이다(20 : 29)

²⁹이는 악인이 하나님께 받을 분깃이요 하나님이 그에게 정하신 기업이니라

[20 : 29] 29절은 소발의 결론이다. 이 모든 것은 하나님이 악인에게 정하신 몫이요 유업이다. 여기에 사용된 히브리 낱말 '헬레크'(חֵלֶק)와 '나할라'(נַחֲלָה)는 동의어로서 구약성서에서 땅과 많은 관련성을 가지고 사용된다(신 4 : 21, 38 ; 12 : 9 ; 25 : 19 ; 26 : 1 등, 또한 시 105 : 11 ; 135 : 12 ; 136 : 21 ; 왕상 8 : 36 ; 렘 3 : 19 참조). 특별히 '나할라'는 한편으로 개별적인 가문에게 할당된 '유산'이나 '상속지분'으로서 사법적-상속법적 측면을 가지고 있으며, 다른 한편으로는 하나님으로부터 주어진 땅으로서 각인된 신학적 측면을 가지

고 있다(R. Rendtorff, 『구약정경신학』, 106). 그것은 하나님에 의해서 위임되고 맡겨진 일종의 신탁재산의 의미를 가진다. 악인이 맞게 되는 운명은 하나님이 정하신 것이요 악인에게 할당된 지분이다. 변경할 수 없고 거부할 수도 없다. 소발은 욥에 대해서 첫 번째 발언에서보다 더욱 공격적이고 강화된 입장을 취한다. 욥의 미래는 더 이상 거론의 대상이 아니다. 욥의 현재의 상황이 악인이 맞게 되는 운명의 대표적 사례가 되었다. 여기에서 감지되는 시제의 변화가 의미가 있다. 첫 번째 바퀴의 대화(4-14장)에서는 기대되는 미래와 관련된 욥의 현재가 관건이었다고 한다면, 이제는 욥의 현재를 통해서 욥의 과거를 해석하는 문제가 관건이 된다(J. Ebach, *KBB* 1, 170).

▪▪ 설교를 위한 묵상

소발의 두 번째 발언을 통해서 얻을 수 있는 적용점들은 무엇인가? 동일한 내용을 반복하고 있는 듯한 친구들의 말에서 어떤 교훈을 얻을 수 있을까? 반복되고 있는 내용을 통해 친구들의 입장을 더욱 분명하게 확인할 수 있고, 이를 통해 그들이 보인 태도와 발언의 내용에 대해 더욱 정확한 평가를 할 수 있을 것이다. 그렇다면 소발의 발언에서 찾을 수 있는 문제점은 무엇인가?

무엇보다 욥에 대한 소발의 태도에서 그 문제점을 발견할 수 있다. 그의 발언은 수사학의 원칙에 따라 잘 구성된 훌륭한 연설이다. 도입부에서 자신의 발언 동기를 말한 후 그의 말은 사견(私見)이 아니라 '사람이 땅에 있은 후 예부터 내려오는' 인류 지혜 전통의 유산임을 강조한다(4-5절). 그는 마지막에 '이것이 하나님이 정하신 악인의 몫'이라고 결론지으며 자신의 발언을 종결한다(29절). 이 모든 것이 하나님이 결정하신 것이요 그분이 내린 심판의 결과라는 것이다. 그 사이에 세 가지 소단락을 통해 악인이 맞는 운명을 다층적으로 보여주고 있다(6-28절). 악인의 삶에는 상승이 있지만 결국 악인은 추락하고(6-11절), 그가 입에 단 음식을 먹을지라도 그가 먹은 음식은 결국 독이 되어 그를 죽게 할 것이며(12-23절), 그의 죄악은 낱낱이 드러나 진노를 마주하게 될 것이라고 말한다(24-28절). 특별히 그는 이 모든 일들이 하나님의 심판임을 강조한다(15절, 23절, 29절).
하지만 그의 발언은 결국 욥의 발언에 대한 철저한 부정이다. 19장의 욥 발언에서 정점에 있는 것은 25~26절에서 표명되고 있는 바와 같이 자신의 구속자가 살아계시며 그가 마침내 하나님을 보게 될 것이라는 확신이다. 그러나 소발은 욥의 이러한 확신을 철저하게 반박한다. 왜냐하면 악인은 잠시 후 이 땅에서 사라지게 되기 때문이다. 그를 보았던 눈이 그를 다시 보지 못할 것이며, 그의 처소조차도 그를 다시 목격하지 못하게 될 것이다(9절). 또한 그의 뼈가 젊음의 기운으로 가득 차 있을지라도 그것은 곧 아무것도 아닌 것이 될 것이다(11절). 이러한 발언들은 가죽이 벗김을 당하는 고통을 겪으며 질병으로 뭉그러진 육체가 될지라도 하나님을 보게 될 것이라는 욥의 확신과 정면으로 배치되는 것이다. 그리고 철제무기를 피하면 놋 화살이 그를 뚫을 것이라는 발언은 자신이 하나님이 쏜 독화살을 맞았다고 말한 것과 자신을 향한 무자비한 하나님의 공격에 대해서 말하는 욥의 발언을 생각나게 한다(6:4 ; 16:13). 이뿐 아니라 소발이 묘사하는 악인의 운명은 현재 욥의 상황과 일치한다. 악인은 재물을 삼키나 그것을 토해낼 것이며(15절), 그의 가산이 제거될 것이라고 말한다(28절). 욥은 현재 소발이 말한 바와 같이 이전에 많은 재물을 가지고 있었으나 이젠 빈털터리가 되었고, 가산과 자녀들이 이 땅에서 사라졌다. 소발의 발언에 의하면 이러한 상황의 일치는 욥의 정체를 알 수 있게 한다. 욥은 자신의 상황을 통해 자신이 악인임을 증명한다는 것이다. 소발의 발언에는 이러한 욥에 대한 직접적인 부정과 간접적인 판단이 함께 작용하고 있다.
하지만 이러한 소발의 발언은 이해할 수 없는 고난 중에 있는 욥을 두 번 죽이는 것이나 다름없다. 그의 발언은 욥의 이전 발언에 대한 반박과 부정으로 가득 차 있을 뿐만 아니라 악인의 운명에 대한 설명이 욥에 대한 암시로 곳곳에서 드러나기 때문이다. 만약 그가 욥을 새로운 인식으로 이끌려 했다면 그는 먼저 욥의 마음을 열었어야 했다. 마음을 열게 하는 것은 반박과 부정이 아니라 동감과 격려이다. 상대방의 잘못에 대한 책망이나 공격이 아니라 상황과 고통에 대한 배려와 동감을 통해서 마음의 변화를 이끌어 낼 수 있다. 회개는 공격할 때가 아니라 감동을 줄 때 일어난다. 소발의 말에는 상대방에 대한 배려나 정확한 인식이 결여되어 있다. 그는 엘리바스나 빌닷의 발언에 비하여 조금도 나은 입장을 보이지 못한다. 그는 그들의 입장을 반복하고 있을 뿐이며, 자신의 발언을 통해 자신이 신봉하는 도그마와 논리만을 관철시키려 하는 독선적인 태도만을 드러낼 뿐이다.

대화에서 새로운 논리나 근거를 제시하지 못한다면 그는 더 이상 대화의 상대가 되지 못할 것이다. 그리하여 우리는 욥기에서 더 이상 소발의 말을 들을 수 없다. 그는 다시 말하는 것을 포기한 것이다.

∽

2. 소발의 두 번째 발언에 대한 욥의 응답(21 : 1-34)

욥기 21장은 소발의 두 번째 발언에 대한 욥의 응답이다. 여기에서 욥은 하나님을 향한 발언 없이 줄곧 친구들을 향해서 말한다. 소발은 행위화복관계의 일치성을 주장하며, 자신이 주장하는 교리가 현실에서 그대로 확인될 수 있다고 생각한다. 따라서 악인은 하나님의 진노를 피할 수 없고 악인은 자신에게 정해진 몫과 유업을 받게 된다고 말했다. 이것을 거꾸로 생각하면 하나님의 진노를 경험하고 있는 사람은 자신이 악인임을 드러내는 것이라고 말할 수 있다. 이에 욥은 정면으로 반박한다. 소발이 말한 바의 정반대의 말을 한다. 자신의 경험에 근거하여 오히려 악인이 잘 되는 사례를 말함으로 소발의 말이 자신의 삶에서 증명되지 않음을 말한다. 욥기 21장은 아래와 같이 네 개의 단락으로 나눌 수 있다.

1. 친구들에 대한 요청 : 내 말을 잘 들으라(1-6절)
2. 친구들의 주장에 대한 반박(I) : 왜 악인은 오래 살고 번영을 누리는가?(7-16절)
3. 친구들의 주장에 대한 반박(II) : 얼마나 자주 악인의 불이 꺼지던가?(17-26절)
4. 친구들의 주장에 대한 반박(III) : 너희가 헛되이 위로하려느냐?(27-34절)

1) 친구들에 대한 요청 : 내 말을 잘 들으라(21 : 1-6)

¹욥이 대답하여 이르되 ²너희는 내 말을 자세히 들으라 이것이 너희의 위로가 될 것이니라 ³나를 용납하여 말하게 하라 내가 말한 후에 너희가 조롱할지니라 ⁴나의 원망이 사람을 향하여 하는 것이냐 내 마음이 어찌 조급하지 아니하겠느냐 ⁵너희가 나를 보면 놀라리라 손으로 입을 가리리라 ⁶내가 기억하기만 하여도 불안하고 두려움이 내 몸을 잡는구나

[21 : 1-6] 소발의 말에 욥이 대응한다. 그는 먼저 친구들이 자신의 말을 주의 깊게 들어줄 것을 요청한다(2절). 그것이 욥에게는 위로가 될 것이다. 엘리바스도 '하나님의 위로'에 대해서 말을 했다(15 : 11). 하지만 친구들의 말은 욥에게 위로를 주기는커녕 괴로움만 더 주었고, 헛된 말이 되었다(16 : 2-3). 욥이 진정으로 원하는 것은 우선 자신의 말을 있는 그대로 듣는 것이다. 우선 욥이 말하는 바를 잘 듣고, 조롱하더라도 나중에 하라는 것이다(3절). 4절에서는 자신의 상황과 말이 어떠한 것인지를 제대로 봐 주라고 호소한다. 욥은 자신의 '탄식'이 사람을 향한 것이 아니라 하나님을 향한 것이라고 말한다(4절). 우리말 성경에서 보통 '원망'이나 '불평'이라고 번역된 '시아흐'(שִׂיחַ 7 : 11, 13 ; 9 : 27 ; 10 : 1 ; 23 : 2 참조)는 시편에서 다양한 상황에서 겪는 고통에 대한 '탄식'을 의미한다(시 55 : 3[2] ; 64 : 2[1] ; 102 : 1[표제어] ; 142 : 3[2]). 욥은 이해할 수 없고 견디기 어려운 고통 속에서 하나님께 부르짖고 있다는 것이다. 그런데 욥은 그것이 바로 자신의 마음이 조급한 이유라고 설명한다. 왜냐하면 자신의 발언은 전능자 하나님을 대상으로 하고 있기 때문이다. 자신이 탄식하고 있는 분은 자신의 삶의 주인이시며 역사의 주관자이시다. 욥은 그분께 탄식하여 그분이 자신에게 응답해 주시길 기대하지만 아직은 그 응답을 경험할 수 없다. 응답을 기대하고 있지만 그것이 아직 이루어지지 않고 있을 때 갖는 초조함인 셈이다. 욥은 이어서 친구들에게 자신을 보라고 요구

한다. 그러면 놀라서 손으로 입을 막게 될 것이라고 말한다(5절). 손을 입에 갖다댄다는 것은 할 말 없음을 표현하는 동작이다(29:9 ; 40:4 ; 미 7:16 참조). 친구들이 자신의 상황을 제대로 본다면 놀라서 할 말을 잃게 될 것이라는 말이다. 또한 욥 자신은 자신의 일을 생각만 해도 무섭고 두려움에 사로잡히게 됨을 말한다(6절). 욥의 고난이 얼마나 참혹하고 심각한 것인지를 잘 보여준다.

2) 친구들의 주장에 대한 반박(I) : 왜 악인은 오래 살고 번영을 누리는가?(21:7-16)

⁷어찌하여 악인이 생존하고 장수하며 세력이 강하냐 ⁸그들의 후손이 앞에서 그들과 함께 굳게 서고 자손이 그들의 목전에서 그러하구나 ⁹그들의 집이 평안하여 두려움이 없고 하나님의 매가 그들 위에 임하지 아니하며 ¹⁰그들의 수소는 새끼를 배고 그들의 암소는 낙태하는 일이 없이 새끼를 낳는구나 ¹¹그들은 아이들을 양 떼같이 내보내고 그들의 자녀들은 춤추는구나 ¹²그들은 소고와 수금으로 노래하고 피리 불어 즐기며 ¹³그들의 날을 행복하게 지내다가 잠깐 사이에 스올에 내려가느니라 ¹⁴그러할지라도 그들은 하나님께 말하기를 우리를 떠나소서 우리가 주의 도리 알기를 바라지 아니하나이다 ¹⁵전능자가 누구이기에 우리가 섬기며 우리가 그에게 기도한들 무슨 소용이 있으랴 하는구나 ¹⁶그러나 그들의 행복이 그들의 손 안에 있지 아니하니 악인의 계획은 나에게서 멀구나

[21:7-16] 이제부터는 친구들의 말에 대한 반박이다. 특별히 바로 앞에서 악인은 하나님의 진노를 피할 수 없고 자신에게 정해진 몫과 유업을 받게 된다고 말한 소발의 말(특히 20:24-29)에 대한 반박이다. 욥은 소발이 말한 바의 정반대 상황을 경험한다. 악인이 장수하고 번영을 누린다(7절). 그들의 자녀

들이 잘 되고 굳건하게 서 있다(8절). 그들의 집에는 하나님의 진노의 막대기(9:34 ; 19:21)가 아니라 평안이 있다(9절). 악인들의 가축까지도 번성함을 누린다(10절). 11절은 다시금 악인들의 자녀에 대해서 말한다. 그들은 양 떼 같이 자녀들을 내 보내며, 자녀들은 자유롭게 뛰논다. 그들은 여러 악기를 동원하여 흥겹게 노래하고 춤춘다(12절). 그들은 행복한 가운데 자신들의 삶을 마감하고 평안하게 음부로 내려간다(13절). 욥이 서술하고 있는 악인들의 모습은 친구들이 말한 악인의 운명과 정반대다. 악인은 후손에 대한 진술만 보아도 확연히 드러난다. 친구들은, 악인은 후손이 없어 그의 이름이 사라진다(18:19)거나 그의 자녀들은 구걸하는 신세가 된다(20:10)고 했지만, 욥이 말하는 악인의 자녀들은 평안과 번영을 누린다. 친구들은 악인이 하나님의 진노를 경험하고 파멸에 이를 것이라고 말하지만(20:24-28) 욥이 경험한 악인들은 그렇지 않다. 그러므로 욥은 친구들이 말한 주장들을 근거로 정반대의 결론을 도출할 수 있다(J. Ebach, *KBB* 2, 6). 욥의 형편이 좋지 않으므로 '자신은 악인이 아니다'라고 말이다. 여기에 한 가지 추가할 것은 욥의 발언 가운데 특별히 소고와 수금과 피리를 불며 즐거워한다는 진술(12절)이 욥을 음악과 관련시키는 전통에 대한 근거가 되었다(30:31 참조)는 사실이다. (욥과 음악과의 관계에 관하여 다음을 참조하라. S. Balentine, *Smyth & Helwys*, 328).

14절부터는 악인들에 대한 욥의 평가가 나타난다. 번영을 누리면서도 악인들은 하나님께서 떠나가시기를 말하며 자신들의 길에 관여하지 않기를 바란다(14절). 전능자를 섬기는 이유를 모르겠다는 것이며, 하나님께 기도한들 무슨 유익이 있겠느냐며 반문한다(15절). 하나님 없이 살고자 하는 그들의 마음을 엿볼 수 있다. 하지만 욥은 그러한 악인의 계획을 거부한다(16절). 욥은 자신의 문제뿐 아니라 악인의 문제도 하나님과 관련지어 생각한다. 이 모든 것이 하나님 없이 생각할 수 없다는 것이다. 그렇기 때문에 욥은 자신과 악인의 문제에 대해서 하나님께 탄식하며 친구들에게 반문한다.

3) 친구들의 주장에 대한 반박(Ⅱ) : 얼마나 자주 악인의 불이 꺼지던가?(21 : 17-26)

[17]악인의 등불이 꺼짐과 재앙이 그들에게 닥침과 하나님이 진노하사 그들을 곤고하게 하심이 몇 번인가 [18]그들이 바람 앞에 검불같이, 폭풍에 날려가는 겨같이 되었도다 [19]하나님은 그의 죄악을 그의 자손들을 위하여 쌓아 두시며 그에게 갚으실 것을 알게 하시기를 원하노라 [20]자기의 멸망을 자기의 눈으로 보게 하며 전능자의 진노를 마시게 할 것이니라 [21]그의 달 수가 다하면 자기 집에 대하여 무슨 관계가 있겠느냐 [22]그러나 하나님께서는 높은 자들을 심판하시나니 누가 능히 하나님께 지식을 가르치겠느냐 [23]어떤 사람은 죽도록 기운이 충실하여 안전하며 평안하고 [24]그의 그릇에는 젖이 가득하며 그의 골수는 윤택하고 [25]어떤 사람은 마음에 고통을 품고 죽으므로 행복을 맛보지 못하는도다 [26]이 둘이 매 한 가지로 흙 속에 눕고 그들 위에 구더기가 덮이는구나

[21 : 17-26] 욥은 빌닷이 했던 말에 대한 반문으로 자신의 말을 이어간다(17절). "악인의 빛은 꺼지고 그의 불꽃은 빛나지 않을 것이다"(18 : 5)는 말이 얼마나 타당한가를 묻는다. 그들에게 재앙이 임하며 하나님이 진노로 그들을 멸망하게 하시는가? 얼마나 자주 그들이 검불 같이 바람에 날아가며, 쭉정이 같이 폭풍에 휩쓸려 가는가?(18절). 바람에 날리는 검불이나 쭉정이는 악인들이 맞이하는 하나님의 심판에 대한 은유이다(시 1 : 4 ; 35 : 5 ; 83 : 13 ; 사 17 : 13 ; 29 : 5 ; 렘 13 : 24 참조). 또한 욥은 악인들의 자녀들에 대한 친구들의 말을 반박한다. 자녀들에게 미치는 악인의 심판에 대해서 엘리바스와 소발이 이미 말한 바 있다(5 : 4 ; 20 : 10). 하나님은 악인들의 죄악을 쌓아 두셨다가 자녀들에게 갚으신다고 하지만, 하나님은 악인에게 자신의 행위의 결과를 맞게 하셔서 자신의 잘못을 깨닫도록 하셔야 할 것이다(19절). 악인은 자신의

눈으로 자기의 멸망을 보아야 하며 전능자의 진노를 당해야 한다(20절). 만약 그가 죽은 후에 어떤 일이 일어난다면 그와는 관계없는 일이 된다(21절). 자신이 저지른 행동의 결과는 자기 자신이 당해야 한다는 사고는 특별히 "아버지가 신 포도를 먹었으므로 그의 아들의 이가 시다"는 속담이 더 이상 쓰이지 못하게 될 것이라고 말한 에스겔서에서 잘 드러난다(겔 18:2 이하; 렘 31:29 이하 참조). 이 속담은 친구들이 생각하고 있는 바이기도 하다. 각자의 운명은 각자에게 책임이 있다는 사고 때문에 친구들은 욥의 고난을 보고 욥의 유죄를 주장하는 것이다.

22절에서 다시금 욥은 질문한다. 높은 자들을 심판하시는 하나님을 누가 가르칠 수 있겠는가? 이 단락에서 이 말의 의미는 분명치 않다. 욥의 직접적인 발언으로 보기도 하고 친구들의 말을 인용한 것이라고 보기도 한다. 하지만 이 질문에 대한 답변은 분명하다. 누구도 하나님을 가르칠 수 없다는 것이다. 이러한 대답은 두 가지 차원에서 의미가 있다. 한 가지 차원은 친구들의 행동에 대한 반박이고, 다른 한 가지 차원은 욥이 경험하는 현실에 대한 문제이다. 전자는 누구도 하나님을 가르칠 수 없기 때문에 친구들은 하나님의 통치에 대해서 그렇게 격렬히 변증할 필요가 없다는 것을 말한다. 후자는 누구도 가르칠 수 없는 전능하신 하나님의 통치 아래 이루어진 욥의 현실에서 도덕적 가치나 하나님의 정의를 분명히 알 수 없다는 점이 문제임을 보여준다.

이어지는 단락에서는 이러한 문제를 더욱 자세하게 열거한다. 어떤 사람은 기력이 왕성하며, 아주 평안하고 안락한 가운데 죽는다(23절). 24절에서 23절의 내용이 부연된다. 그의 몸은 젖으로 가득 차 있고, 그의 뼈는 골수로 채워져 있다(24절). 하지만 어떤 사람은 행복을 맛보지 못하고 쓰라린 영혼으로 죽는다(25절). 두 부류의 사람 모두 죽음 앞에선 동일하다. 그들 모두 흙 가운데 눕고, 구더기가 그들을 덮는다(26절). 사람이 땅에 묻히면 구더기로 뒤덮이게 된다는 의미에서 구더기는 죽음을 상징한다. 그래서 미술 수용사에서는 하나님의 영원한 심판을 그린 장면에서 벌레가 기괴하게(grotesque)

묘사되어 나타난다(S. Balentine, *Smyth & Helwys*, 330-331). 두 부류의 사람은 좋고 나쁨이나 악하고 선함의 기준으로 분류되지 않는다(J. E. Hartley, *NICOT*, 319). 그들의 도덕성이나 성실성에 관계없이 그저 운이 좋거나 불운할 따름이다. 만약 이것이 사실이라면 친구들이 주장하는 보상교리는 더 이상 욥에게 적용될 수 없다. 그들은 악인이 잠시 번영할 수 있으나 그의 삶에 대한 정당한 보상이 죽음으로 주어진다고 말했다. 하지만 욥의 관찰에 따르면 죽음까지도 삶에 대한 정당한 평가로 작용하지 않는다. 따라서 친구들의 주장은 욥의 말에 비추어 새롭게 검토되어야 한다. 그가 현재 겪고 있는 질병이나 불행이 그의 삶과 신앙에 대한 판단과 평가의 유일한 기준이 되어서는 안 된다.

4) 친구들의 주장에 대한 반박(Ⅲ) : 너희가 헛되이 위로하려느냐?(21 : 27-34)

[27]내가 너희의 생각을 알고 너희가 나를 해하려는 속셈도 아노라 [28]너희의 말이 귀인의 집이 어디 있으며 악인이 살던 장막이 어디 있느냐 하는구나 [29]너희가 길 가는 사람들에게 묻지 아니하였느냐 그들의 증거를 알지 못하느냐 [30]악인은 재난의 날을 위하여 남겨둔 바 되었고 진노의 날을 향하여 끌려가느니라 [31]누가 능히 그의 면전에서 그의 길을 알려 주며 누가 그의 소행을 보응하랴 [32]그를 무덤으로 메어 가고 사람이 그 무덤을 지키리라 [33]그는 골짜기의 흙덩이를 달게 여기리니 많은 사람들이 그보다 앞서 갔으며 모든 사람이 그의 뒤에 줄지었느니라 [34]그런데도 너희는 나를 헛되이 위로하려느냐 너희 대답은 거짓일 뿐이니라

[21 : 27-35] 마지막 단락에서 욥은 가장 먼저 친구들의 생각과 의도에 대해서 문제를 삼는다. 그들이 생각하고 말한 바는 욥에게 폭력적으로 다가온다. '해

하려 한다'라고 번역된 '하마스'(חָמָס)는 폭력적인 행동을 묘사할 때 쓰는 말이다(27절). 불법을 행하거나 다른 사람을 억압함으로 타인에게 심각한 타격을 주는 행동을 말한다. 악인의 운명에 대한 친구들의 말들은 욥에게 심각한 타격을 주었다(J. Ebach, *KBB* 2, 9). 그들의 말은 욥에게 보상교리를 적용하게 되어 결국 욥을 악인으로 여기게 되는 결과를 초래하기 때문이다. 욥은 친구들의 말을 인용하면서 그들의 말을 반박한다(28절). '귀인의 집이 어디 있으며, 악인이 거주하던 장막이 어디 있느냐?'라는 표현은 문자적인 인용은 아니다. 하지만 친구들이 줄곧 이와 유사한 은유를 가지고 악인의 멸망에 대해서 말했다(8 : 15 [빌닷] ; 15 : 34 [엘리바스] ; 18 : 15, 21 [빌닷] ; 20 : 28 [소발]). 욥은 이러한 친구들의 말에 동의할 수 없다. 앞에서 서술한 것처럼 (7-26절) 욥은 여전히 악인의 번영을 눈으로 목도하고 있기 때문이다.

 욥은 세상일을 잘 알고 있는 사람에게 질문함으로 누구의 말이 옳은지를 밝히고자 한다. 29절에서 '길 가는 사람들'이라고 말한 사람들은 '상인'이나 '여행자들'처럼 다양한 세상을 경험한 사람들을 가리킨다. 친구들은 그러한 견문이 넓은 사람들에게 묻고 그들이 하는 말을 잘 알아들어야 한다. 30절은 욥이 그들에게 묻고자 하는 내용이다. 악인이 재앙의 날을 위해 보존되며, 그들이 진노의 날에 넘겨지는가? 하지만 욥의 대답은 그렇지 않다는 것이다. 31절은 다시 욥의 질문이다. 그렇다면 누가 악인의 면전에서 자신의 길을 알려주며, 누가 그가 행한 것을 그에게 갚아주는가? 욥에 의하면 하나님이 악인이 행한 것을 갚아주지 않으시니까 그는 평안한 죽음을 맞고 무덤으로 옮겨지며 사람이 그 무덤을 지키기까지 한다(32절). 그를 덮은 흙덩어리가 '달다'는 것은 그가 평안한 죽음을 맞이했다는 사실을 우회적으로 드러낸다. 그의 앞과 그의 뒤를 따르는 무리는 두 가지로 해석된다. 하나는 장례행렬에 참여했던 많은 사람을 묘사하는 것으로 보는 것이며, 다른 하나는 그와 같이 죽음을 맞이한 많은 사람들을 언급하는 것으로 볼 수 있다. 이러한 악인의 결말은 앞서 친구들이 말했던 바와 상충된다(18 : 13-21 ; 20 : 20-29).

34절은 친구들의 말에 대한 욥의 결론이다. 친구들은 교리적 차원에서 악인의 운명을 말했지만, 욥이 경험한 현실은 그렇지 않다. 악인이 번영하고 평안한 죽음에 이르기도 한다. 그러므로 친구들의 말은 '헛되다', '헛되다'라고 번역된 '헤벨'(הֶבֶל)은 전도서에서 중심낱말로 사용된 단어다.[29] 친구들은 자신의 말로 욥을 위로하려 했지만 전혀 위로가 되지 않는다. 오히려 욥을 악인으로 정죄하는 고통만 줄 뿐이다. 그러기 때문에 친구들의 답변은 거짓일 뿐이다. '거짓'이라고 번역된 '마알'(מַעַל)은 신실하지 못한 행동을 일컬을 때 사용된다. 70인경은 이것을 '아무것도 아니다'(우덴, οὐδέν, nothing)로 번역했다. 이러한 용례는 친구들의 말이 욥에게는 아무것도 아닌 것으로 증명되는 거짓일 뿐이라는 사실을 말해 준다(J. Ebach, *KBB* 2, 10).

설교를 위한 묵상

소발에 대한 욥의 응답을 통해 얻을 수 있는 교훈은 무엇일까?

첫째, 욥의 발언이 누구를 향하고 있는가를 이해해야 한다. 4절에서 욥은 자신의 '탄식'이 사람을 향한 것이 아니라고 말한다. 다시 말하면 자신의 탄식은 하나님을 향한 것이라는 얘기다. 영어로 탄식을 'complaint'라고 표현하기도 한다. 이것을 우리말로 옮기면 '불평'이 될 수 있다. 하지만 이것은 부정적인 의미에서 '불평'이 아니라 자신의 고통을 하나님께 호소하는 일종의 '기도'이다. 기도를 '하나님과의 대화'로 규정한다면, 하나님께 드리는 '탄식'은 기도가 된다('대화로서의 기도'에 대하여 다음을 참조하라. S. Großmann 저, 『대화로서의 기도』, 서울 : 킹덤북스, 2013). 자신의 이해할 수 없는 고난에 대해 하나님의 개입을 촉구하는 호소이고, 하나님의 뜻을 묻는 질문이기 때문이다. 그러므로 하나님께 쏟아내는 탄식은 하나님께서 들으시는 기도가 될 수 있다. 친구들은 욥의 말을 듣고 반박만 할 것이 아니라 그와 함께 하나님을 향해야

---

[29] '헤벨'에 의미에 관하여 다음을 참조하라. 하경택, "전도서의 '헤벨'(הֶבֶל) 연구," 『어떻게 전도서를 설교할 것인가?』 (서울 : 두란노아카데미, 2009), 89-98.

했다. 하나님을 대신하여 자신들의 전통과 교리를 강요하기 보다는 탄식하는 욥을 수용하고 그를 도와 함께 기도하며 그와 함께 하나님의 응답을 기대해야 했다.

둘째, 현재의 상황은 어떤 사람의 삶에 대한 완전한 평가가 아님을 알아야 한다. 욥과 친구들은 계속해서 악인에 대한 하나님의 섭리와 역사 운행 방식을 언급하고 있다. 소발과 욥의 대화(20-21장)만 보더라도 악인의 운명이 이 땅에서 어떻게 나타나는지를 집중적으로 거론한다. 소발은 악인에 대한 하나님의 엄중한 심판을 강조한다. 악인의 환호성은 짧고 경건치 않은 자의 즐거움도 잠시일 뿐(20:5), 그들은 자신의 똥처럼 영원히 망하고(20:7) 하나님의 진노를 피하지 못하고 사라질 것이라고 말한다(20:28). 하지만 욥은 이것에 대해 정면으로 반박한다. 왜 악인이 오래살고 번영을 누리는가를 묻는다(21:7). 오히려 악인들이 평안을 누리며 행복한 죽음을 맞이한다(21:9, 13, 23). 꺼져야 할 악인의 등불이 꺼지지 않고 여전히 불타고 있다(21:17). 이런 현실을 고려한다면 고통 가운데 있는 자신이 오히려 악인이 아니라고 주장할 수 있다는 것이다.

이러한 상반된 주장이 가능할 때 우리가 취할 수 있는 입장은 무엇인가? 최소한 현재의 상황을 악인에 대한 하나님의 심판의 결과라고 단정 짓지 말아야 한다는 것이다. 악인에 대한 하나님의 심판과 평가가 있음이 분명하지만, 현재의 형편이 과거의 삶에 대한 유일한 증거요 완결된 평가라고 말할 수 없다는 것이다. 그것은 믿음과 희망의 차원을 내포하고 있다. 소발도 악인의 삶에 대해 서술하면서 '상승과 추락'을 말한다(20:6-11). 악인도 재물을 삼키는 순간이 있고 장사로 얻은 이익을 차지할 때가 있다(20:12-23). 그러므로 우리는 하나님의 섭리에 대한 믿음이 현재의 상황에 대한 평가의 잣대로 작용하도록 하지 않고, 오히려 '아버지의 뜻이 하늘에서 이루어진 것 같이 땅에서도 이루어지기를' 기도하는 기대와 소망의 토대로 작용하도록 해야 한다.

셋째, 이 세상에는 이해할 수 없는 고난의 현실이 있음을 인정해야 한다. 욥은 친구들을 향해서 그들이 자신을 '헛되이' 위로하고 있으며, 그들의 대답은 '거짓'이라고 말한다(34절). 그것은 친구들이 자신의 현실을 제대로 파악하지 못하고 일방적으로 자신들의 주장만을 고집하는 모습을 지적하는 것이다. 이것은 신앙인들이 쉽게 범할 수 있는 잘못이다. 특별히 신앙의 연륜이 깊고 강한 기독교적 전통을 가진 사람일수록 이러한 오류에 빠질 위험이 크다. 그것은 그들이 가지고 있는 하나님의 역사와 섭리에 대한 확신이 크기 때문이다. 하지만 이 세상에는 이해할 수 없는 고난의 현실이 있고 하나님의 역사로 설명하기 어려운 상황이 있음을 인정해야 한다. 오히려 욥의 말(7-26절)에 드러나는 것처럼 '하나님의 축복 없는 잘됨이 있을 수 있고, 하나님 없는 신의 호의가 나타날 수 있으며, 구원자 없는 구원이 있을 수 있다'(J. E. Hartley, *NICOT*, 322).

그러므로 우리는 고난당하는 자의 현실과 상황을 제대로 볼 수 있어야 한다. 하나님의 구원의 손길을 경험하기보다는 불의한 권력과 부조리한 사회악으로 억울하게 고통당하는 자들의 탄식과 신음소리를 들을 수 있어야 한다. 그것은 하나님이 그들의 행동을 비판하고 판단하라고 보여주신 것이 아니라 그들과 연대하여 하나님의 의와 평화를 이루라고 보게 하신 것이다(마 5:3-10). 잘못된 말은 폭력으로 작용할 수 있다. 적절치 않은 말은 거짓이 된다. 일방적인 주장은 의미 없는 말이 된다. 욥의 입술을 통해 증언되는 고통의 울부짖음이 경종(警鐘)이 되어 하나님이 다스리시는 세상을 더욱 잘 이해하고 그러한 세상에 올바로 대응하는 지혜자들이 많아지길 소망한다.

… 제 Ⅴ 부

세 친구와의 3차 논쟁

욥기 22 : 1~28 : 28

A. 욥과 엘리바스의 3차 대화(22 : 1-24 : 25)
  1. 엘리바스의 세 번째 발언(22 : 1-30)
  2. 엘리바스의 세 번째 발언에 대한 욥의 응답(23 : 1-24 : 25)
B. 욥과 빌닷의 3차 대화(25 : 1-27 : 23)
  1. 빌닷의 세 번째 발언(25 : 1-6)
  2. 빌닷의 세 번째 발언에 대한 욥의 응답(26 : 1-27 : 23)
C. 막간(幕間) : 지혜에 대한 욥의 발언(28 : 1-28)
  1. 귀중한 것을 찾아내는 사람의 탁월한 능력(28 : 1-11)
  2. 찾을 수도 살 수도 없는 지혜(28 : 12-19)
  3. 하나님만이 지혜를 아신다(28 : 20-28)

| 욥기 22-28장 |

세 친구와의 3차 논쟁

A. 욥과 엘리바스의 3차 대화(22 : 1-24 : 25)

1. 엘리바스의 세 번째 발언(22 : 1-30)

22장 엘리바스의 발언을 통해서 욥과 친구 사이의 세 번째 논쟁의 바퀴가 시작된다. 그런데 세 번째 논쟁의 바퀴는 불완전하다. 엘리바스(22장)에 이어 욥이 말하고(23-24장), 다시 빌닷의 발언(25 : 1-6)이 나온 뒤에 욥의 긴 발언이 이어진다(26-31장). 그리고 엘리후의 발언(32-37장)과 하나님의 응답(38-41장)으로 이어진다. 세 번째 논쟁의 바퀴에서 소발의 발언은 없다. 그리고 빌닷 이후 나오는 욥의 발언이 매우 길다. 이러한 현상을 해명하려는 여러 시도들이 있었다. 여기에 하나의 가능성은 현재 욥기의 본문 상태를 '훼손된' 것으로 보는 것이다. 욥기가 전승되는 과정에서 친구들의 말이 욥의 입에 넣어진 것으로 보는 것이다. 실제 많은 학자들이 본문의 재구성을 시도했다. 하지만 다른 가능성도 있다. 그것은 현재 주어진 본문 그대로 인정하고 혼란을 줄 수 있는 본문의 의미를 밝히는 것이다. 장애와 혼란과 뒤바뀜으로 보이는 것들이 본문 전승과정에서 생긴 장애들이 아니라 저자에 의해서 욥과 친구들 사이에서 의사소통의 불가능성을 암시하는 장애의 표현일 수 있다는 것이다(J. Ebach, *KBB* 2, 13). 이 경우 주석자의 과제는 훼손된 세 번째 논쟁의 바퀴를 재구성하여 제자리에 돌려놓는 것이 아니라, 현재 주어진 본문의 의미와 기능이 무엇인가를 해명하는 것이다. 필자는 두 번째 가능성을 지지한다. 소통이 되지 않는 대화는 혼란 속에서 끝날 수밖에 없다. 서로의 입장을 구분할 수 없을 만큼 혼란스러운 상황이 된 것이다. 이러한 상황을 본문이 반영하고 있는 것이다. 또한 욥과 친구들이 논쟁하는 것은 그들이 서로 다른 신념이나 가치체계를 가졌기 때문이 아니라 서로 처한 입장과 처지가 다르기 때문에 나타나는 문제라는 것을 암시한다. 22장의 엘리바스 발언은 아래와 같이 분석된다.

1. 욥의 죄에 대한 고발 : 네 악이 크지 않느냐?(1-11절)
2. 하나님의 활동에 대한 변호 : 하나님이 하늘 높은 데 계시지 않느냐 (12-20절)
3. 회개로의 요청 : 너는 하나님과 화목하라(21-30절)

1) 욥의 죄에 대한 고발 : 네 악이 크지 않느냐?(22 : 1-11)

^{1}데만 사람 엘리바스가 대답하여 이르되 ^{2}사람이 어찌 하나님께 유익하게 하겠느냐 지혜로운 자도 자기에게 유익할 따름이니라 ^{3}네가 의로운들 전능자에게 무슨 기쁨이 있겠으며 네 행위가 온전한들 그에게 무슨 이익이 되겠느냐 ^{4}하나님이 너를 책망하시며 너를 심문하심이 너의 경건함 때문이냐 ^{5}네

악이 크지 아니하냐 네 죄악이 끝이 없느니라 ⁶까닭 없이 형제를 볼모로 잡으며 헐벗은 자의 의복을 벗기며 ⁷목마른 자에게 물을 마시게 하지 아니하며 주린 자에게 음식을 주지 아니하였구나 ⁸권세 있는 자는 토지를 얻고 존귀한 자는 거기에서 사는구나 ⁹너는 과부를 빈손으로 돌려보내며 고아의 팔을 꺾는구나 ¹⁰그러므로 올무들이 너를 둘러 있고 두려움이 갑자기 너를 엄습하며 ¹¹어둠이 너로 하여금 보지 못하게 하고 홍수가 너를 덮느니라

[22:1-11] 엘리바스의 발언은 이전 발언과 유사하게 시작한다. 발언 초두에 질문이 나타난다(4:2; 15:2 참조). 처음 두 쌍의 질문은 의로운 행동의 유익에 관한 것이다(2-3절). 사람이 하나님께 유익을 줄 수 있느냐고 물으면서 사람의 의로운 행동이 하나님께 유익되는 것이 아니라 자기 자신에게 유익이 될 뿐이라고 말한다. 이어지는 두 쌍의 질문은 욥의 처지의 이유에 관한 것이다(4-5절). 욥이 하나님을 경외한다고 그를 판단하시고 재판정에 세우시는가? 아니다. 그것은 욥의 악함과 죄악 때문이다(5절). 그가 행한 악함과 죄악은 많고 끝이 없다. 엘리바스가 첫 번째 발언을 할 때는 욥의 경건과 신앙을 인정했었다. 하나님을 경외하는 것과 완전함을 지키는 것을 그의 확신과 소망이라고 말했다(4:6). 그래서 그는 많은 사람들에게 지혜로 교훈하여 위로와 도움을 주었다(4:3-4). 하지만 이제 엘리바스는 욥의 경건과 신앙을 인정하지 않는다. 오히려 악행만 일삼는다고 비난한다.

6~9절에서 엘리바스는 욥이 저질렀을 악행들을 열거한다(J. Ebach, *KBB* 2, 15-17). 욥은 까닭 없이 형제의 저당물을 빼앗고, 벌거벗은 자의 옷을 가져갔다(6절). 약자의 생명과도 같은 맷돌이나 옷을 전당 잡지 말라는 율법규정과 어긋나는 행동이다(신 24:6, 10-11, 17). 특별히 옷을 전당 잡았을 때 해가 지기 전에 돌려주라는 규정이 있다(출 22:26-27). 왜냐하면 가난한 자의 옷은 밤에 요와 이불로 쓰이기 때문에 옷을 전당 잡을 경우 그 사람의 생명이 위태로운 상황에 처할 수 있기 때문이다. 다음으로 열거하는 악행은

목마른 자에게 마실 물을 주지 않았고, 배고픈 자에게 빵 주는 것을 거절한 것이다(7절). 목마른 자에게 물을 주고 굶주린 자에게 먹을 것을 주는 것은 공동체 안에서 보여 주어야 할 기본적인 연대행동이다. 이러한 행동은 심지어 원수들에게까지 행해야 한다(잠 25:21). 이렇게 약자에게 베풀어야 할 기본적인 돕는 행동은 다양한 장르의 본문에서 강조되고 있다(예컨대, 사 58장). 엘리바스에 따르면 또한 욥은 권세 있는 자처럼 땅을 차지했고 존귀한 자로 행세했다(8절). 욥은 예언서에서 비판받는 부유한 토지 소유자처럼 행동했다(예컨대, 사 5:8; 미 2:1이하; 또한 출 20:17; 잠 24:15 참조). 이뿐 아니라 욥은 과부들을 빈손으로 보냈고, 고아들의 팔이 꺾이게 했다(9절). 사회의 약자이기 때문에 특별한 관심을 베풀어야 할 대상들을 돌보지 않았다. 구약성서에서 강조하고 있는 공동체 윤리를 어긴 것이다(출 22:21-22; 신 10:18; 24:17-22; 27:19; 시 10:14; 68:5; 146:9; 사 1:17, 23; 렘 7:6; 22:3; 겔 22:7; 슥 7:10).

엘리바스는 이러한 행동들의 결과로 욥은 현재의 고난에 직면해 있다고 말한다(10-11절). 욥이 현재 둘러싸여 있는 것은 욥의 탄식(19:6)처럼 하나님의 그물로 된 것이 아니라 자기가 뿌린 행동의 씨앗이 가져온 결과라는 것이다(J. Ebach, *KBB* 2, 17). 이때 엘리바스는 빌닷이 말한 바 있는 다양한 은유들을 다시금 언급한다(18:8-11). 자신의 행동의 결과로 어두움이 그에게 임하게 되었고, 자신의 악행으로 말미암아 많은 물이 그를 덮어 고난의 심연에 빠지게 하였다.

서막에서 사탄은 욥이 어찌 '까닭 없이' 하나님을 경외하리이까 하면서 욥의 신앙에는 그에 상응하는 보상이 있기 때문이라고 문제제기를 하였다(1:9). 이에 반해 욥은 하나님이 '까닭 없이' 자신을 치신다고 탄식하며 죄악과 고난의 상관성에 대해서 문제를 제기했다(9:17). 하지만 엘리바스는 여기에서 '까닭 없는' 고난은 없다는 논리를 가지고 욥의 악행을 유추해 내고 있다(6-9절). 자신의 입장 외에 그 어떤 것도 인정하지 않는 맹목적인 교리나 신념이 가져올 수 있는 위험성을 그대로 보여 주고 있다. 이러한 맹목성은 보지도 않은 일도 마치 보았던 것처럼 말할 수 있게 한다.

2) 하나님의 활동에 대한 변호 : 하나님이 하늘 높은 데 계시지 않느냐(22 : 12-20)

[12]하나님은 높은 하늘에 계시지 아니하냐 보라 우두머리 별이 얼마나 높은가 [13]그러나 네 말은 하나님이 무엇을 아시며 흑암 중에서 어찌 심판하실 수 있으랴 [14]빽빽한 구름이 그를 가린즉 그가 보지 못하시고 둥근 하늘을 거니실 뿐이라 하는구나 [15]네가 악인이 밟던 옛적 길을 지키려느냐 [16]그들은 때가 이르기 전에 끊겨 버렸고 그들의 터는 강물로 말미암아 함몰되었느니라 [17]그들이 하나님께 말하기를 우리를 떠나소서 하며 또 말하기를 전능자가 우리를 위하여 무엇을 하실 수 있으랴 하였으나 [18]하나님이 좋은 것으로 그들의 집에 채우셨느니라 악인의 계획은 나에게서 머니라 [19]의인은 보고 기뻐하고 죄 없는 자는 그들을 비웃기를 [20]우리의 원수가 망하였고 그들의 남은 것을 불이 삼켰느니라 하리라

[22 : 12-20] 엘리바스는 화제를 바꾸어 인간들의 행동에 보응하시는 하나님의 활동에 대해서 말한다. 그는 우선 하나님의 높이 계심을 말한다(12절). 별보다 높은 데에 계신다. 엘리바스는 욥이 말했다고 하는 말을 인용한다(13-14절). 하나님이 구름 위에 계셔 구름 아래에 있는 일을 알지 못하신다는 것이다. 하나님의 존재는 인정하나 하나님의 능력과 섭리는 부정하는 악인들의 말과 같다(시 10 : 11 ; 73 : 11 ; 94 : 7 ; 사 29 : 15 ; 습 1 : 12). 하지만 욥이 말했던 바는 그 반대다. 하나님이 너무 가까이 계셔 침 삼킬 틈도 주지 않으신다고 탄식했다(7 : 19-20 ; 10 : 4-6 ; 13 : 27 ; 14 : 3, 6 ; 16 : 9). 엘리바스는 자신의 추론에 의하여 욥을 악인의 전형으로 묘사한 것이다. 이어

서 엘리바스는 욥이 악인들이 걸었던 옛 길을 고수한다고 질책한다(15절). 그는 올바른 '옛 길'(אֹרַח עוֹלָם)을 걸어야 한다. 만약 그가 잘못된 옛 길을 걸어간다면 그는 파멸에 이를 것이다(렘 6 : 16-19 참조). 악인은 때 이른 종말을 맞고 기초가 없어져 파멸에 이른다(16절).

엘리바스는 다시금 다른 사람의 말을 인용한다(17-18절). 그의 말은 앞에서 욥이 인용했던 바(21 : 14-16)를 다시금 인용한다. 악인들은 하나님으로부터 자유로워지기를 바란다. 때로 악인들도 번영하는 순간을 맞이한다. 그러나 그것은 길지 않다. 욥처럼 자신도 악인의 계획으로부터 멀리 있음을 말한다(18절). 욥의 말을 인용하면서 욥을 반박하고 있다. 이어서 엘리바스는 악인에 대비되는 의인의 행동을 묘사한다. 의인은 악인의 멸망을 보고 기뻐하며 그들을 비웃는다(19절). 악인들은 끊어지고 남은 것은 불에 삼키움을 당할 것이다(20절). 엘리바스는 극명한 대조를 통해 의인과 악인이 어떻게 다른지를 보여주며, 이어지는 회개로의 요청의 말을 준비한다.

3) 회개로의 요청 : 너는 하나님과 화목하라(22 : 21-30)

^{21}너는 하나님과 화목하고 평안하라 그리하면 복이 네게 임하리라 ^{22}청하건대 너는 하나님의 입에서 교훈을 받고 하나님의 말씀을 네 마음에 두라 ^{23}네가 만일 전능자에게로 돌아가면 네가 지음을 받을 것이며 또 네 장막에서 불의를 멀리 하리라 ^{24}네 보화를 티끌로 여기고 오빌의 금을 계곡의 돌로 여기라 ^{25}그리하면 전능자가 네 보화가 되시며 네게 고귀한 은이 되시리니 ^{26}이에 네가 전능자를 기뻐하여 하나님께로 얼굴을 들 것이라 ^{27}너는 그에게 기도하겠고 그는 들으실 것이며 너의 서원을 네가 갚으리라 ^{28}네가 무엇을 결정하면 이루어질 것이요 네 길에 빛이 비치리라 ^{29}사람들이 너를 낮추거든 너는 교만했노라고 말하라 하나님은 겸손한 자를 구원하시리라 ^{30}죄 없는 자가 아니라도 건지시리니 네 손이 깨끗함으로 말미암아 건지심을 받으리라

[22 : 21-30] 세 번째 단락에 이르러서 엘리바스는 욥에게 회개를 요청한다. 이뿐 아니라 회개 후에 얻어지는 유익도 함께 언급한다. 엘리바스는 먼저 하나님과 가까워지고 화목하라고 권면한다(21절). 그러면 그에게 복이 임할 것이라고 약속한다. 또한 그분의 교훈을 받고 그분의 말씀을 마음에 두라고 권면한다(22절). 여기에 구약성서에서 중요한 개념인 '토라'(תּוֹרָה)가 등장한다 (아래 설명은 J. Ebach, KBB 2, 21쪽을 참조하라). 욥기에서 단 한 번 유일하게 사용된 예이다. 이와는 달리 '토라'의 어근이 되는 '야라'(ירה)라는 동사는 6회 사용되고 있다. 욥기에서 '야라'(ירה)동사의 의미는 '-에게 교훈하다, 가르치다'의 의미로 사용된다. 친구 사이에 줄 수 있는 가르침(6 : 24 ; 27 : 11)과 이전 세대의 경험이 주는 가르침(8 : 10)이 있다. 동물들이 지혜의 교사로서 작용할 수 있고(12 : 7이하), 하나님과 같은 스승이 없다는 언급을 할 때도 이 동사에서 파생된 낱말('모레'(מוֹרֶה)이 사용된다(36 : 22). 이러한 용례를 종합해 볼 때 욥기에 사용된 '토라'는 다른 구약성서의 용례와 구별된다. 그것은 오경을 나타내는 말도 아니고, 제사장들이나 예언자들의 교훈을 의미하지도 않는다. 이것은 지혜자들을 통해서 전달된 하나님의 교훈(토라)을 의미한다(J. Ebach, KBB 2, 21). 잠언서에서 언급된 지혜자들(잠 3 : 1 ; 7 : 2 ; 13 : 14)과 부모(잠 1 : 8 ; 4 : 1 이하 ; 6 : 20)의 교훈과 상통한다. 하지만 엘리바스와 친구들을 통해서 전해진 '토라'는 특별한 사례, 즉 욥의 상황을 제대로 인지하지 못한 교훈이었다.

엘리바스는 확신에 차서 말한다. 이렇게 전능자에게 돌아가면 욥은 다시금 세움을 입을 것이요 죄악을 떨쳐버리게 될 것이라고 말한다(23절). 24절에서 엘리바스는 언어유희(wordplay)에 근거한 발언을 한다. '아파르'(עָפָר, 진토)와 '오피르'(אוֹפִיר, 오빌의 금)가 바깥쪽에서 대응을 이루고, '베체르'(בֶּצֶר, 보화)와 '베추르'(בְּצוּר, 돌로)가 안쪽에서 대응을 이룬다(J. Ebach, KBB 2, 23). '금을 티끌에, 오빌의 금을 시내의 돌에 버리면', 즉 금을 티끌과 돌로 여기면 그리고 전능자를 찾으면, 전능자가 그의 보배가 되어 전능자로 인해 기뻐하며 얼굴을 들게 될 것이다고 말한다(24-26절). 또한 하나님께 기도하면 그 기도를 들어주실 것이요 서원한 바를 갚을 수 있을 것이다(27절). 이것은 욥이 하나님과 회복된 관계 속에서 기쁨으로 예배할 수 있을 것이라는 확언이다. 또한 욥이 어떤 일을 결정하면 그것이 이루어지며 하나님이 그 길 위에 빛을 비추어주실 것이다(28절). 하나님이 욥의 길 위에 빛을 비추는 것은 하나님이 자신의 길을 어둠으로 막으신다는 욥의 탄식과 정반대의 상황이다(19 : 8). 이것은 하나님이 욥의 길을 보호하시며 인도하실 것을 내다보고 있다. 29절은 본문 해석이 쉽지 않다. 사람들에게 업신여김을 당할 때 자신의 교만을 인정하면, 하나님이 겸손한 자를 구원해 주시듯 그를 구원해 주실 것이라는 의미로 이해할 수 있다. 30절은 욥이 하나님과 회복된 관계를 통해서 어려움을 당하고 있는 사람들을 도와줄 수 있을 것을 말한다. 욥의 깨끗함으로 인해 죄 있는 사람이라 할지라도 구원받을 수 있다는 언급이다(29-30절). 이것은 타인을 위한 중보기도의 중요성을 일깨워 주는 말이다. 이것은 욥의 위치를 아브라함(창 18 : 21-33)이나 모세(출 32 : 9-14)에 견줄 수 있게 하는 말이며, 실제로 종장(42 : 8-9)에서 욥이 엘리바스를 비롯한 친구들을 위해서 할 행동을 예견하고 있다.[30]

■■ 설교를 위한 묵상

엘리바스의 세 번째 발언을 통해 얻을 수 있는 교훈은 무엇인가?
첫째, 맹신의 위력을 보여 준다. 엘리바스의 세 번째 발언은 이전 발언과 비교하여 볼 때 분명히 더 날카로워졌음을 알 수 있다. 첫 번째 발언에서 엘리바스는 욥이 악인이 아닐 때 맞을 수 있는 밝은 미래에 대해서 말했다(5 : 23-26). 그의 첫 번째 발언의

---

30) S. Balentine, *Smyth & Helwys*, 350-351. 특별히 베니스의 성 욥 교회(the Church of San Giobbe, Venice)의 입구에 묘사되어 있는 부조에 대한 설명을 보라.

무게는 비난이나 훈육보다는 위로와 격려에 놓여 있었다. 이러한 엘리바스의 발언이 두 번째 발언(15장)에서는 그 기조가 바뀐다. 욥에 대한 긍정적인 결말이 전망되지 않고 오직 파멸에 이르는 악인의 모습만이 강조되어 있었다(15:17-35). 이로써 고난 중에 있는 욥을 악인으로 유추하도록 만들었다. 하지만 세 번째 발언에서는 발언의 강도가 더욱 거세진다. 여기에서 엘리바스는 욥이 저질렀을 악행을 직접적으로 비난한다(22:5-9). 보지도 않은 것들을 마치 자신의 눈으로 본 양 확신에 찬 어조로 말하고 있다. 맹신이 가져다주는 힘을 목격하게 된다. '믿음은 바라는 것들의 실상이요 보이지 않는 것들의 증거'(히 11:1)라는 말씀이 거꾸로 적용되는 예이다. 보지 않은 것도 본 것처럼 말할 수 있게 한다. 욥의 현재상황을 토대로 욥의 과거의 삶을 재구성하는 것이다. 자신의 믿음의 체계에 타인의 현실을 끼워 맞추는 것이다. 이것은 잘못된 믿음의 결과가 얼마나 큰가를 여실히 보여준다.

우리는 무조건 믿음이 좋은 것이 아님을 알아야 한다. 자신이 경험하고 이해하는 것을 전부로 여길 때 이러한 잘못에 빠질 수 있다. 자신이 경험하고 이해한 바에 대한 믿음을 가지되 더 큰 하나님의 세계에 대한 열려 있는 성숙한 믿음이 요청된다. 예컨대, 엘리바스는 기도응답에 대한 확신을 말하면서 중보 기도자로서의 욥을 언급한다(30절). 의인의 기도는 역사하는 힘이 크다는 사실을 말한다(잠 15:29; 약5:16). 하지만 이것이 무조건적인 것은 아니다. 에스겔서에 따르면 기도응답과 용서는 오직 하나님의 주권에 달려있음을 알 수 있다(겔 14:12-20; 또한 렘 15:1 참조). 그러므로 성숙한 신앙인은 자신이 믿는 바와 삶의 현실 사이에 존재하는 긴장을 견딜 수 있어야 한다. 하지만 엘리바스는 이 긴장을 균형 있게 붙잡고 있을 수 없었다. 하나님의 역사에 대한 확신이 욥의 삶의 무게를 줄여 주기보다는 그를 비난하게 만들었다.

둘째, 부적절한 설교의 모델을 보여준다. 엘리바스는 자신의 발언 마지막 부분에서 욥이 자신의 잘못된 행동으로부터 돌이킨다면(21절 이하, 특히 23절) 그가 맞게 될 긍정적인 결과를 언급한다(23-30절). 그는 하나님과 가까워지고 화목하라고 권면한다(21절). 또한 전능자에게 돌아가라고 말한다(23절). 그러면 그에게 복이 임할 것이며, 다시 세움을 입을 것이라고 약속한다. 그리고 금을 티끌과 돌로 여기고 전능자를 찾으면, 전능자가 그의 보배가 되며 그의 기도를 들어주실 것이라고 말한다(24-27절). 또한 욥의 깨끗함으로 인해 죄 있는 사람이라 할지라도 구원받을 수 있을 것이라고 말한다(29-30절). 이 얼마나 훌륭하고 멋진 설교인가? 욥이 회개할 때 얼마나 놀라운 결과를 맞게 될 것인가를 말하고 있다. 하지만 이것은 욥에게는 전혀 위로나 감동이 될 수 없는 설교다. 왜냐하면 욥의 상황에 대한 부정확한 인식과 왜곡된 동기에서 출발하고 있기 때문이다.

엘리바스는 욥에게 하나님께 돌이키라고 말하지만, 그는 계속해서 하나님을 향하고 있다. 욥은 하나님을 외면하는 것이 아니라 간절히 하나님을 찾고 하나님께 간구하며 탄식하고 있다. 하나님만이 자신의 유일한 구속자가 되심을 믿고 그분이 자신에게 응답하기만을 고대하고 있는 것이다. 엘리바스는 욥의 상황을 제대로 보고 있지 못하고 있다. 엘리바스가 말하는 회개는 욥을 '악인'으로 전제한 상태에서 말한 돌이킴이다. 여기에서 욥은 돌이켜야만 사는 '악인'일 뿐이다(J. Ebach, *KBB* 2, 22). 엘리바스는 세 번째 발언 앞부분(5-9절)에서 욥의 악행을 맹렬히 비난했다. 있지도 않은 일을 마치 자신이 경험한 양 말하며 욥을 공격하였다. 그런데 그러한 근거 없는 판단과 인식을 토대로 하는 엘리바스의 '설교'가 욥에게 어떻게 비추어졌을까? 감동을 주기는커녕 오히려 고통과 분노만을 자아내지 않겠는가?

2. 엘리바스의 세 번째 발언에 대한 욥의 응답(23 : 1-24 : 25)

1) 욥의 응답 Ⅰ(23 : 1-17)

욥의 이 발언을 이해하기 위해서는 이 본문이 욥기 전체의 구조 속에서 어떤 위치에 자리하고 있는가를 살피는 것이 중요하다. 다시 한 번 욥기 23장의 위치를 확인해 보자. 욥기를 크게 두 부분으로 구분하면 문체상 산문부와 시문부로 나뉜다. 서막(1 : 1-2 : 13)과 종장(42 : 7-17)으로 욥기를 둘러싸고 있는 이른바 '틀 이야기'(Rahmenerzählung)가 산문부이고, 그 안에 욥과 친구들의 논쟁(3-31장), 엘리후의 연설(32-37장), 하나님의 답변과 욥의 대답(38 : 1-42 : 6)의 세 부분으로 나눌 수 있는 이른바 '욥-시문'(Hiobdichtung)

이 시문부이다. 그러니까 욥기 23장은 시문부의 내용 중 욥이 세 친구들과 벌인 논쟁 안에 들어 있다.

다시 욥과 세 친구의 논쟁을 구분하면, 이 논쟁은 욥의 첫 번째 발언(3장)에 이어서 세 친구들과 욥이 서로 번갈아 가면서 세 바퀴를 도는 논쟁이다. 첫째 바퀴와 둘째 바퀴에서는 엘리바스(4-5장 ; 15장), 빌닷(8장 ; 18장), 소발(11장 ; 20장)에 맞서 욥이 각각 한 번씩 대응하여 발언한다(6-7장 ; 9-10장 ; 12-14장 ; 16-17장 ; 19장 ; 21장). 셋째 바퀴에서는 엘리바스(22장)와 빌닷(25장)의 발언만 나타나고 그들에 대한 욥의 대응이 이어진 후(23-24장 ; 26-28장), 욥의 마지막 발언이 등장한다(29-31장).

그러므로 욥기 23장은 세 친구들과의 논쟁 중 세 번째 바퀴에서 엘리바스에 대응하여 말한 내용이다. 친구들과의 논쟁은 시간이 지날수록 첨예화되고 격렬해진다. 논쟁의 첫 번째 바퀴에서는 친구들의 발언이 욥에 대한 공격과 악인이 맞게 될 운명, 그리고 욥의 회복될 미래(5 : 24-26 ; 8 : 6-7, 20-22 ; 11 : 15-20)에 대한 내용으로 구성되어 있다. 이것은 그들의 발언에 위로와 격려의 목적이 포함되어 있다는 것으로 비춰진다. 그러나 두 번째 바퀴에서는 미래에 대한 긍정적인 언급이 나타나지 않는다. 따라서 친구들이 묘사하는 악인의 운명(15 : 20-35 ; 18 : 5-21 ; 20 : 4-29)은 현재 욥이 맞고 있는 현실과 일치하게 되고, 욥은 바로 친구들이 묘사하고 있는 악인의 운명을 현재 경험하고 있는 것이라는 결론에 이르게 한다.

이러한 논쟁이 세 번째 바퀴로 가면 더욱 날카로워지면서 더 이상 접점을 찾지 못하고 '좌초된'(gescheitert) 대화로 끝이 난다. 엘리바스는 바로 앞 22장에서 욥의 잘못을 숨김없이 비난한다(5-9절). 그러면서 욥의 생각이 예로부터 하나님을 경멸했던 자들이 생각했던 바와 같다고 비방하지만(12-20절), 만약 그가 자신의 잘못된 행동으로부터 돌이킨다면(21절 이하, 특히 23절) 경험하게 될 '악인 욥'의 긍정적인 미래를 제시한다(21-30절). 엘리바스는 자신의 마지막 발언을 통해 욥에게 돌이켜 '하나님과 화목하고 불의를 버리라'

고 강하게 권고한다. 엘리바스에 의하면 욥은 분명 악인이다. 그러나 그가 돌이킨다면 그에게는 반드시 좋은 미래가 열릴 것이다.

욥은 이러한 엘리바스의 말에 어떻게 반응하고 있는가? 자신을 악인이라고 규정하고 돌이켜 하나님께로 돌아오라는 엘리바스의 충고에 어떻게 대응할 것인가? 욥의 발언은 다음과 같이 세 단락으로 구분된다.

1. 하나님과 대면하기를 바라는 욥 : 내가 그분의 자리까지 나아갈 수 있다면!(1-7절)
2. 보이지 않는 하나님과 무죄한 자신에 대한 확신 : 나는 정금처럼 나올 것이다(8-12절)
3. 하나님의 주권 속에 있는 자신의 현실에 대한 탄식 : 그분이 원하시면 그는 하신다(13-17절)

(1) 하나님과 대면하기를 바라는 욥 : 내가 그분의 자리까지 나아갈 수 있다면!(23 : 1-7)

¹욥이 대답하여 이르되 ²오늘도 내게 반항하는 마음과 근심이 있나니 내가 받는 재앙이 탄식보다 무거움이라 ³내가 어찌하면 하나님을 발견하고 그의 처소에 나아가랴 ⁴어찌하면 그 앞에서 내가 호소하며 변론할 말을 내 입에 채우고 ⁵내게 대답하시는 말씀을 내가 알며 내게 이르시는 것을 내가 깨달으랴 ⁶그가 큰 권능을 가지시고 나와 더불어 다투시겠느냐 아니로다 도리어 내 말을 들으시리라 ⁷거기서는 정직한 자가 그와 변론할 수 있은즉 내가 심판자에게서 영원히 벗어나리라

[23 : 1-7] 2절에서 욥은 우선 현재 자신의 상황에 대해서 말한다. 그의 탄식은 여전히 '반항적'(מְרִי)이다(6 : 3 ; 10 : 1 참조). 그리고 그의 처지는 자신의 신

음소리를 자신의 손으로 힘껏 막아야 할 만큼 괴롭고 힘들다(그리스 역본과 시리아 역본은 '그의 손'이라고 번역하여 많은 현대어 번역이 이러한 전통을 따랐지만, 히브리 본문을 따라 '나의 손'이라고 번역해도 무리가 없다.). 바로 앞에서 엘리바스는 돌이켜 하나님께 돌아오라고 권면했지만, 욥은 그의 말을 따를 수 없다. 왜냐하면 그가 맞고 있는 현실은 자신에게 이해할 수 없는 고난이기 때문이다.

그래서 3절에서 그는 하나님과의 만남을 희망한다. 여기에서 그의 '자리'(תְּכוּנָה)는 하나님의 보좌를 가리킨다. 그리고 정의의 심판이 이뤄지는 곳이다(시 89 : 15[14] ; 97 : 2 참조). 욥은 바로 그곳에 가서 하나님을 만나 법률적인 심판을 받고자 한다. 욥기의 내용을 문학양식에 따라 분석하는 세 가지 노선(시편적, 지혜문학적, 사법적 해석) 중에, 여기에서는 사법적 요소가 두드러지게 나타난다. 욥의 이러한 생각은 여기에서 처음이 아니다. 친구와의 논쟁 중에 줄곧 이러한 생각을 피력해 왔다. 하나님과 인간 사이에 조정자가 없다면, 결국 하나님 자신에게 나아갈 수밖에 없다(9 : 32-33). 욥은 지금까지 친구들과 논쟁을 벌였지만, 그것은 자신을 더 괴롭게 할 뿐 문제의 해결을 주지 못한다. 자신의 문제에 진정한 응답을 경험할 수 있는 대상은 하나님밖에 없다(13 : 3, 16 : 18-21 ; 17 : 3 ; 19 : 25-27 ; 31 : 35-37 참조).

하나님과 만난다면 욥은 자신의 사례에 대해 소송을 제기하고, 자신의 입장을 변론할 것이다(4절). 하나님이 자신에 대해서 하시는 말씀도 다 듣고 이해할 것이다(5절). 그분은 힘으로 자신과 다투지 않으시고 자신을 주목할 것이다(6절). 그리고 정직한 자(יָשָׁר, 1 : 1, 8 ; 2 : 3 ; 또한 4 : 7 ; 17 : 8 참조) 자신은 변론을 벌여 결국 재판장으로부터 무죄선고를 받을 것이다(7절).

(2) 보이지 않는 하나님과 무죄한 자신에 대한 확신 : 나는 정금처럼 나올 것이다(23 : 8-12)

⁸그런데 내가 앞으로 가도 그가 아니 계시고 뒤로 가도 보이지 아니하며 ⁹그가 왼쪽에서 일하시나 내가 만날 수 없고 그가 오른쪽으로 돌이키시나 뵈올 수 없구나 ¹⁰그러나 내가 가는 길을 그가 아시나니 그가 나를 단련하신 후에는 내가 순금같이 되어 나오리라 ¹¹내 발이 그의 걸음을 바로 따랐으며 내가 그의 길을 지켜 치우치지 아니하였고 ¹²내가 그의 입술의 명령을 어기지 아니하고 정한 음식보다 그의 입의 말씀을 귀히 여겼도다

[23:8-12] 그런데 욥이 그토록 하나님 만나기를 원하지만 만날 수 없다(9:11 참조). 동서남북 사면에서 찾아보아도 그를 만날 수 없고 볼 수 없다(8-9절에서 히브리말의 네 방위가 다 등장한다. 성전의 방향과 같이 동쪽을 바라보고 있는 것을 전제하기 때문에, 앞뒤좌우는 각각 동서북남의 방향을 가리키는 말이 된다). 하나님은 욥에게 고정할 수 없고 파악불가능한 분으로 여겨진다.

10~12절은 무죄에 대한 욥의 확고한 입장을 잘 나타내고 있다. 특별히 10절은 욥기 본문 가운데 한국교회에서 가장 크게 오해되고 오용되고 있는 구절 중 하나이다. 보통 사람들은 욥이 이 구절에서, 하나님이 고난을 통해 자신을 연단하시어 '정금 같은' 믿음의 사람으로 세우실 것이라는 확신을 말하고 있다고 이해한다. 그러나 이러한 이해는 히브리어 본문뿐 아니라 이 발언의 맥락을 제대로 파악하지 못한 결과다.

우선 10절 상반절에서 욥과 하나님이 얼마나 다른지를 서로 반대되는 그림을 통해 보여준다(J. Ebach, *KBB* 2, 34). 8~9절에서 말했듯이 욥에게는 하나님을 인식하는 것이 불가능하다. 그러나 하나님은 욥의 길을 정확히 아신다(시 139:9-10). 그렇지만 하반절에서 다음과 같은 결론을 이끌어 낸다. 그토록 자신을 잘 아는 하나님이 자신을 '점검/시험'하시더라도 자신의 깨끗함이 증명될 것이다. 여기에 사용된 이미지는 불순물을 제거하고 금을 추출해내는 제련 과정이다(사 48:10; 시 12:6; 66:10 참조). 금은 순수함을 상징한다. 욥은 자신이 그러한 제련 과정을 통해 정금처럼 나올 것이라고 말

함으로써, 순수성을 검사받는 하나님의 시험에서 자신이 반드시 합격할 것이라는 확신을 표명하고 있는 것이다(J. Ebach, *KBB* 2, 34). 이러한 제련 과정이 적용된 사례들이 많다. 귀금속의 제련 및 정련은 신앙생활의 진실성이 시험받는 것을 의미하며 하나님 백성과 그 구성원 개개인이 형벌과 고난을 통해 정화되는 것을 상징한다. 이때 중요한 것이 '도가니'에서 금은을 달구어서 불순물을 분리해 내는 과정이다(잠 17:3 ; 27:21 ; 슥 13:9 ; 말 3:3 ; 벧전 1:7 ; 계 3:18 참조). 이러한 욥의 발언은 바로 앞에서 말했던 엘리바스의 발언(22:25)에 대한 직접적인 연결점을 갖는다(J. Hartley, *NICOT*, 340). 엘리바스가 금을 티끌과 돌로 여기고 전능자를 찾으면 전능자가 보배가 되어 주실 것이라고 말했지만, 욥 자신이 '정금'으로서 입증될 것이라고 말하고 있는 것이다.

이러한 욥의 확신은 11~12절에서 그 근거를 밝히고 있다. 왜냐하면 그는 하나님의 길을 벗어나지 않았고, 하나님의 명령을 저버리지 않았기 때문이다(6:10 ; 10:7 ; 17:9 참조. 또한 자신의 결백을 주장하는 다른 본문들을 참조하라. 예컨대, 시 139:23-24 ; 시 11:4-7). 이러한 욥의 발언은 불의를 버리고 하나님께 돌아오라는 엘리바스의 권면에 대한 거부이기도 하다.

(3) 하나님의 주권 속에 있는 자신의 현실에 대한 탄식 : 그분이 원하시면 그는 하신다(13-17절)

[13]그는 뜻이 일정하시니 누가 능히 돌이키랴 그의 마음에 하고자 하시는 것이면 그것을 행하시나니 [14]그런즉 내게 작정하신 것을 이루실 것이라 이런 일이 그에게 많이 있느니라 [15]그러므로 내가 그 앞에서 떨며 지각을 얻어 그를 두려워하리라 [16]하나님이 나의 마음을 약하게 하시며 전능자가 나를 두렵게 하셨나니 [17]이는 내가 두려워하는 것이 어둠 때문이나 흑암이 내 얼굴을 가렸기 때문이 아니로다

[23 : 13-17] 욥은 이제 다시 자신의 모든 문제의 열쇠를 쥐고 있는 하나님에 관한 진술로 나아간다. 그분은 '한 분으로'(בְאֶחָד) 계신다. 이 표현은 '쉐마 이스라엘'(신 6 : 4 이하)의 한 분 하나님에 대한 고백과 유사하다. 이것은 오직 그분만이 하나님이시라는 유일신론적인 고백일 뿐만 아니라, 그분의 존재 양태(bet essentiae)가 하나로서 변함없는 통일성을 보여준다는 것이다(J. Ebach, KBB 2, 35). 따라서 그분에 대항하여 그분의 뜻을 되돌릴 수 있는 존재가 아무도 없다(9 : 12 ; 11 : 10 참조). 그분이 결정하시면 그대로 행하신다 (13절). 그러므로 하나님은 자신을 향해 품으셨던 뜻을 그대로 이루실 것이다 (14절 ; 또한 10 : 13 참조).

그런데 욥이 이렇게 하나님의 유일성과 주권을 인정하고 고백하지만, 그는 이 발언을 통해 감사나 구원의 확신을 표현하고 있지 않다(J. Ebach, KBB 2, 35). 왜냐하면 욥에게 그분은 8~9절에서 말하고 있듯이, 잡히지 않고 온전히 파악할 수도 없는 '숨어 계시는 하나님'(Deus absconditus)이시기 때문이다. 욥이 경험하는 주권을 가지신 하나님은 놀라움과 두려움을 주는 분이다(15절 ; 또한 시 33 : 8 ; 115 : 3 ; 119 : 120 참조). 자신에게 용기를 잃게 하고 놀람으로 다가오시는 분은 다름 아닌 전능자 하나님이시다(16절). 이러한 하나님의 개입을 통해 전개된 욥의 상황은 온통 어둠과 흑암으로 뒤덮여 있을 뿐이다.

▰▰ 설교를 위한 묵상

욥기 23장의 본문에서 어떤 적용점을 찾을 수 있겠는가? 이 본문을 제대로 관찰한 독자라면 그것이 결코 쉽지 않음을 알 것이다. 그러나 욥의 발언은 오늘 우리 신앙인들에게, 특히 이해할 수 없는 고난 중에 있는 신앙인들에게 모범(Vorbild)이 되고 있다. 적절한 이해와 적용을 위해 고려해야 할 내용들은 무엇인가?

첫째, 욥의 말과 상황을 이해해야 한다. 욥기 23장의 욥의 발언은 발언 자체로만 보면 매우 도발적이고 신앙인으로서 바람직하지 않은 발언으로 생각할 수 있다. 오히려 친구들의 말이 더 모범적이고 신앙적으로 보이기도 한다. 그러나 욥의 발언은 하나님의 판결을 통해 친구들의 말보다 더 '옳다'고 인정되었다(42 : 7). 이것은 자신의 죄를 자복하고 '회개'한 이후의 모습에만 해당되는 것이 아니라, 욥의 발언 전체에 대한 종합적인 평가였다. 이것은 욥기의 독자들에게 중요한 시사점을 제공한다. 그것은 욥기에서 서술되고 있는 욥의 말(탄식)이 비신앙적이며 배척해야 할 신앙인의 악(惡)이 아니라, 오히려 고난당하는 자들이 표현할 수 있는 '합법적'이며 '정당한' 신앙인의 언어라는 사실이다.

욥의 발언은 친구들과 같이 교리적이나 사변적인 말이 아니다. 욥의 발언은 이해할 수 없는 고난 중에서 쏟아내는 고통의 탄식이다. 그래서 절제된 언어나 정화된 표현으로 말할 수 없다. 그 말은 '반항적'이고(23 : 2) '거칠' 수밖에 없다(6 : 3 ; 10 : 1). 이러한 욥의 말을 단순히 교리적으로 판단하고 비판할 수 없다. 욥기를 처음부터 읽을 때 욥의 상황을 이해할 수 있다. 자신의 무죄를 주장하는 욥의 발언(10-12절)도 이해할 수 있다. 왜냐하면 그의 고난이 친구들의 판단처럼 그의 잘못 때문이 아님을 알게 되기 때문이다. 그도 처음에는 자신에게 벌어진 상황을 수용하고 인정했다. 하지만 그의 상황은 그렇게 단순히 수용하고 인정하는 것으로 끝날 상황이 아니었다. 그는 자신에게 닥친 고난의 이유와 목적이 무엇인지 알 수 없었다. 그래서 그는 자신의 이해할 수 없는 고난의 상황에서 탄식한다. 우리는 이러한 욥의 탄식을 어떻게 평가하는가? 욥의 친구들처럼 욥을 '죄인'으로 정죄하거나 욥의 '교만'이라고 평가하지는 않는가? 하나님의 높고 깊으신 뜻을 인정하지 않는 '불신앙'의 모습으로 취급하지는 않는가?

둘째로, 욥의 신앙을 이해해야 한다. 욥이 고수하였던 신앙의 핵심은 무엇인가? 자신의 모든 상황이 하나님께로부터 비롯되었다는 확신이다. 하나님은 그분의 하시는 일을 누구도 막을 수 없는 '한 분으로' 계신다(13절). 자신에게 용기를 잃게 하신 분도 놀라움과 두려움을 갖게 하신 분도 하나님이시다(16절). 이것은 서막에서 보여 준 욥의 고백과 다르지 않다 : "주신 이도 여호와시요, 거두신 이도 여호와시니 여호와의 이름이 찬송을 받으실지니다"(1 : 21 ; 또한 2 : 10 참조). 욥은 모든 것의 주인이 하나님이심을 확실히 알고 믿고 있었다. 따라서 그는 모든 문제의 해결이 오직 하나님께 있음을 확신하고 자신의 확신대로 행동하였다.

욥은 하나님이 계시지 않다고 부정하거나 세상의 일에 어떤 영향력도 미치지 않는 무능한 하나님을 믿지 않았다. 하나님은 절대적인 주권을 가지고 자신의 일뿐만 아니라 온 우주를 통치하시는 분이라 믿었다. 그렇기 때문에 그는 자신의 문제에 대한 진정한 해결과 응답은 오직 하나님께로부터 주어질 수 있음을 알았다. 그가 친구들과 논쟁했지만, 시간이 지날수록 그는 점점 더 하나님께로 향했고 결국 하나님께로부터 응답과 회복을 경험했다. 욥과 같이 이해할 수 없는 고난에서 우리가 향할 수 있는 분은 누구인가—절대적인 주권을 가지고 이 세상을 통치하시고 계시는 전능하신 하나님이 아닌가? 욥은 어떤 고난 가운데서도 모든 것이 하나님께 달려 있다고 믿고 하나님께 그 해결책을 구했다. 이러한 믿음이 욥을 견딜 수 없는 고난 가운데서도 그것을 견디게 했고 마침내 하나님의 응답을 경험하게 한 것이다.

2) 욥의 응답 II(24 : 1-25)

24장은 앞서 23장에서 말한 욥 발언의 연속이다. 욥은 이 발언을 통해 정의로운 하나님에 의해 다스려지는 세상에 만연한 악과 고난에 대한 문제를 제기한다. 내용적으로 보면 21장의 주제를 이어가며 그것을 확대하고 있다. 24장에서 욥은 크게 두 부분으로 나누어진 진술을 전개한다. 그는 전반부에서 일반적으로 행해지는 악인들의 행동을 묘사하고 있고(1-17절), 후반부에서는 그러한 악인들이 맞아야 할 운명(18-25절)을 묘사하고 있다. 24장의 욥 발언을 좀 더 자세히 분석하면 다음과 같다.

1. 전반부(1-17절)
   1) 모두(冒頭) 발언 : 어찌하여(1절)
   2) 악인들의 행동과 그 결과(I) : 그들이 궁핍한 자들을 길에서 몰아내

고(2-8절)
    3) 악인들의 행동과 그 결과(Ⅱ) : 사람들이 고아를 품에서 빼앗아 가고
       (9-11절)
    4) 욥의 문제제기와 어두움을 좋아하는 악인들 : 상처 입은 영혼들이
       부르짖으나(12-17절)
  2. 후반부(18-25절)
    1) 악인들이 맞아야 할 운명 : 그는 물의 흐름처럼 빠르고(18-24절)
    2) 종결 발언 : 그렇지 않다 해도(25절)

(1) 모두(冒頭) 발언 : 어찌하여(24 : 1)

¹어찌하여 전능자는 때를 정해 놓지 아니하셨는고 그를 아는 자들이 그의 날을 보지 못하는고

[24 : 1] 욥은 자신의 발언을 대담한 질문으로 시작한다(1절). "어찌하여 전능자는 때를 정해 놓지 아니하셨는고 그를 아는 자들이 그의 날을 보지 못하는고" 이것은 두 가지 차원의 문제를 생각하게 하는 말이다. 욥은 이 질문을 통해서 악인과 의인 모두에게 적용되는 문제를 제시한다. 이 말을 악인에게 적용하면 악인들이 자신들의 악행을 계속하게 하는 근거가 된다. 악인들에게 '전능자의 때'가 나타나지 않기 때문에 악인들은 자신들의 악행을 거침없이 계속할 수 있다. 하지만 이것을 의인에게 적용하면 이것은 의인이 당하는 고통을 직시하게 만든다. 하나님을 아는 의인들이 '자신의 날'을 보지 못하는 현실이 계속됨으로 그들은 여전히 불의와 부조리 가운데서 고통을 당해야 한다. 욥은 이 질문을 통해 자신뿐만 아니라 세상 안에서 경험되지 않는 '신정론'의 문제를 제기하기에 이른다.

(2) 악인들의 행동과 그 결과 (I) : 그들이 궁핍한 자들을 길에서 몰아내고(24 : 2-8)

²어떤 사람은 땅의 경계표를 옮기며 양 떼를 빼앗아 기르며 ³고아의 나귀를 몰아 가며 과부의 소를 볼모 잡으며 ⁴가난한 자를 길에서 몰아내나니 세상에서 학대 받는 자가 다 스스로 숨는구나 ⁵그들은 거친 광야의 들나귀 같아서 나가서 일하며 먹을 것을 부지런히 구하니 빈 들이 그들의 자식을 위하여 그에게 음식을 내는구나 ⁶밭에서 남의 꼴을 베며 악인이 남겨 둔 포도를 따며 ⁷의복이 없어 벗은 몸으로 밤을 지내며 추위도 덮을 것이 없으며 ⁸산중에서 만난 소나기에 젖으며 가릴 것이 없어 바위를 안고 있느니라

[24 : 2-8] 그는 이어서 그가 경험한 다양한 악인들의 행동들을 묘사한다(2-4절). 그들은 지계표를 옮기며 양 떼들을 강제로 빼앗는다(2절). 지계표를 옮긴다는 것은 어떤 가문이나 가족에게 주어진 땅을 임의대로 처리하는 것을 말한다. 이것은 조상들에게 주신 기업의 전통과 경제적 질서를 어지럽히는 것이므로(신 19 : 14 ; 잠 23 : 10) 저주받을 행동이다(신 27 : 17). 또한 양 떼들을 강탈하는 행위도 한 가정의 삶의 토대를 무너뜨리는 행위가 되기 때문에 해서는 안 될 일이다. 특별히 이러한 악인들의 행동은 공동체에서 보호받아야 할 약자들에게 집중된다. 고아들의 나귀를 몰아가고, 과부의 수소를 저당 잡으며(3절), 궁핍한 자들을 길에서 몰아내고, 땅의 가난한 사람들이 다 함께 숨게 만든다(4절 ; 삿 5 : 6 ; 암 5 : 11-13 참조). 보호해야 할 고아나 과부나 가난한 자들을 오히려 억압하고 짓밟는 악행을 서슴지 않고 있다.

이러한 악인들의 행위 때문에 힘없는 자들이 괴로움을 당한다. 그들은 황야의 들나귀처럼 일하러 나가야 하며, 그들이 양식을 얻는다면 광야에서 먹을 것을 얻는 것과 같았다(5절). 그들은 수확이 끝난 들판에서 자신의 곡식을 거두어야 했으며, 악인의 포도밭에서 수확해야 했다(6절). 악인의 포도밭

이란 가난한 자들을 위해 남겨야 할 열매나 이삭도 남겨두지 않는 악인들이 소유한 밭을 말한다(레 19:10 ; 신 24:21 참조). 그러므로 그들이 그런 곳에서 좋은 것을 얻는다는 것은 기대하기 어렵다. 그들은 벌거벗은 채 옷 없이 밤을 지내야 하며, 산중에서 소나기를 만나도 피할 곳이 없다(7-8절). 몸을 보호할 수 있는 겉옷이 없고, 그들의 삶을 지켜 줄 '피난처'가 없다. 피난처라고 번역된 '마흐세'(מַחְסֶה)는 시편에서 하나님의 보호를 진술할 때 자주 등장하는 표현이다(시 14:6 ; 46:2 ; 61:4 ; 62:8-9 ; 71:7 ; 73:28 등). 여기에서 가난하고 힘없는 자들이 겪는 고통 가운데 피난처와 위로자가 되어야 할 하나님의 모습이 보이지 않는다는 비판의 의미도 엿볼 수 있다.

(3) 악인들의 행동과 그 결과(II) : 사람들이 고아를 품에서 빼앗아 가고 (24:9-11)

⁹어떤 사람은 고아를 어머니의 품에서 빼앗으며 가난한 자의 옷을 볼모 잡으므로 ¹⁰그들이 옷이 없어 벌거벗고 다니며 곡식 이삭을 나르나 굶주리고 ¹¹그 사람들의 담 사이에서 기름을 짜며 목말라 하면서 술 틀을 밟느니라

[24:9-11] 9절에서 다시금 악인들의 행동을 묘사한다. 악인들은 심지어 어린 아이를 저당물로 빼앗아 가기도 한다(9절). 자신들의 이익을 위해서 인신매매도 서슴지 않는 악인들의 모습을 보여준다. 악함의 강도가 더 강해진 모습이다. 이어서 앞 단락에서와 마찬가지로 악인들의 행동의 결과로 고통당하는 힘없는 자들의 모습이 묘사된다. 특별히 열악한 노동조건 속에서 고통스런 삶을 사는 모습들이 부각된다. 일을 할 때 제대로 된 옷도 없이 일을 해야 한다(10절). 7절에서 언급한 옷은 추위를 막는데 사용되지만, 10절에서 언급하고 있는 옷은 일할 때 입는 작업복을 의미한다(J. E. Hartley, *NICOT*, 347). 또한 그들은 제대로 먹지도 못하고 곡식단을 날라야 한다. 또한 기름을 짜고

포도즙틀을 밟아도 먹을 물이 없다(11절). 여기에서 힘없는 자들의 생활 가운데 드러나는 아이러니가 있다. 곡식단을 날라도 그들에겐 먹을 양식이 없고, 기름과 포도즙을 생산해도 그들에겐 마실 물이 없다. 노동의 결과로부터 철저하게 소외된 가난한 자들의 모습이 아이러니를 통해 부각된다.

(4) 욥의 문제제기와 어두움을 좋아하는 악인들 : 상처 입은 영혼들이 부르짖으나(24 : 12-17)

¹²성 중에서 죽어가는 사람들이 신음하며 상한 자가 부르짖으나 하나님이 그들의 참상을 보지 아니하시느니라 ¹³또 광명을 배반하는 사람들은 이러하니 그들은 그 도리를 알지 못하며 그 길에 머물지 아니하는 자라 ¹⁴사람을 죽이는 자는 밝을 때에 일어나서 학대 받는 자나 가난한 자를 죽이고 밤에는 도둑 같이 되며 ¹⁵간음하는 자의 눈은 저물기를 바라며 아무 눈도 나를 보지 못하리라 하고 얼굴을 가리며 ¹⁶어둠을 틈타 집을 뚫는 자는 낮에는 잠그고 있으므로 광명을 알지 못하나니 ¹⁷그들은 아침을 죽음의 그늘 같이 여기니 죽음의 그늘의 두려움을 앎이니라

[24 : 12-17] 전반부 세 번째 단락은 욥의 문제제기로 시작된다. 사람들이 성읍에서 신음하고 상처 입은 영혼들이 부르짖으나, 하나님은 그것들을 이상한 것으로 보지 않으신다(12절). 12절 하반절은 본문번역이 쉽지 않다. '티플라'(תִּפְלָה)는 '적절치 않은 어리석은 행동'을 묘사할 때 사용된다(렘 23 : 12 ; 욥 1 : 21). 이 낱말의 의미를 그대로 살려 번역하면 사람들이 성읍에서 불의와 부조리 가운데 신음하고 부르짖어도 하나님은 그것을 이상한 것으로 보지 않으시고 그 일들이 일어나도록 그대로 내버려 두신다는 말이다. 여기에서 욥 이름(אִיּוֹב)의 의미를 유추할 수 있다. 욥의 이름이 아카드어 '아야-아붐'〈ᵃa[j]ja-ᵓabu[m])("나의 아버지가 어디에 있는가")에서 기원했을 가능성을 말하는데, 이러한 욥의 이름은 12절에서 말하는 욥의 문제제기를 함축하고 있다. 옌젠은 이것을 출애굽 전통에 대한 비판이라고까지 해석한다(J. G. Janzen, *Interpretation*, 169-171). 그는 욥이 여기에서 제기하는 문제가 단순히 신명기의 보상과 징벌 신학뿐만 아니라 하나님과 이스라엘의 언약적 관계에 대한 비판의 의미를 담고 있다고 본다. 이스라엘의 신음과 부르짖음을 듣고 응답하신 것이 출애굽의 시작이며 이스라엘 백성과 맺은 언약관계의 출발점이었지만(출 2 : 23-25), 욥기에서는 그러한 응답과 구원이 없다. 하나님은 변하지 않는 모습으로 나타나고(23 : 13), 고통스런 울부짖음에 대한 무관심과 침묵만을 보여준다(24 : 12).

이어지는 내용에서는 다시금 악인들이 모습이 묘사된다. 그들은 빛을 거역하는 자들이며 마땅히 가야 할 길도 알지 못하며 인도함을 받지도 않는다(13절). 이러한 악인들은 특별히 세 가지 부류의 사람들로 나타난다(호 4 : 2 참조). 그들은 살인자이며, 도둑이며, 간음하는 자들이다(14-16절). 여기에서도 희생자들은 가난한 자와 궁핍한 자들이다(14절). 그들은 어두움을 좋아한다. 자신들의 행동이 드러나지 않도록 주로 밤에 행동한다. 그들에게 아침은 오히려 깊은 어두움이다. 왜냐하면 그들은 어둠의 공포에 친숙한 사람들이기 때문이다(17절).

(5) 악인들이 맞아야 할 운명 : 그는 물의 흐름처럼 빠르고(24 : 18-24)

[18]그들은 물 위에 빨리 흘러가고 그들의 소유는 세상에서 저주를 받나니 그들이 다시는 포도원 길로 다니지 못할 것이라 [19]가뭄과 더위가 눈 녹은 물을 곧 빼앗나니 스올이 범죄자에게도 그와 같이 하느니라 [20]모태가 그를 잊어버리고 구더기가 그를 달게 먹을 것이라 그는 다시 기억되지 않을 것이니 불의가 나무처럼 꺾이리라 [21]그는 임신하지 못하는 여자를 박대하며 과부를 선대

하지 아니하는도다 ²²그러나 하나님이 그의 능력으로 강포한 자들을 끌어내시나니 일어나는 자는 있어도 살아남을 확신은 없으리라 ²³하나님은 그에게 평안을 주시며 지탱해 주시나 그들의 길을 살피시도다 ²⁴그들은 잠깐 동안 높아졌다가 천대를 받을 것이며 잘려 모아진 곡식 이삭처럼 되리라

[24 : 18-24] 이 부분의 욥 발언은 주석가들의 많은 논란을 자아냈다. 여기에서 욥은 악인들의 멸망을 이야기한다. 친구들처럼 하나님의 보상적인 정의가 있어야 하고 행악자들은 그들의 악한 행동의 결과를 맛보아야 한다고 말한다. 이러한 욥의 발언이 이전까지 했던 그의 말과 조화를 이루기가 어렵기 때문에 그것이 본래 욥의 말이 아니라 본문 훼손의 결과라고 많은 해석자들이 주장했다. 내용뿐만 아니라 욥 발언의 길이의 측면에서도 세 번째 논쟁 바퀴가 재구성되어야 한다는 주장을 가능하게 했다. 27 : 1과 29 : 1의 도입구("욥이 또 풍자하여 이르되")가 이전 도입구와 완전히 다르며 28장의 내용이 독립적이라는 것, 그리고 26 : 5~14이나 27 : 7~23의 내용이 친구들의 입장에 더 잘 맞는다는 것이 그 근거들로 제시되었다. 따라서 24 : 18~25과 27 : 7~23을 소발의 발언으로 보고, 25 : 1~6과 함께 26 : 5~14을 빌닷의 발언으로 보아 세 번째 논쟁 바퀴의 내용을 재구성하였다. 이러한 분석에 따르면 욥의 발언은 26 : 1~4과 27 : 1~6로 종결된다.

하지만 이와 다른 견해를 제시할 수 있다. 그것은 성서본문에 대한 해석학적 입장을 어떻게 정할 것인가와 관련이 있다. 다음과 같은 점들이 욥 발언 해석에 필요한 고려 사항들이다(J. Ebach, *KBB* 2, 28-29). 첫째로, 해석의 출발점은 재구성된 본문이 아니라 현재 히브리어로 전승된 본문이라는 점이다. 둘째로, 24장의 많은 구절이 2음보(Bikola)가 아니라 3음보(Trikola)의 형태로 나타나기 때문에(24 : 5, 12, 13, 14, 15, 18, 20, 24) 욥의 발언으로 볼 수 없다는 운율적 근거는 절대적이지 않다. 셋째로, 현재 욥기에서 보여주는 논쟁의 세 번째 바퀴가 '부적절'하다는 판단은 의도된 결과이다. 오히려 27장

부터 31장까지 이어지는 욥의 긴 발언은 엘리후와 하나님의 발언으로 이어지는 논쟁의 새로운 장을 여는 것으로 이해될 수 있다. 넷째로, 우리의 기대가 본문을 수정할 수 없다.

그렇다면 18~25절의 욥 발언을 어떻게 해석해야 하는가? 옌젠은 친구들의 발언에 대한 인용으로 보았고, 하틀리는 악인들에 대한 저주로 보았다. 하지만 욥이 가지고 있는 세계관이나 사상을 생각해 보면 그것은 그 자체로 친구들의 견해와 다르지 않다. 어떤 사람의 운명이 그 사람의 행동에 상응하여 가기를 바란다는 사실이 욥과 친구들을 구분하지 않는다. 욥도 행위와 그 결과의 일치성을 요청하고 주장한다. 그러므로 이 부분을 욥의 말과 생각으로 이해할 수 있다.

욥은 악인들이 맞아야 할 운명에 대해서 여러 가지로 말한다. 악인들은 물처럼 빠르고 그들의 기업은 땅에서 저주를 받을 것이다(18절). 또한 가뭄과 더위가 눈 녹은 물을 말리듯이 스올이 범죄한 자들의 생명을 빼앗아 갈 것이다(19절). 그를 배었던 모태조차 그를 잊어버리고 그가 행했던 불의가 나무처럼 꺾이어 이 땅에서 그에 대한 기억이 사라질 것이다(20절). 그의 부인은 아이가 없어서 학대를 당하고, 그는 과부에게도 선한 일을 행하지 않는다(21절). 이러한 악인들의 삶을 지켜보실 뿐만 아니라 심판하시는 하나님이 계신다. 하나님은 그 어떤 강한 자도 끌어내실 수 있고, 그 누구도 그분의 권능에 대항할 수 없다(22절). 때로는 그에게 잠시 안전을 주고 쉬게 할지라도 그분의 눈은 그들의 길 위에 있다(23절). 따라서 그들은 잠시 높아질 수 있으나 곧 낮아지고 사라질 것이며, 곡식의 이삭 머리처럼 시들어질 것이다(24절).

(6) 종결 발언 : 그렇지 않다 해도(24 : 25)

[25]가령 그렇지 않을지라도 능히 내 말을 거짓되다고 지적하거나 내 말을 헛되게 만들 자 누구랴

[24 : 25] 욥은 발언 말미에서 이러한 자신의 발언에 대한 확신이 얼마나 분명한가를 보여준다. "만약 사실이 그렇지 않다 하더라도 누가 나를 거짓말쟁이라고 할 수 있으며, 누가 내 말을 헛된 것으로 만들 수 있겠는가?"(25절).

이러한 욥의 발언을 보면 친구들의 주장과 매우 흡사하다(24절과 8 : 11-14의 빌닷의 말을 비교하여 보라). 누구보다도 악인들은 얼마 지나지 않아 자신들의 행동에 대한 심판을 받고 종말을 맞이하게 될 것이라는 확신을 가지고 있다. 하지만 문제는 모든 것이 '뒤바뀐 세상'에서 그러한 그의 신앙과 지혜가 경험적인 현실로 확인되지 않는다는데 있다. 욥이 가지고 있는 확신만큼 그러한 확신이 경험되지 않는 현실 속에서 그가 가지게 되는 탄식과 질문의 강도는 강하게 나타난다.

설교를 위한 묵상

욥의 입을 통해 발화된 24장의 발언은 현재의 모습으로 오늘날 우리에게 주는 교훈이 크다. 특별히 그는 부조리한 현실을 적나라하게 폭로하며 그러한 현실에 대한 대응법을 가르쳐 준다.

먼저, 욥이 보여주는 부조리한 현실은 무엇인가? 악인들의 악행 때문에 고통당하는 힘없는 사람들의 소외 상황이 그대로 그려지고 있다. 악인들이 지계표를 옮기며 양떼들을 강제로 빼앗는다(2절). 고아들의 나귀를 몰아가고, 과부의 소를 저당 잡으며(3절), 궁핍한 자들을 길에서 몰아내고, 땅의 가난한 사람들이 다 함께 숨게 만든다(4절). 힘을 가진 자들의 악행 때문에 경제 질서가 무너지고 보호받아야 할 약자들이 삶의 토대를 빼앗긴다. 가난한 자들은 황야의 들나귀처럼 일하러 나가야 하며(5절), 수확이 끝난 들판에서 자신의 곡식을 거두어야 했고(6절), 벌거벗은 채 옷 없이 밤을 지내야 했다(7-8절). 그들에게는 몸을 보호할 수 있는 겉옷이 없고, 그들의 삶을 지켜줄 '피난처'가 없다. 더 나아가 악인들은 어린아이를 저당물로 빼앗아 가기도 한다(9절). 인신매도 서슴지 않는 악인들의 모습이다. 이러한 악인들에게 고통당하는 사람들은 제대로 먹지도 못하고 곡식단을 날라야 하며, 기름을 짜고 포도즙틀을 밟아도 먹을 물을 얻지 못한다(11절). 욥의 발언을 통해 힘없는 자들이 당하는 부조리한 현실이 그대로 드러난다. 이러한 욥의 묘사는 부조리한 현실에 대한 현대 사회학자들의 분석을 능가할 정도다. 욥은 노동의 결과로부터 철저하게 소외된 가난한 자들의 모습을 아이러니를 통해 통렬하게 고발한다.

그렇다면 이러한 현실을 목도하게 될 때 신앙인들은 어떤 반응을 보여야 할 것인가? 욥기 24장은 이러한 현실에 신앙인들이 보여야 할 반응을 잘 예시해 주고 있다. 욥은 모두(冒頭) 발언에서 대담한 질문으로 시작한다(1절). "어찌하여 전능자는 때를 정해 놓지 아니하셨는고 그를 아는 자들이 그의 날을 보지 못하는고?" 이것은 이 세상 안에서 경험되지 않는 '하나님의 공의'에 대한 문제를 제기하는 것이다. 이러한 문제제기는 12절에서 다시금 부각된다. "성 중에서 죽어 가는 사람들이 신음하며 상한 자가 부르짖으나 하나님이 그들의 참상을 보지 아니하시느니라" 악인의 강성함과 불의한 현실이 지속되는 가운데도 침묵하시는 하나님의 모습에 대한 문제제기이다. 7~8절의 가난하고 힘없는 자들이 겪는 고통에 대한 묘사에서도 피난처와 위로자가 되어야 할 하나님의 모습이 보이지 않는다는 비판의 목소리를 들을 수 있다. 하지만 욥의 반응은 여기에서 그치지 않는다. 그는 부조리한 현실에 대한 인식만이 아니라 자신이 가지고 있는 신앙의 확신을 보여준다. 후반부 '악인들이 맞아야 할 운명'(18-24절)에 대한 진술에서 볼 수 있듯이 욥은 그 누구보다 악인들이 맞아야 할 운명을 잘 알고 있다. 그는 하나님이 악인들의 삶을 지켜보실 뿐만 아니라 심판하실 분임을 확신하고 있다. 그렇다면 문제는 이러한 현실과 믿음 사이에서 나타나는 '간격'과 '불일치'이다. 이러한 '간격'과 '불일치'에 대해 우리는 어떻게 대응해야 하는가?

욥은 24장의 종결발언에서 이렇게 말한다(25절). "그렇지 않을지라도 능히 내 말을 거짓되다 지적하거나 내 말을 헛되게 만들자 누구랴?" 이것은 그가 현실과 믿음을 동시에 붙들고 있는 모습을 보여 주는 것이다. 그는 공의로우신 하나님에 대한 자신의 믿음을 가지고 불의한 현실을 외면하지 않는다. 그는 불의하고 부조리한 현실을 직시하고 있다. 그렇다고 부조리한 현실 때문에 공의로우신 하나님에 대한 믿음을 버리지도 않는다. 이러한 불의하고 부조리한 상황 속에서 '신은 죽었다'거나 '하나님이 무능력하다'고 외치지 않는다. 오히려 욥은 현실과 믿음 사이에 드러나는 '간격'과 '불일치'를 그대로 인식하며 그 간격과 불일치가 해소되기를 갈망하고 있다. 그는 악인의 강성함과 약자의 고통을 자신의 온몸으로 체험한다. 그러면서 그는 하나님의 침묵에 대해 항변함으로 하나님의 구원의 때를 기다린다. 자신의 믿음과 현실 사이에 '간격'과 '불일치'가 클수록 그는 불신앙이나 체념으로 나아가지 않고 오히려 자신의 탄식과 항변의 강도를 높이고 있다. 이러한 부조리와 불일치를 품을 수 있는 믿음이 이 시대에 요구되는 믿음이며 살아있는 신앙인의 모습이 아닐까?

∽

B. 욥과 빌닷의 3차 대화(25 : 1-27 : 23)

1. 빌닷의 세 번째 발언(25 : 1-6)

세 번째 바퀴 논쟁에서 나타나는 빌닷의 발언은 이상하리만큼 짧다. 이에 반해 욥의 발언은 길고, 특별히 26 : 5~14과 27 : 13~23의 내용은 욥의 이전 발언과 잘 어울리지 않는다는 평가를 받는다. 그러한 이유로 24장에서 보았듯이 많은 주석가들에 의해서 25~27장에 대한 본문의 재구성이 시도되었다(S. E. Balentine, *Smyth & Helwys*, 382).

	빌닷	욥	소발
Driver	25 : 1-6	26 : 1-14 ; 27 : 11-12	27 : 13-23
Gordis	25 : 1-6 ; 26 : 5-14	26 : 1-4 ; 27 : 1-12	27 : 13-23
Dhorme	25 : 1-6 ; 26 : 5-14	26 : 1-4 ; 27 : 2-12	27 : 13-23 ; 24 : 18-24
Pope	25 : 1-6 ; 26 : 5-14	27 : 1 ; 26 : 1-4 ; 27 : 2-7	27 : 8-23 ; 24 : 18-25
Habel	25 : 1-6 ; 26 : 5-14	26 : 1-4 ; 27 : 1-12	27 : 13-23
Hartley	25 : 1-6 ; 27 : 13-23	26 : 1-14	
Strauβ	25 : 1-6 ; 26 : 5-14	26 : 1-4 ; 27 : 1-23	

하지만 앞에서도 말했듯이 이러한 재구성은 각각 장점과 단점을 가지고 있고, 어떤 점을 선호하느냐에 따라 본문에 대한 평가가 달라진다. 그들이

인정해야 할 사실은 그들의 해석이 '발견된 본문이 아니라 만들어진 본문에서'(a text made, not found) 출발하고 있다는 사실이다. 그런데 무엇보다 고대 역본들(쿰란에서 발견된 탈굼[11QtgJob]이나 70인경)이 마소라 본문의 순서를 따르고 있다는 사실은 현재 우리가 가지고 있는 본문의 순서가 의미가 있다는 사실을 보여주는 것이다. 이러한 점에서 주석자는 현재 우리에게 '주어진' 본문에서 찾을 수 있는 의미가 무엇인가에 주력해야 한다.

1) 하나님 앞에서 자신의 의로움을 주장할 사람은 없다(25:1-6)

> ¹수아 사람 빌닷이 대답하여 이르되 ²하나님은 주권과 위엄을 가지셨고 높은 곳에서 화평을 베푸시느니라 ³그의 군대를 어찌 계수할 수 있으랴 그가 비추는 광명을 받지 않은 자가 누구냐 ⁴그런즉 하나님 앞에서 사람이 어찌 의롭다 하며 여자에게서 난 자가 어찌 깨끗하다 하랴 ⁵보라 그의 눈에는 달이라도 빛을 발하지 못하고 별도 빛나지 못하거든 ⁶하물며 구더기 같은 사람, 벌레 같은 인생이랴

[25:1-6] 빌닷의 마지막 발언은 단순하고 짧다. 그는 연약하고 비천한 인간에 대비되어 나타나는 하나님의 주권과 높으심을 강조함으로 욥의 주장을 반박하고자 한다. 그는 먼저 하나님께 '주권'(הַמְשֵׁל)과 '위엄'(פַּחַד)이 있고, 그분은 '높은 곳'(מְרוֹמִים)에서 화평을 이루신다고 말한다(2절). 전반절은 하나님의 권능과 다스리심을 강조하고 있고, 후반절은 하나님의 높이 계심을 강조한다. 하나님은 힘과 존재양태에서 그 어떤 것과도 비교할 수 없는 분임을 말하고 있다. 그분이 부리시는 군대는 셀 수 없고 그분의 통치가 미치지 않는 곳이 없다(3절). 그러므로 이러한 하나님 앞에서 의롭다고 주장하거나 정결하다고 말할 수 있는 인간은 없다(4절). 여기에 빌닷이 말하려고 하는 바의 핵심이 있다. 인간은 어떤 상황에서도 하나님 앞에서 자신의 의로움을 주장

할 수 없는 존재라는 것이다. 이러한 그의 주장을 강조하기 위해 다른 근거를 제시한다. 하나님의 눈에는 달빛도 빛나지 않고 별빛도 청명하지 않다(5절). 하물며 벌레이며 구더기 같은 인생은 어떠하겠는가 하고 반문한다(6절). 능력과 존재 자체에서 하나님과 인간은 비교할 수 없는 질적 차이가 있기 때문에 욥은 하나님께 자신의 의를 주장하거나 항변할 수 없다는 것이다. 빌닷은 욥이 주장하는 내용 이전에 그의 인간으로서의 실존을 문제 삼으며 욥의 주장을 무력화하려고 한다.

하지만 빌닷의 주장은 처음이 아니다. 이미 엘리바스(4:17 ; 15:14)와 욥(7:17-21 ; 9:1-13 ; 14:1-12)에 의해서 제기된 바 있다. 특별히 천상의 존재들이 정결하지 못하다고 한다면 인간은 더없이 자신의 정결함을 말할 수 없다는 빌닷의 주장(5절)은 엘리바스가 자신의 첫 번째 발언에서 말했던 바이다(4:17). 친구들의 주장이 처음으로 다시 돌아간 셈이다. 그것은 이제 친구들의 논거에 더 이상 새로운 것이 나올 게 없다는 사실을 드러낸다. 그렇다면 논쟁은 더 이상 지속될 수 없다. 친구들은 욥의 상황과 관련된 문제에 답을 주거나 그의 문제를 해결해 줄 수 없기 때문에 세 친구와의 대화는 끝이 난다.

설교를 위한 묵상

욥과 빌닷의 논쟁에서 얻을 수 있는 교훈은 무엇인가? 빌닷이 강조하는 바는 분명하다. 주권과 위엄을 가지신 하나님 앞에서 자신의 의로움을 주장할 사람은 없다는 것이다. 무능과 연약함에 휩싸여 있는 인간이 그러한 하나님 앞에서 보일 수 있는 태도는 자신의 잘못을 회개하고 뉘우치는 것뿐이다. 하나님의 눈에는 달빛이나 별빛도 청명하지 않기 때문에 구더기 같은 인생은 자신의 의로움에 대한 그 어떤 주장도 가능하지 않다는 것이다(5-6절). 이것은 언뜻 보면 매우 신앙적이고 거룩한 모습으로 비춰진다. 인간의 무능과 연약성을 깊이 인식하고 하나님의 뜻과 섭리에 순복하는 모습으로 보인다. 하지만 여기에는 신앙인이 범하지 말아야 할 매우 큰 오류의 위험성이 숨어 있다. 그것은 지금 일어나는 현실을 항상 하나님의 역사나 뜻으로 동일시하는 '질서신학'이나 '체제정당화'의 위험성이다. 빌닷을 비롯한 욥의 친구들이 대표하는 신학에서는 하나님을 향한 항변이나 문제제기는 불가능하다. 모든 것이 하나님의 역사고 뜻이기 때문이다. 오류투성이고 죄악에 물들어 있는 인간은 자신의 상황에 대해서 어떤 의문도 품어서는 안 된다. 그저 하나님의 섭리와 운행으로 알고 순복해야 한다. 하지만 이런 태도로 일관하는 것은 성서의 가르침이 아니다. 불의한 사회와 세상에 대해서 수많은 예언자들의 탄식과 질타가 있었다(예컨대, 아모스, 이사야, 미가, 호세아, 하박국, 예레미야 등). 또한 시편에 나타난 많은 신앙인들이 자신의 무고한 고난에 대하여 하나님께 탄식하며 질문하였다(예컨대, 시 7:8-9 ; 13:4-5 ; 26:1-2 ; 28:1-5). 현실에 순응하고 자신의 상황을 하나님의 뜻으로 인정하는 것만이 유일한 신앙인의 태도가 아니다. 하나님의 공의가 선명하게 드러나지 않을 때는 질문하고 탄식할 수 있다. 이것은 하나님의 뜻이 분명해지도록 몸부림치는 신앙인의 기도라고 할 수 있다. 왜냐하면 '현재의 모습이 전부가 아니기 때문이다'("Weil das, was ist, nicht alles ist!"). 이 세계의 완전한 모습은 종말에 가서야 드러날 것이다. 그러므로 인간의 무능과 연약성이 인간을 침묵하게 만들어야 하는가? 아니다. 오히려 인간의 무능과 연약성 때문에 전능하신 하나님을 향해 절규하게 한다. 무능하고 연약한 사람의 힘으로는 이 세상의 온전한 변화를 이끌어 낼 수 없기 때문이다. 이것은 하나님의 온전하신 뜻이 이 땅과 자신의 삶에 드러나도록 촉구하는 '주의 기도'(마 6:10)와 다름이 없다.

---

2. 빌닷의 세 번째 발언에 대한 욥의 응답(26:1-27:23)

1) 욥의 응답 Ⅰ(26:1-14)

빌닷의 짧은 발언에 이어 욥이 대답한다. 욥의 발언은 두 부분으로 구성되어 있다. 첫 번째 부분은 빌닷에 대한 대응(1-4절)이며, 두 번째 부분은 창조 모티브를 통한 탄식(5-14절)이다. 이 창조 모티브는 논쟁의 두 번째 바퀴(15-21장)에서 완전히 사라졌다가 여기에서 다시 등장하고 있다. 욥기 26장은 아래와 같은 구조로 나타난다.

1. 빌닷에 대한 대응 : 네가 얼마나 힘없는 자를 도왔는가?(1-4절)
2. 창조주 하나님에 대한 탄식 : 보라, 이것들은 그의 길들의 일부분일 뿐이다(5-14절)

(1) 빌닷에 대한 대응 : 네가 얼마나 힘없는 자를 도왔는가?(26 : 1-4)

¹욥이 대답하여 이르되 ²네가 힘없는 자를 참 잘도 도와주는구나 기력 없는 팔을 참 잘도 구원하여 주는구나 ³지혜 없는 자를 참 잘도 가르치는구나 큰 지식을 참 잘도 자랑하는구나 ⁴네가 누구를 향하여 말하느냐 누구의 정신이 네게서 나왔느냐

[26 : 1-4] 욥은 2인칭 단수로 대답한다. 2인칭 복수를 써서 친구들을 집단으로 대했던 바와 다르다. 하지만 종종 2인칭 단수를 써서 친구들을 상대하기도 했다(예컨대, 엘리바스[16 : 3]와 소발에게[12 : 7-8 ; 21 : 3]). 여기서 2인칭 단수를 써서 직접 상대하는 것은 그만큼 빌닷의 말이 욥을 참을 수 없게 한 것이라고 해석된다. 욥은 하나님의 권능과 탁월성을 언급하면서 인간의 연약성과 비천함을 강조했던 빌닷을 직접 겨냥한다. 그렇다면 너는 그렇게 '힘없는 자'이며 '기력 없는 자'를 얼마나 도왔으며 구원했는가라고 묻는다(2절). 그리고 그러한 사람에게 지혜와 지식을 갖도록 얼마나 조언하였는가라고 묻는다(3절). 그렇게 인간의 실존을 잘 알고 있는 그가 연약성과 비천함에 싸여 있는 자를 돕기는커녕 그를 더욱 괴롭게 한다는 사실을 신랄하게 비난한다.

빌닷은 누구에게 말을 하고 있는가를 바로 인식해야 했다. 그리고 그는 누구의 '숨'으로 말을 하고 있는가를 점검해 보아야 했다(4절). 개역개정에서 '정신'이라고 번역된 말은 보통 '숨'으로 번역되는 '네샤마'(נשמה)다. 이것은 하나님이 인간에게 주신 생명의 원천이다(창 2:7). 이것은 하나님의 영과 동일시 될 수 있고(욥 33:4), 사람에게 영감을 주기도 한다(욥 32:8). 여기에서 욥은 빌닷이 누구의 생명과 영으로 말하고 있는가를 묻는다.

(2) 창조주 하나님에 대한 탄식 : 보라, 이것들은 그의 길들의 일부분일 뿐이다(26:5-14)

⁵죽은 자의 영들이 물 밑에서 떨며 물에서 사는 것들도 그러하도다 ⁶하나님 앞에서는 스올도 벗은 몸으로 드러나며 멸망도 가림이 없음이라 ⁷그는 북쪽을 허공에 펴시며 땅을 아무것도 없는 곳에 매다시며 ⁸물을 빽빽한 구름에 싸시나 그 밑의 구름이 찢어지지 아니하느니라 ⁹그는 보름달을 가리시고 자기의 구름을 그 위에 펴시며 ¹⁰수면에 경계를 그으시니 빛과 어둠이 함께 끝나는 곳이니라 ¹¹그가 꾸짖으신즉 하늘 기둥이 흔들리며 놀라느니라 ¹²그는 능력으로 바다를 잔잔하게 하시며 지혜로 라합을 깨뜨리시며 ¹³그의 입김으로 하늘을 맑게 하시고 손으로 날렵한 뱀을 무찌르시나니 ¹⁴보라 이런 것들은 그의 행사의 단편일 뿐이요 우리가 그에게서 들은 것도 속삭이는 소리일 뿐이니 그의 큰 능력의 우렛소리를 누가 능히 헤아리랴

[26:5-14] 이 단락은 전체적으로 창조모티브와 연관되어 있다. 하지만 언어 형태와 내용에 따라 다음과 같이 네 부분으로 나누어진다. (1) 지하세계에 미치는 하나님의 힘(미완료형태의 동사문장들) (5-6절), (2) 창조사역에 나타나는 하나님의 힘(찬송시적인 분사구문) (7-9절), (3) 원시 시대에 수행된 하나님의 창조활동(완료형태의 동사문장들) (10-13절), (4) 지혜문학적인 결론(세

어절 문구) (14절).

욥은 먼저 지하세계까지 미치는 하나님의 힘에 관하여 말한다(5-6절). 하나님 앞에서 죽은 자의 영들이 떨고, 지하세계가 벌거벗은 듯이 드러난다. 이 진술은 죽음의 세계를 피난처 또는 은신처로 묘사하는 서술(예컨대, 욥 3:11-19; 14:13)과 대조를 이룬다. 이러한 변화에서 욥 발언의 '첨예화'가 인식되며 동시에 죽음의 세계에 대한 하나님의 관계에 대하여 구약성서가 다양성을 가지고 풍부하게 진술하고 있음을 암시한다(J. Ebach, KBB 2, 44쪽 이하). 많은 곳에서 죽음의 세계가 하나님으로부터 격리된 영역으로 증언되는 반면(시 6:5; 30:9; 88:11-13; 사 38:18-19 참조), 다른 곳에서는 하나님의 지배영역으로서 소개된다(암 9:2; 시 139:8 참조). 이렇게 다양한 견해 속에서 강조되는 바는 그 무엇도 그것으로부터 벗어날 수 없는 하나님의 힘이다.

다음 단락(7-9절)에서 욥은 하나님의 힘이라는 주제를 찬송시적인 분사 구문 양식으로 서술한다. 욥은 우선 하늘과 땅을 허공 위에 펴시고 매다신 하나님의 창조행위를 묘사한다(7절). 이 구절에서 북편 하늘(צָפוֹן)과 땅 (אֶרֶץ), 허공(תֹהוּ, 창 1:2)과 아무것도 아님(עַל־בְּלִי־מָה)이 대구를 이루고 있다. 하나님은 혼돈의 바다의 심연 위에 하늘과 땅을 굳게 세우신다(시 104:9). 6~7절에서 (바다의) 깊이가 고찰되었다면, 9절에서는 (하늘의) 높이와 (땅의) 넓이가 조망된다(H. Strauß, BK, 107). 이렇게 하나님의 힘과 위대함이 삼차원적으로 고찰된다. 8~9절에서 시선은 아직 하늘에 머물러 있다. 하나님 자신이 얇은 구름덮개로 무거운 물 덩어리를 감싸고 계셔서 그것이 찢어지지 않는다. 동시에 그는 구름을 자신의 보좌를 덮는 데 사용한다. 이로써 하나님의 창조적인 위대한 행동이 세계의 기초를 놓는 데에서만 나타나는 것이 아니라, 그 세계를 유지하는 활동 가운데서도 드러난다는 사실이 진술된다(J. Ebach, KBB 2, 46쪽 이하).

10절에서 욥은 다시 하나님의 창조행동을 묘사한다. 그러나 이번에는 동사의 완료형이 사용된다. 하나님은 가장 멀리 떨어진 수평선에 경계를 정하시고 빛과 어둠이 서로 나뉘게 하셨다. 이러한 수평선의 끝자리에 하나님이 빛과 어둠을 불러내시는 '아침의 밝음과 저녁의 어둠을 위한 문들'(시 65 : 8 ; 욥 38 : 12, 19 이하)이 있다. 11절부터 하나님의 힘에 대한 묘사가 다시 전면에 등장한다. 하나님의 꾸짖음으로 인해 하늘의 기둥들이 떨며 놀란다. 우주의 충격은 세계에 대한 하나님의 힘과 우월성을 증언한다(9 : 5 이하 참조). 하늘의 기둥들이 떨며 놀란다는 진술에서 인격적인 관점이 인식된다. 의인화된 반응으로서 기술된 하늘 기둥들의 떪과 놀람은 지하세계의 죽은 자들의 영이 떤다(5절)는 모티브와 평행을 이룬다.

12~13절에서는 이 진술들에 대한 신화적인 배경이 있음을 알 수 있다. 세계 생성의 과정을 묘사하는 바벨론의 서사시(Enūma eliš, *ANET*, 60-72)나 우가릿어로된 바알 서사시(바알과 얌, *CML*, 39-45 ; 바알의 궁전건축, *CML*, 46-67 ; 바알과 모트, *CML*, 68-81)에서 유사한 내용을 찾아볼 수 있다(G. Fuchs, *Mythos*, 39-64). '혼돈과의 투쟁에서 하나님의 승리'은 고대 중동의 신화에 등장하는 중심주제이다. 하나님은 라합, 즉 날쌘 뱀을 죽이심으로 바다와 하늘로 대표되는 우주적인 질서를 창조하신 분이다. 하나님이 원시에 행하셨던 창조행동은 자연현상, 즉 바다가 제어되고 하늘이 맑게 개는 현상 속에서 여전히 경험될 수 있다. 이러한 진술에서 특별히 모든 피조물을 능가하여 작용하는 하나님의 힘과 능력의 측면이 강조된다.

14절에서 욥은 세 어절 구문으로 자신의 발언을 끝맺는다. 5~13절에서 묘사된 창조자와 유지자로서 하나님의 위대한 행위들은 욥에게 '그 길들의 일부분', 즉 하나님의 전체 행동 중 주변적인 일에 지나지 않는다. 하나님의 다른 권능의 일들을 은유적으로 표현하고 있는 천둥에 비교하면, 하나님의 위대한 행위들이 이번에는 속삭이는 소리로 여겨질 뿐이다. 욥은 여기에서 은유적인 낱말(רַעַם : 우레소리)로써 하나님의 행동의 위협적인 측면을 표현한다. 그러한 하나님의 행동은 욥에게 이해할 수 없는 것으로 보일 뿐이다.

앞에서 살펴본 바와 같이 5~14절에는 다양한 전승물들이 병합되어 있다. 그러나 그것들은 모두 하나님의 힘의 문제에 관련되어 있다는 사실에서 일치점을 이룬다. 5~9절에서 하나님의 힘은 (바다의) 깊이, (하늘의) 높이, (땅의) 넓이의 세 가지 차원에서 고찰된다. 이때 하나님의 힘이 지하세계까지 미칠 수 있다는 사실이 진술된다. 12~13절에서는 하나님의 힘이 혼돈과의 투쟁에서 승리함으로써 입증된다. 그전에 하나님의 힘은 욥기 9 : 5~6에서와 같이 우주의 떨림이라는 모티브를 통해서 논의의 대상이 된다(11절). 이 모든 진술들에서 하나님의 힘의 측면이 강조되고 있는 것이다. 이때 욥에 대한 하나님의 행동은 우주에 대한 그분의 조치에 비유된다. 이 단락의 마지막에 지혜문학적인 결론이 제시된다. 여기에서 욥은 하나님의 행동에 대한 이해에서 인간의 말이 얼마나 제한적인가를 여실히 보여준다.

그러나 하나님의 힘이라는 주제와 지혜문학적인 결론은 욥의 말에서 하나의 새로운 의미를 띠게 된다.[31] 욥에게 하나님의 힘이라는 주제는 하나님 찬양을 위한 동기가 아니라 탄식의 근거이다(9 : 5-10에 대한 주석을 보라). 욥은 '전통을 역전'시켜 사용함으로써 자신의 문제를 첨예화한다. 지혜문학적인 결론은 통상 "종교적인 회심이나 체념에 대한 하나의 전환점"(H. Strauß, BK, 111)으로서 이해될 수 있다(36 : 26, 29 ; 37 : 15-17 참조). 그러나 욥에게는 그것이 하나님의 권능 있는 행동이 보여 주는 불가해성을 문제 삼는 탄식으로서 기능한다(9 : 10 참조). 여기에서 자연에 나타나는 하나님의 활동에 대한 찬송시적인 진술 속에서 창조와 세계질서의 문제들을 집중적으로 다루는 후대 이스라엘 지혜의 한 가지 경향이 드러난다.

---

31) 에바흐(J. Ebach)는 자신의 주석에서 어떤 진술이 이미 조형된 전통의 요소일지라도(예컨대, 9 : 5-10 ; 12 : 7-25) 그것이 새로운 상황에서 보여주는 의미의 변화를 강조한다 : "진술의 의미는 낱말들 자체만으로가 아니라, 또한 그리고 특별히 그것을 인지하는 관점에 의해서 결정된다"(J. Ebach, KBB 1, 95).

설교를 위한 묵상

욥기 26장의 욥의 발언을 통해 얻을 수 있는 교훈들은 무엇일까? 두 단락으로 이루어진 그의 답변에서 다음과 같은 두 가지 사실을 지적할 수 있다.

먼저, 힘과 지혜가 부족한 인간에게 필요한 것이 무엇인가 하는 점이다. 욥은 발언 전반부에서 인간의 연약성과 비천함을 강조했던 빌닷을 향하여 말한다. 그렇게 '힘없는 자'이며 '기력 없는 자'를 너는 얼마나 도왔으며 구원했느냐라고 묻는다(2절). 그리고 그러한 사람에게 지혜와 지식을 갖도록 얼마나 조언하였느냐라고 묻는다(3절). 빌닷이 그렇게 인간의 실존을 잘 알고 있다면, 그는 그러한 연약성과 비천함에 싸여 있는 자를 도와야 했다. 하나님의 권능과 탁월성을 언급하면서 욥을 다그치기보다는 욥에게 필요한 힘과 지혜를 얻도록 도움을 주어야 했다. 그러나 빌닷을 비롯한 친구들은 연약성과 비천함에 싸여있는 그를 더욱 괴롭게 하였다. 그러므로 빌닷은 자신의 말이 누구를 향하고 있으며 누구의 생명과 영으로 말하고 있는가를 점검해야 했다(4절). 예언자들 가운데 '거짓의 영'으로 예언하는 이들도 있기 때문이다(왕상 22 : 19-23).

다음으로, 진술의 의미는 상황에 따라 달리 인식된다는 점이다. 그러므로 진술의 의미를 제대로 파악하기 위해서는 그것이 어떤 상황에서 그리고 그것이 누구에 의해서 진술되느냐를 보아야 한다. 위에서 본 바와 같이 5~14절에서 창조모티브('세계창조')가 형식과 내용에서 시편적 전통을 수용하고 있지만, 그 기능면에서는 완전히 다르게 나타남을 확인할 수 있다. '창조주의 힘과 권능'이 시편적 전통이나 친구들의 발언에서는 찬양의 주제요 감탄의 내용이다. 하지만 욥에게는 하나님의 행동의 위협적인 측면과 불가해성을 표현하는 탄식의 주제로 기능한다. 이러한 고찰은 9 : 5~10에서 확인한 바 있다(해당구절의 주석을 보라). 그러므로 26 : 5~14이 전형적인 찬양의 주제를 담고 있기 때문에 욥의 발언으로는 부적절하다고는 판단할 수 없다. 오히려 그것이 욥의 발언으로서 특별한 의미와 기능을 가지고 있음을 알 수 있다. 마찬가지로 하나님의 행동에 대한 '탐구불능'의 주제도 누구에 의해서 진술되느냐에 따라 다른 음색을 띤다. 그것이 친구들에게는 하나님에 대한 '찬양의 동기'가 되는 반면(예컨대, 11 : 7-11에서 측량할 수 없는 하나님의 깊이와 넓이에 대한 지시와 함께), 욥의 발언에서는 5~9절에서 하나님의 힘에 대한 세 가지 차원의 고찰과 함께 '탄식을 위한 동기'가 되고 있다.

그러므로 욥의 발언에 대한 적절한 평가는 욥의 상황을 제대로 인식하는 것을 전제로 한다. 특별히 그가 '시편적 전통'을 수용하여 그것이 정반대의 기능을 하도록 사용하는 어법은 그의 발언의 역동성과 파급력을 증폭시킨다. 그러한 의미에서 욥이 사용하고 있는 '창조 모티브'는 욥 발언의 부적절성을 드러내는 증거가 아니라 욥 발언의 특별성을 보여주는 중요한 요소가 된다. 이러한 고찰을 통해 분명하게 드러나는 점은 발언의 의미를 파악할 때 발언 자체보다는 발언자의 상황과 처지를 이해하는 것이 무엇보다 중요하다는 사실이다. 이처럼 욥기에 나타난 등장인물들의 발언 연구는 독자들을 바람직한 의사소통 기술을 배우는 길로도 인도한다.

2) 욥의 응답 Ⅱ(27:1-23)

27장은 도입부를 통해 욥이 자신의 말을 이어 감을 보여준다. 그러나 27장의 내용은 욥의 발언에 대한 의구심을 품게 한다. 2~6절과 11~12절은 욥의 이전 입장과 일치하지만, 8~10절과 13~23절은 친구들의 말과 유사하다 (J. Ebach, *KBB* 2, 50-51). 13절은 20:29의 소발의 말과 표현방식에 이르기까지 닮아 있다.

따라서 25장을 시작하면서 언급했듯이 27장의 욥의 말에 대한 다양한 해석들이 있다. 하지만 세 바퀴 논쟁에 대한 여러 가지 재구성의 시도들이 현재 마소라 본문에 보존된 본문의 형태를 능가할 순 없다. '만들어진' 본문(a made text)이 '발견된' 본문(a found text)을 앞서기 어렵다(S. Balentine, Smyth & Helwys, 382). 그렇다면 정경적 본문으로 전승된 본문에서 해석되는 욥의 말은 어떤 의미가 있을까? 욥기 27장은 아래와 같이 세 단락으로 구분된다.

1. 욥의 무죄 맹세 : 내가 내 의를 굳게 잡고 놓지 않을 것이다(1-6절)
2. 대적자에 관한 진술 : 나의 원수는 악인같이 되고(7-12절)

3. 악인의 운명 : 이것이 하나님과 함께 있는 악인의 몫이다(13-23절)

(1) 욥의 무죄 맹세 : 내가 내 의를 굳게 잡고 놓지 않을 것이다(27 : 1-6)

¹욥이 또 풍자하여 이르되 ²나의 정당함을 물리치신 하나님, 나의 영혼을 괴롭게 하신 전능자의 사심을 두고 맹세하노니 ³(나의 호흡이 아직 내 속에 완전히 있고 하나님의 숨결이 아직도 내 코에 있느니라) ⁴결코 내 입술이 불의를 말하지 아니하며 내 혀가 거짓을 말하지 아니하리라 ⁵나는 결코 너희를 옳다 하지 아니하겠고 내가 죽기 전에는 나의 온전함을 버리지 아니할 것이라 ⁶내가 내 공의를 굳게 잡고 놓지 아니하리니 내 마음이 나의 생애를 비웃지 아니하리라

[27 : 1-6] 1절에서 사용된 색다른 도입구는 욥의 발언을 주목하게 한다. 지금까지 통상적으로 사용되던 '욥이 대답하여 이르되'가 아니라 '욥이 또 풍자하여 이르되'라는 표현을 사용하고 있다. 여기에 사용된 히브리 낱말 '마쌀'(מָשָׁל)은 다양한 의미를 가지고 있다. 다양한 종류의 '말'을 의미하지만, 가장 대표적인 용례는 지혜문학에서 잠언서의 표제어로 사용된 것이다. 이것을 우리말로 옮기면 '격언'이나 '비유'라고 말할 수 있다. 그러므로 27장의 도입구는 욥의 이어지는 발언이 이전의 것과 좀 다른 성격을 지닌 것이라는 사실을 암시한다. 우선 그것은 빌닷의 발언 이후 등장해야 할 소발이 침묵하고 있기 때문에 욥이 발언을 계속한다는 사실을 알리는 표지 역할을 한다. 또한 그것은 친구와의 논쟁에서 욥의 무죄주장을 돋보이게 하기 위한 장치로 보여진다. 여기에서 욥은 9장에서 표명한 탄식의 강도로 자신의 무죄를 주장한다. 그리고 '마쌀'이라는 표현의 사용은 욥의 발언이 지혜문학적 비유의 성격을 지니고 있음을 드러낸다. 특별히 7절 이하에서 '악인'과 '원수', '나를 치는 자'와 '불의한 자'의 비교가 나타난다. 이러한 비교를 통해 욥은 자신의

발언의 강도와 깊이를 심화시킨다. 이때 욥이 언급하고 있는 대상이 누구인지가 다양하게 해석된다. 욥은 일차적으로 친구들을 겨냥하고 있다고 말할 수 있다. 하지만 욥의 발언은 여기에서 그치지 않고 더 나아가 하나님을 겨냥하고 있는 것으로 볼 수도 있다. 이러한 은유적 표현들은 욥의 말이 지혜문학적 전통 가운데 형성되고 발언되고 있음을 암시한다.

2절 초두에 등장하는 '하나님이 살아 계신다'(חַי־אֵל)는 표현은 맹세할 때 쓰는 전형적인 형식어구이다.[32] 여기에서 욥은 하나님에 대해서 두 가지 사실을 말하고 있다. 하나님은 자신의 의를 취해가신 분이시며, 또한 자신의 영혼을 괴롭게 하신 분이시다. 욥은 자신의 현재상황이 하나님께로부터 초래되었음을 분명히 한다. 이 진술에서도 하나님에 대한 욥의 상반되는 생각이 잘 드러난다. 하나님은 욥을 죄인으로 만든 원고이시지만 동시에 그분은 욥의 의를 회복시켜 주실 공의의 원천자이시다(J. E. Hartley, NICOT, 369). 욥은 다른 어떤 곳에서도 자신의 구원을 기대할 수 없다. 그래서 그는 하나님께 탄식하고 그분으로부터 응답을 기대할 뿐이다.

욥은 자신의 생명이 있는 동안 진실을 말하며 끝까지 불의에 굴복하지 않을 것을 맹세한다(3-4절). 그러면서 자신의 의로움을 주장한다. 그는 자신의 유죄를 주장하는 친구들의 말을 인정하지 않을 것이다. 죽기까지 자신의 '온전함'(툼마, תֻּמָּה)을 버리지 않을 것이라고 말한다(5절). 이것은 서막에서 하나님이 인정하신 바와 일치한다(2:3; 또한 2:9 참조). 또한 그는 자신의 '의'(체다카, צְדָקָה)를 버리지 않을 것이라고 말한다(6절). 그러한 자신의 태도는 양심에 가책이 없는 떳떳한 것임을 분명하게 표명한다. 그는 이러한 맹세라는 극단적인 방식의 진술을 통해 하나님의 응답을 촉구한다. 맹세는 자신의 생명을 건 모험이기도 하다. 맹세의 내용이 잘못되었다가는 하나님의

---

32) 욥 발언의 맹세적 특징에 주목하고 있는 다음의 글을 참조하라. J. E. Hartley, "From Lament to Oath : A Study of Progression in the Speeches of Job," in : W.A.M. Beuken, The Book of Job, 79-100.

심판을 받아 죽을 수 있기 때문이다(삼하 20:21 ; 28:10 ; 삼하 12:5 ; 14:11 ; 룻 3:13 등 참조). 하지만 맹세는 맹세에서 언급된 대상으로부터 응답을 이끌어 내는 '촉매적 행동'(catalytic action)이기도 하다(N. Habel, *OTL*, 380). 맹세한 바의 내용에 따라 어떤 방식으로든 하나님의 반응이 기대되기 때문이다. 맹세한 바가 거짓일 때 하나님의 심판을 받게 될 것이지만, 맹세한 후에도 욥이 건재하다면 그것은 욥의 정당성을 인정하는 결과로 인식될 것이다. 이러한 욥의 행동은 31장에서 더욱 극명하게 드러난다(욥 맹세의 의미에 대하여 다음을 참조하라. J. G. Janzen, *Interpretation*, 181-185).

(2) 대적자에 관한 진술: 나의 원수는 악인같이 되고(27:7-12)

[7]나의 원수는 악인 같이 되고 일어나 나를 치는 자는 불의한 자 같이 되기를 원하노라 [8]불경건한 자가 이익을 얻었으나 하나님이 그의 영혼을 거두실 때에는 무슨 희망이 있으랴 [9]환난이 그에게 닥칠 때에 하나님이 어찌 그의 부르짖음을 들으시랴 [10]그가 어찌 전능자를 기뻐하겠느냐 항상 하나님께 부르짖겠느냐 [11]하나님의 솜씨를 내가 너희에게 가르칠 것이요 전능자에게 있는 것을 내가 숨기지 아니하리라 [12]너희가 다 이것을 보았거늘 어찌하여 그토록 무익한 사람이 되었는고

[27:7-12] 7절에서 욥은 자신의 원수와 대적자에 관하여 말한다. 여기에서 원수가 누구인가 분명치 않다. 욥과 논쟁하고 있는 친구들을 가리킬 수 있고, 정직한 자를 괴롭히는 악인들을 의미한다고 볼 수도 있다. 더 나아가서 원수에 대한 욥의 언급은 하나님을 암시할 수도 있다. 왜냐하면 욥은 이전에도 여러 차례 자신을 대적하시는 하나님에 대해서 말한 적이 있기 때문이다(예컨대, 13:24 ; 16:9 ; 19:11). 하지만 이어지는 맥락을 통해서 볼 때 여기에서 욥이 의도한 바는 친구들 혹은 일반적인 악인들이었다고 보는 것이 더

적절할 것이다. 경건치 않은 자에게는 소망이 없다. 왜냐하면 하나님이 그의 생명을 끊으시고 거두어 가실 것이기 때문이다(8절). 또한 그에게 곤경이 닥칠 때도 도움을 기대할 수 없다. 하나님이 그의 부르짖음을 듣지 않을 것이기 때문이다(9절). 10절은 두 가지 번역이 가능하다. 의문문으로 해석할 수도 있고 서술문으로 해석할 수도 있다. 개역개정과 같이 의문문 번역을 따른다면 경건치 않은 자는 전능자를 기뻐하지도 않으며 항상 하나님을 부르지도 않는다는 사실을 나타낸다. 하지만 서술문으로 해석하면 경건치 않은 자가 전능자를 기뻐하고 하나님을 항상 부른다고 해도 하나님은 여전히 응답하지 않으실 것이라는 사실을 말하는 것으로 이해된다. 어찌되었든 이 단락을 통해 욥이 강조하는 바는 경건치 않은 자는 하나님과 단절된 삶을 살게 되며 결국 멸망의 길을 가게 될 것이라는 사실이다.

11~12절에서는 대화의 상대가 단수에서 복수로 바뀐다. 이제는 친구들을 직접적으로 겨냥한다. 욥은 친구들에게 분명하게 알리고자 한다. 하나님의 손이 자신에게 하신 일과 자신이 전능자와 함께 있음을 있는 그대로 가르치고자 한다(11절). 욥은 하나님이 하신 일을 교리나 어떤 당위성 때문에 숨기는 일은 없을 것이라고 말한다. 그러면서도 친구들의 행동을 비판한다. 친구들은 하나님이 하신 일을 다 보고서도 왜 그렇게 헛된 것만을 말하고 있느냐는 것이다(12절). 똑같은 사실을 경험하면서도 그 상황에 대한 해석이 전혀 다른 두 입장이 맞서고 있음이 분명해진다.

(3) 악인의 운명 : 이것이 하나님과 함께 있는 악인의 몫이다(27 : 13-23)

[13]악인이 하나님께 얻을 분깃, 포악자가 전능자에게서 받을 산업은 이것이라 [14]그의 자손은 번성하여도 칼을 위함이요 그의 후손은 음식물로 배부르지 못할 것이며 [15]그 남은 자들은 죽음의 병이 돌 때에 묻히리니 그들의 과부들이 울지 못할 것이며 [16]그가 비록 은을 티끌 같이 쌓고 의복을 진흙같이 준비할

지라도 ¹⁷그가 준비한 것을 의인이 입을 것이요 그의 은은 죄 없는 자가 차지할 것이며 ¹⁸그가 지은 집은 좀의 집 같고 파수꾼의 초막 같을 것이며 ¹⁹부자로 누우려니와 다시는 그렇지 못할 것이요 눈을 뜬즉 아무것도 없으리라 ²⁰두려움이 물같이 그에게 닥칠 것이요 폭풍이 밤에 그를 앗아갈 것이며 ²¹동풍이 그를 들어올리리니 그는 사라질 것이며 그의 처소에서 그를 몰아내리라 ²²하나님은 그를 아끼지 아니하시고 던져 버릴 것이니 그의 손에서 도망치려고 힘쓰리라 ²³사람들은 그를 바라보며 손뼉치고 그의 처소에서 그를 비웃으리라

[27 : 13-23] 이제부터 욥은 악인이 맞게 될 운명을 말한다(13-23절). 여기에서 욥은 소발의 마지막 말을 거의 그대로 인용한다(20 : 29). 하지만 두 사람의 말에는 약간의 차이가 있다. 이 약간의 차이에 대한 인지가 욥의 말을 의미있게 고찰하게 한다. 소발은 "이는 악인이 '하나님께'(מֵאֱלֹהִים) 받을 분깃"이라고 말했으나 욥은 여기에서 "이것이 하나님과 '함께 있는'(עִם־אֵל) 악인의 몫"이라고 말한다. 개역개정역은 이 차이를 반영하지 않고 있다. 대부분의 학자들은 27 : 13에 사용된 전치사 '임'(עִם)의 의미를 전치사 '민'(מִן)의 의미와 동일시하여 동일한 의미의 발언으로 취급한다. 하지만 여기에서 중요한 변화를 고찰할 수 있다. 욥은 이 발언을 통해 '악의 분깃'이 하나님과 '함께' 있음을 말하고 있다. 악인에게 주어져야 할 분깃이 여전히 하나님께 남아 있는 것이다. 욥은 소발의 발언을 반복하는 것 같으나 다른 관점으로 악인의 운명을 말하고 있다. 욥이 '악인'과 '포악한 자'가 받을 분깃과 유업이라고 말하면서 사용한 '헬레크'(חֵלֶק)와 '나할라'(נַחֲלָה)라는 말은 본래 각 지파와 가문에게 분배된 땅을 의미할 때 주로 사용되는 낱말이다. 그것은 개별적인 가문에게 할당된 "유산"이나 "상속지분"으로서 사법적-상속법적 구속력을 가지고 있음을 나타낸다. 이로써 욥은 악인이 맞게 될 운명이 하나님이 정하신 것으로서 누구도 바꿀 수 없는 것임을 강조한다(20 : 29에 대한 설명을 보라). 통상 자손의 많음은 하나님의 복주심의 결과다. 하지만 악인에게는 자손의

많음이 복이 아니다. 그들은 칼에 죽임을 당하거나 먹을 양식이 없어 죽게 될 것이다(14절). 칼은 멸망과 심판을 의미하고, 빵은 양식을 통한 하나님의 공급을 의미한다. 또한 생존자들이 있다 할지라도 그들은 죽임을 당해 묻히고 말 것이다. 그의 과부들은 자식들의 죽음에 대해서 울지도 못할 것이다(15절). 그들이 당한 슬픔과 고통이 너무 크기 때문이다. 15절 상반절에 사용된 '죽음'(מָוֶת)이라는 낱말은 죽음을 가져오는 병으로 이해된다. 그렇다고 한다면 욥은 여기에서 하나님의 심판을 위해 사용되는 대표적인 도구와 방식들을 나열하고 있는 셈이다. 그것은 칼과 기근과 전염병이다. 이러한 하나님의 심판은 예언자들의 예언에서 자주 볼 수 있다(렘 14 ; 12 ; 겔 5 : 12 ; 6 : 12). 이러한 반복적인 언급을 통해서 강조되는 바는 악인이 당하는 심판은 피할 수 없는 것이며 완전한 종말에 이르게 될 것이라는 사실이다.

악인은 많은 부를 모으고 축적할 수 있다(16절). 하지만 그것은 허사가 될 것이다. 그가 은을 티끌처럼 쌓아 올리고 값비싼 의복을 산더미처럼 준비해도 그것은 자신의 것이 되지 못한다. 의인이 그 의복들을 입고 무죄한 자가 은을 차지할 것이다(17절). 또한 그는 집을 짓되 좀과 같이 짓는다. 외양은 좋을지 모르나 오래가지 못한다. 또한 추수할 동안 지어놓은 파수꾼의 초막처럼 그의 집은 임시적이다(18절). 부유하게 잠자리에 들 수 있지만 그것이 지속될 수 없다. 그가 다시 눈을 떴을 때 그에게 남은 것은 아무것도 없을 것이다(19절). 악인이 가지고 있는 부와 재산이 순식간에 사라진 상황을 묘사한다. 그에게는 공포가 밀려오고 밤에 폭풍이 몰아쳐 그를 휩쓸어 갈 것이다(20절). 동풍이 몰려와 그를 들어 올리고 그의 처소를 휩쓸어 갈 것이다(21절). 하나님은 그를 던지시고 동정하지 않을 것이며, 그는 하나님의 손에서 도망하려 하지만 그렇게 하지 못할 것이다(22절). 여기에서 묘사된 물과 폭풍과 바람은 심판과 파멸에 대한 전형적인 상징들이다(예컨대, 잠 1 : 27 ; 10 : 25 ; 사 29 : 6 ; 66 : 15 ; 나 1 : 3). 이러한 심판과 파멸 가운데 있는 악인들에게 주어지는 것은 사람들의 조롱과 비웃음이다(23절). 이렇게 악인들은 숨겨진 채 있지 않고 사람들이 그의 결말을 볼 수 있도록 하나님이 심판하실 것임을 말하고 있다.

■■ 설교를 위한 묵상

욥기 27장의 발언을 통해 얻을 수 있는 교훈은 무엇인가?
먼저, 욥의 발언에는 그의 진정성이 담겨 있다. 27장의 욥 발언에서 고찰되는 특별성은 그의 발언을 지배했던 탄식의 요소가 사라지고 맹세의 형식이 전면에 등장하고 있다는 사실이다. 욥은 2절 초두에 있는 '하나님은 살아 계신다'(חַי־אֵל)는 맹세 형식구를 통해 맹세형식을 빌어 말하고 있음을 보여준다. 욥은 생명이 있는 동안 진실만을 말하며 끝까지 불의에 굴복하지 않을 것을 맹세한다(3-4절). 그러면서 그는 죽기까지 자신의 '온전함'('툼마', תֻּמָּה)을 버리지 않을 것이며(5절), 자신이 사는 날 동안 자신의 '의'('체다카', צְדָקָה)를 버리지 않을 것이라고 말한다(6절). 11절에서는 친구들에게 자신은 하나님의 손이 자신에게 하신 일과 자신이 전능자와 함께 있음을 숨기지 않고 있는 그대로 보여줄 것이라고 말한다.
이것은 평가하는 사람에 따라 사람이 보여서는 안 될 '교만'으로 판단할 수도 있는 내용이다. 왜냐하면 하나님 앞에서 자신의 의로움을 주장할 수 있는 사람은 하나도 없기 때문이다(롬 3:10, 23-24). 하지만 욥의 이 발언은 그러한 '칭의론'의 교리를 넘어선다. 이것은 교리에 바탕을 두고 자신의 '의'를 주장하는 것이 아니라 자신의 발언의 진정성을 나타내고자 하는 '수사기법'이기 때문이다. 욥은 어떤 교리나 당위성 때문에 자신의 일을 외면하거나 숨기는 일은 하지 않으려 한다. 그러한 의미에서 욥은 '맹세'라는 특단의 조치를 통해 자신의 진정성을 보여주며 하나님의 응답을 촉구한다.
이것은 욥이 친구와의 대화에서 느꼈을 대화의 한계상황을 암시한다. 욥은 더 이상 친구들에게서 좋은 것을 기대할 수 없다. 그들의 지식과 지혜는 한계에 달했다. 이제는 기댈 곳이 하나님밖에 없다. 그래서 그는 맹세의 형식을 통해 발언한다. 맹세의 형식은 욥 자신의 진정성을 나타낼 뿐만 아니라 이제는 온전히 하나님께로만 향하겠다는 그의 의지의 표현이다. 욥이 이러한 맹세형식을 통해 하나님께 도전하며 하나님의 응답을 이끌어내는 모습은 31장의 '무죄맹세'에서 가장 분명하게 드러난다.

다음으로, 악인의 운명에 대해서 말하는 욥의 발언에는 하나님의 공의에 대한 촉구와 갈망이 있다. 25장에 대한 개요에서 보았듯이, 욥기 27:13~23은 대부분의 주석가들에 의해서 욥 친구의 말로 인정되는 본문이다. 하지만 욥의 입을 통해서 발화된 이 본문은 친구들의 말이 아니라 욥의 말로 볼 때 특별한 의미가 있다. 그렇다면 그의 발언에는 어떤 의미가 있을까? 13~23절에 진술된 그의 발언은 그저 친구들의 말에 대한 반복이 아니다. 13절에서 보았듯이 미세한 차이가 있다. 하지만 욥은 이러한 미세한 차이를 통해서 자신이 말하고자 하는 바를 드러내고 있다.

욥은 악인이 받을 하나님의 심판을 부정하지 않는다. 오히려 그는 그러한 하나님의 심판을 갈망한다. 하지만 현실에서는 마땅히 악인에게 이루어져야 할 심판이 아직 실현되지 않고 있다. 바로 여기에 욥이 이렇게 저돌적이고 강력하게 질문하고 탄식하는 이유가 있다. 악인이 받아야 할 몫과 분깃이 아직 하나님과 '함께' 있는 것이다(13절). 그래서 그는 악인의 운명에 대한 묘사를 통해서 하나님의 행동을 촉구한다. 아직 하나님과 함께 있어서 악인에게 이루어지지 않고 있는 하나님의 심판이 속히 이루어지기를 바라고 있으며, 마침내 하나님의 공의가 이 땅에서 분명하게 드러날 것을 갈망하고 있는 것이다.

C. 막간(幕間): 지혜에 대한 욥의 발언(28:1-28)

욥기 28장은 욥기 해석에서 많은 논란을 야기시킨 본문이다. 주제나 문체 면에서 볼 때 욥의 발언으로 보기에는 너무 이질적이라고 판단되어 욥기 28장을 친구들의 발언으로 보거나 후대의 이차적인 편집의 결과라고 보곤 했다(예컨대, H. Strauß, *BK*, 133). 하지만 그 어떤 재구성을 위한 시도도 현재의 정경적 상황을 능가할 수는 없다. 오히려 외견상 이질적으로 보이는 위치와 내용에서 욥기 28장의 특별한 의미가 고찰될 수 있다. 다음과 같이 대략적으로 구분되는 욥기의 구조에서 28장은 마지막 부분에 나타나는 욥의 긴 발언의 일부로 나타나고 있다.

> 서막(1:1-2:13)
> 논쟁(3:1-42:6)
>   욥의 첫 번째 발언(3장)
>   세 친구와의 1차 대화(4-5장↔6-7장; 8장↔9-10장; 11장↔12-14장)
>   세 친구와의 2차 대화(15장↔16-17장; 18장↔19장; 20장↔21장)
>   세 친구와의 3차 대화(22장↔23-24장; 25장↔26-27장, 28장)
>   욥의 마지막 발언(29-31장)
>   엘리후의 발언(32-37장)
>   하나님의 두 번 발언과 욥의 대답(38:1-42:6)
> 종장(42:7-17)

이것은 세 친구와의 논쟁을 중단하고 '욥-엘리후-하나님'으로 이어지는 새로운 논쟁의 시작을 위한 다리 역할을 한다(J. Ebach, *KBB* 2, 1996, 56). 욥기 28장이 이렇게 논쟁의 좌초와 새로운 시작 사이에 위치하고 있다는 사실만으로도 이 장의 의미와 기능이 무엇인지 가늠할 수 있다. 욥기 28장은 다음과 같이 3연으로 구성되어 있다.

1. 제1연: 귀중한 것을 찾아내는 사람의 탁월한 능력(1-11절)
2. 제2연: 찾을 수도 살 수도 없는 지혜(12-19절)
3. 제3연: 하나님만이 지혜를 아신다(20-28절)

1. 제1연: 귀중한 것을 찾아내는 사람의 탁월한 능력(28:1-11)

¹은이 나는 곳이 있고 금을 제련하는 곳이 있으며 ²철은 흙에서 캐내고 동은 돌에서 녹여 얻느니라 ³사람은 어둠을 뚫고 모든 것을 끝까지 탐지하여 어둠

과 죽음의 그늘에 있는 광석도 탐지하되 ⁴그는 사람이 사는 곳에서 멀리 떠나 갱도를 깊이 뚫고 발길이 닿지 않는 곳 사람이 없는 곳에 매달려 흔들리느니라 ⁵음식은 땅으로부터 나오나 그 밑은 불처럼 변하였도다 ⁶그 돌에는 청옥이 있고 사금도 있으며 ⁷그 길은 솔개도 알지 못하고 매의 눈도 보지 못하며 ⁸용맹스러운 짐승도 밟지 못하였고 사나운 사자도 그리로 지나가지 못하였느니라 ⁹사람이 굳은 바위에 손을 대고 산을 뿌리까지 뒤엎으며 ¹⁰반석에 수로를 터서 각종 보물을 눈으로 발견하고 ¹¹누수를 막아 스며 나가지 않게 하고 감추어져 있던 것을 밝은 데로 끌어내느니라

[28 : 1-11] 욥기 27 : 1이나 29 : 1에는 욥의 발언의 시작을 알리는 도입구가 있지만, 28장에는 특별한 표시가 없다. 이것은 욥기 28장이 27장과 긴밀한 연속관계에 있음을 보여준다.

제1연에서는 귀중한 것을 찾는 사람들의 모습을 잘 묘사하고 있다. 사람들은 찾고자 하는 것들을 얻기 위해 여러 가지 난관을 무릅쓰고 시도하여 마침내 얻게 된다는 사실을 광산업에 빗대어서 설명하고 있다(J. Ebach, *KBB* 2, 57). 여기에서 한 가지 흥미로운 사실은 짝으로 열거되고 있는 금속의 순서다. 은과 철이 금과 구리보다 먼저 언급된다. 이것은 사용가치에 따른 순서를 보여준다. 그러나 지혜가 다른 금속들이나 귀중한 것들과 교환함으로써 얻을 수 있는가 하는 문제를 다루고 있는 제2연(12-19절)에서는 순서가 달라진다(J. Ebach, *KBB* 2, 57).

여기에는 보물을 채굴하는 과정이 상세하게 기술되어 있다. 특별히 은, 금, 철, 동이 탐구의 대상이다. 이것들은 모두 인간 삶에 필수적인 요소인 도구와 용기의 재료들이다. 여기에는 인간 능력의 가능성들이 다양한 모습으로 표현되어 있다. 사람들은 어둠의 왕국을 뚫고 들어갈 수 있고 그 어둠을 밝혀 자신들이 원하는 광석을 채굴할 수도 있다(3절). 그들은 사람이 살지 않는 곳까지 찾아들어가서 작업한다. 그들의 작업이 얼마나 어렵고 위험스러운

일인가 하는 점이 '매달려서 흔들거리며' 작업한다는 사실을 통해 잘 알 수 있다(4절). 그러한 인간의 활동은 동물들이 따라올 수 없다. 높은 곳에서 먹이를 발견하고 그것을 잡을 수 있는 매조차도(7절), 또한 동물의 왕이라고 하는 사자라 하더라도(8절) 사파이어와 금이 나는 깊은 갱도에는 도달할 수 없다.

인간의 능력이 얼마나 큰 가는 9~11절에 나타나는 여러 가지 활동을 통해서 더욱 두드러진다. 여기에 묘사된 여러 가지 인간의 활동들은 하나님의 활동에 비교된다. 실제로 9~11절의 내용은 그 활동의 주체가 사람인지 아니면 하나님인지 분명하지 않다. 주어가 3인칭 남성단수로만 나타나기 때문이다. 그래서 해석자에 따라 이 본문을 하나님에 대한 활동으로 보기도 한다(Korean King James Version 참조). 하지만 여기에서 인간의 활동이 하나님의 행동으로 이해될 수 있도록 하는 점은 본문의 의도로 보인다. 인간의 활동이 하나님의 행동에 비견될 만큼 대단한 것이며 위력적이라는 사실을 보여주고자 하는 것이다.

9절에서 '산들을 뿌리까지 뒤엎는다'는 표현은 욥기 9 : 5을 생각나게 한다. 그곳에서 욥은 강하신 하나님의 모습을 묘사하면서 '진노로 산을 뒤엎으신다'고 말한다. 산을 뒤엎는 사람의 활동은 하나님의 능력에 견줄 만하다. '바위산에 수로들을 내고 각종 진귀한 것들을 본다.'는 것은 갱도를 파고 귀금속들을 캐내는 광산활동을 묘사하는 것이다(10절). 11절에서는 10절에서와 반대되는 행동을 묘사한다. '강들의 새는 곳을 막는다'는 것은 물길을 막아 물을 가두는 행동을 가리킨다(H. Strauß, BK, 145). 사람들은 물길을 막고 감추어진 것을 찾아낸다. 여기에서 다시 사람의 활동은 감추어진 것을 드러내는 하나님의 행동과 비교된다(욥 11 : 6 ; 12 : 22 참조).

첫 번째 연에서 욥은 사람의 활동과 능력을 찬양한다. 당시 최고로 발달된 지식과 기술을 보여주는 광산업을 통해 사람의 능력이 어디까지 가능한가를 보여준다. 사람들은 어둠도 단단한 돌도 험한 산도 극복할 수 있다. 이러한 탁월한 사람의 활동과 능력에는 어떤 동물들도 따라올 수 없다. 그것은 하나님의 행동에 비교될 만큼 위력적이고 탁월하다.

2. 제2연 : 찾을 수도 살 수도 없는 지혜(28 : 12-19)

¹²그러나 지혜는 어디서 얻으며 명철이 있는 곳은 어디인고 ¹³그 길을 사람이 알지 못하나니 사람 사는 땅에서는 찾을 수 없구나 ¹⁴깊은 물이 이르기를 내 속에 있지 아니하다 하며 바다가 이르기를 나와 함께 있지 아니하다 하느니라 ¹⁵순금으로도 바꿀 수 없고 은을 달아도 그 값을 당하지 못하리니 ¹⁶오빌의 금이나 귀한 청옥수나 남보석으로도 그 값을 당하지 못하겠고 ¹⁷황금이나 수정이라도 비교할 수 없고 정금 장식품으로도 바꿀 수 없으며 ¹⁸진주와 벽옥으로도 비길 수 없나니 지혜의 값은 산호보다 귀하구나 ¹⁹구스의 황옥으로도 비교할 수 없고 순금으로도 그 값을 헤아리지 못하리라

[28 : 12-19] 12절에서 욥이 말하고자 하는 핵심어가 등장한다. 그것은 '지혜'(חָכְמָה, 호크마)와 '명철'(בִּינָה, 비나)이다. 여기에서 '지혜'는 지혜문헌에서 자주 그러하듯이 '명철'과 짝을 이루어 나타난다(잠 1 : 2 ; 4 : 5, 7 ; 9 : 10 ; 사 11 : 2 참조) (J. E. Hartley, *NICOT*, 379). 인간은 귀금속을 찾는 방법을 알고 있지만 지혜와 명철은 찾을 수 없다. 그것들은 발견될 수도 없지만, 구입할 수도 없다(13절). 이것은 사람뿐 아니라 이 세상에 있는 모든 피조물에게 적용되는 일이다. 창조 이전에 존재했던 깊음과 원시바다까지도 그것을 가지고 있지 않다(14절, 또한 창 1 : 2 참조).

15~19절은 지혜의 가치에 대한 이야기이다. 제1연(1-11절)이 지혜의 발견에 관한 내용이었다면 제2연(12-19절)은 지혜의 가치의 문제에 집중한다. 지혜의 가치는 그 어떤 것보다 높다. 그것은 정금이나 은으로 살 수도 없다(15절). 그것은 그 어떤 것과의 교환을 통해서 얻을 수도 없고 살 수도 없다. 이러한

교환의 불가능성은 당시 귀금속으로 널리 알려진 먼 나라들에 대한 언급에서 더욱 강조된다(아래의 설명에 대한 자세한 내용은 다음을 참조하라. D. A. Clines, *WBC*, 918-919).

16절에 등장하는 오빌은 이집트인들에게 펀트(Punt)라고 알려진 소말리아 지역의 어느 한 장소일 것으로 추정된다. 이곳은 정금이 나는 장소로서 몇 차례 언급되며(대상 29 : 4 ; 대하 8 : 18), 향료나 보석 등의 생산지로 언급되기도 한다(왕상 9 : 28 ; 10 : 11 ; 대하 8 : 18 ; 9 : 10). '값진 루비'로 번역된 '쇼함'(שֹׁהַם)은 창세기 2 : 11~12에서 아라비아의 서부 해안 지역에 위치한 것으로 이해되는 하윌라의 생산품으로 소개된다. 또한 그것은 대제사장의 에봇을 장식하는 보석들 중의 하나였다(출 25 : 7 ; 28 : 9, 20 ; 35 : 9, 27 ; 39 : 6, 13). 17절에 나오는 유리는 로마시대 이전에 매우 값비싼 재료였다. 그것은 보석과 같이 취급되었고 용기가 아니라 장신구나 상감세공(inlays)을 위해 사용되었다. 18절의 산호는 장신구로 쓰이던 지중해와 홍해에서 나는 붉은색 산호(red coral)를 의미하는 것으로 보인다. 에스겔 27 : 16에서는 시리아 (혹은 에돔) 사람들이 그것을 두로와 교역했다고 말하고 있다. 19절에 나오는 구스는 에디오피아의 옛 이름이다. 구스는 현대의 에디오피아보다는 수단과 동일시되지만, 본문에서는 홍해까지 이르는 이집트 남부 지역 전체를 가리키는 말로 보아야 할 것이다. 이와 같이 지혜는 당시 국제적으로 알려진 진귀한 보물들조차도 비교될 수 없다.

어떤 사람은 지혜를 발견할 수 있거나 살 수 있다고 생각하나 그것은 잘못이다. 지혜는 인간의 능력 저편에 있으며 모든 것을 능가한다. 아무리 발달한 기술이나 문명도 그것을 얻을 수 없으며, 당대에 알려진 그 어떤 가치 있는 물건으로도 살 수 없다.

3. 제3연 : 하나님만이 지혜를 아신다(28 : 20-28)

[20]그런즉 지혜는 어디서 오며 명철이 머무는 곳은 어디인고 [21]모든 생물의 눈

에 숨겨졌고 공중의 새에게 가려졌으며 ²²멸망과 사망도 이르기를 우리가 귀로 그 소문은 들었다 하느니라 ²³하나님이 그 길을 아시며 있는 곳을 아시나니 ²⁴이는 그가 땅 끝까지 감찰하시며 온 천하를 살피시며 ²⁵바람의 무게를 정하시며 물의 분량을 정하시며 ²⁶비 내리는 법칙을 정하시고 비구름의 길과 우레의 법칙을 만드셨음이라 ²⁷그때에 그가 보시고 선포하시며 굳게 세우시며 탐구하셨고 ²⁸또 사람에게 말씀하셨도다 보라 주를 경외함이 지혜요 악을 떠남이 명철이니라

[28 : 20-28] 후렴구처럼 반복되는 20절의 내용은 욥기 28장의 중심 주제가 무엇인가를 보여준다 : '그런데 지혜는 어디서 오며, 명철의 장소는 도대체 어디인가?' 21절은 7~8절과 13절에서 이미 말한 바를 확인하고 종합한다. 지혜와 명철의 장소는 사람과 동물들에게 감춰져 있다. 21절의 '모든 생물'(כָּל־חָי)은 여러 가지 상황에서 사용된다. 사람이나 짐승을 가리킬 수도 있고(욥 12 : 10 ; 창 8 : 21 ; 시 145 : 16), 사람만을 의미할 수도 있으며(욥 30 : 23 ; 창 3 : 20 ; 시 143 : 2 ; 전 4 : 15 ; 9 : 4), 짐승과 새들만을 가리킬 수도 있다 (창 6 : 19). 여기에서는 사람과 짐승들 모두를 일컫는 말로 이해된다. 또한 여기에서 요한계시록 9 : 3~9이나 9 : 11에서처럼 아바돈과 사망이 의인화되어 있다. 아바돈(멸망)이나 사망도 지혜의 장소를 제대로 알지 못한다. 21~22절은 13~14절과 주제의 유사성을 보여준다. 하지만 차이점도 감지된다. 제2연에서는 사람이 사는 땅에는 지혜를 찾을 수 있는 곳이 없다고 말함으로써 발견의 불가능성을 강조한다면, 여기에서는 그곳이 숨겨져 있다고 말함으로써 그곳의 발견 가능성을 완전히 배제하지는 않는다(S. Balentine, *Smyth & Helwys*, 424-425).

23~24절은 앞의 질문에 대한 답변이다. 다른 어떤 존재들도 알지 못하는 지혜를 하나님은 아신다. 지혜가 가는 길이 있고 지혜의 장소가 있다는 사실은 지혜의 운동성과 고정성을 묘사한다(J. Ebach, *KBB* 2, 61). 하나님은 지혜에

이르는 길을 분별하시고 지혜가 있는 곳을 아신다. 왜냐하면 그분에게 숨겨진 것은 아무것도 없기 때문이다(욥 26:6; 시 139편 참조).

25~26절은 하나님이 세계의 창조와 그 규정을 정하실 때 지혜의 기능과 역할에 대한 내용을 담고 있다. 이때 지혜는 장소와 길을 지정받는다. 첫째로 바람에게 '무게'(מִשְׁקָל) 정할 때이다(25a절). 바람의 무게란 바람의 세기와 압력을 의미할 것이다. 하나님은 바람의 창조자이시다(암 4:13). 동시에 그분은 바람을 창조적인 힘의 도구로 사용하시는 분이시다(욥 26:13; 창 8:1; 출 10:13; 14:21; 15:8, 10; 렘 10:13=51:16; 49:36; 겔 13:13; 욘 1:4; 4:8; 시 104:4; 107:25; 135:7; 147:18; 잠 30:4 참조)(H. Strauß, BK, 153-154). 둘째로 물에게 '경계'(מִדָּה)를 정하실 때이다(25b절). 이때의 물은 26절에 나오는 비와 대조적으로 땅에 있는 물, 즉 바다를 의미할 것이다. 하나님의 창조는 원시바다의 물을 제어하는 것과 깊은 관련이 있다(참조. 창 1:2-10). 하나님은 손바닥으로 바닷물을 헤아리시고(사 40:12), 창조 때에 바다에게 경계를 정하여 넘지 못하게 하셨다(잠 8:29; 욥 38:10-11). 셋째로 비에게 '규칙'(חֹק)을 정하실 때이다(26a절). 이것은 비가 '언제 어디에서 어떻게 얼마나 많이' 내리는가와 관련된다. 넷째로 천둥의 번개에게 '길'(דֶּרֶךְ)을 지정할 때이다(26b절). 이것은 천둥과 번개가 동반되는 폭풍우와 관련된다. 천둥과 번개가 일어날 때 그들은 하나님이 정해 주신 길을 따라 행동한다. 이 모든 것은 사람에게 매우 중요한 자연현상들이다. 하지만 이것들 중 그 어떤 것도 사람이 조작하거나 만들 수 없다. 여기에서 지혜는 인간의 이해와 능력을 뛰어넘는 우주적인 질서와 세계 창조의 내적인 척도로서 나타난다(J. Ebach, KBB 2, 61).

'그때'(אָז) 하나님은 지혜를 '보시고'(רָאָה) 그것을 '헤아리셨으며'(סָפַר 피엘형) 그것을 '굳게 세우시고'(כּוּן 히필형) 또한 그것을 '탐구하셨다'(חָקַר)(27절). 여기에 사용된 네 가지 동사는 사람과 하나님 모두에게 사용될 수 있는 낱말들이다. 그러나 지혜와 관련해서 이 동사들은 정반대의 진술을 위해 사용된다. 사람은 지혜를 볼 수 없고 헤아릴 수 없으며 굳게 세울 수도 없고 탐구할 수도 없다. 하지만 하나님은 그것을 보시고 헤아리시며 굳게 세우시고 탐구하신다. 하나님은 처음부터 지혜의 본질을 결정하셨다. 그것의 가치를 온전히 아시고 지혜를 창조의 조력자로 삼으셨다(잠 8:22-31, 또한 잠 3:19-20 ; 시락서 1:1-10 참조). 창조사역을 통해 하나님은 지혜의 놀라운 능력을 찾아내셨다(John E. Hartley, *NICOT*, 382).[33] 하나님의 지혜 사용은 창조에만 국한되지 않는다. 그는 우주를 다스리는 데에도 계속해서 지혜를 온전히 사용하신다. 따라서 27절을 통해 다음과 같은 사실이 분명해진다 : 하나님은 지혜를 통해 일하심으로써 세상의 창조자요 주관자로서 절대주권을 가지고 현존하고 계신다(H. Strauß, *BK*, 155).

28절은 지혜에 대한 하나님의 말씀을 소개하고 있다. 이것은 서막 이후 처음으로 하나님이 말씀하신 바를 인용한 것이다. 이것은 욥에게만이 아니라 인류전체에게 하신 말씀이라는 점에서 욥기 38~41장에 나타나는 하나님의 응답과는 다르다. 지혜는 소유하거나 교환할 수 있는 것이 아니다. 하지만 지혜가 경험될 수는 있다. 여기에서는 지혜가 무엇인가에 대한 물음과 지혜는 어떻게 경험될 수 있는가에 대한 물음이 동시에 답변되고 있다. 그것은 '주를 경외하고(יִרְאַת אֲדֹנָי) 악을 떠나는 것(סוּר מֵרָע)'이다. 이것이 바로 지혜와 명철이며, 그것들을 경험할 수 있는 길이다. 이것은 '야훼 경외가 악을 미워하는 것'(잠 8:13)이라는 잠언의 말씀과 다르지 않다. 사람은 하나님을 창조주로서 인지하고 경외할 때 그리고 잘못된 행동에서 벗어날 때 지혜의 적

---

33) 욥기 28장의 지혜에 대한 노래에서 지혜가 하나님과 독립적으로 존재하는 것인가 아니면 하나님의 속성의 하나로서 의인화된 것인가에 대한 논쟁이 있다(J. E. Hartley, *NICOT*, 373). 하지만 여기서 폰라트의 해석이 의미 있게 나타난다. 그는 여기에서 지혜가 하나님의 의인화된 속성이 아니라 "하나님에 의해서 창조 세계에 깊이 드리워진 '의미'와 같은 것(etwas wie den von Gott der Schüpfung eingesenkten "Sinn"), 즉 하나님의 창조의 신비"를 의미한다고 본다(G. von Rad, *Weisheit in Israel* [Neukirchen-Vluyn : Neukirchener Verlag, 1970], 193 = *Wisdom in Israel*, 148). 즉 하나님이 지혜를 창조하셨다는 사상을 포함하고 있다고 보는 것이다.

절한 수준에 도달할 수 있다(E. J. van Wolde, *Mr and Mrs Job* [London : SCM Press, 1997], 90).

인간은 자신의 한계와 하나님의 위대함을 인정할 때 하나님과의 교제의 상태로 들어선다. 인간은 알지 못하는 것을 탐구하는 것에서 지혜를 경험하지 못하고 우선적으로 하나님께 순종함으로써 지혜를 경험하고 성장한다(J. E. Hartley, *NICOT*, 383). 그러므로 지혜는 하나님과의 신실한 관계에서만 경험될 수 있다. 따라서 욥기 28장은 욥으로 하여금 친구들로부터 돌아서서 오직 하나님께로 향하게 한다. 이것은 하나님 자신이 말씀하실 때 비로소 자신의 질문에 대한 응답을 얻을 수 있다는 욥의 확신을 보여주는 것이다. 결과적으로 이 발언은 지혜의 독점자처럼 행동하는 친구들에 대한 반박으로서 기능하고 있으며, 동시에 이 발언은 앞으로 나타날 야훼의 출현을 준비한다.

설교를 위한 묵상

욥이 말하는 지혜를 통해 깨달을 수 있는 지혜로운 삶의 모습이 무엇인지 생각해 보자. 첫째, 하나님은 사람의 능력과 가능성을 긍정하신다는 사실이다. 사람은 귀중한 것을 찾으려 부단히 애를 쓴다. 이러한 노력은 광산업을 예로 설명된다. 사람은 땅속에 있는 광석들을 채굴하려고 다양한 기술을 동원한다. 땅을 파서 갱도를 만들고 절벽 같은 곳에 매달려 귀금속들을 찾아낸다. 어둠 속을 뚫고 들어가 불을 밝혀 자신들이 원하는 금, 은, 동, 철 등의 광석들을 캐낸다. 이것을 위해서는 상당한 기술과 능력이 필요하다. 기술과 문명이 발달하지 않고서는 할 수 없는 일이다. 그렇기 때문에 이러한 인간의 작업은 동물들이 따라올 수 없다. 욥기 28장에서는 이러한 사람들의 활동이 긍정적으로 묘사되고 있다.

하나님께서는 사람을 지으시고 복주시며 창조세계 속에서 해야 할 일을 말씀하셨다 : "생육하고 번성하여 땅에 충만하라, 땅을 정복하라, 바다의 물고기와 하늘의 새와 땅에 움직이는 모든 생물을 다스리라"(창 1 : 28). 이것은 하나님을 대신하여 피조세계를 다스리라는 하나님의 축복이자 명령이다(시 8 : 6-8 참조). 다만 피조세계를 다스리는 것은 일방적인 착취나 남용이 아니라 선한 목자나 왕으로서 돌보고 가꾸는 다스림이다.[34] 이 다스림에는 인간의 문화와 문명의 역사가 전제되어 있다. 하나님께서는 인간에게 전권을 주시고 이 땅을 다스리도록 하셨다. 따라서 인간의 활동은 하나님의 행동에 버금갈 만큼 위력적이고 대단하다(9-11절 ; 또한 시 8 : 5 '하나님[אֱלֹהִים]보다 조금 못하게 하시고' 참조). 이처럼 하나님은 인간의 능력과 가능성을 인정하시고 그것을 적극적으로 사용하도록 하셨다.

지혜로운 삶을 위해서는 하나님이 우리에게 허락한 능력과 가능성을 개발하고 활용해야 한다. 달란트 비유(마 25 : 14-30과 평행본문)에서처럼 자신의 능력과 가능성을 땅에 묻어 두고 지내는 것은 직무유기이다. 칭찬이 아니라 책망과 징벌의 대상이 된다. 하나님께서는 자신에게 맡겨진 재능과 능력을 통해 최선을 다하기를 원하신다. 적극적이고 긍정적인 정신으로 미지의 세계에 도전하고 새로운 세계를 펼쳐 나가기를 원하신다. 어둠과 암흑의 세계에서 빛나는 광석을 캐내듯이 용기 있게 도전하고 노력해서 우리의 삶 가운데 빛나는 보석들을 발견하기를 원하신다.

둘째, 사람은 자신의 한계를 깨달아야 한다는 사실이다. 고르디스(Gordis)는 이스라엘에서의 지혜를 다음과 같이 두 가지로 구분했다 : 실용적인 목적을 가지고 가르치는 실용지혜(lower wisdom)와 죽음 이후의 삶이나 악의 문제와 같이 근본적인 문제를 다루는 철학-신학적 지혜(higher wisdom) (R. Gordis, *The Book of God and Man* [Chicago : University of Chicago Press, 1965], 42). 전자는 쉽게 이해되고 교육될 수 있지만 후자는 증명이 불가능하고 회의적인 시각을 드러내기 쉽다. 전자에 속하는 지혜문헌은 잠언이나 시락서와 같은 책이고, 후자에 속하는 지혜문헌은 욥기나 전도서 같은 책이다. 욥기에는 이렇게 쉽게 파악하기 어려운 지혜의 문제가 다루어진다. 욥기에 나타나는 하나님의 지혜는 "창조세계의 위대성과 고난을 포함하는 도덕적인 우주"이다(S. Bakon, "Two hymns to wisdom : Proverbs 8 and Job 28," *Jewish Bible Quarterly* 36 [2008.10], 228). 이때의 고난은 친구들이 주장하듯이 죄의 댓가가 아니라 우주를 다스리시는 하나님 통치의 구성요소이다. 이 두 가지 지혜의 내용은 인간에게 숨겨져 있다. 그것은 산자들의 땅에서 발견되지 않으며, 모든 생물의 눈

---

34) 창세기 1 : 28의 '다스림'의 의미에 대하여 다음을 참조하라. 하경택, "'창조와 종말' 주제를 위한 동물의 신학적 의의(意義)," 『구약논단』 30 (2008.12) 132-133.

으로부터 숨겨져 있다(13-14, 21절). 그러므로 피조세계의 그 어느 것도 그 지혜를 안다고 말할 수 없다.

하나님은 사람에게 피조세계를 맡기시고 그것을 다스리도록 하셨다. 사람은 하나님의 대리자로서 피조세계를 다스릴 능력과 권한을 가지고 있다. 그러나 사람의 능력과 권한에는 한계가 있다. 사람이 다다르지 못할 한계가 있다. 그것은 하나님의 지혜이다. 에덴동산에 있는 모든 나무의 열매는 얼마든지 먹어도 되지만 선악을 알게 하는 나무의 열매만큼은 먹지 못하게 하셨다(창 2:16-17). 이것은 사람의 한계를 알고 살라는 하나님의 명령이다. 또한 모든 판단의 기준은 하나님께 있다는 사실을 암시한다. 하나님께서 동산의 모든 것을 사람에게 주셨지만, 이 모든 것의 주인은 사람이 아니라 하나님 자신이시라는 사실을 분명하게 보여주는 것이다. 따라서 사람은 이 명령에 순종하는 조건 속에서 하나님의 대리자로서의 축복을 누릴 수 있다.

사람은 자신의 한계를 깨달아야 한다. 우주를 통치하시는 하나님의 지혜를 아는 데에는 턱없이 부족한 존재임을 알아야 한다. 자신의 능력을 과신하여 하나님을 대적하거나 하나님의 자리에 자신이 서려고 해서는 안 된다. 에덴동산에서 아담과 하와가 범했던 범죄가 그러했고(창 3장), 하늘까지 닿게 하여 자신들의 이름을 높이자고 했던 바벨탑 건설자들이 그러했다(창 11장). 특별히 에스겔 28:1~19에 묘사된 두로의 왕이 그렇다(J. G. Janzen, *Interpretation*, 199-201). 그는 사람이면서 하나님의 자리에 서고자 했다. 또한 그는 지혜와 총명으로 재물이 풍부해지자 더욱 교만하여 하나님을 업신여겼던 것이다. 이러한 교만과 불순종의 결국은 쫓겨나고 무너지는 것이다. 하나님이 우리에게 주신 능력과 가능성을 개발하고 활용은 하지만, 우리 자신의 한계와 연약함을 인정하고 하나님의 인도와 도우심을 구해야 한다. 바로 그러할 때 교만하지 않고 하나님의 복과 은혜를 누리는 지혜로운 삶을 살 수 있다.

셋째, '주님을 경외하고 악을 떠나는 것'이 지혜라는 사실이다. 욥기 28장에서 지혜에 대하여 두 가지 점을 강조한다. 그것은 찾을 수도 없고 살 수도 없다. 그 누구도 지혜가 있는 곳을 알지 못하며 그 무엇을 주고도 바꿀 수 없다. 이것은 지혜가 소유하거나 조정할 수 있는 것이 아니라는 점을 강조하는 것이다. 사람은 하나님의 지혜를 소유할 수 없으며 자신의 마음대로 조정하거나 조작할 수 없다. 다만 하나님의 지혜는 경험될 뿐이다. 어떻게 그것이 가능한가? 그것은 주님을 경외하고 악을 떠날 때 가능하다. 누가 가장 지혜로운 사람인가? 그것은 우주를 지으시고 이끄시는 우리의 주 야훼 하나님을 경외하는 사람이다. 그분의 주권을 인정하고 그분의 뜻에 순종하는 사람이다. 그분이 좋아하는 것을 하고 그분을 기쁘게 해드리는 삶을 사는 것이다. 그러한 삶은 악을 떠나는 것과 불가분의 관계에 있다. 악은 하나님이 싫어하시는 일이기 때문이다. 여기에 지혜의 삶에 대한 깊은 통찰이 있다. 바로 그러한 삶 속에서 참된 복을 누리게 된다는 사실이다. 지혜를 많이 알고 가져서 그것을 마음대로 조정할 수 있기 때문에 지혜로운 것이 아니라 주님을 경외하고 악을 떠나는 삶을 사는 것 자체가 지혜로운 삶을 사는 것이고 하나님의 복을 누리는 것이다.

하지만 여기에서 욥의 경우를 생각할 수 있다. 이러한 지혜로운 삶이 욥에게는 어떤 의미가 있을까 하는 것이다. 욥은 바로 그렇게 '야훼를 경외하고 악을 떠난' 지혜의 삶을 살았는데(1:1, 8 ; 2:3)도 그가 현재 경험하고 있는 상황은 깊은 고난의 심연이다. 이럴 때 할 수 있는 반응은 그러한 지혜의 삶이 욥에게는 어떠한 의미가 있는가 라는 의문과 탄식이다. 오늘날 우리에게도 이러한 의문과 탄식이 있을 수 있다. 지혜의 삶은 단선적이지 않다. '야훼를 경외하고 악을 떠난' 삶을 사는 것이 곧 문제없는 번영과 축복을 가져오는 것은 아니다. 하나님이 원하시는 지혜의 삶을 살아도 우리가 이해할 수 없는 고난과 시련을 만날 수 있다. 여기에 고난과 시련의 시간을 견뎌낼 수 있는 신앙의 성숙이 필요하다. 이해할 수 없는 고난과 어둠의 시간에는 욥처럼 질문하고 탄식할 수 있다. 아니 그런 때에는 질문하고 탄식해야 한다. 욥처럼 말이다. 이러한 의문에 하나님이 응답하신다(욥 38-41장). 인간이 알 수 없는 창조세계의 신비를 통해서 하나님의 오묘하신 통치와 이끄심을 확신하게 하신다. 하나님의 지혜는 인간의 지식을 뛰어넘는 영적인 지혜이다. 그러나 인간은 자신의 지식의 한계를 넘어서서 하나님의 지혜의 신비와 놀라움을 명상할 수 있고 경험할 수 있다. 지혜는 "창조세계에 나타난 하나님의 신비"(G. von Rad, *Weisheit in Israel*, 194)이기 때문이다. 욥의 위대함은 이러한 극심한 고난 가운데에서도 하나님을 떠나지 않았다는 점이다. 그는 어떤 상황에서도 하나님을 경외하며 악을 떠나는 지혜로운 삶을 버리지 않았다. 그랬기 때문에 그는 이해할 수 없는 고난 속에서도 하나님께 질문하고 탄식하며 끝까지 하나님의 응답을 기대하고 기다릴 수 있었다. 이러한 지혜의 삶이 욥으로 하여금 하나님과의 교제 속에서 지혜의 신비를 체험하고 회복의 삶으로 나아가게 한 것이다.

제 VI 부

욥의 마지막 발언

욥기 29 : 1~31 : 40

A. 욥이 이전에 누렸던 번영과 행복(29 : 1-25)
  1. 이전에 하나님이 주신 부요함(29 : 1-6)
  2. 존경받는 욥 I (29 : 7-10)
  3. 욥이 행한 의와 자비(29 : 11-17)
  4. 장구한 삶을 소망하는 욥(29 : 18-20)
  5. 존경받는 욥 II (29 : 21-25)

B. 현재 맞고 있는 고통스런 삶에 대한 탄식(30 : 1-31)
  1. 욥에 대한 사람들의 적대적인 행동(30 : 1-15)
  2. 욥에 대한 하나님의 적대적인 행동(30 : 16-23)
  3. 애가로 변한 욥의 노래(30 : 24-31)

C. 무죄 맹세(31 : 1-40)
  1. 호색(31 : 1-4)
  2. 속임과 탐욕(31 : 5-8)
  3. 간음(31 : 9-12)
  4. 종의 형편을 돌아보지 않음(31 : 13-15)
  5. 가난한 자와 약한 자의 요구를 외면(31 : 16-23)
  6. 재물에 대한 신뢰와 천체 숭배(31 : 24-28)
  7. 적에 대한 미움과 손님에 대한 호의 거절(31 : 29-32)
  8. 죄를 숨김(31 : 33-34)
  9. 도전 발언 : 욥에게 명예의 선언이 될 고소장(31 : 35-37)
  10. 경작지에 대한 폭력(31 : 38-40)

| 욥기 29-31장 |

욥의 마지막 발언

　세 친구와 벌이는 논쟁(3-31장)에서 욥의 마지막 발언이 되는 이 발언은 장 구분에 맞게 세 부분(29, 30, 31장)으로 나뉜다. 29장은 과거에 누렸던 행복에 관한 발언이고, 30장은 현재의 불행에 관한 발언이며, 31장은 '무죄 맹세'(an oath of innocence)라고 지칭되는 발언이다. 29장과 30장은 욥이 현재 겪고 있는 불행이 얼마나 큰 것인가를 과거와 현재의 극명한 대조를 통해 분명하게 보여준다. 과거의 행복과 현재의 불행에 관한 언급에서 주목되는 점은 욥의 행복과 불행의 사회적인 측면이 부각되고 있다는 사실이다. 29장에서는 사회에서 인정받는 욥의 존경과 지위가 강조되고, 30장에서는 사회적 계층하락과 멸시에 관한 언급이 중심을 이룬다(J. Ebach, *KBB* 2, 70). 쉽게 떠올릴 수 있는 질병이나 소유의 상실보다도 사회 속에서 받게 되는 소외와 멸시가 그를 더욱 고통스럽게 하였다는 사실을 알 수 있다. 이러한 회고와 탄식 이후 욥 발언의 정점에 해당하는 '도전 발언'(31장)으로 나아간다.

욥의 마지막 발언(29-31장)은 욥기의 구조 안에서 이중적인 기능을 한다(J. Ebach, *KBB* 2, 79). 세 친구와 벌이는 논쟁에서 세 번째 마지막 바퀴를 종결짓는 역할을 할 뿐 아니라 욥-엘리후-하나님으로 이어지는 새로운 논쟁의 시발점이 된다. 욥의 마지막 발언에 대해서 먼저 엘리후(32-37장)가 대응하고, 마침내 하나님(38-41장)이 응답하게 된다.

욥의 마지막 발언은 고대 사회의 사법 관습과 탄원시의 맥락 속에서 고찰된다(J. E. Hartley, *NICOT*, 385-386). 고대 중동에서는 어떤 사람이 경제적으로나 개인적으로 다른 사람의 고소를 통해 고통을 당할 때, 그의 고소자가 공식적인 원고 최초의 진술을 거부할지라도 그는 고소자가 물증을 제시하도록 요구하면서 재판에 착수할 수 있다(삼상 12:3 참조). 그러한 상황에서 피고는 자신이 무죄하다는 사실을 청중에게 입증하기 위해서 맹세의 발언을 할 수 있다. 물론 이것은 고소자의 입을 열도록 하기 위해 고안된 것이다. 이것은 고대 사회에서 정당한 것으로 인정되는 일반 관습이었다(출 22:8, 11-12; 왕상 8:31-32; 대하 6:22-23; 함무라비 법전 §§ 8, 103, 106, 107, 249, 166 [*ANET*, 170, 176, 177]). 이렇게 함으로써 피고는 자신의 운명에 저주가 작동되도록 할 것인지 아니면 저주가 그대로 머물러 있게 할 것인지를 결정할 수 있도록 자신을 하나님의 손에 넘긴다(이와 유사한 상황이 삼상 24:8-22에 있다). 이러한 과정을 밟으면서 욥은 열정적으로 자신을 변호한다. 욥의 무죄맹세는 하나님이 자신의 온전함을 인정해 주실 것이라는 확신이 얼마나 강한가를 보여준다. 욥은 담대한 신앙 안에서 자신의 탄식(30장)을 통해 하나님의 동정에 호소하고, 맹세(31장)를 통해 하나님의 정의에 호소한다.

29:1은 욥의 마지막 발언이 욥의 발언의 연속임을 알려준다(26:1-31:40). 이 발언은 세 바퀴에 걸친 친구들과의 논쟁을 마감하는 동시에, 엘리후의 발언(32-37장)에서 이어지고 하나님의 발언(38장 이하)에서 끝나는 네 번째 바퀴의 논쟁의 서막이 된다(J. Ebach, *KBB* 2, 70).[1] 이 마지막 발언은 31장의 '무죄맹세'를 통해 특징짓는다. 여기에서 욥은 법정 소송의 피고(被告)이

면서 동시에 원고(原告)이다. 이에 반해 하나님은 욥의 고소를 받는 피고이면서 욥의 사건을 판결해야 할 재판장이시다. 욥과 친구들과 하나님이 법정소송 절차에서 담당하는 각각의 역할들에 대한 분명한 이해가 선행될 때 각각의 발언이 내포하고 있는 의미를 제대로 파악할 수 있다. 맹세는 하나님으로 하여금 욥을 무죄하다고 선언하게 하거나 그가 맹세한 저주를 담당하게 하도록 한다. 하나님이 계속 침묵하고 계실지라도 그것은 하나의 답변이 될 수 있다. 왜냐하면 욥이 발언한 저주가 작동되지 않으면 공동체 전체는 그가 무죄하다고 확신할 수 있기 때문이다(J. E. Hartley, *NICOT*, 385). 마지막 발언을 마친 욥은 하나님의 응답을 기다린다. 이제 하나님의 응답이 임박했음을 느끼게 한다.

A. 욥이 이전에 누렸던 번영과 행복(29 : 1-25)

욥은 자신의 마지막 발언을 그가 공동체 안에서 이전에 누렸던 번영된 삶을 자세하게 묘사함으로써 시작한다. 그는 예전에 하나님과 친밀한 관계 속에 있었다. 공동체가 그의 삶에 나타난 하나님의 호의를 인정했다. 그는 공동체에서 가장 높은 존경을 받았다. 그러나 욥은 자신의 영광을 남겨두지 않았다. 그는 열심히 가난한 자와 불행한 자를 도왔다. 자신이 하나님을 기쁘게 하였을 것이라는 확신 속에서 그는 길고 번영된 삶을 기대했다. 이러한 기억은 그의 탄식(30장)에서 욥이 겪은 불명예의 깊이가 얼마나 큰가를 보여

---

1) 욥기의 구조에서 이 마지막 발언이 욥의 첫 번째 발언(3장)과 균형을 유지한다고 본 하틀리(J. E. Hartley, *NICOT*, 386)의 견해는 정당하다. 욥의 첫 번째 발언이 세 친구와 벌이는 논쟁의 첫 머리에 나오듯이 욥의 마지막 발언도 엘리후와 야훼 발언으로 이어지는 논쟁의 서두를 장식한다. 그러나 이 두 발언은 모두 혼잣말로 끝나는 독백이 아니라 하나님을 향하여 자신의 운명에 대하여 울부짖고 그분의 응답을 기대하는 '질문'(Frage)이요 '탄식'(Klage)이며 '하나님의 행동에 대한 고발'(Anklage)이다. 따라서 이 발언들 뒤에 각각 친구들(세 친구와 엘리후)이 대답하지만 진정한 응답은 하나님으로부터만 올 수 있다.

주는데 기여한다. 이 장은 다섯 개의 부분으로 나뉘어져 있다.

1. 이전에 하나님이 주신 부요함(1-6절)
2. 존경받는 욥 (I)(7-10절)
3. 욥이 행한 의와 자비(11-17절)
4. 장구한 삶을 소망하는 욥(18-20절)
5. 존경받는 욥(II)(21-25절)

1. 이전에 하나님이 주신 부요함(29:1-6)

¹욥이 풍자하여 이르되 ²나는 지난 세월과 하나님이 나를 보호하시던 때가 다시 오기를 원하노라 ³그때에는 그의 등불이 내 머리에 비치었고 내가 그의 빛을 힘입어 암흑에서도 걸어다녔느니라 ⁴내가 원기 왕성하던 날과 같이 지내기를 원하노라 그 때에는 하나님이 내 장막에 기름을 발라 주셨도다 ⁵그 때에는 전능자가 아직도 나와 함께 계셨으며 나의 젊은이들이 나를 둘러 있었으며 ⁶젖으로 내 발자취를 씻으며 바위가 나를 위하여 기름 시내를 쏟아냈으며

[29:1-6] 욥은 자신의 발언을 이어간다. 29:1은 27:1과 동일한 도입구로 시작된다: "욥이 자신의 말(מְשָׁלוֹ)을 이어 말하기를" 이것을 통해 욥의 마지막 발언(29-31장)은 26장부터 이어지는 발언의 연속선상에 있으나, 욥기 전체의 구조 속에서 엘리후(32-37장)와 하나님의 발언(38-41장)과 특별한 관계성을 가지는 발언으로 자신의 독특한 위치를 드러낸다고 볼 수 있다.

2절에는 29장의 욥 발언을 결정짓는 주제적인 진술이 언급된다. 그것은 한 가지 소원의 형태로 나타나는데, 그가 바라는 것은 현재 자신의 날들이 '하나님이 지켜 주시던 이전의 날들'과 같이 되는 것이다. 여기에는 소원을

말하면서 '미 이테네니'(מִי־יִתְּנֵנִי)라는 히브리어의 독특한 용법이 사용되었는데, 동일한 어법이 19 : 23에서도 발견된다. 이것을 직역하면 '누가 나에게 줄 것인가?'이지만, 이것은 어떠한 것이 있다면 얼마나 좋을까를 표현하는 일종의 가정법이다. 히브리어 '샤마르'라는 동사로 표현된 하나님의 '지켜주심'은 자신의 종에 대한 하나님의 특별한 관심과 보호를 의미한다(민 6 : 24-26 ; 시 91 : 11 ; 121 : 7-8 참조). 여기에서 하나님에 대한 분명한 욥의 신앙을 엿볼 수 있다. 욥은 하나님이 자신의 부요함의 원천임을 고백한다. 자신의 지혜나 현명함이 자신에게 성공을 가져다 준 것이 아니라 하나님의 돌보심과 복 주심이 자신의 번영된 삶의 이유였다는 것이다. 이러한 그의 확신은 반대로 자신이 현재 겪고 있는 고난의 원인이 어디에 있는가도 분명하게 인식하게 한다. 그것은 깨어진 하나님과의 관계에 있다.

그때는 하나님의 등불이 욥의 머리 위에 비쳤다(3절). 빛은 축복과 번영의 상징이다(시 36 : 9 ; 18 : 28 ; 119 : 105 참조). 따라서 그가 어두움 속을 걸어간다 해도 문제가 되지 않았다. 하나님이 그의 길을 빛으로 비추어 주셨기 때문이다. 4절에서는 자신의 "가을날"(חֹרֶף)에 대해서 말한다. 이것은 겨울에 가까운 인생의 황혼기가 아니라 인생의 완전한 성숙기를 표현하는 말로 사용된다(J. Ebach, *KBB* 2, 71). 그때는 하나님의 친밀함이 그의 장막에 있었기 때문에 하나님과 막힘없는 교제를 나눌 수 있었다.

그때는 전능하신 분이 그와 '함께' 계셨다(5절). 자식들이 그의 주위에 있었다는 사실이 이같은 상황을 증명한다. 그의 삶에 얼마나 행복이 넘쳤던가를 알게 한다(자식들을 통해 얻는 행복에 관하여, 시 127편과 128편 참조). 또한 6절은 그에게 부요함이 얼마나 넘쳤는지를 그림 언어를 통해서 잘 보여준다. 그가 버터로 발을 씻을 만큼 그리고 바위에서 기름 강을 흘려보낼 정도로 그는 부요했고 풍요로움을 만끽했다.

2. 존경받는 욥 Ⅰ(29 : 7-10)

⁷그때에는 내가 나가서 성문에 이르기도 하며 내 자리를 거리에 마련하기도 하였느니라 ⁸나를 보고 젊은이들은 숨으며 노인들은 일어나서 서며 ⁹유지들은 말을 삼가고 손으로 입을 가리며 ¹⁰지도자들은 말소리를 낮추었으니 그들의 혀가 입천장에 붙었느니라

[29 : 7-10] 이 단락은 과거 욥이 누렸던 특별한 지위와 영예에 대해서 묘사한다. 그가 성문에 나가면 사람들의 그의 자리를 내어준다(7절). 성문은 고대사회에서 재판절차가 진행되던 곳이다. 따라서 이곳에서 욥이 그러한 존경과 높임을 받았다면 과거에 욥이 누렸던 명성이 얼마나 컸던가를 짐작할 수 있다. 욥에게 예우를 한 것은 젊은 사람들만이 아니었다(8절). 나이 든 사람들도 경의의 표시로 일어나 서 있었다. 이뿐 아니라 지역유지나 귀족들도 욥 앞에서 입을 가리고 잠잠했다(9-10절). '혀가 입천장에 붙었다'는 표현은 할 말을 잃은 사람들의 모습을 보여주며(겔 3 : 26 참조. 이 관용어가 다른 의미로 사용된 다음의 예들을 보라 : 시 22 : 15 ; 137 : 6 ; 애 4 : 4), 욥의 권위가 얼마나 높았던가를 그림 언어로 표현해 주고 있다. 욥은 자신이 거주하던 곳에서 존경받는 최상의 위치에 있었고, 사람들은 자리를 내어 주고 그 앞에서 침묵함으로써 그에 대한 존중을 표현했다.

3. 욥이 행한 의와 자비(29 : 11-17)

¹¹귀가 들은즉 나를 축복하고 눈이 본즉 나를 증언하였나니 ¹²이는 부르짖는 빈민과 도와 줄 자 없는 고아를 내가 건졌음이라 ¹³망하게 된 자도 나를 위하여 복을 빌었으며 과부의 마음이 나로 말미암아 기뻐 노래하였느니라 ¹⁴내가 의를 옷으로 삼아 입었으며 나의 정의는 겉옷과 모자 같았느니라 ¹⁵나는 맹

인의 눈도 되고 다리 저는 사람의 발도 되고 ¹⁶빈궁한 자의 아버지도 되며 내가 모르는 사람의 송사를 돌보아 주었으며 ¹⁷불의한 자의 턱뼈를 부수고 노획한 물건을 그 잇새에서 빼내었느니라

[29 : 11-17] 11절은 앞 단락에서 묘사된 욥의 지위와 그러한 위치에 이르게 하는데 기여한 그의 행동에 대한 묘사를 연결해 주는 다리 역할을 하고 있다. 누군가 욥에 대한 이야기를 들으면 욥을 축복하였고, 누군가 그를 보면 그가 한 일에 대해서 증언했다.

욥은 도움을 요청하는 사람들을 외면하지 않았다(11절). 그는 '가난한 자', '고아', '과부' 등을 도왔다(12-13절). 그랬더니 '죽음에 임박한 자'가 욥을 축복하였다. 욥은 도움이 필요한 자들에게 '기쁨'을 주고, 도움 받은 자들로부터 '축복'을 되돌려 받았다(13절). 그가 행한 정의 '체데크'(צֶדֶק)와 공의 '미쉬파트'(מִשְׁפָּט)는 그에게 '의복'처럼 작용한다(14절 ; 19 : 9 ; 40 : 10 ; 사 11 : 5 ; 59 : 17 ; 시 132 : 9, 16, 18 참조). 그가 정의로 옷 입을 때 반대로 그 정의가 자신을 감싼다. 그의 공의로운 행동은 겉옷과 왕의 두건처럼 그를 위엄 있고 빛나게 한다. 공의와 정의는 욥에게 "두 번째 살갗"(eine zweite Haut)과 같았다(J. Ebach, *KBB* 2, 73).

또한 그는 소경에게 '눈'이 되었고, 절름발이에게는 '발'이 되었다(15절). 가난한 자에게는 '아비'가 되었고, 그가 알지 못하는 경우에는 그 이유를 찾아내서라도 도움을 주었다(16절). 더 나아가 약한 자들을 억압하고 약탈하는 악인들에 맞서 싸우는 적극적인 행동을 보여주기도 하였다(17절). 맹수와 같이 공격하는 악인들의 행동을 저지하고 그들에게 삼킴을 당하는 위기의 순간에 약한 자들을 구해주었다. 이러한 욥의 진술은 앞서 나왔던 욥에 대한 엘리바스의 비난을 정면으로 반박하는 것이다(22 : 5-9 참조).

4. 장구한 삶을 소망하는 욥(29 : 18-20)

¹⁸내가 스스로 말하기를 나는 내 보금자리에서 숨을 거두며 나의 날은 모래 알 같이 많으리라 하였느니라 ¹⁹내 뿌리는 물로 뻗어나가고 이슬이 내 가지에서 밤을 지내고 갈 것이며 ²⁰내 영광은 내게 새로워지고 내 손에서 내 화살이 끊이지 않았노라

[29 : 18-20] 욥은 이렇게 하나님이 주신 복을 누렸고, 정의와 공의를 실행하는 삶을 살았기 때문에 장수의 삶을 바랄 수 있었다. 그래서 그는 하나님께서 자신의 날을 모래와 같이 많게 하실 것이라고 확신한다(18절 ; 신 5 : 33 ; 왕상 3 : 14 ; 잠 10 : 27 참조). 여기에서 '모래'라고 번역된 히브리말 '홀'(חוֹל)은 상반절 '둥지'(קֵן)와 연관시켜 둥지의 재로부터 다시 태어난다는 '불사조'(Phoenix)로 이해하기도 한다(70인경과 탈무드 소책자 bSan 108b). 그러나 욥이 죽음의 재로부터 새로운 생명이 시작된다는 내용을 담고 있는 '불사조' 전설을 마음에 두고 발언을 했다고 보기는 어렵다. 특히 죽음 이후에 다시 생명을 얻게 된다는 사실에 대한 희망을 거부하는 13~14장의 발언 내용과 견주어 볼 때 그렇다(J. E. Hartley, *NICOT*, 392-393, 각주 3번 참조).

이어지는 진술에서 이러한 그의 확신이 다양한 그림을 통해서 묘사된다. 그는 뿌리가 흡수하는 물과 가지 위에 내리는 이슬을 통해서 생명력을 공급받는 식물과 같았다(19절). 충분한 물이 공급되어 안정되고 풍성한 결실을 내는 식물은 의인이 누리는 삶의 모습을 표현하는 데에 잘 쓰이는 그림 언어이다(시 1 : 1-3 ; 렘 17 : 7-8 ; 겔 31 : 2-9 ; 또한 욥 8 : 16-17 ; 14 : 7-9 참조. 그러나 욥 18 : 16은 여기에서 욥이 말하는 바에 대한 정반대의 그림을 보여준다). 그의 영예는 날마다 새로움을 더 했고, 그의 능력을 나타내는 활은 그의 손에서 떠나지 않았다(20절). 이와 같이 욥이 누린 영광과 그의 삶에서 드러나는 생명력과 강인함은 자신의 날이 모래와 같이 많아질 것이라는 확신을 갖기에

충분하였다.

5. 존경받는 욥 Ⅱ(29 : 21-25)

²¹무리는 내 말을 듣고 희망을 걸었으며 내가 가르칠 때에 잠잠하였노라 ²²내가 말한 후에는 그들이 말을 거듭하지 못하였나니 나의 말이 그들에게 스며들었음이라 ²³그들은 비를 기다리듯 나를 기다렸으며 봄비를 맞이하듯 입을 벌렸느니라 ²⁴그들이 의지 없을 때에 내가 미소하면 그들이 나의 얼굴빛을 무색하게 아니하였느니라 ²⁵내가 그들의 길을 택하여 주고 으뜸되는 자리에 앉았나니 왕이 군대 중에 있는 것과도 같았고 애곡하는 자를 위로하는 사람과도 같았느니라

[29 : 21-25] 과거의 삶을 회상하는 발언의 마지막 부분에 자신의 공동체 안에서 존경을 받았던 욥의 모습이 다시 나타난다. 앞부분(7-10절)에서 이미 다루어졌던 내용이 또다시 언급된다는 것은 그만큼 이 주제가 욥에게 중요하다는 사실을 나타낸다(J. Ebach, KBB 2, 74). 이러한 점은 현재의 삶의 형편에 대한 탄식을 쏟아내는 30장에서 보여주는 핵심내용과 견주어 볼 때 더욱 분명하게 드러난다.

욥은 조언할 때 마지막 발언을 하는 사람이었다. 모두가 그의 말에 귀를 기울였고 그가 말할 때는 모두가 잠잠했다(21절). 그가 말을 하면 그 다음에 누구도 말하지 않았고, 그의 말은 이슬과 비처럼 사람들 마음에 젖어들었다(22절). 모두가 그가 말하기를 기다렸고 욥의 말은 사람들에게 가뭄에 단비와도 같았다(23절). 24절의 히브리 원문은 여러 가지 번역의 가능성을 가지고 있다. 욥이 발언하는 맥락을 고려하면 다음과 같이 번역할 수 있다. "나는 확신 없는 그들에게 웃음을 주었고, 그들은 내 얼굴빛이 땅에 떨어지지 않게 하였다." 다시 말하면 욥은 신뢰할 대상이 없고 믿음 없는 자들에게 웃음으

로 희망을 주었고, 사람들은 욥의 이러한 행동을 잘 받아들여 새로운 용기를 얻었다. 욥은 사람들에게 나아갈 길을 제시하였고, 왕과 같이 최고의 지위를 누렸다(25절). 또한 그는 애곡하는 자들을 위로하는 자로서 많은 사람의 슬픔과 고통에 함께하였고, 참된 지도자와 권위자의 모습을 보여주었다.

욥은 자신의 공동체 안에서 최고의 권위와 명예를 누렸다. 그러나 그 권위와 명예는 억지로 주장한 것이 아니었다. 그가 보여준 정의와 공의를 실천하는 삶에 대한 당연한 결과였다. 그가 29장에서 마지막으로 언급하고 있는, 애곡하는 자를 위로하는 사람으로서 욥의 모습은 30장에서 말하게 될 욥의 현재적 상황을 역설적으로 암시하고 있다.

설교를 위한 묵상

과거의 삶을 추억하는 욥의 발언을 통해서 다음과 같은 적용점들을 생각할 수 있다. 첫째, 욥은 자신이 과거에 번영을 누린 것이 하나님이 함께하셨기 때문이라고 말한다(2-6절). 이것은 자신의 번영과 축복이 자신의 지혜나 능력에서 비롯된 것이 아니라 하나님이 자신의 부요함의 원천이라는 사실을 고백하는 것이다. 욥은 자신의 삶을 철저하게 하나님과의 관계 속에서 이해하고 해석한다. 사람은 하나님께서 빛을 비춰주셔야 빛나는 생활을 할 수 있다. 때로는 그가 어둠 속을 지나갈 때도 하나님이 빛으로 인도하시니까 문제될 것이 없다. 이러한 조망과 현실 이해를 가지고 있는 사람은 현재 자신이 당면하고 있는 문제에 대한 해결책도 어디에 있는지를 알고 있다. 그 해결책은 오직 하나님께로부터만 획득될 수 있는 것이다.

이러한 생각이야말로 지혜의 극치요, 겸손의 극치이다. 이러한 믿음을 가지고 있는 사람은 언제 어디서든지 겸손하다. 자신의 번영이 자신의 힘으로 된 것이 아니라는 사실을 알고 있기 때문에 교만하거나 자만하지 않는다. 일이 잘못되었을 때 남을 탓하거나 원망하지도 않는다. 고통과 환난의 날에 하나님을 떠나지 않고 오히려 자신의 문제를 하나님께 가지고 나아간다. 이러한 욥의 태도와 신앙이야말로 참된 해결을 얻게 하는 지혜의 길이다. 따라서 욥은 자신의 부요함이나 자신의 고난이 모두 하나님의 행동과 관련이 있음을 알고 믿으며, 하나님으로부터 궁극적인 응답을 얻기 위해 거룩한 몸부림을 계속하고 있는 것이다.

둘째, 욥이 보여준 의와 자비의 삶은 참된 행복에 이르는 길이 무엇인가를 가르쳐준다(11-17절). 욥은 도움이 필요한 사람들의 요구를 외면하지 않았다. '가난한 자', '고아', '과부' 등 다양한 약자들의 권익을 위해 힘썼다. 욥은 또한 병든 자들에게 '눈'과 '발'이 되어 주었다. 더 나아가 그는 약자들을 억압하고 약탈하는 악인들에 대항하여 싸웠다. 욥의 도움으로 약자들은 악인들로부터 삼킴당하는 것을 면하게 되었다.

이러한 욥의 착한 행동은 은혜를 입은 사람들로부터 마땅한 존경과 사랑을 받는다. '죽음을 눈앞에 둔 자'가 욥을 축복하며, 그가 행한 의가 의복이 되어 그를 빛나게 한다. 그의 공의로운 행동은 그를 영광스럽게 만든다. 이렇듯 욥이 행한 의와 자비는 공허한 것이 되지 않고 사랑의 메아리가 되어 자신에게로 돌아온다. 다른 사람을 살리는 일이 될 뿐만 아니라 선행을 하는 본인 스스로에게도 생명력을 공급하는 일이다. 이것이야말로 인간이 추구할 수 있는 참된 행복의 길이며 하나님과 사람을 기쁘게 하는 일이다.

셋째, 욥의 발언은 공동체 안에서 최고의 권위와 명예는 어디에서 오는가 하는 점을 일깨워 준다. 욥이 얼마나 존경받는 인물이었던가 하는 것은 두 군데의 단락(7-10절; 21-25절)을 통해서 명시적으로 드러난다. 그가 성문에 나가면 사람들이 그의 자리를 마련해 주었고, 욥이 말할 때는 남녀노소를 불문하고 잠잠했다. 욥이 말을 하면 모두 그의 말에 경청했고, 이슬과 비처럼 사람들의 마음에 젖어들었다.

이렇게 사람들에게 감동을 주고 영향력 있는 삶을 살았던 것은 그가 위의 단락에서 서술한 것처럼 공동체 안에서 의와 자비를 베푸는 삶을 살았기 때문이다. 그의 삶을 보고 모두가 감탄하였으며, 그의 권위 앞에 머리를 숙였다. 행동으로 말을 하는 사람에게 진정한 존경이 있으며, 삶으로 보여주는 신앙의 모습에 모두가 감격하고 감탄한다. 감동을 주지 않는 사람은 마땅한 권위와 명예를 얻을 수 없다. 반대로 감동을 주고 고통당하는 자들에게 힘과 용기가 되어주는 삶을 살게 되면, 하나님께서 그를 높이시고 하나님이 보장하시는 최고의 권위와 명예의 삶을 살게 될 것이다.

B. 현재 맞고 있는 고통스런 삶에 대한 탄식(30:1-31)

서두에서 설명한 바와 같이 30장에서는 욥이 과거에 누렸던 행복과 정반대로 맞고 있는 현재의 불행이 묘사된다. 이러한 변화가 '베아타'(וְעַתָּה, "그러나 이제")라는 말로 대변된다(1절과 16절). 다음과 같은 언급들이 서로 대조를 이루는 내용으로 나타난다(J. Ebach, *KBB* 2, 75). 과거에는 욥이 공동체 가운데 '정상'에 있었다면(29:25), 지금은 저 아래에 있는 하층민들 가운데 있다(30:1-10). 그가 과거에 누렸던 행복 가운데 빛이 있었다면(29:3), 지금은 흑암과 암울함이 그의 삶을 대변하는 색깔이다(30:26, 28). 과거에는 그가 불행한 자들에게 격려하는 의미로 '웃음'을 주었다면, 지금의 그는 사회의 낮은 계층으로 전락한 사람들의 '비웃음'을 사고 있다(이러한 대조가 29:24과 30:1에서 동일한 '사하크'(שָׂחַק)를 통해서 표현된다).

이와 같은 '그때'와 '지금'의 대조가 내용을 통해서 그려질 뿐 아니라 상반되게 진행되는 구조를 통해서도 나타난다(J. Ebach, *KBB* 2, 75). 29장에서는 행복에 대한 서술이 빛과 하나님의 함께 하심이라는 축복의 '근거'에서 시작하여, 그러한 하나님의 돌보심으로 인해 나타나는 결과들이 특히 사회적 관계의 관점에서 그려지고 있다. 그러나 30장에서는 반대적인 모습으로 나타나는 사회적 영향들이 우선적으로 그려지고, 그런 다음 점차 계층하락의 원인에 대한 진술로 가다가, 마침내 욥이 현재 맞고 있는 운명의 원인으로서 인식되는 하나님의 파괴적인 공격이 욥 발언의 중심에 등장한다. 30장은 다음과 같이 세 단락으로 구분된다.

1. 욥에 대한 사람들의 적대적인 행동(1-15절)
2. 욥에 대한 하나님의 적대적인 행동(16-23절)
3. 애가로 변한 욥의 노래(24-31절)

1. 욥에 대한 사람들의 적대적인 행동(30 : 1-15)

¹그러나 이제는 나보다 젊은 자들이 나를 비웃는구나 그들의 아비들은 내가 보기에 내 양 떼를 지키는 개 중에도 둘 만하지 못한 자들이니라 ²그들의 기력이 쇠잔하였으니 그들의 손의 힘이 내게 무슨 소용이 있으랴 ³그들은 곤궁핍과 기근으로 인하여 파리하며 캄캄하고 메마른 땅에서 마른 흙을 씹으며 ⁴떨기나무 가운데에서 짠 나물을 꺾으며 대싸리 뿌리로 먹을 거리를 삼느니라 ⁵무리가 그들에게 소리를 지름으로 도둑같이 사람들 가운데에서 쫓겨나서 ⁶침침한 골짜기와 흙 구덩이와 바위 굴에서 살며 ⁷떨기나무 가운데에서 부르짖으며 가시나무 아래에 모여 있느니라 ⁸그들은 본래 미련한 자의 자식이요 이름 없는 자들의 자식으로서 고토에서 쫓겨난 자들이니라 ⁹이제는 그들이 나를 노래로 조롱하며 내가 그들의 놀림거리가 되었으며 ¹⁰그들이 나를 미워하여 멀리 하고 서슴지 않고 내 얼굴에 침을 뱉는도다 ¹¹이는 하나님이 내 활시위를 늘어지게 하시고 나를 곤고하게 하심으로 무리가 내 앞에서 굴레를 벗었음이니라 ¹²그들이 내 오른쪽에서 일어나 내 발에 덫을 놓으며 나를 대적하여 길을 에워싸며 ¹³그들이 내 길을 헐고 내 재앙을 재촉하는데도 도울 자가 없구나 ¹⁴그들은 성을 파괴하고 그 파괴한 가운데로 몰려드는 것 같이 내게로 달려드니 ¹⁵순식간에 공포가 나를 에워싸고 그들이 내 품위를 바람 같이 날려 버리니 나의 구원은 구름 같이 지나가 버렸구나

[30 : 1-15] 욥의 변화된 처지는 무엇보다 계층적인 하락에서 기인한다. 과거에 사람들이 보여주었던 존경심 넘치는 행동과는 반대로 이제는 사람들이 조롱과 멸시로 자신을 대한다. 심지어 과거에는 '양떼를 지키던 개들'처럼 낮게 평가되던 사람들의 아들들('젊은 자들')이 욥을 비웃고 조롱하는 일을 서슴지 않는 상황이 되었다(1절). 2~8절은 그들이 얼마나 비천한 자들이었던가를 그들의 삶의 행태에 대한 묘사를 통해서 잘 드러내주고 있다. 그들은 정말 '어

리석은 자의 자식이요, 이름 없는 자의 자식이며, 땅에서 버림당한 자들'이었다(8절).

9절 이하에서 앞에서 다루어졌던 주제가 다시 한 번 나타난다. 여기에서 욥의 처지가 개인 탄원시에서와 마찬가지로 '조롱'(9절, נְגִינָה ; 애 3 : 14, 63 ; 시 69 : 12)과 '혐오'(10절, 동사 תעב ; 19 : 13-14, 17, 19)를 통해 특징지어진다. 이것을 통해 욥이 사회적으로 경험하고 있는 멸시와 소외를 뚜렷이 보여준다. 욥이 겪고 있는 계층하락의 모습은 그에게 침 뱉기를 주저하지 않는 사람들의 행동을 통해서도 잘 드러난다(17 : 6 ; 사 50 : 6 ; 15 : 8 참조).

11절에서는 갑작스런 주어의 교체가 일어난다. 단순히 3인칭 남성 단수로 표현되어 있으나 그것은 하나님을 가리킨다(3 : 10 참조). 그리고 11절은 이유를 설명하는 '키'(כִּי)로 시작되는 문장구조를 가지고 있다. "그분이 내 줄을 느슨하게 하셔서 나를 고통 받게 하셨기 때문이다." 그러므로 욥은 이 발언을 통해 사람들이 보이는 적대적인 행동에 대한 궁극적인 원인이 하나님의 행동에 있음을 밝히고 있는 것이다(Ha, Kyung-Taek, *Frage und Antwort. Studien zu Hiob 3 im Kontext des Hiobbuches*, 148). 12~14절에서는 한층 강화된 사람들의 공격적인 행동이 기술된다. 함께한 사람들은 욥에게 조롱과 혐오 대신 전쟁의 상황에서 나타날 수 있는 공격적인 행동을 보여준다. 그것은 마치 한 도시를 점령하는 군대의 공격과도 같다. 그들의 행동은 다음과 같은 삼단계의 모습으로 분석된다(P. Riede, *Im Netz des Jägers. Studien zur Feindmetaphorik der Individualpsalmen*, 71쪽 이하). 제1단계 : 공격을 위한 준비(12절 ; 19 : 21 참조), 제2단계 : 도시에 이르는 모든 진입로 차단(13절), 제3단계 : 성 안으로 진격(14절).

15절은 세 어구(Trikolon)로 이루어진 절이다. 세 어구적인 구조는 첫 번째 연을 종합하고 요약한다. 욥은 악인들에게 임한 운명을 맞는다. 그에게 '공포'(בַּלָּהָה)가 엄습한다(18 : 11, 14 ; 24 : 17 ; 27 : 20 참조 ; 또한 3 : 25 ; 30 : 26 참조). 그리고 그의 '존엄'(נְדִיבָה ; 12 : 21 ; 21 : 28 참조)과 '구원'(יְשֻׁעָה ;

13:16 참조)이 바람과 구름처럼 한순간에 그에게서 사라졌다. 욥은 자신의 상황을 사물 주어를 통해 묘사한다. 공포가 '욥'이라는 집에 찾아와 그곳에 머물던 존엄과 구원을 내쫓고 그 집을 차지한 것과 같은 형국이다. 순식간에 집주인이 바뀐 것이다. 욥이 맞은 운명의 변화는 이처럼 갑작스럽고 철저한 모습으로 나타났다. 욥의 진술에서 강조되는 점은 인간의 적대적인 행동이 하나님의 적대적인 행동에서 비롯되었다는 사실이다. 하나님의 행동과 사람들의 행동은 분리되지 않는다. 하나님의 현실이 인간의 행동 안에서 발현되는 것이다. 그러므로 자신의 현재의 상황을 묘사하는 욥의 탄식은 그 자체로 하나님의 행동에 대한 고발이 된다. 마침내 20~23절에서 욥은 더 이상 우회적으로 하나님의 행동을 문제 삼지 않고 하나님을 2인칭으로 지칭하며 하나님께 직접 탄식하게 된다.

2. 욥에 대한 하나님의 적대적인 행동(30:16-23)

[16]이제는 내 생명이 내 속에서 녹으니 환난 날이 나를 사로잡음이라 [17]밤이 되면 내 뼈가 쑤시니 나의 아픔이 쉬지 아니하는구나 [18]그가 큰 능력으로 나의 옷을 떨쳐 버리시며 나의 옷깃처럼 나를 휘어잡으시는구나 [19]하나님이 나를 진흙 가운데 던지셨고 나를 티끌과 재 같게 하셨구나 [20]내가 주께 부르짖으나 주께서 대답하지 아니하시오며 내가 섰사오나 주께서 나를 돌아보지 아니하시나이다 [21]주께서 돌이켜 내게 잔혹하게 하시고 힘 있는 손으로 나를 대적하시나이다 [22]나를 바람 위에 들어 불려가게 하시며 무서운 힘으로 나를 던져 버리시나이다 [23]내가 아나이다 주께서 나를 죽게 하사 모든 생물을 위하여 정한 집으로 돌려보내시리이다

[30:16-23] 15절에 이어서 16절에서도 의인화된 사물이 주어로서 등장한다. 15절에서는 '공포', '존엄', '구원'이 주어로 등장했으나, 16절에서는 '영혼'과

'고난의 날들'이 주어로 나타난다. 욥의 '영혼'이 쏟아져 내린다. 욥의 마음이 무너져 내리고, 욥에게 있던 기력이 물이 쏟아진 것처럼 다 빠져 나간다(시 22:14 참조). 그의 삶은 고통의 연속이다. 고난의 날이 그를 꽉 쥐고 놓아주지 않는다. 고난의 날이 그를 사로잡고 있다. 16:8에서 병든 육체가 욥에 맞서 증언하는 모습과 유사하다. 16장에서나 이곳 30장에서 잦은 주어 교체가 관찰되는데, 이것은 이러한 방식으로 모든 것이 욥에게 대항하여 작용하고 있다는 사실을 실감나게 보여준다(J. Ebach, *KBB* 2, 78).

17절에서는 육체적으로 겪는 고통에 대해서 말한다. 밤이면 뼈가 쑤시고 고통이 끊이지 않는다. 질병 또한 그가 경험하는 고난의 일부이다. 이전 발언에서도 이와 유사한 언급(7:3-5; 16:8; 19:20 참조)을 한 적이 여러 번 있다(S. Balentine, *Smyth & Helwys*, 456). 18절과 19절에서 다시 주어가 바뀐다. 그것은 3인칭 남성 단수로만 표현되어 있다. 명시적으로 나타나지 않기 때문에 의미를 살펴서 주어를 찾아야 한다. 그 주어는 11절에서처럼 '하나님'을 지칭한다. 그래서 개역개정 성경에서는 19절의 주어를 '하나님'이라고 밝히고 있다. 18절의 욥의 말은 '의복'이라는 주제를 통해 29:14과 대응을 이룬다(J. Ebach, *KBB* 2, 78). 거기에서는 공의와 정의가 욥에게 '의복'처럼 작용하여 욥의 존귀와 영광을 나타내었다면, 여기에서는 의복이 자신을 옥죄는 고통과 억압의 도구가 된다. 하나님이 그의 거센 힘으로 욥의 '내 옷'을 잡아당기셔서, 옷깃처럼 '나'를 휘어 감으신다. 또한 하나님은 욥을 진흙에 던지셔서 그를 먼지와 재와 같이 되게 하셨다. 19절에 언급된 낱말 '아파르'(עָפָר, 재)는 2:8에서 말하듯이 '재 위에 있는 욥'을 암시한다.

20절 이하에서 다시금 주어 교체가 이루어진다(J. Ebach, *KBB* 2, 78). 이곳에서의 주어는 '나', 즉 욥이다. 이와 동시에 욥이 상대하고 있는 대상이 누구인가도 분명해진다. 그것은 하나님이시다. 욥은 하나님을 '당신'(2인칭 남성 단수)으로 부른다. 이어지는 발언(21-23절)에서는 '당신'으로 지칭되는 하나님의 행동이 직접적으로 진술된다. 욥의 발언이 궁극적으로 지향하는 바가 이러한 주어의 변화를 통해 드러난다.

이제 욥은 하나님을 향하여 직접 말한다(J. Ebach, *KBB* 2, 78). 그는 하나님의 도우심을 구하는 자신의 간구가 아무런 응답 없이 남아 있다고 탄식한다(20절 상반절). 여기에서 이른바 '응답되지 않는 탄식에 대한 탄식'(die Klage über nicht erhörte Klage)의 주제가 나타난다. 이것은 '질문과 응답의 구조' 속에서 파악되는 욥기의 중심 주제를 암시한다. 탄식하는 자에게 하나님의 응답은 모든 것이 된다. 욥에게는 하나님의 응답이 근본적인 문제라는 것이다. 모든 것이 하나님의 응답에 달려 있다(12 : 4 ; 13 : 22 ; 14 : 15 ; 또한 9 : 16 참조). 그러므로 욥의 탄식은 궁극적으로 하나님의 응답을 지향한다(이점에 관하여 다음을 참조하라: Ha, Kyung-Taek, *Frage und Antwort*, 153-154).

욥을 고통스럽게 하는 것은 하나님이 자신을 알아보지 못한 것에 있지 않다. 자신이 서 있는 모습을 보시고도 그저 보고만 계신다(20절 하반절)는 게 욥에게는 중요한 문제다. 이뿐 아니라 하나님의 관심은 오히려 적대적인 공격으로 나타난다. 하나님 자신이 돌변하셨다(히브리어 동사 הָפַךְ ; 9 : 5 ; 12 : 15 ; 28 : 9 ; 30 : 15 ; 34 : 25 ; 37 : 12 ; 38 : 14 ; 41 : 20 참조). 하나님은 욥에게 잔혹하게 행동하시고 원수와 같이 대적하신다(21절). 여기에서 욥을 대적하시는 하나님의 행동을 묘사하면서 '사탄'(שָׂטָן ; 1 : 6 참조)의 어원이 된 동사 '사탐'(שָׂטַם)을 사용한다(16 : 9 참조). 하나님은 그를 바람에 날려가게 하신다. 과거에는 바람이 하나님의 구원행동을 위해 사용되었지만(시 18 : 10, 16 참조) 이제는 하나님의 심판의 도구가 되었다. 그러므로 욥은 이제 안다(כִּי־יָדַעְתִּי). 하나님이 자신을 모든 살아 있는 것을 위해 정해 놓은 죽음으로 몰아가신다는 사실을(23절). '키-야다티'(כִּי־יָדַעְתִּי)라는 어구는 19 : 25에서 '구속자가 살아 계신다는 사실을 안다'고 할 때 사용된 어구와 동일하다. 이러한 어구사용을 통해 욥이 얼마나 확신과 절망의 상황을 극적으로 오가는지가 단적으로 드러난다.

20~23절에서 간접적으로만 언급되던 하나님의 행동이 명시적으로 묘사

되고 하나님께 직접 탄식하고 있는 모습을 본다. 그러한 의미에서 이 단락은 29~30장의 중심단락이라고 할 수 있다(J. E. Hartley, *NICOT*, 402). 사람들의 적대적인 행동 뒤에 자리하고 있는 하나님의 행동을 직접 드러냄으로써 욥 자신의 모든 문제가 하나님의 행동에 달려 있음을 다시 한 번 보여준다.

3. 애가로 변한 욥의 노래(30 : 24-31)

[24]그러나 사람이 넘어질 때에 어찌 손을 펴지 아니하며 재앙을 당할 때에 어찌 도움을 부르짖지 아니하리이까 [25]고생의 날을 보내는 자를 위하여 내가 울지 아니하였는가 빈궁한 자를 위하여 내 마음에 근심하지 아니하였는가 [26]내가 복을 바랐더니 화가 왔고 광명을 기다렸더니 흑암이 왔구나 [27]내 마음이 들끓어 고요함이 없구나 환난 날이 내게 임하였구나 [28]나는 햇볕에 쬐지 않고도 검어진 피부를 가지고 걸으며 회중 가운데 서서 도움을 부르짖고 있느니라 [29]나는 이리의 형제요 타조의 벗이로구나 [30]나를 덮고 있는 피부는 검어졌고 내 뼈는 열기로 말미암아 탔구나 [31]내 수금은 통곡이 되었고 내 피리는 애곡이 되었구나

[30 : 24-31] '아크'(אַף, 그러나, 정말)라는 표현으로 시작된 진술을 통해 욥은 다시 한 번 자신이 강조하고자 하는 바를 언급한다. 하나님은 사람들이 멸망 가운데 도움을 구해도 무덤에 이르기까지 그의 손을 뻗치지 않으신다(24절). '응답되지 않는 탄식에 대한 탄식'의 주제를 다시금 언급하는 것이다(20절을 보라). 그러나 이러한 하나님의 행동은 25절에서 묘사되는 욥의 행동을 고려할 때 더욱 이해할 수 없게 비춰진다. 욥은 지난날 '고난당한 자를 위하여 울었고, 가난한 자를 위하여 슬퍼하였다.' 29 : 12~17에 묘사되어 있듯이 그는 힘없는 자들의 고통과 함께 하였고, 도움을 요청하는 자들의 부르짖음을 외면하지 않았다. 그러나 하나님은 울부짖고 있는 사람들에게 아무런 조치도

취하시지 않고 있다. 26절에는 자신의 기대와는 전혀 다른 결과를 맞이한 자신의 형편을 묘사한다. 욥은 '선한 것'(טוב)을 바랬으나 '악한 것'(רע)이 왔다. 그는 '빛'을 바랬으나 '어둠'이 임했다. 29장에서 묘사한 '빛의 날들'(29 : 2-6)이 가고 악인이 맞는 어둠의 날들이 찾아왔다.

    30장의 마지막 단락(27-31절)은 욥의 현재적인 형편을 묘사한다. 발언의 흐름을 보면 욥이 말하고자 하는 바가 더욱 뚜렷하게 드러난다. 먼저 다양한 사물 주어들을 통해 욥을 맞서고 있는 것들이 무엇인가가 기술되고(15-17절), 욥의 고난에 대한 궁극적인 근거가 되시는 하나님이 '그'와 '당신'으로 지칭된 후에(18-23절), 욥은 마지막에 자신에 대한 서술로 돌아온다(J. Ebach, KBB 2, 79). 욥의 고통과 비참은 우선적으로 하락된 사회적 지위에서 나타나고 있음을 알 수 있었다(욥의 곤경을 묘사하는 1-14절을 보라). 마지막 결론부에서도 그러한 사회적 관계들이 언급되고 있으나 이제는 욥이 겪고 있는 육체적인 고통의 측면이 분명하게 묘사된다. 욥은 내장이 끓어오르는 고통을 느낀다(27절). 피부가 검어졌고 뼈가 열기로 타 버렸다(30절). 그러한 육체적 고통을 가지고 공동체(קהל) 가운데서 도움을 위해 부르짖는다(28절). 그러나 그는 공동체 안에서 철저하게 소외된다. 그래서 그가 어울릴 수 있는 세계는 사람의 세계가 아니라 사람으로부터 외면받는 광야와 황무지의 세계다. 욥은 이제 자신이 거하던 공동체가 아니라, 광야와 황무지에서 사는 야생동물인 자칼과 타조의 친구가 되었다(29절 ; 이러한 광야와 황무지의 세계는 하나님 발언의 한 주제이기도 하다). 마지막 31절은 욥의 상황을 은유적으로 표현한다. 그의 음악은 슬픔으로 변했다. 그가 연주하는 모든 악기의 노래는 슬픔이요 통곡인 '애가'이다.

■■ 설교를 위한 묵상

    욥의 탄식의 내용을 통해 고난 중에 있는 사람들의 고통이 무엇인가를 알게 한다.

첫째, 욥과 같이 고난당하는 사람들이 겪는 일차적인 고통은 사회로부터 당하는 멸시와 소외이다. 욥의 고난을 생각할 때 그가 가지고 있었던 육체적 질병에 의한 고통을 쉽게 떠올린다. 하지만 현재의 고통에 대한 욥의 발언에 나타난 내용은 옛날의 명성과 권위를 잃고 사회적으로 추락한 자신의 모습을 보는 것이다. 예전에는 감히 자신을 상대하지도 못했던 사람들에게서조차 조롱당하고 멸시당하는 것이 그 어떤 고통보다 더 큰 고통으로 그에게 다가오는 것이다(1-10절). 또한 육체적 고통도 알고 보면 공동체로부터 경험하는 소외와 깊은 관계에 있음을 알 수 있다(28-29절).

인간은 사회적 동물이다. 자신이 속한 공동체에서 인정을 받지 못하고 따돌림을 당하고 혐오의 대상이 된다는 것은 사회적 죽음을 맛보는 것과 같다. 그러므로 고난당하는 사람들에게는 그들을 따뜻하게 품어줄 수 있는 사회적 분위기와 그들의 고통에 대한 관심과 배려가 무엇보다 중요하다. 그렇지 않아도 자신들이 맞고 있는 힘든 상황 때문에 고통스러워하는 그들에게 차갑고 경멸에 찬 시선을 보낸다면 그들을 더욱 고통스러운 상황으로 몰고 가는 것이다.

둘째, 욥과 같은 고난당하는 사람들은 자신이 겪은 일을 통해 신앙의 위기를 맞을 수 있다. 욥은 결국 모든 문제가 하나님으로부터 시작되었다는 사실을 인지한다. 사람이 보여주는 적대적인 행동의 이면에는 하나님의 적대적인 행동이 있음을 밝힌다(11절, 18-23절). 세상을 통치하시는 유일하신 하나님을 믿는 신앙을 가진 사람은 자신의 모든 상황이 하나님의 영향권 아래 있음을 알기 때문이다. 그러기 때문에 자신이 겪고 있는 모든 삶의 문제는 하나님의 선하신 통치에 관한 질문으로 귀착된다.

욥이 경험하는 하나님은 자신의 간구에 무응답으로 대응하시는 하나님이며, 자신을 보고 계시긴 하지만 그저 바라만 보고 계시는 하나님이시다(20절). 이뿐 아니라 자신을 잔혹하게 다루시고 원수처럼 대적하시는 하나님이시다(21절). 그리고 마침내는 자신을 모든 사람이 가게 되는 죽음으로 몰아가시는 하나님의 모습을 경험하게 된다(23절). 이러한 상황인식 속에서 욥이 겪었을 고통은 말로 표현하기 어렵다. 자신의 믿음의 터전이 흔들리는 상황이기 때문이다.

그러므로 이런 사람에게는 하나님에 대한 신뢰와 믿음을 상실하지 않도록 하는 신앙적 돌봄이 필요하다. 하나님에 대한 질문과 탄식을 금하기보다는 이해할 수 없는 고난에 대한 탄식을 쏟아놓게 하여 마음의 고통을 해소할 수 있게 하여야 한다. 또한 말씀과 기도를 떠나지 않게 함으로 주권적 자유를 가지고 통치하시는 하나님에 대한 믿음을 갖게 하며, 상황을 초월하여 하나님과 깊은 신뢰의 관계로 나아가게 하는 '신앙지도'(spiritual direction)가 필요하다.

C. 무죄 맹세(31 : 1-40)

욥기의 31장은 욥의 마지막 발언(29-31장)의 마지막 부분이다. 욥은 '과거의 행복'(29장)와 '현재의 불행'(30장)에 대한 언급 이후 '무죄 맹세'로 일컬어지는 내용으로 자신의 발언을 마친다.

욥은 자신의 무죄를 맹세의 형태로 주장한다. 그러한 맹세의 기본형식은 다음과 같이 묘사될 수 있다. '만약 내가 이러이러한 것을 행했다면, 나에게 이러이러한 일이 닥칠 것이다!' 그러므로 이것은 죄를 범한 경우 맞게 될 자기 저주의 한 형태이다. 반대로 맹세된 나쁜 결과가 발생하지 않으면, 그러한 맹세는 무죄라는 사실을 명시한다. 그러한 맹세의 말은 어떤 주장에 대한 수사학적인 강조의 차원의 말이 아니다. 그것은 그 말이 실제적인 영향을 미칠 것이라는 확신이 전제되어 있다. 이러한 점에서 욥이 사용한 맹세의 발언형식은 자신이 선택할 수 있는 말의 형식 가운데 가장 강력한 것이다(J. Ebach, *KBB* 2, 79-80).

31장은 구약성서 가운데 발견되는 발언형식에 있어서 유례를 찾아보기 힘든 독특한 본문이다. 하지만 이와 유사한 형식의 발언들을 말할 수 있다(J. Ebach, *KBB* 2, 80). '성전입장예식'에 나타나는 무죄 선언(시 15편 ; 24편 ; 신 26 : 12-15도 참조)이나 숨겨진 불의를 밝혀내는 '신명재판'(神明裁判)의 형식(출 22 : 7, 9이하 ; 왕상 8 : 31이하들 ; 대하 6 : 22이하)이 그것이다. 또한 죽은 자가 지하세계에 들어가는 것이 허용되기 전에, 자신의 무죄를 고백하는 이집트의 종교문헌 '사자(死者)의 서'에서 그 유사성을 확인할 수 있다.

욥의 무죄맹세에 열거된 범죄행위들은 다양하게 구분되었다. 예컨대 구약성서의 십계명이나 십이계명의 모범을 따라 분류하려는 시도가 있었다(G. Fohrer, *KAT*, 427-428). 구약성서에서 그 자체로나 그것의 배수를 통해서 완전성을 나타내는(예컨대, 전 3 : 2-8 ; 7 : 1-14 ; 암 1 : 3-2 : 5) 상징적인 숫자 7의 두 배인 14가지의 범죄행위를 나타내는 것이라고 설명하기도 하였다(R. Gordis, *The Book of Job*, 542). 욥의 맹세 내용을 다섯 가지의 그룹으로 묶어 이해하기도 하였다(C. Newsom, *The Book of Job*, 195). 그러나 욥의 맹세를 어떤 '전형적인' 수의 범주로 파악하지 않는다면, 다음과 같은 범주들로 맹세발언을 분류할 수 있다(J. Ebach, *KBB* 2, 81-82 ; 또한 J. E. Hartley, *NICOT*, 408-409 참조).

1. 호색(1-4절)
2. 속임과 탐욕(5-8절)
3. 간음(9-12절)
4. 종의 형편을 돌아보지 않음(13-15절)
5. 가난한 자와 약한 자의 요구를 외면(16-23절)
6. 재물에 대한 신뢰와 천체 숭배(24-28절)
7. 적에 대한 미움과 손님에 대한 호의 거절(29-32절)
8. 죄를 숨김(33-34절)
9. 도전발언 : 욥에게 명예의 선언이 될 고소장(35-37절)
10. 경작지에 대한 폭력(38-40절)

1. 호색(31 : 1-4)

¹내가 내 눈과 약속하였나니 어찌 처녀에게 주목하랴 ²그리하면 위에 계신 하나님께서 내리시는 분깃이 무엇이겠으며 높은 곳의 전능자께서 주시는 기

업이 무엇이겠느냐 ³불의한 자에게는 환난이 아니겠느냐 행악자에게는 불행이 아니겠느냐 ⁴그가 내 길을 살피지 아니하시느냐 내 걸음을 다 세지 아니하시느냐

[31:1-4] 욥은 자신이 범하지 않은 죄악들에 대한 열거를 하기 전에 자신이 자신의 눈과 '언약'을 맺었다는 사실을 언급한다. 욥기에서 '언약'에 대한 언급은 이곳을 포함하여 세 번 나온다(5:23; 41:4). 엘리바스와 욥과 하나님의 발언에서 각각 한 번씩 등장한다(S. Balentine, Smyth & Helwys, 477). 언약의 대상으로 돌과 눈과 리워야단이 언급된다. 각각의 경우 다른 의미를 지닐 수 있으나 공통적인 것은 언약을 맺을 때 언약의 대상과 특별한 관계에 있게 된다는 것이다. 언약의 주체들은 언약의 내용을 이행할 것을 약속하는 것일 뿐만 아니라 언약파기에 따른 결과도 책임지겠다는 맹세를 하는 것이다. 욥이 눈과의 언약을 통해서 행하지 않았다고 주장하는 것은 '젊은 여자'(בְּתוּלָה)에 대한 호색의 시선이다. 그가 유혹이 시작될 수 있는 눈(창 3:6; 삼하 11:2; 또한 민 15:39; 욥 31:7; 마 5:28 참조)과의 언약을 언급하는 것은, 계속되는 열거에서 문제가 되는 것이 의도된 범죄행위들과 범죄적인 욕구에 관한 것임을 보여줄 뿐만 아니라 그의 이러한 언급이 이어지는 모든 죄악에도 해당될 수 있다는 사실을 보여준다(J. Ebach, KBB 2, 82).

2~4절에서는 의와 불의에 대하여 인지하시고 그것에 따른 심판을 집행하시는 하나님의 행동에 대하여 질문한다. 악인과 선인은 하나님으로부터 그들의 삶에 받아 마땅한 '몫'(חֵלֶק)과 '유업'(נַחֲלָה)을 배정 받아야 한다(2-3절). 여기에 사용된 낱말 '몫'과 '유업'은 이스라엘 지파들에게 분배되거나 유산상속 시 물려받은 토지를 뜻한다. 욥이 기대하는 것은 어떤 사람의 삶에 그가 보여준 행위에 걸맞은 형편이 실현되는 그러한 정의이다. 그러나 바로 이것이 '욥의 사례'에서 4절의 질문이 보여주듯이 극도로 의문시 되었다. 따라서 욥과 친구들 간의 차이는 행위화복관계의 일치성 자체에 대한 견해가 아니라

그러한 믿음과 확신을 현실에 어떻게 적용시키는가 하는 점에 있다(J. Ebach, *KBB* 2, 82).

2. 속임과 탐욕(31:5-8)

⁵만일 내가 허위와 함께 동행하고 내 발이 속임수에 빨랐다면 ⁶하나님께서 나를 공평한 저울에 달아보시고 그가 나의 온전함을 아시기를 바라노라 ⁷만일 내 걸음이 길에서 떠났거나 내 마음이 내 눈을 따랐거나 내 손에 더러운 것이 묻었다면 ⁸내가 심은 것을 타인이 먹으며 나의 소출이 뿌리째 뽑히기를 바라노라

[31:5-8] 열거된 범죄행위 중 두 번째 경우는 허위와 기만에 관련된다. 히브리 낱말 '샤브'(שָׁוְא)는 공허하고 가치 없는 행동이나 사태를 가리킨다. 이것은 특별히 적절치 않는 언행에 적용된다. 하나님의 거룩한 이름을 잘못 사용하지 말아야 한다(출 20:7). 재판에서 거짓 진술을 하거나(출 23:1; 신 5:20), 하나님께로부터 오지 않은 거짓된 예언으로서 백성들을 현혹하는 것(겔 12:24; 13:6-9, 23; 21:23, 29; 22:28; 슥 10:2), 또한 바른 제사를 드리지 않음으로 드러나는 헛된 제물(사 1:13)과 우상을 섬기는 헛된 일(렘 18:15) 등이 이 낱말을 통해 표현된다(J. E. Hartley, *NICOT*, 411). 저울은 인간의 자체적인 평가와는 달리 인간의 행동을 면밀히 시험하시는 하나님의 행동을 상징적으로 나타낸다(6:2-3; 잠 16:2; 21:2; 24:12). 만약 누군가가 욥이 그러한 허위와 기만적인 행동을 했다고 의심한다면, 하나님께서 자신을 저울에 달아보시고 자신의 완전함을 입증해 주시기를 바란다(6절). 욥은 이처럼 자신의 무죄함에 대한 강한 확신을 가지고 있다.

이 단락(7-8절)의 주제는 욕망과 욕망을 따라 불법적으로 행동하는 것이다. 8절에서 욥은 자신이 7절에서 말한 불법적인 행동을 했다면 당하게 될

결과를 말한다. 그는 여기에서 조건문과 결과문의 구성을 갖추어 맹세형식으로 말한다. 그는 그 행동의 결과가 '씨뿌림'과 '거둠'의 상관성 속에서 이루어지기를 바라며(예컨대 시 126 : 5 ; 잠 22 : 8 ; 렘 12 : 13 ; 호 8 : 7 ; 미 6 : 15), 그것이 세대를 넘어서도 그 행동의 영향이 나타나기를 바란다(J. Ebach, KBB 2, 84). 이러한 맹세 결과문을 통해서 욥이 자신의 무죄에 대해서 얼마나 강하게 확신하고 있는가 하는 점이 잘 드러난다.

3. 간음(31 : 9-12)

⁹만일 내 마음이 여인에게 유혹되어 이웃의 문을 엿보아 문에서 숨어 기다렸다면 ¹⁰내 아내가 타인의 맷돌을 돌리며 타인과 더불어 동침하기를 바라노라 ¹¹그것은 참으로 음란한 일이니 재판에 회부할 죄악이요 ¹²멸망하도록 사르는 불이니 나의 모든 소출을 뿌리째 뽑기를 바라노라

[31 : 9-12] 욥은 다시 성적 윤리에 대한 언급을 시작한다. 그의 첫 번째 언급에서 '호색'의 주제를 다루었다면(1-4절), 여기에서는 '간음'의 주제를 다룬다. 그는 여자에 의해서 현혹되지 않았을 뿐 아니라 이웃의 아내에 대한 간음을 행하거나 계획하지도 않았다고 말한다(9절). 구약성서의 법이 말하는 간음은 다른 남자의 결혼관계를 파괴하는 것을 의미한다(예컨대, 출 22 : 16-17 ; 신 22 : 22-29). 만약 자신이 그러한 범죄를 저질렀다면 자신의 아내가 타인의 맷돌을 돌리며 타인과 동침하기를 바란다고 말한다. 이곳에서 보여주고 있는 맹세의 근본논리는 인과응보적이다(삼하 12 : 11 참조). 만약 내가 다른 사람의 혼인관계를 깨뜨렸다면, 다른 사람도 나의 혼인관계를 깨뜨리게 될 것이다(J. Ebach, KBB 2, 84). 11~12절은 간음이 얼마나 극악한 범죄이며 그 결과가 얼마나 비참하게 나타날 것인가를 잘 보여주고 있다.

4. 종의 형편을 돌아보지 않음(31 : 13-15)

[13]만일 남종이나 여종이 나와 더불어 쟁론할 때에 내가 그의 권리를 저버렸다면 [14]하나님이 일어나실 때에 내가 어떻게 하겠느냐 하나님이 심판하실 때에 내가 무엇이라 대답하겠느냐 [15]나를 태 속에 만드신 이가 그도 만들지 아니하셨느냐 우리를 뱃속에 지으신 이가 한 분이 아니시냐

[31 : 13-15] 여기서 욥은 종들에 대한 행동에 관하여 말한다. 욥은 자신이 종들의 권리를 저버리지 않았다고 말한다. 만약 그가 그렇게 하지 않았다면 하나님이 심판하러 오실 때 그는 대답할 말이 없을 것이다(14절). 이 점과 관련하여 제시된 근거는 종들이 가지고 있는 천부적인 인권의 문제이다. 그들이 부여받는 권리는 하나님의 창조에 기초하고 있다. 종들을 만드신 분과 자유자를 만드신 분도 종이 아닌 사람들을 만드신 분도 하나님 한 분이시다(잠 22 : 2 ; 말 2 : 10 참조). 여기에서 '한 분' 하나님에 대한 강조는 신명기 6 : 4 이하의 '쉐마 이스라엘'에 나타나는 이스라엘의 신앙고백과 일치한다(J. Ebach, *KBB* 2, 86). 유일신 하나님에 대한 신앙과 그분의 창조에 근거하여 형성된 욥의 인간관이 종들에 대한 적절한 행동으로 작용하고 있음을 알 수 있다.

5. 가난한 자와 약한 자의 요구를 외면(31 : 16-23)

[16]내가 언제 가난한 자의 소원을 막았거나 과부의 눈으로 하여금 실망하게 하였던가 [17]나만 혼자 내 떡덩이를 먹고 고아에게 그 조각을 먹이지 아니하였던가 [18]실상은 내가 젊었을 때부터 고아 기르기를 그의 아비처럼 하였으며 내가 어렸을 때부터 과부를 인도하였노라 [19]만일 내가 사람이 의복이 없이 죽어가는 것이나 가난한 자가 덮을 것이 없는 것을 못본 체 했다면 [20]만일

나의 양털로 그의 몸을 따뜻하게 입혀서 그의 허리가 나를 위하여 복을 빌게 하지 아니하였다면 [21]만일 나를 도와 주는 자가 성문에 있음을 보고 내가 주먹을 들어 고아를 향해 휘둘렀다면 [22]내 팔이 어깨 뼈에서 떨어지고 내 팔 뼈가 그 자리에서 부스러지기를 바라노라 [23]나는 하나님의 재앙을 심히 두려워하고 그의 위엄으로 말미암아 그런 일을 할 수 없느니라

[31:16-23] 욥은 이 단락에서 가난한 자와 도움이 필요한 자에 대해 저지를 수 있는 잘못들을 열거한다. 우선 욥은 자신이 가난한 자나 과부나 고아에게 한 행동에 대해서 말한다. 그는 그들의 요구를 거부하지도 않았고, 특별히 그들에게 먹을 것을 나누어 주지 않는 행동을 하지 않았다고 강조한다(16-18절). 18절에는 가난한 자, 고아와 과부에 대한 욥의 연대적인 행동이 무엇에서 비롯되었는지를 설명한다(J. Ebach, *KBB* 2, 86). 15절과는 달리 여기에서는 자신의 개인이력이 중요하게 작용한다. 욥은 사회적으로 소외된 상황에 속한 사람들과 어렸을 때부터 자랐고 일찍부터 그들을 이끌고 보호하는 역할을 감당했다는 것이다.

19~20절에서는 가난한 자들에게 옷을 제공하고 은혜를 베풀었던 자신의 행동을 묘사한다. 따라서 양털로 따뜻하게 된 헐벗은 자의 허리가 욥의 친절에 감사하며 욥을 축복한다. 21~23절에서는 약자의 권익을 위해 힘썼던 자신의 행동을 지적한다. 그는 자신의 명성과 힘을 이용하여 고아에게 잘못된 일을 행사하지 않았다. 만약 그가 그러한 일을 행했다면, 그의 어깨와 팔이 떨어져 나가야 한다. 즉 그는 자신이 가지고 있었던 모든 권력과 지위로부터 버림을 당할 것이다. 그러나 그는 약자에 대한 폭력을 응징하시는 하나님을 두려워하여 그런 행동을 하지 않았다.

6. 재물에 대한 신뢰와 천체 숭배(31:24-28)

²⁴만일 내가 내 소망을 금에다 두고 순금에게 너는 내 의뢰하는 바라 하였다면 ²⁵만일 재물의 풍부함과 손으로 얻은 것이 많음으로 기뻐하였다면 ²⁶만일 해가 빛남과 달이 밝게 뜬 것을 보고 ²⁷내 마음이 슬며시 유혹되어 내 손에 입맞추었다면 ²⁸그것도 재판에 회부할 죄악이니 내가 그리하였으면 위에 계신 하나님을 속이는 것이리라

[31 : 24-28] 욥은 여기에서 재물에 대한 신뢰와 천체 숭배의 문제를 다룬다. 그는 금이나 재물의 풍부함을 신뢰하지 않았다고 말한다. 금이나 자신이 얻은 재물을 신뢰하는 것은 하나님을 의지하지 않는 불신앙을 의미할 수 있다. 그러한 의미에서 이 단락에서 재물에 대한 신뢰와 천체 숭배의 문제가 연결되어 있는 것은 의미가 있다. 이것을 통해 욥은 재물보다 하나님을 더 중요하게 여기라는 말로써 자신의 잘못된 행동을 지적하는 엘리바스의 비난(22 : 24-25)을 반박한다(J. E. Hartley, *NICOT*, 418). 욥은 하나님만이 재물을 얻을 힘과 지혜를 주신다는 사실을 잘 알고 있다(신 8 : 17-18 참조).

욥이 해나 달을 섬기는 우상숭배의 행동을 하지 않았다고 말한다. 남몰래 천체에게 제의적이거나 종교적인 행위를 표시하지 않았다는 것이다(26-27절). 욥은 하나님 외에 어떤 것도 섬김의 대상으로 삼지 않았다. 욥이 이처럼 하나님의 유일성과 그분에 대한 신앙의 정조를 강조하는 것은 욥기의 전체적 맥락에서 볼 때 욥이 오직 이 한 분이신 하나님으로부터만 응답을 기대할 수 있고 기대하고 있다는 사실을 보여준다(J. Ebach, *KBB* 2, 87).

7. 적에 대한 미움과 손님에 대한 호의 거절(31 : 29-32)

²⁹내가 언제 나를 미워하는 자의 멸망을 기뻐하고 그가 재난을 당함으로 즐거워하였던가 ³⁰실상은 나는 그가 죽기를 구하는 말로 그의 생명을 저주하여 내 입이 범죄하게 하지 아니하였노라 ³¹내 장막 사람들은 주인의 고기에 배

부르지 않은 자가 어디 있느뇨 하지 아니하였는가 ³²실상은 나그네가 거리에
서 자지 아니하도록 나는 행인에게 내 문을 열어 주었노라

[31 : 29-32] 욥은 자신을 미워한 자의 불행을 보고 기뻐하지 않았고, 저주로
자신의 적들에게 손해를 입히지도 않았다고 말한다(29-30절). 적에 대한 욥
의 행동에서 구약성서에 나타난 이웃 사랑과 원수 사랑에 대한 입장을 엿볼
수 있다. 흔히 이웃 사랑이나 원수 사랑에 대한 계명은 신약성서적이라거나
기독교적이라고 판단한다. 그러나 그러한 판단은 구약성서의 여러 진술을 제
대로 고려하지 못한 결과다(J. Ebach, *KBB* 2, 88). 구약성서에는 이웃 사랑
과 원수 사랑에 대한 다양한 계명과 교훈들이 있다(나그네와 이웃에 대한 사
랑 : 레 19 : 18, 34 ; 적을 도와줌 : 출 23 : 4 이하 ; 잠 25 : 21 이하 ; 보복중
지 : 잠 20 : 22 ; 24 : 19 ; 애 3 : 30 ; 시락 27 : 30-28 : 7 ; 원수의 멸망을 기
뻐하지 말라 : 잠 17 : 5 ; 24 : 17 이하 ; 보복은 하나님께만 있다 : 신 32 : 35).

다음으로 욥은 손님에 대한 적절한 행동을 주제로 말을 이어간다. 그는
자신의 장막에 손님으로 머무는 것을 거절하지 않았고, 자신의 장막에 거주
하는 자를 정성을 다해 돌보았다고 진술한다(31-32절). 구약성서에서는 손님
에 대한 적절한 대우와 처신을 하지 못함으로 벌어지는 비극적인 이야기들이
소개되고 있다(창 19장 ; 삿 19-21장).

8. 죄를 숨김(31 : 33-34)

³³내가 언제 다른 사람처럼 내 악행을 숨긴 일이 있거나 나의 죄악을 나의
품에 감추었으며 ³⁴내가 언제 큰 무리와 여러 종족의 수모가 두려워서 대문
밖으로 나가지 못하고 잠잠하였던가

[31 : 33-34] 욥은 자신이 범죄한 사실을 숨기는 죄를 범하지 않았다. 그는 자

신의 잘못을 인정하고 공중 앞에서 자신의 잘못에 대한 책임을 다했다. 그가 위선적인 행동을 하지 않았다고 말하는 것에서 사람이 두려워하는 두 가지 사실이 인지될 수 있다. 하나는 대중적인 수치이고, 다른 하나는 하나님의 위엄에 대한 두려움이다(23절). 하나님에 대한 경외는 욥으로 하여금 대중의 평가(출 23 : 2)를 극복하게 한다(N. C. Habel, *OTL*, 472).

9. 도전발언 : 욥에게 명예의 선언이 될 고소장(31 : 35-37)

^{35}누구든지 나의 변명을 들어다오 나의 서명이 여기 있으니 전능자가 내게 대답하시기를 바라노라 나를 고발하는 자가 있다면 그에게 고소장을 쓰게 하라 ^{36}내가 그것을 어깨에 메기도 하고 왕관처럼 머리에 쓰기도 하리라 ^{37}내 걸음의 수효를 그에게 알리고 왕족처럼 그를 가까이 하였으리라

[31 : 35-37] 이 진술은 비현실적인 소원을 나타내는 어구(מִי יִתֶּן־לִי, '나에게 누가 있다면……')로 시작된다(19 : 23이나 29 : 2에서처럼). 욥의 이 진술은 법정소송 장면에 대한 그림과 함께 세 가지 사실에 대한 언급으로 이루어져 있다(Ha, Kyung-Taek, *Frage und Antwort*, 159). 첫째로 그는 '들어줄 사람'을 요구한다. 분사적인 표현으로 되어 있는 '들어줄 사람'(שֹׁמֵעַ)은 법정소송에서 재판장을 의미하는 것으로 이해할 수 있다. 두 번째로 그는 하나님('전능자')으로부터 응답이 오기를 바란다. 세 번째로 바라는 것은 법정소송 상대자에 의해서 자신의 범죄 사실에 대한 기록이 담겨 있는 '소송장'(סֵפֶר)이다.
이 '문서'는 그 어떤 맹세보다 더 확실하게 자신의 무죄를 증명하는 증거물이 될 것이다. 욥은 법정 싸움에서 '무죄선고'를 확신하고 있다(13 : 22 참조). 그래서 그는 자신의 고소장을 휘장을 두르듯이 어깨에 메거나 왕관처럼 머리에 쓰고, 자신의 전 생애를 내보이면서 '통치자'처럼 하나님께로 다가갈 수 있을 것이라고 말한다(36-37절). 여기에서 의복에 대한 은유가 발견된다

(J. Hartley, *NICOT*, 425). 자신이 과거에 공의와 정의의 의복을 입었듯이 (29:14), 욥은 이제 모든 사람의 인정을 받을 수 있도록 고소장으로 자신을 장식할 것이다. 이보다 더 강력한 '도전 발언'은 없을 것이다. 이제 하나님이 응답하실 차례다. 하지만 욥에게는 아직 할 말이 남아 있다.

10. 경작지에 대한 폭력(31:38-40)

³⁸만일 내 밭이 나를 향하여 부르짖고 밭이랑이 함께 울었다면 ³⁹만일 내가 값을 내지 않고 그 소출을 먹고 그 소유주가 생명을 잃게 하였다면 ⁴⁰밀 대신에 가시나무가 나고 보리 대신에 독보리가 나는 것이 마땅하니라 하고 욥의 말이 그치니라

[31:38-40] 욥이 마지막으로 거부하는 불의는 땅에 대한 착취이다. 38절에서는 땅이 욥에게 대항하여 소리칠 수 있다는 사실을 말한다. 그러나 어떤 폭력에 대해서 땅이 소리치는지에 대해서는 언급되고 있지 않기 때문에, 이와 관련한 사항들을 모두 고찰해 보아야 한다(J. Ebach, *KBB* 2, 90-91; J. Hartley, *NICOT*, 422-423). 땅에 대한 올바른 대응은 여러 가지 규정으로 명시되고 있다. 땅은 피흘림으로 더럽혀질 수 있고, 그러한 피흘림은 적절한 보응을 통해 속죄되어야 한다(민 35:33; 창 4:10 이하; 시 106:38, 또한 욥 16:18 참조). 땅 자체가 사람의 범죄에 반응하여 나쁜 결과를 가져온다(호 4:1-3; 사 24:1-13; 렘 12:4; 14:1-9). 또한 가난한 자들을 위해 묵혀 두거나(출 23:10 이하; 레 25:1-7) 남겨두어야 한다(레 19:9 이하; 23:22; 또한 룻 2:15 이하 참조).

39절에서 욥은 땅과 그것의 수확에 대해 다른 사람의 값을 치르고 자기 것으로 삼지 않았다고 매우 분명하게 서약한다. 그가 이전 소유자를 감언이설로 속여 이득을 챙기거나 그의 일꾼에게 삯을 지불하지 않거나 하지 않았다는 것이다(J. Ebach, *KBB* 2, 90). 40절에서는 이와 같은 범죄행위를 했을 경우 경작지가 마땅히 기대되는 소출을 내지 않고 가시나무와 독보리가 날 것이라고 말한다. 이것은 최초의 인간들이 범죄했을 때 선고된 범죄의 결과와 유사하다(창 3:18). 경작지에 대한 폭력의 내용이 마지막에 언급된 것을 보고 35절 앞에 와야 할 것이 잘못 놓인 것이라고 많은 주석가들이 평가한다(J. E. Hartley, *NICOT*, 422). 그러나 이것은 의도적인 욥의 발언이라고 보는 것이 더 타당할 것이다. 40절의 언급은 단순히 경작지에 대한 행동뿐 아니라 앞에 나오는 욥의 맹세를 총괄하는 의미가 있다(N. C. Habel, *OTL*, 440). 지금까지 자신이 말한 맹세와 언약이 잘못되었다면, 최초의 인간들이 경험한 것처럼 마땅히 땅으로부터 저주의 결과를 맞게 될 것이라는 선포인 셈이다.

40절 하반절에 '욥의 말이 그쳤다'는 언급이 나타난다. 이것은 하나의 '서명'과도 같다(렘 51 : 64 ; 시 72 : 20 참조). 이것으로써 친구들과의 논쟁의 상황에서 욥이 했던 발언이 끝난다.

설교를 위한 묵상

욥의 발언 종결부(31장)를 통해 다음과 같은 적용점들을 생각할 수 있다.
첫째, 욥의 무죄맹세는 '예배하는 자는 영과 진리로 예배할지니라'(요 4 : 24)는 예수님의 말씀을 상기시킨다. 10개 이상의 범주로 묶어야 하는 욥의 무죄맹세 내용은 마치 예배하는 자가 성전에 입장하기 위해서 치러야 하는 '성전입장예식문'(시 15편 ; 24편)을 보는 것 같다. 예루살렘에 도착한 순례자들은 성전 문에서 성전에 들어갈 수 있는 조건들에 대해서 묻는다. 그때 성전 문지기 또는 제사장은 예배하러 온 자들에게 일상생활 가운데 지켜져야 할 여러 가지 내용들을 열거한다. 그러한 확인 절차가 끝나고 나서야 순례자들은 하나님을 대면하는 예배의 자리에 나아갈 수 있었다.
욥이 열거하고 있는 사항들도 일상생활에서 이루어져야 할 구체적인 행동들이다. 호색하거나 속임과 탐욕을 일삼지 않고, 종과 가난한 자들의 형편을 돌보아 주며, 미워하는 자의 불행을 기뻐하지 않는 것이다. 또한 재물에 눈이 멀지 않고 천체를 숭배하지 않으며 손님에 대한 호의를 거절하지 않는 것이다. 경작지에도 불의를 행치 아니하여 소출이 위협받지 않는 상황이 되어야 한다. 이러한 구체적인 행동 가운데 그 사람의 영성과 거룩성이 드러난다. 예배하는 자에게는 일상생활 가운데 삶으로 드리는 제사가 동반되어야 하며, 욥이 맹세하는 것과 같이 세상적 삶을 살아감에 있어 말씀에 근거한 확고한 태도로 임해야 한다.

둘째, 욥의 무죄맹세는 하나님에 대한 바른 신앙고백이 신앙적 윤리의 기초가 된다는 사실을 확인해 준다. 욥은 종들의 요구를 외면하거나 그들의 권리를 무시한 적이 없다고 말한다(13절). 그러면서 그가 자신의 행동에 대한 근거로 내세우는 것은 종을 만드신 분도 종이 아닌 사람을 만드신 분도 '한 분' 하나님이시라는 사실이다(15절). 창조주 하나님에 대한 바른 신앙고백이 고대사회에서 신분의 차이를 뛰어넘게 했고, 천부적인 인권을 인정하는 근거가 되었다.

또한 욥은 금이나 자신의 능력을 하나님보다 앞세우지 않았다고 말한다(24-25절). 그는 재물을 하나님으로 섬기는 우상숭배의 범죄를 저지르지 않았다(참조. 마 6:24). 반대로 욥은 재물을 얻을 힘과 지혜를 주시는 분은 하나님이심을 알았다. 참된 세상의 주관자가 누구이신가를 분명하게 알고 있었던 것이다. 더 나아가 그는 해나 달을 섬기는 어리석은 일을 행하지 않았다.

이러한 내용들은 모두 세상과 인간을 창조하신 한 분 하나님을 전적으로 믿는 것과 관련된다. 모든 것이 창조주 하나님의 작품임을 인정하는 사람은 다른 사람에 대한 인식과 태도도 달라진다. 신분이 낮은 사람이라 할지라도 그를 얼마든지 인정하고 배려할 수 있게 된다. 왜냐하면 낮게 보이는 그 사람도 하나님이 만드신 존귀한 존재라는 사실을 알기 때문이다. 또한 창조주 하나님에 대한 신앙이 확실한 욥은 하나님 외에 다른 그 어떤 것도 섬김의 대상으로 삼지 않는다. 재물도, 하늘의 해와 달도 자신이 믿고 의지할 수 있는 대상이 아님을 깨닫는다. 오직 하나님만이 세상을 이기는 힘과 지혜를 공급하시는 유일한 주권자이심을 알기 때문이다.

셋째, 욥의 '무죄맹세'는 하나님의 응답에 대한 확신의 표현이다. 지금까지 친구들과의 논쟁에서 말했던 발언의 모든 내용을 종결짓는 이 발언은 '무죄맹세'라는 독특한 발언형식을 띤다. 이것은 욥이 선택할 수 있는 말의 형식 가운데 가장 강력한 것이다. 이것은 욥이 말한 내용이 거짓일 경우 그가 맹세한 내용의 결과가 자신에게 닥칠 것이기 때문에 자기 저주의 한 형태라고 할 수 있다. 이것은 자신의 무죄에 대한 확신과 이 발언에 대해 하나님이 응답하실 것이라는 확신이 없으면 불가능한 행동이다. 이제 하나님은 반응하시지 않고는 견딜 수 없게 된다. 무응답도 하나의 응답이 되어 욥의 무죄를 확증하는 표시가 될 수 있기 때문이다. 욥은 이런 극적인 발언형식을 통해서 하나님의 응답을 이끌어 낸다.

욥은 결국 하나님께 향한다. 그리고 하나님의 응답에 자신의 모든 것을 건다. 하나님이 응답해 주시지 않으면 빠져 나올 수 없는 고통 가운데 있기 때문이다. 그러므로 '무죄맹세'는 하나님께 대한 욥의 '올인'(all in)이며, 하나님 응답에 대한 확신의 발로(發露)다. 이러한 확고한 신앙만이 욥이 당한 것과 같은 고난을 이기게 하며 하나님의 응답을 경험하게 하는 것이다.

제 VII 부

엘리후의 발언

욥기 32 : 1~37 : 24

A. 엘리후의 등장과 모두(冒頭)발언(32 : 1-22)
  1. 엘리후의 등장(32 : 1-5)
  2. 엘리후의 모두(冒頭)발언(32 : 6-22)
B. 엘리후의 첫 번째 발언(33 : 1-33)
  1. 욥을 향한 준비 발언(33 : 1-7)
  2. 욥의 말에 대한 인용과 평가(33 : 8-13)
  3. 하나님의 계시의 방식들(33 : 14-22)
  4. 고난을 통한 회복(33 : 23-30)
  5. 발언촉구(33:31-33)
C. 엘리후의 두 번째 발언(34 : 1-37)
  1. 검증 요청(34 : 1-4)
  2. 욥의 발언에 대한 인용(34 : 5-9)
  3. 하나님의 정의에 대한 변호 I (34 : 10-15)
  4. 하나님의 정의에 대한 변호 II (34 : 16-20)
  5. 하나님의 정의에 대한 변호 III (34 : 21-30)
  6. 결단 촉구(34 : 31-33)
  7. 욥에 대한 평가(34 : 34-37)
D. 엘리후의 세 번째 발언(35 : 1-16)
  1. 의로운 삶의 유익함에 관하여(35 : 1-4)
  2. 하나님께 미치는 인간 행동의 영향(35 : 5-8)
  3. 하나님이 부르짖음에 대응하시지 않는 이유(35 : 9-13)
  4. 하나님의 무관심에 대하여(35 : 14-16)
E. 엘리후의 네 번째 발언(36 : 1-37 : 24)
  1. 도입부(36 : 1-4)
  2. 하나님의 교육적 조치(36 : 5-15)
  3. 욥에 대한 권면 I (36 : 16-21)
  4. 창조 세계에 나타난 하나님의 위대하심(36 : 22-37 : 13)
  5. 욥에 대한 권면 II (37 : 14-20)
  6. 욥에 대한 권면 III (37 : 21-24)

| 욥기 32-37장 |

엘리후의 발언

욥기에 나타난 친구들의 발언을 본문으로 설교하는 것이 어려운 점은 성경의 다른 본문에서처럼 내용만 가지고 본문의 의미를 파악할 수 없다는 것이다. 그래서 올바른 접근을 위해서는 욥기 전체의 구조와 신학에 대한 이해가 필수적으로 전제되어야 한다. 내용상으론 옳은 말을 하지만 욥에게 적용될 수 없는 말들을 하기 때문에, 결국 하나님께 '옳지 않다'는 평가를 받았다는 것을 늘 염두에 두면서 본문을 접근해야 한다. 그래서 친구들의 발언을 설교 본문으로 삼고 접근할 때에는 늘 이중적인 잣대가 필요하다. 하나는 내용 자체만을 보아서 발언의 내용 가운데 각각의 형편에 맞는 교훈을 설교로 구성하는 것이고, 다른 하나는 그 내용이 욥의 상황에 얼마나 적절한가를 따져 그 의미를 파악하는 것이다. 그래서 후자의 경우는 '고난당하는 사람을 상대해야 하는 사람들'에게 주는 교훈이 많다. 신학자나 목회자, 상담자, 교회에서 지도적인 위치에 있는 사람들, 더 나아가 이해하기 어려운 고난 중에 있는 사람을 곁에 둔 사람들에게 고난당하는 자에게 적절하게 대응하는 방식은 무엇이며, 그런 사람들에게 어떻게 위로하고 격려해야 할지를 보여준다.

그런데 엘리후의 발언은 친구들의 발언 가운데서도 특별하다. 그리고 올바른 해석이라 말하는 것이 쉽지 않다. 왜냐하면 욥기 내에서 엘리후 발언에 대한 평가가 나타나지 않기 때문이다. 다른 친구들의 발언에 대해서는 욥의 반응도 있고, 하나님의 판결도 있어서 그 발언을 평가하는 기준이 된다. 그런데 엘리후의 발언 이후에는 욥의 반응도 나타나지 않고, 친구들의 발언에 대한 하나님의 평가에서도 엘리후에 대한 언급이 빠져 있다. 달리 말하면, 욥기 전체의 구조 안에서 보더라도 엘리후 발언에 대한 평가와 의미 파악이 힘들다는 것이다.

그러므로 엘리후 발언을 제대로 이해하는 것은 욥기에 대한 바른 이해에 도달하기 위한 마지막 관문이 될 것이다. 이제 그 마지막 관문을 통과하는 심정으로 엘리후 발언을 탐구해 보자. 욥의 네 번째 대화의 상대자로서 말을 시작하는 엘리후의 발언은 32~37장에 나타난다. 그러나 위에서 밝힌 대로 엘리후의 발언은 특별하다. 엘리후는 예고 없이 등장하고, 등장한 이후에도 그의 발언에 대한 직접적인 반응이나 평가가 없다(42:7 참조). 욥이나 욥의 세 친구들 중 누구도 그에 관해서 말하거나 그에게 말하지 않는다. 욥기의 인물 가운데 엘리후만 이스라엘식 이름을 가지고 있으며, 그의 부친에 대한 언급이 나타난다(32:2). 또한 그의 발언은 위치상으로 욥의 발언과 하나님의 응답 사이의 흐름을 단절시킨다. 하나님의 발언이 예상되는 곳에 엘리후의 발언이 등장하는 것이다. 게다가 엘리후의 발언이 보여주는 언어적인 특성이나 친구들과는 다른 강조점을 지닌 입장은 18세기 말부터 다음과 같은 견해가 설득력 있는 주장으로 받아들여지게 되었다. 즉, 엘리후의 발언은 욥기에 2차적으로 추가된 것인데, 친구들의 발언에 만족하지 않는 편집자가 엘리후의 발언으로써 자신의 입장을 표현한 것이라는 견해이다(J. Ebach, *KBB* 2, 92 ; 엘리후 발언이 후대의 편집이라는 견해에 관하여 다음을 참조하라. S.

Balentine, *Smyth & Helwys*, 512).

그러나 이러한 견해는 본문의 현재 위치에서 보여주고 있는 엘리후 발언의 의미를 제대로 평가하지 못하게 한다. 욥기 안에는 다양한 시대에 기원했고 다양한 강조점을 지닌 전승들이나 자료들이 함께 어우러져 있다. 그러나 이것이 다양한 시대를 통해서 현재의 모습으로 발전되고 점차 성장하였다고 보기보다는, 기록 당시 욥기 저자를 통해 드러나게 하신 신학적 전통들이나 지혜자들의 가르침들로 보아야 할 것이다. 따라서 엘리후의 발언을 제대로 평가하기 위해서는 욥기 안에서 엘리후의 발언이 차지하는 위치를 제대로 파악하는 것이 무엇보다 중요하다.

엘리후는 세 친구 중 엘리바스나 빌닷과 같이 세 번의 발언을 한다(32:6; 34:1; 35:1에서 발언의 도입을 보라). 하지만 내용상으로 보면 36~37장은 형식상의 도입구가 없어도 엘리후의 네 번째 발언으로 구분할 수 있다. 그의 발언(32-37장)은 욥기 전체의 구조에서 볼 때 26~31장에 있는 욥의 긴 발언과 38~41장에서 두 번에 걸쳐 나타나는 하나님의 발언 사이에 들어 있다. 욥기 후반부에서 이처럼 길게 연속되는 엘리후의 네 발언은 구조상으로만 보아도 나름대로 긴밀한 연관성을 드러낸다. 이런 맥락에서 본다면 엘리후의 이 네 가지 발언은 세 바퀴의 논쟁 이후 네 번째 바퀴의 논쟁을 구성한다고 볼 수 있다(J. Ebach, *KBB* 2, 93). 욥의 고난에 대한 해석의 문제가 세 친구와의 논쟁에서 해결되지 못하고 네 번째 바퀴의 논쟁을 통해서 해결이 되는 구조를 보여주는 것이다.

그렇다면 엘리후 발언의 의미는 무엇인가? 구조적인 관찰에서 드러나듯이, 엘리후의 발언은 욥의 탄식과 질문에 대한 해결책과 응답의 구실을 하고 있는 하나님의 답변을 예비하면서, 동시에 그것과 이어주는 다리 역할을 한다. 엘리후는 선행하는 대화에 반응한다. 욥과 친구들의 발언에 대해서 평가하고 그들의 행동에 분노하며 불만을 털어 놓는다(32:2-3, 11-16). 동시에 그의 발언에는 하나님의 발언과 하나님의 발언에 대한 욥의 대답에서 등장하는 주제와 입장들을 언급한다. 그의 발언 마지막에 나타나는 하나님의 창조에 대한 언급(36 : 22-37 : 24)이나 '앎'과 '인식'의 주제가 그렇다. 그리고 엘리후의 발언은 고난의 원인의 측면을 강조하여 욥의 고난을 해석한 친구들과는 달리 욥이 당하는 고난의 목적이 무엇인가를 강조하여 다른 친구들의 발언과의 차별성을 보여주고 있다.

A. 엘리후의 등장과 모두(冒頭) 발언(32 : 1-22)

욥기 32장은 크게 두 부분으로 나뉜다. 엘리후의 등장을 알리며 엘리후를 소개하고 있는 도입부(1-5절)와 그가 발언을 시작하며 경위를 설명하는 모두(冒頭) 발언 부분(6-22절)이다. 그의 모두발언은 아래와 같이 다시 세 부분으로 세분화할 수 있다.

1. 엘리후의 등장(1-5절)
2. 엘리후의 모두(冒頭) 발언(6-22절)
   1) 영감에 근거한 발언이라고 말하는 엘리후(6-10절)
   2) 한계에 다다른 엘리후의 인내(11-16절)
   3) 공정하게 말하겠다고 다짐하는 엘리후(17-22절)

1. 엘리후의 등장(32 : 1-5)

[1]욥이 자신을 의인으로 여기므로 그 세 사람이 말을 그치니 [2]람 종족 부스 사람 바라겔의 아들 엘리후가 화를 내니 그가 욥에게 화를 냄은 욥이 하나님보다 자기가 의롭다 함이요 [3]또 세 친구에게 화를 냄은 그들이 능히 대답하지 못하면서도 욥을 정죄함이라 [4]엘리후는 그들의 나이가 자기보다 여러 해

위이므로 욥에게 말하기를 참고 있다가 ⁵세 사람의 입에 대답이 없음을 보고 화를 내니라

[32:1-5] 1절은 엘리후가 등장하게 되는 배경을 설명한다. 그것은 욥의 의로움을 보고 세 사람(즉, 세 친구)이 말하는 것을 그쳤기 때문이다. 마소라 본문(MT)에는 욥이 의로운 것이 '자신의 눈에' 보기에 그랬다고 되어 있으나 70인경을 비롯한 고대 역본들(심마쿠스 개정본, 시리아역본)에는 '그들의 눈에' 욥이 의롭게 보였다고 되어 있다. 두 본문 간에는 분명한 의미의 차이가 있다. 마소라 본문은 욥이 끝까지 자신의 의로움을 포기하지 않기 때문에 친구들이 더 이상 말하지 않게 되었다는 의미이다. 하지만 고대 역본들은 욥이 친구들을 설득하여 더 이상 할 말이 없게 만든 것으로 묘사한다. 이러한 차이에도 불구하고 두 가지 본문은 모두 엘리후가 등장하는 이유를 제공한다. 엘리후는 욥과 세 친구의 대화로 만족할 수 없었다. 자신의 발언을 통해 욥의 문제에 대한 해결점을 제시하고자 한다.

2절에는 엘리후에 대한 소개가 나타난다. 그는 다른 친구들처럼 이름과 함께 소개된다(엘리후라는 이름의 뜻은 '그는 하나님이시다'라는 의미이다). 이 이름은 다윗시대에도 대단히 성행했던 이름이다(삼상 1:1; 대상 12:20; 26:1, 4, 7; 27:18 참조) (이군호, 『욥기』, 295). 그러나 그는 다른 친구들과 달리 아버지 이름과 함께 소개된다(바라겔: '하나님이 축복하셨다'). 그는 람 족속이며, 부스 출신이다. 이러한 배경은 아브라함과의 관련성을 일깨워 준다. 부스는 아브라함의 형제 나홀의 아들로서 우스의 형제였다(창 22:20-21). 예레미야서에 의하면 부스는 데마, 도단과 함께 아랍지역에 위치해 있었다(렘 25:23). 또한 그는 람 족속이라는 언급을 통해 다윗 선조와 연결된다(룻 4:19-22). 하지만 '부스'라는 지명은 '수치, 경멸'(보쉬, בוש)이라는 부정적인 의미를, '람'이라는 족속 이름은 '높은' 또는 '고양된'이라는 의미 외에 '오만한'이라는 부정적인 의미를 나타낼 수 있다(S. E. Balentine, *Smyth*

& Helwys, 516). 따라서 출신지만 언급되는 다른 친구들과는 달리 출신지뿐 아니라 집안이 강조된 엘리후는 다른 친구들보다 무게감 있게 보일 수 있지만, 동시에 그만큼 부정적인 면모를 드러낼 수 있는 양면성을 가지고 있다.

2~5절에서 엘리후의 감정적 상태가 강조된다. 그는 화를 낸다. 그가 '화를 냈다'(חָרָה אַף)는 말이 2, 3, 5절에서 네 번이나 언급된다. 한 번은 일반적인 진술이고, 두 번째는 욥에 대해서, 세 번째와 네 번째는 친구들에 대해서 발한 분노이다. 그가 욥에 대해 화를 낸 것은 '그가 자신을 하나님보다 더 의롭다고 여겼기' 때문이다. 또한 그가 친구들에게 화가 난 것은 그들이 욥을 제대로 논박하지 못했기 때문이다. 자신의 의로움을 고수하는 욥을 논박하지 못한다면 그것은 하나님이 불의하다는 결론에 이를 수도 있기 때문이다.

3절 마지막 부분에 대한 본문비평적 해석이 그러한 가능성을 뒷받침한다. 친구들이 더 이상 대답할 말을 발견하지 못하고서 '욥을 정죄하였다'는 표현은 본래적인 것이 아니라고 생각한다. 서기관들이 본래 '하나님'(엘로힘)이었던 본문을 욥으로 바꿨다는 것이다. 이것은 신학적으로 용납될 수 없는 본문을 그렇지 않게 고쳤던 '서기관들의 수정'(tiqqune soferim)으로 여겨진다(J. Ebach, KBB 2, 94). '하나님을 정죄한다'는 불경한 표현을 피하기 위함이다. 이러한 '서기관의 수정'을 인정한다면 3절은 다음과 같이 해석된다. 친구들은 욥의 발언에 더 이상 대항할 수 없게 되어 결국 하나님을 불의하게 만들었다. 이로써 그들은 하나님에게 맞서는 욥을 정당하게 만들었다. 4절은 엘리후가 지금까지 등장하지 않았던 이유를 밝힌다. 그것은 엘리후가 연소자였기 때문이었다. 연장자들이 먼저 말하도록 참고 있었던 것이다.

분노는 나쁜 것만은 아니다. 욥기를 비롯한 구약성서 안에서 분노에 대한 다양한 언급이 있다(S. E. Balentine, Smyth & Helwys, 516). 악인에 대한 심판이 하나님의 분노로 인식되고(4:9 ; 20:23, 28), 욥은 자신에 대한 하나님의 행동을 하나님의 분노로 이해한다(9:5, 13 ; 14:13 ; 19:11 ; 21:17). 삼손과 사울도 거룩한 분노로 충만하여 대적들에 대한 행동에 나선다(삿

14:19; 삼상 11:6). 종장에서는 하나님이 엘리바스를 비롯한 욥의 세 친구들에게 분노를 발하신다(42:7). 이러한 분노에 대한 다양한 진술에 비추어 볼 때 엘리후의 분노도 이해될 수 있다. 하지만 중요한 것은 그의 발언이 얼마나 그의 분노를 정당화시킬 수 있는가이다. 그의 발언이 그의 분노를 정당화시킬 만큼 타당성이 있는 것인가 하는 점이 관건이다.

엘리후의 등장은 앞에 나온 욥과 친구들의 대화에 대한 평가와 반응을 의미한다. 이러한 점에서 엘리후의 발언은 욥과 친구들의 논쟁에 대한 '첫 번째 주석'이라고 말할 수 있다(F. I. Anderson, *TOTC*, 50). 다른 사람들은 엘리후를 '욥기의 독자'(a reader of the book of Job)라고 평가하기도 한다(S. E. Balentine, *Smyth & Helwys*, 526).

2. 엘리후의 모두(冒頭) 발언(32:6-22)

1) 영감에 근거한 발언이라고 말하는 엘리후(32:6-10)

⁶부스 사람 바라겔의 아들 엘리후가 대답하여 이르되 나는 연소하고 당신들은 연로하므로 뒷전에서 나의 의견을 감히 내놓지 못하였노라 ⁷내가 말하기를 나이가 많은 자가 말할 것이요 연륜이 많은 자가 지혜를 가르칠 것이라 하였노라 ⁸그러나 사람의 속에는 영이 있고 전능자의 숨결이 사람에게 깨달음을 주시나니 ⁹어른이라고 지혜롭거나 노인이라고 정의를 깨닫는 것이 아니니라 ¹⁰그러므로 내가 말하노니 내 말을 들으라 나도 내 의견을 말하리라

[32:6-10] 6~22절에서는 1~5절의 발언 도입부에서 말했던 바들이 전개되고 변형된다. 엘리후는 자신이 연소자로서 연장자들의 경험과 지혜를 존중하며 발언을 자제해 왔다는 점을 다시 한 번 분명히 밝힌다(6-7절). 그러나 그는 이제 기대했던 바가 나타나지 못하게 되자 말하지 않을 수 없다. 친구들은

욥의 주장을 논박하지 못했고 그로 인해 오히려 욥의 의로움을 정당화시키는 꼴이 되었다. 엘리후는 자신의 발언 근거를 '영감'(inspiration)에서 찾는다(8절). 사람 안에 있는 영과 전능자의 숨결이 사람을 지혜롭고 총명하게 한다는 것이다. 나이가 많다고 다 지혜로운 것도 아니요 연로하다고 공의를 분별하는 것도 아니다(9절). 하나님의 영과 숨결이 자신 안에 있다고 확신하는 엘리후는 이제 자신의 의견을 말할 수 있다(10절). 구약성서 가운데 젊지만 하나님의 선택에 의해 탁월한 지도력을 발휘한 인물들이 많다(예컨대, 기드온 : 삿 6 : 15, 사울 : 삼상 9 : 21, 예레미야 : 렘 1 : 6). 또한 젊은이라도 하나님의 지혜를 풍부하게 소유한 사람들을 만날 수 있다(토라 연구자 : 시 119 : 98-100, 요셉 : 창 41 : 37-39, 다니엘 : 단 1 : 17-20 ; 2 : 10-23) (이 점에 관하여 S. E. Balentine, *Smyth & Helwys*, 520-521쪽을 보라).

2) 한계에 다다른 엘리후의 인내(32 : 11-16)

> ¹¹보라 나는 당신들의 말을 기다렸노라 당신들의 슬기와 당신들의 말에 귀 기울이고 있었노라 ¹²내가 자세히 들은즉 당신들 가운데 욥을 꺾어 그의 말에 대답하는 자가 없도다 ¹³당신들이 말하기를 우리가 진상을 파악했으나 그를 추궁할 자는 하나님이시요 사람이 아니라 하지 말지니라 ¹⁴그가 내게 자기 이론을 제기하지 아니하였으니 나도 당신들의 이론으로 그에게 대답하지 아니하리라 ¹⁵그들이 놀라서 다시 대답하지 못하니 할 말이 없음이었더라 ¹⁶당신들이 말없이 가만히 서서 다시 대답하지 아니한즉 내가 어찌 더 기다리랴

[32 : 11-16] 엘리후는 이제껏 기다렸다. 욥의 친구들이 현명함과 마땅한 말로 욥을 논박하기를 말이다(11-12절). 하지만 그러한 그의 기대는 채워지지 않았다. 그들이 '사람이 아니라 하나님이 욥을 날려 보낼 것이다'라고 말한다고 해도 엘리후는 더 이상 그 말을 수용할 수 없다(13절). 그들은 욥에게 제대로

대응하지 못했기 때문이다. 그들에겐 더 이상 할 말이 없다(15절). 그러기에 엘리후는 친구들이 하던 말들로 대답하지 않을 것이다(14절). 그는 친구들과 다른 길을 갈 것이라는 거다. 독자들은 엘리후의 말에 대해 새로운 기대감을 갖는다. 그가 과연 보여줄 새 모습이 무엇일까 기대하며 그의 말을 듣게 된다.

3) 공정하게 말하겠다고 다짐하는 엘리후(32 : 17-22)

¹⁷나는 내 본분대로 대답하고 나도 내 의견을 보이리라 ¹⁸내 속에는 말이 가득하니 내 영이 나를 압박함이니라 ¹⁹보라 내 배는 봉한 포도주통 같고 터지게 된 새 가죽 부대 같구나 ²⁰내가 말을 하여야 시원할 것이라 내 입을 열어 대답하리라 ²¹나는 결코 사람의 낯을 보지 아니하며 사람에게 영광을 돌리지 아니하리니 ²²이는 아첨할 줄을 알지 못함이라 만일 그리하면 나를 지으신 이가 속히 나를 데려가시리로다

[32 : 17-22] 그는 자신의 결심을 분명하게 밝힌다. '아프-아니'(אַף־אָנִי)라는 어구는 자신의 주장을 강조하는 관용적 표현이다. 이 표현이 32장에서만 세 번 사용되었다(10절에서 한 번, 17절에서 두 번). 엘리후는 그만큼 자신이 말하고자 한다는 강한 의지를 분명히 밝히고 있다. 그는 말하지 않을 수 없는 이유를 발효되어 부풀어 오른 포도주 가죽부대에 비유하여 설명한다(18-19절). 자신은 지금 말하지 않으면 곧 터져버릴 것 같다고 말한다. 이러한 비유에서 엘리후의 열정과 적극성을 엿볼 수 있다. 하지만 엘리후는 '누구의 편도 들지 않을 것이며 아첨하지도 않을 것이다.'는 확언으로 자신의 발언을 마친다(21절). 만약 자신이 그렇게 공정하게 발언하지 않는다면 자신을 지으신 이가 자신을 데려가실 것이라고 말한다. 여기에서 엘리후는 창조주 하나님을 언급한다. 이것은 8절에서 암시하고 있는 '창조'의 주제를 수용한 것이다. 이로써

엘리후는 계속되는 발언에서 하나의 중심주제로 부각될 창조주 하나님에 대한 논거의 토대를 마련한다(이 점에 관하여 J. Ebach, *KBB* 2, 99쪽을 참조하라).

■■ 설교를 위한 묵상

엘리후의 등장과 그의 발언은 현대의 독자들에게 생소하게 여겨질 수 있다. 예고 없이 등장한 인물이요, 자신의 발언을 시작하기 전에 장황하게 자신의 입장과 처지를 설명하고 있기 때문이다. 욥을 꺾지 못하고 할 말을 잃은 친구들을 비난하고 자신의 말이 새로운 대안이 될 것이라는 자신감에 차 있는 모습은 도도하고 오만하게 보일 수 있다. 그러나 엘리후는 고대 오리엔트에서 통상적인 의사소통의 형식과 형식문구들의 틀 안에서 행동하고 있음을 주지해야 한다.

우리는 이러한 엘리후의 등장과 모두발언에서 오늘날 우리들이 말할 때 새겨야 할 교훈들을 발견할 수 있다.

첫째로, 그의 발언은 하나님의 영감에 기초하고 있다. 그는 자신이 연소자임을 잘 알고 있다. 예나 지금이나 연소자는 연장자 앞에서 함부로 말할 수 없다. 연장자들에겐 세월을 통해서 축적된 경륜과 지혜가 있기 때문이다. 그렇다고 무조건 침묵해서도 안 된다. 젊은이에게도 발언권은 주어져야 한다. 엘리후는 자신의 발언권의 근거를 자기 자신 안에 있는 '전능자의 영'에서 찾는다(8절). 사람마다 전능자의 영과 숨결을 가지고 있다는 것이다. 이것은 하나님이 인간을 창조하실 때 사람에게 불어넣은 것이다(창 2 : 7). 이것은 사람의 모든 경계를 뛰어넘게 한다. 연장자와 연소자의 경계를 뛰어넘고, 남자와 여자의 경계를 뛰어넘는다. 이것은 하나님의 형상을 따라 지음 받은 존재임을 알리는 창조신앙과 일맥상통하는 것이며(창 1 : 26-27 ; 5 : 1-2 ; 9 : 6), 그러한 창조신앙에 따르면 주인과 종의 경계도 뛰어 넘는다(욥 31 : 15).

궁극적으로 사람을 지혜롭게 하는 것은 세월도 경험도 학식도 아닌 하나님의 영과 숨결이다. 하나님의 영에 붙잡힐 때 지혜와 용기를 얻을 수 있다(요셉 : 창 41 : 37-39, 다니엘 : 단 1 : 17-20 ; 2 : 10-23). 또한 하나님의 영과 마음으로 충만한 하나님의 말씀을 대할 때 하나님의 지혜를 깨달을 수 있다(시 119 : 98-100). 이것은 오늘날 우리의 말이 어디에 근거해야 할 것인가를 가르쳐 준다. 우리 안에 있는 하나님의 영에 근거할 때 참된 권위와 지혜가 있어 다른 사람을 감동시키고 교훈하는 말을 할 수 있을 것이다.

둘째로, 엘리후의 발언에는 열정이 있다. 그는 욥과 친구에게 분노한다. 욥은 자신이 하나님보다 의롭다고 말했고, 친구들은 그러한 욥을 상대로 제대로 논박하지 못했다. 그 결과 엘리후의 눈에 보기에 욥은 의롭게 되고 하나님이 정죄를 당할 위험에 처하게 되었다(2-3절). 지금까지 연장자들을 존중하여 참아왔지만 그러한 잘못된 결과를 묵과할 수 없었다. 급기야 포도주가 발효될 때 부풀어 오르는 가죽부대처럼 그의 마음은 말하지 않고는 견딜 수 없는 상태가 되었다(19-20절). 이러한 엘리후의 모습에서 지금까지 욥과 그의 친구들이 말한 바들을 평가절하고 자신의 견해만 옳은 듯이 말하는 오만과 거만을 느낄 수도 있다. 하지만 그가 이처럼 열정에 불타 있고 적극적인 행동을 보이는 것은 욥의 문제가 하나님의 정의와 다스리심에 관한 문제이기 때문이다. 그는 하나님의 정의와 다스리심이 의심받지 않게 하기 위해서 자신의 열정과 정성을 다해 나서고 있는 것이다.

이러한 엘리후의 모습에는 '거룩한 분노'(holy wrath)가 있다. 우리에게도 이러한 거룩한 분노가 있어야 한다. 인간의 고난과 하나님의 정의에 관한 문제에도 적극적으로 행동할 수 있어야 한다. 이러한 열정이 있을 때 일을 성취할 수 있다. 열정이 없으면 타인에게 영향을 줄 수 없다. 열정 있는 태도로 나설 때 다른 사람을 인도하고 그들을 하나님의 일에 동참시킬 수 있다.

셋째로, 엘리후는 자신의 발언에서 공정함을 다짐한다. 엘리후는 그러한 공정함을 자신을 지으신 하나님 앞에 약속한다. 그는 자신이 그러한 모습을 보이지 않는다면 하나님이 자신을 데려가실 것이라고 말한다. 엘리후가 얼마나 자신의 공정함을 위해 철저하게 행동하는지를 가늠할 수 있는 진술이다. 옳고 그름을 따질 때 중요한 것이 공정성을 잃지 않는 것이다. 어느 한 편으로 기울어지지 않고 사안을 공정하게 다룰 때 모두에게 지지를 얻을 수 있다. 엘리후는 그러한 공정함을 하나님 앞에서 약속한다. 우리가 어떤 말을 할 때 하나님 앞에서 하듯이 한다면 그것이야말로 공정함을 유지할 수 있는 최고의 비결일 것이다. 사도 바울도 '무슨 일이든지 마음을 다하여 주께 하듯 하라'(골 3 : 23)고 권면하고 있다. 우리의 말과 행동을 주께 하듯 정성을 다하고 하나님 앞에서 하듯이 공평을 유지한다면 많은 갈등과 싸움을 줄일 수 있지 않을까 하는 기대를 갖는다.

B. 엘리후의 첫 번째 발언(33:1-33)

엘리후는 32장에서 장황하게 자신을 소개하면서 자신의 발언 동기를 밝힌다. 그리고 나서 자신의 첫 번째 발언을 시작한다. 그의 첫 번째 발언은 다음과 같이 단락이 구분된다.

1. 욥을 향한 준비발언 : 욥 당신은 내 모든 말에 경청해 주오(1-7절)
2. 욥의 말에 대한 인용과 평가 : 어찌하여 당신은 그분과 다투는가(8-13절)
3. 하나님의 계시의 방식들 : 하나님이 말씀하시나 사람이 그것을 깨닫지 못한다(14-22절)
4. 고난을 통한 회복 : 이 모든 것을 하나님이 행하신다(23-30절)
5. 발언촉구 : 할 말이 있거든 대답하라(31-33절)

1. 욥을 향한 준비발언 : 욥 당신은 내 모든 말에 경청해 주오(33:1-7)

¹그런즉 욥이여 내 말을 들으며 내 모든 말에 귀를 기울이기를 원하노라 ²내가 입을 여니 내 혀가 입에서 말하는구나 ³내 마음의 정직함이 곧 내 말이며 내 입술이 아는 바가 진실을 말하느니라 ⁴하나님의 영이 나를 지으셨고 전능자의 기운이 나를 살리시느니라 ⁵그대가 할 수 있거든 일어서서 내게 대답하고 내 앞에 진술하라 ⁶나와 그대가 하나님 앞에서 동일하니 나도 흙으로 지으심을 입었은즉 ⁷내 위엄으로는 그대를 두렵게 하지 못하고 내 손으로는 그대를 누르지 못하느니라

[33:1-7] 엘리후는 이제 욥에게 말한다(1절). 그는 지금까지 보여주었던 세 친구들과는 달리 욥을 이름과 함께 부른다. 이것은 엘리후 발언의 독특성을 암시한다. 이제 욥은 '당신/너'라고 지칭하면서 말해야 하는 직접적인 대화

상대자라기보다는, 객관적으로 드러내 놓고 논쟁하고 토론해야 하는 하나의 '사례'가 되었다(J. Ebach, *KBB* 2, 100).

엘리후는 자신의 발언에 대한 마음의 정직함을 강조한다(3절). 사람의 얼굴을 보거나 아첨할 생각 없이 하나님 앞에서 정직하게 말할 것을 다짐한다(32 : 21-22 참조). 그러면서 그는 자신의 존재가 하나님의 영에 근거하고 있음을 밝힌다(4절). 하나님의 영이 작용할 때 새롭게 되는 역사가 있고(시 104 : 30), 하나님의 호흡을 통해 생명체로서의 활동이 가능하다(창 2 : 7). 동시에 이것은 엘리후의 지혜가 하나님께로부터 왔음을 함께 말하고 있다. 이것은 연소자임에도 불구하고 욥과 친구들에게 당당히 발언자로서 등장하는 자신의 입장을 정당화하는 근거로 사용되었다(32 : 8).

그래서 엘리후는 동등한 위치에서 논쟁할 것을 촉구한다. 자신과 욥이 똑같이 흙으로 지으심을 받은 존재들이기 때문에(6절 ; 또한 31 : 15 참조), 욥은 어떤 공포나 압박으로부터도 자유로울 수 있다(7절). 엘리후는 어떤 장애물이나 강제조건 없이 자유롭고 동등한 상태에서 정직하게 욥과 대화하기를 희망한다.

2. 욥의 말에 대한 인용과 평가 : 어찌하여 당신은 그분과 다투는가(33 : 8-13)

[8]그대는 실로 내가 듣는 데서 말하였고 나는 그대의 말소리를 들었느니라 [9]이르기를 나는 깨끗하여 악인이 아니며 순전하고 불의도 없거늘 [10]참으로 하나님이 나에게서 잘못을 찾으시며 나를 자기의 원수로 여기사 [11]내 발을 차꼬에 채우시고 나의 모든 길을 감시하신다 하였느니라 [12]내가 그대에게 대답하리라 이 말에 그대가 의롭지 못하니 하나님은 사람보다 크심이니라 [13]하나님께서 사람의 말에 대답하지 않으신다 하여 어찌 하나님과 논쟁하겠느냐

[33 : 8-13] 엘리후는 9~11절에서 욥의 말을 인용한다. 먼저 자신이 죄가 없고 깨끗하다는 욥의 주장을 인용한다(9절, 또한 9 : 20-21 ; 10 : 7 ; 16 : 17 ; 23 : 11-12 ; 27 : 5-6 ; 29 : 14 ; 31 : 1-40 참조 ; 또한 이러한 엘리후와 같은 소발의 비난에 대하여 11 : 4 참조). 그리고 하나님께서 그러한 욥에게 오히려 반대구실을 찾고 대적으로 여기신다는 욥의 탄식을 인용한다(10절, 7 : 12 ; 9 : 17 ; 10 : 16-17 ; 13 : 24-26 ; 19 : 11 참조). 11절은 13 : 27의 직접적인 인용이다. 자신의 발을 차꼬에 채우시고 그의 모든 길을 지키신다는 것이다.

이러한 엘리후의 말을 요약하면 욥은 자신의 무죄를 주장하였으며 하나님에 의해서 대적으로서 감시와 공격을 받고 있다고 주장한다는 것이다. 이러한 주장에 대해 엘리후는 하나님과 인간을 비교할 수 없음을 지적한다. 하나님이 인간보다 크시기 때문에 하나님의 불의와 불공평을 암시하는 욥의 말은 잘못되었다는 것이다(12절).

이러한 엘리후의 결론은 욥도 이미 얘기했던 바이다(예컨대, 9 : 10-15, 32-33 ; 26 : 14). 중요한 것은 이러한 하나님과 인간의 차이로부터 어떤 결론을 이끌어 내는가에 있다(J. Ebach, *KBB* 2, 101). 엘리후는 하나님이 인간보다 크시기 때문에 인간의 판단을 초월해 계신다고 주장하는 반면, 욥은 그러한 하나님의 행동을 이해할 수 없다는 입장이다. 똑같은 논거를 가지고서도 자신이 처한 상황에 따라 다른 결론에 이르고 있는 것이다.

13절에서 엘리후는 욥이 "하나님은 사람의 말에 대응하지 않는다"고 탄식하는 것을 문제삼는다(9 : 16 ; 19 : 7 ; 30 : 20 참조). 그러나 욥의 '응답되지 않은 탄식에 대한 탄식'은 하나님 발언의 의미를 이해하는 데 중요하다. 이러한 욥의 탄식에 기초하여 하나님의 발언을 이해할 때 하나님의 발언은 하나님이 욥에게 말씀하셨다는 사실 자체가 욥의 탄식에 대한 응답의 의미가 있음을 알 수 있다(아래 '하나님의 발언'의 의미에 대한 설명을 참조하라). 이어지는 단락에서는 이러한 욥의 문제제기에 대한 답변을 시도한다. 하나님이 욥에게 대응하신다면 어떤 식으로 대응하시는가?

3. 하나님의 계시의 방식들 : 하나님이 말씀하시나 사람이 그것을 깨닫지 못한다(33 : 14-22)

¹⁴하나님은 한 번 말씀하시고 다시 말씀하시되 사람은 관심이 없도다 ¹⁵사람이 침상에서 졸며 깊이 잠들 때에나 꿈에나 밤에 환상을 볼 때에 ¹⁶그가 사람의 귀를 여시고 경고로써 두렵게 하시니 ¹⁷이는 사람에게 그의 행실을 버리게 하려 하심이며 사람의 교만을 막으려 하심이라 ¹⁸그는 사람의 혼을 구덩이에 빠지지 않게 하시며 그 생명을 칼에 맞아 멸망하지 않게 하시느니라 ¹⁹혹은 사람이 병상의 고통과 뼈가 늘 쑤심의 징계를 받나니 ²⁰그의 생명은 음식을 싫어하고 그의 마음은 별미를 싫어하며 ²¹그의 살은 파리하여 보이지 아니하고 보이지 않던 뼈가 드러나서 ²²그의 마음은 구덩이에, 그의 생명은 멸하는 자에게 가까워지느니라

[33 : 14-22] 엘리후는 하나님이 사람의 말에 대응하지 않는다는 욥의 탄식을 거부하면서 하나님이 대응하시는 방식들을 열거한다. 하나님은 인간에게 말씀하신다는 것이다. 그것도 한 번으로 그치는 것이 아니라 여러 번 반복해서 말씀하신다(14절). 여기에서 한 번 그리고 두 번은 일회적인 행동이 아니라 반복되는 행동임을 나타낸다. 그러나 문제는 인간이 그것을 깨닫지 못한다는 점이다.

하나님이 인간에게 반응하시며 자신의 뜻을 계시하는 방법 중 하나는 꿈이다(15절). 이때 꿈은 행복한 미래를 보여주는 것이 아니라 공포와 두려움을 주는 꿈이다(공포와 두려움을 주는 꿈에 대해서 다음을 참조하라. 4 : 14 ; 7 : 14). 그런데 여기에서 중요한 것은 하나님이 이러한 꿈을 통해 인간에게 이루시고자 하는 목적이다. 그것은 인간에게 자신의 잘못을 깨닫게 하시고, 교만을 막는 것이다(17절). 그러한 공포 환상을 통해서 사람들이 잘못된 길에서 돌이켜 죽음과 멸망에 이르지 않게 하시고자 하는 것이다(18절).

여기에서 그치지 않고 질병이나 고통도 하나님의 길을 깨닫게 하는 하나님의 경고의 응답이 될 수 있다(19절). 그의 고통이 너무 심해 음식도 제대로 먹을 수 없고, 피골이 상접하여 보기 흉한 모습이 되며, 그의 생명이 죽음 직전의 상황까지 이를 수도 있다(20-22절).

이러한 엘리후의 답변에서 다른 친구들과의 분명한 차이를 엿볼 수 있다. 그것은 친구들이 욥의 고난의 원인(Grund)에 집중하면서 욥의 죄악을 추론해 내었다면, 엘리후는 무엇보다도 그의 고난의 목적(Ziel), 즉 하나님이 그런 식으로 '대응하시는' 의도에 대해서 묻는다(G. Fohrer, KAT, 461). 그러니까 욥의 고난은 욥의 죄악에 대한 하나님의 의로우신 '징벌'이나 '보응'이 아니라 생명의 길로 가게 하기 위한 하나님의 교육적인 조치로 이해될 수 있다. 또한 욥이 현재 죽음 직전의 상황에 처해 있을지라도 그것은 멸망이나 종말이 아니라 새로운 회복을 위한 전환점이 될 수 있다.

4. 고난을 통한 회복 : 이 모든 것을 하나님이 행하신다(33 : 23-30)

[23]만일 일천 천사 가운데 하나가 그 사람의 중보자로 함께 있어서 그의 정당함을 보일진대 [24]하나님이 그 사람을 불쌍히 여기사 그를 건져서 구덩이에 내려가지 않게 하라 내가 대속물을 얻었다 하시리라 [25]그런즉 그의 살이 청년보다 부드러워지며 젊음을 회복하리라 [26]그는 하나님께 기도하므로 하나님이 은혜를 베푸사 그로 말미암아 기뻐 외치며 하나님의 얼굴을 보게 하시고 사람에게 그의 공의를 회복시키시느니라 [27]그가 사람 앞에서 노래하여 이르기를 내가 범죄하여 옳은 것을 그르쳤으나 내게 무익하였구나 [28]하나님이 내 영혼을 건지사 구덩이에 내려가지 않게 하셨으니 내 생명이 빛을 보겠구나 하리라 [29]실로 하나님이 사람에게 이 모든 일을 재삼 행하심은 [30]그들의 영혼을 구덩이에서 이끌어 생명의 빛을 그들에게 비추려 하심이니라

[33 : 23-30] 죽음 직전의 질병이 회복될 수 있는 조건이 필요하다. 그것은 그에게 전달자, 즉 그의 정직함을 대변해 줄 변호자가 있을 때 가능하다(23절). '천명'의 전달자(מַלְאָךְ) 가운데 하나, 즉 그 사람을 위해 하나님 앞에 대신 나서는 '중재자'인 천사가 있다면 그는 회복될 수 있다. 24절은 그러한 죽음의 위협에서의 회복이 어떻게 일어나는가를 잘 보여준다. 그것은 하나님이 '몸값'을 얻었기 때문이다. 여기에서 몸값으로 옮긴 히브리말은 '코페르'(כֹּפֶר)이다. 이것은 특정한 경우 상실된 생명을 되찾을 수 있는 속전, 즉 배상금을 가리킨다. 그렇다면 여기에서 말하는 속전의 의미는 무엇인가? 여기에는 다양한 견해가 있지만(J. Ebach, *KBB* 2, 102), 인간의 회개로 보는 것이 가장 적절할 것이다(G. Fohrer, *KAT*, 460). 이러한 회개가 중재자인 천사를 통해서 가르쳐지고 하나님께 전달된다. 인간이 회개에 이르게 됨으로써 고난의 목적이 달성되었다.

이제 회개 이후 이루어질 회복에 대해서 묘사한다. 그는 다시 어린아이와 같이 신선한 피부와 젊음을 소유하게 되며 건강하게 될 것이다(25절). 이러한 건강의 회복보다 중요한 것이 하나님과의 관계의 회복이다(26절). 그가 하나님께 기도하면 은혜로이 열납하시고 그는 하나님을 경험하게 된다. 이렇게 회복된 사람은 하나님의 의를 경험한다. 사람들에게 외면당하고 정죄받던 그가 이제는 정당성을 인정받고 존경과 명예를 되찾게 된다. 그래서 그는 사람들 앞에서 감사의 노래로 찬양할 수 있다(27-28절) : 하나님께서는 자신의 행위대로 심판하지 않으시고 은혜로 구원해 주셨다는 감사의 찬양이다. 멸망에 이르도록 내버려두지 않으시고 고난을 통해 회개하게 하심으로 구원과 회복의 기쁨을 누리게 하셨다는 것이다.

하나님은 이러한 일들을 계속 행하신다(29절). 왜냐하면 하나님은 죄인이 죽음에 이르는 것이 아니라 돌이켜 살기를 원하시기 때문이다(30절, 또한 겔 18 : 23 ; 33 : 11 참조).

엘리후의 발언을 종합하면 그 발언의 초점이 고난의 원인이 아니라 고난의 목적에 있음을 알 수 있다. 엘리후의 발언은 욥이 당하는 고난의 원인에 대하여 억측함으로 욥을 죄인으로 결론짓는 세 친구들과는 달리 고난에 담긴 하나님의 섭리와 의도를 강조함으로써 욥의 고난에 대한 새로운 이해를 도모한다. 그러나 계속되는 그의 발언을 보면, 여전히 그는 하나님의 의로움을 강조하며 욥에게 자신의 의를 주장하는 것을 포기하고 겸손히 하나님께 경배와 찬양을 드릴 것을 촉구한다(네 번째 발언). 그러한 의미에서 엘리후 발언은 욥의 고난을 새롭게 해석하고자 하는 하나의 시도는 될 수 있지만, 욥의 고난과 탄식에 상응하는 만족스런 응답은 되지 못한다.

5. 발언촉구 : 할 말이 있거든 대답하라(33 : 31-33)

^{31}욥이여 내 말을 귀담아 들으라 잠잠하라 내가 말하리라 ^{32}만일 할 말이 있거든 대답하라 내가 기쁜 마음으로 그대를 의롭다 하리니 그대는 말하라 ^{33}만일 없으면 내 말을 들으라 잠잠하라 내가 지혜로 그대를 가르치리라

[33 : 31-33] 엘리후의 첫 번째 발언은 욥에게 발언을 촉구하는 것으로 마친다. 엘리후는 먼저 욥에게 자신의 말을 귀담아 들으라고 말한다(31절). 그리고 할 말이 있다면 말하라고 촉구한다(32절). 기꺼이 들어주겠다는 것이다. 하지만 할 말이 없다면 욥은 엘리후의 말을 들어야 한다는 것이다(33절). 그리고 나서 엘리후는 자신이 지혜로 욥을 가르치겠다고 말한다.

■■ 설교를 위한 묵상

엘리후의 발언은 욥의 고난이나 탄식에 만족스런 답변이 될 수 없었다. 그럼에도 불구하고 욥의 처지가 아니라 일반적인 상황에서 그의 발언으로부터 얻을 수 있는 교훈

은 많다. 그 교훈들을 다음과 같이 세 가지 내용으로 요약할 수 있다.

첫째, 사람이 존재할 수 있는 근거는 하나님께 있다. 엘리후는 자신의 존재의 근거가 하나님의 영에 있음을 밝힌다(4절). 하나님의 영이 함께할 때 사람이 살 수 있고, 하나님이 호흡을 거두어 가시면 사람은 죽는다(시 104 : 29). 이것은 곧 하나님의 품을 떠나는 것이 죽음이라는 의미이다. 그러므로 사람은 생명의 근원이신 하나님을 의지하는 삶을 살아야 한다. 에스겔이 하나님의 명령을 따라 마른 뼈로 하여금 사람의 외형을 갖추게 하였어도 그 안에 하나님의 생기(루아흐 : 호흡/영)가 없음으로 살아 있는 생명체가 되지 못한 것처럼(겔 37 : 8 ; 또한 창 2 : 7 참조), 하나님의 영이 함께하지 않으면 사람은 죽은 존재가 된다.

인간의 존재가 하나님께 있다는 사실과 관련하여 생각할 수 있는 또 하나의 사실은 인간은 하나님에 의해서 똑같이 흙으로 지음 받은 존재이기 때문에 모두가 동등하다는 사실이다(33 : 6 ; 또한 31 : 15 참조). 그러므로 중요한 것은 연장자냐 연소자냐 하는 나이나 연륜보다도 하나님으로부터 오는 지혜와 총명이 중요하다(32 : 8). 인간의 차이는 외적인 조건에 의해서가 아니라 하나님의 영과 권위에 힘입고 있느냐 그렇지 않느냐의 문제로 나타난다.

그러므로 사람은 늘 하나님의 함께하심과 이끄심을 구하여야 살아있는 존재로서 활동할 수 있음을 알아야 한다. 그리고 외적인 조건에 치우친 사람이 아니라 자신의 권위와 지혜가 어디에서 오는가를 생각하며 하나님의 영과 기운을 사모하는 삶을 살아야 한다.

둘째, 고난에 대한 이해 방식은 여러 가지가 있다. 고난은 분명 하나님의 심판의 결과로서 나타날 수 있다. 그러나 문제는 그것만이 고난에 대한 유일한 설명이 될 수 없다는 점이다. 고난에 대한 이해 방식에는 여러 가지가 있을 수 있는데, 그중에 중요한 것이 엘리후의 발언에서와 같이 고난은 경고와 교육적인 조치가 될 수 있다는 점이다. 이러한 고난의 의미는 신약성서 여러 곳에 잘 나타나 있다(롬 5 : 3-5 ; 약 1 : 2-4 ; 벧전 1 : 6-7 ; 4 : 12-13).

고난에는 여러 가지 이유가 있을 수 있다. 죄에 대한 징벌만이 아니기 때문에 우리는 고난의 원인에 대해 섣불리 판단하여 정죄하지 말고, 고난이 주는 유익과 선한 목적을 생각해야 한다. 욥의 고난도 결국은 욥을 더 깊은 신앙의 차원으로 이끌었다(42 : 5-6). 욥의 고난은 자기 중심적인 세계관을 버리고 하나님 중심적인 세계관을 갖게 하였으며, '법칙과 목적'에 치우친 삶이 아니라 자신의 것을 나누고 삶의 아름다움을 의미 있게 바라볼 수 있는 '미학과 나눔'의 삶으로 변하게 하였다('욥의 회복'[42 : 10-17]에 관한 설명을 참조하라).

그러므로 우리는 고난의 시기를 잘 활용해야 한다. 자신이 고난 가운데 있을 땐 낙심과 절망에 빠지는 삶이 아니라 하나님의 선한 의도를 생각하며 기뻐할 수 있어야 한다. 고난이 자신을 더욱 크게 하고 더 깊은 하나님의 세계를 경험하는 성숙과 회복의 계기로 삼아야 한다. 반대로 다른 사람의 고난을 볼 때는 하나님의 깊으신 뜻과 섭리를 생각하며 정죄나 비난이 아니라 위로하고 격려할 수 있어야 한다. 그리하여 고난을 통해 이루시고자 하는 하나님의 뜻을 성취하는 데 쓰임 받는 하나님의 사람이 되어야 할 것이다.

셋째, 하나님은 악인의 멸망도 기뻐하지 않으신다. 엘리후가 던진 첫 번째 발언의 결론은 하나님이 행하시는 모든 활동의 목적이 결국 사람을 회복시키고 구원하는 데 있음을 말한다. 꿈을 통해서 놀래시고 경고하시는 것도 사람이 멸망에 이르지 않게 하기 위함이요, 극심한 고통과 질병을 통해서 이루시고자 하는 것도 사람이 회개하여 죽음에 이르지 않게 하기 위함이다. 이처럼 하나님은 사람이 멸망에 이르도록 내버려 두지 않으시고 다양한 계시의 방식을 통해 회개하게 하심으로 구원과 회복의 기쁨을 누리게 하시는 것이다. 이것은 악인의 멸망도 기뻐하지 않으신다는 예언자 에스겔의 메시지와 일맥상통하는 것이다(겔 18 : 23, 30-32 ; 33 : 11).

그러므로 우리는 아무리 악한 죄를 지은 사람도 이러한 하나님의 마음을 헤아리는 자세로 대하여야 한다. 하나님이 베푸실 구원의 가능성을 인정하며 따뜻하게 안아줄 수 있어야 하겠고, 하나님의 품으로 돌아와 생명의 삶을 살 수 있도록 진실한 위로와 권면을 해야 한다.

C. 엘리후의 두 번째 발언(34:1-37)

엘리후는 두 번째 발언에서 하나님의 정의를 변호하는 데 주력한다. 왜냐하면 욥이 하나님께서 무죄한 자를 자의적으로 심판하신다고 하면서 하나님의 정의에 대해 의문을 제기했기 때문이다. 욥기 34장의 구조는 처음(1-4절)과 마지막(34-37절)에 검증 요청과 욥에 대한 평가가 나타나고, 그 안쪽으로 욥의 발언에 대한 인용(5-9절)과 결단 촉구(31-33절)가 대응을 이루며, 중심부에 하나님의 정의에 대한 변호가 들어 있다(10-30절). 엘리후의 변증은 아래와 같이 세 가지 사실에 기초하여 이루어진다.

1. 검증 요청 : 우리 가운데 무엇이 선한 것인지를 알아보기를 원한다(1-4절)
2. 욥의 발언에 대한 인용 : 욥 어른은 정말 이렇게 말한다(5-9절)
3. 하나님의 정의에 대한 변호(I) : 전능자는 공의를 굽게 하지 않으신다 (10-15)
4. 하나님의 정의에 대한 변호(II) : 하나님은 의를 사랑하신다(16-20절)
5. 하나님의 정의에 대한 변호(III) : 하나님은 모든 것을 보신다(20-30절)
6. 결단 촉구 : 선택해야 하는 사람은 내가 아니라 당신이다(31-33절)
7. 욥에 대한 평가 : 욥 어른이 계속해서 시험받기를 바란다(34-37절)

이 발언을 욥에 대한 호칭에 따라 구분하면 크게 두 부분으로 나누어진다. 욥을 3인칭으로 묘사하는 첫 번째 부분(2-15절)과 욥이 직접적인 상대자로 나타나는 두 번째 부분(16-33절)이다. 욥이 3인칭으로 언급되는 부분은 욥의 인격보다도 욥이 가지고 있는 문제가 더 중요하게 간주되고 그가 대상화된다. 하지만 욥은 34장 전반에 걸쳐서 그의 이름으로 불려진다(5, 7, 35, 36절). 결말부분(34-37절)에는 엘리후의 논증으로부터 도출된 욥에 대한 평가가 나타나고 있다.

1. 검증 요청 : 우리 가운데 무엇이 선한 것인지를 알아보기를 원한다(34 : 1-4)

¹엘리후가 말하여 이르되 ²지혜 있는 자들아 내 말을 들으며 지식 있는 자들아 내게 귀를 기울이라 ³입이 음식물의 맛을 분별함 같이 귀가 말을 분별하나니 ⁴우리가 정의를 가려내고 무엇이 선한가 우리끼리 알아보자

[34 : 1-4] 엘리후의 두 번째 발언은 '또 엘리후가 대응하여 말했다'는 도입구로 시작한다. 이 표현은 주목할 만하다. 왜냐하면 선행하는 발언과 이렇게 시작되는 발언 사이에 다른 발언자가 없기 때문이다. 중간 발언자가 없어도 굳이 이렇게 '대응한다'는 표현을 쓴 것은 엘리후의 발언이 "욥기의 모든 이전 발언에 대한 숙고"임을 드러내려는 의도에서 비롯된 것으로 보인다(J. Ebach, KBB 2, 114).

엘리후는 자신의 발언 초두에서 누구의 말이 옳은지 검증하기를 원한다는 바람을 피력한다. 하지만 여기에서 그가 말하고 있는 '지혜자들'과 '지식인들'이 누구인지가 불분명하다(2절). 그들이 세 친구인지(그러나 이 호칭이 앞선 발언에서 평가절하했던 것과 조화를 이루는가?), 아니면 친구들과 함께 모였던 청중들을 가리키는 말인지, 또는 지금 일이 벌어지고 있는 상황이 아니라 동기부여가 된 발언 방식으로서 지혜자들의 논쟁 장르에 해당된 것인지, 아니면 문학적 차원에서 이해력 있고 현명한 독자들을 의미하는 것인지 양자택일의 방법으론 결정하기 어렵다(J. Ebach, KBB 2, 106). 여기에서 분명한 것은 엘리후가 교훈의 차원에서 논쟁하고 있다는 사실이다. 그의 말에서 '앎'이라는 개념이 압도적으로 나타난다. 이로 보건대 엘리후는 어느 정도 분명히 욥과 욥의 운명과 결부된 질문의 한 차원, 즉 '욥의 문제'(Hiob's Problem)라는 교훈적 측면을 강조하고 있다(J. Ebach, KBB 2, 106).

엘리후는 욥의 말(욥 12 : 11)을 그대로 가져와 욥의 사례를 검증하자고 요

청한다. 사람이 청각과 미각으로 어떤 것을 검증할 수 있듯이, 이제 욥의 사례를 시험대 위에 올려 놓자는 것이다(J. Ebach, *KBB* 2, 106). 엘리후는 이러한 검증을 일종의 사법소송으로 이해한다. 친구들은 이미 욥이 자신의 죄로 인해 심판을 받은 것이라고 여겼지만, 엘리후는 이제 욥의 사례가 사법 소송을 통해 검증되기를 바라는 것이다(N. C. Habel, *OTL*, 481). 엘리후에 따르면 이 검증을 통해 무엇이 옳은가(מִשְׁפָּט)와 무엇이 선한가(מַה־טּוֹב)가 판명되어야 한다.

2. 욥의 발언에 대한 인용 : 욥 어른은 정말 이렇게 말한다(34 : 5-9)

⁵욥이 말하기를 내가 의로우나 하나님이 내 의를 부인하셨고 ⁶내가 정당함에도 거짓말쟁이라 하였고 나는 허물이 없으나 화살로 상처를 입었노라 하니 ⁷어떤 사람이 욥과 같으랴 욥이 비방하기를 물마시듯 하며 ⁸악한 일을 하는 자들과 한패가 되어 악인과 함께 다니면서 ⁹이르기를 사람이 하나님을 기뻐하나 무익하다 하는구나

[34 : 5-9] 엘리후는 욥의 말을 인용한다(S. Balentine, *Smyth & Helwys*, 568). 욥이 '나는 의롭다'고 말했다는 엘리후의 인용은 다양하게 입증될 수 있다(5절 상). '내가 의로울지라도'(9 : 15 ; 10 : 15)이라고 말한 부분이나 '나는 온전하다'(9 : 21)라고 말한 부분을 그 근거로 삼을 수 있다. 또한 '내 의를 가져가 버리신 하나님'(5절 하)에 대해서는 욥기 27 : 2에서 그 근거를 찾을 수 있다. 거짓말에 관해서(6절 상)는 욥이 6 : 28에서 친구들을 대면하여 '결코 거짓말을 하지 않겠다'고 말한다(또한 13장 18절 참조). 또한 '자신에게 있는 화살이 낫지 못하게 되었다'(6절 하)는 언급은 '전능자의 화살이 자신에게 박혀 그의 영이 그 독을 마셨다'(6 : 4)는 욥의 말에서 그 근거를 찾을 수 있다. 엘리후는 욥의 말들을 인용하면서 욥이 이러한 주장들을 펼치는 것은 있을 수 없는 일이라

고 보고 있다. 왜냐하면 욥의 말을 인정하다 보면 욥은 무죄하고 하나님이 불의하시다는 결론에 이르기 때문이다(아래 17절을 보라).

그러면서 엘리후는 욥의 잘못된 행동 가운데 세 가지를 지적한다(S. Balentine, *Smyth & Helwys*, 568). 그는 먼저 '어떤 사람이 욥 어른과 같겠습니까?'라는 수사 의문문으로 자신의 말을 시작하면서 욥의 잘못을 부각시킨다(7절 상). 첫째로, 욥은 조롱을 물처럼 마신다. 이것은 관용어구로서 엘리바스가 이미 말한 바 있다(15:16). 엘리바스는 이 표현을 부패한 인간을 일컫기 위해 사용하지만, 엘리후는 욥을 겨냥해서 사용한다. 둘째로, 욥은 악인과 한 무리가 되어 행동한다. 악인과 한 무리가 되어 행동한다는 것은 자신이 악인임을 드러내는 행위이다. 셋째로, 욥은 하나님을 섬기는 일이 아무 유익이 없다고 말한다. 이것은 하나님을 믿는 신앙의 삶의 의미를 부정하는 것이다. 단순한 인용의 차원에서 본다면 엘리후의 인용은 잘못된 것이다. 21:15에서 그런 말을 하고 있으나 그것은 욥의 말이 아니라 악인의 말을 인용한 것이다. 22:2에서는 엘리바스가 말하지만 다른 차원에서 이러한 말을 하고 있다. 그때 엘리바스는 인간의 행동이 하나님을 유익하게 하는 것이 아니라 인간 자신에게 유익할 따름이라고 말한다.

하지만 하나님을 기뻐하는 것이 사람에게 아무런 유익이 없다는 엘리후의 말은 욥이 주장하는 바와 일맥상통한다(예컨대, 9:22, 29 이하들; 10:3; 19:6-12; 21:7-13 등). 욥의 시각에서 보면 하나님은 사람이 의롭게 행동하거나 악인처럼 행동하거나 상관없이 동일한 결과를 초래하게 하신다. 엘리후는 이러한 평가가 담겨 있는 욥의 발언과 행동을 용납할 수 없다. 여기에서 우리는 새로운 차원에서 제시되는 엘리후 발언의 강조점이 무엇인가를 인지할 수 있다. 그에게는 현재 욥의 상황에 이르도록 한 욥의 과거 행동보다 자신의 상황에 대한 그의 현재의 반응이 더 중요한 문제가 된다(J. Ebach, *KBB* 2, 107). 엘리후는 욥과 친구들이 자신들의 발언들을 통해 보여주었던 입장들을 평가하고 해석한다.

3. 하나님의 정의에 대한 변호(I) : 전능자는 공의를 굽게 하지 않으신다 (34 : 10–15)

¹⁰그러므로 너희 총명한 자들아 내 말을 들으라 하나님은 악을 행하지 아니하시며 전능자는 결코 불의를 행하지 아니하시고 ¹¹사람의 행위를 따라 갚으사 각각 그의 행위대로 받게 하시나니 ¹²진실로 하나님은 악을 행하지 아니하시며 전능자는 공의를 굽히지 아니하시느니라 ¹³누가 땅을 그에게 맡겼느냐 누가 온 세상을 그에게 맡겼느냐 ¹⁴그가 만일 뜻을 정하시고 그의 영과 목숨을 거두실진대 ¹⁵모든 육체가 다 함께 죽으며 사람은 흙으로 돌아가리라

[34 : 10-15] 엘리후는 다시금 '분별력 있는' 사람들에게 호소한다(10절 상). 그러면서 그는 하나님의 정의에 대한 핵심적인 주장을 펼친다. 그는 악으로부터 멀리 계시며(10절 중), 정의를 굽게 하지 않으신다는 것이다(12절 하). '할리라 라엘'(חָלִלָה לָאֵל)이라는 표현은 '~은 하나님으로부터 멀리 있다'는 표현으로 어떤 사실이 불가능함을 말하고자 하는 맹세 형식구이다(S. Balentine, *Smyth & Helwys*, 569). 욥이 친구들의 옳음을 인정하지 않겠다고 할 때(27 : 5)나 아브라함이 하나님께 항변할 때(창 18 : 25) 사용되었다. 하나님은 악이나 불의와 상관이 없다는 사실을 강조하는 표현이다. 또한 '공의를 굽게 하지 않으신다.'는 주장은 빌닷의 첫 번째 발언에서 핵심주장으로 나타난 바 있다(8 : 3). 하나님은 악을 행하지 않으실 뿐만 아니라 공의를 굽히지 않으시는 분이라는 사실을 강조한다.

엘리후는 이렇게 하나님의 공의를 변호하면서 두 가지 사실을 통해서 자신의 주장을 뒷받침한다. 먼저 하나님은 보응하시는 분이라는 사실이다(11절). 행위에 따라 심판하시고 그가 한 행동의 결과를 얻게 하신다는 것이다. 다음으로 엘리후는 하나님이 창조주이심을 강조한다(13-15절). 그는 창조주가 가지고 있는 주권을 말한다. 하나님이 창조주이시라면 누구도 그의 통치에 대

해서 반론을 제기할 수 없다는 것이다. 그분이 마음만 먹는다면 무엇이든지 가능하다. 그가 인간에게서 자신의 '영'(רוּחַ)과 '호흡'(נְשָׁמָה)을 가져가시면 인간의 육체도 사라지고 그는 흙으로 돌아갈 것이다(시 104 : 29 ; 또한 시 90 : 3 ; 146 : 4 ; 전 12 : 7 참조).

4. 하나님의 정의에 대한 변호(Ⅱ) : 하나님은 의를 사랑하신다(34 : 16-20)

16만일 네가 총명이 있거든 이것을 들으며 내 말소리에 귀를 기울이라 17정의를 미워하시는 이시라면 어찌 그대를 다스리시겠느냐 의롭고 전능하신 이를 그대가 정죄하겠느냐 18그는 왕에게라도 무용지물이라 하시며 지도자들에게라도 악하다 하시며 19고관을 외모로 대하지 아니하시며 가난한 자들 앞에서 부자의 낯을 세워주지 아니하시나니 이는 그들이 다 그의 손으로 지으신 바가 됨이라 20그들은 한밤중에 순식간에 죽나니 백성은 떨며 사라지고 세력 있는 자도 사람의 손을 빌리지 않고 제거함을 당하느니라

[34 : 16-20] 엘리후는 다시금 '명철'(비나, בִּינָה)에 호소한다. 그런데 이번에는 욥에게 직접 말한다. 그는 의로운 하나님의 통치에 대해서 설명한다. 하나님은 의를 사랑하시는 분이다(17절 상). 그분은 왕이나 귀인이라 할지라도 그들에게 맞는 판결을 하신다(18절). 그들에게 '무익하다'거나 '악하다'고 말씀하시는 분이다. 고관들이나 귀족들을 편들지도 않고 우대하지도 않는다(19절). 왜냐하면 그들 모두가 하나님이 만드신 피조물들이기 때문이다. 악을 행한 자들이 맞는 결말은 분명하다(20절). 그들은 한밤중 순식간에 죽고 떨다가 사라진다. 힘센 자들이 '손을 대지 않고서도 제거된다는 것'은 하나님이 직접 심판하신다는 의미이다(삼하 23 : 6 ; 애 4 : 6 ; 단 2 : 34 참조).

하나님은 절대주권을 가지신 분으로서 세상을 정의로 다스리신다(이방통치자들에게까지 미치는 하나님의 통치에 관하여 단 2 : 21-22 ; 5 : 22-23을 참

조하라). 그렇기 때문에 엘리후는 그러한 통치에 대해서 의문을 제기하는 것은 하나님을 정죄하는 것이라고 말한다(17절 하). 하지만 욥은 하나님의 공의로운 통치에 대해서 정면으로 의문을 제기하였다. 욥도 엘리후처럼 하나님의 강함과 지혜로우심을 인정한다(9 : 4). 욥은 하나님이 산을 무너뜨리며 천체를 주관하시는 분이라고 말했다(9 : 5-10). 욥에 의하면 누구도 그를 막을 수 없고 그에게 무엇을 하시냐고 물을 수도 없다(9 : 12) (하나님의 회개 요청에 관하여 S. E. Balentine, *Smyth & Helwys*, 573쪽을 참조하라). 자신이 의로울지라도 대답하지 못하고(9 : 15), 자신이 의로울지라도 자신을 정죄할 수밖에 없다는 것이다(9 : 20). 하지만 사람이 그렇게 할 수밖에 없는 것은 단 한 가지 이유 때문이다. 그것은 하나님의 능력이 크시기 때문이다. 하나님의 의로움이 아니라 하나님의 능력에 의해서 하나님의 행동이 정당화된다는 것이다.

5. 하나님의 정의에 대한 변호(Ⅲ) : 하나님은 모든 것을 보신다(34 : 21-30)

[21]그는 사람의 길을 주목하시며 사람의 모든 걸음을 감찰하시나니 [22]행악자는 숨을 만한 흑암이나 사망의 그늘이 없느니라 [23]하나님은 사람을 심판하시기에 오래 생각하실 것이 없으시니 [24]세력 있는 자를 조사할 것 없이 꺾으시고 다른 사람을 세워 그를 대신하게 하시느니라 [25]그러므로 그는 그들의 행위를 아시고 그들을 밤 사이에 뒤집어엎어 흩으시는도다 [26]그들을 악한 자로 여겨 사람의 눈 앞에서 치심은 [27]그들이 그를 떠나고 그의 모든 길을 깨달아 알지 못함이라 [28]그들이 이와 같이 하여 가난한 자의 부르짖음이 그에게 상달하게 하며 빈궁한 사람의 부르짖음이 그에게 들리게 하느니라 [29]주께서 침묵하신다고 누가 그를 정죄하며 그가 얼굴을 가리신다면 누가 그를 뵈올 수 있으랴 그는 민족에게나 인류에게나 동일하시니 [30]이는 경건하지 못한 자가 권세를 잡아 백성을 옭아매지 못하게 하려 하심이니라

[34 : 21-30] 엘리후는 계속해서 하나님의 정의에 대한 변호의 말을 이어간다. 이 단락에서 중심주장은 하나님이 모든 것을 보신다는 사실이다. 이것은 욥기 23~24장에 있는 욥의 탄식에 대한 답변과도 같다. 욥은 도대체 하나님을 만날 수 없다고 탄식한다(23 : 8-9). 그리고 그분의 때를 알 수 없다고 말한다(24 : 1). 악인들이 판을 치고 상한 자가 부르짖지만 하나님의 응답은 없다(24 : 12). 악인들은 어둠을 틈타 자신들의 계획을 이룬다(24 : 13-17). 하나님의 침묵과 하나님의 때에 대해서 탄식하는 욥의 말에 대응하여 엘리후는 답변한다.

엘리후는 우선 하나님이 사람의 모든 걸음을 지켜보신다고 말한다(21절). 따라서 악인들이 숨을 곳은 그 어디에도 없다. 또한 그분은 재판을 위해 특별한 날짜를 정할 필요가 없다(22절). 왜냐하면 마음만 먹으면 언제든지 그들을 심판하실 수 있기 때문이다. 그분은 조사 없이도 힘센 자들을 제거하실 수 있고(24절), 그들에 대한 심판을 한밤에 진행하실 수도 있다(25절). 하지만 하나님의 심판은 많은 사람이 볼 수 있도록 이루어진다(26절). 그것은 그들의 악행과 무지에 대한 판결이다(27절). 하나님은 가난한 자들과 빈궁한 자들의 부르짖음을 외면하지 않으신다(28절). 그분은 자신을 감추시는 분이기도 하다(29절 ; 숨어계시는 하나님에 대하여 사 45 : 15을 참조하라). 하지만 그때에도 하나님은 민족이나 사람과 함께 계신다(29절 하). 사람이 인지하지 못할 뿐이지 계시지 않는 것은 아니다. 하나님은 경건치 않는 자가 왕이 되지 못하게 만들고 백성들이 함정에 빠지지 않도록 하신다(30절). 이러한 하나님의 통치와 행동방식 때문에 하나님의 주권이 부정되지 않는다. 인간이 그분의 놀라운 섭리를 이해하지 못할 뿐이다.

6. 결단 촉구 : 선택해야 하는 사람은 내가 아니라 당신이다(34 : 31-33)

³¹그대가 하나님께 아뢰기를 내가 죄를 지었사오니 다시는 범죄하지 아니하

겠나이다 ³²내가 깨닫지 못하는 것을 내게 가르치소서 내가 악을 행하였으나 다시는 아니하겠나이다 하였는가 ³³하나님께서 그대가 거절한다고 하여 그대의 뜻대로 속전을 치르시겠느냐 그러면 그대가 스스로 택할 것이요 내가 할 것이 아니니 그대는 아는 대로 말하라

[34 : 31-33] 31~33절은 그 의미를 분명히 이해하기가 쉽지 않다. 우선 번역부터가 난해하다. 31~32절에는 회개의 모범이 소개된다. 엘리후에 따르면 욥이 그렇게 했어야 한다. 그는 자신에 대한 징계를 인정하고 자신이 보지 못하는 부분을 가르쳐 달라고 부탁해야 한다. 그리고 다시는 불의를 행하지 않겠다고 약속해야 한다. 하지만 욥은 이 모든 것을 거부했다. '거부하다'로 번역된 히브리말 동사 '마아스'(מאס)는 욥의 마지막 대답에서 중요하게 사용된다 (42 : 6). 두 곳 모두에서 목적어가 빠져 있다. 따라서 무엇을 거부하는지가 불분명하다. 여기에서는 욥의 회개로 보는 것이 좋겠다. 욥이 회개를 거부하고 자신의 의로움을 주장한다고 해서 욥의 뜻대로 하나님이 행동하실 것인가 하는 의문이다(33절). 하나님은 욥의 생각대로 움직이지 않을 것이다. 하나님은 인간의 법칙에 따라 행동하지 않으신다. 그분은 그분의 판단에 따라 행동하실 것이다. 그러므로 결단해야 할 사람은 자신이 아니라 욥이다. 욥의 선택에 따라 그의 미래가 달라질 것이라는 말이다. 이어서 엘리후는 욥이 자신이 아는 바를 말할 것을 요구한다.

7. 욥에 대한 평가 : 욥 어른이 계속해서 시험받기를 바란다(34 : 34-37)

³⁴슬기로운 자와 내 말을 듣는 지혜 있는 사람은 반드시 내게 말하기를 ³⁵욥이 무식하게 말하니 그의 말이 지혜롭지 못하도다 하리라 ³⁶나는 욥이 끝까지 시험 받기를 원하노니 이는 그 대답이 악인과 같음이라 ³⁷그가 그의 죄에 반역을 더하며 우리와 어울려 손뼉을 치며 하나님을 거역하는 말을 많이 하는구나

[34 : 34-37] 엘리후는 다시금 '사려 깊은 사람'과 '지혜 있는 사람들'을 언급한다. 그는 만약 그들이 욥의 말을 듣고 평가한다면 '그는 지식 없이 말했고, 통찰력이 부족하다'고 말할 것이라고 확신한다. '무지한 말'이라는 표현은 — 히브리말로는 약간씩 다르긴 하지만 — 하나님의 응답(38 : 2)과 욥의 답변(42 : 3)에서도 등장한다. 하지만 이것이 동일한 의미로 쓰였는지는 미결의 문제로 남아 있다(S. E. Balentine, *Smyth & Helwys*, 578). 엘리후의 시각과 하나님의 시각이 다를 수 있으며, 욥의 입장에서 말할 때 의미가 다를 수 있다. 엘리후가 말하고자 하는 바는 분명하다. 욥의 행동이 잘못되었다는 것이다. 무지한 말로 말한 것은 악인들이 한 행동과 같다는 것이다(36절 하). 그가 대답한 것이 악인들이 한 것과 같기 때문에 그는 계속해서 시험을 받아야 한다는 것이다(36절 상). 엘리후는 욥이 자신의 잘못을 깨닫고 돌아올 때까지 고난 중에 있어야 한다고 주장한다. 이것은 순전히 연역적으로 도출된 하나의 '신학적' 논거가 얼마나 과격한 결론에 도달될 수 있는지를 보여준다(J. Ebach, *KBB* 2, 110). 37절에서 그는 다시 욥의 잘못된 행동을 지적한다. 엘리후는 욥이 죄에다가 반역을 더하였을 뿐 아니라, 손뼉을 치며 하나님을 거역하는 말을 계속 더 많게 하였다고 말한다. 욥은 지금과 같은 행동을 하면 할수록 하나님에 대한 죄악을 늘려갈 뿐이라는 것이 엘리후의 평가다.

설교를 위한 묵상

엘리후의 두 번째 발언에서 두드러지는 점은 여기에서 그가 하나님의 정의에 대한 변호에 집중하고 있다는 사실이다. 그러한 엘리후의 변호에서 하나님의 상(像)에 대한 중요한 언급들이 나타난다. 그의 발언을 통해 구약성서가 말하는 하나님에 대한 모습 세 가지를 알 수 있다.

첫째, 엘리후는 하나님이 창조주이심을 강조한다(10-15절). 그는 하나님이 공의를 굽히지 않으시는 분임을 말하면서 자신의 주장을 뒷받침하기 위해 창조주 하나님에 대해 말한다. 하나님은 이 세상 모든 만물의 창조주이다. 창조주는 피조물에 대한 주권을 가지고 있다. 따라서 하나님이 창조주이시라면 누구도 그의 통치에 대해서 반론을 제기할 수 없다. 그분이 마음만 먹는다면 무엇이든지 가능하다. 그분은 자신의 뜻에 따라 이 세상을 통치하신다. 인간에 대한 생사화복의 권한도 오직 그분께만 있는 것이다. 그가 인간에게서 자신의 '영'(רוּחַ)과 '호흡'(נְשָׁמָה)을 가져가시면 인간의 육체도 사라지고 티끌로 돌아갈 것이다(시 104:29; 또한 시 90:3; 146:4 참조). 창조주 하나님에 대한 신앙은 하나님에 대한 믿음의 모든 내용 가운데 기초가 된다. 하나님은 창조주이시기 때문에 최고의 주권을 가지고 계시며, 피조세계를 운행하고 계시는 분이 바로 그 하나님이신 것이다. 인간의 생사화복에 대한 주권을 가지고 계시는 분이기 때문에 우리는 그분께 기도하고 그분께 찬양을 드린다.

둘째, 엘리후는 하나님이 통치자이심을 강조한다(16-20절). 엘리후는 하나님의 의로운 통치에 대해서 말한다. 하나님은 의를 사랑하시는 분이다. 따라서 그분은 지위가 높다고 해서 우대하거나 편들지 않는다. 오직 그들의 행동과 삶의 모습을 보시고 판결하신다. 아무리 힘이 있는 사람이라 할지라도 하나님의 심판을 받는다면 순식간에 죽게 되고 사라진다. 하나님은 힘센 자들의 도움을 받지 않고서도 얼마든지 세상의 권력자들과 고관들을 징벌하실 수 있다. 이러한 하나님의 통치는 이스라엘 내에서 뿐 아니라 이방 땅에도 동일하게 적용된다. 온누리에 미치는 하나님의 통치를 말하는 것은 하나님의 정의에 대한 믿음과 하나님의 다스리심에 대한 신뢰를 갖게 한다. 이러한 믿음이 있는 사람은 어떤 고난의 상황 속에서도 그분의 통치를 믿으며 견디어 나갈 수 있다. 그 어떤 세력도 그분의 통치를 거부하거나 깨뜨릴 수 없기 때문이다.

셋째, 엘리후는 하나님이 심판자이심을 강조한다(21-30절). 심판자 하나님의 모습에서 강조되는 사실은 하나님이 모든 것을 보신다는 것이다. 그러기 때문에 누구도 그의 눈을 피할 수 없다. 악인들이 숨을 곳이 그 어디에도 없다. 그분은 재판을 위해 특별한 날짜를 정할 필요도 없다. 왜냐하면 마음만 먹으면 언제든지 심판하실 수 있기 때문이다. 하나님의 심판은 모든 사람이 볼 수 있도록 이루어진다. 또한 그분은 가난한 자들과 빈궁한 자들의 부르짖음을 외면하지 않으신다. 하지만 그분은 때때로 자신을 감추시기도 한다. 이것은 인간이 인지하지 못할 뿐이나 하나님의 외면이나 부재가 아니다. 그분은 언제나 민족이나 사람과 함께 계신다. 모든 길을 보시고 심판하시는 하나님을 믿는 사람은 악인의 길로 나아가 자신의 삶을 파멸시키지 않는다. 모든 상황에 대한 하나님의 심판이 있음을 기억하면서 하나님이 원하시는 모습으로 살고자 노력할 것이다. 때로는 하나님의 숨어계심을 경험할 수 있다. 이때 알아야 할 중요한 사실은 하나님이 계시지 않는 것이 아니라 사람이 인지하지 못할 뿐이라는 사실이다.

이러한 중요한 신학적 진술을 담고 있는 엘리후의 말은 어떻게 평가받을 수 있을까? 그것은 욥의 발언과 비교할 때 제대로 평가할 수 있다. 하나님의 모습들에 대한 엘리후의 주장이 그만의 특별한 주장은 아니다. 욥도 이미 창조주 하나님에 대한 권능과 주권을 말했고 모든 것이 하나님의 손에 달려 있음을 말했다(12:10). 또한 엘리후처럼 하나님의 강함과 지혜로우심을 인정한다(9:4; 12:13). 욥도 그분은 산을 무너뜨리며 천체를 주관하실 뿐 아니라(9:5-10), 세상의 권력자들과 민족들에 대한 심판자이시기도 함을 말한다(12:14-25). 그러한 하나님이시기 때문에 누구도 그분의 행동을 막을 수 없고 무엇을 하시냐고 물을 수도 없다는 것이다(9:12; 12:14-15). 또한 욥은 하나님의 숨어 계심(23:8-9)과 하나님의 침묵(24:12)에 대해서도 말한다. 이렇게 엘리후의 발언과 욥의 발언에 나타나는 하나님의 상(像)에 대한 진술에는 공통점이 많지만, 차이점도 극명하게 드러난다. 욥의 입장에서 보면 창조주로서의 주권이나 통치자와 심판자로서의 하나님에 모습에 대한 의문이 야기된다. 예컨대 그의 일곱 아들과 세 딸에 대한 죽음을 이해할 수 없게 만들기 때문이다. '온전하고 정직하여 하나님을 경외하며 악에서 떠난 자'로서 삶을 살았던 그에게 그런 엄청난 고난이 닥친 것은 자연스레 하나님의 공의로운 통치에 대해 의문을 품게 만든다. 이러한 욥의 사례는 절대주권을 가진 창조주요 통치자요 심판자로서의 하나님에 대한 부담으로 작용한다. 동일한 내용이 누구의 입을 통해서 발화되느냐에 따라 그 의미가 달라지고 있는 셈이다.

7~9절에서 엘리후가 지적한 욥의 말과 행동들은 그 근거가 희박하다. 결과를 보고 나름대로 추론한 것이거나 자신의 입장에서 잘못 인용한 것들이다. 엘리후는 줄곧 듣는 사람의 분별력과 지혜에 호소한다(2, 34절). 하지만 하나님은 불의하실 수 없다는 당위성에 얽매여 욥의 상황이나 말을 제대로 이해하지도 못하고 있고 적절히 평가하지도 못하고 있다. 엘리후는 욥이 계속 시험을 받아야 한다고 주장한다(36절). 자신의 잘못을 깨닫고 돌아올 때까지 고난 중에 있어야 한다는 것이다. 이 얼마나 과격한 주장인가? 이것은 현실에 대한 진지한 고찰 없이 순전히 연역적으로 도출된 '신학적' 논거가 얼마나 잘못된 결론에 도달될 수 있는지를 잘 보여준다.

D. 엘리후의 세 번째 발언(35:1-16)

엘리후는 세 번째 발언에서 욥의 발언 가운데 두 가지 문제를 가져와 논박한다(C. A. Newsom, *NIB*, 580). 선한 행동의 유익과 하나님의 무관심에 대한 문제이다. 이 두 가지 문제에 대한 논박이 정교한 구성 가운데 진행된다. 엘리후의 세 번째 발언은 욥의 행동에 대한 수사학적 질문(2절)과 욥의 말에 대한 평가(16절)에 의해 둘러싸여 있다. 그리고 엘리후는 두 가지 문제에 대한 논박을 주제에 따라 정반대의 형식으로 진행한다. 선한 행동의 유익에 대한 문제는 주제를 먼저 말하고(3절) 자신의 주장을 펼친다(5-8절). 하지만 하나님의 무관심에 대한 문제는 논증을 먼저하고(9-13절) 주제를 나중에 말한다(14절). 엘리후의 세 번째 발언은 아래와 같이 분석된다.

1. 주제(I) : 의로운 삶의 유익함에 관하여(1-4절)
2. 하나님께 미치는 인간 행동의 영향 : 당신이 의롭다고 해서, 그분께 무엇을 드릴 수 있겠는가(5-8절)
3. 하나님이 부르짖음에 대응하시지 않는 이유 : 하나님께서는 헛된 것을 듣지 않으신다(9-13절)
4. 주제(II) : 하나님의 무관심에 관하여(14-16절)

1. 의로운 삶의 유익함에 관하여(35:1-4)

¹엘리후가 말을 이어 이르되 ²그대는 이것을 합당하게 여기느냐 그대는 그대의 의가 하나님께로부터 왔다는 말이냐 ³그대는 그것이 내게 무슨 소용이 있으며 범죄하지 않는 것이 내게 무슨 유익이 있겠느냐고 묻지마는 ⁴내가 그대와 및 그대와 함께 있는 그대의 친구들에게 대답하리라

[35 : 1-4] 엘리후의 세 번째 발언도 '엘리후가 대응하여 말했다'는 말로 시작된다. 그의 말은 바로 앞에 말한 사람에 대한 답변이 아니라 욥기의 이전 발언에 대한 응답임을 의미한다. 이러한 도입(1절)은 욥과 그의 친구들에 대한 대답이라고 분명하게 말하고 있는 4절로부터 지지된다. 엘리후는 자신의 이전 발언(34 : 4)에서와 같이 욥의 말을 검증하고자 한다. 앞의 발언에서와 같이 '지혜 있는 자들'과 '지식 있는 자들'을 언급하고 있지는 않지만, 엘리후는 욥의 말을 많은 사람들 가운데 내놓고 욥의 말이 잘못되었음을 보여주고자 한다. 엘리후는 욥의 말을 확인하며 묻는다. 문제가 되는 것은 '자신의 의가 하나님께로부터 왔다'고 말한 부분이다(2절). 이것은 히브리 원문에 따라 '나의 의는 하나님의 의보다 낫다'로 번역하는 것이 좋겠다. 전치사 'מִן'이 '~보다 낫다' 비교를 나타내기 때문이다(4 : 17 참조). 그러면서 엘리후는 선한 삶의 유용성에 관한 욥의 질문을 문제 삼는다(3절). 자신이 범죄하지 않음이 자신에게 무슨 유익이 있는가라는 질문이다. 이것은 앞선 발언에서 말한 것과 유사하다(34 : 9 참조). 엘리후는 이러한 문제에 대한 자신의 입장을 밝히겠다고 말한다. 그것도 욥만 아니라 욥의 친구들에게까지 그렇게 하겠다고 말한다.

2. 하나님께 미치는 인간 행동의 영향 : 당신이 의롭다고 해서, 그분께 무엇을 드릴 수 있겠는가(35 : 5-8)

⁵그대는 하늘을 우러러보라 그대보다 높이 뜬 구름을 바라보라 ⁶그대가 범죄한들 하나님께 무슨 영향이 있겠으며 그대의 악행이 가득한들 하나님께 무슨 상관이 있겠으며 ⁷그대가 의로운들 하나님께 무엇을 드리겠으며 그가 그대의 손에서 무엇을 받으시겠느냐 ⁸그대의 악은 그대와 같은 사람에게나 있는 것이요 그대의 공의는 어떤 인생에게도 있느니라

[35 : 5-8] 엘리후는 욥의 말이 잘못되었음을 입증하기 위해 하늘과 높은 구름을 언급한다(5절). 여기에 언급된 하늘과 높은 구름은 초월적인 하나님에 대한 은유이다. 땅과 하늘만큼이나 하나님과 인간의 사이에 있는 차이가 크다는 것이다. 그는 인간의 행동이 하나님에게 미치는 영향에 대해서 설명한다. 먼저 인간의 범죄에 대해서 말한다(6절). 인간이 범죄한다고 해서 하늘에 계신 하나님께 어떤 영향이 있겠느냐는 것이다. 그런 다음 엘리후는 인간의 의로움에 대해서 말한다(7절). 인간의 의로움도 하나님께 도움 되는 것은 없다는 것이다. 결론적으로 인간의 죄악이나 의는 사람에게나 소용 있는 것이지 하나님께 소용 있는 것이 아니라고 말한다(8절). 엘리후의 말은 욥의 상황을 하늘의 관점으로 보게 한다. 욥의 범죄나 욥의 의로움이 하나님께 하등의 영향을 주지 않는다는 것이다. 개인의 행동이 영향을 줄 수는 있는 것은 인간 사회에 국한된다. 이러한 엘리후의 발언은 욥을 위로하려는 의도를 가질 수 있다. 그가 우주의 중심은 아니라는 사실을 일깨움으로써 말이다.

하지만 엘리후 발언은 문제가 있다. 욥의 말을 정확하게 인용하지 못하고 있다(C. A. Newsom, *NIB*, 580-581). 욥은 자신의 의가 하나님의 의보다 낫다고 말한 적이 없다. 오히려 욥은 엘리바스처럼 사람이 하나님보다 의로울 수 없다고 말했다(9 : 2 ; 또한 4 : 17 참조). 인간의 연약성과 제한성을 인정하였다. 그리고 선한 삶의 유용성에 대해서도 마찬가지다. 엘리후가 말하듯이 욥은 그러한 사실을 직접적으로 말한 적이 없다. 엘리후는 자신의 입장에서 욥의 말을 추론하여 욥의 말을 평가하고 있는 셈이다. 또한 인간의 삶의 유용성에 대한 말은 엘리바스가 이미 유사한 어투로 말한 바 있다(22 : 2-3). 그런 것을 반복하는 것은 엘리후가 앞의 세 친구와 전혀 다른 사람이 아니라 그도 세 친구의 범위에 포함시킬 수 있는 사람임을 드러내 준다.

3. 하나님이 부르짖음에 대응하시지 않는 이유 : 하나님께서는 헛된 것을 듣지 않으신다(35 : 9-13)

⁹사람은 학대가 많으므로 부르짖으며 군주들의 힘에 눌려 소리치나 ¹⁰나를 지으신 하나님은 어디 계시냐고 하며 밤에 노래를 주시는 자가 어디 계시냐고 말하는 자가 없구나 ¹¹땅의 짐승들보다도 우리를 더욱 가르치시고 하늘의 새들보다도 우리를 더욱 지혜롭게 하시는 이가 어디 계시냐고 말하는 이도 없구나 ¹²그들이 악인의 교만으로 말미암아 거기에서 부르짖으나 대답하는 자가 없음은 ¹³헛된 것은 하나님이 결코 듣지 아니하시며 전능자가 돌아보지 아니하심이라

[35 : 9-13] 이 단락에서는 하나님의 들으심에 관한 주제로 넘어간다. 인간의 부르짖음을 들으시는가 하는 문제이다. 엘리후는 부르짖음을 구분한다. 단순히 고통 가운데 울부짖는 부르짖음(9절)과 창조주 하나님께 외치는 부르짖음(10-11절)이다. 특별히 '땅의 짐승들보다 더 가르치고 새들보다 더 지혜롭게 만드신다'는 11절의 언급은 욥의 말에 대한 대응처럼 들린다(12 : 7-9 참조). 12 : 7의 욥의 말을 따르면 '전자는 자연인의 부르짖음이고 후자는 신앙인의 부르짖음'이라고 말할 수 있겠다. 그러나 엘리후는 욥의 외침이 전자에 속한다고 보는 것이다. 창조주 하나님에 대한 성찰 없이 그저 고통에 대한 반응으로서 울부짖는다는 것이다. 그리고 이러한 부르짖음의 특성이 12절에서 부연 설명된다. 하나님이 그러한 부르짖음에 대응하지 않으시는 것은 악인들의 교만 때문이라는 것이다. 자연인의 부르짖음에는 하나님이 싫어하시는 악인들의 교만함이 들어 있다는 것이다. 하나님께서는 '헛된 것'(שָׁוְא)을 돌아보지 않으신다고 말한다(13절).

엘리후는 욥의 태도를 '악인들의 교만'이라고 평가하며, 그의 말을 '헛된 것'으로 규정한다. 그렇기 때문에 욥은 하나님의 응답을 경험하지 못하고 있다고 말하는 것이다. 고난의 심연 가운데 있는 욥에게 더 큰 고통을 가져다 줄 비수(匕首) 같은 말들이다. 엘리후의 시각에 따르면 욥에게 남겨진 일이라곤 회개하여 돌이키는 일뿐이다. 정교하게 구성된 신앙적인 충고가 신앙인의

희망을 꺾는 '독'(毒)으로 작용하는 예를 보게 된다.

4. 하나님의 무관심에 관하여(35 : 14-16)

> [14]하물며 말하기를 하나님은 뵈올 수 없고 일의 판단하심은 그 앞에 있으니 나는 그를 기다릴 뿐이라 말하는 그대일까보냐 [15]그러나 지금은 그가 진노하심으로 벌을 주지 아니하셨고 악행을 끝까지 살피지 아니하셨으므로 [16]욥이 헛되이 입을 열어 지식 없는 말을 많이 하는구나

[35 : 14-16] 엘리후는 마지막 단락에서 하나님의 무관심에 대하여 설명을 한다. 욥은 자신이 하나님을 볼 수 없음에 대해서 탄식하였다(23 : 8-9 참조). 엘리후는 '너는 그분을 보지 못할 것이다'라는 욥의 말을 인용하여 그러한 사실을 보여준다(14절 상). 하반절에 대한 해석은 여러 가지다. 욥의 말에 대한 인용으로 볼 것인지 아니면 엘리후의 말로 볼 것인지에 대한 판단이 있어야 한다. 개역개정의 해석과는 달리 엘리후의 말로 보는 것이 더 나아 보인다. 엘리후의 말로 보면 이것은 엘리후의 확신을 표현하는 말이다. 그분 앞에는 심판이 있고 그분은 분명히 반응하실 것이다. 엘리후는 하나님이 모든 것을 보고 있다는 사실을 확신한다(34 : 21). 다만 지금 진노의 징벌이 없는 것은 하나님이 관심을 두지 않기 때문이다. 그렇기 때문에 욥이 '헛되이'(הֶבֶל) 입을 열고, '알지 못하는 말'을 많이 하고 있다는 것이다. 하나님의 심판이 제대로 이루어진다면 욥은 이 자리에 있지도 못할 것이라는 말이다.

이러한 논거들로서 엘리후는 2절에서 제기했던 '무엇이 옳은가?'라는 질문에 답하고 있다. 엘리후의 평가에 의하면 욥의 말은 '헛된 것'이며 '무지'에서 비롯된 것이다. 하나님은 모든 것을 보고 계시며 알고 계신다. 하나님이 침묵하시는 이유는 인간의 교만 때문이다. 욥에게 아직 진노의 징벌이 제대로 임하지 않고 있다. 하나님이 깊이 관심을 두지 않고 있기 때문이다. 그러

므로 욥은 더 늦기 전에 '헛되고 무지한' 말을 그치고 하나님께로 돌아와야 한다고 엘리후는 압박한다.

■■ 설교를 위한 묵상

엘리후의 발언은 우리의 신앙관을 되돌아보게 한다. 그의 발언을 통해 얻을 수 있는 교훈은 무엇인가?
첫째로 하나님이 들으시는 부르짖음은 어떤 부르짖음인가를 생각하게 한다. 엘리후는 하나님이 들으시는 부르짖음을 말하면서 단순히 '압제들이나 힘센 자의 팔 때문에' 울부짖는 부르짖음은 문제가 있다고 말한다(9절). 그러면서 '나를 지으시며 밤에 노래를 주시는 분은 어디에 계신가?'라고 말하지 않는다고 비난한다(10절). 이것은 단순히 압제와 고통 가운데 외치는 부르짖음과 창조주 하나님을 기억하며 부르짖는 기도를 생각할 수 있다. 하나님은 기도의 형태를 취해야 들으시는가 아니면 압제자의 고통 가운데 부르짖는 외침도 들으시는가?
구약성서는 압제자의 폭정에 시달리는 이스라엘 백성이 부르짖는 소리를 들으시는 하나님의 모습을 보여준다. 출애굽기 2:23 이하에서는 이스라엘 자손이 고된 노동 가운데 부르짖었을 때 하나님이 그들의 고통소리를 들으셨다고 말한다. 그래서 하나님은 그들을 돌보셨고 그들을 기억하셨다(출 2:25). 기도의 형태가 아니더라도 고통받는 자의 울부짖음이 하나님께 상달되는 것이다. 소돔과 고모라를 멸망하시기로 작정하셨을 때도 소돔과 고모라에 대한 부르짖음이 하나님께 들렸기 때문이다(창 18:20-21). 하나님께 상달되는 음성은 꼭 고통에 대한 부르짖음만이 아니다. 사람이 저지르는 악독도 하나님께 상달된다. 니느웨에 심판을 외치라는 요나의 소명은 니느웨의 악독이 하나님께 상달되었기 때문이다(욘 1:2).
그러므로 하나님을 신앙의 거룩한 영역에 제한된 분으로 여겨서는 안 된다. 그분은 세상 만물을 통치하신다. 인간의 행위를 면밀히 살피고 계시기 때문에 우리가 하는 모든 행동은 하나님께 상달되는 것이다. 그것이 신앙의 언어가 아니더라도 고통 가운데 울부짖는 외침은 하나님이 들으시고 응답하시는 것이다.
둘째로 하나님의 초월성은 어떤 의미가 있는가를 생각하게 한다. 엘리후는 욥의 말이 잘못되었음을 입증하기 위해 하늘과 높은 구름을 언급했다(5절). 땅과 하늘만큼이나 하나님과 인간의 사이에 있는 차이가 크다는 것이다. 엘리후는 이러한 은유를 통해 하나님의 초월성을 강조한다. 그러면서 인간의 행동이 하나님에게 미치는 영향에 대해서 말한다. 인간의 범죄나 의로움이 하늘에 계신 하나님께는 어떤 영향도 미치지 않는다고 말한다(6-7절). 이를 통해 엘리후는 자신의 의가 아무런 소용이 없다는 탄식을 반박하고자 한다.

하지만 이러한 엘리후의 발언은 하나님의 초월성에 대해서 매우 잘못된 인식을 갖게 할 수 있다. 초월성만을 강조하다 보면 하나님을 창조세계와는 관계없는 추상적인 하나님으로 오해하게 할 수 있다. 하나님은 이 세상에서 초월해 계시지만, 동시에 이 세상 가운데 내재하시는 분이다. 창조세계를 돌보시는 분이며 창조세계의 아픔을 동감하시는 분이다. 또한 역사 속에서 활동하시는 분이며 왜곡된 역사의 현실을 바로잡기 위해 구원을 일으키시는 분이시다. 인간의 행동은 인간 사회에만 국한되는 것이 아니라 하나님께 상달되며 하나님께 직접적인 영향을 준다.

그러므로 엘리후의 발언에는 균형 잡힌 시각이 요구된다. 우리가 때로는 침묵하시는 하나님을 경험하고 숨어 계시는 하나님을 경험할 수 있다. 하지만 하나님은 멀리 계시지 않는다. 인간의 행동이 하나님께 영향을 주지 않는 것이 아니라 작은 자에게라도 한 행위가 하나님께 한 행위가 될 수 있다. '가난한 자를 불쌍히 여기는 것은 여호와께 꾸어 드리는 것이니 그의 선행을 그에게 갚아 주실 것'이다(잠 19 : 17 ; 또한 마 25 : 40, 45 참조). 하나님은 세계와 역사에 무관심하신 분이 아니라 열정적으로 참여하시는 분이다('야훼의 열심'에 대하여 다음을 참조하라 : 사 9 : 7 ; 37 : 32 ; 42 : 13 등).

E. 엘리후의 네 번째 발언(36 : 1-37 : 24)

엘리후의 마지막 발언은 두 가지 방향을 지향한다. 첫 번째 부분(36 : 1-21)에서는 욥과 그의 친구들이 이전 발언들에서 보여주었던 관점들을 교정하는데 관심을 두고 있으며, 두 번째 부분(36:22-37:24)에서는 하나님의 답변을 앞당겨 말한다(C. A. Newsom, *NIB*, 583). 36~37장이 그의 마지막 발언이라는 사실은 욥의 말에 대한 인용이나 반박이 없다는 점에서도 드러난다. 그의 결론인 셈이다. 엘리후의 마지막 발언에서 두드러지는 점은 고난에 대한 교육적인 이용이란 주제가 다시 나타난다는 점이다(36:5-15; 또한 33:6-22 참조). 그는 하나님이 의인을 보호함으로 지키신다고 가르친다. 그들이 범죄할 때에도 고통의 채찍을 통해 그들의 잘못을 깨닫게 하신다는 것이다. 그들이 그러한 교육적 조치에 제대로 반응한다면 그들은 회복되고 하나님의 영광을 보게 될 것이다. 그러나 그들이 그들의 잘못을 고집한다면 그들은 죽을 것이다.

36:22부터는 다른 종류의 발언이 시작된다. 창조세계의 기후현상에 나타난 하나님의 능력과 위대하심에 대한 찬양이다. 36:22~33은 나머지 발언을 이끌면서 동시에 요약한다. 이 부분은 세 번에 걸친 '헨'(הֵן 보라)이라는 감탄사를 통해 구조화되어 있다(36:22, 26, 30절). 첫 번째 부분(36:22-25)은 교육자로서 가지고 있는 하나님의 위대하심과 교육방식에 대해서 찬양하고 욥도 여기에 동참하기를 원한다. 두 번째 부분(36:26-29)은 비의 주관자로서의 하나님을 찬양한다. 세 번째 부분(36:30-33)은 비와 번개를 주관하시는 하나님의 모습을 묘사한다. 37장에서 엘리후의 발언은 계속된다. 그는 36:22~33의 내용을 확장 심화시킨다. 엘리후는 먼저 하나님의 목소리로서의 번개에 대해서 자세히 설명한다(37:1-5). 겨울 폭풍에 나타난 하나님의 권능에 대해서도 찬양한다(37:6-13).

마지막으로 엘리후는 욥에게 다시 권면한다. 하나님의 발언을 닮은 일련의 수사학적인 질문을 통해 욥을 훈계하고자 한다(37:14-20). 결말부분에 있는 하나님의 현현에 대한 묘사는 하나님의 나타나심을 예고하며 하나님의 발언과 연결고리를 제공한다(37:21-24). 엘리후의 마지막 발언은 다음과 같이 나눌 수 있다.

1. 도입부 : 나를 조금만 참아 주시오(36 : 1-4)
2. 하나님의 교육적 조치 : 하나님께서는 힘이 강하시나 아무도 버리지 않으신다(36 : 5-15)
3. 욥에 대한 권면(I) : 당신은 밤을 사모하지 마시오(36 : 16-21)
4. 창조세계에 나타난 하나님의 위대하심 : 보라(I)(36 : 22-25)
5. 창조세계에 나타난 하나님의 위대하심 : 보라(II)(36 : 26-29)
6. 창조세계에 나타난 하나님의 위대하심 : 보라(III)(36 : 30-33)
7. 창조세계에 나타난 하나님의 위대하심 : 천둥과 번개(37 : 1-5)
8. 창조세계에 나타난 하나님의 위대하심 : 기후와 날씨(37 : 6-13)
9. 욥에 대한 권면(II) : 가만히 서서 하나님의 놀라운 일들을 깨달아 알 수 있기를 바란다(37 : 14-20)
10. 욥에 대한 권면(III) : 그러므로 사람들은 그분을 두려워해야 한다(37 : 21-24)

1. 도입부 : 나를 조금만 참아 주시오(36 : 1-4)

[1]엘리후가 말을 이어 이르되 [2]나를 잠깐 용납하라 내가 그대에게 보이리니 이는 내가 하나님을 위하여 아직도 할 말이 있음이라 [3]내가 먼 데서 지식을 얻고 나를 지으신 이에게 의를 돌려보내리라 [4]진실로 내 말은 거짓이 아니라 온전한 지식을 가진 이가 그대와 함께 있느니라

[36 : 1-4] 엘리후의 마지막 발언은 이전 발언과는 다르다. 욥의 말에 대한 인용이 전혀 없다(33 : 8-11 ; 34 : 5-6 ; 35 : 3 참조). 엘리후는 아직 할 말이 있으니 조금만 참아 달라고 말한다(2절). 그리고 그는 지식을 먼 곳에서 가져온다고 말한다. 여기에서 '먼 곳'은 하나님이 계시는 장소를 의미한다. 자신의 말은 영감 되었다는 말과 같은 의미다(32장 참조). 또한 하나님께 의를 돌

려드릴 수 있다는 말을 통해 자신의 말에 대한 확신을 표현한다. 자신의 말로 설득시켜 하나님의 의를 드러내겠다는 것이다. 4절에서는 자신의 말이 거짓이 아니라고 말한다. 욥기 13 : 4에 나타나 있는 욥의 평가와 대비되는 말이다(J. E. Hartley, *NICOT*, 468). 그리고 엘리후는 자신을 '완전한 지식'을 가진 자라고 소개한다. 그는 이 말을 통해 자신의 지식이 한 점 오류 없는 완전 무결한 것이라는 사실을 말한다기보다 자신이 가지고 있는 지혜가 다른 사람에 비해 상대적인 우위를 가지고 있다는 사실을 표현하고 있다(S. E. Balentine, *Smyth & Helwys*, 600). 이러한 도입부는 엘리후가 자신의 말에 대해 얼마나 큰 확신을 가지고 있으며, 얼마나 당당하게 자신의 주장을 펼치고 있는지를 알게 한다.

2. 하나님의 교육적 조치 : 하나님께서는 힘이 강하시나 아무도 버리지 않으신다(36 : 5-15)

⁵하나님은 능하시나 아무도 멸시하지 아니하시며 그의 지혜가 무궁하사 ⁶악인을 살려두지 아니하시며 고난 받는 자에게 공의를 베푸시며 ⁷그의 눈을 의인에게서 떼지 아니하시고 그를 왕들과 함께 왕좌에 앉히사 영원토록 존귀하게 하시며 ⁸혹시 그들이 족쇄에 매이거나 환난의 줄에 얽혔으면 ⁹그들의 소행과 악행과 자신들의 교만한 행위를 알게 하시고 ¹⁰그들의 귀를 열어 교훈을 듣게 하시며 명하여 죄악에서 돌이키게 하시나니 ¹¹만일 그들이 순종하여 섬기면 형통한 날을 보내며 즐거운 해를 지낼 것이요 ¹²만일 그들이 순종하지 아니하면 칼에 망하며 지식 없이 죽을 것이니라 ¹³마음이 경건하지 아니한 자들은 분노를 쌓으며 하나님이 속박할지라도 도움을 구하지 아니하나니 ¹⁴그들의 몸은 젊어서 죽으며 그들의 생명은 남창과 함께 있도다 ¹⁵하나님은 곤고한 자를 그 곤고에서 구원하시며 학대당할 즈음에 그의 귀를 여시나니

[36 : 5-15] 5절에서 하나님의 속성에 대한 세 가지 사실을 강조하고 있다. 하나님의 주권과 인자하심, 그리고 하나님의 한없는 지혜다(C. A. Newsom, NIB, 585). 6절은 악인과 의인에 대한 하나님의 통치방식을 설명한다. 이것은 '어찌하여 악인이 생존하고 장수하며 세력이 강하냐?'라는 욥의 질문(21 : 7)에 대한 답변이라고 할 수 있다. 하나님은 악인은 심판하시나 '고난 받는 자'(עָנִי)는 구원하신다. 악인과 고난 받는 자의 대비는 시편에서 자주 볼 수 있다(시 14 : 5 ; 10편). 시편에서 '고난 받는 자'는 의인에 대한 표현방식이다. 세상에서는 가진 것이 없어서 고통당하지만 하나님만을 의지하기 때문에 의로운 자라고 인정받는 사람을 가리킨다(H. J. Kraus, 『시편의 신학』, 362-372쪽을 참조하라).

7~10절까지는 하나님의 통치방식에 대해서 자세히 소개한다. 여기에서 의인에 대한 하나님의 행동이 강조된다. 하나님은 의인들에게서 눈을 떼지 않으신다. 하나님은 그들을 지속적으로 보호하시고 그들에게 복을 주신다는 말이다(의인을 높이시는 하나님에 대하여 다음을 참조하라 : 욥 5 : 11 ; 삼상 2 : 8 ; 시 113 : 7-8). 8~10절은 고난의 유익에 대해서 말한다. 엘리후는 33 : 19~22에서 고난의 유익에 대해서 말했다. 8절에서 엘리후는 족쇄와 고난의 줄에 대해서 말한다. 여기에서 족쇄와 고난의 줄은 전쟁포로들이 당하는 고통을 은유적으로 보여준다(나 3 : 10 ; 사 45 : 14 ; 시 146 : 7 참조). 하지만 그것들은 더 이상 나쁜 길로 나가지 못하게 하는 제어장치 기능을 할 뿐만 아니라, 그것들을 차고 있는 사람들에게 고통을 주어 잘못된 길 끝에 있는 파멸을 의식하게 하여 돌이키게 하는 기능을 한다(J. E. Hartley, NICOT, 470-471). 하나님은 고난을 통해 교만한 행위를 알게 하시고 귀를 열어 교훈을 듣게 하시며 죄악에서 돌이키게 하신다(9-10절). 고난은 자신의 잘못을 깨닫게 하는 도구로 사용된다. 그것은 특별히 고난당하는 자의 교만을 깨닫게 한다(33 : 17 참조).

11~12절에서는 방황하던 의인들이 하나님의 말 걸어오심에 반응하는 두

가지 길을 제시한다. 어떤 사람은 그들의 고난을 통해 하나님이 말씀하시는 바를 듣는다. 그렇게 함으로써 하나님을 섬기게 되면 그들의 날들은 좋게 될 것이다. 그들의 날들은 좋은 것과 기쁨으로 가득 차게 될 것이다. 하지만 하나님의 교훈을 듣지 못하고 불순종하면 그들의 결말은 죽음이다. '지식 없이 죽는다'는 것은 하나님을 제대로 알지 못하여(호 4 : 6, 14 ; 5 : 4 참조) 때 이른 죽음을 맛보게 될 것이라는 말이다(순종과 불순종의 결과가 대조적으로 언급되어 있는 두 가지의 길에 대해서는 다음을 참조하라 : 신 30 : 15-20 ; 렘 21 : 8-9 ; 마 7 : 12-14 등).

13~14절에서는 경건치 않은 자의 예를 든다. 엘리후가 말하는 경건치 않는 자는 분노를 쌓고 도움을 구하지 않는 자이다. 그는 완고하여 하나님께 분노하고, 묶인 상태에서도 자신의 잘못을 깨닫지 못하고 하나님의 도움을 구하지 않는다. 다른 말로 하면 하나님께 교만한 자이다. 그러한 자는 하나님의 구원을 경험하지 못한다. 그는 젊어서 죽는데, '남창'과 같이 제 수명을 누리지 못하고 요절한다.

15절은 이전의 주제를 다시금 반복한다. 고난 받는 곤고한 자를 구원하시는 하나님을 말한다. 그러면서도 고난의 유익을 다시금 설명한다. 하나님은 압박당하는 고통을 통해 그들의 귀를 여시고 하나님의 음성을 듣게 하신다. 이 모든 말은 욥을 향하고 있다. 16절부터는 암시적인 교훈이 아니라 욥에게 직접 말함으로써 욥에게 직접적인 교훈을 한다.

3. 욥에 대한 권면(I) : 당신은 밤을 사모하지 마시오(36 : 16-21)

[16]그러므로 하나님이 그대를 환난에서 이끌어 내사 좁지 않고 넉넉한 곳으로 옮기려 하셨은즉 무릇 그대의 상에는 기름진 것이 놓이리라 [17]이제는 악인의 받을 벌이 그대에게 가득하였고 심판과 정의가 그대를 잡았나니 [18]그대는 분노하지 않도록 조심하며 많은 뇌물이 그대를 그릇된 길로 가게 할까 조심하

라 ¹⁹그대의 부르짖음이나 그대의 능력이 어찌 능히 그대가 곤고한 가운데에서 그대를 유익하게 하겠느냐 ²⁰그대는 밤을 사모하지 말라 인생들이 밤에 그들이 있는 곳에서 끌려 가리라 ²¹삼가 악으로 치우치지 말라 그대가 환난보다 이것을 택하였느니라

[36:16-21] 16절에서 엘리후는 지금까지의 설명을 욥에게 적용시킨다. 욥도 하나님의 훈육을 받아들인다면 회복하게 될 것이라는 것이다. 여기에서 두 가지 구원의 이미지가 사용되고 있다. 바로 넓음과 풍성함이다. 우선 '넓음'은 운신하기 어렵고 숨쉬기조차 곤란한 답답한 곳에서 벗어나 막힘없이 탁 트인 공간을 말한다. 억압이나 압박이 없는 자유와 구원의 상황을 묘사한다(시 18:19; 31:8 참조). 다음으로 '풍성함'은 기름진 것으로 가득 채워질 것이라는 사실로 표현된다. 먹을 것이 풍성하여 부족함이 없는 상태를 말하고 있다.

17절은 해석의 논란이 있다. 이것이 욥에게 당한 심판의 상황에 대한 설명인가 아니면 그의 사례나 불의의 상황에 대한 합법적인 해결에 대한 욥의 망상에 대한 서술인가 하는 점이다(C. A. Newsom, NIB, 586쪽의 각주를 참조하라). 본문의 정황을 볼 때 전자의 설명이 더 적절하게 보인다. 욥은 악인에게 해당되는 심판을 받고 있지만 심판과 공의가 붙들고 있다. 여기에서 심판과 공의는 '정의로운 심판'에 대한 중언법(重言法, hendiadys)으로 여겨진다(J. E. Hartley, NICOT, 472, 각주 3번). 욥이 현재는 악인의 심판을 받고 있지만, 결국 하나님이 정의로운 심판을 내리실 것이라는 말이다.

18절도 해석의 어려움을 준다. '세펙'(ספק)이라는 낱말이 무슨 뜻인지 불분명하다. 이것은 '부유함'(Gordis, Hartley, NIV) 또는 '분노'(KJV, ELB, LUT)라고 해석된다. 서막에서 보여준 욥의 부유함을 가리킬 수도 있지만, 이해할 수 없는 고난을 겪고 있는 자신의 상황에 대해 분노하는 욥을 자제하게 하는 말일 수 있다. 또한 흔히 '속전'이라고 번역되는 '코페르'(כפר)도 그 뜻이 모호하

다. '회개'라고 보면 욥이 구원을 위해 마땅히 해야 할 회개를 회피하고 다른 것을 찾지 않도록 경계하는 말이 되고(33 : 24), '뇌물'이라고 본다면 정당한 방식으로 행동하지 않고 뇌물로 판단하는 사람의 눈을 어둡게 하는 행동을 경계하는 말이 된다. 여기에서는 전자로 이해하는 것이 엘리후 발언의 맥락에 더 적절하게 보인다. 엘리후는 욥이 부당하게 보이는 자신의 상황에 대해 분노하지 말고 자신의 잘못을 깨닫고 뉘우치는 '회개'의 속전을 통해 하나님의 회복과 구원을 경험하라고 충고한다(5-6절, 15절 참조).

19절도 그 뜻이 모호하다. 한 가지 해석의 가능성은 이렇다. 곤궁의 상황 속에서가 아닌 욥의 부르짖음이나 모든 힘씀은 하나님께 제대로 상달될 수 없다는 것이다. 거기에는 힘씀이나 애씀이 결여 되어 있기 때문이다. 하지만 곤궁의 상황 속에서 부르짖는 부르짖음이나(30 : 24 참조) 애씀은 욥의 열정과 노력과 진정성이 담겨 있기 때문에 하나님 받으시는 행동이 된다. 엘리후는 지금 이러한 곤궁의 상황 속에서 하나님을 향하며 구원을 위해 부르짖으며 애쓸 것을 욥에게 권고한다.

20절도 이해하기가 쉽지 않다. 여기에서는 밤에 대한 해석이 문제가 된다. 욥의 이전 발언들을 고려할 때 여기에서 밤은 욥이 갈망했던 죽음을 가리키는 것으로 여겨진다. 욥은 현재의 고통이 견디기 어려워 죽음의 안식을 바랬다(3장 ; 6 : 8-13 ; 7 : 15-16 ; 10 : 18-22 ; 14 : 13-15 ; 17 : 11-16) (3장 이후 욥의 발언에 나타난 '죽음'에 관한 설명들을 참조하라.). 하지만 엘리후는 욥이 밤을 원했다면 그것은 안식이 아니라 심판의 시간이 될 것이라는 사실을 말하고 있다. 악인들은 자신의 범죄 사실이 드러나지 않도록 밤을 이용하지만(24 : 13-17) 하나님은 그 시간도 놓치지 않고 자신의 심판을 드러내실 것이다(34 : 20-22).

그래서 엘리후는 욥에게 악으로 향하지 않도록 경고한다(21절). 그런데 욥은 하나님이 주시는 고통보다 악을 선호한다고 말한다. 고통을 피하는 방식으로 악을 택하는 것이다. 하나님의 훈육 가운데 나타나는 고통이 주는 의미는 깨닫지 못하고 고통을 피하려고만 한다는 것이다.

4. 창조세계에 나타난 하나님의 위대하심(36 : 22-37 : 13)

1) 창조세계에 나타난 하나님의 위대하심 : 보라(I)(36 : 22-25)

²²하나님은 그의 권능으로 높이 계시나니 누가 그같이 교훈을 베풀겠느냐 ²³ 누가 그를 위하여 그의 길을 정하였느냐 누가 말하기를 주께서 불의를 행하셨나이다 할 수 있으랴 ²⁴그대는 하나님께서 하신 일을 기억하고 높이라 잊지 말지니라 인생이 그의 일을 찬송하였느니라 ²⁵그의 일을 모든 사람이 우러러보나니 먼 데서도 보느니라

[36 : 22-25] 22절 이후에는 '보라'(הֵן, 헨)라는 말로 시작하는 세 단락이 연속된다(22-25절, 26-29절, 30-33절). 개역개정은 30절에서만 '헨'(보라)을 살려서 번역하였다. 이 세 단락에서 공통적으로 보여주는 주제는 '하나님의 위대하심'이다. 엘리후는 두 가지 목적을 가지고 자연에 대한 묘사, 특별히 기후의 변화 과정을 묘사한다. 하나는 놀라움을 유발하기 위함이고, 다른 하나는 자연 질서 안에 있는 하나님의 현존이 지니고 있는 윤리적인 목적성을 보여주고자 함이다. 이로써 엘리후는 하나님의 의로우심에 대한 욥의 도전에 응답한다.

엘리후는 먼저 욥에게 그의 삶에 나타난 하나님의 훈육을 수용하도록 하기 위해 하나님이 교육자로서 가지고 있는 위대하심과 교육 방식에 대해서 찬양한다. 그는 하나님 같으신 교육자가 없다고 말한다(교사로서의 하나님의 역할을 말하는 본문들 : 시 25 : 8-14 ; 94 : 12). 그분은 권능으로 높이 계시기 때문에 누구에게도 종속되어 있지 않다. 따라서 누구의 간섭도 받지 않으실 뿐만 아니라 그 누구도 하나님의 길에 대해서 문제를 제기할 수 없다(22-23

절). 특별히 23절 하반절 같은 경우는 욥의 탄식에 대한 반박처럼 들린다(예컨대, 19:7; 24:12; 27:2). 여기에 나타난 표현들은 이사야 40:12~14의 수사학적 표현들과 매우 유사하다(C. A. Newsom, *NIB*, 589). 이러한 표현들을 통해 하나님이 창조주이시면서 윤리적인 교사라는 주제가 부각된다. 엘리후는 하나님이 폭풍 가운데 현존하시는 것이 윤리적인 목적을 가지고 있다고 보았다(36:31-32; 37:13, 23-24). 이러한 점에서 엘리후는 하나님이 창조주시라는 주제와 윤리적 교사시라는 주제를 하나로 융합한다.

그러므로 하나님에 대하여 인간이 할 수 있는 일이란 그분이 하신 일을 높이 찬양하는 것 외에 아무것도 없다. 여기에서 욥도 찬양해야 한다는 당위성이 생겨난다(24절). 그가 만약 찬양하는 것을 기억한다면 그는 현재 보여주고 있는 불평과 탄식에서 떠날 수 있을 것이라는 것이 엘리후의 판단이다. 25절은 하나님이 하시는 일의 공개성을 강조한다(J. E. Hartley, *NICOT*, 475). 하나님이 하시는 일은 누구에게나 열려 있고 모든 사람이 볼 수 있다. 비록 멀리서 볼지라도 사람들은 그분의 영광을 보고 감탄할 것이다.

2) 창조세계에 나타난 하나님의 위대하심 : 보라(Ⅱ)(36:26-29)

> [26]하나님은 높으시니 우리가 그를 알 수 없고 그의 햇수를 헤아릴 수 없느니라 [27]그가 물방울을 가늘게 하시며 빗방울이 증발하여 안개가 되게 하시도다 [28]그것이 구름에서 내려 많은 사람에게 쏟아지느니라 [29]겹겹이 쌓인 구름과 그의 장막의 우렛소리를 누가 능히 깨달으랴

[36:26-29] 두 번째 '보라' 단락도 '하나님의 위대하심'에 관한 주제를 이어간다. 26절에서도 22절에서와 같이 하나님의 놀라우심을 찬양한다. 하지만 그의 강조점은 하나님의 위대하심 자체에 있는 것이 아니라 그것을 파악할 수 없는 인간의 무능력에 있다(5:9; 전 8:17; 시락 43:27-33 참조). 27~28

절에는 비의 순환에 대한 언급이 나타난다. 엘리후는 하나님의 발언에서처럼 신비적인 용어를 사용하지 않고 비의 순환에 대해서 말한다(38:22-30 참조). 비가 수증기가 되어 올라가는 증발 현상을 묘사한 실제적인 묘사이다. 29절은 구름의 펼쳐짐과 천둥소리를 다룬다. 여기에서 장막이란 구름으로 둘러싸인 하나님의 거주지를 말한다(시 18:12=삼하 22:12). 하나님은 구름을 펼치셔서 비가 오게 하시고, 장막에서 내는 천둥소리를 통해 자신의 뜻을 알리신다. 29절은 이어지는 단락에 대한 연결고리 역할을 한다. 특별히 29절과 30절에서 '펼친다'는 '파라스'(פָּרַשׂ) 동사가 반복되어 그러한 사실이 분명하게 드러난다.

3) 창조세계에 나타난 하나님의 위대하심 : 보라(Ⅲ)(36:30-33)

[30]보라 그가 번갯불을 자기의 사면에 펼치시며 바다 밑까지 비치시고 [31]이런 것들로 만민을 심판하시며 음식을 풍성하게 주시느니라 [32]그가 번갯불을 손바닥 안에 넣으시고 그가 번갯불을 명령하사 과녁을 치시도다 [33]그의 우레가 다가오는 풍우를 알려 주니 가축들도 그 다가옴을 아느니라

[36:30-33] 세 번째 '보라' 단락에서는 빛과 번개가 중심 소재가 된다. 30절은 빛을 주관하시는 하나님의 모습을 강조한다. 31절에는 빛을 통해 하나님이 하시는 일이 열거된다. 하나님은 빛을 통해 백성들을 심판하시며 음식을 풍성하게 내리신다. 32절은 하나님의 심판의 모습을 자세히 설명한다. 하나님은 손바닥 안에 번개를 넣으시고 공격하도록 명령하신다. 그러면 번개는 하나님의 명령대로 움직인다. 마치 화살로 과녁을 명중시키듯이 번개는 하나님이 명령하신 대로 움직여 목표물에 정확히 떨어진다. 33절은 천둥과 폭풍에 대한 묘사이다. 천둥은 하나님의 임재를 보여주고, 성난 폭풍은 하나님의 분노를 보여준다. 하나님은 폭풍 가운데 자신의 열정을 볼 수 있게 하신다(J.

E. Hartley, *NICOT*, 480). 엘리후는 자연현상에서 하나님의 목적을 인지한다. 기후와 날씨는 하나님의 감정과 심판을 표현하는 도구들이다. 이것은 전통적인 견해들과 맞닿아 있다(출 14 : 21-22 ; 15 : 8-10 ; 삿 5 : 20-21 ; 신 28 : 22-24 ; 왕상 17-18장 ; 암 4 : 7-9) (C. A. Newsom, *NIB*, 592). 하지만 그 반대의 진술도 있다(하나님은 악인과 선인에게 고루 빛을 주신다. 마 5 : 45).

4) 창조세계에 나타난 하나님의 위대하심 : 천둥과 번개(37 : 1-5)

¹이로 말미암아 내 마음이 떨며 그 자리에서 흔들렸도다 ²하나님의 음성 곧 그의 입에서 나오는 소리를 똑똑히 들으라 ³그 소리를 천하에 펼치시며 번갯불을 땅 끝까지 이르게 하시고 ⁴그 후에 음성을 발하시며 그의 위엄 찬 소리로 천둥을 치시며 그 음성이 들릴 때에 번개를 멈추게 아니하시느니라 ⁵하나님은 놀라운 음성을 내시며 우리가 헤아릴 수 없는 큰 일을 행하시느니라

[37 : 1-5] 37장에서 엘리후는 앞의 내용을 이어가면서 다시 하나님의 위대하심을 찬양한다. 그는 먼저 그 자신이 묘사한 장면에 대한 자신의 반응을 서술한다. 하나님의 위엄 있는 능력 앞에 자신의 심장이 떨리고 뛴다고 말한다(1절). 그는 천둥을 하나님의 목소리로 묘사한다. 하나님의 목소리는 포효하는 음성이며 천지를 뒤흔드는 소리이다. 그러한 하나님의 음성을 욥이 잘 들을 것을 요청한다(2절). 그분은 천둥뿐만 아니라 번개를 땅에 내보내신다(3절). 그분의 음성은 온 세계가 다 듣도록 울려 퍼진다(3절). 그분의 음성은 놀라운 것이며 그분이 하시는 일은 인간의 이해를 뛰어넘는다(5절).

5절에서 보여준 엘리후의 반응은 욥과 친구들에게 현격하게 차이가 나는, 하나님이 하시는 일에 대한 서로 다른 반응을 보여준다. 동일한 말을 한다고 해도 각 발언자가 의도하는 의도는 상반되어 나타난다. 예컨대 엘리바스는 5 : 9에서 하나님이 어떤 분이신가를 묘사한다. 여기에서 엘리바스는

찬송시의 특징인 '분사구문양식'(hymnal participles)을 사용하여 하나님의 하시는 일은 인간이 헤아릴 수 없이 크고 놀라운 것이라고 진술한다(37:5; 시 136:4; 145:3, 6). 이러한 엘리바스의 발언은 형식적으로나 내용적으로 하나님의 권능과 능력에 대한 찬양이다. 하지만 9:10에서 욥은 엘리바스의 말을 수용하여 전혀 다른 의도로 사용한다. 그는 하나님의 놀라운 권능과 위엄을 드러내고자 하는 엘리바스와는 달리 하나님의 힘 때문에 어쩔 수 없이 당해야 하지만 이해할 수 없고 놀랄 만큼 경악스러운 경험을 표현한다. 이것은 동일한 논거들을 정반대의 목적을 위해 사용하는 '모방을 통한 반대'(op-position par imitation)의 논쟁방식이다. 그러한 예는 26:14의 욥의 발언에서도 발견된다. 14절에서 욥은 세 어절 구문으로 자신의 발언을 끝맺는다. 26:5~13에서 묘사된 창조자와 유지자로서 하나님의 위대한 행위들은 욥에게 '그 길들의 일부분', 즉 하나님의 전체 행동 중 주변적인 일에 지나지 않는다. 하나님의 다른 권능의 일들을 은유적으로 표현하고 있는 천둥에 비교하면, 하나님의 위대한 행위들이 이번에는 속삭이는 소리로 여겨질 뿐이다. 욥은 여기에서 은유적인 낱말('라암', '우레소리')로써 우주의 떨림을 주는 하나님의 행동의 위협적인 측면을 표현한다. 그러한 하나님의 행동은 욥에게 이해할 수 없는 것으로 보여질 뿐이라는 사실을 말한다. 그러나 다시 엘리후는 여기에서 그러한 하나님의 위대한 행동을 찬양의 맥락 가운데서 사용한다. 26:14의 '라암'과 동일한 어근을 가진 동사를 사용하여 하나님의 음성을 표현하고 있다. 하나님의 행동은 놀랍고 인간의 이해를 뛰어넘는 것이기에 찬양받아 마땅하다는 것이다.

5) 창조세계에 나타난 하나님의 위대하심 : 기후와 날씨(37:6-13)

[6]눈을 명하여 땅에 내리라 하시며 적은 비와 큰 비도 내리게 명하시느니라 [7]그가 모든 사람의 손에 표를 주시어 모든 사람이 그가 지으신 것을 알게 하

려 하심이라 ⁸그러나 짐승들은 땅 속에 들어가 그 처소에 머무느니라 ⁹폭풍우는 그 밀실에서 나오고 추위는 북풍을 타고 오느니라 ¹⁰하나님의 입김이 얼음을 얼게 하고 물의 너비를 줄어들게 하느니라 ¹¹또한 그는 구름에 습기를 실으시고 그의 번개로 구름을 흩어지게 하시느니라 ¹²그는 감싸고 도시며 그들의 할 일을 조종하시느니라 그는 땅과 육지 표면에 있는 모든 자들에게 명령하시느니라 ¹³혹은 징계를 위하여 혹은 땅을 위하여 혹은 긍휼을 위하여 그가 이런 일을 생기게 하시느니라

[37:6-13] 6절은 하나님의 직접적인 행동을 묘사한다. 그것은 눈과 비에게 말씀하시는 하나님의 명령에 대한 것이다. 눈과 비가 내리는 것은 하나님의 명령에 의한 것이라는 사실이다. 7절은 기후와 날씨를 통해 사람이 하는 일을 제한하시는 하나님의 행동을 서술한다. 사람은 각종 기후와 날씨를 통해 자신이 하는 일을 제한받음으로 자신을 다스리시는 더 높으신 분이 계심을 깨닫게 된다(J. E. Hartley, *NICOT*, 480-481). 8절은 겨울철의 눈과 찬비를 피해 자신의 은신처에 들어가 몸을 숨기는 동물들을 언급한다. 기후와 날씨에 영향을 받아 살아가는 생태계의 모습을 보여준다.

9~10절은 추위를 가져오는 기후 현상에 대해서 말한다. 먼저 9절은 폭풍에 대한 묘사이다. 하나님이 밀실에서 폭풍을 내신다는 것이다. 고대인들의 사고에는 하늘에 폭풍을 위한 방이 있어 그곳에 모여 있던 바람을 원하는 시간과 장소에 불게 하는 것으로 생각했다. 10절은 하나님의 입김에 대해서 말한다. 찬바람을 하나님의 입김으로 형상화하여 표현하였다. 하나님의 입김으로 서리가 내리고 넓은 수면이 얼어 버린다. 11절에서는 비와 빛을 비추심의 주제가 다시 나타난다. 하나님은 구름을 움직여 비를 내리게 하시고, 구름 속의 빛을 흩으셔서 번개가 치게 하신다.

12~13절에서는 그러한 자연현상들의 윤리적인 목적에 대해서 말한다. 이것은 하나님의 발언에 나타난 것과 유사하다(38:10-12). 하지만 하나님의

발언에서는 12절에서 말하는 것과 같은 윤리적인 목적에 대해서는 말하지 않는다(C. A. Newsom, *NIB*, 591). 12절은 하나님의 조종을 강조한다. 하나님은 폭풍우, 즉 구름과 바람과 비를 움직여 자신의 목적을 이루신다. 그것은 징계로서 또한 인자하심의 표현으로서 나타난다(13절). 순종하지 않는 자에게 폭풍우는 징벌의 도구가 될 수 있다. 하지만 순종하는 자에게는 풍요를 가져오는 축복의 비가 될 수 있다.

창조세계에 나타난 하나님의 위대하심에 대한 엘리후의 발언은 36 : 24에 따르면 인간들이 불러야 할 찬양시가 된다(36 : 27-37 : 13) (J. Ebach, *KBB* 2, 117). 이 찬양시를 통해 하나님은 창조주요 세계와 피조물의 유지자이심이 고백된다. 하나님은 창조세계 안에서 생명을 유지하실 뿐만 아니라 심판을 행하시는 권능의 하나님이시다. 자연현상들은 하나님의 능력과 뜻을 나타내는 도구들인 것이다.

5. 욥에 대한 권면(Ⅱ) : 가만히 서서 하나님의 놀라운 일들을 깨달아 알 수 있기를 바란다(37 : 14-20)

¹⁴욥이여 이것을 듣고 가만히 서서 하나님의 오묘한 일을 깨달으라 ¹⁵하나님이 이런 것들에게 명령하셔서 그 구름의 번개로 번쩍거리게 하시는 것을 그대가 아느냐 ¹⁶그대는 겹겹이 쌓인 구름과 완전한 지식의 경이로움을 아느냐 ¹⁷땅이 고요할 때에 남풍으로 말미암아 그대의 의복이 따뜻한 까닭을 그대가 아느냐 ¹⁸그대는 그를 도와 구름장들을 두들겨 넓게 만들어 녹여 부어 만든 거울 같이 단단하게 할 수 있겠느냐 ¹⁹우리가 그에게 할 말을 그대는 우리에게 가르치라 우리는 아둔하여 아뢰지 못하겠노라 ²⁰내가 말하고 싶은 것을 어찌 그에게 고할 수 있으랴 삼켜지기를 바랄 자가 어디 있으랴

[37 : 14-20] 엘리후는 자신의 발언 마지막 부분에서 다시 욥에게 향한다. 발

언 목적이 욥을 설득시키는 것임을 알 수 있다. 그는 욥에게 자신의 말을 '들으라'고 권면한다(14절). 이것은 엘리후 발언 마지막 부분에 나타나는 특징이다(33 : 1, 31 참조). 엘리후는 욥에게 수사학적인 질문을 던진다(15-18절). 아느냐와 할 수 있느냐의 질문이 중심을 이룬다. 이런 질문들은 욥이 대답할 수 없는 것들이다. 모른다와 할 수 없다로 대답할 수밖에 없다. 이렇게 하나님의 능력과 인간의 무능을 강조하는 것은 하나님의 발언과 닮아 있다.

19절은 그러한 질문들을 통해 얻을 수 있는 결론을 말한다. '그분께 해야 할 말을 가르쳐 달라'는 말은 무능한 인간이 창조주이신 하나님께 어떤 말로도 대항할 수 없다는 사실을 말하고 있다. 인간은 무지함으로 인해 하나님께 아무것도 말할 수 없다는 것이다. 20절은 하나님과 이야기하려는 욥의 열망(9 : 35 ; 13 : 22 ; 23 : 4-5 ; 31 : 35-37)을 비웃는 내용이다. 20절 하반절에 있는 '발라'(בָּלַע)의 푸알형은 '혼동하다' 또는 '당황하다'로 번역되기도 하지만 '삼킴을 당하다'는 본래의 뜻을 살리는 것이 좋겠다(J. E. Hartley, *NICOT*, 483). 엘리후는 자신의 말이 하나님께 제대로 전달될 수 없을 것이라고 말한다. 왜냐하면 하나님은 대면하여 말할 수 있는 분이 아니기 때문이다. 만약 사람이 그분께 말한다면 그러한 행동은 죽고자 하는 것과 다름없다. 그는 삼킴을 당하게 될 것이기 때문이다. 엘리후는 하나님의 위대하심을 말하지만, 사람이 가까이 할 수 없는 엄위하신 하나님을 강조한다. 그러므로 욥도 하나님께 말하고 하나님을 대면하려 하기보다는 자연현상을 통해 말씀하시는 하나님의 음성을 듣고 깨달아 하나님의 위대하심을 함께 찬양하기를 원한다.

6. 욥에 대한 권면(Ⅲ) : 그러므로 사람들은 그분을 두려워해야 한다(37 : 21-24)

²¹그런즉 바람이 불어 하늘이 말끔하게 되었을 때 그 밝은 빛을 아무도 볼 수 없느니라 ²²북쪽에서는 황금 같은 빛이 나오고 하나님께는 두려운 위엄이

있느니라 ²³전능자를 우리가 찾을 수 없나니 그는 권능이 지극히 크사 정의나 무한한 공의를 굽히지 아니하심이니라 ²⁴그러므로 사람들은 그를 경외하고 그는 스스로 지혜롭다 하는 모든 자를 무시하시느니라

[37 : 21-24] 21~24절은 엘리후의 마지막 발언을 마무리하는 부분이다. 21절에서 엘리후는 사람들이 빛을 보지 못한다고 말한다. 빛을 보지 못하는 것은 하나님을 보지 못하는 것을 비유적으로 표현하는 말이다. 엘리후는 북쪽과 빛의 이미지를 연결함으로 하나님의 현현을 묘사한다(21-22절). 이러한 하나님의 현현묘사는 많은 점에서 에스겔서 닮아 있다. 하나님은 신비적 공간인 '북쪽에서' 나타나신다(겔 1 : 4 ; 또한 시 48 : 3[2] ; 사 14 : 13 참조). 금빛은 에스겔서의 서술과 다른 점이다. 에스겔은 그 불 가운데 '단 쇠 같은 것'(חַשְׁמַל)이 나타나 보인다고 말한다(이것을 70인경에서는 '엘렉트론'⟨ἤλεκτρον⟩이라고 번역하였다). 하나님의 두려운 위엄에 대해서는 구약성서 여러 곳에서 말한다(시 104 : 1-2 ; 합 3 : 3-4).

23절에서 엘리후는 하나님의 힘과 정의를 동시에 말한다. 그분은 힘과 정의에서 탁월하고 정의를 굽히지 않는다고 말한다. 이것은 9장에서 욥이 하나님의 정의와 힘의 관계에 대해서 말했던 바와 비교된다(J. Ebach, *KBB* 1, 93-94). 욥은 하나님의 정의가 힘 때문이라고 말한다(9 : 2-4, 12-15). 하나님의 능력 때문에 감히 대항할 수 없고 어쩔 수 없이 하나님의 의로우심을 인정해야 한다는 것이다. 하나님과 인간 사이에는 판결자도 없어서 하나님을 대항한 공정한 재판을 기대할 수도 없다(9 : 32-33).

엘리후는 마지막 절에서 하나님 경외를 말한다. 이것은 28장의 욥의 발언과 닮아 있다. 하지만 의도는 전혀 다르다. 욥은 하나님을 경외함에 대한 의문을 제기하지만, 엘리후는 하나님 경외의 당위성을 이야기한다. 사람들은 하나님을 두려워해야 한다. 그것이 지혜이다. 하지만 자신이 지혜롭다고 생각하는 사람은 하나님이 돌아보지 않는다. 하나님은 겸손한 자를 찾으신다

는 말이다. 엘리후는 하나님 경외와 겸손을 강조함으로써 욥이 자신의 오만하고 반항적인 태도를 버리고 하나님께 돌아와 그분의 회복과 구원을 경험하라고 권면한다.

엘리후의 찬양과 욥에 대한 권면에서 욥과 그의 사례가 다시 한 번 고찰된다. 어떻게 연약한 인간이 하나님에 대한 평가를 할 수 있으며(36 : 23), 무지한 인간이 하나님께 말할 수 있겠는가?(37 : 19-20) 하지만 이러한 엘리후의 결론은 이어서 나오는 하나님의 발언과의 연관성을 통해 그 한계가 분명히 드러난다. 엘리후는 인간이 하나님께 말할 수 없다고 말하면서 하나님의 경외를 말하지만 하나님은 욥에게 말씀하신다. 엘리후의 결론 이후에 나타나는 하나님의 발언은 엘리후의 지혜가 마지막 말이 아님을 보여준다.

설교를 위한 묵상

엘리후의 발언을 마무리하면서 그가 던진 발언의 공헌점과 한계점을 논함으로 본문의 메시지를 찾고자 한다. 엘리후 발언이 공헌한 바는 무엇보다 이스라엘의 지혜 전통에 나타나는 행위화복관계에 대한 보상교리를 재정립했다는 것이다(J. E. Hartley, *NICOT*, 485). 다른 세 친구들보다 말이 많고 시적인 은유를 사용할 때 숙련도가 떨어지지만, 하나님과 인간 사이의 상호관계에 있는 역동성에 대한 이해는 더 복합적이고 실제적이다. 그는 의인도 고난을 받을 수 있다는 점을 인정한다. 세 친구들은 사람은 본래적인 인간의 연약성이나 범죄의 직접적인 결과로 고난을 당한다는 입장을 고수하고 있는 반면 엘리후는 하나님은 고난이나 꿈들을 교육목적으로 자유롭게 이용하신다는 논지를 편다(33 : 12-22 ; 36 : 5-15, 22). 이러한 방법들을 통해 하나님은 어떤 잘못을 했을 법한 사람을 인자하게 교정하도록 접근하신다. 엘리후에 의하면 사람을 놀랍게 하는 악몽이나 고통에 사로잡히는 것은 하나님의 인자하시고 훈육적인 타격이다. 또한 그들이 족쇄에 매이고 고난의 줄에 사로잡히게 하는 것도 더 이상 나쁜 길로 나가지 못하게 하는 제어장치요 고통을 통해 파멸에서 구원의 길로 오게 하는 구조장치이다(36 : 8-9). 욥은 하나님이 그를 죽음의 세력에서 구원하실 수 있고 그럴 준비가 되어 있으며, 그의 건강과 운명을 회복하실 수 있다는 사실을 믿을 필요가 있다는 점을 강조한다. 하나님의 구원의 가능성은 창조주로서의 하나님을 묘사할 때 더욱 크게 드러난다(36 : 22-37 : 13). 창조세계를 다스리시는 하나님은 고난 당하는 자의 고통을 외면하지 않으시고 구원하시기에 충분한 능력을 가지고 계신다(36 : 5, 15). 이러한 가르침을 통해 엘리후는 과거의 삶보다는 욥이 당하고 있는 현재의 곤경에 초점을 맞춘다. 그는 그가 과거에 범했던 범죄들보다는 하나님의 교육적 조치에 반응하는 현재의 태도에 더 많은 관심을 갖는다. 따라서 엘리후의 발언은 욥의 잘못에 대한 정죄보다는 미래의 회복에 초점이 모아진다. 하나님은 공허한 외침을 듣지 않으실지라도(35 : 15), 고통의 밤이 지속되는 동안 자신의 찬양을 진지하게 올리는 사람을 아침에 구원하게 될 것이다(35 : 10 ; 36 : 22-26).

그럼에도 불구하고 엘리후의 발언은 여전히 큰 범주에서는 친구들의 발언의 틀을 벗어나지 못하고 있다. 그것은 무엇보다 욥이 무죄하다는 사실을 전혀 인정하고 있지 않다는 점에서 드러난다. 설령 욥이 하나님에 의해서 그러한 고통을 당할 만큼 중대한 잘못을 저지르지 않았다 할지라도 그는 그렇게 완고하게 저항하지 말고 하나님의 훈육을 순종적으로 받아들여야 한다고 말한다. 엘리후는 욥이 하나님이 불의하게 자신을 괴롭혔고 세계를 정의롭게 다스리는 것에 실패했다고 불평함으로써 하나님께 도전하는 것을 우려한다(34 : 5-9, 34-37). 그는 욥의 무죄맹세가 일종의 반역행위라고 평가한다(34 : 37). 그러므로 그는 욥에게 그가 그의 불평을 그치지 않고 그의 자만을 드러낸다면 그는 더 많은 벌을 받게 될 것이고, 그 징벌이 그를 무덤에 이르게 할 것이라고 경고한다. 그는 욥이 자신의 불행으로부터 배움의 필요성을 깨닫기를 원한다. 욥은 야훼의 훈육을 기꺼이 수용해야 한다는 것이다. 하나님에 대항하여 쏟아놓는 욥의 불평에 맞서기 위해 엘리후는 하나님이 세상을 정의롭게 다스린다는 사실을 가르친다(34 : 10-30). 하나님은 온 땅을 지속적으로 관찰하시고 조사 없이도 모든 것을 공정하게 판단하신다는 것이다(34 : 21-30). 엘리후에 의하면 아무도 하나님의 판단에서 제외될 수 없다. 아무리 강한 힘을 가진 왕일지라도 예외가 되지 않는다(34 : 18). 더 나아가 하나님은 사람이 측량할 수 있는 분이 아니다. 사람이 하나님과 함께 소송할 수 있다고 생각하는 것은 어리석다. 그러므로 욥은 무죄석방에 대한 자신의 주제넘은 요구를 버리고 하나님의 구애에 대해 겸손히 반응해야 한다고 주장한다(36 : 16).

이러한 엘리후의 태도는 욥의 상황에 대한 인식이 부정확하며 탄식하는 자에 대한 배려가 부족함을 여실히 드러낸다. 여전히 하나님의 의로운 통치라는 교리에 붙잡혀 불합리를 경험하고 있는 인간의 고통을 이해하지 못하고 있는 것이다. 이러한 엘리후의 한계는 폭풍우 가운데 욥에게 나타나시며 욥과 말씀하시는 하나님의 모습을 통해 극복되어야 했다.

제 VIII 부

하나님의 발언과 욥의 답변

욥기 38 : 1~41 : 34

   A. 욥기 안에서 하나님 발언의 의미
     1. '하나님이 말씀하신다'는 사실(dass)에서의 하나님 응답
     2. '하나님이 말씀하시는' 내용(Was)에서의 하나님의 응답
   B. 야훼의 첫 번째 발언과 욥의 답변(38 : 1-40 : 5)
     1. 야훼의 첫 번째 발언(38 : 1-40 : 2)
     2. 욥의 답변(40 : 3-5)
   C. 야훼의 두 번째 발언(40 : 6)
     1. 주제 질문 : 창조세계에 나타난 하나님의 '의'(40 : 7-8)
     2. 주제의 확장 Ⅰ : 세계에 대한 신(神)적 '통치'(40 : 9-14)
     3. 주제의 확장 Ⅱ : 동물세계(40 : 15-41 : 34)

| 욥기 38 : 1-41 : 34 |

하나님의 발언과 욥의 답변

A. 욥기 안에서 하나님 발언의 의미

"하나님의 발언은 욥기에서 정점을 이루며 욥기 전체를 이해하기 위한 열쇠를 제공한다"는 사실은 대부분의 학자들이 동의하는 바다(V. Kubina, *Die Gottesreden im Buche Hiob*, 15 ; 또한 다음을 참조하라. A. Weiser, *ATD*, 16 ; H. Strauü, *BK*, 349). 따라서 하나님 발언의 의미를 제대로 파악해야 욥기의 주제나 신학에 올바로 접근하는 길이 열린다고 말할 수 있다. 그동안 하나님의 발언에 대한 연구가 진행되었고 나름대로의 방식으로 다양한 해석들이 제시되었다. 그러한 연구들은 하나님 발언에 대한 문헌-편집비평적인 분석과 주제적인 접근에 집중되었다. 하나님 발언에 대한 다양한 연구모델들 가운데 다음 두 문헌은 각각 문헌-편집비평적인 연구와 주제적인 연구들을 잘 요약하고 있다(J. van Oorschot, *Gott als Grenze*, 231-259 ; M. Oeming,

"Die Begegnung mit Gott", 100-103).

그러나 하나님의 발언이 욥기 안에서 갖고 있는 중요성은 하나님의 발언 그 자체로 이해될 수 없고, 욥의 탄식과의 관계 속에서 파악되어야 한다. 특별히 욥기 3장에서 제기한 욥의 탄식과의 관계성에 대한 고찰은 하나님 발언의 의미를 선명하게 드러낸다. 그렇다면 어떤 의미에서 하나님의 발언은 욥의 탄식에 대한 응답으로 이해될 수 있는가? 하나님 발언에 대한 두 가지 측면, 즉 하나님 발언이 응답의 형태로 나타났다는 사실과 그 내용에서 인식된다. 이 두 측면은 하나님 발언이 내포하고 있는 중요성을 보여주는 본질적인 요소들이다. 이러한 하나님 발언의 의미에 대한 고찰은 그 자체로 끝나지 않고 욥기 전체를 조망하며 욥기의 신학과 주제를 이해하는 데로 나아가게 할 것이다.

1. '하나님이 말씀하신다'는 사실(dass)에서의 하나님 응답

우선 하나님이 무엇(Was)을 말씀하시는가 하는 측면에서가 아니라 하나님이 말씀하신다는 사실(Dass)에서 욥의 탄식(특히 욥 3장)에 대한 응답으로서의 의미가 평가되어야 한다. '사실'로서 하나님 발언이 갖는 응답의 의미는 다음과 같은 욥-시문의 구조에서 잘 드러난다. 욥-시문은 다음과 같이 구분된다 : 욥의 첫 번째 발언(3장), 욥과 친구들과의 논쟁(4-27장), 지혜의 노래(28장), 욥의 마지막 발언(29-31장), 엘리후의 발언(32-37장), 각각 욥의 짧은 답변이 동반된 두 차례의 하나님의 발언(38 : 1-42 : 6). 욥의 첫 번째 발언 이후 친구들과의 논쟁이 계속되지만 그 논쟁의 궁극적인 결론은 하나님의 발언을 통해서 얻어지기 때문이다. 이러한 하나님 발언과 욥의 탄식의 상관성을 고찰할 때 그 의미는 분명해진다.

욥기 3장에서 하나님은 2인칭(너-양식[Du-Form])으로 호칭되지 않았다. 욥은 자신의 첫 번째 발언을 단지 '청중'(Publikum)을 향하여 발언하지만(예컨대, 7 : 1-6 ; 9 : 32-10, 2a ; 16 : 18-22 ; 17 : 11-16 ; 19 : 23-27 ; 23-24 장), 그것들은 궁극적으로, 그러나 암시적으로 하나님께 향하는 탄식으로서 표현된다. 이 같은 사실은 다음 두 가지 점에서 분명해진다. (욥기 3장에서) 한편으로 욥은 하나님 자신을 자신의 존재와 고난에 대한 처음과 마지막 원인이라고 지칭하고 있으며, 다른 한편으로 그는 자신의 존재와 고난의 의미에 대하여 질문한다. 하나님의 불가사의한 행동에 대해 욥의 '어찌하여'란 질문이 이어진다(3 : 11-12, 20, 23).

하나님이 욥 탄식의 수신자라는 사실은 계속되는 논쟁 과정에서 그가 하나님의 이름을 불러가며 말하고 있는 바람들에서 드러난다. 특히 그는 하나님과의 대면을 소망하는데, 그는 하나님과의 대면을 통해서 하나님의 불가해한 행동에 대한 설명을 듣고자 한다(10 : 2 ; 13 : 3). 그런 후 이 주제가 확장된다. 왜냐하면 욥은 그 이후 하나님과의 대면을 통해서 의사소통의 관계가 회복되기를 원하기 때문이다(13 : 22 ; 14 : 15). 논쟁의 세 번째 바퀴에서 하나님과의 대면을 바라는 욥의 바람이 다시 한 번 분명하게 제시된다(23 : 3-7). 이 바람은 논쟁의 전체 구조 속에서 볼 때 잘 이해된다. 22장에서 엘리바스는 사회적인 행동을 근거로 욥을 포괄적으로 그리고 가차 없이 정죄한다(특히 22 : 3-9). 이에 반해 욥은 23장에서 자신의 무죄성을 고수하며, 하나님께 직접 자신의 사례에 대한 소송을 제기하기 위해 하나님과 대면하기를 소망한다(23 : 3-7). 엘리바스의 비난에 대한 욥의 두 번째 반응은 욥의 마지막 발언에서 알 수 있다(또한 27 : 4-6 참조). 무죄맹세(31장)에서 욥은 그러한 비난을 반박하고 다시 한 번 하나님과의 대면과 하나님으로부터 응답을 바란다(31 : 35-37). 하나님의 응답에 대한 욥의 바람은 '응답되지 않은 탄식에 대한 탄식'(30 : 20 ; 또한 19 : 7-8 참조)에서도 나타난다. 욥은 지금까지 응답되지 않은 채 남아 있던 자신의 탄식(또는 고발)이 응답되기를 희망한다. 이로서 그는 암묵적으로 하나님의 침묵에 대하여 탄식하고 있으며 그분으로부터 오는 응답을 요구하고 있는 것이다.

욥기 3장에서 욥은 탄식하며 자신의 이해할 수 없는 삶과 고난에 대한 이유에 관하여 질문한다. 여기에 우선 친구들이 반응하고 대답한다. 그러나 욥은 그들에게서 어떠한 위로도 해결책도 얻지 못했다. 친구들과의 대화는 논쟁으로 비화된다. 그것은 결국 '좌초된 대화'로 끝이 난다. 이 논쟁 가운데에서 분명하게 드러나는 것은 두 진영 사이의 차이가 상이한 신앙관에 있는 것이 아니라 서로 다른 처지와 그것으로부터 이끌어낸 결론에 있다는 점이다. 논쟁이 진행되면서 욥은 점점 더 친구들을 떠나 하나님께로 향한다. 욥은 자신의 마지막 발언(29-31장)으로 논쟁에 종지부를 찍고 동시에 하나님과의 대면을 준비한다.

2. '하나님이 말씀하시는' 내용(Was)에서의 하나님의 응답

하나님 발언의 내용에 대한 고찰 이전에 그동안 있었던 하나님 발언의 내용에 대한 학자들의 평가를 먼저 살펴봄으로써 본 주석의 의도와 성과를 분명히 하고자 한다. 하나님의 발언이 욥의 질문에 대한 응답이 될 수 있는가에 대한 의문 때문에 많은 주석가들이 다음과 같이 주장한다 : "하나님이 무엇을 말씀하시는가가 아니라, 하나님이 말씀하신다는 사실이 중요하다. 다시 말하면 야훼께서 욥에게 나타나셨다는 사실 하나만으로 그렇다"(M. Oeming, "Die Begegnung mit Gott," 100).[2] 그러나 이러한 해석은 충분하지 않다. 왜냐하면 욥기는 현재의 모습으로 두 개의 하나님의 발언을 보도하고 있기 때문이다. 야훼는 욥에게 나타나셨을 뿐 아니라, 그에게 두 개의 긴 발언을 통해 응답하셨다. 따라서 하나님의 발언의 내용도 또한 살펴보아야 한다.

---

[2] 욥의 질문에 대한 하나의 해결로서 하나님 응답을 평가하는 견해들에 관하여 다음을 참조하라. A. Weiser, *ATD*, 19-21 ; S.R. Driver/G.B. Gray, *ICC*, LX ; C. Kuhl, Literarkritik, 270-271 ; 305-307 ; C. Westermann, *Aufbau*, 85, 101 ; E. Ruprecht, Das Nilpferd im Hiobbuch, *VT* 21 (1971), 231.

하나님의 발언의 내용(Was)과 관련하여 그것이 욥의 질문과의 상관성이 결여되어 있음이 다양하게 지적된다. 예컨대 폰라트(G. von Rad)는 하나님 발언의 내용에 관하여 다음과 같이 말했다. "모든 주석가들은 하나님의 발언이 욥의 구체적인 문제를 완전히 간과하고 있으며 야훼 자신이 그 발언 안에서 어떤 방식으로든 자기 해석의 한 형태로서 자신을 낮추고 계시지 않는다는 점에서 하나님의 발언을 매우 충격적으로 받아들인다"(G. von Rad, Weisheit in Israel, 290). 그렇지만 욥의 발언을 면밀히 고찰해 보자. 그러면 하나님의 발언과의 관련성을 인식할 수 있다.

하나님의 첫 번째 발언은 욥기 3장과의 관련성이 부각된다. 3:10에서 욥은 극심한 고난에 직면하여 자신의 삶의 시작과 관련하여 진멸의 바람을 가지고 탄식한다. 이 바람의 의도는 자신의 현재의 고난을 피할 수 있도록 태어난 날과 잉태된 밤을 소멸시키는 것이다. 이러한 진멸에 대한 바람에서 '그날'과 '그 밤'이 창조 이전의 상태로 되돌아가기를 바라는 창세기 1장의 '역행-창조'(Umkehr-Schöpfung)가 언급된다. 이러한 저주에 대한 바람은 이어지는 제2연과 제3연에서 반복되는 '왜'라는 질문과 함께 이 세계가 만족할 만한 (하나님의) 계획을 포함하고 있지 않다는 비난으로서 이해된다.

이러한 비난은 창조를 주제로 하는 욥의 탄식(9:5-10 ; 10:8-12 ; 26:5-14)에서 계속적으로 인식된다. 욥에게 '창조'라는 주제는 하나님 찬양을 위한 모티브가 아니라 탄식의 기초다. 욥은 (시편의) 전통에 대한 역전적 사용을 통해서 자신의 문제를 쟁점화하고 있다. 특별히 이른바 '지혜문학적 결론'(weisheitliche Summarium)(9:10 ; 26:14)은 이러한 본질적인 문제의 정황을 적시하고 있다. 그것들은 욥에게 하나님의 위엄 있는 행동의 불가해성을 탄식하는 데 사용될 뿐이다. '하나님은 악인들의 계획(עֵצָה)에 빛을 비추신다'(10:3)와 12:13~25에 기술된 진술들도 세계에 대한 이런 욥의 통찰을 드러내 주고 있다.

두 번째 하나님의 발언은 이 세상을 악인의 손에 넘겨버린 분이 하나님이심을 지적함으로 하나님을 불의하신 분으로 만든 욥의 탄식과 관련성을 가진다. 두 번째 발언은 첫 번째 하나님의 발언과 의도적인 평행적 배치 속에 이루어진다. 이때 하나님의 '에차'(עֵצָה)에서 하나님의 '미쉬파트'(מִשְׁפָּט)로 주제의 변화가 일어난다. 40:8에서 두 번째 하나님 발언의 주제 질문이 표명된다. "네가 정말 내 의(מִשְׁפָּט)를 꺾을 셈이냐?" 이 질문은 8절 하반절의 동의적 평행법을 통해 해석된다. 욥이 하나님을 '악인'이라고 선언함으로써(רשע, 히필형) 그 자신이 '의인'이 되려 한다(צדק, 칼형)는 것이다. 이 질문과 함께 야훼는 자신이 '악인'(רשע)이라는 9:22 이하에 나타난 욥의 비난에 반응한다. 그러한 욥의 비난은 계속되는 발언 속에서 고찰된다(13:18; 16:11; 31:6; 34:5 참조). 그러므로 하나님은 첫 번째 발언이나 두 번째 발언 모두 욥이 제기한 탄식과 의문에 상응하게 응답하고 있음을 알 수 있다.

B. 야훼의 첫 번째 발언과 욥의 답변(38:1-40:5)

야훼의 첫 번째 발언과 그에 대한 욥의 답변은 아래와 같이 분석된다. 야훼의 첫 번째 발언은 주제 질문에 이어 그 주제를 확장시키는 내용이 세계 창조와 동물 세계의 두 부분으로 나누어 전개된다. 야훼께서 첫 번째 발언 말미에 다시금 욥에게 대답을 촉구하는 내용이 나타난다.

1. 야훼의 첫 번째 발언(38:1-40:2)
    1) 주제질문: 창조세계 안에 있는 하나님의 계획(38:2-3)
    2) 주제의 확장(I): 세계창조와 질서(38:4-38)
        ① 땅의 기초 놓기와 바다의 경계 정하기(38:4-11)
        ② 아침과 아침노을(38:12-15)
        ③ 창조세계의 거대함(38:16-21)

④ 하늘의 현상들 : 기후와 천체(38 : 22-38)
　　3) 주제의 확장(Ⅱ) : 동물세계-동물 다섯 쌍(38 : 39-39 : 30)
　　　① 암사자와 까마귀(38 : 39-41)
　　　② 산염소와 암사슴(39 : 1-4)
　　　③ 들나귀와 들소(39 : 5-12)
　　　④ 타조와 말(39 : 13-25)
　　　⑤ 매와 독수리(39 : 26-30)
　　4) 두 번째 답변요구(40 : 1-2)
  2. 욥의 답변(40 : 3-5)

1. 야훼의 첫 번째 발언(38 : 1-40 : 2)

1) 하나님의 출현(38 : 1)

¹그때에 여호와께서 폭풍우 가운데에서 욥에게 말씀하여 이르시되

[38 : 1] 그러면 이제부터 하나님의 발언 내용을 살펴보자. 하나님의 발언이 시작되는 발언 도입부(38 : 1)는 다음과 같다. "그때에 여호와께서 폭풍우 가운데에서 욥에게 말씀하여 이르시되"

이 발언 도입부는 다음과 같은 세 가지 측면에서 의미가 있다. 첫째, 하나님의 출현이 야훼(יהוה)라는 이름과 함께 언급된다.[3] 이로써 서막의 야훼와 친구들과의 대화에 나타나는 '하나님' 사이에 있는 긴장이 해소된다. 야훼

---

3) 야훼라는 신명은 욥-시문에서 12 : 9을 제외하고 오직 여기와 비교할 수 있는 발언도입부들(40 : 1, 3, 6; 42 : 1)에서만 나타난다. 그 밖의 경우에는 야훼의 명칭이 틀이야기에서 독점적으로 발견된다(1 : 6, 7, 8, 9, 12, 21; 2 : 1, 2, 3, 4, 6, 7; 42 : 7, 9, 10, 11). 이와는 달리 욥-시문에서 하나님은 엘, 엘로아, 샷다이, 엘로힘과 같은 명칭들과 함께 지칭된다.

의 출현과 함께 '하나님'에 대한 야훼의 신학적인 정체성이 하나의 인격적인 정체성 안에서 회복된다. 친구들과의 대화에서 그렇게 자주 언급되듯이 다양한 얼굴을 가진, 때로는 불가사의한 '하나님'이 야훼와 다른 분이 아닌 것이다. 둘째, 발언의 대상자 욥이 분명하게 지칭된다. 욥이 바라던 대로 하나님은 욥에게 응답하신다. 이때 욥이 개인적으로 호명된다. 야훼는 더 이상 욥에 '관하여'(über) 말씀하지 않고, 욥 '에게'(zu) 말씀하신다(M. Kühlmoos, Auge, 326). 셋째, '폭풍으로부터' 야훼는 말씀하신다. 이로써 하나님이 발언이 신현현의 맥락에서 이루어지고 있다는 사실이 드러난다(G. Fohrer, KAT, 498쪽 이하). 하나님의 응답은 단지 발언만으로 된 것이 아니라 나타나심 속에서 전개된다.

38:1과 함께 야훼께서 욥에게 응답하셨다는 사실(Dass)이 분명해진다.[4] 야훼는 욥이 3장의 발언 이후 계속해서 제기하였던 그의 탄식(고발)을 들으시고 응답하셨다. 이러한 사실은 하나님의 발언이 욥의 질문에 대한 하나의 답변임을 보여준다. 하나님의 응답을 통해서 욥은 야훼와의 대면을 성취한다. 이러한 대면은 욥기의 서막에서부터 지속되어 왔던 하늘과 지상 사이의 공간적인 분리가 제거되었음을 의미한다. 욥과 하나님은 더 이상 서로에 대한 발언의 '대상'이 아니라 '주체'다(J. Ebach, KBB 2, 122). 그들은 이제 서로에게 실제적인 대화의 상대자이다. 이것은 구약성서 안에서 삶의 대전환을 일으킨 하나님과 직접적인 만남의 사건들을 떠올리게 한다. 예컨대 노아(창 8:20-22)나 아브라함(창 15:7-21), 모세(출 3:1-6 ; 19:17-19)와 엘리야(왕상 19:8-21) 등의 사례를 말할 수 있다. 또한 이것은 고대 중동문헌에서는 찾아볼 수 없는 모습이다. 예컨대 '바벨론의 욥'으로 알려진 Ludlul bēl nēmeqi("나는 지혜의 주님을 찬양하리라")라 불리는 아카드어 문헌이나,

---

[4] 레벤틀로(H. G. Reventlow, Skepsis und Klage, 293)는 욥의 탄식과 하나님의 응답 사이의 상호관계가 욥기를 전도서의 회의(Skepsis)와 구별되게 한다고 말한다.

'바벨론의 신정론'이라 불리는 문헌이 그렇다(*ANET*, 601-604). 하나님이 응답하셨다는 사실은 간접적으로 암시되나 직접적인 만남은 기술되지 않는다(C. A. Newsom, *NIB*, 235-236).

2) 주제질문 : 창조세계 안에 있는 하나님의 계획(38 : 2-3)

²무지한 말로 생각을 어둡게 하는 자가 누구냐 ³너는 대장부처럼 허리를 묶고 내가 네게 묻는 것을 대답할지니라

[38 : 2-3] 38 : 2에서 야훼가 특별히 욥기 3장에서 제기했던 욥의 탄식에 답변하신다. 야훼는 우선 질문한다. "무지한 말로써 (나의) '계획/뜻'(עֵצָה)을 어둡게 하는 자가 누구냐?"

이 질문은 내용적으로 보면 하나의 질책이다. 특별히 욥기 3장에서 여러 차례 사용되었던(3 : 4b, 5, 9) 동사의 어근 '하샤크'(חשׁך)를 받아들여 야훼는 욥에게 그의 발언과 행동을 의식하게 하신다. '에차'(עֵצָה)의 개념은 구약성서에서 다음과 같은 세 영역에서 '계획'을 의미한다(H. Strauß, *BK*, 356). 첫째, 일반적인 인간의 계획이나 결정들, 둘째, 이방 민족들이나 하나님의 백성에 대한 정치적 계획(특히 야훼의 계획으로서), 셋째, 자연과 인간세계에 대한 하나님의 계획성 있는 질서를 의미한다. 이 가운데 여기에서는 세 번째 영역에서의 하나님의 계획이 문제시된다. 이 낱말로써 의미하는 바는 특별히 "세계의 창조와 유지 안에서 나타나는 하나님의 의지와 행동"이다(G. Fohrer, *KAT*, 500). 그러므로 이 '계획'을 '어둡게 하는'(חשׁך, 히필형) 자는, 다시 말해 "그것(계획)에서 빛, 질서, 명백성을 제거하는 자는 이 세계의 '논리'와 '실천', '의미'와 '기능'을 부정하는 것이고 이것은 결국 창조주의 '능력'을 무시하는 것이다"(J. Ebach, *KBB* 2, 124). 이 질문에서 야훼는 '지식 없는 말들'이라는 점을 밝힌다. 여기에서 '지식 없는 말들'은 그분의 계획과 대립되어 있

다. 이로써 그는 반대로 '비판자의 능력'을 문제 삼는다.

그 이후에 야훼는 욥에게 다음과 같이 요구하신다(38 : 3). "너는 대장부처럼 허리를 묶고 내가 네게 묻는 것을 대답할지니라" 38 : 2에 있는 주제 질문과 함께 이러한 요구는 하나님의 응답이 '어떻게' 그리고 '무엇에 관하여' 이루어질지를 암시한다. 두 구절은 뒤이어 나오는 하나님의 발언을 포괄하는 구조적이며 내용적인 도입부 역할을 한다. 첫 번째 하나님의 발언에서 문제가 되는 것은 하나님의 '에차' 안에서 지식과 통찰이다. 하나님의 '에차'가 이 세계에서 보이지 않는다는 욥의 비난에 맞서 야훼는 자신의 입장을 밝히신다. 욥은 이제 하나님 앞에서 질문하는 자가 아니라 질문당하는 자로서 서 있다.

3) 주제의 확장(I) : 세계창조와 질서(38 : 4-38)

하나님 발언의 기본양식은 수사적인 질문이다. 수사적인 질문의 경우 새로운 정보나 새로운 지식에 대한 전달에 그 목적이 있는 것이 아니라, '질문당하는 자에게 이러한 명백성에 주의를 환기시키며, 그에게 이러한 명백성을 알게 하고, 참으로 종종 이러한 고백을 근거로 특정한 결론의 수용에 이를 수 있도록 그 명백성을 고백하는 데에' 그 목적이 있다. 다른 형식들, 즉 명령이나 풍자적인 진술들도 비슷한 기능을 한다. 이러한 문체를 통하여 이 세계와 하나님의 활동에 대한 욥의 판단은 '바로 잡혀야' 한다. 이를 위해서 야훼는 세계 창조와 관련한 다양한 질문과 진술들을 욥에게 쏟아놓으신다. 첫 번째 발언의 전반부의 내용은 아래와 같이 네 단락으로 구분되어 나타난다.

(1) 땅의 기초 놓기와 바다의 경계정하기(38 : 4-11)

⁴내가 땅의 기초를 놓을 때에 네가 어디 있었느냐 네가 깨달아 알았거든 말

할지니라 ⁵누가 그것의 도량법을 정하였는지, 누가 그 줄을 그것의 위에 띄 웠는지 네가 아느냐 ⁶그것의 주추는 무엇 위에 세웠으며 그 모퉁잇돌을 누가 놓았느냐 ⁷그때에 새벽 별들이 기뻐 노래하며 하나님의 아들들이 다 기뻐 소리를 질렀느니라 ⁸바다가 그 모태에서 터져 나올 때에 문으로 그것을 가둔 자가 누구냐 ⁹그때에 내가 구름으로 그 옷을 만들고 흑암으로 그 강보를 만들고 ¹⁰한계를 정하여 문빗장을 지르고 ¹¹이르기를 네가 여기까지 오고 더 넘어가지 못하리니 네 높은 파도가 여기서 그칠지니라 하였노라

[38:4-11] 첫 번째 단락에서는 일련의 질문들과 함께(4-11절) 땅과 바다가 조망된다. 이 질문들을 통해 욥은 창조주와 그분의 창조세계에 주목하게 된다. 창조에 나타난 야훼의 행동은 정교한 건축가의 작업에 비유되어 묘사된다. 그는 측정하고(5절) 기초석을 놓으며(6절) 문과 빗장을 설치하신다(8절, 10절). 특별히 바다에 관한 진술에서 흥미롭게도 두 가지 야훼의 행동방식이 대조적으로 묘사된다. 한편으로는 바다의 경계를 설정하고(8, 10, 11절), 다른 한편으로는 그 물들을 어린 아기를 돌보듯이 돌보신다(9절). 바다는 이스라엘 주변세계나 구약성서에서 전통적으로 창조세계를 보존하시기 위해서 하나님이 패배시켜야 하는 적대적인 세력으로 간주된다(예컨대, 시 18:4; 74:13-14; 77:16-20; 89:9-13; 사 51:9-10). 그러나 여기에서 혼돈의 세력으로서 바다는 창조주에게 '대등한 적수'가 아니라 '커다란 갓난아이'로서 간주된다. 이로서 '힘과 선하심'의 두 측면에서 보여지는 하나님의 주권이 분명하게 드러난다(J. Ebach, *KBB* 2, 127). 세계는 하나님의 계획과 의도에 따라 주도면밀하게 만들어졌다. 하나님이 창조하신 세계는 단순히 무너질 염려 없이 살 수 있는 '안전한 집'(safe house)이 아니라 모든 적대적인 세력으로부터 피난처를 찾을 수 있는 '거룩한 성전'(sacred temple)이다(예컨대, 시 23:5-6; 46:4-5; 48:1-4) (S. E. Balentine, *Smyth & Helwys*, 645).

이 단락에 있는 하나님 발언은 다음과 같은 점에서 욥기 3장의 배경 속에서

고찰된다. 정교한 건축물로서 기술되며 '에차'(עֵצָה)의 완전한 형태 안에서 하나님의 합리적인 계획에 상응하게 나타나는 땅에 대한 묘사는 욥기 3장의 욥의 탄식과 대립되어 나타난다(G. Fuchs, *Mythos*, 193). 이 탄식에서 욥은 세계가 창조 이전의 혼돈의 어둠으로 되돌려지기를 희망하고 죽음의 세계를 자신이 바랄 수 있는 목적지로서 묘사한다. 바다에 대한 첫 번째 질문에서 욥기 3장에 나타난 욥의 어휘가 반어법적으로 수용된다.

욥기 3:10~11에서 욥은 하나님이 '자신의 모태의 문들을' 닫지 않으셨다는 사실과, 왜 '모태로부터 밖으로 나왔는가'라며 탄식한다. 3:23에서는 하나님이 자신의 인생길을 '봉쇄'(סכך, 히필형)하셨다고 탄식했다. 이러한 낱말들이 하나님의 발언에서 한 절 안에 모두 나타난다(8절). 무엇보다 욥의 탄식에서 하나님의 봉쇄 모티브를 서술하기 위해 사용된 동일한 동사(סכך, 히필형)가 여기에서는 혼돈의 힘으로서 바다가 결코 이 세계에 등장하지 못하도록 하기 위해 바다의 경계를 정하는 야훼의 행동을 묘사하는 데 사용된다. 동일한 동사가 한편으로는 하나님의 핍박을 나타내기 위해, 다른 한편으로는 위협적인 혼돈의 세력을 막는 창조주의 행동을 나타내기 위해 사용되는 것이다. 이러한 의미에서 8절에 있는 야훼의 질문은 욥기 3장에서 진술된 욥의 탄식(고발)에 대한 '반대적 구상'으로서 나타난다.

(2) 아침과 아침노을(38:12-15)

¹²네가 너의 날에 아침에게 명령하였느냐 새벽에게 그 자리를 일러 주었느냐 ¹³그것으로 땅 끝을 붙잡고 악한 자들을 그 땅에서 떨쳐 버린 일이 있었느냐 ¹⁴땅이 변하여 진흙에 인친 것같이 되었고 그들은 옷같이 나타나되 ¹⁵악인에게는 그 빛이 차단되고 그들의 높이 든 팔이 꺾이느니라

[38:12-15] 두 번째 단락인 아침과 아침노을에 관한 진술(12-15절)에서도 하

하나님의 발언과 욥의 탄식과의 관계는 분명하게 드러난다. 12절에서 욥은 그가 자신의 날들 가운데 어느 한 날의 아침(또한 새벽노을)에게 명령한 적이 있는가에 대해서 질문 받는다. 여기에서 욥의 능력이 문제시 된다. 이어지는 구절들(13-15절)에서 이 '명령'을 통해 나타나는 결과들이나 제기된 문제들에 대한 내용들이 기술된다(H. Strauß, *BK*, 360). 빛과 어둠, 낮과 밤의 리듬(창 1장 참조)도 역시 하나님의 창조에 속한다. '창조는 반복을 지향한다'(J. Ebach, *KBB* 2, 127). 빛은 어둠을 제한하지만, 어둠은 창조세계의 리듬을 위해서 필요한 존재다. 하나님은 다스리는 세계에 어둠과 악인도 함께 존재하고 있음을 인정하신다. 하지만 3:3~10에서 욥은 자신의 출생일과 잉태의 밤이 진멸되기를 희망하였다. 이때 그는 밤이 새벽의 동틈을 보지 못함으로 혼돈의 영원한 흑암 속에 머물기를 바란다(9절). 이 세상에 빛이 사라질 때만 자신의 상황이 이해될 수 있다는 것이다. 이와는 반대로 야훼는 여기에서 '아침에의 구원'의 모티브를 앞세운다. 야훼는 아침에 밝은 빛을 발하는 빛은 악인들을 땅으로부터 축출하며, 그것은 도장과 같은 창조세계를 부드러운 진흙으로 만들고, 이 세계를 빛깔과 아름다움으로 가득 채우신다(B. Janowski, *Rettungsgewissheit und Epiphanie des Heils*, 27).

이뿐 아니라 이 그림은 악인과의 관련성 측면에서 고찰할 때도 하나님의 활동을 완전히 다르게 인지했던 욥에 대한 '반대질문'으로서 간주된다. 욥이 묘사한 죽음의 세계에서는 악인들이 그들의 분노를 그치고 있는 반면(3:17), 현실세계에서 하나님은 악인의 계획에 빛을 비추시고(10:3), 그들에게 완전한 복과 성공의 삶을 허락하신다(21장; 또한 24:13-17 참조)(N. C. Habel, *OTL*, 540). 이러한 욥의 세계인식과는 반대로 아침에 악인들에게서 빛이 떠나가고 높여진 팔이 꺾인다(15절). 이 땅에서 악인의 번영을 허락하시고 죽음의 세계에 가서야 그들의 분노가 그치는 악인의 삶을 말하는 욥의 탄식과는 반대로 하나님은 창조세계의 운행을 통해서 악인을 축출하시고 그들의 팔을 꺾는 이 세계의 주관자로 나타나신다. 따라서 이러한 질문들을 통해

야훼는 욥의 질문에 잇대어 욥의 능력뿐 아니라 창조와 세계 질서에 대한 욥의 인식들에 대해서 이의를 제기하고 있음이 분명해진다.

(3) 창조세계의 거대함(38:16-21)

¹⁶네가 바다의 샘에 들어갔었느냐 깊은 물 밑으로 걸어 다녀 보았느냐 ¹⁷사망의 문이 네게 나타났느냐 사망의 그늘진 문을 네가 보았느냐 ¹⁸땅의 너비를 네가 측량할 수 있느냐 네가 그 모든 것들을 다 알거든 말할지니라 ¹⁹어느 것이 광명이 있는 곳으로 가는 길이냐 어느 것이 흑암이 있는 곳으로 가는 길이냐 ²⁰너는 그의 지경으로 그를 데려갈 수 있느냐 그의 집으로 가는 길을 알고 있느냐 ²¹네가 아마도 알리라 네가 그때에 태어났으리니 너의 햇수가 많음이니라

[38:16-21] 세 번째 단락은 창조세계의 거대함에 주목한다(16-21절). 이때 야훼께서 제기하는 질문의 차원들은 세계의 가장 먼 경계까지 확장된다. 우선 그 질문의 방향이 아래로 향한다. 그는 먼저 바다(16절)와 죽음의 세계(17절)의 깊이에 관하여 말하신다. 그런 다음 질문이 수평적 차원으로 이어진다. 땅의 넓이(18절)와 마지막으로 빛과 어둠 일체의 장소(19-20절)에 관하여 진술하신다. 이 단락에서 사용된 동사들을 관찰해 볼 때 하나의 상승이 이루어지고 있음을 알 수 있다. '수분을 함유하고 있는 땅의 경계들'을 '둘러보기'(16절에서 בוא와 הלך)에서 '삶과 빛의 경계들'을 '목격하기'(17절에서 נלה와 ראה)를 거쳐 포괄적인 세계인식(18절과 20절에서 בין와 ידע)에 이르기까지 진술이 이어진다(P. Ritter-Müller, *Kennst du die Welt?*, 180). 이러한 질문들은 고대 오리엔트 세계에서 특별히 창조에 관한 지식으로서 간주되던 '출처에 관한 지식'(Herkunftswissen)의 문제들과 관계된다(지혜의 관점에서 예컨대 욥 28장을 보라)(H. Strauß, *BK*, 361쪽 이하).

17절의 발언은 특별히 죽음에 대한 갈망 모티브와 관련된다. 욥이 죽음의 세계를 안식과 은닉의 장소로서 갈망하던 죽음의 바람(3 : 13-15, 17-19 ; 6 : 8-13 ; 7 : 14-16 ; 14 : 13-15)과는 달리 야훼께서는 욥에게 그가 죽음의 세계를 도대체 알기라도 하는가라고 물으신다. 출처지식에 대한 질문에 나타나는 반어적 진술은 21절에서 그 정점에 이른다. 이러한 반어법적인 정점은 특별히 야훼의 첫 번째 질문(4절)과 관련해서 이해할 때 분명해진다(P. Ritter-Müller, *Kennst du die Welt?*, 274). 두 곳 모두 '앎/인식'이 핵심 모티브(Leitmotiv)로서 나타난다. 그렇지만 땅의 기초를 놓을 때 욥이 어디에 있었는가를 묻는 4절의 질문이 21절에서는 반어적인 확인으로 변용된다. "너는 정말 그때(אָז) 태어났었고, 너의 날들의 수가 많기도 하다!" 이러한 진술의 진행과정에서 진술의 내용이 상승하고 있음을 보여 준다. 욥은 창조시에 존재하지 않았고 창조세계의 깊이와 넓이에 관한 지식을 가지고 있지 않다는 사실이다. 죽음의 세계에 관한 질문에서도 욥이 누구보다 죽음 가까이에 있었던 사람이지만 실제로 죽음을 경험한 것은 아니기 때문에 제대로 대답할 수 없다. 그러므로 욥은 하나님의 창조세계에 대하여 판단할 수 없다는 것이다. 4~21절에 나타난 하나님 발언의 의도가 반어법을 통해 분명해진다. 야훼께서는 시공간적 차원을 창조의 가장 먼 경계까지 확대시키면서 동시에 욥의 제한된 삶을 지적함으로써 욥에게 자신의 앎과 능력의 한계를 깨닫고 고백하게 하신다.

(4) 하늘의 현상들 : 기후와 천체(38 : 22-38)

22네가 눈 곳간에 들어갔었느냐 우박 창고를 보았느냐 23내가 환난 때와 교전과 전쟁의 날을 위하여 이것을 남겨 두었노라 24광명이 어느 길로 뻗치며 동풍이 어느 길로 땅에 흩어지느냐 25누가 홍수를 위하여 물길을 터 주었으며 우레와 번개 길을 내어 주었느냐 26누가 사람 없는 땅에, 사람 없는 광야에 비를 내리며 27황폐하고 황폐한 토지를 흡족하게 하여 연한 풀이 돋아나게 하였느냐 28비에게 아비가 있느냐 이슬방울은 누가 낳았느냐 29얼음은 누구의 태에서 났느냐 공중의 서리는 누가 낳았느냐 30물은 돌 같이 굳어지고 깊은 바다의 수면은 얼어붙느니라 31네가 묘성을 매어 묶을 수 있으며 삼성의 띠를 풀 수 있겠느냐 32너는 별자리들을 각각 제 때에 이끌어 낼 수 있으며 북두성을 다른 별들에게로 이끌어 갈 수 있겠느냐 33네가 하늘의 궤도를 아느냐 하늘로 하여금 그 법칙을 땅에 베풀게 하겠느냐 34네가 목소리를 구름에까지 높여 넘치는 물이 네게 덮이게 하겠느냐 35네가 번개를 보내어 가게 하되 번개가 네게 우리가 여기 있나이다 하게 하겠느냐 36가슴 속의 지혜는 누가 준 것이냐 수탉에게 슬기를 준 자가 누구냐 37누가 지혜로 구름의 수를 세겠느냐 누가 하늘의 물주머니를 기울이겠느냐 38티끌이 덩어리를 이루며 흙덩이가 서로 붙게 하겠느냐

[38 : 22-38] 4~21절에서 창조세계의 깊이와 넓이가 전면에 등장하여 고찰되었다면, 이제 네 번째 단락에서는 시선이 세계의 높이로 옮겨간다(22-28절). 이때 시간적인 측면에서 볼 때에도 발언의 차원이 변화하고 있음을 알 수 있다. 4~21절에 있는 야훼의 질문들이 어떤 사람도 증인으로 나설 수 없는 시원적인 창조에 관한 문제였다면, 22~38절에 있는 질문들은 사람이 현재에도 경험할 수 있는 가시적인 하늘의 현상들에 관한 것이다. 이 단락은 각각의 종결부(29절 이하와 38절 이하)가 주제상으로나 구조상으로 서로 상응하고 있는 두 부분으로 구분된다. 첫 번째 부분(22-30절)은 눈, 우박, 바람, 비, 이슬, 얼음, 서리와 같은 다양한 기후현상들에 관한 문제를 다루고, 두 번째 부분(31-38절)은 천체와 기후의 조절과 질서에 관한 문제를 다룬다. 또한 이것은 여섯 단락으로 구분될 수가 있어 창세기 1장에 서술된 6일 간의 창조를 떠올리게 한다(S. E. Balentine, *Smyth & Helwys*, 649). 빛과 어둠의 나눔(19-21절), 눈과 우박과 번개와 바람의 창고에 대한 서술(22-24절), 광야의

비를 위한 운하들(25-27절), 비와 이슬과 얼음과 서리를 만드는 신비스런 변화들(28-30절), 천체들의 움직임(31-33절), 그리고 구름과 비의 통제(34-38절) 등이 순서대로 나열된다.

특별히 비와 이슬과 얼음과 서리의 기원에 대한 질문에 사용된 어휘들 속에서 하나님의 발언과 욥의 첫 번째 발언(3장)과의 관계가 고찰된다. '이슬방울은 누가 낳았으냐(יָלַד, 히필형)?'와 '공중의 서리는 누가 낳았느냐(יָלַד, 칼형)?'는 질문에서 욥의 생일 저주에 대한 언급과의 연결을 알 수 있고(3 : 3), '얼음은 누구의 태에서 났느냐?'의 질문에서 '어찌하여 내가 태에서 죽어 나오지 아니하였던가?'(3 : 11)라는 욥의 탄식과의 연결을 알 수 있다. 3장에서 욥은 출생일에 대한 다양한 진멸 바람을 통해 탄식하며 자신의 출생과 존재의 의미에 대하여 질문하였다. 이와 달리 야훼께서는 여기에서 욥이 사용한 어휘들을 완전히 다른 맥락에서 사용하신다. 이로써 그는 자기 자신을 만물의 창조주로서 소개하고 있으며, 자신의 창조적인 행동들을 통해서 모든 생명을 보증하려 하신다. 야훼는 사람이 살지 않는 곳이라 버려진 땅에도 비를 내려 생명체가 살게 하신다(26-27절). 욥은 하나님께서 자신에게 이유 없이 파괴적인 고난으로 자신을 '채우셨다'(שָׂבַע, 히필형)고 탄식하지만(9 : 17-18), 하나님은 생명을 거부하는 장소들을 물로써 '만족시킨다'(שָׂבַע, 히필형)고 답변하신다(27절).

또한 '천체에 관한' 단락(31-33절)에서는 우선적으로 언어-문체적인 특별성이 눈에 띤다. 욥에 대한 너(2인칭)-호칭과 함께 의문 불변사 '하'(ה)가 3회 연속해서 사용된다(34-35절까지 합하면 총 5회). 여기에서 대조적인 의미뿐만 아니라 동의어로 사용된 개념들이 구성요소의 평행법(parallelismus membrorum)의 관계성 속에 있다. 더 나아가 여기에는 하나의 종합적인 상승이 이루어지고 있다. 31절에서는 동사들을 통하여 별들을 '묶고(קָשַׁר, 피엘형) 푸는(פָּתַח, 피엘형)' 대조적인 행동들이, 그리고 32절에서는 '이끌어 내고(יָצָא, 히필형) 인도하는(נָחָה, 히필형)' 유사한 행동들이 묘사된다. 이와는 달리 33절에서는 한편으론 '하늘'과 '땅', '앎'과 '펼침'의 대조들을 통해, 다른 한편으론 '규정'과 '법칙'의 유사어구를 통해 '창조세계의 포괄적인 모습'이 그려지고 있다(P. Ritter-Müller, *Kennst du die Welt?*, 207).

욥은 여기에서 그가 이 별들을 묶거나 푸는지 혹은 그것들을 제때에 움직일 수 있는지에 관하여 하나님께 직접적으로 질문 당한다. 더 나아가 33절에서 그는 규정과 법칙이라는 추상명사의 연결과 함께 하늘과 땅의 대조적인 낱말사용을 통해서 표현되는 세계질서들에 대하여 답변하도록 요청된다. 이때 다시금, 종종 '호크'(חֹק)와 함께 쓰여서 경계나 규정을 의미하는 동사 '심'(שִׂים)과 결합하여 '앎/인식'의 중심 모티브가 나타난다. 그러므로 여기에서 앎이란 '모든 것을 종합하는 사고의 정점', 즉 모든 우주를 위한 규정들의 인식에 관한 것임을 알 수 있다(P. Ritter-Müller, *Kennst du die Welt?*, 208). 4~21절의 단락과 비교하여 볼 때 여기에서 하나님 발언의 변화된 측면을 고찰할 수 있다. 그것은 이전 단락이 '세계의 창조와 건축'을 주제로 했다면 이제는 '세계의 운행과 질서'라는 주제로 옮겨진 것이다. 욥은 9:9~10에서 하나님이 별들을 창조하신 것과 그분의 크고 놀라운 행동들에 관하여 말했다. 하지만 그는 여기에서 하나님의 질문에 '예'라고 대답하며 질서를 보증할 수 있는 처지에 있지 않다(P. Ritter-Müller, *Kennst du die Welt?*, 207). 이로써 야훼 혼자만이 세계 전체의 운행과 질서를 책임질 수 있는 분이라는 사실이 분명하게 드러난다.

34~38절은 다시 한 번 기후현상의 주제로 돌아온다. 이러한 일련의 질문들은 번개와 폭우 현상을 문제 삼는다. 이때 하나님의 운행과 그 질서에 대한 통찰의 주제가 전면에 부각된다(33절 참조). 36절에서 동물들이 처음으로 조망된다. 개역개정에서 '가슴'이라고 번역된 '투호트'(טֻחוֹת)는 최근에는 이집트의 따오기를 의미하는 '토트'로 이해하는 경향이 강하다. 그러한 이해가 하반절 닭과 연결지어 생각할 때 문맥에 잘 맞는다. 여기에서 특별히 따오기와 닭이 언급되는 이유는 무엇인가? 그 이유는 다름 아니라 하나님이 그것

들에게 주신 '지혜'(חָכְמָה 또는 בִינָה) 때문이다. 따오기와 닭의 지혜는 시간과 기후의 변화를 정확하게 예고할 수 있는 능력을 의미한다(G. Fohrer, KAT, 508쪽 이하). 고대의 지성세계에서는 따오기가 나일강의 범람을 예고하는 동물로 여겨졌고, 닭은 비와 새벽이 오는 것을 알리는 동물로 알려졌다. 이 단락은 동물세계에서 드러나는 하나님의 활동을 묘사하고 있는 첫 번째 하나님 발언의 두 번째 부분(38 : 39-39 : 30)과 분명하게 구별된다. 왜냐하면 다음 단락에서 묘사되는 다섯 쌍의 동물들과는 그 의미와 역할에 있어서 판이하게 다르게 나타나기 때문이다. 그럼에도 불구하고 두 가지 동물이 언급되는 36절은 지금까지는 무생물적인 자연만을 주제로 여긴 전반부와 동물들에 관한 묘사가 주가 되는 후반부를 이어주는 다리 역할을 한다.

4) 주제의 확장(Ⅱ) : 동물세계-동물 다섯 쌍(38 : 39-39 : 30)

첫 번째 하나님의 발언의 후반부에는 화려하지만 그보다는 불가사의한 면이 두드러져 나타나는 동물세계가 그려진다. 이때 다섯 쌍의 동물이 욥에게 설명된다. 이전의 연구에서 이른바 '동물목록'은 무엇보다도 자의적이고 이유를 알 수 없는 것으로 취급되었다(M. Oeming, "Die Begegnung mit Gott," 104). 따라서 이 단락의 해석을 위한 올바른 접근이 항상 어렵게 느껴졌다. 대부분의 주석들은 개별적인 동물들에 대한 "미숙한 자연과학적인 정보들"의 나열만을 제시하였을 뿐이다. 그러나 오트마 켈(O. Keel)에 의해서 이 단락에 대한 철저한 주석이 소개되었다.5) 그의 해석의 핵심은 '전체적인 맥락 속에서 이 동물들이 가지고 있는 기능에 대한 질문'이었다(O. Keel/S.

---

5) O. Keel, Jahwes *Entgegnung an Ijob*, 61-125 (요약적으로 O. Keel/S. Schroer, *Schöpfung*, 200-8). 그의 해석은 많은 사람들에 의해서 수용되었다. J. Ebach, *TRE* 15, 369쪽 이하 ; 동저자, *KBB* 2, 132-139 ; E.J. Waschke, "Was ist der Mensch, dass du seiner gedenkst?", *ThLZ* 116 (1991) 808-10 ; G. Fuchs, *Mythos*, 210쪽 이하 ; Ch. Maier/S. Schroer, *Das Buch Ijob*, 199쪽 이하들.

Schroer, *Schöpfung*, 200). 그는 고대 중동의 도상학(圖像學) 연구를 통해 하나님 발언에 나타나는 동물들(두 번째 하나님 발언의 베헤못과 리워야단을 포함하여)의 공통점과 관련성을 규명했다.

오트마 켈은 이스라엘과 그 주변세계의 수많은 미술작품의 분석을 통해서 무엇보다 10가지 동물(사자와 까마귀, 산염소와 암사슴, 들나귀와 야생황소, 타조와 전쟁말, 매와 독수리)의 공통점이 그것들의 지혜나 위험성에 있지 않고 왕의 사냥동물로서의 특성에 있다는 사실을 밝힌다(O. Keel, *Jahwes Entgegnung an Ijob*, 61-81). 이때 여기에 언급된 동물들은 다양한 형태로 인간의 필요에 순응하지 않고 혼돈의 특성들을 보여주는 인간에 대한 '반대세계'의 대표자로서 기능한다. 이뿐 아니라 그는 동물들이 회화적인 묘사 속에서 '동물의 주'(Herr der Tiere) 또는 '황야의 주'(Herr der Wildnis)의 모티브와 함께 연관되어 있다는 사실을 보여 준다(O. Keel/S. Schroer, *Schöpfung*, 204).

고대중동의 도상(圖像)과 문헌들은 여기에 열거된 모든 동물들을 다양한 방식으로 묘사한다. 다음 세 가지 모티브가 특별히 유익하다(S. E. Balentine, *Smyth & Helwys*, 659-661). 첫째로 이집트와 메소포타미아의 왕들은 야생동물을 사냥하는 인물로 그려진다. 이것은 단순히 스포츠가 아니라 땅의 안전을 위협하는 적대적인 세력들을 패배시키는 힘을 과시하는 상징적인 행위이다. 둘째로, 왕과 신적 인물들은 그들의 손으로 야생동물들을 쥐고 있는 모습으로 그려진다. 이것은 질서의 세계를 위협하는 난폭한 세력들을 제어하고 통제하는 힘을 상징적으로 보여주는 자세들이다. 셋째로, 왕과 신적 인물들은 야생동물들에게 피난처와 초목을 제공하는 '세계 나무'(Weltbaum)에 대한 모티브와 연결되어 있다. 주로 신적인 인물로 형상화된 세계나무는 생명을 유지하게 하는 초목의 창조자와 공급자로서 숭배의 대상이 된다. 야훼의 첫 번째 발언에 나타나는 동물세계는 다음과 같이 다섯 개의 단락으로 구성되어 있다.

(1) 암사자와 까마귀(38 : 39-41)

³⁹네가 사자를 위하여 먹이를 사냥하겠느냐 젊은 사자의 식욕을 채우겠느냐 ⁴⁰그것들이 굴에 엎드리며 숲에 앉아 숨어 기다리느니라 ⁴¹까마귀 새끼가 하나님을 향하여 부르짖으며 먹을 것이 없어서 허우적거릴 때에 그것을 위하여 먹이를 마련하는 이가 누구냐

[38 : 39-41] 36절에서 그것의 지혜가 사람에게 유용한 동물에 대한 말이었다면, 하나님의 첫 번째 응답의 둘째 부분의 시작은 인간과 인간의 생존세계의 호적수로서 나타나는 한 동물에 대한 묘사로써 시작한다. 사자는 고대 중동이나 이스라엘에서 가장 강력하고 무서운 야생의 약탈자이다(예컨대, 창 49 : 9 ; 민 23 : 24 ; 삿 14 : 18 ; 시 17 : 12 ; 사 5 : 29 ; 나 2 : 12). 까마귀도 육식성 동물이다. 까마귀는 자신이 스스로 먹이를 죽일 수 없기 때문에 다른 포식자들이 남겨놓은 먹이를 먹음으로써 생존한다(잠 30 : 17). 이 두 짐승은 난폭한 짐승이자 부정한 짐승들이다. 하나님이 물으시는 질문에 답변한다면 욥은 '저는 할 수 없어요.' 그리고 '저는 하고 싶지 않아요.'라고 대답했을 것이다. 암사자와 까마귀는 인간과 친화관계에 있지 않으며 사람들에게 혐오스러운 동물이기 때문이다. 하지만 하나님은 암사자와 그들의 새끼들에게도 먹이를 공급하신다. 사자 새끼들과 같이 어린 까마귀들도 하나님의 배려에 의해서 생존한다. 이를 통해 사람의 이익과 부합되지 않는 세계도 돌보시는 하나님의 모습이 조망된다. 이 두 동물들에 대한 언급에서 '먹이와 공급'이라는 주제가 부각된다(J. Ebach, *KBB* 2, 133).

(2) 산염소와 암사슴(39 : 1-4)

¹산염소가 새끼 치는 때를 네가 아느냐 암사슴이 새끼 낳는 것을 네가 본 적

이 있느냐 ²그것이 몇 달 만에 만삭되는지 아느냐 그 낳을 때를 아느냐 ³그것들은 몸을 구푸리고 새끼를 낳으니 그 괴로움이 지나가고 ⁴그 새끼는 강하여져서 빈 들에서 크다가 나간 후에는 다시 돌아오지 아니하느니라

[39:1-4] 구약성서에서 산염소와 암사슴은 그들의 민첩함(삼하 22:34 ; 사 35:6)과 아름다움(창 49:21 ; 잠 5:19 ; 아 2:7, 9, 17 ; 3:5 ; 4:5)에 관하여 언급될 때 등장한다. 그러나 여기에서는 두 동물에게 적용되는 '출산의 방식'에 초점을 두고 있다. 욥은 사람들이 잘 접근할 수도 없는 지역에 사는 동물들의 출산시기에 대해서 그리고 그것들의 임신기간과 특별히 그 새끼들의 출생의 환경에 대해서 아는 것이 없다. 그것은 욥의 지식의 한계 밖에 놓여 있다. 하지만 여기에서 다른 차원의 의미가 고찰된다. 그것은 이러한 동물들에 대한 하나님의 보호와 배려이다. 하나님은 이 동물들의 생태환경과 생활방식을 그대로 인정하신다. 어미들은 새끼를 낳아 기르나 새끼는 성장하면 어미를 떠나 자신의 삶을 살게 된다. 어미를 떠난 새끼는 다시 돌아오지 않는다. 이것은 이러한 자유로운 생태계의 모습 뒤에서 그들의 방식대로 사는 자유로운 삶을 허락하시는 하나님을 보게 한다. 하나님은 '동물의 주관자'로서 그들의 생활리듬과 생존의 필요들을 채우실 뿐만 아니라 그들에게 자유로운 삶을 용인하신다(J. Ebach, *KBB* 2, 135).

(3) 들나귀와 들소(39:5-12)

⁵누가 들나귀를 놓아 자유롭게 하였느냐 누가 빠른 나귀의 매인 것을 풀었느냐 ⁶내가 들 그것의 집으로, 소금 땅을 그것이 사는 처소로 삼았느니라 ⁷들나귀는 성읍에서 지껄이는 소리를 비웃나니 나귀 치는 사람이 지르는 소리는 그것에게 들리지 아니하며 ⁸초장 언덕으로 두루 다니며 여러 가지 푸른 풀을 찾느니라 ⁹들소가 어찌 기꺼이 너를 위하여 일하겠으며 네 외양간에 머

물겠느냐 ¹⁰네가 능히 줄로 매어 들소가 이랑을 갈게 하겠느냐 그것이 어찌 골짜기에서 너를 따라 써레를 끌겠느냐 ¹¹그것이 힘이 세다고 네가 그것을 의지하겠느냐 네 수고를 그것에게 맡기겠느냐 ¹²그것이 네 곡식을 집으로 실어 오며 네 타작 마당에 곡식 모으기를 그것에게 의탁하겠느냐

[39:5-12] 여기에 묘사된 들나귀와 들소의 특징은 '자유와 길들여지지 않음'이다(J. Ebach, *KBB* 2, 135). 들나귀는 초원지대와 인적이 없는 지역에 산다. 이러한 생태적 특징은 바로 무질서한 삶의 표상으로서 여겨질 수 있다. 또한 들나귀는 길들이기가 매우 어렵다. 그것들은 인간의 생활공간과 대립적인 공간에서 자유로운 삶을 만끽한다. '성읍의 요란스런 소리도 비웃고, 부리는 자의 시끄러운 소리도 듣지 않는다'는 표현에서 잘 알 수 있다(7절). 그것은 자신의 먹이가 있는 산을 탐색하고 푸른 풀을 마음껏 찾아다닌다(8절). 여기에는 하나님의 창조세계가 인간세계 이상의 것을 포함하고 있다는 사실이 강조된다. 바로 이어서 언급된 들소는 '길들여져' 수레에 매인 소나 특별히 성탄 구유의 모형에서 친숙한 '소와 나귀새끼'의 모습과는 거리가 멀다(J. Ebach, *KBB* 2, 136). 들소는 히브리 성경에서 그 뿔과 함께 힘을 상징한다(민 23:22 ; 24:8 ; 신 33:17 ; 시 22:21 ; 92:10 등). 사냥의 대상이 되기도 하지만 사람에 의해 길들여지지 않는 동물이다(S. Balentine, *Smyth & Helwys*, 663). 들나귀와 들소는 인간세계의 이익과 별개로 살아가며, 자신의 본능에 따라 자유를 누리며 살아간다. 하지만 이러한 힘과 자유는 모두 하나님께서 주신 것이다.

(4) 타조와 말(39:13-25)

¹³타조는 즐거이 날개를 치나 학의 깃털과 날개 같겠느냐 ¹⁴그것이 알을 땅에 버려두어 흙에서 더워지게 하고 ¹⁵발에 깨어질 것이나 들짐승에게 밟힐 것을

생각하지 아니하고 ¹⁶그 새끼에게 모질게 대함이 제 새끼가 아닌 것처럼 하며 그 고생한 것이 헛되게 될지라도 두려워하지 아니하나니 ¹⁷이는 하나님이 지혜를 베풀지 아니하셨고 총명을 주지 아니함이라 ¹⁸그러나 그것이 몸을 떨쳐 뛰어갈 때에는 말과 그 위에 탄 자를 우습게 여기느니라 ¹⁹말의 힘을 네가 주었느냐 그 목에 흩날리는 갈기를 네가 입혔느냐 ²⁰네가 그것으로 메뚜기처럼 뛰게 하였느냐 그 위엄스러운 콧소리가 두려우니라 ²¹그것이 골짜기에서 발굽질하고 힘 있음을 기뻐하며 앞으로 나아가서 군사들을 맞되 ²²두려움을 모르고 겁내지 아니하며 칼을 대할지라도 물러나지 아니하니 ²³그의 머리 위에서는 화살통과 빛나는 창과 투창이 번쩍이며 ²⁴땅을 삼킬 듯이 맹렬히 성내며 나팔 소리에 머물러 서지 아니하고 ²⁵나팔 소리가 날 때마다 힝힝 울며 멀리서 싸움 냄새를 맡고 지휘관들의 호령과 외치는 소리를 듣느니라

[39 : 13-25] 하나님의 첫 번째 발언에서 가장 길게 묘사된 두 동물을 연결하는 핵심어는 '빠름'이다(J. Ebach, *KBB* 2, 136). 우선 타조에 관한 진술은 다른 동물들에 관한 진술과 대조된다. 수사적 의문문이 아니라 직설법적인 표현이 주를 이루고 있기 때문이다. 하나님은 타조의 놀라운 특성을 묘사하는 데 주력하신다. 타조는 큰 날개를 소유하고 있어서 그것으로 날개 짓을 하기는 하나 날지 못한다(13절). 이때 날개의 움직임은 기쁨의 표현으로 해석된다. 이 날 수 없는 새는 다른 새들에게는 없는 놀라운 능력을 가지고 있다. 그것은 말에게서 쉽게 벗어날 만큼 달릴 수 있는 민첩성이다(18절). 그래서 말과 그 위에 탄 자를 비웃는다. 이러한 민첩성과 용맹성을 자랑하는 타조의 특성은 말의 비교대상이 된다. 이러한 타조에 대한 설명 중간부분(14-17절)에 타조의 다른 특성이 묘사된다. 그것은 타조 알의 부화와 새끼 돌봄에 관한 내용이다. 타조는 알을 따뜻한 모래에 낳고 거기에 그냥 내버려둔 듯이 보여 무자비한 동물로 간주되었다. 그래서 애가 4 : 3에서는 자식을 고생하며 죽게 놔두는 여인이 타조와 비교된다(J. Ebach, *KBB* 2, 137). 하지만 타조에

대한 이러한 평가가 생물학적으로는 그렇지 않다는 사실이 여러 가지 증거를 통해 말해진다(M. Pope, *AncB*, 309). 19~25절에는 말에 대한 특성이 묘사된다. 여기에서 말의 용기와 민첩성이 말에 대한 찬양처럼 작용한다. 말은 두려움을 비웃고 놀라지도 않는다(22절). 그것은 맹렬함과 성냄으로 땅을 삼킨다(24절). 이것은 땅을 삼키는 것처럼 빠르다는 사실을 표현한다. 전쟁말이 보여주는 용맹과 민첩성이 잘 드러나고 있다.

여기 나타난 10가지 동물의 나열에서 타조와 말의 의미가 무엇인가에 대한 질문을 할 수 있다(J. Ebach, *KBB* 2, 138). 타조는 하나님 발언에서 열거된 다른 동물들처럼 사람의 대항세계에서 서식하면서 동시에 사냥동물로 나타는 동물이다. 욥 자신이 동료들로부터 버림받고 고립된 병자요 계층하락자로서의 존재를 타조와 비교했다(30 : 29). 또한 하나님이 타조에게 지혜와 통찰력을 주지 않으셨다(17절)는 진술에서 놀랍고도 낯선 특성을 가지고 있는 타조의 의미를 알 수 있다. 여기에 전쟁용 말은 사람의 길들임을 받는다는 점에서 다른 동물과 구별될 수 있다. 하지만 이러한 특수한 경우에도 다른 동물과의 유사성을 찾을 수 있다. 사람의 의도와 목적에 따라 훈련시킨 전쟁용 말은 결국 길들일 수 없는 것으로 나타난다. 말은 사람의 말을 듣기보다는 자신의 용맹함과 민첩함을 믿고 자기 마음대로 행동한다. 하지만 하나님의 발언에서 이러한 동물의 특성은 인간에 의해서나 인간을 위해 창조되지 않은 동물들이 가지고 있는 힘과 아름다움을 표현한다(J. Ebach, *KBB* 2, 138).

(5) 매와 독수리(39 : 26-30)

[26]매가 떠올라서 날개를 펼쳐 남쪽으로 향하는 것이 어찌 네 지혜로 말미암음이냐 [27]독수리가 공중에 떠서 높은 곳에 보금자리를 만드는 것이 어찌 네 명령을 따름이냐 [28]그것이 낭떠러지에 집을 지으며 뾰족한 바위 끝이나 험준한 데 살며 [29]거기서 먹이를 살피나니 그 눈이 멀리 봄이며 [30]그 새끼들도 피

를 빠나니 시체가 있는 곳에는 독수리가 있느니라

[39 : 26-30] 5쌍의 동물 가운데 마지막 쌍은 매와 독수리이다. 이 단락의 다른 핵심어는 '멀리 떨어짐'이다(J. Ebach, KBB 2, 138). 매는 구약성서에서 부정한 동물로 알려져 있다(레 11 : 16 ; 신 14 : 15). 이런 동물에게 '명철'이란 개념이 적용된다. 매와 독수리는 사람이 접근할 수 없는 멀고 높은 외딴 곳에 산다. 인간세계와 동떨어진 독자적인 세계 속에 살고 있는 동물들이다. 이뿐 아니라 이 새들은 사람에게 혐오스러운 세계를 보여준다(J. Ebach, KBB 2, 138). 독수리와 그 새끼들은 짐승의 썩은 고기와 사람의 시체를 먹고 산다 (30절). 이로써 5쌍의 동물들은 인간세계와 다른 별개의 독자적인 피조물들과 창조세계의 다른 면을 보여준다. 하나님은 인간에게 부정하고 혐오스럽게 보이는 동물들도 있는 그대로 인정하고 계시며 그러한 동물들을 돌보시는 분이다. 오트마 켈(O. Keel)은 하나님의 첫 번째 발언을 다음과 같이 평가한다 (O. Keel/S. Schroer, Schöpfung, 204, 208).[6]

> 하나님은 자기 고유한 삶에 대한 황야(Wildnis)의 권리를 옹호하시며, 욥과 그의 친구의 인간중심주의(Anthropozentrismus)에 대하여 문제를 제기하신다. 많은 거주지와 함께 하는 이 세계 안에는 어떤 것이 다른 것에게 일으키는 장애들이 세계 전체의 의미를 상쇄하지 않는다. 하나님은 이러한 그림들을 가지고 욥과 그의 친구들이 고수하고 있던 경직되고 완고한 인간중심적인 질서의 근거를 물으신다. 또한 그는 모든 형태의 고난과 침해가 어떤 행동에 대한 징벌로서 이해되거나(욥의 친구들), 만약 이러한 계산이 명료하지 않을 때는 의미 없는 것으로 비난해야 할(욥) 세계가 아닌, 그보다 훨씬 꿰뚫

---

6) 또한 다음을 참조하라. O. Keel, "Allgegenwärtige Tiere. Einige Weisen ihrer Wahrnehmung in der hebräischen Bibel", in : B. Janowski u. a. (Hg.), Gefährten und Feinde des Menschen. Das Tier in der Lebenswelt des alten Israel, Neukirchen-Vluyn 1993, 188-91.

어보기 힘들고 훨씬 복잡한 세계에 대한 개요를 보여주신다. 그는 이 세계를 신비스럽고 분명하게 파악할 수 없는 질서에로 개방하신다. 그 질서 안에는 사람에게 "황야"로서 나타나는 것들도 자신들의 주와 나름대로의 질서를 가지고 있다.

4) 두 번째 답변요구(40:1-2)

¹여호와께서 또 욥에게 일러 말씀하시되 ²트집 잡는 자가 전능자와 다투겠느냐 하나님을 탓하는 자는 대답할지니라

[40:1-2] 하나님의 첫 번째 발언 끝에 야훼께서 욥을 다시금 직접적으로 부르고 대답하도록 요구하신다. 욥은 하나님과의 소송을 원했었다(9:3 ; 31:35-37). 그리고 욥은 자신과 하나님 사이에 '판결자'(מוֹכִיחַ)가 없다고 탄식했었다(9:33). 하지만 이제 하나님은 욥을 하나님의 '심판자'(מוֹכִיחַ)라고 부르며 자신의 입장에서 하나님의 응답에 대해 답변할 것을 요구하신다.

2. 욥의 답변(40:3-5)

³욥이 여호와께 대답하여 이르되 ⁴보소서 나는 비천하오니 무엇이라 주께 대답하리이까 손으로 내 입을 가릴 뿐이로소이다 ⁵내가 한 번 말하였사온즉 다시는 더 대답하지 아니하겠나이다

[40:3-5] 하나님의 응답에 대한 욥의 답변은 친구들과의 대화에서 보여준 그의 긴 발언과 비교해 보면 매우 짧다. 그의 답변은 하나님의 말씀에 대한 하나의 반응(4절 상반절)과 '말로 표현된 몸짓'(4절 하반절)과 다짐(5절)으로 구성되어 있다.

하나님의 발언에 대한 욥의 답변은 자신이 '가볍다'(קַלֹּתִי)는 고백이었다. 이것은 자신이 너무 가볍다는 고백이다. 이 표현은 여러 차원에서 이해할 수 있다. 우선 그가 할 수 있었을 것으로 예상된 답변을 통해서 그 의미를 생각해 볼 수 있다(S. E. Balentine, *Smyth & Helwys*, 667). 욥은 친구들이 요구했던 것처럼 '제가 죄를 지었습니다.'라고 말하지 않았다(8:5-7 ; 11:13-20 ; 22:21-27). 그는 자신이 하나님을 만나게 되면 그렇게 반응할 것이고 생각했던 바와 같이 '저는 놀랐습니다.'라고 말하지 않았다(9:34 ; 13:21). 또한 그는 엘리후가 말했던 바와 같이(33:14-30 ; 35:5-13 ; 37:1-13) 창조세계에 내재된 신비스런 하나님의 정의에 대해서 하나님을 찬양하지도 않았다. 그러한 의미에서 본다는 욥의 답변은 단순히 자신의 무능과 무지를 고백하는 말만은 아니다. '허리를 동이고 대답하라'는 하나님의 요구(38:3)와 관련시켜 볼 때, 욥은 자신이 그러한 싸움을 벌이기에는 너무 가벼운 체급이라는 사실을 말하고 있다(J. Ebach, *KBB 2*, 140).

하나님의 발언에서 나타난 세계는 욥의 통찰과 운용의 영역에서 벗어나 있다. 욥은 그러한 세계에 대한 하나님의 활동이 너무 높다는 사실을 알아차린다. 그러나 욥의 반응은 하나님의 행동이 선하시다는 점에서 비롯된 것이 아니라 그가 감당할 수 없는 탁월함에 대한 통찰에서 비롯된 것이다. 그러므로 그의 대답은 자신보다 우월한 상대자 앞에서 항복 그 이상도 그 이하도 아니다.

욥은 하나의 몸짓에 대해서 말한다. 그는 자신의 입에 자신의 손을 얹는다고 말한다(21:5 ; 29:9 참조). 이것은 더 이상 말을 하지 않겠다는 것이다. 그러나 이 몸짓은 여러 가지로 해석될 수 있다. 신중함의 표현일 수 있고, 거부의 표시일 수도 있으며, 잠시 멈춤의 의미일 수도 있다.[7] 이것을 앞

---

7) 이 몸짓에 대하여 다음을 참조하라. G. Yuri Glazov, "The Significance of the 'Hand On The Mouth' Gesture in Job XL 4," *Vetus Testamentum LII* (2002), 30-41.

의 답변과 연결시켜 볼 때 이러한 욥의 몸짓은 적어도 설득의 침묵은 아니다. 그것은 자신의 대항자의 힘 앞에 굴복하는 항복의 의미이지 설득과 만족의 침묵은 아니다(J. Ebach, *KBB* 2, 140). 5절에서는 더 이상 말하지 않겠다고 말한다. 그는 자신의 주장들이 관철되지 않는다는 사실을 안다. 하지만 그렇게 말함으로써 자신의 주장들이 잘못되었다는 사실을 시인하는 것도 아니다. 욥은 하나님의 응답에 대해 만족스럽다는 답변을 하지 않는다. 그래서 하나님은 두 번째 발언을 준비하신다.

설교를 위한 묵상

첫 번째 하나님의 응답은 하나님 발언의 특징을 통해 그 적용점들을 찾을 수 있다(S. E. Balentine, *Smyth & Helwys*, 630-640).

첫째로, 하나님은 산문이 아니라 시문의 형식으로 말씀하신다. 시문의 특성은 여백의 미가 있다는 점이다. 모든 것을 말하지 않고 함축적으로 표현한다. 말해지지 않은 부분은 독자들의 몫이다. 해석의 여지가 많다는 말이다. 그러한 의미에서 하나님의 응답은 다양한 의미를 내포하고 있다. 열려 있는 답변을 통해서 의인의 고난이라는 답변하기 어려운 문제에 대해서 생각하게 한다. 명확한 답변을 통해서 해답을 제시하기보다는 하나님의 말씀을 들음으로 욥을 비롯한 독자들이 답을 찾아가게 하는 것이다.

둘째로, 하나님은 신현현의 특별한 모습으로 다가오신다. 욥과 하나님의 만남은 일상적인 만남이 아니다. 하나님은 폭풍 가운데서 말씀하셨다. 폭풍은 신현현시 나타나는 전형적인 현상이다. 하나님은 구름 가운데 있는 보좌에 앉으신 왕의 모습으로 나타나신다(시 18:10 ; 겔 1장 ; 합 3:8). 이때 천둥은 하나님의 목소리로 인식된다(출 19:16, 19 ; 시 18:13). 기후현상으로 나타나는 번개나 불은 하나님의 개입의 도구로 사용된다(출 3:2-3 ; 시 18:14 ; 합 3:11). 이러한 것들은 하나님의 위엄을 나타내고 공포감을 유발한다. 욥에게 나타나신 하나님의 모습도 이러했다. 폭풍 가운데서 위엄 있는 목소리로 말씀하셨다. 특별한 모습으로 욥에게 나타나셨다. 이러한 특별한 만남을 통해 욥의 탄식을 들으시고 응답하시는 하나님을 보게 한다. 당신의 백성을 구원하시려고 나서시는 용사의 모습과 같다(삿 5 : 4-5). 그만큼 욥에 대한 하나님의 관심과 사랑이 크심을 알 수 있다.

셋째로, 하나님은 주로 수사적 의문문으로 말씀하신다. 선포적인 질문공세를 퍼부으신다. 이러한 질문공세를 통해 하나님은 욥이 자신의 무능과 무지를 깨닫게 하셨다. 하지만 하나님은 욥에게 자신의 무력함만을 깨닫게 하신 것이 아니다. 하나님의 목적은 깨달음을 통해 위로받게 하는 것이었다. 이사야서의 질문이 그러했다(사 40 : 12-31). 하나님은 포로와 같은 절망적인 상황에서 이스라엘이 소망을 갖기를 원했다. 소망을 잃은 자에게 소망을 주기 위함이었다. 하나님은 욥에게 더 넓은 세계가 있음을 보여줌으로써 자신의 위치와 문제가 이해될 수 있게 하시는 것이다. 모든 것을 변화시킬 수 있는 능력을 가진 하나님이 자신의 공간을 넓게 함으로써 피조세계 안에서 자신이 어떤 의미가 있는지 알게 하는 것이다. 깨달음은 위로를 가져온다. 자신의 위치와 문제가 이해되기 때문이다. 하나님의 응답에 나타난 수사적 의문문은 이러한 목적을 위해 충실히 기능하고 있다.

C. 야훼의 두 번째 발언과 욥의 답변(40 : 6-41 : 34)

야훼께서는 욥에게 두 번 말씀하신다. 그것도 앞서서 욥(26-31장)과 엘리후의 발언(32-37잘)에 상응하게 길게 답변하신다. 야훼께서 한 번으로 그치지 않고 두 번에 걸쳐서 발언하셨다는 사실은 의미가 있다. 그것은 첫 번째 발언만으로 욥에 대한 응답이 충분치 않다는 것이다. 두 번째 발언을 통해 앞서서 말하지 못한 새로운 내용이 추가된다. 그러므로 욥에 대한 야훼 발언의 응답의 의미는 이 두 번째 발언에 대한 고찰 이후에 온전히 고찰될 수 있다. 야훼의 두 번째 발언과 욥의 답변은 아래와 같은 구조로 나타난다.

1. 야훼의 두 번째 발언(40 : 6-41 : 34)
    1) 주제질문 : 창조세계에 나타난 하나님의 '의'(40 : 7-8)

2) 주제의 확장(I) : 세계에 대한 신(神)적 '통치'(40 : 9-14)
   3) 주제의 확장(II) : 동물세계-베헤못과 리워야단(40 : 15-41 : 34)
      ① 베헤못(40 : 15-24)
      ② 리워야단(41 : 1-34)

1. 주제질문 : 창조세계에 나타난 하나님의 '의'(40 : 7-8)

^{7}너는 대장부처럼 허리를 묶고 내가 네게 묻겠으니 내게 대답할지니라 ^{8}네가 내 공의를 부인하려느냐 네 의를 세우려고 나를 악하다 하겠느냐

[40 : 7-8] 두 번째 하나님의 발언은 38 : 1과 평행하게 구성된 발언 도입구(40 : 6)와 함께 시작된다. 야훼께서 폭풍 가운데서 욥에게 대응하여 말씀하셨다. 두 번째 하나님의 발언은 첫 번째 발언(38 : 3)과 동일한 요구로 시작된다. "내가 네게 물을 테니, 너는 나에게 알게 하라"(40 : 7). 이러한 반복된 요구를 통해서 두 번째 하나님의 발언도 '깨달음'을 위한 논쟁의 성격을 지닌다는 사실이 분명해 진다. 그러나 첫 번째 하나님 발언과의 의도적인 평행적 배치 속에서 주제의 변화가 일어난다. 하나님의 '에차'(עֵצָה)에 대한 질문에서 하나님의 '미쉬파트'(מִשְׁפָּט)에 대한 질문으로 옮겨간다. 8절에서 두 번째 하나님 발언의 주제질문이 표명된다. "네가 정말 내 의('미쉬파트')를 꺾을 셈이냐?" 이 질문은 8절 하반절의 동의적 평행법을 통해 해석된다. 욥이 하나님을 악인이라고 선언함으로써('라솨'의 히필형) 그 자신이 의인이 되려 한다('차다크'의 칼형)는 것이다. 이 질문과 함께 야훼는 자신이 악인이라는 9 : 22 이하에 나타난 욥의 비난(또한 13 : 18 ; 16 : 11 ; 31 : 6 ; 34 : 5 참조)에 반응하신다(O. Keel, *Jahwes Entgegnung an Ijob*, 126). 이러한 비난은 욥의 첫 번째 발언에서도 인식된다. 3 : 23에서 욥은 하나님의 모순적인 행동의 의미에 대하여 질문한다. 하나님은 욥의 길을 둘러싸신 분이요, 동시에 생명과 빛을 주시는 분이다. 이로써 그는 이해할 수 없는 고난에 대하여 탄식하며 '하나님의 핍

박'을 고발하였다. 그의 처지에 대한 이러한 인지와는 반대로 죽음의 세계는 욥에게 악인들이 그들의 분노를 그치고 힘을 잃은 자들이 쉼을 얻는 평화와 안식의 장소로서 비춰진다(3:17).

2. 주제의 확장(I) : 세계에 대한 신(神)적 '통치'(40:9-14)

⁹네가 하나님처럼 능력이 있느냐 하나님처럼 천둥 소리를 내겠느냐 ¹⁰너는 위엄과 존귀로 단장하며 영광과 영화를 입을지니라 ¹¹너의 넘치는 노를 비우고 교만한 자를 발견하여 모두 낮추되 ¹²모든 교만한 자를 발견하여 낮아지게 하며 악인을 그들의 처소에서 짓밟을지니라 ¹³그들을 함께 진토에 묻고 그들의 얼굴을 싸서 은밀한 곳에 둘지니라 ¹⁴그리하면 네 오른손이 너를 구원할 수 있다고 내가 인정하리라

[40:9-14] 자신의 고유한 경험에 근거하여 내린 욥의 판단에 맞서 야훼께서는 욥에게 자신의 절대적인 입장을 견지하신다. 이어서 그는 욥에게 '신(神)적 자격에 대한 질문'(göttliche Qualitätsfrage)을 제기한다(J. Ebach, *KBB* 2, 114). 9절을 '이차적인' 것으로 평가하는 견해들과는 달리 '하나님 됨의 기준'을 묻는 질문으로서 갖는 발언의 성격을 고려하면 야훼께서 하나님에 대해서 3인칭으로 언급하는 것은 문제가 되지 않는다. 신적 자격을 위해 두 가지 기준이 열거된다. 그것은 팔과 천둥소리다. 두 가지 모두 구약성서에서 하나님의 힘의 출현을 상징한다. 욥에 대한 이 질문을 통해 야훼께서는 역사에 나타나는 자신의 신적 통치를 말하고자 하신다(V. Kubina, *Die Gottesreden im Buche Hiob*, 82).

10~14절에서 두 번째 하나님 발언의 주제질문이 '반어법적이며 풍자적인' 요구들 안에서 전개된다. 욥은 '하나님'으로서 자신을 증명해야 한다. 그러나 이때 문제가 되는 것은 '하나님 됨' 자체가 아니라 역사에서 보여주는

구체적인 활동의 방식이다. 하나님의 활동은 특별히 교만한 자와 악인을 심판하는 것이다. 여기에서 역사란 '자연'이나 '창조'나 '물질세계'와는 구별된다. 역사란 구체적인 장소와 시대흐름의 특정한 시점에 인간에게 직접적으로 해당되는 사건을 의미한다. '하나님 됨'에 대한 기준은 시편 82편에서도 확인된다(하경택, "시편 82편의 해석과 적용,"『구약논단』 33 [2009.9], 49-66). 그것은 무엇보다도 예언자들에 의해서 표현되는 주제이다(사 2 : 9이하 ; 5 : 15 ; 10 : 33 ; 13 : 11 ; 25 : 11-12 ; 26 : 5 ; 32 : 19 ; 40 : 4 ; 렘 48 : 29 ; 겔 17 : 24 ; 21 : 31 ; 또한 삼상 2 : 7 ; 22 : 28 ; 시 75 : 8 ; 94 : 2 ; 113 : 6 ; 147 : 6 참조). 욥이 이러한 과제를 수행할 수 있다면 야훼도 그를 찬양할 것('야다'), 즉 시편에서 하나님에게 하듯이 그에게 찬양을 부를 것이라는 의미이다.

이 단락에서 두 번째 하나님 발언의 의도적인 새로운 출발이 분명하게 드러난다. 이러한 사실은 역시 악인들에 해당되는 38 : 12~15의 질문들과 비교를 해 볼 때 확인된다. 거기에서는 악인과의 관계가 창조질서와 관련하여 묘사되었다. "혼돈의 어둠과 생명을 저하시키는 그것의 본질과 대조적으로 빛은 세계를 유용하게 하며 유익하고 질서 잡힌 현실을 창조한다. 사람은 그 현실 속에서 방향을 잡을 수 있다"(B. Janowski, *Rettungsgewissheit und Epiphanie des Heils*, 27). 이러한 창조의 질서에 악인의 축출도 포함된다. 이와는 달리 여기에서는 악인의 섬멸이 '하나님의 분노'와 관련되어 있다(11절). 이러한 섬멸행동은 티끌 속에 감추어진 곳까지 진행되어야 한다(13절). 예언서에 대한 주제적이며 개념적인 관련성 안에서 우리는 여기에서 쿠비나 (V. Kuvina)와 함께 '하나님의 심판'에 대해서 생각할 수 있다(V. Kubina, *Die Gottesreden im Buche Hiob*, 81-86). 이로써 두 번의 하나님 발언에서 드러난 차이점이 드러났다 : 첫 번째 하나님 발언은 창조에 나타난 하나님의 '에차'(계획)에 중점을 둔다면, 두 번째 하나님 발언은 세계의 '미쉬파트'(정의)에 중점을 둔다.

3. 주제의 확장(Ⅱ) : 동물세계-베헤못과 리워야단(40 : 15-41 : 34)

첫 번째 하나님 발언의 구조와 유사하게 동물들이 두 번째 하나님 발언의 후반부의 주제가 된다. 첫 번째 하나님 발언에서는 다섯 쌍의 동물들이 서술된 반면, 두 번째 하나님 발언에서는 단지 한 쌍의 동물, 즉 베헤못과 리워야단만 언급되고 있다. 첫 번째 하나님의 발언에서와 마찬가지로 두 번째 하나님의 발언도 후반부, 즉 동물에 대한 묘사를 통하여 보충되고 심화된다.

1) 베헤못(40 : 15-24)

[15]이제 소같이 풀을 먹는 베헤못을 볼지어다 내가 너를 지은 것같이 그것도 지었느니라 [16]그것의 힘은 허리에 있고 그 뚝심은 배의 힘줄에 있고 [17]그것이 꼬리 치는 것은 백향목이 흔들리는 것 같고 그 넓적다리 힘줄은 서로 얽혀 있으며 [18]그 뼈는 놋관 같고 그 뼈대는 쇠 막대기 같으니 [19]그것은 하나님이 만드신 것 중에 으뜸이라 그것을 지으신 이가 자기의 칼을 가져 오기를 바라노라 [20]모든 들 짐승들이 뛰노는 산은 그것을 위하여 먹이를 내느니라 [21]그것이 연 잎 아래에나 갈대 그늘에서나 늪 속에 엎드리니 [22]연 잎 그늘이 덮으며 시내 버들이 그를 감싸는도다 [23]강물이 소용돌이칠지라도 그것이 놀라지 않고 요단 강 물이 쏟아져 그 입으로 들어가도 태연하니 [24]그것이 눈을 뜨고 있을 때 누가 능히 잡을 수 있겠으며 갈고리로 그것의 코를 꿸 수 있겠느냐

[40 : 15-24] 이 단락(15-24절)은 베헤못이란 이름으로 표시되는 동물에 대한 묘사를 포함하고 있다. 베헤못(과 리워야단)에 대한 묘사는 첫 번째 하나님의 발언에 나오는 5쌍의 동물들과 비교할 때 매우 상세하다. 우리가 베헤못(בְּהֵמוֹת)을 '베헤마'(בְּהֵמָה, 짐승)에 대한 강조의 복수로서 '거대한 짐승', '원

시동물'로 번역할 수도 있다(J. Ebach, *KBB* 2, 148). 이 낱말은 욥기 40장 이외에 어떤 곳에서도 어떤 특정한 동물을 표현하기 위해 사용되지 않는다. 그래서 베헤못을 실제적인 동물과 동일시하려는 시도들이 있었다. 하마나 코끼리나 물소 등이 그러했다. 하지만 이러한 시도들은 욥기 본문의 묘사를 만족시키지 못했다. 이러한 동물들의 모양이나 생태에 정확하게 일치하지 않기 때문이다. 베헤못에 대한 하나님의 묘사는 우리가 경험할 수 있는 실제적인 동물의 의미도 있지만 그것을 뛰어넘는 상징적인 의미를 함축하고 있다. 이것은 창조세계 안에 있는 혼돈의 전형으로서, 신과 사람의 원수로서의 의미를 가진다. 개역개정에서는 베헤못이 가진 신화적인 특성이 인식되도록 고유명사처럼 번역하지 않고 표기하였다(이어지는 단락에서 나오는 '리워야단'이나 욥기 1장 이하에 나오는 '사탄'도 마찬가지 경우이다). 그러한 의미에서 (리워야단과 함께) 베헤못을 '신화-실제적인' 동물이라고 규정할 수 있겠다(J. Ebach, *KBB* 2, 147).

베헤못에 대한 묘사에서 몇 가지 특징을 고찰할 수 있다(S. E. Balentine, *Smyth & Helwys*, 684-686). 첫째로 이 단락은 타조에 대한 설명에서처럼 (39:13-18) 수사적 의문문이 아니라 긍정적인 서술로 시작한다. '내가 너와 함께 만든 베헤못을 보라'는 외침은 창조세계 안에서 차지하는 욥과 베헤못의 위치와 역할을 생각하게 한다. 베헤못도 욥처럼 하나님의 피조물이다. 둘 다 하나님의 세계에 속해 있으며, 이로써 둘 사이에 있는 대립도 하나님의 세계에 속해 있다. 베헤못은 욥(사람)을 위해서(für)도 욥에 대항해서(gegen)도 창조되지 않았고 욥과 함께(mit) 창조되었다(J. Ebach, *KBB* 2, 148). 창조세계를 의문시하고 그것을 위협하며 그것에 적대적인 요소들이 창조세계의 구성요소들로 존재한다. '혼돈'과 '세계질서' 사이의 대립이 창조세계 안에서 고찰된다. 베헤못은 하나님의 피조물이면서 동시에 하나님의 적대세력이다.

둘째로 베헤못은 특별한 힘과 능력을 가지고 있는 피조물이다(16-28절). 그것은 소와 같이 풀을 먹지만(15절 하반절), 그것은 엄청나게 강하다. 허리와 배와 꼬리와 허벅다리의 힘(16절 이하)은 근육의 힘뿐 아니라 생식력을 상징한다. 베헤못은 강력하지만 동시에 조용히 활동한다. 그것은 강함과 평온을 동시에 가지고 있다. 베헤못의 이러한 이중성은 고대 이집트인들의 하마에 대한 인지에서 확인할 수 있다(J. Ebach, KBB 2, 148). 수컷의 '붉은' 하마는 혼돈의 괴물로서 생명의 파괴와 악의 신 셋(Seth)을 체현(體現)한다. 암컷의 '하얀' 하마는 두꺼운 배로써 보호의 힘이자 생명의 생성을 의미하는 수태의 여신 토에리스를 체현한다.

셋째로 베헤못은 하나님의 길에서 '으뜸'(ראשית)이라고 평가받는다. 이 '으뜸'이라는 말은 이 낱말로 시작되는 창세기 1:1 뿐만 아니라 '그의 길의 시작'이라는 표현이 나오는 잠언 8:22의 의인화된 지혜에 대한 언급을 떠올리게 한다. 베헤못은 이런 방식으로 글자 그대로 '원시동물'(Ur-tier)이며 최초의 인간과 상응된다(J. Ebach, KBB 2, 149). 누구도 넘볼 수 없는 최고의 자리에 그가 자리하고 있다. 이뿐 아니라 하나님은 그것에게 '칼'을 주셨다. 이때 칼은 하마의 이빨이 강하기는 하지만 날카롭지 않기 때문에, 일반적인 의미에서 베헤못의 '힘'을 의미한다고 해석하는 것이 더 적절할 것이다(J. Ebach, KBB 2, 149). 그는 하나님이 주신 칼과 같은 힘을 가지고 창조세계에서 활동한다.

넷째로 베헤못은 '동물의 왕'으로서 묘사된다(20-24절). 베헤못은 그 주위에 노니는 동물들의 중심이다. 20절의 '먹이'로 번역된 히브리말 '불'(בול)은 '소출' 또는 '조공'을 의미한다. 여기에서 이 낱말을 '조공'으로 이해하면 베헤못의 위치가 더욱 명확해진다(J. Ebach, KBB 2, 149). 큰 물(23절)도 이 동물에게 공포감을 주지 못한다. 다른 동물들에게는 놀라움을 주고 상처를 입히는 것들이 베헤못에게는 아무런 영향을 끼치지 못한다(J. Ebach, KBB 2, 149). 또한 사람은 그것을 붙잡거나 물리칠 수 없다(24절). 갈고리로 코를 뚫는 것은 그 동물을 제어함을 뜻한다. 이렇게 사람에 의해서 제어될 수 없는 동물이 이어서 서술된다(41:1-34).

베헤못을 창조질서에 위협이 된다거나 하나님이 패배시켜야 하는 대적자로서 나타나지 않는다고 보는 견해가 있다(예컨대 S. E. Balentine, *Smyth & Helwys*). 베헤못은 욥처럼 창조주가 칭찬하고 자랑스러워할 만한 피조물로 그려지고 있다는 것이다. 그래서 욥은 이러한 하나님의 발언을 듣고 자신이 얼마나 존귀한 존재인지를 깨닫게 되었고 위로를 얻었다고 말한다. 하지만 이러한 견해는 탄식을 통한 욥의 문제제기에는 답변하지 못한다는 한계를 드러낸다. 욥의 문제제기에 대한 답변으로서 베헤못과 리워야단의 의미에 대해서는 아래 '본문의 적용'을 보라.

2) 리워야단(41:1-34)

^{1}네가 낚시로 리워야단을 끌어낼 수 있겠느냐 노끈으로 그 혀를 맬 수 있겠느냐 ^{2}너는 밧줄로 그 코를 꿸 수 있겠느냐 갈고리로 그 아가미를 꿸 수 있겠느냐 ^{3}그것이 어찌 네게 계속하여 간청하겠느냐 부드럽게 네게 말하겠느냐 ^{4}어찌 그것이 너와 계약을 맺고 너는 그를 영원히 종으로 삼겠느냐 ^{5}네가 어찌 그것을 새를 가지고 놀 듯 하겠으며 네 여종들을 위하여 그것을 매어두겠느냐 ^{6}어찌 장사꾼들이 그것을 놓고 거래하겠으며 상인들이 그것을 나누어 가지겠느냐 ^{7}네가 능히 많은 창으로 그 가죽을 찌르거나 작살을 그 머리에 꽂을 수 있겠느냐 ^{8}네 손을 그것에게 얹어 보라 다시는 싸울 생각을 못하리라 ^{9}참으로 잡으려는 그의 희망은 헛된 것이니라 그것의 모습을 보기만 해도 그는 기가 꺾이리라 ^{10}아무도 그것을 격동시킬 만큼 담대하지 못하거든 누가 내게 감히 대항할 수 있겠느냐 ^{11}누가 먼저 내게 주고 나로 하여금 갚게 하겠느냐 온 천하에 있는 것이 다 내 것이니라 ^{12}내가 그것의 지체와 그것의 큰 용맹과 늠름한 체구에 대하여 잠잠하지 아니하리라 ^{13}누가 그것의 겉가죽을 벗기겠으며 그것에게 겹재갈을 물릴 수 있겠느냐 ^{14}누가 그것의 턱을 벌릴 수 있겠느냐 그의 둥근 이틀은 심히 두렵구나 ^{15}그의 즐비한 비늘은 그의 자

랑이로다 튼튼하게 봉인하듯이 닫혀 있구나 [16]그것들이 서로 달라붙어 있어 바람이 그 사이로 지나가지 못하는구나 [17]서로 이어져 붙었으니 능히 나눌 수도 없구나 [18]그것이 재채기를 한즉 빛을 발하고 그것의 눈은 새벽의 눈꺼풀 빛 같으며 [19]그것의 입에서는 횃불이 나오고 불꽃이 튀어 나오며 [20]그것의 콧구멍에서는 연기가 나오니 마치 갈대를 태울 때에 솥이 끓는 것과 같구나 [21]그의 입김은 숯불을 지피며 그의 입은 불길을 뿜는구나 [22]그것의 힘은 그의 목덜미에 있으니 그 앞에서는 절망만 감돌 뿐이구나 [23]그것의 살껍질은 서로 밀착되어 탄탄하며 움직이지 않는구나 [24]그것의 가슴은 돌처럼 튼튼하며 맷돌 아래짝 같이 튼튼하구나 [25]그것이 일어나면 용사라도 두려워하며 달아나리라 [26]칼이 그에게 꽂혀도 소용이 없고 창이나 투창이나 화살촉도 꽂히지 못하는구나 [27]그것이 쇠를 지푸라기 같이, 놋을 썩은 나무 같이 여기니 [28]화살이라도 그것을 물리치지 못하겠고 물맷돌도 그것에게는 겨 같이 되는구나 [29]그것은 몽둥이도 지푸라기 같이 여기고 창이 날아오는 소리를 우습게 여기며 [30]그것의 아래쪽에는 날카로운 토기 조각 같은 것이 달려 있고 그것이 지나갈 때는 진흙 바닥에 도리깨로 친 자국을 남기는구나 [31]깊은 물을 솥의 물이 끓음 같게 하며 바다를 기름병 같이 다루는도다 [32]그것의 뒤에서 빛나는 물줄기가 나오니 그는 깊은 바다를 백발로 만드는구나 [33]세상에는 그것과 비할 것이 없으니 그것은 두려움이 없는 것으로 지음 받았구나 [34]그것은 모든 높은 자를 내려다보며 모든 교만한 자들에게 군림하는 왕이니라

[41 : 1-34] 이제부터 두 번째 동물 리워야단에 대한 서술이 시작된다. 리워야단도 베헤못과 마찬가지로 실제적 동물로만 여길 수 없는 상징적인 의미를 가진 신화적인 동물을 의미한다(J. Ebach, *KBB* 2, 150).[8] 히브리말 '리브야

---

8) 발렌타인(S. Balentine)은 리워야단이 구약성서에서 상반된 가치를 보여주는 동물로 등장한다고 설명한다(S. Balentine, *Smyth & Helwys*, 686). 한편으로 그것은 하나님이 질서를 세우시

탄'(לִוְיָתָן)은 '휘감는 것'으로 번역할 수 있다. 우가릿의 평행본문들을 통해 가나안 신화와의 관련성이 알려진 본문인 이사야 27 : 1에서 '리브야탄'은 '날랜 뱀'과 '구불구불한 뱀'으로 표시된다. 시편 104 : 26에서는 리워야단이 바다에서 살고 있는 것으로 묘사된다(시 74 : 14 참조). 그래서 루터는 시편 두 곳에서는 이것을 '고래'(Walfisch)로 번역했고, 욥기 40장 이하와 다른 곳에서는 그것을 번역하지 않고 그대로 두었다(J. Ebach, *KBB* 2, 150). 리워야단이 관련된 신화론적인 배경은 베헤못의 경우보다 더 분명하게 나타난다. 욥기 안에서도 3 : 8의 리워야단이나 7 : 12의 '얌'과 '타닌'에 대한 언급(이것은 각각 '바다'와 '바다괴물'로 번역되었다)에서 그러한 신화-우주적인 맥락의 언급을 볼 수 있기 때문이다. 그래서 칠십인경(LXX)에서는 리워야단을 바다나 원시바다와 연관된 혼돈의 용을 가리킨다고 보고 '드라콘'(δράκων)이라고 번역하였다.

이제부터 리워야단에 대한 진술을 살펴보자. 41장의 구조는 다음과 같이 파악할 수 있다(S. Balentine, *Smyth & Helwys*, 686-687). 첫 번째 단락(1-12절)과 세 번째 단락(25-32절)이 리워야단의 포획 가능성에 관하여 서술하고 있는 반면, 두 번째 단락(13-24절)과 네 번째 단락(33-34절)은 리워야단의 외적 특성을 묘사하고 있다. 리워야단에 대한 진술은 수사학적 질문의 형태로 시작된다(1-8절). 야훼께서는 욥에게 그가 리워야단에게 감히 할 수 없는 일들을 열거하신다. 욥은 리워야단을 물고기처럼 낚시나 줄로 잡을 수 없다(1-2절). 리워야단이 욥에게 은혜를 베풀어 달라고 간청하거나 부드러운 말을 하는 것은 불가능하다(3절). 또한 욥은 리워야단을 종으로 삼거나 노리개로 사용할 수 없다(4-5절). 리워야단은 욥을 능가하는 강력한 힘을 가

기 위해서 물리쳐야만 하는 적대세력으로 묘사되고(예컨대, 시 74 : 13-14 ; 사 27 : 1), 다른 한편으로 그것은 하나님께 찬양과 만족을 드리는 '매우 좋은' 세상의 소중한 창조물로 소개된다는 것이다(창 1 : 21 ; 또한 시 148 : 7 ; 104 : 26 참조). 그러면서 그는 하나님의 발언에서 이 두 가지 측면이 절묘하게 표현되어 있어, 욥과 독자들에게 두 가지 해석의 가능성을 열어주고 있다고 평가한다.

진 존재이기 때문이다. 리워야단이 사람에게 장난감이 아니듯이 그것은 사고 팔 수 있는 상품이 아니다(6절). 또한 창과 작살로 그의 가죽과 머리를 공격할 수도 없다(7절). 만약 욥이 리워야단과 그러한 종류의 싸움을 벌인다면 그것은 그의 마지막 전투가 될 것이다(8절).

9절부터는 리워야단에 대한 서술의 양식이 달라진다. 지금까지는 욥에게 향한 질문이었으나 이제는 야훼 자신의 직접적인 진술이다(9-12절). 이 단락에서는 지금까지 말했던 바를 일반인들에게 적용하여 말한다. 리워야단에 대한 기대감을 가지고 오는 사람은 실망한다. 그것을 보기만 해도 그 모습에 압도당할 것이다(9절). 10절과 11절의 계속되는 묘사에서 본문상 논쟁이 되는 부분이 있다. 10절 하반절은 '누가 내 앞에 설 수 있겠느냐?'라고 직역되는데, 갑자기 하나님 자신에 대한 언급이 나오기 때문에 의아스럽게 느껴진다. 실제로 '그 앞에'라고 표현된 사본들이 많이 있다. 이러한 본문상의 차이 때문에 여러 가지 해석의 가능성을 생각하며 다음과 같은 질문들을 할 수 있다. '그 앞에'라고 하면 리워야단에게 세계가 속해 있다는 인상을 불러일으키기 때문에 그렇게 되지 않도록 개정되었는가? 아니면 하나님이 리워야단과 겨루는 사람은 자신과 겨루는 것이라는 사실을 일깨우는가? 두 가지 해석 모두 가능하다.

두 번째 단락이 시작되는 13절부터는 리워야단의 힘을 보여주는 리워야단의 외적인 특징들이 묘사된다. 이 단락에서 리워야단은 실제적인 동물의 측면에서 악어와 동일시 될 수 있다. 그것은 무시무시한 이빨을 가지고 있고(13절-14절), 방패처럼 견고하고 조약돌처럼 단단한 등가죽을 가지고 있다(15-17절). 리워야단이 행동하는 모습은 보는 사람을 겁나게 한다. 눈, 코, 입 모두에서 불꽃이 튀고 연기가 난다(18-21절). 그것이 화를 내기라도 한다면 모든 것이 불태워져 버릴 것 같은 위력이 느껴진다. 이 동물의 목과 살은 억제할 수 없는 힘을 느끼게 한다(22-23절). 그것의 심장은 돌같이 단단하고 견고하다(24절).

25절부터는 다시 리워야단의 포획 가능성에 대한 서술이다. 리워야단이 일어서면 수양과 같이 아무리 강한 용사라도 떨며 정신을 잃는다(25절). 칼, 창, 화살과 같은 일반적인 무기들은 리워야단에게 아무런 영향을 끼치지 않는다(26-27절). 활이나 물맷돌, 철퇴와 같은 무기들도 지푸라기처럼 여긴다(28-29절). 그것은 아랫부분도 강력한 힘을 발휘한다. 그것이 지나가면 도랑이 파진다(30절). 그것이 물속에 잠수하면, 하얀 거품이 생기고 노인의 머리를 연상시키는 큰 소용돌이가 일어난다(31-32절).

리워야단에 대한 묘사에서 마지막 단락은 다시 리워야단의 거대한 힘을 강조한다(33-34절). 그것은 땅 위에 그 어떤 것과도 비교할 수 없다. 그것은 두려움을 모른다. 그것은 모든 높은 자들을 두렵게 하며, 모든 높은 자들의 왕처럼 군림한다.

베헤못과 리워야단에 대한 서술에서 공통점을 찾을 수 있다. 두 동물 모두 피조세계의 왕으로 군림하며 두려움을 모르는 존재로서 사람이 감당할 수 없는 존재라는 것이다. 그것은 각각 하마나 악어와 같은 지상의 동물과 동일시 될 수 있으나 그것의 의미를 넘어 고대 중동의 문헌에 자주 등장하는 '혼돈의 세력과 신의 적대자들'을 의미하는 신화적인 형상으로 파악된다. 하지만 이 두 동물은 하나님의 피조물로서 이 창조세계 가운데 존재하고 있는 것으로 기술된다. 하나님에 의해서 창조되고 유지되는 이 세계에 그것을 위협하는 혼돈의 세력들이 있느냐는 질문에 긍정하는 답변을 듣는 것이다. 그렇지만 하나님의 답변은 여기에서 그치지 않는다. 하나님은 그것의 무시무시함과 거대한 힘에도 불구하고 그것을 제어하실 수 있다. 사람은 할 수 없지만 하나님은 하실 수 있다. 이것은 이 세상이 혼돈의 상황으로 변해버렸다고 탄식하는 욥에게 큰 위로와 깨달음을 주는 답변이 될 것이다. 이러한 야훼의 응답에 대한 욥의 반응은 '욥기의 종장'에서 다루어질 것이다.

설교를 위한 묵상

여기에서는 하나님 발언의 의미에 대해서 살펴봄으로써 본문이 주는 교훈들을 찾아보고자 한다.

먼저, '야훼가 욥에게 말했다'는 사실은 욥에게 응답하시는 하나님의 모습을 보여준다. 친구들과 대화하고 특정한 대상을 지칭하지 않는 공개적인 탄식을 하지만, 욥은 궁극적으로 하나님께 탄원하고 질문한다. 친구들과의 논쟁에서 해결점을 찾지 못하는 욥은 하나님과의 대면을 원하고(10:2; 13:3; 23:3-7 참조), 하나님의 답변을 요구하는 도전 발언으로 나아간다(31:35-37). 이렇게 큰 포물선 형태로 그려진 욥의 질문이 드디어 하나님의 답변을 통해서 그 끝을 본 것이다. 때로는 침묵하시는 하나님을 경험하기도 하지만 하나님은 결국 탄식하는 자의 고통과 질문을 외면하지 않으시고 응답하시고 반응하시는 분이심을 보여준다.

다음으로 하나님이 말씀하신 '내용'에서 교훈들을 찾을 수 있다. 두 개의 하나님 발언에 대한 고찰에서 하나님의 두 번의 발언은 각각 나름대로 하나의 고유한 문제의 특성을 제시하며, 다른 방식으로 욥의 질문에 응답하고 있음을 보여 준다. 에바흐(J. Ebach)는 두 번의 하나님 발언에 나타난 동물이 가지고 있는 문제성에 대하여 다음과 같이 차별화하여 설명한다(J. Ebach, *Leviathan und Behemoth*, 68).

첫 번째 하나님 발언의 열 가지 동물들이 그것들의 일반적인 명칭과 함께 언급되었다면(사자로서 사자, 들나귀로서 들나귀 등), '하마'와 '악어'는 베헤못과 리워야단이라는 신화적인 이름과 함께 나타난다. 10가지 동물들이 인간중심적이지 않은(nichtanthropozentrische) 세계의 대표자들이었다면, 두 번째 하나님 발언의 두 가지 동물은 인간적대적인(gegenmenschliche) 세계의 대표자들이다. 10가지 동물들이 혐오적인 것(das Widrige)을 나타낸다면, 두 동물은 적대적인 것(das Feindliche)을 의미한다.

인간에게 혐오적인 것을 주제로 하는 첫 번째 하나님의 응답이 하나님에 의해서 창조된 세상은 다채롭고 그래서 필연적으로 모순적인 세계라는 사실을 보여준다면, 인간에게 적대적인 것을 주제로 하는 두 번째 하나님의 발언은 그분이 또한 오직 그분만이 세계가 혼돈의 세력에 귀속되지 않도록 돌보는 분이라는 사실을 보여준다. 이로써 하나님의 발언은 욥의 친구들과 욥을 반박한다. 그들이 그들의 지혜로 접근할 수 있는 질서 잡힌 '완전한' 세계를 주장하였다면, 욥은 단지 혼돈만을 볼 수 있었다. 그러나 야훼 하나님은 '동물의 주'로서 이러한 세계 그리고 이로써 세계 전체의 주님으로서 나타난다. 이러한 설명을 통해 질서 잡힌 '완전한' 세계를 주장했던 친구들은 이 세계에 야생성과 엄청난 파괴적인 힘을 발휘하는 혼돈의 세력이 있음을 인정해야 했다. 마찬가지로 욥도 자신의 견해를 수정해야 했다. 모순된 모습이 보이고 혼돈의 세력이 있다고 해서 이 세계가 계획이 없고 무질서한 세계라고 단정할 수 없다. 야훼 하나님은 이 혼돈을 지루하고 굳어버린 질서로 편제되도록 그냥 놔두지 않으면서 그것을 억제하고 계시기 때문이다.

이와 같은 고찰을 통해 하나님의 발언은 욥의 탄식과 긴밀한 연관성 속에 있음을 알 수 있다. 욥의 탄식에 대한 응답으로서 하나님의 발언은 욥의 잘못된 세계관을 교정시키는 역할을 한다. 하지만 이것은 이 세계가 선인과 악인에 대한 행위화복관계의 법칙이 빈틈없이 실현되고 있다는 친구들의 잘못된 세계관을 비판하는 기능도 한다. 이와 같은 하나님 발언은 창조주로서 하나님의 활동방식과 창조세계에 대한 이해를 새롭게 조명하고 이해하게 한다. 다시 말하면 하나님의 발언은 내용적으로 욥의 말에 대한 긍정과 부정의 의미가 동시에 들어 있다. 그것은 자신의 형편을 기준으로 모든 세계가 혼돈에 빠져 있다는 자기중심적인 욥의 세계관을 교정하면서도, 이 세상에는 욥이 당하고 있는 것과 같은 불가해한 고난과 부조리의 현실이 있음을 인정하며 욥의 입장에 동조하는 것이다. 이러한 양가적인 의미가 있는 하나님의 발언을 제대로 이해할 때 욥기와 욥기의 신학에 대한 해석이 제대로 이루어질 수 있다.

제 IX 부

욥기의 결말

욥기 42 : 1~17

A. 욥기의 전체 개요
  1. 욥기의 구조
  2. 욥의 다른 모습-탄식하는 욥
  3. 하나님의 응답
B. 욥의 답변(42 : 1-6)
C. 하나님의 판결(42 : 7-9)
D. 욥의 회복(42 : 10-17)
여론 : 욥기의 신학적 주제들

| 욥기 42:1-42:17 |

욥기의 결말

A. 욥기의 전체 개요

본문은 욥기의 마지막 장이다. 책을 마무리하는 장이기 때문에 본문에 대한 이해에 앞서 욥기 전체의 맥락을 관찰하는 것이 필수적이다. 우선 욥기의 결말에 이르기까지 욥기의 흐름을 간략하게 요약해 보자.

흔히 전통적으로 잘 알려진 욥은 인내자이다. "너희가 욥의 인내를 들었고 주께서 주신 결말을 보았거니와"라고 기록된 야고보서 5:11과 같이 어떤 고난과 어려움 속에서도 하나님에 대한 신뢰를 저버리지 않고 끝까지 견디어 마침내 하나님께서 허락한 갑절의 복을 받은 위대한 신앙인 욥의 모습이다. 이러한 욥의 모습을 잘 보여주고 있는 욥의 말이 1장과 2장에 각각 한 번씩 소개되어 있다. 욥이 자신의 소유와 자녀를 앗아가는 첫 번째 시험을 당했을 때 "내가 모태에서 알몸으로 나왔사온즉 또한 알몸이 그리로 돌아가올지라 주신 이도 여호와시요 거두신 이도 여호와시오니 여호와의 이름이 찬송을 받으실지니이다"(1 : 21)라며 하나님을 원망하지 않았고, 자신의 건강이 무너지는 두 번째 시험을 당했을 때도 하나님을 욕하고 죽으라는 아내의 말에 "우리가 하나님께 복을 받았은즉 화도 받지 아니하겠느냐?"(2 : 10) 하면서 자신의 처지에 대한 불평을 하지 않았다. 바로 이러한 말들이 신약성서의 기록과 함께 욥과 욥기를 이해하는 핵심구절이 되었고, 인내자 욥에 대한 설교의 주요 내용을 형성하였다.

그러나 이렇게 단순한 욥과 욥기에 대한 이해는 욥기 전체를 읽어 본 사람들에겐 매우 의아한 것이다. 왜냐하면 이러한 욥의 행동은 이른바 '틀이야기'의 서막에 해당되는 1~2장에 나타나고 있을 뿐이며, 3 : 1~31 : 40에 이르는 이른바 '욥-시문'의 욥과 그의 친구들과의 대화 부분에서는 전혀 다른 욥의 모습을 관찰할 수 있기 때문이다. 자신의 처지에 대해 결사적으로 항변하고 친구들과 하나님의 행동에 대해 탄식하며 하나님께 도전하는 욥의 모습을 보게 된다. 그러므로 욥기의 종장에 이르기까지 전개된 욥과 친구들의 대화와 하나님의 응답의 과정을 살펴보아야 이 본문을 제대로 이해할 수 있다.

1. 욥기의 구조

욥기의 내용을 다음과 같이 도식화할 수 있다.

서막(1 : 1-2 : 13)
논쟁(3 : 1-42 : 6)
     욥의 모두 발언(3장)
     세 친구와의 1차 대화(4장-14장)
     세 친구와의 2차 대화(15장-21장)

세 친구와의 3차 대화(22장-28장)

욥의 마지막 발언(29-31장)

엘리후의 발언(32-37장)

하나님의 두 번 발언과 욥의 대답(38:1-42:6)

종장(42:7-17)

욥기의 결말(42장)은 위의 분석을 통해서 보면 흥미롭다. 문체상으로 보면 뚜렷이 구분되는 욥-시문의 마지막 단락(42:1-6)과 종장(42:7-17)이 겹쳐서 나오기 때문이다. 욥의 두 번째 답변을 야훼의 두 번째 응답에 이어서 고찰할 수 있다. 하지만 필자는 욥의 두 번째 답변과 종장이 하나의 장(42장)으로 묶여져 있는 것이 의미가 있다고 보고 42장을 '욥기의 결말'이라는 주제로 고찰할 것이다. 장절의 구분은 후대에 이루어진 것이지만, 욥기 42장의 경계설정은 욥기의 구조와 신학을 이해하는데 오히려 도움이 된다고 평가된다. 두 가지 상반된 얼굴을 보여주는 욥처럼 욥기도 두 가지 문체를 통해 뚜렷한 구별을 보여준다(산문으로 된 틀이야기[1:1-2:13 ; 42:7-17]와 운문으로 된 욥-시문[3:1-42:6]). 하지만 욥기의 온전한 해석을 위해서는 이 두 부분을 따로 떼어서 서로 다른 두 욥을 구분해낸다거나 문체에 따라 서로 다른 신학적 의미를 찾아내는 것에 그쳐서는 안 된다. 오히려 서로 상반되어 보이는 내용과 서술구조는 욥기의 고유한 신학적 주제를 드러내는 도구로 작용한다. 따라서 두 가지 상반된 문체와 내용은 함께 조망되어야 하며, 그 가운데 드러나는 긴장과 상이성 속에서 욥기의 신학과 다양한 메시지가 제대로 파악될 수 있을 것이다.

2. 욥의 다른 모습-탄식하는 욥

욥은 탄식한다. 친구들의 방문을 받고 7일 동안 침묵하다가 마침내 입을 연다. 그러나 3장 이후에 나타나는 욥의 말은 욥기 1~2장에서 보여준 한없이 인내하며 모든 것에 순응하는 욥이 아니다. 거칠게 항변하고 탄식하며 도전하는 욥의 모습이다. 그렇다면 그가 탄식을 통해서 쏟아낸 말들의 핵심은 무엇인가?

욥의 발언은 크게 두 가지로 구분된다. 친구들을 향한 말과 하나님을 향한 말이다. 물론 종종 말의 대상이 정확히 언급되어 있지 않아 누구에게로 향한 말인지 알아내기 어려워 독백으로 처리하는 부분도 있으나 이것 또한 흔히 희곡에서 말하는 독백과는 달라 친구들과 하나님 모두가 들을 수 있는 내용이다. 욥의 말을 '독백'(Monolog)이라고 할 때는 이러한 희곡의 용어와 혼동할 수 있다. 희곡에서 독백은 다른 배우들은 듣지 못하고 독백하는 사람과 청중만 알 수 있는 내용이라고 말한다. 그러나 욥의 말은 혼잣말로 끝나지 않고 친구들과 하나님으로부터 반응을 얻는다. 예를 들면 욥의 첫 번째 발언이 자신의 생일을 저주하는 내용으로 알려진 3장인데, 이 발언이 친구들의 반응을 유발시키고 이 과정에서 심각한 논쟁으로 발전된다. 더 나아가 3장의 내용은 하나님의 발언에까지 영향을 미쳐 욥의 질문을 수용하시고 그 질문에 응답하시는 하나님의 모습을 엿볼 수 있게 한다(욥기 3장에 대한 주석을 보라). 그러므로 이러한 욥의 발언들은 친구들과 하나님을, 더 나아가 독자들을 동시에 향하고 있다.

먼저 친구들을 향한 발언의 핵심은 무엇인가? 그것은 고난당하는 욥을 위로하러 온 그들의 의도와는 달리 그들의 말이 욥에게 전혀 도움이 안 된다는 것이요, 오히려 욥 자신을 괴롭게 한다는 것이다. 친구들은 다 '쓸모 없는 의원'(13:4)이요, '재난을 주는 위로자'(16:2)라고 비난한다(친구들에 대한 비난의 말: 6:14-30; 12:1-3; 13:1-12; 16:1-5; 19:1-4; 26:1-4). 그러므로 친구와 주고받는 말은 따뜻한 위로나 정다운 대화가 되지 못하고 어느새 첨예한 논쟁으로 변한다. 친구들과의 논쟁은 서로의 입장이 조금도 좁혀지지 않는 평행선을 달릴 뿐이다.

다음으로 하나님을 향한 발언의 핵심은 무엇인가? 욥의 말을 분석해 보면 친구들을 향한 말보다 하나님을 향한 말이 훨씬 더 비중 있게 나타나는 것을 볼 수 있다. 이러한 욥의 말의 핵심에는 하나님이 다스리시는 세계가 정의와 질서가 사라져 혼돈의 세계가 되었다는 것과[1] 모든 일에 하나님 자신이 핍박자가 되어 욥 자신에게 참기 어려운 고통을 준다는 것이다(6 : 4 ; 7 : 11-14, 17-21 ; 9 : 17-18, 30-31 ; 10 : 16-17 ; 13 : 24-27 ; 16 : 7-14 ; 19 : 6-12). 바로 그렇기 때문에 욥은 친구들과의 논쟁으로 고통의 문제를 해결할 수 없고 오직 하나님과의 변론을 통해 가능하다는 사실을 안다(13 : 3). 그래서 그는 자신의 마지막 발언에서 자신의 무죄를 주장하며 하나님께서 직접 대답해 주시기를 요청한다(31 : 35).

3. 하나님의 응답

욥이 제기한 질문과 탄식은 친구들과의 논쟁에서 해결되지 못하고 오로지 하나님의 답변을 통해서만 가능해진다. 하나님께서는 두 번에 걸쳐 욥에게 답변하신다. 그러나 하나님께서는 오히려 욥이 대답할 수 없는 질문들을 쏟아내심으로 답변하신다. 첫 번째 응답에서는 창조주의 전능하심과 지혜를 통해 욥의 무력함과 한계를 깨닫게 하신다(38 : 1-39 : 30). 특히 인간과 친화관계에 있지 않은 야생동물 세계의 본보기를 통해 인간의 요구와 필요를 뛰어넘는 피조세계에 대한 하나님의 배려와 돌보심을 느끼게 한다. 두 번째 응답에서는 혼돈과 악을 상징하는 신화적인 동물로 알려진 "베헤못"(하마)과

---

1) 생일을 저주하면서 사용했던 "그 날이 캄캄하였더라면"(יְהִי הֹשֶׁךְ : 욥 3 : 4[직역하면 "흑암이 되어라"])이란 표현은 "빛이 있으라"(יְהִי אוֹר : 창 1 : 3)는 하나님의 명령과 정반대가 된다. 창조 이전의 흑암의 상태로 돌아가야 이 세상의 질서가 자신의 처지와 맞는다는 비판의 논리가 들어 있다. 또한 욥은 "세상이 악인의 손에 넘어갔고 재판관의 얼굴도 가려졌나니 그렇게 되게 한 이가 그가 아니면 누구냐?"(9 : 24)라고 질문하며 정의롭지 못한 세상에 대한 하나님의 책임을 묻는다.

"리워야단"(악어)을 설명하심으로 인간세계에 적대적이며 파괴적인 존재까지도 하나님의 손안에 있음을 명백하게 보여주신다(40 : 6-41 : 34).

　이러한 하나님의 답변에는 두 가지 차원에서 욥의 질문과 탄식에 대한 응답의 의미가 있다. 그것은 먼저 욥이 고난의 현실에서 그토록 탄식하며 대들기까지 하면서 원했던 하나님을 만났다는 사실(Dass)에 있다. 하늘과 땅은 욥기의 서막에서부터 단절된 채 나타난다. 장면이 바뀔 뿐 하나님은 직접 전면에 나타나지 않으신다. 그러나 하나님의 답변을 통해 줄곧 단절되었던 하늘이 열리고 하나님께서 직접 폭풍 속에서 나타나셔서 욥을 만나 주셨다. 하나님께서는 결코 당신을 찾은 백성의 울부짖음과 탄식소리를 외면하지 않으신다는 사실을 똑똑히 보여주고 계신다(출 2 : 23-25 참조). 둘째로 하나님의 답변의 응답의 의미는 욥의 질문과 탄식에 응답하신 그 내용(Was)에 있다. 욥은 무고한 자신이 고난당하는 현실을 경험하면서 하나님의 창조질서와 정의에 대한 의문을 품었다. 선과 악의 기준이 사라지고(9 : 22) 악인이 오히려 번영하는 거꾸로 된 세상을 고발한 것이다(21 : 7-21). 그러나 하나님께서는 두 번의 답변을 통해 인간의 기준과 필요를 뛰어넘어 피조세계 전체를 다스리시는 창조주의 권능과 지혜를 보여주신다. 욥이 자신의 상황만을 기준삼아 판단하고 의심했던 자신의 시각이 얼마나 제한적이었는지를 깨닫게 하신 것이다. 이러한 하나님의 응답에 대한 두 가지 차원에서 고찰되는 의미는 욥기가 가지고 있는 두 가지 측면과 깊은 관련이 있다. 먼저 욥기는 한 개인에 대한 이야기라는 것이다. 욥 개인의 실존적인 경험이 서술되고 있다. 그러나 다른 한편으론 욥기 안에 한 문제가 다루어지고 있다는 점이다. 그것은 의인이 겪는 고난의 문제이다. '순전하고 정직하여 하나님을 경외하며 악에서 떠난 자'라고 인정받았던 그에게 어떻게 그렇게 말할 수 없는 큰 고난이 닥칠 수 있으며, 그런 고난의 때에 어떻게 해야 했겠는가 하는 문제이다. 이러한 문제에 대한 문제제기가 욥의 탄식인 것이다.

B. 욥의 답변(42:1-6)

¹욥이 여호와께 대답하여 이르되 ²주께서는 못 하실 일이 없사오며 무슨 계획이든지 못 이루실 것이 없는 줄 아오니 ³무지한 말로 이치를 가리는 자가 누구니이까 나는 깨닫지도 못한 일을 말하였고 스스로 알 수도 없고 헤아리기도 어려운 일을 말하였나이다 ⁴내가 말하겠사오니 주는 들으시고 내가 주께 묻겠사오니 주여 내게 알게 하옵소서 ⁵내가 주께 대하여 귀로 듣기만 하였사오나 이제는 눈으로 주를 뵈옵나이다 ⁶그러므로 내가 스스로 거두어들이고 티끌과 재 가운데에서 회개하나이다

[42:1-6] 위의 욥의 답변을 제대로 이해하는 것이 쉽지 않다. 압축된 표현들과 함께 하나님의 발언을 인용하고 있어 그 의도와 의미를 파악하기가 어렵다. 그러나 욥의 답변을 이해하는 것은 욥기에 이해와 맥을 같이 한다. 욥의 답변을 어떻게 이해하느냐에 따라 욥기 신학에 대한 평가가 달라질 수 있다. 욥의 답변이 모두 해석의 여지가 많지만, 이 가운데 가장 문제가 되는 것이 6절이다. 짧은 구절이지만 번역 자체에 논란의 여지가 많아 욥기에서 해석하기 가장 어려운 구절 중에 하나로 꼽힌다. 6절은 히브리어 원문으로 보면 이렇다. 알켄 앰아스 베니함티 알 아파르 봐에페르(וְאֵפֶר עָפָר עַל וְנִחַמְתִּי אֶמְאַס כֵּן עַל).

여기에서 가장 문제가 되는 것이 '마아스'(מאס)와 '니함'(נחם, 니팔형) 두 동사에 대한 해석과 전치사 '알'(עַל)의 두 번째 쓰임에 대한 이해이다. 두 동사의 기본적인 뜻은 각각 '거절하다, 버리다'와 '후회하다, 위로하다'이다. 그렇지만 이 두 동사의 의미가 본 절의 문맥에서 분명치 않고 전치사 '알'(עַל)의 쓰임에 대한 이해가 학자들 간에 달라서 해석의 차이가 다양하게 나타난다. 이렇게 다양한 해석들을 정리하면 다음 세 가지로 말할 수 있다(다양한 해석의 가능성들에 관하여 다음을 참조하라. S. Balentine, *Smyth & Helwys*, 694).

첫째는 욥이 자기 자신의 잘못을 인정하고 '회개'하는 모습을 강조하는 입장이다. 이런 입장의 해석으로는 루터번역이 가장 대표적이다. "그러므로 내가 나를 죄 있다고 선포하고 티끌과 재 위에서 회개하나이다"(Darum spreche ich mich schuldig und tue Buße in Staub und Asche). 이때 티끌과 재는 회개할 때 갖는 겸손한 마음의 상태를 표시한다.

둘째는 욥이 과거 자신의 잘못된 생각을 버리고 새로운 생각과 마음을 갖게 되었다는 '깨달음'을 강조하는 입장이다. 이러한 해석의 대표자는 위르겐 에바흐(J. Ebach)이다. "그러므로 저는 거두어들이며 제 생각을 돌이키나이다-티끌과 재위에서"(Darum verwerfe ich und ändere meine Einstellung-auf Staub und Asche). 이때 티끌과 재는 욥이 있는 장소를 가리킨다. 욥은 2:8에서 "재 가운데" 앉아 있었다고 말하듯이 과거의 자리에 머물러 있는 것이다. 이것은 하나님이 말씀하시는 장소와 대조를 이룬다. 하나님은 하늘의 '폭풍 가운데서' 말씀하시지만, 욥은 땅의 '티끌과 재 위에서' 말한다.

셋째는 욥이 하나님의 답변을 듣고 '위로'를 얻었다는 사실을 강조하는 입장이다. 이와 같은 입장은 모로우(Morrow)와 퍼듀(L. G. Perdue)에 의해 지지된다. "그러므로 내가 그것을 버리며, 먼지와 재로 인해 위로를 받습니다"(Wherefore I reject it, and I am consoled for dust and ashes). 여기에서 티끌과 재는 욥이 하나님을 만난 다음 자신이 어떤 존재인가를 확인시켜 주는 촉매제가 된다. 즉, 자신이 티끌과 먼지와 같은 존재라는 사실을 확인했고, 그러한 확인이 위로를 준 것이라고 해석한다.

위의 세 가지 입장은 나름대로 설득력이 있다. 본문 자체가 이러한 해석의 여지를 제공하기 때문이다. 여기에서 우리는 이 세 가지 해석의 가능성에 대한 옳고 그름을 따지기보다 그것들이 보여주는 공통의 내용이 무엇인가를 강조하는 것이 좋을 것이다. 이러한 입장은 두 번째 동사 '나함'(נחם)의 니팔 형태를 어떻게 해석하느냐와 깊은 관련이 있다. 빌리 플라인(I. Willi-Plein)은 이 동사의 번역에 관한 자신의 논문(I. Willi-Plein, "Hiobs Widerruf? Eine

Untersuchung der Wurzel nacham und ihrer erzähltechnischen Funktion im Hiobbuch," *Sprache als Schlüssel. Gesammelte Aufsätze zum Alten Testament*, 130-45)에서 '나함'(נחם)의 니팔 줄기가 "이 동사의 주어에게 어떤 것과 관련하여 사고의 전환과정이 외부로부터 촉발됨"(dass am Subjekt ein Prozeß des Umdenkens über/in bezug auf (אל) eine Sache von außen her ausgelöst wird) (283)을 표현한다고 말한다. 그리고 그는 이러한 과정이 문맥에 따라서 '위로받다, 후회하다, 결정을 철회하다' 등의 뜻으로 번역될 수 있다고 말한다. 그러므로 위에서 밝힌 세 가지 번역의 가능성은 모두 인정되며 이 구절의 해석은 욥의 대답의 문맥을 어떻게 읽느냐에 달려 있다고 말할 수 있다. 그렇다면 이 세 가지 번역과 해석의 결과에서 드러나는 공통점은 무엇인가? 그것은 욥이 사고의 '변화'를 겪었다는 사실이다. 욥은 과거 자신의 생각과 시각이 짧았고 하나님의 높고 깊으신 경륜에 미치지 못했다는 사실을 깨달은 것이다(2-3절 참조). 욥은 이러한 변화를 6절의 발언을 통해 선언하며 재확인하고 있다.

그렇다면 이러한 욥의 변화는 어떻게 이루어진 것인가? 그것은 욥이 과거에 '들음'(שמע)의 경험에 그쳤던 것이 이젠 '봄'(ראה)의 경험의 경지에 이름으로 일어난 것이다. 그렇다면 여기에서 '들음'의 경험과 '봄'의 경험의 차이는 무엇인가? 욥이 여기서 말하고자 하는 바가 자신이 과거에는 하나님의 음성을 듣긴 들었으나 하나님의 모습을 보지 못하였다는 사실을 말하고자 함이 아닐 것이다. 욥이 이런 표현을 쓴 것이 단순히 하나님 경험에 대한 감각의 차이를 나타내고자 함이 아니다. 그것은 남을 통해 하나님에 대해서 듣는 '간접'적인 경험에서 나를 변화시키고 한 차원 높은 모습으로 끌어올리는 것을 가능케 하는 하나님 만남의 '직접'적인 경험의 차이를 말하고자 함이리라.

욥은 고난 속에서 자신의 문제를 안고 항변하며 탄식할 때 수많은 하나님에 관한 말을 들었다. 친구들이 쏟아내는 하나님에 관한 다양한 지혜와 교훈의 말을 들었다. 그러나 그것은 욥에게 어떤 위로도 주지 못했고, 새로운 깨달음으로 나아가지 못하게 했다. 그것은 들음에 그치는 하나님 경험이었다. 그러나 그가 하나님의 답변을 통해 창조세계를 다스리시며 운행하시는 하나님의 크신 권능과 지혜를 경험함으로 하나님을 제대로 '볼' 수 있었다. 비록 하나님의 답변이 질문으로 일관하고 자신의 잘못을 꾸짖는 질책이었지만, 그 속에서 욥은 하나님을 하나님으로 만나고 '본' 것이다. 그것은 하나님이 그분을 보고자 하는 자신의 바람(19 : 25-27)을 들어주신 것이면서 동시에 욥의 진실성에 대한 하나님의 확증이기도 했다(N. C. Habel, *OTL*, 582). 욥은 이러한 '봄'의 과정을 통해서 하나님과 세상을 보는 자신의 눈이 얼마나 제한적이었나를 깨닫게 되었고, 하나님의 행동에 대한 행위화복관계의 기계적인 적용을 탈피하는 차원 높은 눈을 가지게 되었다.

C. 하나님의 판결(42 : 7-9)

⁷여호와께서 욥에게 이 말씀을 하신 후에 여호와께서 데만 사람 엘리바스에게 이르시되 내가 너와 네 두 친구에게 노하나니 이는 너희가 나를 가리켜 말한 것이 내 종 욥의 말 같이 옳지 못함이니라 ⁸그런즉 너희는 수소 일곱과 숫양 일곱을 가지고 내 종 욥에게 가서 너희를 위하여 번제를 드리라 내 종 욥이 너희를 위하여 기도할 것인즉 내가 그를 기쁘게 받으리니 너희가 우매한 만큼 너희에게 갚지 아니하리라 이는 너희가 나를 가리켜 말한 것이 내 종 욥의 말 같이 옳지 못함이라 ⁹이에 데만 사람 엘리바스와 수아 사람 빌닷과 나아마 사람 소발이 가서 여호와께서 자기들에게 명령하신 대로 행하니라 여호와께서 욥을 기쁘게 받으셨더라

[42 : 7-9] 이 부분은 욥기의 구조상 종장의 시작부분이다. 그러나 내용상으로 보면 첨예하게 대립되었던 욥과 친구들과의 논쟁을 종합 평가하는 마무리 부

분이다. 치열한 법정 싸움과도 같았던 욥과 친구들의 논쟁을 보시고 하나님께서는 마침내 판결을 내리신다.

여기에서 욥과 친구들을 향한 하나님의 대조적인 반응을 볼 수 있다. 먼저 친구들에겐 분노하신다. 세 친구들에 대한 엘리후의 반응과 유사하게 (32 : 3) 하나님께서 친구들에게 화를 내셨다. 그리고 그 근거로서 자신을 '가리켜'(אֶל) 말한 친구들의 말이 욥과 같이 '옳지 못하였다'(לֹא נְכוֹנָה)고 말씀하셨다.

그렇다면 친구들은 욥의 말과 비교하여 무엇이 옳지 않았단 말인가? 반대로 하나님의 답변을 통해 수많은 질문과 질책 앞에 서야 했던 욥의 말은 어떤 점에서 옳았단 말인가? 그것은 우선 '가리켜'라고 번역된 히브리 낱말의 의미를 잘 새김으로 판결에 대한 이해의 실마리를 찾을 수 있다. 전치사 '엘'(אֶל)은 '물리적 혹은 정신적인 운동이나 활동의 방향'을 가리키는 말이다. 그래서 물리적 운동과 관련해서는 '~쪽으로, ~을 향하여' 이것이 발전하여 '~안으로'의 의미를 나타낼 수 있다. 이러한 '엘'(אֶל)의 기본 뜻을 본문의 문맥에 적용하면 친구들의 말이 하나님을 '향하지'(toward, hinzu) 못했다는 것을 알 수 있다. 친구들의 말은 한결같이 하나님을 향한 말이 되지 못하고 하나님에 '관해서'(about, über) 얘기했을 뿐이며, 하나님을 '대신한'(instead of, anstatt) 말이 되었다. 외밍(M. Oeming, "Das Ziel," in : 동저자/K. Schmid, *Hiobs Weg. Stationen von Menschen im Leid*, 121-142)은 전치사 '엘'(אֶל)의 의미를 중심으로 욥과 친구들의 발언에 대한 하나님의 판결을 해석한다. 그는 하나님의 판결에서 문제가 된 것은 욥과 친구들의 말의 내용에 있지 않고 그들의 '발언태도'와 '발언방향'에 있다고 강조한다(138-139쪽).

그렇다면 친구들의 발언 내용은 어떤가? 사실 욥기를 읽으면서 놀라는 것은 단순히 욥과 친구들의 말만을 비교해 보았을 땐 친구들의 말이 더 '모범적'이요 더 '정통적'이라고 느껴진다는 사실이다. "네 시작은 미약하였으나 네 나중은 심히 창대하리라"(8 : 7)는 빌닷의 말에서 보듯이 친구의 말이 욥기를 주고 희망을 주는 말로 우리의 실생활에서 자주 인용되고 애용한다. 이뿐 아니라 "볼지어다 하나님께 징계 받는 자에게는 복이 있나니 그런즉 너는 전능자의 징계를 업신여기지 말지니라"(5 : 17)나 "너는 하나님과 화목하고 평안하라 그리하면 복이 네게 임하리라"(22 : 21)와 같은 엘리바스의 말은 설교 본문으로 택할 수 있을 만큼 교훈적이고 신앙적이다. 잠언과 시편에 나타난 많은 교훈들과 일치하는 내용이 많이 있다. 그런데 왜 이러한 그들의 말이 하나님께 부정적인 평가를 받았을까?

그것은 그들이 정통신앙의 교리로 인정되는 행위화복관계의 교리를 기계적으로 사용하였기 때문이다. 그들에게 하나님은 무고한 자가 고난당하게 내버려두시는 그러한 불의하신 하나님이 될 수 없었다. 그러므로 욥의 고난은 반드시 욥이 지은 죄악의 결과이어야 했다(4 : 7-9 ; 22 : 4-5). 욥의 자녀들이 죽은 것도 그들 자신의 죄악 때문이다(8 : 4). 고난당하는 욥은 이제 자신의 잘못을 회개하고 하나님께로 돌아와야 한다(11 : 13-14 ; 22 : 21). 그것만이 살길이라는 것이다. 그러나 욥이 이러한 친구들의 말에 동의하지 않고 계속해서 자신의 무고함을 주장하자 마침내 친구들은 악인의 운명에 빗대어 욥을 정죄하기에 이른다(15 : 20-35 ; 18 : 5-21 ; 20 : 5-29). 친구들은 자신들의 교리(믿음)를 정당화시키기 위해 현실을 그 대가로 삼는다. 자신들의 교리가 이데올로기가 되어 타인을 정죄하고 하나님의 높으신 경륜을 자신들의 '신앙과 교리'에 따라 제한한다.

그들은 방문의 원래 목적대로 욥의 고통을 함께하며 그의 고통을 덜어줄 '위로자'가 되지 못하고, 오히려 욥의 고통을 가중시키고 그의 삶을 정죄하는 '심판자'가 된다. 욥과 함께 있어야 할 그들이 하나님을 '대신하여' 하나님의 자리에까지 올라간 것이다. 여기에 설교자(목회자)들이나 소위 '정통신앙'을 가진 사람들이 쉽게 범할 수 있는 오류를 발견할 수 있다. 그것은 고난당하는 자가 처한 상황과 형편은 헤아리지 못하고 자신의 입장에서 일방적인 '설교'를 하는 경우다. 고난당하는 자에게 가장 필요한 것은 그 고난과 고통을 함께 나눌 위로와 격려다. 그들에게 하나님에 '대해서'만 말하지 않고 그들과 함께 하나님을 '향하여' 말하는 위로자와 목자의 태도가 필요하다.

그렇다면 왜 욥의 말은 친구들의 말과 비교하여 옳다는 인정을 받았을까? 욥의 말은 친구들의 말과는 다르게 저돌적이고 반항적이며 불경하게 느껴지는 과격한 내용들로 가득하다. 그런데도 그의 말이 옳다고 인정받은 것은 이해할 수 없는 현실에서도 오직 하나님만을 향했기 때문이다. 그의 말은 자신의 현실경험에서 출발한다. 자신에게 이루어지는 일을 볼 때 행위화복관계의 일치성을 더 이상 고수할 수 없어서, 세상이 온통 악인의 손에 넘겨졌다거나 하나님이 무고한 자신을 괴롭힌다고 항변하며 탄식하지만(위의 "탄식하는 욥" 참조), 그의 모든 말은 문제 해결의 '유일한 가능성'인 하나님의 답변을 향하고 있다. 비록 그가 자신의 경험과 처지를 세계 전체의 모습을 판단하는 기준으로 삼은 잘못을 범하였을지라도, 자기 자신의 현실에 대한 항변과 탄식은 옳았다. 모든 것은 하나님께서 하신 일이며, 문제의 해결은 오직 하나님께로부터 올 수 있음을 알고 끝까지 하나님께 호소했다.

이러한 욥의 발언을 '옳다'하고 인정하신 하나님의 판결은 우리에게 무엇을 시사하는가? 그것은 욥이 보여준 탄식은 불신앙이 아니라 경건의 '한' 모습이라는 사실이다. 우리는 흔히 탄식을 불신앙으로 치부하기 쉽다. 그것을 불평과 비판과 동일시하여 우리 신앙인들이 보여서는 안 될 모습이라 생각한다. 그러나 살아있는 신앙인의 모습은 그릇되게 흘러가는 세상에 대하여 탄식할 수 있어야 한다. 신앙과 현실의 괴리에 대해 하나님이 계신다면 도저히 이럴 수 없다는 탄식이 있어야 하고, 모든 일에 근원이신 하나님께 의문을 제기하여야 한다.

욥의 신앙의 극치를 보여준다는 서막에 소개된 욥의 말을 다시 살펴보자. "주신 이도 여호와시요 거두신 이도 여호와시오니 여호와의 이름이 찬송을 받으실지니이다"(1:21)나 "우리가 하나님께 복을 받았은즉 화도 받지 아니하겠느냐"(2:10)라고 말한 욥의 말은 자신에게 닥친 상황에 순응하고 그 모든 것을 믿음과 인내로 받아들인다는 '경건한' 신앙의 고백이 되기도 하지만, 다른 한편으론 이 모든 일을 하나님께서 하신 것이라는 '고발과 탄식'의 의미가 내포되어 있다. 욥의 이러한 고백은 3장 이후 친구와의 논쟁에서 보여주는 항변이나 탄식과 일맥상통하는 말이다.

이러한 사실을 시편 연구를 통해 확인할 수 있다. 시편에 대한 연구에서 많은 학자들이 시편을 여러 가지 다양한 양식으로 분류했으나, 베스터만(C. Westermann)은 시편을 오직 두 가지 양식, 즉 찬양(Lob)과 탄식(Klage)으로 나누었다(C. Westermann, *Lob und Klage in den Psalmen*, Göttingen 1977). 그것은 탄식이 시편에서 차지하는 비중이 얼마나 큰가를 보여준다. 특히 개인 탄식시의 경우 탄식하다가 하나님의 응답을 확신하고 곧바로 감사로 옮겨가는 것을 보는데(예컨대, 시 22 : 19-24 ; 28 : 6-7 ; 57 : 6-10), 이것은 탄식과 감사, 탄식과 찬양이 얼마나 밀접한 연관을 가지고 있는가를 가늠케 하는 것이다.

그러므로 탄식은 하나님의 정의와 하나님의 살아계심을 확실히 믿는 자가 보이는 삶의 태도이다. 그것은 원망이나 불평과 같은 신앙인의 부정적인 모습이 아니라 하나님의 정의와 하나님의 뜻을 묻고 찾아가는 과정에서 보여주는 살아있는 신앙인의 모습이다. 따라서 우리의 신앙생활에서도 구약성경을 통해 나타나는 탄식의 신앙의 전통을 되찾아야 한다. 찬양과 감사만을 요구하는 '단면적인' 신앙이 아니라 역사와 개인의 현실에서 밝히 드러나야 할 하나님의 '뜻'과 '섭리'를 묻는 탄식이 동반된 '역동적인' 신앙이 되어야 한다.

친구들의 잘못을 지적하는 판결 이후(8-9절) 하나님께서는 친구들에게 "수소 일곱 마리와 숫양 일곱 마리를 가지고 내 종 욥에게 가서 너희를 위해 번제를 드려라"고 말씀하신다. 수소 일곱 마리와 숫양 일곱 마리는 보통 번제물보다 많은 양이다(레위기 4장을 보라). 이렇게 많은 양의 번제물은 구약성서에서 두 번 나타난다(민 23 : 2 ; 겔 45 : 21-25). 욥은 친구들에게 마치 제사장과 같은 역할을 하는 것이다. 이때 욥이 친구들을 위해 기도하도록 명하신다. 지금까지는 친구들이 하나님을 대신해서 욥의 잘못을 지적했지만, 이젠 그 역할이 바뀌었다. 하나님께서 욥을 '내 종'(עַבְדִּי)이라 부르시고 욥이 친구들을 '위해서' 기도하게 하신다. 여기에서 욥의 회복의 전조를 엿볼 수 있다. 질병과 여러 재난의 고통 때문에 티끌과 재 가운데 있으므로 '죄인'이라는 낙인의 굴레를 벗어날 수 없었던 그가 '내 종'이라는 영광스런 칭호를 다시 얻고, 친구들을 대신해서 기도하는 '정결한' 신앙인의 모습을 인정받은 것이다. '내 종'이라는 칭호 사용에서도 욥이 이전보다 두 배로 회복된 것을 엿볼 수 있다. 서막에서는 '내 종'이라는 말이 2회 사용되었으나(1:8; 2:3) 종장에서는 그보다 두 배 많은 4회가 쓰였다(42:7-8). 욥의 친구들이 하나님께서 내린 후속 조치대로 행하자 욥을 기쁘게 받으셨다. '욥을 기쁘게 받으셨다'는 것은 욥의 기도를 들어주셨다는 의미이다. (욥의 중보기도의 의미에 대한 더 자세한 내용은 아래를 보라.)

D. 욥의 회복(42:10-17)

¹⁰욥이 그의 친구들을 위하여 기도할 때 여호와께서 욥의 곤경을 돌이키시고 여호와께서 욥에게 이전 모든 소유보다 갑절이나 주신지라 ¹¹이에 그의 모든 형제와 자매와 이전에 알던 이들이 다 와서 그의 집에서 그와 함께 음식을 먹고 여호와께서 그에게 내리신 모든 재앙에 관하여 그를 위하여 슬퍼하며 위로하고 각각 케쉬타 하나씩과 금 고리 하나씩을 주었더라 ¹²여호와께서 욥의 말년에 욥에게 처음보다 더 복을 주시니 그가 양 만 사천과 낙타 육천과 소 천 겨리와 암나귀 천을 두었고 ¹³또 아들 일곱과 딸 셋을 두었으며 ¹⁴그가 첫째 딸은 여미마라 이름하였고 둘째 딸은 긋시아라 이름하였고 셋째 딸은 게렌합북이라 이름하였으니 ¹⁵모든 땅에서 욥의 딸들처럼 아리따운 여자가 없었더라 그들의 아버지가 그들에게 그들의 오라비들처럼 기업을 주었더라

¹⁶그 후에 욥이 백사십 년을 살며 아들과 손자 사 대를 보았고 ¹⁷욥이 늙어 나이가 차서 죽었더라

[42 : 19-17] 욥기의 결론을 해피엔딩의 전형적인 결말로 생각할 수 있다. 단순히 고통의 시간이 끝나고 이전보다 복을 두 배로 받아 행복한 결말을 보았다는 식으로 넘겨버릴 수 있다. 그러나 그의 회복과 결말에는 단순한 해피엔딩 이상의 분명한 메시지가 있다.

무엇보다 먼저 중보기도자로서의 욥의 모습에서 그 의미를 찾을 수 있다. 욥이 친구들을 위해 기도할 때 하나님께서는 욥을 그의 곤경에서 돌이키시고 갑절의 복으로 그를 회복시키셨다. 그런데 종장에서 보여주는 욥의 중보기도에는 어떤 의미가 있을까?[2] 그것은 서막에서 욥의 모습과 비교해 볼 때 분명히 드러난다. 서막에서 욥은 혹시 자녀들이 모르고 지었을 죄에 대한 용서를 위해 번제를 드렸다(1 : 5). 마치 언제 일어날지 모르는 사고를 대비해 보험을 드는 것과 같은 논리가 숨어 있다. 욥은 그토록 철저하게 자신과 가족의 안전과 번영을 관리하고 유지하려 힘썼다. 그러나 이제는 그의 삶이 자신과 가족의 안녕과 번영을 위해 살았던 자기중심적인 삶에서 타인을 위한 삶으로 바뀐 것이다. 욥의 중보기도는 이러한 삶의 태도변화를 말해 준다. 기도란 '주권포기'라고 말할 수 있다. 자신이 무엇을 할 수 있다는 생각을 버리고 하나님의 도우심을 구하고 그분께 모든 것을 맡기는 행위인 것이다. 욥이 중보기도를 드렸다는 것은 자신만을 위한 기도를 포기하고 남을 위한 기도를 하였다는 것을 말한다. 하나님께 중보기도를 드리는 사람은 하나님을 신뢰한다. 또한 중보기도를 드리는 사람은 저절로 이루어지는 행위화복관계의 법칙성만을 신뢰하지 않는다. 그렇지 않으면 그가 그렇게 기도할 수 없을 것이다.

---

2) 구약성경에 나타난 중보기도에 대하여 다음 글을 참조하라. 박동현, "구약에 나타난 중보기도," 동저자, 『예언과 목회 Ⅳ』(서울 : 한국장로교출판사 1996), 91-100.

욥기 종장에 나타난 제의 의식은 특별하다. 제사와 기도가 함께 드려졌다(번제와 희생을 드리는 곳이면서 동시에 기도하는 집으로서의 성전의 의미에 관하여 말하는 사 56 : 7을 참조하라).

두 번째로 욥의 회복은 소유가 두 배가 되는 물질의 회복 이전에 관계의 회복이 있었다. 욥의 친척들과 욥을 아는 이들이 찾아와 함께 식탁을 나누며 그의 고난에 대해 슬퍼하고 그를 위로하였으며 선물을 주었다. 고난의 때에는 형제들까지 욥을 외면하고 떠났으며 평소에 가까이하던 사람들이 외인이 되어(19 : 13-19 ; 30 : 9-10) 욥은 더욱 큰 고통 속에 사로잡혔다. 건강과 재물의 손실과 함께 인간관계의 단절은 그에게 더욱 철저한 외로움과 상실감을 안겨 주었다. 그러나 하나님께서 욥에게 먼저 관계를 회복시키심으로 그의 온전한 회복의 발판을 마련하셨다. 욥이 받은 복을 생각할 때 우리는 그가 가지고 누렸던 소유물을 먼저 떠올린다. 우리가 현재의 삶을 평가할 때도 그런 경향이 있다. 그러나 하나님께서는 욥의 회복을 통해 소유물의 회복보다 더 우선적이며 중요한 것이 관계 회복임을 일깨워준다. 진정한 행복은 그가 가진 소유물에 있지 않고, 하나님께서 허락하신 관계 안에서 하나님의 복을 얼마나 잘 나누고 키워갈 수 있느냐에 있음을 보여주고 있는 것이다.

세 번째로 욥의 회복에서 알 수 있는 것은 여성에 대한 관심이 그 어느 곳에서보다 강하게 나타나 있다는 점이다. 욥기의 서막에선 아들들과 딸들의 수만 거론되었을 뿐 이름은 알려지지 않았다(1 : 2, 4). 그런데 종장에선 딸들의 이름이 일일이 열거되고(여미마-'잉꼬 비둘기', 굿시아-'육계화', 게렌합북-'작은 화장품 상자), 그 이름들을 통해 그들이 얼마나 아름다웠는지를 잘 보여주고 있다. 뿐만 아니라 민수기 27 : 1~11에서처럼 오라비들이 없는 경우에만 예외적으로 유산을 상속 받을 수 있다는 규정을 넘어서서 욥의 딸들은 완전히 동등하게 보장된 상속자로 인정되고 있다. 욥은 더 이상 1장의 욥이 아니다. 이러한 욥은 단지 회복되지 않고 완전히 변화되었다. '법칙과 목적'에 좌우된 삶이 아니라 삶의 아름다움을 의미 있게 바라볼 수 있고 삶의 근거들을 아낌없이 나누는 '미학과 나눔'의 삶으로 바뀌었다(J. Ebach, *KBB* 2, 168).

욥은 140세를 더 산다. 시편 90:10에서 말하는 수명의 두 배를 더 산 것이다. 그는 요셉처럼 4대를 본다(창 50:23 ; 또한 시 128:6 ; 잠 17:6 참조). 욥은 '늙고 기한이 차서' 죽는다. 족장들처럼 꽉 채운 삶을 산다(창 25:8 ; 35:29). 욥은 고난 이후 긴 삶을 살았다. 이것은 단순히 행위화복관계의 일치성을 말하는 '교리'가 관철되었다는 것이 아니라 욥과 같은 길고 극심한 고난 이후에도 다시 살 수 있음을 보여준다(J. Ebach, *KBB* 2, 168).

설교를 위한 묵상

욥기는 '서술된 시기'(Erzählte Zeit)와 '서술하는 시기'(Erzählzeit)가 다르다. 이 책은 족장시대의 시대적 배경을 가지고 있으나 이 책이 기록된 때는 포로기 이후라고 알려져 있다. 이러한 욥기의 생성사를 통해 알 수 있는 것은 욥과 같은 고난이 단지 한 개인의 고난을 표현하는 것으로 끝나지 않고, 이스라엘 공동체의 경험과 일반적인 개인이 겪을 수 있는 고난의 경험을 다 포괄하며 욥이 경험했던 것과 같은 고난의 시대에 '현재화'되고 있다는 것이다(욥기가 다양한 시대에 다양한 모습으로 해석되고 적용되는 욥기 개관의 '욥기의 수용사'를 참조하라).

이러한 의미에서 욥기는 그 어느 때보다 힘든 시대를 살아가며 고통 받고 있는 우리 동시대의 사람들을 위한 책이다. 욥과 같은 고난을 당하고 있는 사람들이 찾을 수 있는 길은 하나님을 만나는 것에 있다는 사실을 보여준다. 우리 개인의 생각과 경험으로는 측량할 수 없는 크고 높으신 하나님을 만나는 것이다. 그러나 그것은 그냥 얻어지지 않는다. 욥기를 통해서 알 수 있듯 긴 논쟁과 고난의 구도의 과정이 필요하다. 어떤 상황 속에서도 이 모든 것이 하나님의 손에 달려있다는 믿음을 가지고 하나님께로 향했을 때, 비로소 우리는 하나님을 만날 수 있고, 해답을 얻을 수 있다.

여론 : 욥기의 신학적 주제들

이상과 같은 고찰을 통해 욥기에서 드러나는 신학적 주제들을 다음과 같이 요약한다.

1. 보상 없는 신앙이 가능하다

욥기 1 : 9에서 사탄은 "욥이 어찌 까닭 없이 하나님을 경외하겠습니까?"라고 질문하면서 욥의 신앙이 야훼께서 허락한 번영된 삶의 결과라고 단정한다. 야훼께서 그와 그의 집과 그의 소유물을 담을 치듯 둘러싸 '보호'하셨기 때문이요, 그가 하는 일에 복을 주셔서 그의 소유가 땅에서 '번성'하게 하셨기 때문이라는 것이다. 따라서 만약 야훼께서 이러한 복을 거두어 가시면, 또한 강도를 높여서 욥의 뼈와 살을 치면 욥은 분명히 자신의 신앙을 버리고 하나님을 '경외하지' 않을 것이라고 확신한다. 그러나 사탄의 문제제기는 '근거 없는' 것으로 드러난다. 욥은 두 차례의 시험에도 불구하고 자신의 신앙을 지켰다. 그는 혹독한 시련 가운데서도 입술로 범죄하지 않았고(2 : 10) 오히려 야훼의 이름을 '찬송'(1 : 21)했다. 욥의 이러한 모습은 보상 없는 신앙과 경건이 가능함을 보여준다. 신앙의 동기가 번영을 주시기 때문이 아니라 모든 것을 주관하시는 야훼 하나님에 대한 무조건적인 신뢰에 있기 때문에 가능한 모습이다.

2. 이유 없는 고난이 가능하다

이것은 모든 고난이 죄에서 비롯된 것이라는 주장에 대한 반박이다. 친구들의 발언의 핵심은 이유 없는 고난이 없다는 것이다. 친구들은 행위화복 관계의 일치성을 강조하는 전통적인 지혜사상에 충실한 모습을 보여준다. 그들은 '죄없이 망한 자가 없고 정직한 자의 끊어짐이 없으며'(4 : 7), 하나님께서는 '정의를 굽게 하시지도 않고 공의를 굽게 하시지도 않기' 때문에(8 : 3),

욥의 고난은 그것에 상응하는 죄악의 결과이어야 했다. 따라서 자신의 무죄함을 주장하며 하나님이 '까닭 없이' 자신을 치신다(9:17)는 욥의 항변은 그들에게 인정될 수 없었다. 그러나 서막에서 야훼께서는 욥을 시험하게 된 경위를 설명하신다. 욥에 대한 시험은 사탄의 '충동'으로 시작된 '까닭 없는' 공격이었다는 것이다(2:3b). 다시 말해 욥의 고난은 죄악의 결과가 아니라 사탄의 의혹을 불식(拂拭)시키기 위한 하나님의 허용이었다. 더 나아가 욥의 고난은 욥기의 전체내용을 볼 때 욥의 신앙과 삶을 성숙시키는 시험이자 연단이었다. 이것은 행위화복관계의 단선적인 일치성만을 고집하는 지혜사상으로는 수용할 수 없는 사례다. 욥기는 바로 그러한 단선적이고 기계적인 행위화복관계를 주장하는 지혜전통에 대한 비판의 기능을 하고 있다. 이것을 통해 욥기는 고난의 원인에 대한 이해는 다양하게 전개될 수 있어야 함을 보여준다.

3. 탄식은 고난의 상황에서 취할 수 있는 정당한 행동방식이다

서막에서와는 달리 욥-시문(詩文)에서 욥의 발언은 '탄식'이 지배적인 요소로 나타난다. 욥의 탄식은 이해할 수 없는 고난에 대한 반응(Reaktion)이다. 욥의 이러한 반응은 그의 첫 번째 발언(3장)에서 그 '전형'을 보게 되며, 거기에 나타난 하나님 행동에 대한 문제제기(3:11-12, 20, 23)는 계속되는 욥 발언의 중심주제가 된다. 욥-시문에 나타난 욥의 발언을 그 자체로만 보면 매우 도발적이고 신앙인으로서 바람직하지 않는 발언으로 생각할 수 있다. 오히려 친구들의 말이 더 모범적이고 신앙적으로 보이기도 한다. 그러나 욥의 발언은 친구들과 같이 교리적이나 사변적인 말이 아니다. 욥의 발언은 이해할 수 없는 고난 중에서 쏟아내는 고통의 탄식이다. 그래서 절제된 언어나 정화된 표현으로 말할 수 없다. 그 말은 '반항적'이고(23:2) '거칠' 수밖에 없다(6:3; 10:1). 이러한 욥의 말을 단순히 교리적으로 판단하고 비판할 수 없다.

욥의 탄식에서 기본 전제가 되는 것은 자신의 모든 상황이 하나님께로부터 비롯되었다는 확신이다. 하나님은 그분의 하시는 일을 누구도 막을 수 없는 "한 분으로" 계신다(23:13). 자신에게 용기를 잃게 하신 분도, 놀라움과 두려움을 갖게 하신 분도 하나님이시다(23:16). 이것은 서막에서 보여 준 욥의 고백과 다르지 않다 : "야훼께서 주셨고 야훼께서 가져가셨습니다. 야훼의 이름이 찬양받으시기를 원합니다."(1:21; 또한 2:10 참조). 욥은 모든 것의 주인이 하나님이심을 확실히 알고 믿고 있었다. 따라서 그는 모든 문제의 해결이 오직 하나님께 있음을 확신하고 자신의 확신대로 행동하였다. 욥은 하나님이 계시지 않다고 부정하거나 세상의 일에 어떤 영향력도 미치지 않는 무능한 하나님을 믿지 않았다. 하나님은 절대적인 주권을 가지고 자신의 일뿐만 아니라 온 우주를 통치하시는 분으로 믿었다. 그렇기 때문에 그는 자신의 문제에 대한 진정한 해결과 응답은 오직 하나님께로부터 주어질 수 있음을 알았다. 그래서 그는 친구들과 논쟁하였지만, 궁극적인 응답을 주실 하나님을 향하여 강렬하게 탄식한다.

이러한 욥의 탄식은 하나님의 응답을 이끌어 내고, 결국 하나님의 판결을 통해 욥의 말은 친구들의 말보다 더 '옳다'고 인정되었다(42:7). 이것은 자신의 죄를 자복하고 '회개'한 이후의 모습에만 해당되는 것이 아니라, 욥의 발언 전체에 대한 종합적인 평가였다. 이것이 의미하는 바는 분명하다. 즉, 욥기에서 서술되고 있는 욥의 탄식이 비신앙적이며 배척해야 할 신앙인의 악(惡)이 아니라, 오히려 고난당하는 자들이 표현할 수 있는 '합법적'이며 '정당한' 신앙인의 언어라는 사실이라는 것이다.

4. 고난당하는 자에게 우선적으로 요청되는 것은 공감과 위로다

욥기에서 친구들의 역할은 오늘날 목회자나 상담자가 하는 역할과 같다. 일반적으로 알려진 것처럼 친구들이 위로자 본연의 임무를 처음부터 망각한 것은 아니다. 엘리바스(4-5장)나 빌닷(8장)이나 소발(11장)의 첫 번째 발언들을 보면 욥의 회복과 번영을 약속함으로 욥에게 희망을 주려는 모습을 엿볼 수 있다. 그러나 그들은 어디까지나 '규범적이고 전통적인' 신학과 지혜의 대표자로 등장한다. 그들의 발언에는 행위화복관계의 일치성에 대한 확신이 하나님에 의해서 유지되고 보장되는 이 땅의 세계질서를 위한 필수불가결한 토대가 되고 있다. 이 교리는 그들에게 모든 현상을 판단하는 기준이요 해결책이다. 그들은 자신들의 임무를 역사적인 에스겔의 모범을 따라 '파수꾼'으로 이해한다. 또한 친구들은 지혜의 교사('현자')로서 말한다. 더 나아가 그들은 '하나님의 변호자'로 행동한다. 그들은 무엇이 옳고 그른가를 알고 있다. 그들은 처음부터 원인을 알고 있으며 욥의 고난의 의미와 목적에 대해서도 알고 있다. 욥이 불일치로 경험하며 탄식하는 고난도 자신들이 주장하는 하나님의 전능하심, 정의, 지혜에 일치되어야 했다. 그들은 욥의 상황과 처지보다 자신들의 교리를 지키는 것이 더 중요했다. 그래서 그들은 세상의 모든 현실을 판단하는 심판자의 모습을 띤다.

그러나 이렇게 능력 있고 입증된 '예언자'요, '지혜자'요, '교사'요, '목회자'의 모습을 지닌 친구들은 욥과의 논쟁에서 자신들의 "지혜"가 충분치 않다는 사실을 알아야 했다. 구체적인 개인의 고난에 직면해서 그들이 견고하게 붙들고 있는 행위화복관계에 대한 인과응보의 교리가 기계적으로 적용될 수 없음을 알아야 했다. 특별히 어떤 교리가 도그마화 되고 이데올로기화 될 때 나타낼 수 있는 문제점을 여실히 드러낸다. '선을 행하는 자가 그의 행동에 합당한 번영을 누리고, 악을 행하는 자는 자신의 행위에 부합한 결과에 따라 멸망의 길을 걷는다'는 확신이 자신의 확신대로 되기를 바라는 '희망의 성격'을 내포하고 있다는 사실을 망각할 때는 절대화된 교리로 작용하게 된다. 그것은 욥의 친구들이 견지한 것처럼 고난당하는 자는 누구나 범죄하였음에 틀림없다는 경직된 역추론을 허용한다. 그러나 이러한 역추론은 또다른 추론을 가능하게 한다. 그것은 '현재 번영을 누리고 고난당하지 않는 사람들은 모두 무죄하다'는 것이다.

따라서 상담자에게 우선적으로 요청되는 자질은 고난당하는 자의 고난에 동참하고 그의 고통을 덜어 줄 '위로자'가 되는 것이다. 고난당하는 자가 처한 상황과 형편은 헤아리지 못하고 자신의 입장에서 '옳은 말'로 일방적으로 하는 '설교'가 되어서는 안 된다. 고난당하는 자에게 가장 필요한 것은 그 고난과 고통을 함께 나눌 위로와 격려. 그들에게 하나님에 '대해서'만 말하지 않고 그들과 함께 하나님을 '향하여' 말하는 위로자와 목자의 태도가 필요하다.

5. 창조주 하나님은 인간이해를 초월하여 섭리하신다

첫 번째 하나님의 발언에서는 창조 안에 있는 하나님의 '에차'(עֵצָה)가 중심주제이다. 그것의 전반부(38 : 2-38)에서 야훼는 인간의 지식을 능가하는 창조세계의 비밀들을 욥의 눈앞에 똑똑히 보여준다. 첫 번째 하나님 발언의 후반부(38 : 39-39 : 30)에서 야훼는 인간에게는 '혐오스럽게' 비춰질지라도 하나님의 돌보심과 질서에 상응하는 화려하고 신비스런 동물세계에 대한 묘사를 통해 인간의 이해관계를 넘어서는 창조세계의 신비를 보여주신다. 두 번째 하나님 발언의 중심주제는 세계 안에 나타난 하나님의 '미쉬파트'(מִשְׁפָּט)다. 하나님이 '라솨'(רָשָׁע)라는 욥의 비난(9 : 22-23. ; 13 : 18 ; 16 : 11 ; 31 : 6 ; 34 : 5 참조)에 맞서 야훼는 욥에게 "신적인 자질을 묻는 질문"을 제기한다. 이어서 그는 욥에게 '하나님 됨'(Gott-Sein)에 관한 '반어적이며 풍자적인' 요구를 통해 인간의 무력과 무지를 인식하고 고백하게 한다. 두 번째 발언의 후반부(40 : 15-41 : 26)에서 야훼는 베헤못과 리워야단이라는 두 '신화-실제적 동물들'에 대한 묘사를 통하여 '오직 하나님만이 악인, 그리고 혼돈의 세력을 막을 수 있다'는 사실을 보여준다.

두 번에 걸친 하나님의 발언은 욥과 친구들의 시각을 모두 교정시키고 있다. 우선 욥의 '자기(인간) 중심적인'(ego[anthropo]-zentrisch) 세계관을 '바로 잡는다'(zu-recht-weisen). 욥은 무고한 자신이 고난당하는 현실을 경험하면서 하나님의 창조질서와 정의에 대한 의문을 품었다. 선과 악의 기준이 사라지고(9 : 22) 악인이 오히려 번영하는 거꾸로 된 세상을 고발한 것이다(21 :

7-21). 그러나 하나님께서는 두 번의 답변을 통해 인간의 기준과 필요를 뛰어넘어 피조세계 전체를 다스리시는 창조주의 권능과 지혜를 보여주신다. 자신의 상황만을 기준삼아 판단하고 의심했던 욥의 시각이 얼마나 제한적이었나를 깨닫게 하신 것이다.

그러나 이것은 동시에 친구들의 발언에 대한 비판이기도 하다. 친구들은 한 치도 어긋나지 않는 완벽한 하나님의 질서와 행위화복관계의 일치성을 강조했다. 그들이 그려 주고 있는 세계는 하나님의 섭리와 역사가 투명하게 드러나는, 설명가능하고 예측가능한 세계다. 이러한 자신들의 교리와 신앙체계에 맞지 않는 현실은 인정될 수 없었다. 그러나 인간과 친화관계에 있지 않는 야생동물 세계를 본보기로 삼아 인간의 요구와 필요를 뛰어넘는 피조세계에 대한 하나님의 배려와 돌보심을 느끼게 하고, 혼돈과 악을 상징하는 신화적인 동물로 알려진 '베헤못'(하마)과 '리워야단'(악어)을 설명하심으로 인간세계에 적대적이며 파괴적인 존재까지도 하나님의 손안에 있음을 명백하게 보여주셨다(40 : 6-41 : 34). 이러한 사실은 '교리'와 '현실', '윤리'와 '자연' 사이에 있는 '틈새'(Diastase)를 인정하지 않는 친구들의 발언에 대한 반박인 것이다. 즉 하나님이 유지하시고 운행하시는 창조세계는 인간이해를 뛰어넘을 뿐 아니라 오직 하나님의 자유로운 주권 안에 있는 세계라는 사실을 분명하게 보여주고 있다.

6. 하나님께 향하는 탄식과 질문은 응답으로 나타난다

'야훼가 욥에게 말했다'(38 : 1)는 사실은 욥기의 전체적인 구조 안에서 욥의 탄식과 질문에 대한 하나의 응답으로서 증명된다. 욥-시문에서 욥의 첫 번째 발언(3장) 이후 친구들이 먼저 말하기 시작하나 그 대화는 실패로 끝난다. 친구들과의 대화가 진행되면서 욥은 계속해서 하나님과 자신 사이에서 의사소통의 관계가 회복되기를 바라는 것(13 : 22 ; 14 : 15 참조)과 함께 하나님과의 대면을 원한다(10 : 2 ; 13 : 3 ; 23 : 3-7 참조). 이뿐 아니라 그는 응답되지 않은 탄식(die Klage über nicht erhörte Klage)에 대한 탄식을 통해서 하나님의 응답에 대한 자신의 바람을 피력한다(19 : 7-8 ; 30 : 20 참조). 결국 하나님의 응답을 원하는 그의 바람은 31 : 35~37에서 정점에 도달한다. 욥기 3장과 함께 시작된 욥의 질문의 궁형(弓形)은 하나님의 발언에서 그 끝을 본다. 38 : 1의 하나님 발언의 도입부는 여기에서 시사하는 바가 크다 : 1) 하나님이 야훼라는 이름과 함께 나타난다 ; 2) 욥이 하나님 발언의 수신인으로서 특별히 지칭된다 ; 3) '폭풍으로부터'라는 언급은 그것이 하나의 신현현(Theophanie)이었음을 보여준다. 이러한 점들은 욥과 야훼 사이에 대면이 있었음을 말해 준다. 이 대면을 통해서 욥기의 서막에부터 존재하여 왔던 하늘과 땅 사이의 공간적인 분리가 해소되고 욥의 바람이 응답되었음을 보여준다.

하나님은 욥의 탄식과 질문에 응답하신다. 욥이 자신의 한계를 깨닫게 하고 그의 자기 중심적인 시각을 교정시키시기도 하지만, 욥의 탄식을 정당하다고 인정하시며 그에게 회복을 허락하신다. 욥이 겪은 고난은 보통 사람들로서는 견디기 힘든 고난이다. 자신의 건강뿐 아니라 자녀들을 잃었고 소유물을 다 잃었다. 게다가 그는 인간관계에서 소외당한다. 그를 알고 있는 지인들, 친척들, 친구들, 그리고 심지어 아내와 형제들까지 모두 욥을 혐오하고 꺼려하며 그로부터 등을 돌린다. 그리고 이젠 자신의 말을 따라야 할 종들이 자신을 무시하고, 연장자를 존경해야 할 젊은이들이 자신에게 대든다. 그가 맺고 있는 모든 관계에서 소외당하고, 사회적 지위의 하락을 경험한다(19 : 13-19 ; 30 : 1-15). 그러나 욥은 이러한 고난 가운데서 몸의 가죽이 다 벗겨지고 질병으로 뭉그러진 육체가 될지라도 하나님을 보게 될 것이라는 사실을 포기하지 않는다(19 : 25-27). 그는 그렇게 어려운 상황에서도 자신의 믿음을 포기하지 않고 하나님을 만나며 그분의 응답을 소망하고 있는 것이다. 고난당하는 자들이 배워야 할 끈기 있는 믿음의 모습이다. 이렇게 어떤 고난 가운데서도 뒤로 물러서지 않고 견고한 믿음으로 하나님께 나아갈 때 하나님께서는 응답하시며 최후의 승리를 허락하신다.

참고문헌

1. 욥기 연구동향에 관하여

하경택. "욥기 최근 연구 동향."「성서마당」 97 (2011. 봄), 81-97.
Ebach, J. Art. : Hiob/Hiobbuch. *TRE* 15 (1986), 360-80.
Kegler, J. Hauptlinien der Hiobforschung seit 1956. In : Westermann, C. Der *Aufbau des Buches Hiob*. Stuttgart : Calwer Verlag, 1978, 9-25.
Kuhl, C. Neue Literarkritik des Buches Hiob. *ThR* 21 (1953) 163-205, 257-317.
Kutsch, E. Art. : Hiob. EKL^{3}II (1989) 531-534.
Müller, H. P. *Das Hiobproblem. Seine Stellung und Entstehung im Alten Orient und im Alten Testament* (EdF 84). Darmstadt : Wissenschaftliche Buchgesellschaft ^{3}1995.
Newsom, C. A. "*Considering Job,*" *CRBS* (1993), 87-118.
Newsom, C. A. "*Re-considering Job,*" *CBR* (2007), 155-182.
Oorschot, van, J. Tendenzen der Hiobforschung, *ThR* 60 (1995), 351-388.
Schmid, K. Das Hiobproblem und der Hiobprolog. In : Oeming, M./Schmid, K. *Hiobs Weg. Stationen von Menschen im Leid* (BThS 45). Neukirchen-Vluyn : Neukirchener Verlag 2001, 9-34.

2. 주석

이군호.『욥기』(대한기독교서회 창립 100주년 기념 성서주석 16). 서울 : 대한기독교서회 1998.

Anderson, F. I. *Job : An Introduction and Commentary*(TOTC). Downers Grove IL : Intervarsity, 1976.
Balentine, S. E. *Job* (Smyth & Helwys Bible Commentary). Macon, GA : Smyth & Helwys Publishing, 2006.
Budde, K. *Das Buch Hiob* (HK 2/1). Göttingen : Vandenhoeck & Ruprecht, ²1913.
Clines, D. J. A. *Job 1–20* (WBC 17). Dallas : Word Books 1989.
Clines, D. J. A. *Job 21–37 / 38–42* (WBC 17). Nashville, Tenn. : Thomas Nelson Publishers, 2006 / 2011.
Delitzsch, F. *Das Buch Iob* (Keil–Delitzsch 4/2). Leipzig : Dörffling & Franke, 1876.
Driver, S.R./ Gray, G.B. *The Book of Job* (ICC). Edinburgh : T. & T. Clark, 1921.
Ebach, J. *Streiten mit Gott. Hiob. Teil 1 : Hiob 1–20/Teil 2 : Hiob 21–42* (Kleine Biblische Bibliothek). Neukirchen–Vluyn : Neukirchener Verlag, 1995/1996.
Fohrer, G. *Das Buch Hiob* (KAT 16). Gütersloh : Gütersloher Verlagshaus, 21989.
Gordis, R. *The Book of God and Man : A Study of Job*. Chicago : University of Chicago Press, 1965.
Gordis, R. *The Book of Job. Commentary New Translation and Special Studies.* New York : Jewish Theological Seminary of America, 1978.
Habel, N. C. *The Book of Job. A Commentary* (OTL). London : Cambridge University Press, 1985.
Hartley, J. E. *The Book of Job* (NICOT). Grand Rapids/Michigan : Eerdmans Publishing, 1988.
Hesse, F. *Hiob* (ZBK 14). Zürich : Theologischer Verlag, 1978.
Horst, F. *Hiob* (BK 16/1). Neukirchen–Vluyn : Neukirchener Verlag, 1968.
Janzen, J. G. *Job* (Interpretation). Atlanta : John Knox Press, 1985.
Newsom, C. A. *The Book of Job : Introduction, Commentary, and Reflections* (NIB vol. 4). Nashville : Abingdon Press, 1996.
Pope, M. H. *Job. Introduction, Translation, and Notes* (AncB 15). Garden

City/NY 31973 (=이군호 역.『욥기-국제성서주석』. 한국신학연구소, 1983).
Strauß, H. *Hiob* (BK 16/2). Neukirchen-Vluyn : Neukirchener Verlag, 2000.
Weiser, A. *Das Buch Hiob* (ATD 13). Göttingen : Vandenhoeck & Ruprecht, ^{5}1968.
Wilde, de, A. *Das Buch Hiob* (OTS 22). Leiden : E.J. Brill, 1981.

3. 기타문헌

강사문. "구약성경의 보편성과 특수성."「교회와 신학」27 (1995), 206-244.
강사문. "욥과 고대 메소포타미아의 수난자 문학의 비교연구." 구덕관박사 회갑 기념논문집,『지혜전승과 설교』. 서울 : 대한기독교서회, 1991, 19-32.
김정우. "구약성경에 나타난 리워야단의 이미지(Ⅱ)."「신학지남」233 (1992, 가을), 213-248.
김정우. "구약성경에 나타난 리워야단의 이미지(I)."「신학지남」231 (1992, 봄), 6-34
박동현. "구약에 나타난 중보기도." 동저자.『예언과 목회 Ⅳ』. 서울 : 한국장로교 출판사 1996, 91-100.
안근조.『지혜말씀으로 읽는 욥기』. 서울 : 한들, 2007.
안근조.『하나님의 지혜 초청과 욥의 깨달음 : 욥기의 지혜코드』. 서울 : 킹덤북스, 2012.
왕대일. "'하늘을 다스리는 질서가 무엇인지 아느냐?'(욥 38 : 33a)-창세기 창조 신앙에 대한 지혜문학의 반성 : 욥기 38-41장을 중심으로." *Canon&Culture* 13 (2013. 봄), 103-126.
우상혁. "칠십인역의 번역 기술과 히브리어 동사 형태-욥기를 중심으로."「성경원문연구」20 (2007), 311-328.
하경택. "시편 82편의 해석과 적용."「구약논단」33 [2009.9], 49-66.
하경택. "욥 발언에 나타난 죽음."「헤르메네이아 투데이」32 (2005. 10), 21-38.
하경택. "욥 발언의 창조모티브 고찰."「구약논단」18 (2005. 8), 105-127.
하경택. "욥기 연구사 - 2000년 이후를 중심으로."「구약논단」58집 (2015. 12), 264-301.
하경택. "의인은 믿음으로 산다 : 합 2 : 1-20에 대한 주석적 연구."「서울장신논단』 16(2008.8), 35-75.

하경택. "전도서의 헤벨'(הֶבֶל)은 연구." 『어떻게 전도를 설교할 것인가?』. 서울 : 두란노아카데미, 2009, 89-98.

하경택. 『정경적 관점에서 본 창세기 2』(김상현 목사 가족기념 석좌 기금 연구). 서울 : 킹덤북스, 2017.

하경택. 『질문과 응답으로서의 욥기 연구 : 지혜, 탄식, 논쟁 안에 있는 '신-학' 과 '인간-학'』(수정판). 서울 : 한국성서학연구소, 근간.

Beuken, W. A. M. (ed.) *The Book of Job* (BEThL 94). Leuven : Leuven University Press, 1994.

Bobzin, H. *Die »Tempora« im Hiobdichtung*. Diss. Phil. Marburg : Gürich & Weierhüuser, 1974.

Brenner, A. "God's Answer to Job." *VT* 31 (1981), 129-137.

Burrell, D. B. with A. H. Johns. *Deconstructing Theodicy : Why Job Has Nothing to Say to the Puzzled Suffering*. Grand Rapids, MI : Brazos Press, 2008.

Ceresko, A. R. *Job 29-31 in the Light of Northwest Semitic* (BibOr 36). Rom : Biblical Institute Press, 1980.

Childs, B. *Memory and Tradition in Israel* (SBT 1/37). London : SCM ; Naperville : Allenson, 1962.

Cox, D. *The Triumph of Impotence* (Analecta Gregoriana 212). Rom : Università gregoriana, 1978.

Crüsemann, F. Hiob und Kohelet. In : Albertz, R. u.a. (Hgg.). *Werden und Wirken des Alten Testaments*. FS C. Westermann. Güttingen : Vandenhoeck und Ruprecht ; Neukirchen-Vluyn : Neukirchener Verlag, 1980.

Dell, K. J. *The Book of Job as Sceptical Literature* (BZAW 197). Berlin : De Gruyter, 1991.

Ebach, J. *Leviathan und Behemoth. Eine biblische Erinnerung wider die Kolonisierung der Lebenswelt durch das Prinzip der Zweckrationalität*. Paderborn, 1984.

Eisen, R. *The Book of Job in Medieval Jewish Philosophy*. New York :

Oxford University Press, 2004.

Fishbane, M. "Jeremiah IV 23-26 and Job III 1-13 : A Recovered Use of the Creation Pattern." *VT* 21 (1971), 151-167.

Forrest, R. W. E. The Two Faces of Job : Imagery and Integrity in the Prologue. In : Eslinger, L./Taylor, G. A*scribe to the Lord. Biblical and Other Studies in Memory of P. C. Craigie* (JSOT.S 67). Sheffield 1988, 385-398.

Fuchs, G. *Mythos und Hiobdichtung. Aufnahme und Umdeutung altorientalischer Vorstellungen.* Stuttgart u.a. : W. Kohlhammer, 1993.

Gowan, D. E. "God's Answer to Job : How is it an Answer." *HBT* 8 (1986) 85-102.

Gutiürrez, G. 『욥에 관하여 : 하느님 이야기와 무죄한 이들의 고통』. 왜관 : 분도출판사, 1996.

Ha, Kyung-Taek. *Frage und Antwort. Studien zum Hiob 3 im Kontext des Hiobbuches* (HBS 46). Freiburg : Herder, 2005.

Hartley, J. E. "From Lament to Oath : A Study of Progression in the Speeches of Job." In : W. A. M. Beuken, *The Book of Job.* Leuven : Leuven University Press, 1994, 79-100.

Hermisson, H.-J. "Notizen zu Hiob." *ZThK* 86 (1989), 125-139.

Janowski, B. *Rettungsgewissheit und Epiphanie des Heils. Das Motiv der Hilfe Gottes »am Morgen« im Alten Orientund im Alten Testament Bd. I : Alter Orient* (WMANT 59). Neukirchen-Vluyn : Neukirchener Verlag, 1989.

Keel, O. "Allgegenwärtige Tiere. Einige Weisen ihrer Wahrnehmung in der hebräischen Bibel." In : Janowski, B. u.a. (Hg.). *Gefährten und Feinde des Menschen. Das Tier in der Lebenswelt des alten Israel.* Neukirchen-Vluyn : Neukirchener Verlag, 1993, 155-193.

Keel, O. *Die Welt der altorientalischen Bildsymbolik und das Alten Testament.* Zürich u. a. : Neukirchener Verlag, 1977.

Keel, O. *Jahwes Entgegnung an Ijob. Eine Deutung von Ijob 38-41 vor dem Hintergrund der zeitgenössischen Bildkunst* (FRLANT 121).

Göttingen : Vandenhoeck & Ruprecht, 1978.
Keel, O./Schroer, S. Schöpfung. *Biblische Theologien im Kontext altorientalischer Religionen*. Göttingen : Vandenhoeck & Ruprecht, 2002.
Knauf, E. A. "Hiobs Heimat." *WO* 19 (1988), 65-83.
Köhler, L./Baumgartner, W. (hg.). *Hebräisches und Aramäisches Lexicon zum Alten Testament* (=HAL) Bd. IV. Leiden/ New York/ London : E. J. Brill, 1990.
Kühlmoos, M. *Das Auge Gottes. Textstrategie im Hiobbuch* (FAT 25). Tübingen : Mohr Siebeck, 1999.
Kraus, H. J. 『시편의 신학』. 신윤수 역. 서울 : 비블리카아카데미아, 2004.
Krüger, Th. u. a. (ed.) *Das Buch Hiob und seine Interpretationen. Beiträge zum Hiob-Symposium auf dem Monte Verità vom 14.-19. August 2005.* Zürich : Theologischer Verlag, 2007.
Kubina, V. *Die Gottesreden im Buche Hiob. Ein Beitrag zur Diskussion um die Einheit von Hiob* 38,1-42,6 (FThSt 115). Freiburg u. a. : Herder Verlag, 1979.
Langenhorst, G. *Hiob unser Zeitgenosse. Die literarische Hiob-Rezeption im 20. Jahrhundert als theologische Herausforderung* (Theologie und Literatur Bd. 1). Mainz 1994.
Maag, V. *Hiob. Wandlung und Verarbeitung des Problems* (FRLANT 128). Göttingen 1978.
Magdalene, F. R. "Job's Wife as Hero : a feminist-forensic Reading of the Book of Job." *Biblical Interpretation* 14.3 (2006), 209-258.
Magdalene, F. R. *On the Scales of Righteousness : Neo-Babylonian Trial Law and the Book of Job* (Brown Judaic Studies 348). Providence, RI : Brown Judaic Studies, 2007.
Mende, Th. *Durch Leiden zur Vollendung. Die Elihureden im Buch Ijob* (Ijob 32-37) (TThSt 49). Trier : Paulinus-Velag, 1990.
Michel, W. L. *Job in the Light of Northwest Semitic.* Vol. I (Bib Or 42). Rom : Biblical Institute Press, 1987.
Mickel, T. *Seelsorgerliche Aspekte im Hiobbuch. Ein Beitrag zur biblischen*

>Dimension der Poimenik. Berlin : Evangelische Verlagsanstalt 1990.

Newsom, C. *The Book of Job : A Context of Moral Imaginations*. New York : Oxford University Press, 2003.

Oberhünsli-Widmer, G. *Hiob in jüdischer Antike und Moderne. Die Wirkungsgeschichte Hiobs in der jüdischen Literature*. Neukirchen-Vluyn : Neukirchener Verlag, 1998.

Oeming, M. "Kannst du der Löwin ihren Raub zu jagen geben" (Hi 38,39). Das Motiv des "Herrn der Tiere" und seine Bedeutung für die Theologie der Gottesreden Hi 38-42. In : Augustin, M./Schunck, K.-D. (Hgg.). *"Dort ziehen Schiffe dahin."* Collected Communications to the XIVth Congress of the International Organization for the Study of the Old Testament. Paris 1992 (BEAT 28). Frankfurt a.M. u.a. : P. Lang, 1992, 147-163.

Oeming, M. *Biblische Hermeneutik. Eine Einführung*. Darmstadt : Primus, 1998.

Oeming, M. "Die Begegnung mit Gott." In: 동저자/Schmid, K. *Hiobs Weg. Stationen von Menschen im Leid* (BThS 45). Neukirchen-Vluyn : Neukirchener Verlag, 2001, 95-119.

Oorschot, van, J. *Gott als Grenze. Eine literarkritische und redaktionsgeschichtliche Untersuchung zu den Gottesreden des Hiobbuches* (BZAW 170). Berlin : De Gruyter, 1987.

Polzin, R. M. *Biblical Structuralism. Method and Subjectivity in the Study of Ancient Texts* (SemSup 5). Philadelphia/PA : Fortress Press, 1977.

Rad, von, G. *Weisheit in Israel*. Neukirchen-Vluyn, Neukirchener Verlag, 42013 (= Wisdom in Israel. Nachville : Abingdon, 1972).

Remus, M. *Menschenbildvorstellung im Ijob-Buch. Ein Beitrag zur alttestamentlichen Anthropologie* (BEATAJ 21). Frankfurt a. M. : P. Lang, 1993.

Rendtorff, R. 『구약정경신학』. 하경택 옮김. 서울 : 새물결플러스, 2009.

Reventlow, Graf, H. "Skepsis und Klage. Zur Komposition des Hiobbuches." In: Graupner, A. u.a. (Hg.). *Verbindungslinien*.

FS für W.H. Schmidt zum 65. Geburtstag, Neukirchen-Vluyn : Neukirchener Verlag, 2000, 281-94.

Ritter-Müller, P. *Kennst du die Welt? Gottes Antwort an Ijob. Eine sprach-wissenschaftliche und exegetische Studie zur ersten Gottesrede Ijob 38 und 39* (ATM 5). Münster [u.a.] : Lit-Verlag, 2000.

Rohde, M. *Der Knecht Hiob im Gespräch mit Mose. Eine traditions- und redaktionsgeschichtliche Studie zum Hiobbuch*. Leipzig : Evangelische Verlagsanstalt, 2007.

Sanith, N. H. *The Book of Job. Its Origin and Purpose*, London 1968 (=김성애 역. 『욥기의 형성사』. 서울 : 성바오로출판사, 1989).

Schifferdecker, K. *Out of the Whirlwind : Creation Theology in the Book of Job* (Harvard Theological Studies 61). Cambridge, MA : Harvard University Press, 2008.

Schottroff, W. *"Gedenken" im Alten Orient und im Alten Testament : Die Wurzel zākar im semitischen Sprachkreis* (WMANT 15). Neukirchen-Vluyn : Neukirchener Verlag, 21967.

Seidl, Th. /Ernst, S. (Hrsg.) *Das Buch Ijob : Gesamtdeutungen-Einzeltexte -Zentrale Themen* (Östereichische Biblische Studien, Bd. 31). Frankfurt am Main u. a. : Peter Lang, 2007.

Stamm, J. J. *Das Leiden des Unschuldigen in Babylon und Israel. Voraussetzungen, Motive und Methoden* (AThANT 10). Zürich : Zwingli-Verlag, 1946.

Strauß, H. "Tod (Todeswunsch ; 〉Jenseits〈?) im Buch Hiob." In : P. Mommer u.a. (hrsg.), *Gottes Recht als Lebensraum. Festschrift für Hans Jochen Boecker*. Neukirchen-Vluyn : Neukirchener, 1993, 239-250.

Syring, W.-D. *Hiob und sein Anwalt. Die Prosatexte des Hiobbuches und ihre Rolle in seiner Redaktions- und Rezeptionsgeschichte* (BZAW 336). Berlin (u.a.) : de Gruyter, 2004.

Verbin, N. *Divinely Abused : A Philosophical Perspective on Job and His Kin*. New York : Continuum, 2010.

Volz, P. *Hiob und Weisheit* (SAT 3/2). Göttingen : Vandenhoeck & Ruprecht, ²1921.

Vriezen, Th. C. *An Outline of Old Testament Theology*. Oxford : Basil Blackwell, 1954.

Wahl, H.-W. *Der gerechte Schöpfer. Eine redaktions- und theologiegeschichtliche Untersuchung der Elihureden-Hiob 32-37* (BZAW 207). Berlin (u.a.) : de Gruyter, 1993.

Westermann, C. *Der Aufbau des Buches Hiob*. Stuttgart : Calwer Verlag, 1978.

Westermann, C. *Lob und Klage in den Psalmen*. Göttingen : Vandenhoeck und Ruprecht, ⁶1983.

Willi-Plein, I. "Hiobs Widerruf? Eine Untersuchung der Wurzel nacham und ihrer erzähltechnischen Funktion im Hiobbuch." In : Rofé, A. /Zakovitch, Y. (Hg.). *Isaac Leo Seeligmann Volume III*. Jerusalem 1983, 273-89=in : 동저자, *Sprache als Schlüssel. Gesammelte Aufsätze zum Alten Testament* (hg. von M. Pietsch/T. Präckel). Neukirchen-Vluyn : Neukirchener Verlag, 2002, 130-145.

Witte, M. "Noch einmal : Seit wann gelten die Elihureden im Hiobbuch (Kap. 32-37) als Einschub?" *BN* 67 (1993), 20-25.

Witte, M. *Philologischen Notizen Hiob 21-27* (BZAW 234). Berlin (u.a.) : de Gruyter, 1995.

Witte, M. *Vom Leiden zur Lehre. Der dirtte Redegang* (Hiob 21-27) *und die Redaktionsgeschichte des Hiobbuches* (BZAW 230). Berlin (u.a.) : de Gruyter, 1994.

Zuckerman, B. *Job the Silent. A Study in Historical Counterpoint*. Oxford/New York : Oxford University Press, 1991.

| 한국장로교총회창립 100주년기념 표준주석 |

구약

집필부분	집필자
창세기	김중은 박사
출애굽기	이종록 박사
레위기	정중호 박사
민수기	김진명 박사
신명기	김회권 박사
여호수아	강사문 박사
사사기/룻기	허성군 박사
사무엘상·하	김선종 박사
열왕기상·하	김태훈 박사
역대상	배희숙 박사
역대하	함 택 박사
에스라/느헤미야	민경진 박사
에스더	이미숙 박사
욥기	하경택 박사
시편	이승현 박사
잠언	천사무엘 박사
전도서	채은하 박사
아가	강승일 박사
이사야	조성욱 박사
예레미야	강성열 박사
예레미야애가	박동현 박사
에스겔	이은우 박사
다니엘	배정훈 박사
호세아/요엘	김정철 박사
아모스	최인기 박사
오바댜/요나	김유기 박사
미가	오택현 박사
나훔/하박국/스바냐	윤동녕 박사
학개/스가랴/말라기	김근주 박사

신약

집필부분	집필자
마태복음	최재덕 박사
마가복음	차정식 박사
누가복음	오덕호 박사
요한복음	김문경 박사
사도행전	이 달 박사
로마서	장흥길 박사
고린도전서	조광호 박사
고린도후서	박홍순 박사
갈라디아서	이종윤 박사
에베소서	석원식 박사
빌립보서/빌레몬서	김덕기 박사
골로새서	김철홍 박사
데살로니가전·후서	김형동 박사
디모데전·후서/디도서	박종기 박사
히브리서	소기천 박사
야고보서	이승호 박사
베드로전·후서	왕인성 박사
요한 1·2·3서/유다서	최흥진 박사
요한계시록	김춘기 박사

Presbyterian Church of Korea Standard Commentary